Expressis verbis

Karl Bayer

Expressis verbis

Lateinische Zitate für
alle Lebenslagen

Artemis & Winkler

Die Deutsche Bibliothek – CIP-Einheitsaufnahme

Bayer, Karl:
Expressis verbis : lateinische Zitate für alle Lebenslagen /
Karl Bayer. - Düsseldorf ; Zürich : Artemis und Winkler, 1996
ISBN 3-7608-1128-0

2., verbesserte Auflage
© 1996, 1998 Artemis & Winkler Verlag,
Düsseldorf / Zürich

Umschlagmotiv: Mumienbildnis eines Unbekannten, Ägypten um 300 n. Chr.
Umschlaggestaltung: Urs Berger-Pecora

Inhalt

Der Mensch im Staat

Der Mensch in schwierigen Situationen

Lebenshilfe durch Philosophie

Anhang

Vorwort

Das vielgestaltige Leben der Menschen in ein schlüssiges System zwingen zu wollen ist ein ziemlich waghalsiges Unterfangen. Wenn man jedoch wissen möchte, wie es um das Lebensgefühl der Menschen früherer Zeiten bestellt war, bleibt kaum ein anderer Weg als der, Äußerungen von Zielsetzungen zu sichten und in eine Ordnung zu bringen, die dem, der Auskunft sucht, ein rasches Auffinden ermöglicht.

Das gilt gerade auch, wenn man nach dem Leben der «Alten» fragt. Wir sind dabei insofern im Vorteil, als es sich um die Betrachtung einer abgeschlossenen Periode handelt, aus deren Literatur viel und fast nur Bestes auf uns gekommen ist. Und wer will, mag es als einen einengenden Nachteil ansehen, daß wir für die benötigten Auskünfte nahezu ausschließlich auf Schriftliches und überwiegend auf literarisch geformte Texte angewiesen sind.

Wie dem auch sei: es liegt ein schier uferloses Material vor, so daß es auswählen und sich bescheiden hieß. So sind für den vorliegenden Zweck vor allem Texte von Komödiendichtern, Satirikern und Moralisten im weitesten Wortsinn, aber auch Briefe durchforscht worden, so daß Fiktives wie authentisch Biographisches zu Worte kommen.

Die Lebenszeiten dieser Autoren verteilen sich über den Zeitraum von etwa einem Dritteljahrtausend. Da wird es niemanden verwundern, daß die betrachteten Schriftsteller nicht alle dasselbe dachten, ja vielfach einander widersprachen. Man stelle sich nur vor, man wollte z. B. den für uns noch einigermaßen vorstellbaren Zeitraum vom Dreißigjährigen Krieg bis heute untersuchen und könnte zu diesem Zweck etwa Friedrich von Spee mit Eugen Drewermann, Hans Jacob Christof von Grimmelshausen mit Günter Grass, Isaak Newton mit Wernher von Braun, Albrecht Wenzel Eusebius von Wallenstein mit Dwight D. Eisenhower, Axel Oxenstierna mit Helmut Kohl diskutieren lassen. Übereinstimmende Äußerungen würde da selbst bei Beschränkung auf das jeweils gemeinsame Fachgebiet kaum jemand im Ernste erwarten. Warum sollte es anders sein, wenn man z. B. einen Plautus (ca. 250 bis 184 v. Chr.) mit Juvenal (ca. 60 bis 140 n. Chr.) konfrontiert? Die Lebensverhältnisse ändern sich im Laufe der Jahrhunderte, ja schon von Jahrzehnten beträchtlich.

Statisch waren sie auch in der Antike nie. Dies muß man sich stets vor Augen halten, da angesichts der steinernen Porträts, die wir von antiken Menschen besitzen, ohnehin eine gewisse Neigung besteht, sie sich alle aus demselben Stoff gemacht und gewissermaßen als aus der gleichen Schulklasse hervorgegangen vorzustellen. Das wäre ein arger Irrtum. Und doch wird, wer sich mit antiken Zitaten befaßt, mit einiger Verblüffung feststellen, daß – allen Vorbemerkungen zum Trotz – eine weitgehende Übereinstimmung der Meinungen über das Leben besteht. Es ändern sich zwar die äußeren Lebensumstände, aber die Gefühle, die den Menschen bewegen, und die Situationen, mit denen er sich herumschlagen muß, bleiben im Grunde die gleichen. Es gilt, sich im Leben einzurichten, und diese Aufgabe läßt sich in eine Maxime fassen, deren Urheber leider nicht mehr zu ermitteln ist: *'Primum vivere'* – «Zuerst einmal leben!» – Das Leben festhalten, solange es geht, und dieses Leben möglichst angenehm verbringen, ohne größere materielle Sorgen, abgesichert durch einen Kreis gleichgesinnter *amici*, die sich einander durch gegenseitige *beneficia* verpflichtet wissen. Denn für den antiken Menschen war das Leben anders als für den unserer Zeit, der zu vereinsamen droht, immer ein Leben in der Öffentlichkeit, in der sich ein Netz von Beziehungen wie von selbst flicht.

Die Frage war nur, wie man sich eine solche irdische *vita beata* schaffen kann. Da mußte man genau wissen, was man von seinen Nächsten zu halten hatte. So wurde der Mensch zum bevorzugten Beobachtungsobjekt überhaupt. Solche Studien schlugen sich in Reflexionen nieder, die, gefördert durch das Einströmen des Hellenismus, ins Philosophieren münden mußten: So schließt sich an das *'Primum vivere'* folgerichtig *'deinde philosophari'* an – «Zuerst einmal leben, dann aber das Leben auch philosophisch durchdringen!» Und dazu gehört auch, daß man sich Gedanken über den Sinn des Lebens, über seine begrenzte Dauer und die letzten Dinge macht.

Dadurch haben die Beobachtungen und Gedanken von Autoren der römischen Antike durch die Jahrhunderte gewirkt, und sie können auch dem heute Lebenden noch so manches sagen. Die Antike ist eben nicht aus und vorbei, sie lebt, vorausgesetzt freilich, man nimmt sich die Zeit, sie anzuhören.

LEBEN

Leben

1 **Omnia humana brevia et caduca sunt et infiniti temporis nullam partem occupantia. Terram hanc cum urbibus populisque et fluminibus et ambitu maris puncti loco ponimus ad universa referentes: minorem portionem aetas nostra quam puncti habet, si omni tempori comparetur, cuius maior est mensura quam mundi, utpote cum ille se intra huius spatium totiens remetiatur.**
Alles Irdische ist unbedeutend und vergänglich und beansprucht nicht einmal einen Bruchteil der unermeßlichen Zeit. Die Erde hier mit ihren Städten und Völkern und Flüssen und dem weiten Meer müssen wir als Punkte darstellen im Verhältnis zum Weltall. Kürzer bemißt sich unser Leben als ein Augenblick, wenn man es mit der Zeit insgesamt vergleicht; deren Dauer geht weit über die des Alls hinaus, da dieses sich ja in ihrem Verlauf so oft erneuert.

(G. Fink)

Seneca, Ad Marciam de consolatione 21

2 **Vita fert.**
So ist das Leben.

Cicero, Ad Atticum 13, 32 (22), 4 K.

De Bruto nostro perodiosum, sed *vita fert,* mulieres autem vix satis humane, quae iniquo animo ferant, cum in utraque officio pareat.

Was unsern Brutus angeht – scheußlich! Aber so ist das Leben! – Doch lassen die beiden Damen (*i.e.* seine Gattin Porcia und seine Mutter Servilia), scheint's, den nötigen Takt vermissen, daß sie sich darüber entzweien, wenn er beiden gerecht zu werden sucht. *(4. Juli 45 v. Chr.)*

(H. Kasten)

3 **Homo vitae commodatus, non donatus est.**
Geliehen, nicht geschenkt ist uns das Leben.

(H. Beckby)

Publilius Syrus, Sententiae H 18

4 **Vitaque mancipio nulli datur, omnibus usu.**
Keinem gehört ja das Leben zum Eigentum, allen zur Nutzung.

Lukrez, De rerum natura 3, 971

Materies opus est, ut crescant postera saecla,
quae tamen omnia te vita perfuncta sequentur,
nec minus ergo antehac quam tu cecidere, cadentque
sic alid ex alio numquam desistet oriri,
vitaque mancipio nulli datur, omnibus usu.

Denn man bedarf ja des Stoffs zur Bildung der nächsten Geschlechter,
Die dir alle jedoch einst folgen werden am Ende:
Vor die nicht minder wie nach dir verfallen sie alle dem Tode.
So wird unaufhörlich das eine entstehn aus dem andern,
Keinem gehört ja das Leben zum Eigentum, allen zur Nutzung.

(H. Diels – E. G. Schmidt)

5　Non est, crede mihi, sapientis dicere 'Vivam':
　　　sera nimis vita est crastina: vive hodie!
　　Glaub' es mir nur: kein Weiser sagt: «Bald lebe ich wirklich.»
　　　Morgen erst leben, zu spät kommt es: so lebe drum heut!

(R. Helm)

MARTIAL, EPIGRAMMATA 1, 15, 11–12

6　Nemo, quamvis paratos habeat colores, similitudinem reddet,
　　nisi iam constat, quid velit pingere. itidem eo peccamus, quia de
　　partibus vitae omnes deliberamus, de tota nemo deliberat.
　　Niemand, mag er auch die Farben bereit haben, wird Ähnlichkeit
　　erzielen, wenn nicht bereits feststeht, was er malen will. Ebenso
　　fehlen wir darin, daß wir alle über Teile unseres Lebens nachdenken,
　　keiner aber über das Leben insgesamt.

(nach M. Rosenbach)

SENECA, EPISTULAE MORALES 71, 2

7　Bona condicione geniti sumus, si eam non deseruerimus. Id egit
　　rerum natura, ut ad bene vivendum non magno apparatu opus
　　esset; unusquisque facere se beatum potest.
　　Unter günstigen Voraussetzungen sind wir ins Leben getreten, sofern
　　wir diese nicht ungenutzt lassen: Die Natur hat es so eingerichtet, daß
　　man, um gut zu leben, keinen großen Aufwand treiben muß. Ein jeder
　　kann sich glücklich machen.

(G. Fink)

SENECA, AD HELVIAM MATREM DE CONSOLATIONE 5

8　Obsecro te, Lucili, hoc agamus, ut quemadmodum pretiosa rerum
　　sic vita nostra non multum pateat, sed multum pendeat. actu illam
　　metiamur, non tempore.
　　Ich bitte dich, Lucilius, darauf wollen wir achten: Wie wertvolle
　　Gegenstände, so soll unser Leben nicht viel Raum einnehmen, aber
　　viel Gewicht haben. Nach seiner Leistung wollen wir es bewerten,
　　nicht nach seiner Zeitdauer.

(M. Rosenbach)

SENECA, EPISTULAE MORALES 93, 4

9　Maximum vitae vitium est, quod imperfecta semper est, quod in
　　diem aliquid ex illa differtur.
　　Der größte Fehler im Leben ist, daß es stets unvollendet bleibt, daß
　　irgend etwas davon von Tag zu Tag aufgeschoben wird.

SENECA, EPISTULAE MORALES 101, 8

... *differtur.* qui cotidie vitae suae summam manum inposuit, non indiget tempore. ex hac autem indigentia timor nascitur et cupiditas futuri exedens animum.

... aufgeschoben wird. Wer täglich letzte Hand an sein Leben legt, bedarf der Zeit nicht. Aus diesem Fehlen der Zeit aber entsteht die Furcht und die Gier auf die Zukunft, die die Seele zerfrißt.

(nach M. Rosenbach)

10 **Vivit is, qui multis usui est, vivit is, qui se utitur; qui vero latitant et torpent, sic in domo sunt, quomodo in conditivo.**
Es lebt, wer vielen von Nutzen ist, es lebt, wer mit sich selber etwas anzufangen weiß; die sich aber verborgen halten und in geistige Lähmung verfallen sind, leben in ihrem Hause wie in einem Grab.

Seneca, Epistulae morales 60, 4

... *in conditivo.* horum licet in limine ipso nomen marmori inscribas: mortem suam antecesserunt.

... wie in einem Grab. Unmittelbar an ihrer Schwelle kannst du ihren Namen auf Marmor schreiben: ihrem Tode sind sie zuvorgekommen.

(M. Rosenbach)

11 **Non est bonum vivere, sed bene vivere.**
Nicht ist es ein Gut, zu leben, sondern sittlich zu leben.

(M. Rosenbach)

Seneca, De beneficiis 3, 31, 4

12 **Recognosce singulos, considera universos: nullius non vita spectat in crastinum. quid in hoc sit mali, quaeris? infinitum. non enim vivunt, sed victuri sunt: omnia differunt.**
Sieh dir die Menschen einzeln an, betrachte sie insgesamt: eines jeden Leben blickt nur auf den nächsten Tag. Was daran so schlecht sei, fragst du? Unendlich viel. Sie leben nämlich nicht, sondern sind nur im Begriffe zu leben: alles schieben sie auf.

(nach M. Rosenbach)

Seneca, Epistulae morales 45, 12–13

13 **Molestum est semper vitam inchoare; aut, si hoc modo magis sensus potest exprimi: Male vivunt, qui semper vivere incipiunt.**
Beschwerlich ist es, stets das Leben zu beginnen; oder, wenn der Sinn so besser herauskommt: Schlecht leben die, die stets zu leben beginnen.

(nach M. Rosenbach)

Epikur, fr. 493, bei Seneca, Epistulae morales 23, 9

14 **Cras te victurum, cras dicis, Postume, semper.**
    dic mihi, cras istud, Postume, quando venit?
cras vives? hodie iam vivere, Postume, serum est:
    ille sapit quisquis, Postume, vixit heri.
«Morgen leb' ich, ja, morgen!» So sagst du, Postumus, immer.
    Sag mir, das «Morgen», ja, wann, Postumus, kommt es für dich?
Morgen lebst du? Zu spät ist's, Postumus, heut erst zu leben.
    Jeder Verständige hat, Postumus, gestern gelebt.

(R. Helm)

Martial, Epigrammata 5, 58, 1–2;7–8

15 **Minus ex crastino pendebis, si hodierno manum inieceris. dum differtur, vita transcurrit.**
Du wirst weniger vom Morgen abhängen, wenn du die Hand auf das Heute legst. Während es aufgeschoben wird, enteilt das Leben.

Seneca, Epistulae morales 1, 2

Sic fiet, ut *minus ex crastino pendeas, si ...*

So wirst du weniger vom Morgen abhängen, wenn . .

(nach M. Rosenbach)

16 **Maxima pars vitae elabitur male agentibus, magna nihil agentibus, tota vita aliud agentibus.**
Der größte Teil des Lebens entgleitet unvermerkt, während man Schlechtes tut, ein großer Teil, während man nichts tut, das ganze Leben, während man Belangloses tut.

(M. Rosenbach)

Seneca, Epistulae morales 1, 1

17 **Stulta vita ingrata est et trepida, tota in futurum fertur.**
Ein törichtes Leben ist undankbar und angsterfüllt; ganz eilt es in die Zukunft.

Seneca, Epistulae morales 15, 9

... Quam tu nunc vitam dici existimas stultam? Babae et Isionis? non ita est: nostra dicitur, quos caeca cupiditas in nocitura, certe numquam satiatura praecipitat; quibus si quid satis esse posset, fuisset; qui non cogitamus, quam iucundum sit nihil poscere, quam magnificum sit plenum esse nec ex fortuna pendere.

... Welches Lebens nun, meinst du, wird da als töricht bezeichnet? Das eines Baba und Ision? Nein, unseres ist gemeint, die blinde Gier in schädliche, jedenfalls aber niemals zufriedenstellende Verhältnisse stürzt; denen, wenn überhaupt etwas genug sein kann, erst dies genug wäre; die wir nicht bedenken, wie angenehm es ist, nichts zu fordern, wie großartig, Erfüllung zu haben und nicht vom Schicksal abzuhängen.

(nach M. Rosenbach)

18 **Quid, si per quindecim annos, grande mortalis aevi spatium, multi fortuitis casibus, promptissimus quisque saevitia principis interciderunt, pauci et, ut ita dixerim, non modo aliorum, sed etiam nostri superstites sumus, exemptis e media vita tot annis, quibus iuvenes ad senectutem, senes prope ad ipsos exactae aetatis terminos per silentium venimus?**

Was soll man dazu sagen, daß fünfzehn Jahre hindurch, eine lange Spanne im menschlichen Leben, viele zufällig, die Tatkräftigsten durch das Wüten des Kaisers (*i. e.* Domitian)ums Leben gekommen sind? Daß nur wenige von uns übriggeblieben sind und wir sozusagen nicht nur die anderen, sondern auch uns selbst überlebt haben, da uns ja mitten aus unserem Leben so viele Jahre gestohlen wurden, in denen wir jungen Männer alt geworden sind und die alten beinahe ihr Lebensende erreicht haben, zum Schweigen gezwungen?

(A. Städele)

TACITUS, VITA IULII AGRICOLAE 3, 2

19 **Exigua pars est vitae, qua vivimus.**
Ein kleiner Teil des Lebens ist's, in dem wir leben.

(G. Fink)

SENECA, DE BREVITATE VITAE 2 (POETA IGNOTUS APUD SENECAM)

20 **Equidem hos tuos Tusculanenses dies instar esse vitae puto.**
Ich betrachte diese Deine Tage auf dem Tusculanum als ein Leben, das diesen Namen verdient.

CICERO, AD FAMILIARES 9, 7 (6), 5 K. (AD VARRONEM)

... *vitae puto* libenterque omnibus omnes opes concesserim, ut mihi liceat vi nulla interpellante isto modo vivere.

... Namen verdient, und würde gern jedem andern alle Macht überlassen, um ohne Störung von außen so leben zu können *(19. /24. Juni 46 v. Chr.)*

(H. Kasten)

21 CLITIPHO: **Emori cupio.**
CHREMES: **Prius, quaeso, disce, quid sit vivere. ubi scies, si displicebit vita, tum istoc utitor.**
CL. Daß ich doch tot wäre!
CHR. Lerne lieber erst, was Leben heißt!
Weißt du dies und widert dich das Leben an, dann wähl' den Tod!

(nach J. J. Donner)

TERENZ, HEAUTONTIMORUMENOS 971–972

22 **Nemo quam bene vivat, sed quam diu, curat, cum omnibus possit contingere, ut bene vivant, ut diu, nulli.**
Niemand macht sich Sorgen darum, wie er gut lebe, sondern wie lange, obwohl doch jeder erreichen kann, daß er gut, keiner aber, daß er lange lebt.

(nach M. Rosenbach)

SENECA, EPISTULAE MORALES 22, 17

23 **Balatro suspendens omnia naso**
'Haec est condicio vivendi', aiebat, 'eoque
responsura tuo numquam est par fama labori.'
Balatro, der über alles spöttisch seine Nase rümpft, bemerkt dazu: «So ist nun mal das Leben, und darum findet deine Plackerei niemals den Ruhm, der ihr gebührt.»

(H. Färber – W. Schöne)

HORAZ, SERMONES 2, 8, 64–66

24 **Vita nec bonum nec malum est: boni ac mali locus est.**
Das Leben ist weder ein Gut noch ein Übel: es ist der Platz von Gutem und Schlechtem.

(M. Rosenbach)

SENECA, EPISTULAE MORALES 99, 12

25 TOXILUS: **Vivitur.**
To. Man lebt.

PLAUTUS, PERSA 16–17

TOXILUS: O Sagaristio, dei ament te. SAGARISTIO: O Toxile, dabunt di, quae exoptes. ut vales? TOXILUS: Ut queo. SAGARISTIO: Quid agitur? TOXILUS: *Vivitur.*

To. O Sagaristio, es sei der Götter Huld mit dir! SA. O Toxilus, erfülle jeder Wunsch sich dir! Wie geht es dir? To. So gut es eben gehen kann. SA. Was treibst du? To. Nun, man lebt.

(W. Binder – W. Ludwig)

26 **Quod hodie non est, cras erit: sic vita truditur.**
Was heute nicht ist, kommt morgen; so rollt das Leben weiter.

(K. Müller – W. Ehlers)

PETRON, CENA TRIMALCHIONIS 45, 2

27 **Quid tam circumcisum, tam breve quam hominis vita longissima?**
Wie beschränkt, wie kurz ist doch das längste menschliche Leben!

PLINIUS MINOR, EPISTULAE 3, 7, 11 (14) K.

... Sed tanto magis hoc, quidquid est temporis futtilis et caduci, si non datur factis (nam horum materia in aliena manu), certe studiis proferamus et, quatenus nobis denegatur diu vivere, relinquamus aliquid, quo nos vixisse testemur!

... Um so mehr wollen wir diese kurze Spanne der flüchtigen Zeit, die uns beschieden ist,
wenn sie nicht Großtaten gewidmet wird – die Gelegenheit dazu liegt ja nicht in unserer
Hand –, jedenfalls mit geistiger Arbeit verlängern, und weil uns nun einmal ein langes
Leben versagt ist, etwas hinterlassen, das davon zeugt, daß wir gelebt haben.

(H. Kasten)

28 **Brevis a natura vita nobis data est; at memoria bene redditae vitae
    sempiterna. quae si non esset longior quam haec vita, quis esset
    tam amens, qui maximis laboribus et periculis ad summam laudem
    gloriamque contenderet?**
    Kurz ist das Leben, das die Natur uns schenkt; doch die Erinnerung
    an ein wohl verbrachtes Leben währt ewig. Wenn die nicht länger vor-
    hielte als das Leben: wer wäre so töricht, unter größten Mühen und
    Gefahren nach höchstem Lob und Ruhm zu streben?

    (M. Fuhrmann)

    CICERO, ORATIONES PHILIPPICAE 14, 32

29 **Quemadmodum ex amphora, primum quod est, sincerissimum
    effluit, gravissimum quodque turbidumque subsidit, sic in aetate
    nostra, quod est optimum, in primo est. id exhauriri aliis potius
    patimur, ut nobis faecem reservemus?**
    Wie aus einer Amphora zuerst der reine Wein fließt, doch gerade die
    schweren und trüben Stoffe sich am Boden absetzen, so kommt in
    unserem Leben das Beste zuerst. Das eher für andere abschöpfen zu
    lassen dulden wir – und für uns behalten wir den Bodensatz?

    (M. Rosenbach)

    SENECA, EPISTULAE MORALES 108, 26

30 **Hoc cotidie meditare, ut possis aequo animo vitam relinquere,
    quam multi complectuntur et tenent, quomodo, qui aqua torrente
    rapiuntur, spinas et aspera.**
    Darauf sei täglich bedacht, daß du die Kraft habest, mit Gleichmut
    dieses Leben zu verlassen, an dem viele sich so festklammern und
    festhalten, wie Menschen, die von einem Wildwasser fortgerissen
    werden, an Dornen und Gestrüpp.

    (nach M. Rosenbach)

    SENECA, EPISTULAE MORALES 4, 5

31 **Si vitam imputas mihi per se, nudam, egentem consilii, et id ut
    magnum bonum iactas, cogita te mihi imputare muscarum ac
    vermium bonum!**
    Wenn du mir das Leben an sich in Rechnung setzt, nackt, des Verstan-
    des entbehrend, und das als ein großes Gut geltend machst, dann be-
    denke, daß du mir ein Gut von Fliegen und Würmern in Rechnung setzt.

    (M. Rosenbach)

    SENECA, DE BENEFICIIS 3, 31, 4

32 **Elevanda omnia et facili animo ferenda: humanius est deridere vitam quam deplorare.**
Man sollte alles auf die leichte Schulter nehmen und frohgemut ertragen. Menschlicher ist es, über das Leben zu lachen als zu klagen.
(G. Fink)
SENECA, DE TRANQUILLITATE ANIMI 15

33 **Haec conficta arbitror esse a poetis, ut effictos nostros mores in alienis personis expressamque imaginem nostrae vitae cotidianae videremus.**
Meines Erachtens haben die Dichter diese Dinge erdacht, damit wir in der Fremdheit der Masken einen Spiegel unserer eigenen Sitten und ein anschauliches Abbild unseres täglichen Lebens sähen.
(M. Fuhrmann)
CICERO, PRO SEX. ROSCIO AMERINO 47

34 **Quisquis dixit: 'Vixi', cotidie ad lucrum surgit.**
Wer immer gesagt hat: «Ich habe gelebt», erhebt sich täglich zu neuem Gewinn.
(nach M. Rosenbach)
SENECA, EPISTULAE MORALES 12, 9

langes Leben

35 **Haec data poena diu viventibus, ut renovata semper clade domus multis in luctibus inque perpetuo maerore et nigra veste senescant.**
Diese Strafe ist über die Langlebigen verhängt, daß sie durch eine immer neue Heimsuchung des Hauses in vielfacher Trauer und in beständigem Gram und im schwarzen Gewand alt werden.
(J. Adamietz)
JUVENAL, SATURAE 10, 243–245

Wunsch nach langem Leben

36 **'Da spatium vitae, multos da, Iuppiter, annos!'**
hoc recto voltu, solum hoc et pallidus optas.
sed quam continuis et quantis longa senectus
plena malis! deformem et taetrum ante omnia vultum
dissimilemque sui, deformem pro cute pellem
pendentisque genas et talis aspice rugas
quales, umbriferos ubi pandit Thabraca saltus,
in vetula scalpit iam mater simia bucca.

«Schenke eine lange Dauer des Lebens, schenke, Jupiter, viele Jahre!»
Darum betest du, und darum allein, mit zuversichtlichem Gesicht oder
in ängstlicher Erwartung.
Doch wie sehr ist mit andauernden, großen Übeln ein langes
Alter erfüllt! Vor allem das häßliche, scheußliche und
sich selbst unähnliche Gesicht, das häßliche Fell anstelle
einer Haut sieh dir an, die hängenden Backen und derartige Falten,
wie sie dort, wo Thabraca seine schattenspendenden Bergwälder
ausdehnt, sich die Affenmutter in die ältliche Backe kratzt.

(J. Adamietz)

Juvenal, Saturae 10, 188–195

37 Iam numerat placido felix Antonius aevo   zweimal leben
        quindecim actas Primus Olympiadas
    praeteritosque dies et tutos respicit annos
        nec metuit Lethes iam propioris aquas.
    nulla recordanti lux est ingrata gravisque;
        nulla fuit cuius non meminisse velit.
    Ampliat aetatis spatium sibi vir bonus: hoc est
        vivere bis, vita posse priore frui.
    Ruhigen Alters zählt Antonius Primus schon fünfzehn
        Olympiaden beglückt, die er im Leben verbracht,
    schaut auf das, was an Tagen und Jahren verging, als sein eigen,
        und er bangt nicht, daß schon Lethes Gewässer ihm nah.
    Sinnt er zurück, kein Tag, der ihm unlieb oder beschwerlich;
        keinen Tag gab's da, des er nicht freudig gedenkt.
    So verlängert ein wackerer Mann die Spanne des Lebens.
        Zweimal Leben besagt's, wenn das vergang'ne uns freut.

(R. Helm)

Martial, Epigrammata 10, 23

38 Tempus est nos de illa perpetua iam, non de hac exigua vita   ewiges Leben
    cogitare.
    Es ist für mich an der Zeit, an jenes ewige Leben zu denken und nicht
    mehr an dies kurze hier auf Erden.

Cicero, Ad Atticum 10, 9 (8), 8 K.

Nos tamen hoc confirmamus illo augurio, quo diximus, nec nos fallit nec aliter accidet:
corruat iste necesse est aut per adversarios aut per se, qui quidem sibi est adversarius
unus acerrimus. Id spero vivis nobis fore, quamquam *tempus est* ...

Für mich steht nach der Weissagung, von der ich sprach, dies eine ganz fest: ich täusche
mich nicht, es kann gar nicht anders kommen: er (*i. e.* Caesar) stürzt unvermeidlich,
durch seine Gegner oder durch sich selbst, denn er selbst ist sein gefährlichster Gegner.
Hoffentlich tritt das noch zu meinen Lebzeiten ein, obwohl es für mich an der Zeit wäre ...
(*2. Mai 49 v. Chr.*)

(H. Kasten)

Leben in dieser Welt

39 Hic fugit omnis
insidias nullique malo latus obdit apertum,
cum genus hoc inter vitae versemur, ubi acris
invidia atque vigent ubi crimina: pro bene sano
ac non incauto fictum astutumque vocamus.
Der dort hütet sich schlau vor allen Intrigen, nie bietet er dem bösen
Gegner eine Blöße; man lebt ja doch in einer Welt, wo krasser Neid,
wo Verleumdungssucht in üppiger Blüte stehn: nicht vernünftig und
vorsichtig, nein, falsch und verschlagen gilt er uns.

(H. Färber – W. Schöne)

HORAZ, SERMONES 1, 3, 58–62

Leben – eine Qual

40 Nec mihi vera loqui pudor est vitaeque fateri
tot mala perpessae taedia nata meae.
Wahres zu sagen schäm' ich mich nicht und einzugestehen,
Wie mir mein Leben zur Qual ward, das an Unglück so reich.

(W. Willige)

TIBULL, ELEGIAE 3, 2, 7–8

Leben – ein Jammer

41 Nec nox ulla diem neque noctem aurora secutast,
quae non audierit mixtos vagitibus acris
ploratus, mortis comites et funeris atri.
Niemals folgt dem Tage die Nacht und der Nacht dann der Morgen,
Der nicht Kindergewimmer vernähme vermischt mit dem Jammer,
Der schrilltönend den Tod und das schwarze Begräbnis begleitet.

LUKREZ, DE RERUM NATURA 2, 578–580

42 Tota flebilis vita est: urgebunt nova incommoda, priusquam
veteribus satisfeceris.
Im ganzen jammervoll ist unser Leben! Schon stürmt neues Unglück
auf dich ein, ehe du dich mit altem abgefunden hast.

(G. Fink)

SENECA, AD MARCIAM DE CONSOLATIONE 10

Lebenssinn

43 Beneficiis humana vita constat et concordia nec terrore, sed
mutuo amore in foedus auxiliumque commune constringitur.
Wohltaten sind der Sinn des Menschenlebens und Harmonie, und
nicht durch Bedrohung, sondern durch gegenseitige Liebe wird der
Bund geschlossen, einem jeden zu helfen.

(G. Fink)

SENECA, DE IRA 1, 5

44 Discite et, o miseri, causas cognoscite rerum,
quid sumus et quidnam victuri gignimur, ordo
quis datus aut metae qua mollis flexus et unde
quis modus argento, quid fas optare, quid asper
utile nummus habet patriae carisque propinquis,
quantum elargiri deceat, quem te deus esse
iussit et humana qua parte locatus es in re.

Lernt, Unselige: Forscht nach dem Grund und Wesen der Dinge:
Was wir sind, und wozu wir ins Leben geboren, und welche
Ordnung gesetzt, oder wie man das Ziel ohn' Scheitern umfahre;
Was des Silbers genug, was zu wünschen erlaubt, und der schnöden
Münze gerechter Gebrauch, und wieviel dem Land und den lieben
Nächsten zu schenken sich ziem', und wie Gott dich haben hat wollen,
Und an welcherlei Stelle im Menschengetriebe dein Platz sei.

(O. Seel)

PERSIUS, SATURAE 3, 66–72

45 Arbitror oportere aut immortalitatem suam aut mortalitatem
cogitare et illos quidem contendere, eniti, hos quiescere, remitti
nec brevem vitam caducis laboribus fatigare, ut video multos
misera simul et ingrata imagine industriae ad vilitatem sui
pervenire.

Alle Menschen müssen sich ja wohl in Gedanken mit ihrer Sterblichkeit oder Unsterblichkeit beschäftigen; die einen müssen kämpfen und
streben, die andern ausruhen, sich entspannen und ihr kurzes Leben
nicht durch sinnlose Arbeiten ermüden, wie ich es viele tun sehe,
die unter dem kläglichen und zugleich unbefriedigenden Schein angestrengter Tätigkeit doch nur zur Erkenntnis ihrer Bedeutungslosigkeit
gelangen.

(H. Kasten)

PLINIUS MINOR, EPISTULAE 9, 3, 2 K.

46 Tria genera sunt vitae, inter quae, quod sit optimum, quaeri solet: **Lebensformen**
unum voluptati vacat, alterum contemplationi, tertium actioni.
Es gibt drei Lebensformen, unter denen man gewöhnlich die beste
sucht: Die eine ergibt sich der Lust, die andere der Betrachtung, die
dritte dem Tätigsein.

(G. Fink)

SENECA, DE OTIO 7

Lebens-
gestaltung

47 **Haec est**
vita solutorum misera ambitione gravique;
his me consolor victurum suavius ac si
quaestor avus pater atque meus patruusque fuisset.

So gestaltet sich ein Leben, dem eitler Ehrgeiz mit seiner Qual und
Bürde fern blieb. So wird mein Leben erquicklicher sein – damit tröste
ich mich –, als wenn mein Großvater, mein Vater und noch ein Onkel
es bis zum Quästor gebracht hätte.

(H. Färber – W. Schöne)

HORAZ, SERMONES 1, 6, 128–131

48 **Maximum vivendi impedimentum est exspectatio, quae pendet ex**
crastino, perdit hodiernum. Quod in fortuna positum est, disponis,
quod in tua, dimittis. Quo spectas? Quo te extendis? Omnia, quae
ventura sunt, in incerto iacent: protinus vive!

Das größte Lebenshemmnis ist das Warten, das sich ans Morgen
klammert und das Heute verliert. Was in der Hand des Schicksals liegt,
das verplanst du, was du selbst in deiner Hand hast, das läßt du fahren!
Worauf starrst du? Wonach reckst du dich? Alles, was kommen soll,
liegt im Ungewissen. Los, lebe sogleich!

(G. Fink)

SENECA, DE BREVITATE VITAE 9

Lebensideal

49 **Quod sis, esse velis nihilque malis.**
summum nec metuas diem nec optes.

Nur sein wollen, was grad man ist, nichts andres,
und das Ende nicht fürchten und nicht wünschen.

MARTIAL, EPIGRAMMATA 10, 47

Vitam quae faciant beatiorem,
iucundissime Martialis, haec sunt:
res non parta labore sed relicta;
non ingratus ager, focus perennis;
lis numquam, toga rara, mens quieta;
vires ingenuae, salubre corpus;
prudens simplicitas, pares amici;
convictus facilis, sine arte mensa;
nox non ebria sed soluta curis;
non tristis torus et tamen pudicus;
somnus qui faciat breves tenebras:
quod sis, esse velis...

Was das Leben erfreulich macht für einen,
mein geliebtester Freund Martial, ist dieses:
ein Vermögen, ererbt, nicht schwer erworben,
ein ergiebiges Feld, ein Herd, der fortbrennt,
kein Prozeß, zum Besuch kein Zwang, Gemütsruh',
Kräfte, wie es sich ziemt, gesunder Körper,
Einfalt, aber gescheit, und gleiche Freunde,
stets bequeme Gesellschaft, kunstlos Tafeln,
eine Nacht, nicht berauscht, doch frei von Sorgen,
nie verödet das Lager, trotzdem züchtig,
Schlaf, der einem die Zeit des Dunkels abkürzt,
nur sein wollen...

(R. Helm)

50 **Caram te, vita, beneficio mortis habeo!**
Heiß liebe ich dich, Leben, dank dem Tod!

(G. Fink)

SENECA, AD MARCIAM DE CONSOLATIONE 20

Lebensliebe

51 SIMO: **Id arbitror**
adprime in vita esse utile, ut ne quid nimis.
SI. Mir deucht
Gar nützlich sei's im Leben, nie zu viel zu tun.

(J. J. Donner)

TERENZ, ANDRIA 60–61

Lebensregel

52 **Ut totum complectar vitae modum, hoc possum contentus esse:**
quid est sapientia? semper idem velle atque idem nolle.
Um die Eigenart menschlichen Lebens ganz zu umspannen, kann ich
mit folgendem zufrieden sein: Was ist Weisheit? Stets dasselbe wollen
und dasselbe nicht wollen.

(nach M. Rosenbach)

SENECA, EPISTULAE MORALES 20, 5

53 **Quid quod facienda quoque nemo rite obibit nisi is, cui ratio erit**
tradita, qua in quaque re omnes officiorum numeros exsequi
possit, quos non servabit, qui in rem praecepta acceperit, non in
omne. inbecilla sunt per se et, ut ita dicam, sine radice, quae
partibus dantur.
Noch mehr: auch was zu tun ist, wird nur ein Mensch richtig angehen,
dem eine vernünftige Anweisung vermittelt wurde, die ihn befähigt,
seine Verpflichtungen in jeder Situation vollkommen zu erfüllen: diese
Verpflichtungen wird nicht einhalten können, wer nur Vorschriften
zum Einzelfall, nicht aber fürs Ganze erhalten hat. Sie sind schon an
sich schwach und sozusagen ohne Wurzel, wenn sie nur für Einzel-
fälle gegeben werden.

(nach M. Rosenbach)

SENECA, EPISTULAE MORALES 95, 12

54 **Antiqua sapientia nihil aliud quam facienda ac vitanda praecepit,**
et tunc longe meliores erant viri. postquam docti prodierunt, boni
desunt. simplex enim illa et aperta virtus in obscuram et sollertem
scientiam versa est docemurque disputare, non vivere.
Die Weisheit der Alten hat nichts anderes vorgeschrieben, als was
man tun und lassen muß, und damals waren die Männer bei weitem
besser: seitdem gelehrte Männer aufgetreten sind, fehlen die Männer
von Wert. Denn jene schlichte und offene sittliche Vollkommenheit hat

sich in eine dunkle und gekünstelte Wissenschaft verwandelt, und
man lehrt uns zu diskutieren, nicht aber zu leben.

(nach M. Rosenbach)

SENECA, EPISTULAE MORALES 95, 13

55 Principum philosophorum ita percepta habuit praecepta, ut iis ad vitam agendam, non ad ostentationem uteretur.

Die Prinzipien der bedeutendsten Philosophen galten ihm (*i. e.* Atticus)
als wirkliche Lebensregeln, nicht bloß als Anlaß äußeren Scheines.

(H. Färber)

CORNELIUS NEPOS, VITA ATTICI 17, 3

Lebensziel

56 Vita sine proposito vaga est.

Das Leben ist ohne Ziel unstet.

SENECA, EPISTULAE MORALES 95, 46

... *vaga est:* quod si utique proponendum est, incipiunt necessaria esse decreta. illud, ut
puto, concedes, nihil esse turpius dubio et incerto ac timide pedem referente. hoc in
omnibus rebus accidet nobis. eximantur, quae reprendunt animos et detinent et ire
conarique totos vetant.

... unstet: wenn man sich nun jedenfalls ein Ziel setzen muß, sind Entschlüsse unverzicht-
bar. Folgendes, meine ich, wirst du einräumen, nichts ist schimpflicher als ein zweifeln-
der, unentschlossener und furchtsam zurückweichender Mensch. Das wird uns in allen
Dingen widerfahren. Hinweg mit allem, was die Seele behindert, festhält, ihr verbietet
voranzugehen und sich ohne inneren Vorbehalt einzusetzen!

(nach M. Rosenbach)

57 'Plurimum', inquis, 'discriminis est, utrum aliqua res propositum sit an propositi alterius accesssio sit.' Sane grande discrimen; tamen alterum sine altero non est: nec ille sine actione contemplatur nec hic sine contemplatione agit nec ille, de quo male existimare consensimus, voluptatem inertem probat, sed eam, quam ratione efficit firmam sibi. Ita et haec ipsa voluptaria secta in actu est.

«Es ist aber ein sehr großer Unterschied», wendest du ein, «ob irgend
etwas selbst Lebensziel ist oder ob es sich zufällig einstellt, wenn man
ein anderes Ziel verfolgt.» Gewiß, der Unterschied ist groß, und doch
ist das eine nicht ohne das andere denkbar: Jener ergibt sich nicht
untätig dem Nachdenken noch handelt jener unbedacht noch findet
jener dritte, von dem wir einhellig eine schlechte Meinung haben,
Gefallen an einer Lust, um die er sich nicht bemüht hat, sondern vielmehr an einer solchen, der sein Verstand Beständigkeit verlieh. So ist
sogar der Anhang Epikurs in seinem Luststreben nicht untätig.

(G. Fink)

SENECA, DE OTIO 7

58 **Magna quidem, sacris quae dat praecepta libellis,**
victrix Fortunae sapientia, ducimus autem
hos quoque felices, qui ferre incommoda vitae
nec iactare iugum vita didicere magistra.
Eine große Siegerin über die Glücksgöttin ist gewiß die Philosophie,
die in heiligen Büchern Weisungen erteilt, wir halten aber auch
die für glücklich, welche die Mißhelligkeiten des Lebens zu tragen
und nicht das Joch abzuwerfen vom Leben als Lehrmeisterin lernten.

(J. Adamietz)

Juvenal, Saturae 13, 19–22

Lehrmeisterin
Leben

Natur

Bühne
des Lebens

59 **Mihi tum, Brute officio solum erat et naturae, tibi nunc populo et scaenae, ut dicitur, serviendum est.**
Ich, Brutus, mußte damals nur einer naturgemäßen Pflicht dienen, Du jetzt dem Volke und der Bühne des Lebens, wie man wohl sagt.
(Juni 43 v. Chr.)

Cicero, Ad M. Brutum 13 (17), 2 K.

... *serviendum est*; nam cum in te non solum exercitus tui, sed omnium civium ac paene gentium coniecti oculi sint, minime decet, propter quem fortiores ceteri sumus, eum ipsum animo debilitatum videri.

... wie man wohl sagt. Denn auf Dich sind die Augen Deiner Armee, ja, die Augen aller Bürger und sozusagen der ganzen Welt gerichtet, und somit ziemt es sich ganz und gar nicht, daß der Mann, dessentwegen all die anderen den Mut nicht sinken lassen, verzagt erscheint.

(H. Kasten)

Entstehen –
Vergehen

60 **Lex universa est, quae iubet nasci et mori.**
Entstehen und Vergehen ist Weltsatzung.

(H. Beckby)

Publilius Syrus, Sententiae L 5

Vergänglichkeit

61 **Fluunt dies et inreparabilis vita decurrit.**
Dahinfließen die Tage, und unwiderruflich läuft das Leben ab.

(M. Rosenbach)

Seneca, Epistulae morales 123, 5

62 **Enumerare omnes fatorum vias longum est. hoc unum scio: omnia mortalium opera mortalitate damnata sunt, inter peritura vivimus.**
Alle Wege des Schicksals aufzuzählen führte zu weit. Das eine weiß ich: Alles Menschenwerk ist zur Sterblichkeit verurteilt, wir leben inmitten von Vergänglichem.

(nach M. Rosenbach)

Seneca, Epistulae morales 91, 12

63 **Nonne tibi videtur stultissimus omnium, qui flevit, quod ante annos mille non vixerat? aeque stultus est, qui flet, quod post annos mille non vivet. haec paria sunt, non eris nec fuisti: utrumque tempus alienum est.**
Scheint dir der nicht am törichtsten von allen, der weint, daß er vor tausend Jahren nicht gelebt hat? Gleich töricht ist, wer weint, daß er nach tausend Jahren nicht mehr leben wird. Das ist gleich, nicht wirst du sein noch bist du gewesen: beides ist Zeit, die uns nichts angeht.

(nach M. Rosenbach)

Seneca, Epistulae morales 77, 11

64 **Certis eunt cuncta temporibus: nasci debent, crescere, exstingui. quaecumque supra nos vides currrere et haec, quibus innixi atque inpositi sumus veluti solidissimis, carpentur ac desinent: nulli non senectus sua est. inaequabilibus ista spatiis eodem natura dimittit: quidquid est, non erit, nec peribit, sed resolvetur.**

In bestimmten Zeitabläufen geht alles seine Bahn: entstehen muß es, wachsen, verlöschen. Was immer du über uns laufen siehst und auch das, worauf wir stehen, als wäre es völlig unerschütterlich, wird nach und nach seine Kraft verlieren und enden: Alles hat sein eigenes Alter. In ungleichen Zeiträumen entläßt die Natur alles zu demselben Ziel: Alles, was ist, wird nicht sein, und es wird nicht untergehen, sondern sich auflösen.

(nach M. Rosenbach)

Seneca, Epistulae morales 71, 13

65 **Hoc est, quod ait Heraclitus: 'In idem flumen bis descendimus et non descendimus.' manet enim idem fluminis nomen, aqua transmissa est. hoc in amne manifestius est quam in homine: sed nos quoque non minus velox cursus praetervehit.**

Das ist es, was Heraklit sagt: «In denselben Fluß steigen wir zweimal und steigen wir nicht.» Es bleibt nämlich derselbe Name des Flusses, das Wasser aber ist vorübergeflossen. Das wird am Flusse deutlicher als am Menschen: aber auch uns führt ein nicht weniger rascher Lauf dahin.

Heraklit, fr. 22 B 12, bei Seneca, Epistulae morales 58, 23

... *praetervehit*, et ideo admiror dementiam nostram, quod tantopere amamus rem fugacissimam, corpus, timemusque, ne quando moriamur, cum omne momentum mors prioris habitus sit. vis tu non timere, ne semel fiat, quod cotidie fit!

... rascher Lauf dahin, und deswegen wundere ich mich über unseren Wahnwitz, daß wir eine hochvergängliche Sache, unseren Körper, so sehr lieben und fürchten, daß wir einmal sterben müssen, da doch jeder Augenblick der Tod des vorhergehenden ist: fürchte du nicht, daß einmal geschieht, was täglich geschieht!

(nach M. . Rosenbach)

66 **Ita est: nihil perpetuum, pauca diuturna sunt; aliud alio modo fragile est, rerum exitus variantur, ceterum, quicquid coepit, et desinit.**

Ja, nichts ist ewig, weniges steht lange; ein jedes Ding ist in anderer Weise zerstörbar, die Formen der Vernichtung sind verschieden; im übrigen muß alles, was begann, auch enden.

(G. Fink)

Seneca, Ad Polybium de consolatione 1

67 **Nec forma aeternum aut cuiquam est fortuna perennis:**
    Longius aut propius mors sua quemque manet.
    Keine Schönheit ist ewig, und jegliches Glück ist vergänglich:
    spät oder frühe, der Tod ist einem jeden gewiß.

    (W. Willige)

    PROPERZ, ELEGIAE 2, 28C, 57–58

68 **Quoscumque in medium fortuna protulit, quicumque membra ac**
    partes alienae potentiae fuerant, horum gratia viguit, domus
    frequentata est, dum ipsi steterunt; post ipsos cito memoria
    defecit. Ingeniorum crescit dignatio nec ipsis tantum honor
    habetur, sed quicquid illorum memoriae adhaesit, excipitur.
    Alle, die das Glück in die Öffentlichkeit geführt hat, alle, die Glieder
    und Teilhaber fremder Macht waren, deren Einfluß war mächtig, ihr
    Haus besucht, solange sie selber standen; nach ihnen selber schwand
    rasch das Andenken. Das Ansehen bedeutender Geister wächst, und
    nicht nur ihnen selber erweist man Ehre, sondern auch alles, was mit
    dem Gedanken an sie verbunden ist, wird mit Beifall aufgenommen.

    (nach M. Rosenbach)

    SENECA, EPISTULAE MORALES 20, 6

69 **Mors sola fatetur**
    quantula sint hominum corpuscula.
    Allein der Tod läßt erkennen,
    wie klein doch die Körperchen der Menschen sind.

    JUVENAL, SATURAE 10, 172

    Unus Pellaeo iuveni non sufficit orbis,
    aestuat infelix angusto limite mundi
    ut Gyarae clausus scopulis parvaque Seripho;
    cum tamen a figulis munitam intraverit urbem,
    sarcophago contentus erit. *mors sola ...*

    Eine Erde reichte dem Jüngling aus Pella (*d. h.* Alexander) nicht aus,
    erregt und unglücklich ist er über die engen Grenzen der Welt, als
    wäre er von den Klippen von Gyara umschlossen und dem kleinen Seriphos;
    wenn er jedoch die von Ziegelbrennern befestigte Stadt betreten haben wird,
    wird er mit einem Sarkophag zufrieden sein. Allein der Tod ...

    (J. Adamietz)

70 **Labitur occulte fallitque volatilis aetas**
    Et celer admissis labitur Annus equis.
    Heimlich gleitet davon und täuscht die geflügelte Jugend
    Und in eilender Fahrt gleitet vorüber das Jahr.

    (W. Marg – R. Harder)

    OVID, AMORES 1, 8, 49–50

71 **Nunc cogito omnia et mortalia esse et incerta lege mortalia: hodie fieri potest, quicquid umquam potest.**
Jetzt denke ich, daß alles sterblich ist, und zwar nach einem ungewissen Gesetz sterblich: heute noch kann geschehen, was immer jemals geschehen kann.
(M. Rosenbach)
SENECA, EPISTULAE MORALES 63, 15

Sterblichkeit

72 **Parabile est, quod natura desiderat, et adpositum: ad supervacua sudatur.**
Leicht zu beschaffen ist, was die Natur verlangt, und zur Stelle: für Überflüssiges gerät man ins Schwitzen.
(M. Rosenbach)
SENECA, EPISTULAE MORALES 4, 10–11

Natur

73 **Locuples ac divina natura, quo maiorem sui pareret admirationem ponderatioraque sua essent beneficia, neque uni omnia dare nec rursus cuiquam omnia voluit negare.**
Die schöpferische und göttliche Naturkraft hat, um ihre eigene Bewunderung zu mehren und ihren Gaben mehr Gewicht zu verleihen, weder einem alles geben noch auch andrerseits einem alles versagen wollen.
(H. Färber)
CORNELIUS NEPOS, FRAGMENTA 57 (ANON. COD. GUD. 278)

74 **Sufficit ad id natura, quod poscit.**
Die Natur reicht aus für das, was sie fordert.
(nach M. Rosenbach)
SENECA, EPISTULAE MORALES 90, 18

75 **Neque enim rerum natura patitur, ut umquam bona bonis noceant.**
Die Natur läßt es ja nicht zu, daß jemals Gutes den Guten schadet.
(G. Fink)
SENECA, DE PROVIDENTIA 1

76 **Natura duce utendum est; hanc ratio observat, hanc consulit. Idem est ergo beate vivere et secundum naturam.**
Die Natur muß man als Führerin haben; auf sie achtet die Vernunft, von ihr holt sie sich Rat. Dasselbe ist also ein glückliches und ein naturgemäßes Leben.
(G. Fink)
SENECA, DE VITA BEATA 8

naturgemäß leben

77 **Naturae parere qui velit – omnes autem parebunt, qui secundum naturam volent vivere –, numquam committet, ut alienum appetat et id, quod alteri detraxerit, sibi adsumat.**
Wer der Natur gehorchen will – alle aber werden ihr gehorchen, die gemäß der Natur leben wollen –, wird es nie dahin kommen lassen, daß er Fremdes begehrt, und das, worum er den anderen gekürzt hat, sich hinzunimmt.
(K. Büchner)
CICERO, DE OFFICIIS 3, 23
Cui *parere qui velit* ...
Wer ihr gehorchen will . . .

78 **Multum interest, simpliciter vivas an neglegenter.**
Es ist ein großer Unterschied, ob man natürlich lebt oder nachlässig.
(G. Fink)
SENECA, DE TRANQUILLITATE ANIMI 17

nach Wunsch-
vorstellungen
leben

79 **Si ad naturam vives, numquam eris pauper: si ad opiniones, numquam eris dives?**
Wenn du nach der Natur lebst, wirst du niemals arm sein, wenn nach Wunschvorstellungen, wirst du niemals reich sein.
(M. Rosenbach)
EPIKUR, FR. 201, BEI SENECA, EPISTULAE MORALES 16, 7
Istuc quoque ab Epicuro dictum est: '*Si ... dives.*'
Auch folgendes Wort stammt von Epikur: «Wenn ... reich sein.»

Natur-
veranlagung

80 **Maximum hoc habemus naturae meritum, quod virtus lumen suum in omnium animos permittit; etiam qui non sequentur illam, vident.**
Als größte Wohltat der Natur erleben wir, daß die sittliche Vollkommenheit ihr Licht in aller Menschen Seelen scheinen läßt; auch wer sie sich nicht zu eigen machen wird, sieht sie.
(nach M. Rosenbach)
SENECA, DE BENEFICIIS 4, 17, 4

Gut des
Menschen

81 **Quemadmodum omnis natura bonum suum nisi consummata non profert, ita hominis bonum non est in homine, nisi cum illic ratio perfecta est. quod autem hoc bonum? dicam: liber animus, erectus, alia subiciens sibi, se nulli. hoc unum adeo non recipit infantia, ut pueritia non speret, adulescentia inprobe speret: bene agitur cum senectute, si ad illud longo studio intentoque pervenit.**

Wie jedes Wesen das ihm eigene Gut nur in der Vollendung hervorbringt, so gibt es das Gut des Menschen bei ihm allein dann, wenn dort
die Vernunft vollkommen ausgebildet ist. Was aber für ein Gut? Ich
will es sagen: ein freier Geist, aufrecht, anderes sich unterwerfend,
sich selbst niemandem. Dieses Gut erfaßt die frühe Kindheit überhaupt nicht, so daß auch der Knabe nicht darauf hoffen kann, der Her-
anwachsende in Anmaßung darauf hofft: gut steht es um das Greisenalter, wenn es in langer und angestrengter Bemühung zu diesem Ziel
gelangt ist.

Seneca, Epistulae morales 124, 11–12

... *pervenit.* si hoc est bonum, et intellegibile est.

... gelangt ist. Wenn das ein Gut ist, ist es auch mit der Vernunft zu erfassen.

(M. Rosenbach)

82 **Nec quisquam tantum a naturae lege descivit et hominem exuit, ut** Schlechtigkeit
animi causa malus sit.
Und niemand entfernt sich so weit vom Gesetz der Natur und legt den
Menschen ab, daß er aus Absicht schlecht ist.

(M. Rosenbach)

Seneca, De beneficiis 4, 17, 3

Zeit

83 **Infinita est velocitas temporis, quae magis apparet respicientibus. nam ad praesentia intentos fallit: adeo praecipitis fugae transitus lenis est.**

Unbegrenzt ist das Dahineilen der Zeit; das wird dem noch deutlicher, der zurückblickt. Denn wer sich nur der Gegenwart zuwendet, den täuscht sie: so wenig bemerkbar ist das Vergehen des davonstürzenden Augenblickes.

(nach M. Rosenbach)

SENECA, EPISTULAE MORALES 49, 2

84 STICHUS: **Quasi nix tabescit dies.**

ST. Wie Schnee, so schmilzt der Tag.

(W. Binder – W. Ludwig)

PLAUTUS, STICHUS 648

85 **Tanto brevius omne quanto felicius tempus.**

Jede Zeitspanne erscheint uns um so kürzer, je glücklicher sie ist.

(H. Kasten)

PLINIUS MINOR, EPISTULAE 14, 10 K.

86 **Nil non aut lenit aut domat diuturnitas.**

Nichts gibt's, was Zeit nicht lindert oder bändigt.

(H. Beckby)

PUBLILIUS SYRUS, SENTENTIAE N 46

87 **Quicquid voles, quale sit, scire, tempori trade: nihil diligenter in fluctu cernitur.**

Bei allem, dessen Wert du erkennen möchtest, vertraue der Zeit! Nichts läßt sich im Trubel der Ereignisse sorgfältig prüfen.

(G. Fink)

SENECA, DE IRA 3, 12

Wert der Zeit

88 **Placet intra parietes rursus vitam coercere: nemo ullum auferat diem nihil dignum tanto impendio redditurus; sibi ipse animus haereat, se colat, nihil alieni agat, quod ad iudicem spectet; ametur expers publicae privataeque curae tranquillitas.**

Es gefällt mir, meinen Lebenskreis wieder auf vier Wände zu beschränken; niemand soll mir auch nur einen Tag stehlen, wenn er dafür nichts bieten kann, was ein solches Opfer wert ist. Ich will ganz mir selbst gehören, an mir arbeiten, nichts Unangemessenes tun, nichts, was nach fremdem Urteil schielt, ich will, von öffentlichen und privaten Sorgen frei, die Ruhe lieben.

(nach G. Fink)

SENECA, DE TRANQUILLITATE ANIMI 1

89 Mirari soleo, cum video aliquos tempus petentes et eos, qui rogantur, facillimos.
Ich pflege mich zu wundern, wenn ich Leute sehe, die jemands Zeit in Anspruch nehmen zu dürfen bitten, und wenn diejenigen, die darum gebeten werden, dieses Opfer auch noch bereitwilligst darbringen.

SENECA, DE BREVITATE VITAE 8

Mirari soleo ... facillimos; illud uterque spectat, propter quod tempus petitum est, ipsum quidem neuter: quasi nihil petitur, quasi nihil datur. Re omnium pretiosissima luditur; fallit autem illos, quia res incorporalis est, quia sub oculos non venit ideoque vilissima aestimatur, immo paene nullum eius pretium est.

Ich wundere mich regelmäßig, wenn ich irgendwelche Leute sehe, die um ein Zeitopfer bitten, und wenn die darum Gebetenen es willig bringen. Darauf achten beide, warum man es will, auf die Zeit selbst aber keiner, gleich als würde nichts erbeten, als würde nichts gegeben. Mit dem Allerkostbarsten geht man leichtfertig um und merkt es nicht einmal, weil es nichts Gegenständliches ist, weil es nicht ins Auge fällt und deshalb als ganz wohlfeil gilt, ja fast wertlos ist.

(G. Fink)

90 Tempus unum est, quod ne gratus quidem potest reddere.   **Zeitverlust**
Zeit ist das einzige,was nicht einmal ein Dankbarer erstatten kann.

(M. Rosenbach)

SENECA, EPISTULAE MORALES 1, 3

91 Persuade tibi hoc sic esse, ut scribo: quaedam tempora eripiuntur nobis, quadam subducuntur, quaedam effluunt. turpissima tamen est iactura, quae per neglegentiam fit.
Sei überzeugt, es ist so, wie ich schreibe: manche Zeit wird uns entrissen, manche gestohlen, manche verrinnt einfach. Am schimpflichsten jedoch ist ein Verlust, der durch Lässigkeit entsteht.

(nach M. Rosenbach)

SENECA, EPISTULAE MORALES 1, 1

92 Ita est: non accipimus brevem vitam, sed fecimus, nec inopes eius,   **Zeit-**
sed prodigi sumus.   **verschwendung**
So ist's: Wir erhalten kein kurzes Leben, sondern haben es dazu gemacht, und es mangelt uns nicht an Zeit, sondern wir verschwenden sie.

(G. Fink)

SENECA, DE BREVITATE VITAE 1

Gegenwart

93 **Praecipitat quisque vitam suam et futuri desiderio laborat, praesentium taedio.**
Ein jeder übereilt sein Leben und quält sich in Erwartung der Zukunft, während ihm die Gegenwart zuwider ist.

(G. Fink)

SENECA, DE BREVITATE VITAE 7

Vergangenheit

94 **Sed pergo praeterita.**
Doch ich reite schon wieder auf der Vergangenheit herum!

CICERO, AD ATTICUM 3, 15, 5 K.

Hic mihi primum meum consilium defuit, sed etiam obfuit. Caeci, caeci, inquam, fuimus in vestitu mutando, in populo rogando, quod, nisi nominatim mecum agi coeptum esset, fieri perniciosum fuit. *Sed pergo praeterita.*

Das ist der Punkt, wo mir zuerst mein eigenes Urteil gefehlt oder vielmehr geschadet hat. Blind, blind, sage ich, war ich, als ich Trauerkleider anlegte und beim Volk betteln ging; das mußte ja zum Verderben ausschlagen, falls man eigentlich überhaupt nicht beabsichtigte, gegen mich persönlich vorzugehen. Doch ich reite schon wieder auf der Vergangenheit herum! *(17. August 58 v. Chr.)*

(H. Kasten)

Vergangenheit – Zukunft

95 **Nemo, quod fuit, tamquam in praeterito, sed tamquam in perdito ponit, ideoque caduca memoria est futuro imminentium.**
Niemand versteht, was gewesen ist, als vergangen, sondern als verloren, und deswegen ist das Erinnerungsvermögen hinfällig, wenn man nach dem Künftigen trachtet.

(M. Rosenbach)

SENECA, DE BENEFICIIS 3, 3, 4

96 **Ingrati adversus percepta spe futuri sumus, quasi non, quod futurum est, si modo successerit nobis, cito in praeterita transiturum sit. anguste fructus rerum determinat, qui tantum praesentibus laetus est. et futura et praeterita delectant, haec exspectatione, illa memoria, sed alterum pendet et non fieri potest, alterum non potest non fuisse. quis ergo furor est certissimo excidere? Adquiescamus iis, quae iam hausimus, si modo non perforato animo hauriebamus et transmittente quicquid acceperat.**
Aus Hoffnung auf Künftiges sind wir dem gegenüber undankbar, was wir genossen haben, als ob nicht das Künftige, wenn es uns nähergerückt ist, alsbald in die Vergangenheit überginge. Eng begrenzt den Genuß seines Lebens, wer sich nur an Gegenwärtigem freut: auch Künftiges und Vergangenes bereiten Freude, dieses durch die Erwartung, jenes durch die Erinnerung, doch das eine «hängt in der Luft» und muß nicht eintreten, das andere aber hat es unter allen Umständen gegeben. Welcher Wahnsinn ist es also, das Gewisseste aufzugeben! Finden wir Ruhe bei dem, war wir schon geschöpft haben –

wenn nur unsere Seele nicht löchrig war, als wir schöpften, und ver-
rinnen ließ, was immer sie aufnahm!

(nach M. Rosenbach)

SENECA, EPISTULAE MORALES 99, 5

97 **Longam moram dedit malis properantibus, qui diem dixit: hora**
momentumque temporis evertendis imperiis sufficit. esset aliquod
inbecillitatis nostrae solacium rerumque nostrarum, si tam tarde
perirent cuncta, quam fiunt.
Langen Aufschub gewährt dem nahenden Unglück, wer von einem
Tag spricht: eine Stunde, ein Augenblick genügt, um ganze Reiche zu
zerstören. Es wäre ein gewisser Trost für unsere Schwäche und unser
Wirken, wenn alles so langsam verginge, wie es entsteht.

(M. Rosenbach)

SENECA, EPISTULAE MORALES 91, 6

Zukunft

98 **'Numquid me crastina non fallit hora? fallit enim, quod nescienti**
evenit.' Ego quid futurum sit, nescio; quid fieri possit, scio. De hoc
nihil deesse sperabo, tamen exspecto: si quid remittitur, boni
consulo. fallit me hora, si parcit, sed ne sic quidem fallit. nam
quemadmodum scio omnia accidere posse, sic scio et non utique
casura: itaque secunda exspecto, malis paratus sum.
«Täuscht mich vielleicht die morgige Stunde nicht? Es täuscht mich
nämlich, was mir ohne mein Wissen widerfährt.» Ich weiß nicht, was
geschehen wird: Nur was geschehen kann, weiß ich. Deswegen hoffe
ich, es fehlt nichts, rechne aber damit, daß alles fehlt. Wenn mir etwas
erlassen wird, sehe ich das als Glück an. Es täuscht mich die Stunde,
wenn sie mich verschont, aber auch so täuscht sie mich nicht. Denn
wie ich weiß, daß sich alles ereignen kann, so weiß ich auch, daß es
sich nicht in jedem Falle ereignen wird: daher erwarte ich Gutes, auf
Schlimmes bin ich gefaßt.

(nach M. Rosenbach)

SENECA, EPISTULAE MORALES 88, 16–17

99 **Sed acta ne agamus, reliqua paremus!**
Aber reden wir nicht von dem, was hinter uns liegt: denken wir an die
Zukunft!

CICERO, AD ATTICUM 9, 6, 7 K.

Sed acta ne agamus, reliqua paremus! Me adhuc haec duo fefellerunt: initio spes
compositionis, qua facta volebam uti populari via, sollicitudine senectutem nostram
liberari; deinde bellum crudele et exitiosum suscipi a Pompeio intellegebam. Melioris
mediusfidius civis et viri putabam quovis supplicio adfici, quam illi crudelitati non solum
praeesse, verum etiam interesse.

Aber reden wir nicht davon, was hinter uns liegt, und denken wir an die Zukunft! Bislang
sehe ich mich in zwei Erwartungen getäuscht: anfangs hoffte ich auf gütliche Beilegung,
nach deren Zustandekommen ich einen populären Kurs einschlagen und meine alten

Tage von allen Aufregungen befreien wollte; dann mußte ich sehen, wie Pompeius einen grausamen, mörderischen Krieg begann. Der bessere Mann und Staatsbürger sollte wirklich, meinte ich, lieber jewede Marter auf sich nehmen als solch grausames Beginnen in die Wege leiten, ja auch nur seine Hand dazu reichen. *(11. März 49 v. Chr.)*

(H. Kasten)

100 Ego nec praeterita nec praesentia abs te, sed ut ab homine longe in posterum prospiciente futura exspecto.

Ich erwarte weder Vergangenes noch Gegenwärtiges von Dir, sondern, als von einem Manne, der weit in die Zukunft blickt, das Zukünftige.

Cicero, Ad familiares 2, 8, 1 K. (Ad M. Caelium)

... *futura exspecto*, ut, ex tuis litteris cum formam rei publicae viderim, quale aedificium futurum sit, scire possim.

... das Zukünftige, damit ich mir ein Bild machen kann, wie der fertige Staatsbau aussehen wird, nachdem ich aus Deinen Briefen den Grundriß ersehen habe. *(6. Juli 51 v. Chr.)*

(H. Kasten)

101 Cotidie est deterior posterior dies.

Stets ist das Heute mehr wert als das Morgen.

(H. Beckby)

Publilius Syrus, Sententiae C 20

Zeitabschnitte

102 Punctum est, quod vivimus, et adhuc puncto minus: sed et hoc minimum specie quadam longioris spatii natura divisit. aliud ex hoc infantiam fecit, aliud pueritiam, aliud adulescentiam, aliud inclinationem quandam ab adulescentia ad senectutem, aliud ipsam senectutem. in quam angusto quodam quot gradus posuit!

Ein Punkt ist, was wir leben, und weniger als ein Punkt: aber auch dieses geringe Wenig hat die Natur durch eine Art Anschein einer längeren Frist unterteilt. Einen Teil davon machte sie zur Kindheit, einen zum Knabenalter, einen zur Reifezeit, einen zu einer Art Übergang von der Reifezeit zum Alter, einen zum Alter selbst. Wie viele Schritte hat sie da geschaffen, und das auf so kleinem Raum!

(nach M. Rosenbach)

Seneca, Epistulae morales 49, 3

Lebenskreise

103 Tota aetas partibus constat et orbes habet circumductos maiores minoribus. est aliquis, qui omnes conplectatur et cingat; hic pertinet a natali ad diem extremum. est igitur alter, qui annos adulescentiae includit: est qui totam pueritiam ambitu suo adstringit: est deinde per se annus in se omnia continens tempora, quorum multiplicatione vita componitur. mensis artiore praecingitur circulo: angustissimum habet dies gyrum, sed et hic ab initio ad exitum venit, ab ortu ad occasum.

Das ganze Leben besteht aus Teilen und hat Kreise, wobei sich immer größere um die kleineren legen. Es gibt aber einen Kreis, der alle umfaßt und umringt; er reicht vom Geburtstag bis zum Todestag. Es gibt einen weiteren, der die Jugendjahre umschließt: es gibt einen, der die ganze Kindheit mit seinem Umgang umspannt: es enthält ferner ohnehin das Jahr in sich alle Zeitabschnitte, aus deren Vervielfältigung das Leben sich zusammensetzt. Der Monat wird von einem engeren Kreis gegürtet: den engsten Kreis hat der Tag, aber auch der reicht vom Anfang bis zum Ende, vom Aufgang bis zum Untergang.

(M. Rosenbach)

SENECA, EPISTULAE MORALES 12, 6

104 **Optima quaeque dies miseris mortalibus aevi prima fugit: subeunt morbi tristisque senectus. et labor et durae rapit inclementia mortis.**   **Lebenszeit**
Gerade die besten Tage des Lebens des armen Menschen fliehen zuerst: es folgen Krankheiten und trauriges Alter. Mühsal und Mitleidlosigkeit des harten Todes rafft uns dahin.

(M. Rosenbach)

VERGIL, GEORGICA 3, 66–68., BEI SENECA, EPISTULAE MORALES 108, 24

105 **Respice celeritatem rapidissimi temporis, cogita brevitatem huius**   **Lebensdauer**
spatii, per quod citissimi currimus, observa hunc comitatum generis humani eodem tendentis minimis intervallis distinctum, etiam ubi maxima videntur: quem putas perisse, praemissus est.
Blicke auf den schnellen Ablauf der dahinrasenden Zeit, denke an die Kürze dieser Spanne, die wir mit größter Geschwindigkeit durcheilen, betrachte diese Kolonne des Menschengeschlechtes, das zu demselben Ziel strebt, durch ganz kleine Abstände getrennt, auch wenn sie uns sehr groß erscheinen: wer, wie du meinst, zugrunde gegangen ist, wurde nur vorausgeschickt.

SENECA, EPISTULAE MORALES 99, 7

... *praemissus est.* quid autem dementius quam, cum idem tibi iter emetiendum sit, flere eum, qui antecessit?

... vorausgeschickt. Was aber ist sinnloser als – obwohl du denselben Weg durchmessen mußt – den zu beweinen, der voraufgegangen ist?

(M. Rosenbach)

106 **Quid illum octoginta anni iuvant per inertiam exacti? non vixit iste, sed in vita moratus est, nec sero mortuus est, sed diu.**
Was helfen einem achtzig Jahre, in Untätigkeit verbracht? Der hat nicht gelebt, sondern sich im Leben aufgehalten, und er ist nicht spät gestorben, sondern lange.

SENECA, EPISTULAE MORALES 93, 3

... *sed diu.* octoginta annis vixit. interest, mortem eius ex quo die numeres.

... sondern lange. Achtzig Jahre hat er gelebt. Es kommt darauf an, von welchem Tage an du seinen Tod rechnest.

(M. Rosenbach)

107 **Quomodo fabula, sic vita non quam diu, sed quam bene acta sit, refert. nihil ad rem pertinet, quo loco desinas. quocumque voles desine: tantum bonam clausulam impone!**

Wie im Theaterstück, so kommt es auch im Leben nicht darauf an, wie lange, sondern wie gut es gestaltet ist. Nichts tut es zur Sache, an welcher Stelle du aufhörst. Wo immer du willst, höre auf: nur sorge für einen guten Schluß!

(M. Rosenbach)

Seneca, Epistulae morales 77, 20

108 **Utrum maiorem an minorem circulum scribas, ad spatium eius pertinet, non ad formam: licet alter diu manserit, alterum statim obduxeris et in eum, in quo scriptus est, pulverem solveris, in eadem uterque forma fuit. quod rectum est, nec magnitudine aestimatur nec numero nec tempore: non magis produci quam contrahi potest. honestam vitam ex centum annorum numero in quantum voles corripe et in unum diem coge: aeque honesta est.**

Ob du einen größeren oder kleineren Kreis beschreibst, betrifft seinen Flächeninhalt, nicht seine Gestalt: mag der eine länger bleiben, magst du einen anderen sofort wieder auswischen und ihn in den Sand auflösen, in den du ihn gezeichnet hast, von derselben Gestalt waren beide. Was richtig ist, wird weder nach der Größe beurteilt noch nach der Zahl noch nach der Zeit: ebensowenig vergrößert wie verkleinert kann es werden. Ein sittliches Leben raffe aus hundert Jahren in eine beliebig kleine Spanne zusammen und zwinge es in einen einzigen Tag zusammen: es ist in gleicher Weise sittlich.

(nach M. Rosenbach)

Seneca, Epistulae morales 74, 27

Lebensalter

109 **Unicuique aetati sua constitutio est, alia infanti, alia puero, alia seni: omnes ei constitutioni conciliantur, in qua sunt. infans sine dentibus est: huic constitutioni suae conciliatur. enati sunt dentes: huic constitutioni conciliatur.**

Jedes Lebensalter hat seine eigene Verfassung, eine für das Kleinkind, eine für den Jungen, eine für den alten Mann: alle richten sich nach der Verfassung, in der sie sich befinden: Das Kleinkind ist ohne Zähne: auf diesen Zustand richtet es sich ein. Die Zähne sind gewachsen: nun richtet es sich auf diesen Zustand ein.

(nach M. Rosenbach)

Seneca, Epistulae morales 121, 15

110 **Agunt opus suum fata: nobis sensum nostrae necis auferunt, quoque facilius obrepat, mors sub ipso vitae nomine latet: infantiam in se pueritia convertit, pueritiam pubertas, iuvenem senex abstulit. Incrementa ipsa, si bene computes, damna sunt.**

Was ihm obliegt, erfüllt das Schicksal; es entzieht uns die Wahrneh-
mung unseres Endes, und damit es sich desto leichter anschleichen
kann, tarnt sich der Tod gar mit dem Schein des Lebens. Das Säuglingsalter machte der Kindheit, die Kindheit der Jugend Platz, und
Manneskraft raubte das Alter. Gerade die Zunahme ist, objektiv
betrachtet, ein Verlust.

(G. Fink)

SENECA, AD MARCIAM DE CONSOLATIONE 21

---

111 **Quam multi, quod nati sunt, queruntur! tamen natura subolem
novam gignit ipsosque, qui non fuisse mallent, esse patitur.**
Wie viele beklagen sich, daß sie geboren sind! Dennoch bringt die
Natur neue Nachkommenschaft hervor und nimmt hin, daß eben die
existieren, die lieber nicht existieren wollten.

(M. Rosenbach)

SENECA, DE BENEFICIIS 1, 1, 11

Geburt

---

112 **Fructuosior est adulescentia liberorum, sed infantia dulcior.**
Reicher an Gewinn ist das frühe Mannesalter der Söhne, aber ihre
Kindheit ist lieblicher.

(nach M. Rosenbach)

SENECA, EPISTULAE MORALES 9, 9

Kindheit

---

113 **Ineunte adulescentia, cum est maxima inbecillitas consilii, tum id
sibi quisque genus aetatis degendae constituit, quod maxime
adamavit. Itaque ante implicatur aliquo certo genere cursuque
vivendi, quam potuit, quod optimum esset, iudicare.**
Bei beginnender Jugend, wenn die Entscheidungsfähigkeit noch
besonders schwach ist, bestimmt sich jeder die Art, das Leben zu
führen, die er besonders liebgewonnen hat. Daher verstrickt er sich in
irgendeine bestimmte Art und Bahn des Lebens, bevor er beurteilen
konnte, was das Beste wäre.

(K. Büchner)

CICERO, DE OFFICIIS 1, 117

Jugend

---

114 PROLOGUS: **Exemplum statuite in me, ut adulescentuli
vobis placere studeant potius quam sibi.**
PR. Nehmt mich als Beispiel dafür, daß die Jungen sich
bemüh'n, euch mehr zu gefallen als sich selbst.

(J. J. Donner)

TERENZ, HEAUTONTIMORUMENOS PROL. 51–52

115 **Iuvenes possumus discere, possumus facilem animum et adhuc
tractabilem ad meliora convertere.**

Als junge Menschen können wir lernen, können den willigen und
noch bildsamen Geist zum Besseren entwickeln.

SENECA, EPISTULAE MORALES 108, 27

Quare optima? quia, quod restat, incertum est. quare optima? quia *iuvenes ... convertere;*
quia hoc tempus idoneum est laboribus, idoneum agitandis per studia ingeniis et
exercendis per opera corporibus; quod superest segnius et languidius est et propius a fine.

Warum die besten (Jahre)? Weil ungewiß ist, was übrigbleibt. Warum die besten? Weil wir
als ... entwickeln; weil diese Zeit geeignet ist für Anstrengungen, geeignet, den Geist mit
wissenschaftlicher Arbeit zu bilden und den Körper mit Leistungen zu trainieren; was
übrigbleibt, ist träger und schlaffer, näher dem Ende.

(M. Rosenbach)

116 **Iuventus probitati et industriae, non sumptibus neque divitiis
studeat.**

Die Jugend soll nach Redlichkeit und geordneter Tätigkeit, nicht nach
Üppigkeit und Reichtum streben.

SALLUST, EPISTULAE AD CAESAREM SENEM DE RE PUBLICA 1, 7, 2–3

... *studeat.* Id ita eveniet, si pecuniae, quae maxuma omnium pernicies est, usum atque
decus dempseris.

... streben. Das wird dann eintreten, wenn Du dem Geld, das das allergrößte Unheil ist,
Bedeutung und Ansehen nimmst.

(W. Eisenhut – J. Lindauer)

117 **Iam subrepet iners aetas nec amare decebit,
dicere nec cano blanditias capite.
Nunc levis est tractanda Venus, dum frangere portas
non pudet et rixas inseruisse iuvat.**

Bald beschleicht uns das Alter; zu lieben wird nimmer erlaubt sein:
Kosen geziemt sich nicht mehr für das ergrauende Haar.
Heut aber dienen wir Venus noch gern: eine Tür zu durchstoßen
Scheuen wir nicht, und sogar Streit zu beginnen beglückt.

(W. Willige)

TIBULL, ELEGIAE 1, 1, 71–74

118 **Et nondum cani nigros laesere capillos,
nec venit tardo curva senecta pede.**

Noch entstellt mein schwarzes Haar kein einziges graues;
Krumm, mit schleichendem Fuß nahte das Alter noch nicht.

(W. Willige)

TIBULL, ELEGIAE 3, 5, 15–16

Jugend – Alter   119 **Iuvenes confusa adhuc quaedam et quasi turbata non indecent,
senibus placida omnia et ordinata conveniunt, quibus industria
sera, turpis ambitio est.**

Der Jugend steht noch eine gewisse Unausgeglichenheit in Sturm und
Drang nicht übel an, dem Alter ziemt alles, was Ruhe und heißt; für
Rastlosigkeit ist es zu spät, und Ehrgeiz wirkt abstoßend.

(H. Kasten)

PLINIUS MINOR, EPISTULAE 3, 1, 2 K.

120 LACHES: **Odiosa haec est aetas adulescentulis.**
e medio aequom excedere est; postremo nos iam fabula
sumus, Pamphile, 'senex et anus'.
LA. Leute unseres Alters sind
Den Jungen stets ein Dorn im Auge: besser denn, man räumt das Feld.
Pamphilus, am Ende gibt es noch ein Märchen über uns:
«Es war einmal ein alter Mann und war ein altes Weibchen».

(J. J. Donner)

TERENZ, HECYRA 619–621

121 **Frustra, cum ad senectutem ventum est, repetas adulescentiam.**
Kam das Alter schon, dann wünscht man Jugend sich umsonst zurück.

(H. Beckby)

PUBLILIUS SYRUS, SENTENTIAE F 20

122 **An, quod adulescens praestiti, cum etiam errare cum excusatione**
possem, id nunc aetate praecipitata commutem ac me ipse
retexam?
Oder sollte ich das, wofür ich in der Jugend eingetreten bin, als ich für
jeden Fehlgriff auch eine Entschuldigung hätte finden können, jetzt,
wo mein Leben sich dem Ende zuneigt, aufgeben und mich selbst
dementieren?

CICERO, AD FAMILIARES 11, 30 (28), 5 K. (AD MATIUM)

... me ipse retexam? Non faciam neque, quod displiceat, committam, praeterquam quod
hominis mihi coniunctissimi ac viri amplissimi doleo gravem casum.

... mich selbst dementieren? Das werde ich nicht tun, aber auch nichts begehen, was
Mißfallen erregen könnte; nur möchte ich das schwere Ende, das den mir so eng
verbundenen Menschen (*i. e.* Caesar), den herrlichen Mann getroffen hat, beklagen dürfen
(Ende August 44 v. Chr.)

(H. Kasten)

123 PHILOXENUS: **Minus mirandumst, illaec aetas si quid illorum facit,**   **Jugendsünden**
quam si non faciat: feci ego istaec itidem in adulescentia.
PH. Man muß sich weniger wundern,
Wenn jenes Alter derlei Streiche macht, als wenn es nicht geschieht.
Ich hab in meiner Jugend ganz die gleichen Dinge angestellt.

(W. Binder – W. Ludwig)

PLAUTUS, BACCHIDES 409–410

124 **Defensor culpae dicet mihi 'fecimus et nos**
haec iuvenes'. esto, desisti nempe nec ultra
fovisti errorem. breve sit quod turpiter audes,
quaedam cum prima resecentur crimina barba.
Ein Verteidiger der Schuld wird mir sagen: «Auch wir haben in
unserer Jugend derartiges getrieben.» Mag sein, doch gabst du es auf
und hegtest die Verirrung nicht weiter. Nur kurz dauere, was du
schändlich wagst, mit dem ersten Bart sollten manche Vergehen abgeschnitten werden.

(J. Adamietz)

JUVENAL, SATURAE 8, 163–166

Jünglingsalter   125 **Inberbis iuvenis, tandem custode remoto,**
gaudet equis canibusque et aprici gramine campi,
cereus in vitium flecti, monitoribus asper,
utilium tardus provisor, prodigus aeris,
sublimis cupidusque et amata relinquere pernix.
Der bartlose Jüngling, der – endlich! – des Hüters ledig ward, hat sein
Vergnügen an Pferden und Hunden, am grünen Rasen des sonnigen
Marsfeldes. Wachsweich ist er für Eindrücke der Verführung: für
Mahnworte harthörig; säumig im Berechnen des Nutzens; großspurig
im Geldausgeben; hoch hinausstrebend, rasch im Begehren und
schnellfertig, wiederaufzugeben, was er liebte.

(H. Färber – W. Schöne)

HORAZ, DE ARTE POETICA 161–165

junger Mensch   126 BACCHIS A: **Manum da et sequere!** PISTOCLERUS: **Aha, minime.**
BACCHIS A: **Quid ita?** PISTOCLES: **Quia istoc inlecebrosius**
fieri nihil potest, nox mulier vinum, homini adulescentulo.
BA: Reich mir die Hand und komm herein! PI. O nein, und nochmals
nein. BA: Warum nicht? PI: Weil's für einen jungen Menschen nichts
Gefährlicheres kann geben als Nacht, Weib und Wein.

(W. Binder – W. Ludwig)

PLAUTUS, BACCHIDES 87–88

junger Mann   127 **Quid eo adulescente praeclarius, qui sibi ipsi dicere poterit (neque**
enim est fas alteri dicere): 'Patrem meum beneficiis vici!'
Was ist herrlicher als ein junger Mann, der sich selbst wird sagen können (denn es einem anderen zu sagen ist nicht zulässig): «Ich habe
meinen Vater in Wohltaten übertroffen!»

(nach M. Rosenbach)

SENECA, DE BENEFICIIS 3, 38, 3

128 **Conversis studiis aetas animusque virilis**   **Mannesalter**
    quaerit opes et amicitias, inservit honori,
    conmisisse cavet quod mox mutare laboret.
    Es wandeln sich die Neigungen: Mannes Alter, Mannes Art strebt nach
    Geltung, nach Verbindungen; er dient um Ehre,
    er meidet gewagte Schritte, die er mit Mühe dann zurücktun müßte.

    (H. Färber – W. Schöne)

    HORAZ, DE ARTE POETICA 166–168

129 **Singula de nobis anni praedantur euntes:**   **Altern**
    eripuere iocos, venerem, convivia, ludum.
    Stück um Stück raubt der Jahre Fortgang uns vom Lebensgute:
    entführt haben sie Frohsinn, Liebe, Becherrunde, Jugendspiel.

    HORAZ, EPISTULAE 2, 2, 55–56

    ... convivia, ludum;
     tendunt extorquere poemata: quid faciam vis?

    ... Becherrunde, Jugendspiel.
    Nun streben sie mir auch die Leier zu entwinden. Sag' an, was soll ich tun dawider?

    (H. Färber – W. Schöne)

130 **Solve senescentem mature sanus equum, ne**
    peccet ad extremum ridendus et ilia ducat.
    Sichtlich altert der Renner; sei klug: entschirre ihn beizeiten, daß nicht
    Straucheln und Keuchen ihm Spott am Ende noch einträgt.

    (H. Färber – W. Schöne)

    HORAZ, EPISTULAE 1, 1, 8–9

131 MICIO: **O noster Demea,**   **Alter**
    ad omnia alia aetate sapimus rectius;
    solum unum hoc vitium adfert senectus hominibus:
    adtentiores sumus ad rem omnes, quam sat est.
    MI. O mein Demea,
    Für alles andere machen uns die Jahre klug,
    Nur diesen einen Fehler bringt das Alter mit:
    Wir sehen genauer auf das Geld, als billig.

    (J. J. Donner)

    TERENZ, ADELPHOE 831–834

132 DEMEA: **Vitium commune omniumst,**
    quod nimium ad rem in senecta attenti sumus.
    DE. Ein allgemeiner Fehler ist's:
    Wir sehen im Alter allzusehr aufs Geld.

    (J. J. Donner)

    TERENZ, ADELPHOE 953–954

133   PALAESTRIO: **Si albicapillus hic videtur, ne utiquam ab ingeniost senex:**
inest in hoc emussitata sua sibi ingenua indoles.
PA. Weiß schimmert zwar sein Haar, doch ist er immer noch
Nicht alt an Geist. Noch ist die angeborene Kraft
In voller Tätigkeit bei ihm.

(W. Binder – W. Ludwig)

PLAUTUS, MILES GLORIOSUS 631–632

134   SENEX: **Ut aetas malast, mers mala ergost.**
nam res plurimas pessumas, quom advenit, adfert.
quas si autumem omnis, nimis longus sermost.
SE. Alters Qual ist arge Qual!
Ein Heer von Leiden, wenn es kommt, hat's im Gefolg';
Sie alle aufzuzählen währte gar zu lang.

(W. Binder – W. Ludwig)

PLAUTUS, MENAECHMI 758–760

135   LYSIMACHUS: **Senex quom extemplost, iam nec sentit nec sapit,**
aiunt solere eum rursum repuerascere.
LY. Von einem alten Mann, der weder fühlt noch schmeckt,
Braucht man die Redensart: er sei zum zweitenmal
Ein Kind geworden.

PLAUTUS, MERCATOR 295–296

DEMIPHO: Pervorse vides:
puer sum, Lysimache, septuennis. LYSIMACHUS: Sanun es,
qui puerum te esse dicas? DEMIPHO: Vera praedico.
LYSIMACHUS: Modo hercle in mentem venit, quid tu deiceres:
Senex quom ...

DE. Weit fehlgeschossen! Sieben Jahr, Lysimachus,
Ein Knabe bin ich erst. LY. Bist du auch bei Verstand,
Daß du dich einen Knaben nennst? DE. Und doch ist's wahr.
LY. Ha, jetzt versteh' ich erst, was du mir sagen willst.
Von einem alten Mann ...

(W. Binder – W. Ludwig)

136   CHREMES: **Senectus ipsast morbus.**
CHR. Das Alter selbst ist eine Krankheit.

(J. J. Donner)

TERENZ, PHORMIO 575

137   PHILTO: **Non aetate, verum ingenio apiscitur sapientia.**
sapienti aetas condimentum, sapiens aetati cibust.
PH. Nicht durch das Alter, durch die Denkungsart allein
Erwirbt man Weisheit; Würze nur der Weisheit ist
Das Alter, oft auch zehrt es die Weisheit auf.

(W. Binder – W. Ludwig)

PLAUTUS, TRINUMMUS 367–368

138 **Quid est, cur ego personatus ambulem? Parumne foeda persona est ipsius senectutis?**

Warum sollte ich mit einer Maske vor dem Gesicht herumlaufen? Ist nicht die Rolle, die man im Alter spielt, an sich schon traurig genug?

CICERO, AD ATTICUM 15, 1, 4 K.

Quod eam conlaudavi apud amicos audientibus tribus filiis eius et filia tua, τί ἐκ τούτου (tí ek tútu); *Quid est* autem, *cur ego...*

Wenn ich ihr (*d. h.* Caerellia) unter Freunden, vor den Ohren ihrer drei Söhne und Deiner Tochter Komplimente gemacht habe, was folgt daraus? Warum sollte ich ... (*17. Mai . 44 v. Chr.*)

(H. Kasten)

139 **Novissime incipit ostendi publicus finis generis humani. scopulum esse illum putamus dementissimi: portus est, aliquando petendus, numquam recusandus, in quem si quis intra primos annos delatus est, non magis queri debet quam qui cito navigavit. alium enim, ut scitis, venti segnes ludunt ac detinent et tanquillitatis lentissimae taedio lassant, alium pertinax flatus celerrime perfert. idem evenire nobis puta!**

Zuletzt beginnt sich die allgemeine Grenze des Menschengeschlechtes zu zeigen. Eine Klippe sei sie, meinen wir hoffnungslosen Toren: ein Hafen ist sie, der manchmal aufzusuchen, niemals abzulehnen ist; wenn jemand in ihn während der ersten Jahre verschlagen wurde, darf er sich nicht mehr beklagen als einer, der zu rasch gefahren ist. Mit dem einen nämlich spielen, wie du weißt, die trägen Winde, halten ihn fest und ermüden ihn mit dem Verdruß an vollkommener Flaute, den anderen treibt eine steife Brise mit äußerster Geschwindigkeit vor sich her. Ebenso geht es uns, mußt du dir vorstellen.

(M. Rosenbach)

SENECA, EPISTULAE MORALES 70, 3–4

140 **Hoc quoque summae humanitatis existimo, senectutem suam, cuius maximus fructus est securior sui tutela et vitae usus animosior, attentius tueri, si scias alicui tuorum esse dulce, utile, optabile.**

Auch das halte ich für einen Beweis höchster menschlicher Gesinnung, auf sein Alter, dessen größter Gewinn in sorgloserem Umgang mit sich selbst und beherzterem Lebensgenuß besteht, sorgfältiger achtzugeben, wenn du weißt, daß das für einen der Deinen willkommen, nützlich, wünschenswert ist.

SENECA, EPISTULAE MORALES 104, 4

... *optabile.* habet praeterea in se non mediocre ista res gaudium et mercedem: quid enim iucundius quam uxori tam carum esse propter hoc, ut tibi carior fias?

... wünschenswert ist. Dieses Verhalten gewährt außerdem beträchtliche Freude und Gewinn: was nämlich ist erfreulicher, als der Gattin so teuer zu sein, daß du deswegen dir selbst teurer wirst?

(nach M. Rosenbach)

141 **Nihil magis cavendum est senectuti quam ne languori se desidiaeque dedat; luxuria vero cum omni aetati turpis, tum senectuti foedissima est. sin autem etiam libidinum intemperantia accessit, duplex malum est, quod et ipsa senectus dedecus concipit et facit adulescentium impudentiorem intemperantiam.**

Vor nichts muß sich das Alter mehr hüten, als sich der Lässigkeit und Untätigkeit zu ergeben. Schwelgerei gar ist jeder Altersstufe schändlich, für das Alter aber am scheußlichsten. Wenn aber noch Unmäßigkeit in den Begierden hinzukommt, hat man ein doppeltes Übel, weil das Alter selber Schande auf sich lädt und die Maßlosigkeit der Jünglinge unverschämter macht.

(K. Büchner)

CICERO, DE OFFICIIS 1, 123

142 **Iucundissima est aetas devexa iam, non tamen praeceps, et illam in extrema tegula stantem iudico habere suas voluptates: aut hoc ipsum succedit in locum voluptatium, nullis egere. quam dulce est cupiditates fatigasse ac reliquisse.**

Am erfreulichsten ist das Alter, das sich schon neigt, jedoch nicht stürzt; und auch jenes Alter, das auf dem äußersten Dachziegel steht, meine ich, hat seine Freuden: oder es tritt eben das an die Stelle der Freuden, keine Bedürfnisse zu haben. Wie süß ist es, leidenschaftliche Wünsche überwunden und hinter sich gelassen zu haben!

(nach M. Rosenbach)

SENECA, EPISTULAE MORALES 12, 5

143 **Quid est turpius quam senex vivere incipiens?**
Was ist schimpflicher als ein Greis, der zu leben beginnt?

EPIKUR BEI SENECA, EPISTULAE MORALES 13, 17

... *vivere incipiens.* Non adicerem auctorem huic voci, nisi esset secretior nec inter vulgata Epicuri dicta, quae mihi et laudare et adoptare permisi.

... zu leben beginnt? Ich würde zu diesem Wort den Namen des Urhebers nicht angeben, wenn es nicht etwas entlegen wäre und nicht zu den allgemein bekannten Aussprüchen Epikurs gehörte, die zu loben und mir anzueignen ich mir erlaubt habe.

(nach M. Rosenbach)

144 **Desinamus, quod voluimus, velle: ego certe id ago, senex ne eadem velim, quae puer volui.**
Hören wir auf zu wollen, was wir gewollt haben: ich jedenfalls bemühe mich, als alter Mann nicht dasselbe zu wollen, was ich als Junge gewollt habe.

SENECA, EPISTULAE MORALES 61, 1

... *quae puer volui.* In hoc unum eunt dies, in hoc noctes, hoc opus meum est, haec cogitatio, inponere malis finem: id ago, ut mihi instar totius vitae dies sit.

... was ich als Junge gewollt habe. Zu diesem einen Ziel vergehen die Tage, zu diesem Ziel die Nächte, das ist mein Wirken, das mein Denken, meinen alten Fehlern ein Ende zu setzen. Darum bemühe ich mich, daß mir ein Tag ein Abbild des ganzen Lebens sei.

(nach M. Rosenbach)

145 **Quemadmodum in nave, quae sentinam trahit, uni rimae aut alteri obsistitur, ubi plurimis locis laxari coepit et cedere, succurri non potest navigio dehiscenti: ita in senili corpore aliquatenus inbecillitas sustineri et fulciri potest.**

Wie man bei einem Schiff, das Wasser zieht, die eine oder andere Fuge abdichtet, man dem auseinanderfallenden Schiffchen aber, sobald es an vielen Stellen leck zu werden und in seinen Verbänden nachzugeben beginnt, nicht mehr helfen kann: so kann auch bei einem gealterten Körper die Schwäche nur bis zu einem gewissen Grade abgefangen und gestützt werden.

SENECA, EPISTULAE MORALES 30, 2

... fulciri potest. ubi tamquam in putri aedificio omnis iunctura diducitur et, dum alia excipitur, alia discinditur, circumspiciendum est, quomodo exeas.

... gestützt werden. Sobald sich wie an einem baufälligen Haus jede Fuge öffnet und, während man die eine schließt, die andere aufreißt, muß man sich umsehen, wie man den Ausgang findet.

(nach M. Rosenbach)

146 **Clamo ad me ipsum: 'Numera annos tuos, et pudebit velle, quae volueras puer, eadem parare. hoc denique tibi circa mortis diem praesta: moriantur ante te vitia. dimitte istas voluptates turbidas, magno luendas: non venturae tantum, sed praeteritae nocent ...'**

«Ich rufe mir selber zu: Zähl deine Jahre, und du wirst dich schämen, noch dasselbe, was du als Junge gewollt hast, zu wollen und zu betreiben. Das schließlich leiste für dich vor deinem Todestag: deine Fehler sollen vor dir sterben. Laß diese aufregenden Genüsse fahren, die teuer zu stehen kommen, nicht nur die künftigen, auch die vergangenen schaden ...»

(nach M. Rosenbach)

SENECA, EPISTULAE MORALES 27, 2

147 **Abesse hanc aetatem longe a sepulcro negant oportere.**

Sie meinen, mein Alter habe es nicht nötig, sich weit vom Grabe zu entfernen.

CICERO, AD ATTICUM 16, 7, 7 K.

Sed *abesse...*

Doch sie meinen... *(19. August. 44 v. Chr.)*

(H. Kasten)

148 **Amariorem me senectus facit; stomachor omnia.**
Sed mihi βεβίωται (bebíotai); viderint iuvenes.

Das Alter macht mich ziemlich bitter, die Fliege an der Wand ärgert mich. Aber was mich angeht – mein Leben liegt hinter mir; jetzt sind die Jungen dran. *(11. Mai 44 v. Chr.)*

(H. Kasten)

CICERO, AD ATTICUM 14, 21, 3 K.

149 **Quisquis senex ad sapientiam pervenit, annis pervenit.**
Wer immer alt zu Weisheit gelangt – durch die Jahre gelangt er dazu.

(M. Rosenbach)

SENECA, EPISTULAE MORALES 68, 14

150 **Immortalia, aeterna volutat animo et in nepotes pronepotesque**
disponit, cum interim longa conantem eum mors opprimit; et hoc,
quod senectus vovatur, paucissimorum est circuitus annorum.
Unsterbliches, Ewiges bewegt der Mensch in seinem Herzen und plant
für Enkel und Urenkel, während ihn bei langwierigen Projekten der
Tod überrascht. Sogar das, was man als hohes Alter bezeichnet,
umfaßt nur ganz wenige Jahre.

(nach G. Fink)

SENECA, AD MARCIAM DE CONSOLATIONE 11

151 **Natalis grate numeras? ignoscis amicis?**
lenior et melior fis accedente senecta?
quid te exempta iuvat spinis de pluribus una?
Zählst du dankbar deine Geburtstage? Kannst Freunden du verzeihn
Wirst du milder und besser, je näher das Alter rückt? Was hilft's, daß du
den einen Dorn dir auszogst, wenn die Mehrzahl noch stecken blieb?

(H. Färber – W. Schöne)

HORAZ, EPISTULAE 2, 2, 210–212

152 **Heu, sero revocatur amor seroque iuventas,**
 cum vetus infecit cana senecta caput.
Oft, ach, ruft man zu spät nach der Liebe, zu spät nach der Jugend,
 Wenn uns das Alter des Haupts Haare mit Grau überzieht.

TIBULL, ELEGIAE 1, 8, 41–42

   ... senecta caput.
tum studium formae est: coma tum mutatur, ut annos
   dissimulet viridi cortice tincta nucis,
tollere tum cura est albos a stirpe capillos
   et faciem dempta pelle referre novam.

   ... mit Grau überzieht.
Dann wird die Schönheit Kunst: das Haar soll die Jahre verhehlen,
   Saft aus der Schale der Nuß färbt das verblichene braun
Ja, man beseitigt sogar ein weißes Haar mit der Wurzel,
   Schält seines Angesichts Haut, daß es erneuert erscheint.

(W. Willige)

153 **Vidi iam iuvenem, premeret cum serior aetas,**
 maerentem stultos praeteriisse dies.
Manchen habe ich schon, wenn das spätere Alter ihn drückte,
 Trauernd beklagen gesehn, daß er die Tage versäumt.

(W. Willige)

TIBULL, ELEGIAE 1, 4, 33–34

154 **Ubi peccat aetas maior, male discit minor.**
Wo's Alter sündigt, lernt die Jugend Böses.

(H. Beckby)

PUBLILIUS SYRUS, SENTENTIAE U 5

155 **Sensus, non aetas invenit sapientiam.**
Verstand, nicht Alter läßt zu Weisheit kommen.

(H. Beckby)

PUBLILIUS SYRUS, SENTENTIAE S 7

156 **Multa senem circumveniunt incommoda, vel quod**   **Greisenalter**
quaerit et inventis miser abtsinet ac timet uti,
vel quod res omnis timide gelideque ministrat,
dilator, spe longus, iners avidusque futuri,
difficilis, querulus, laudator temporis acti
se puero, castigator censorque minorum.
Vielerlei Nöte umringen den Greis: erwerben will er noch, und den
Ertrag spart er mit Selbstpein und scheut sich, ihn zu nutzen. Scheu
und kühl faßt er ein jedes Ding an, abwartend und in die Ferne rech-
nend, matt im Schaffen und zäh im Hoffen für die Zukunft; eigensinnig
und verdrießlich; ein Lobredner der vergangenen Zeit, da er selber
noch jung war; ein Sittenrichter und Tadler der Nachgeborenen.

(H. Färber – W. Schöne)

HORAZ, DE ARTE POETICA 169–174

157 **Et prima vitae tempora et media patriae, extrema nobis impertire**   **Lebensabend**
debemus, ut ipsae leges monent, quae maiorem annis otio
reddunt.
Die erste Zeit unseres Lebens und seine Mitte müssen wir dem Vaterlande weihen, das Ende uns selbst, wie auch die Gesetze es andeuten,
die den Alternden der Muße überlassen.

(H. Kasten)

PLINIUS MINOR, EPISTULAE 4, 23, 3 K.

158 **Quodsi posset, quemadmodum praeteritorum annorum cuiusque**   **Lebensrest**
numerus proponi, sic futurorum, quomodo illi, qui paucos
viderent superesse, trepidarent, quomodo illis parcerent! Atqui
facile est quamvis exiguum dispensare, quod certum est; id debet
servari diligentius, quod nescias, quando deficiat.
Könnte man aber so, wie sich bei einem jeden die Zahl der vergangenen Lebensjahre angeben läßt, auch die der noch vergönnten nennen,
wie würden dann diejenigen, die nur wenig übrig sähen, in Panik
geraten, wie würden sie sparsam mit ihnen umgehen! Allerdings ist es
leicht, mit noch so geringen Mengen hauszuhalten, wenn man sich

ihrer sicher sein darf. Das muß noch peinlicher bewahrt werden, von
dem man nicht weiß, wann es zu Ende geht.

(G. Fink)

SENECA, DE BREVITATE VITAE 8

**Wünsche
im Alter**

159 Quid sentire putas, quid credis, amice, precari?
'sit mihi quod nunc est, etiam minus, ut mihi vivam
quod superest aevi, siquid superesse volunt di;
sit bona librorum et provisae frugis in annum
copia neu fluitem dubiae spe pendulus horae.'
Ahnst du, mein Freund, was ich empfinde, was ich betend erflehe?
«Mein Wunsch ist, daß mir bleibe, was ich jetzt besitze; selbst kleiner
darf es werden, nur möchte ich gern mein übriges Leben mir selbst
leben, falls die Götter mir ein übriges gönnen. Mein Wunsch ist guter
Vorrat an Büchern, auch Brotkorn bis zur nächstjährigen Ernte
lagernd; erspart sei mir die Unrast, die schwebende Pein des ungewissen Erwartens.»

(H. Färber – W. Schöne)

HORAZ, EPISTULAE 1, 18, 106–110

**Rückblick auf
das Leben**

160 Si computes annos, exiguum tempus, si vices rerum, aevum putes.
quod potest esse documento nihil desperare, nulli rei fidere, cum
videamus tot varietates tam volubili orbe circumagi.
Zählt man die Jahre zusammen, denkt man: eine kurze Spanne;
schaut man auf den Wechsel der Dinge: eine halbe Ewigkeit. Das kann
uns zur Lehre dienen, nie zu verzweifeln, nie ganz zu trauen, wo wir
sehen, daß solch bunter Reigen im Kreise an uns vorbeirollt.

(H. Kasten)

PLINIUS MINOR, EPISTULAE 4, 24, 5–6. K.

Altersweisheit

161 DEMIPHO: Adulescens quom seis, tum quomst sanguis integer
rei tuae quaerundae convenit operam dare.
demum igitur, quom seis iam senex, tum in otium
te conloces, dum potes ames: id iam lucrumst,
quod vivis.
DE. Solange noch die Jugend lacht und frisch das Blut
In unsern Adern fließt, muß man ein Vermögen
Sich zu erwerben suchen. Doch wenn endlich man
Ist alt geworden, ist es Pflicht, daß man
Zur Ruh' sich setzt und, wenn es geht, auch liebt.
Es ist schon ein Gewinn, daß man noch lebt.

(W. Binder – W. Ludwig)

PLAUTUS, MERCATOR 550–554

162 **Quod senior loquitur, omnes consilium putant.**
Was Alter spricht, gilt aller Welt als Weisheit.

(H. Beckby)

PUBLILIUS SYRUS, SENTENTIAE Q 54

163 **Adiuvat etiam aetas et acta iam vita, quae cum cursu suo bene**   **Todesahnung**
confecto delectat tum vetat in eo vim timere, quo nos iam natura
ipsa paene perduxerit.
Auch mein Alter, das nahe Ende meines Lebens macht es mir leicht,
das nach ehrenvoll durchlaufener Bahn ein Gefühl der Befriedigung in
mir erweckt und Angst vor Gewalttat bei diesem Vorgang nicht aufkommen läßt, an dessen Schwelle mich die Natur selbst bereits geleitet hat. *(Mitte Januar 45 v. Chr.).*

(H. Kasten)

CICERO, AD FAMILIARES 6, 3 (4), 4 K. (AD A. TORQUATUM)

164 **Dies iste, quem tamquam extremum reformidas, aeterni natalis**   **Tod**
est.
Jener Tag, vor dem dir graut, als sei er der letzte, ist der Geburtstag
eines ewigen Lebens.

SENECA, EPISTULAE MORALES 102, 26

... *natalis est.* depone onus: quid cunctaris tamquam non prius quoque relicto, in quo
latebas, corpore exstiteris? haeres, reluctaris: tum quoque magno nisu matris expulsus es.
gemis, ploras: et hoc ipsum flere nascentis est. sed tunc debebat ignosci: rudis et imperitus
omnium veneras.

... ewigen Lebens. Leg ab die Last: was zögerst du, als hättest nicht auch vorher schon den
Körper, in dem du geborgen warst, verlassen und dennoch gelebt? Du zauderst, du wider-
strebst: auch damals bist du unter größter Anstrengung deiner Mutter ausgetrieben
worden. Du seufzt, du jammerst: gerade auch dieses Weinen ist eine Verhaltensweise des
Neugeborenen. Doch damals mußte man damit Nachsicht üben: unausgebildet und in
allen Dingen unkundig warst du zur Welt gekommen.

(M. Rosenbach)

165 **Quodsi tuum te desiderium movet, aut si tuarum rerum cogita-**
tione maeres, non facile exhauriri tibi istum dolorem posse
universum puto; sin illa te res cruciat, quae magis amoris est, ut
eorum, qui occiderunt, miserias lugeas, ut ea non dicam, quae
saepissime et legi et audivi, nihil mali esse in morte, ex qua si
residat sensus, immortalitas illa potius quam mors ducenda sit, sin
sit amissus, nulla videri miseria debeat, quae non sentiatur, hoc
tamen non dubitans confirmare possum, ea misceri, parari,
impendere rei p., quae qui reliquerit, nullo modo mihi quidem
deceptus esse videtur. Quid est enim iam non modo pudori,
probitati, virtuti, rectis studiis, bonis artibus, sed omnino libertati
ac saluti loci? Non mercule quemquam audivi hoc gravissimo et
pestilentissimo anno adulescentulum aut puerum mortuum, qui

mihi non a dis immortalibus ereptus ex his miseriis atque ex iniquissima condicione vitae videretur.

Wenn also Deine Sehnsucht Dir das Herz schwer macht oder Du Dich im Gedanken an Deine eigene Verlassenheit grämst, so kann man diesen Kummer in Deiner Seele wohl nur schwer gänzlich auslöschen; quält Dich aber etwas anderes, was noch mehr von echter Liebe zeugt, beklagst Du das traurige Los der Toten, so will ich Dir nicht damit kommen, was ich oft gelesen und gehört habe, daß der Tod nichts Schlimmes an sich hat und man somit, falls das Bewußtsein bestehen bleibt, diesen Zustand eher als Unsterblichkeit denn als Tod betrachten muß, geht es aber verloren, der Tod uns durchaus nicht als ein Unglück zu erscheinen braucht, da es nicht mehr empfunden wird. Das eine jedoch kann ich Dir unbedenklich versichern: es braut sich ein drohendes Ungewitter über unserm Vaterlande zusammen, und wer dem entgeht, der scheint mir um nichts betrogen zu sein. Wo haben denn nachgerade Schamgefühl, Ehrbarkeit, Tüchtigkeit, rechtes Streben, gute Eigenschaften, ja überhaupt Freiheit und Wohlfahrt eine Stätte? Ich habe weiß Gott in diesem furchtbaren, verderbenbringenden Jahre von keines Jünglings oder Knaben Tod gehört, bei dem ich nicht das Gefühl gehabt hätte, daß die unsterblichen Götter ihn aus diesem elenden, trostlosen Leben erlöst haben. *(Frühjahr 46 v. Chr.)*

(H. Kasten)

CICERO, AD FAMILIARES 5, 17 (16), 4 K. (AD TITIUM)

166 **Dum ero, angar nulla re, cum omni vacem culpa, et, si non ero, sensu omni carebo.**

Solange ich lebe, habe ich nichts zu fürchten, denn ich fühle mich frei von jeder Schuld; und wenn ich nicht mehr bin, fühle ich überhaupt nichts mehr.

CICERO, AD FAMILIARES 6, 2 (3), 4 K. (AD A. TORQUATUM)

Sed haec consolatio levis est; illa gravior, qua te uti spero, ego certe utor; nec enim, *dum ero, angar ulla re ... carebo.* Sed rursus γλαῦκ᾽ εἰς ᾽Αθήνας (glaûk᾽ eis Athénas), qui ad te haec.

Aber das ist, wie gesagt, ein schwacher Trost; wirksamer der andre, den Du hoffentlich und ich auf jeden Fall anwende: solange ich lebe ... nichts mehr. Aber das brauche ich Dir nicht zu sagen; schon wieder «Eulen nach Athen!» *(Anfang Januar 45 v. Chr.)*

(H. Kasten)

167 **Illud in confesso est: quis sine querella moritur? qui extremo die dicere audet: «Vixi et quem dederat cursum fortuna peregi'? quis non recusans, quis non gemens exit? atqui hoc ingrati est, non esse contentum praeterito tempore. semper pauci dies erunt, si illos numeraveris.**

Das ist unzweifelhaft: Wer stirbt ohne Klage? Wer wagt am letzten Tage zu sagen: «Ich habe gelebt, und den Lauf, den mir das Schicksal

gab, habe ich vollendet!? (VERGIL, AENEIS 4, 653) Wer geht nicht wider-
strebend, wer nicht seufzend dahin? Und doch ist das die Haltung
eines Undankbaren, nicht zufrieden zu sein mit der vergangenen Zeit.
Stets werden es wenige Tage sein, wenn du sie abzählst.

(nach M. Rosenbach)

VERGIL, AENEIS 4, 653, BEI SENECA, DE BENEFICIIS 5, 17, 5

168 **Letum non omnia finit.**
Der Tod beendet nicht alles.

PROPERZ, ELEGIAE 4, 7, 1

Sunt aliquid Manes: *letum non omnia finit,*
  Luridaque evictos effugit umbra rogos.

Etwas bedeuten die Manen: der Tod beendet nicht alles:
  fahl aus des Grabes Gewalt ringt sich der Schatten empor.

(W. Willige)

169 **I nunc, tolle animos et tecum finge triumphos,**
  Stantiaque in plausum tota theatra iuvent,
Attalicas supera vestes, atque omnia magnis
  Gemmea sint ludis: ignibus ista dabis.
Sed tamen huc omnes, huc primus et ultimus ordo:
  Est mala, sed cunctis ista terenda via est.

Geh nun gehobenen Muts und erträume dir stolze Triumphe:
  ganze Theater laß Beifall dir spenden im Stehn,
kleide dich reicher als Attalus, laß bei den Spielen von edlen
  Steinen erstrahlen das Haus: Feuer verzehrt es alsbald.
Dennoch zieht es uns alle dahin, ob hoch oder niedrig:
  schlimm ist der Weg, und doch muß ihn ein jeder begehn.

(W. Willige)

PROPERZ, ELEGIAE 3, 18, 17–22

170 **Cum semel infernas intrarunt funera leges,**
  Non exorato stant adamante viae.
Te licet orantem fuscae deus audiat aulae:
  Nempe tuas lacrimas litora surda bibent.
Vota movent superos: ubi portitor aera recepit,
  Obserat herbosos lurida porta rogos.

Wenn die Toten einmal ins Gesetz der Unterwelt eingehn,
  hilft kein Flehn mehr: Stahl schließt alle Rückwege ab.
Mag auch der Gott des dunkelsten Reiches dein Flehen vernehmen,
  wird deine Tränen doch nur trinken der fühllose Strand.
Lichtgötter rührt ein Gelübde: sobald der Ferge sein Geld hat,
  schließt sich die aschfahle Tür grasüberwachsener Gruft.

(W. Willige)

PROPERZ, ELEGIAE 4, 11, 3–8

171 **Ecce, hic dies ultimus est: ut non sit, prope ab ultimo est.**
Sieh, dies ist dein letzter Tag: sollte er es nicht sein, so ist er dem letzten nahe.

(nach M. Rosenbach)

SENECA, EPISTULAE MORALES 15, 11

172 **Egregia res est mortem condiscere. supervacuum est – forsitan putas – id discere, quo semel utendum est: hoc est ipsum, quare meditari debeamus; semper discendum est, quod an sciamus, experiri non possumus.**
Eine großartige Sache ist es, den Tod zu lernen. Überflüssig, denkst du vielleicht, das zu lernen, was man ein einziges Mal können muß: das gerade ist es, dessentwegen wir daran denken müssen; stets muß man lernen, wovon wir nicht erproben können, ob wir es verstehen.

(M. Rosenbach)

SENECA, EPISTULAE MORALES 26, 9

173 **Sine missione nascimur.**
Ohne die Möglichkeit einer Begnadigung werden wir geboren.

SENECA, EPISTULAE MORALES 37, 2

Quid porro prodest paucos dies aut annos lucrificare? *sine missione* ...

Was nützt es ferner, wenige Tage oder Jahre hinzuzugewinnen? Ohne die Möglichkeit ...

(nach M. Rosenbach)

174 **Mors dolorum omnium exsolutio est et finis, ultra quem mala nostra non exeunt; quae nos in illam tranquillitatem, in qua, antequam nasceremur, iacuimus, reponit. Si mortuorum aliquis miseretur, et non natorum misereatur. Mors nec bonum nec malum est.**
Der Tod ist die Erlösung von allen Schmerzen und die Grenze, die unser Unglück nicht überschreiten kann. Er nimmt uns wieder in jenen Frieden auf, in dem wir vor unserer Geburt ruhten. Wenn die Toten irgend jemand bedauert, muß er auch Ungeborene bedauern. Der Tod ist kein Gut und kein Übel.

(G. Fink)

SENECA, AD MARCIAM DE CONSOLATIONE 19

Gleichmacher Tod

175 **Haec, ubi res communes fortuna male divisit et aequo iure genitos alium alii donavit, exaequat omnia. Haec est, post quam nihil quisquam alieno facit arbitrio; haec est, in qua nemo humilitatem suam sensit; haec est, quae nulli non patuit.**
Er (*i. e.* der Tod) macht, wenn das Schicksal allen gemeinsame Güter übel verteilt und gleichberechtigte Menschenkinder dem und jenem

zum Eigentum gegeben hat, alles wieder gleich. Er ist es, nach dessen
Eintreten noch niemals einer etwas auf Weisung eines anderen tat; er
ist es, bei dem niemand seine Niedrigkeit spürt, er ist es, der jedem
freisteht.

(G. Fink)

SENECA, AD MARCIAM DE CONSOLATIONE 20

176 **Scilicet omne sacrum mors importuna profanat,**
    Omnibus obscuras inicit illa manus.
    Schamlos aber entweiht der Tod das Heilige alles,
        Jedes berührt er und legt drauf seine finstere Hand.

(W. Marg – R. Harder)

OVID, AMORES 3, 9, 19–20

177 **Sustine paulum: venit ecce mors, quae vos pares faciat.**
    Wart' ein Weilchen! Schau, da kommt der Tod, der macht euch alle
    gleich.

(G. Fink)

SENECA, DE IRA 3, 43

178 **Impares nascimur, pares morimur.**
    Ungleich werden wir geboren, gleich sterben wir.

(M. Rosenbach)

SENECA, EPISTULAE MORALES 91, 16

179 ASTAPHIUM: **Dum vivit, hominem noveris: ubi mortuost, quiescat.**   **Totenruhe**
    AST. Man kennt den Menschen nur,
    Solang er lebt, den Toten läßt man ruhen.

(W. Binder – W. Ludwig)

PLAUTUS, TRUCULENTUS 163

180 **At bona quae nec avara fuit, centum licet annos**   **Totengedenken**
        vixerit, ardentem flebitur ante rogum,
    atque aliquis senior veteres veneratus amores
        annua constructo serta dabit tumulo
    et 'bene' discedens dicet 'placideque quiescas,
        terraque securae sit super ossa levis.'
    Die aber gut und von Habsucht frei ist, und lebe sie hundert
        Jahre, die wird beweint, wenn man im Tod sie verbrennt.
    Irgendein Alter dann, im Gedenken früherer Liebe,
        Legt ihr verehrungsvoll jährlich den Kranz auf das Grab:

«Ruhe», so spricht er im Weggehn, «ruhe du wohl und in Frieden
 Sorglos: die Erde, sie sei leicht über deinem Gebein!»

(W. Willige)

TIBULL, ELEGIAE 2, 4, 45–50

181 **Id agamus, ut iucunda nobis amissorum fiat recordatio: nemo
libenter ad id redit, quod non sine tormento cogitaturus et. sic et
illud fieri necesse est, ut cum aliquo nobis morsu amissorum, quos
amavimus, nomen occurrat, sed hic quoque morsus habet suam
voluptatem.**

Dafür wollen wir sorgen, daß uns das Gedenken Verlorener angenehm
werde: niemand kommt gern auf das zurück, woran er nicht ohne
Qual denken kann. So geschieht es unausweichlich, daß uns der Name
derer, die wir geliebt und verloren haben, mit scharfen Schmerz
begegnet; doch auch dieser scharfe Schmerz enthält einen eigentüm-
lichen Reiz.

(nach M. Rosenbach)

SENECA, EPISTULAE MORALES 63, 4

Nachleben

182 **Vivos interdum fortuna, saepe invidia fatigat; ubi anima naturae
cessit, demptis optrectatoribus ipsa per se virtus magis magisque
extollit.**

Den Lebenden setzt zuweilen das Schicksal, oft der Neid zu; sobald
aber das Leben erloschen ist, verschwinden auch die Lästerer, und die
große Leistung erhebt sich mehr und mehr.

(W. Eisenhut – J. Lindauer)

SALLUST, EPISTULAE AD CAESAREM SENEM DE RE PUBLICA 2, 13, 7

183 **At non ingenio quaesitum nomen ab aevo
 Excidet: ingenio stat sine morte decus.**

Aber der Name, den geistige Größe der Zeitlichkeit abringt,
 geht nicht zugrunde: dem Geist blühet unsterblich der Ruhm.

PROPERZ, ELEGIAE 3, 2, 23–24

Nam neque pyramidum sumptus ad sidera ducti,
 Nec Iovis Elei caelum imitata domus,
Nec Mausolei dives fortuna sepulcri
 Mortis ab extrema condicione vacant.
Aut illis flamma aut imber subducet honores,
 Annorum aut ictu pondere victa ruent.
At non ingenio ...

Denn Pyramiden nicht, deren Pracht zu den Sternen emporragt,
 noch des eleïschen Zeus Haus, das zum Himmel sich wölbt,
noch die Fülle des Reichtums im Mausoleïschen Grabmal
 sind von dem traurigen Los alles Vergänglichen frei:
Feuers Gewalt oder Regen beraubt sie alle des Glanzes,
 oder sie stürzen dahin unter der Jahre Gewicht.
Aber der Name ...

(W. Willige)

184 **Cetera, quae per constructionem lapidum et marmoreas moles aut terrenos tumulos in magnam eductos altitudinem constant, non propagant longam diem, quippe et ipsa intereunt; immortalis est ingenii memoria.**

Was sonst fest steht, weil man Steine auftürmte und mächtige Marmorblöcke oder Erdhügel gewaltig hoch aufschüttete, das schiebt den Schicksalstag nicht weit hinaus: Es geht ja selbst zugrunde. Unsterblich ist, was ein großer Geist niederschrieb.

(G. Fink)

SENECA, AD POLYBIUM DE CONSOLATIONE 18

185 **Quid vero historiae de nobis ad annos DC praedicarint? Quas quidem ego multo magis vereor quam eorum hominum, qui hodie vivunt, rumusculos.**

Was aber werden auf Jahrhunderte hinaus die Geschichtsbücher von mir berichten? Davor habe ich viel mehr Angst als vor dem Geschwätz unserer Zeitgenossen. (*April 59 v. Chr.*)

(H. Kasten)

CICERO, AD ATTICUM 2, 5, 1 K.

Urteil der Nachwelt

186 **Non est tibi his solis utendum existimationibus ac iudiciis, qui nunc sunt, hominum, sed iis etiam, qui futuri sunt; quamquam illorum erit verius iudicium obtrectatione et malevolentia liberatum.**

Du mußt nicht nur an die Ansichten und Urteile unsrer Zeitgenossen denken, sondern auch an die der kommenden Generationen; allerdings wird deren Urteil, weil frei von Mißgunst und Übelwollen, aufrichtiger sein. (*Ende 60 / Anfang 59 v. Chr.*)

(nach H. Kasten)

CICERO, AD QUINTUM FRATREM 1, 1, 43 K.

187 **Famae post obitum fingit maiora vetustas:**
    Maius ab exequiis nomen in ora venit.
Alles wird nach dem Tode verklärt und erhöht, wenn es dauert:
    erst von der Grablegung an wächst eines Namens Gewalt.

(W. Willige)

PROPERZ, ELEGIAE 3, 1, 23–24

Verklärung

Schicksal

188 **Humanae res fluxae et mobiles semper in advorsa mutantur.**
Menschliche Geschicke können, ständig schwankend und wechselnd,
ins Gegenteil umschlagen.

SALLUST, BELLUM IUGURTHINUM 104, 2

Ea Sullae et plerisque placuere; pauci ferocius decernunt, scilicet ignari *humanarum
rerum*, quae *fluxae et* ...

Damit waren Sulla und die meisten einverstanden; nur wenige wollten eine härtere
Entscheidung, offenbar Leute, die nichts wissen von menschlichen Geschicken, welche,
ständig schwankend und wechselnd, ins Gegenteil ...

(W. Eisenhut – J. Lindauer)

**Leben –
Schicksal**

189 DEMEA: **Numquam ita quisquam bene subducta ratione ad vitam
fuit,
quin res aetas usus semper aliquid adportet novi,
aliquid moneat: ut illa, quae tu scisse credas, nescias,
et quae tibi putaris prima, in experiundo ut repudies.**
DE. Nie hat noch ein Mensch die Rechnung seines Lebens so gemacht,
Daß nicht Schicksal, Alter, Erfahrung immer etwas Neues bringt,
Neues lehrt, so daß du nicht weißt, was du wohl zu wissen glaubst
Und, was dir das Beste dünkte, bei der Anwendung verwirfst.

(J. J. Donner)

TERENZ, ADELPHOE 855–858

**Macht des
Schicksals**

190 **Nimirum nihil Fortuna renuente licet homini nato dexterum
provenire nec consilio prudenti vel remedio sagaci divinae
providentiae fatalis dispositio subverti vel reformari potest.**
Natürlich darf ja, wenn Fortuna Nein sagt, einem Menschenkind
nichts gut hinausgehen, und keine klugen Pläne, keine findigen
Gegenmaßnahmen können den von oben bestimmten Lauf der Dinge
umstoßen oder verändern.

(E. Brandt – W. Ehlers)

APULEIUS, METAMORPHOSES 9, 1, 5

191 **Humanarum rerum fortuna pleraque regit.**
Über die menschlichen Dinge regiert meist das Schicksal.

(nach W. Eisenhut – J. Lindauer)

SALLUST, BELLUM IUGURTHINUM 102, 9

192 **Non opibus mentes hominum curaeque levantur,
nam Fortuna sua tempora lege regit.**

Schätze erleichtern nicht den Sinn und die Sorgen der Menschen;
Über den Zeitlauf herrscht Schicksal nach eignem Gesetz.

(W. Willige)

TIBULL, ELEGIAE 3, 3, 21–22

193 **Haec fors viderit, ea quae talibus in rebus plus quam ratio potest.**
Darüber muß das Schicksal entscheiden, das in solchen Dingen mehr
tut als der Verstand.

CICERO, AD ATTICUM 14, 13, 3 K.

Sed *haec fors ... . potest.* Nos autem id videamus, quod in nobis ipsis esse debet, ut quicquid
acciderit, fortiter et sapienter feramus et accidisse hominibus meminerimus.

Aber darüber muß ... Verstand. Halten wir uns immer vor Augen, zu welcher seelischen
Haltung wir verpflichtet sind, um klug und tapfer zu tragen, was auch kommen mag;
denken wir daran, was andern Menschen zugestoßen ist. *(26. April 44 v. Chr.)*

(H. Kasten)

194 **Consilium rerum omnium sapiens, non exitum spectat. initia in
potestate nostra sunt: de eventu fortuna iudicat.**
Auf die Absicht, nicht auf den Erfolg blickt der Weise. Die Anfänge
sind in unserer Macht: über den Ausgang entscheidet das Schicksal.

(nach M. Rosenbach)

SENECA, EPISTULAE MORALES 14, 15

195 **Ne tu fortunarum lubricas ambages et instabiles incursiones et
reciprocas vicissitudines ignoras.**
Du hast ja keine Ahnung von den Weltläuften mit ihren Karussell-
drehungen und unberechenbaren Ausfällen und ständigen Kehrt-
wendungen.

(nach E. Brandt – W. Ehlers)

APULEIUS, METAMORPHOSES 1, 6, 4

Launen des
Schicksals

196 **Quin etiam saepe prava magis quam bona consilia prospere
eveniunt, quia plerasque res fortuna ex libidine sua agitat.**
Ja, es führen sogar häufig schlechte Ratschläge besser zum Erfolg als
gute, weil das Schicksal das meiste nach Laune fügt.

(W. Eisenhut – J. Lindauer)

SALLUST, EPISTULAE AD CAESAREM SENEM DE RE PUBLICA 2, 1, 2

197 CHREMES: **Di vostram fidem, quam saepe forte temere
eveniunt, quae non audeas optare!**
CHR. Guter Gott! Wie oft führt blinder Zufall
Herbei, was man zu wünschen nicht gewagt!

(J. J. Donner)

TERENZ, PHORMIO 757–758

198 **Quod non exspectas, ex transverso fit. ubique nostra et supra nos Fortuna negotia curat.**
Was man nicht erwartet, kommt oft unverhofft. Nach Fortuna geht's: der Mensch denkt, und sie lenkt.

(K. Müller – W. Ehlers)

PETRON, CENA TRIMALCHIONIS 55, 3

Unzuverlässig-
keit des Schick-
sals

199 **Neminem eo fortuna provexit, ut non tantum illi minaretur, quantum promiserat.**
Niemanden hat das Schicksal so emporgetragen, daß es ihm nicht soviel androhte, wie es verheißen hatte.

(M. Rosenbach)

SENECA, EPISTULAE MORALES 4, 7

200 **Habet etiam mala fortuna levitatem. fortasse erit, fortasse non erit: interim non est. meliora propone!**
Auch ein böses Schicksal hat Unzuverlässigkeit an sich. Vielleicht kommt es, vielleicht auch nicht: vorerst ist es nicht da. Nimm den günstigeren Fall an!

(nach M. Rosenbach)

SENECA, EPISTULAE MORALES 13, 11

201 **Ad id, quod, ne timeatur, fortuna facit, minime tuti sunt homines.**
Gegen das, was das Schicksal nicht befürchten läßt, sind die Menschen am wenigsten gesichert.

LIVIUS, AB URBE CONDITA 25, 38, 14

Et ita se res habet: *Ad id ... homines,* quia, quod neglexeris, incautum atque apertum habeas.

Und so verhält es sich tatsächlich: Gegen das, was das Schicksal nicht befürchten läßt, sind die Menschen am wenigsten gesichert, weil man das, was man vernachlässigt, unbewacht und ohne Schutz läßt. *(212 v. Chr.)*

(nach J. Feix)

202 **Quicquid exspectatum est diu, levius accidit.**
Womit immer man lange gerechnet hat, trifft einer weniger hart.

(nach M. Rosenbach)

SENECA, EPISTULAE MORALES 78, 29

Ungerechtigkeit
des Schicksals

203 **Cottidie querimur malos esse felices; saepe, quae agellos pessimi cuiusque transierat, optimorum virorum segetem grando percussit; fert sortem suam quisque ut in ceteris rebus ita in amicitiis.**

Täglich beklagen wir, daß schlechte Menschen glücklich sind; oft
hat der Hagel, der an den Äckern gerade der Schlechtesten vorüber-
gezogen war, die Saat der Besten zerschmettert; es trägt ein jeder sein
Los, wie in den übrigen Dingen, so auch bei Freundschaften.

(M. Rosenbach)

SENECA, DE BENEFICIIS 2, 28, 3

204 Non de nihilo veteris priscaeque doctrinae viros finxerunt ac
pronuntiaverunt caecam et prorsus exoculatam esse Fortunam,
quae semper suas opes ad malos et indignos conferat nec umquam
iudicio quemquam mortalium eligat, immo vero cum is
potissimum deversetur, quos procul, si videret, fugere deberet,
quodque cunctis est extremius, varias opiniones, immo contrarias
nobis attribuat, ut et malus boni viri fama glorietur et
innocentissimus contra noxio rumore plectatur.
Nicht ohne Grund haben alte und ehrwürdige Gelehrte den Gedanken
ersonnen und verkündet, blind und geradezu ohne Augen sei Fortuna,
die immer ihre Schätze auf Schlechte und Unwürdige häufe und nie
mit Urteil irgend jemand auf der Welt auswähle, nein, im Gegenteil
bei denen besonders einkehre, die sie, wenn sie sehen könnte, schon
von weitem fliehen müßte; und was ärger als alles ist, sie setze uns
zwielichtigen, nein unrichtigen Beurteilungen aus, so daß sich der
Schlechte im Ruf eines Ehrenmannes sonne, der Unschuldigste dagegen einen üblen Leumund aufgebrummt bekomme.

(nach E. Brandt – W. Ehlers)

APULEIUS, METAMORPHOSES 7, 2, 4–6

205 En orba et saeva et iniqua Fortuna.
Da sieht man, wie blind und böse und ungerecht Fortuna ist!

(E. Brandt – W. Ehlers)

APULEIUS, METAMORPHOSES 5, 9, 2

206 Aequa lege Necessitas
sortitur insignis et imos.
Omne capax movet urna nomen.
Mit gleicher Waage wägt sie (*d. h.* alle) des Schicksals Hand,
Und alle Namen, hoch und niedrig,
Schüttelt die Urne, sie faßt sie alle.

(Kayser – Nordenflycht – Burger – Färber)

HORAZ, CARMINA 3, 1, 14–16

ausgleichendes
Schicksals

207   **Adice nunc, quod nihil tam imbecille natum est, ut sine elidentis periculo pereat: imbecillos valentissimis alias dolor, alias casus exaequat.**
Denk auch daran: nichts ist so schwach geschaffen, daß es ohne Gefahr für den, der es zerschmettert, unterginge. Die Schwachen macht den Stärksten bald die Erbitterung, bald das Schicksal gleich.
(G. Fink)

SENECA, DE IRA 3, 28

208   **Numquam ego fortunae credidi, etiam cum videretur pacem agere; omnia illa, quae in me indulgentissime conferebat, pecuniam, honores, gratiam, eo loco posui, unde posset sine motu meo repetere. Intervallum inter illa et me magnum habui: itaque abstulit illa, non avulsit. Neminem adversa fortuna comminuit, nisi quem secunda decepit.**
Niemals habe ich dem Schicksal getraut, auch wenn es anscheinend Frieden hielt. All das, was es mir gnädigst zufallen ließ, Geld, Auszeichnungen, Beliebtheit, wies ich an eine Stelle, von der es sich das, ohne daß es mich gestört hätte, wieder holen konnte. Den Abstand zwischen dem allen und mir hielt ich groß; daher brauchte es das Schicksal nur wegzunehmen, nicht loszureißen. Niemanden hat das Unglück je zerschmettert außer einem, des sein Glück getäuscht hat.
(G. Fink)

SENECA, AD HELVIAM MATREM DE CONSOLATIONE 5

209   **Non habet, ut putamus, fortuna longas manus: neminem occupat nisi haerentem sibi.**
Das Schicksal hat nicht – wie wir glauben – lange Arme: es überwältigt nur den, der sich daran klammert.

SENECA, EPISTULAE MORALES 82, 5–6

... *haerentem sibi.* itaque in quantum possumus, ab illa resiliamus: quod sola praestabit sui naturaeque cognitio.

... klammert. Daher wollen wir, soweit wir können, vor ihm zurückweichen: das wird allein die Kenntnis seiner selbst und der Natur gewährleisten.

(nach M. Rosenbach)

sich vom
Schicksal treiben
lassen

210   **Non minus saepe fortuna in nos incurrit quam nos in illam. Turpe est non ire, sed ferri et subito in medio turbine rerum stupentem quaerere: 'Huc ego quemadmodum veni?'**
Ebenso oft stürmt das Schicksal gegen uns wie wir gegen das Schicksal. Schimpflich ist es, nicht zu gehen, sondern sich treiben zu lassen und mitten im Wirbel der Dinge verblüfft zu fragen: «Wie bin ich bloß hierher gekommen?»
(M. Rosenbach)

SENECA, EPISTULAE MORALES 37, 5

211 Haec fortuna viderit, quoniam consilio non multum uti licet.

Das müssen wir dem Schicksal überlassen; mit Überlegungen kommen wir nicht viel weiter.

CICERO, AD ATTICUM 6, 4, 1 K.

O rem totam odiosam! Sed *haec* ...

Eine widerliche Angelegenheit das Ganze! Aber das müssen wir dem Schicksal überlassen ... *(5./6. Juni 50 v. Chr.)*

(H. Kasten)

212 Fortunae sunt committendae omnia. Sine spe conamur ulla.

Alles muß dem Zufall überlassen bleiben; ohne Hoffnung lasse ich es darauf ankommen.

CICERO, AD ATTICUM 10, 2, 2 K.

Res sunt inexplicabiles: *fortunae sunt committenda omnia. Sine spe conamur ulla;* melius si quid acciderit, mirabimur.

Wie soll ich aus diesem Labyrinth herauskommen? Alles muß dem Zufall überlassen bleiben; ohne Hoffnung lasse ich es darauf ankommen; und es sollte mich wundern, wenn etwas Vernünftiges dabei herauskäme. *(6. April 49 v. Chr.)*

(H. Kasten)

213 Optimum est pati, quod emendare non possis, et deum, quo auctore cuncta proveniunt, sine murmuratione comitari: malus miles est, qui imperatorem gemens sequitur.

Am besten ist es, hinzunehmen, was man nicht bessern kann, und sich dem Gott, nach dessen Willen alles geschieht, ohne Murren anzuschließen: ein schlechter Soldat, wer seinem Kommandeur nur unter Stöhnen folgt.

(nach M. Rosenbach)

SENECA, EPISTULAE MORALES 107, 9

214 GETA: Quod fors feret, feremus aequo animo.

GE. Wir werden ruhig tragen, was das Schicksal bringt.

(J. J. Donner)

TERENZ, PHORMIO 138

215 Equidem omnia, quae homini accidere possunt, sic fero, ut philosophiae magnam habeam gratiam, quae me non modo ab sollicitudine abducit, sed etiam contra omnis fortunae impetus armat, tibique idem censeo faciendum, nec, a quo culpa absit, quicquam in malis numerandum. Sed haec tu melius.

Ich für meine Person lasse alles, was einem Menschen zustoßen kann, über mich ergehen in dem Bewußtsein, der Philosophie viel zu verdanken, die mich nicht nur von sorgenvollen Gedanken abzieht, sondern auch gegen alle Schicksalsschläge wappnet. Und Du solltest es,

meine ich, ebenso machen und nicht, was Du nicht selbst verschuldet
hast, als Übel zählen. Aber das weißt Du besser als ich.

CICERO, AD FAMILIARES 12, 21 (23), 4 K. (AD CORNIFICIUM)

Equidem et haec et *omnia, quae* ...

Ich für meine Person lasse dies und alles, was ... *(10. Oktober 44 v. Chr.)*

(H. Kasten)

216 'Raro', inquit Epicurus, 'sapienti fortuna intervenit.' Quam paene
emisit viri vocem!
Epikur sprach so: «Selten kommt dem Weisen das Schicksal in die
Quere.» Was für ein Wort – fast das eines Mannes!

(G. Fink)

EPIKUR BEI SENECA, DE CONSTANTIA SAPIENTIS 15

217 Diu accusare fata possumus, mutare non possumus: stant dura et
inexorabilia. Nemo illa convicio, nemo fletu, nemo causa movet;
nihil umquam ulli parcunt nec remittunt. Proinde parcamus
lacrimis nihil proficientibus!
Anklagen können wir das Geschick lange, ändern können wir es nicht;
es bleibt hart und unerbittlich. Niemand beeindruckt es durch lauten
Vorwurf, niemand durch Weinen, niemand durch Vernunftgründe. In
keiner Hinsicht schont es jemals einen oder gibt ihm nach. Sparen wir
uns also die Tränen, die nichts nützen!

SENECA, AD POLYBIUM DE CONSOLATIONE 2

Diutius accusare fata ...

 Anklagen können wir das Schicksal noch länger...

(G. Fink)

sich ins Schick-
sal fügen

218 Indignare, si quid in te iniqui proprie constitutum est: sed si haec
summos imosque necessitas alligat, in gratiam cum fato revertere,
a quo omnia resolvuntur.
Empöre dich, wenn gegen dich persönlich etwas besonders Unbilliges
beschlossen ist: doch wenn diese Notwendigkeit hoch und niedrig bindet, versöhne dich mit dem Schicksal, von dem alles wieder gelöst
wird.

(M. Rosenbach)

SENECA, EPISTULAE MORALES 91, 15

219 Prope est a timente, qui fatum segnis exspectat, sicut ille ultra
modum deditus vino est, qui amphoram exsiccat et faecem
quoque exsorbet.

Einem Furchtsamen gleicht nahezu, wer sein Schicksal untätig erwartet, so wie jener dem Wein über das Maß hinaus zugetan ist, der den Krug bis zur Neige leert und auch noch den Bodensatz ausschlürft.

(nach M. Rosenbach)

SENECA, EPISTULAE MORALES 58, 32

220 **Fata nos ducunt et, quantum cuique temporis restat, prima nascentium hora disposuit. Causa pendet ex causa; privata ac publica longus ordo rerum trahit.**
Das Schicksal führt uns, und wieviel Zeit für einen jeden bleibt, das hat die Stunde der Geburt schon vorbestimmt. Ein Grund ergibt sich aus dem anderen. Das Los des einzelnen und ganzer Staaten bestimmt eine lange Kette der Ereignisse.

(G. Fink)

SENECA, DE PROVIDENTIA 5

221 **Hic est magnus animus, qui se ei (*i. e.* fato) tradidit; at contra ille pusillus et degener, qui obluctatur et de ordine mundi male existimat et emendare mavult deos quam se.**
Das ist eine große Seele, die sich dem Schicksal anheimgibt; kleinlich ist hingegen und entartet, wer sich widersetzt, über die Weltordnung schlecht denkt und lieber die Götter bessern will als sich selbst.

(nach M. Rosenbach)

SENECA, EPISTULAE MORALES 107, 12

222 PSEUDOLUS: **Euge: par pari.**
Ps. Gut! Jeder kriegt es, wie er's braucht.

PLAUTUS, PSEUDOLUS 692

... *pari;* aliud autem, quod cupiebam, contigit.

... braucht. Nur anders, als ich dachte, fiel es aus.

(W. Binder – W. Ludwig)

Fatalismus

223 **Hoc tamen ... ausim confirmare:**
Nequaquam nobis divinitus esse paratam
naturam rerum: tanta stat praedita culpa.
Doch wagt' ich dies zu behaupten: Mitnichten
Ist dies Wesen der Welt für uns von den Göttern erschaffen;
Allzu sehr ist sie doch mit gewaltigen Mängeln behaftet.

(nach H. Diels)

LUKREZ, DE RERUM NATURA 5, 196–199

Unvollkommenheit der Welt

MENSCH

224 PHILOLACHES: Novarum aedium esse arbitro similem ego hominem,
quando natus est: ei rei argumenta dicam: ...
Aedes quom extemplo sunt paratae, expolitae
factae probe examussim,
laudant fabrum atque aedes probant: sibi quisque inde exemplum
expetunt.
Sibi quisque similes volt nec sumptum operam parcunt suam.
Atque ubi illo immigrat nequam homo, indiligens,
cum pigra familia, inmundus, instrenuos,
hic iam aedibus vitium additur, bonae quom curantur male ...
PH. Der Mensch, wenn er geboren ist, er gleicht,
So scheint mir, einem neugebauten Haus. Den Grund dafür
Will ich euch sagen: ...
Sobald ein Haus neu aufgerichtet ist, geputzt,
Und nach der Richtschnur wohlgeformt, lobt jedermann
Den Meister wie den Bau; nach diesem Muster will
Sich jeder selbst eins bauen, und man scheut keine Müh
Und keine Kosten. Zieht jedoch ein Taugenichts,
Der selbst nichts tut und Leute hat, die auch nichts tun,
Ein Mensch, der nicht auf Reinlichkeit und Ordnung hält,
Hinein, dann wird das Haus, so gut es war, im Nu
Einen Fehler kriegen, weil es schlecht verwaltet wird...

(W. Binder – W. Richter)

PLAUTUS, MOSTELLARIA 91–92; 101–107

225 COCUS: Quas herbas pecudes non edunt, homines edunt.
KOCH. Was selbst das Vieh nicht fressen mag, das ißt der Mensch.

PLAUTUS, PSEUDOLUS 825

Cocus: Hoc hic quidem homines tam brevem vitam colunt,
quom hasce herbas huiusmodi in suom alvom congerunt
formidulosas dictu, non essu modo.
quas herbas ...

KOCH. Drum dauert des Menschen Leben nur so kurz,
Wenn mit dergleichen Krautwerk sie den Bauch sich füllen,
Furchtbar schon auszusprechen, nicht zu essen bloß:
Was selbst das Vieh ...

(W. Binder – W. Ludwig)

226 O miseras hominum mentes, o pectora caeca;
qualibus in tenebris vitae quantisque periclis
degitur hoc aevi quodcumquest.
O wie arm ist der Menschen Verstand, wie blind ihr Verlangen!
In welch finsterer Nacht und in wieviel schlimmen Gefahren
Fließt dies Leben, das bißchen, dahin!

(H. Diels)

LUKREZ, DE RERUM NATURA 2, 14–16

227 O prima infelix fingenti terra Prometheo!
     Ille parum caute pectoris egit opus.
     Corpora disponens mentem non vidit in arte:
     Recta animi primum debuit esse via.

O das unselige Erdgebilde des Künstlers Prometheus!
     Allzu wenig gesorgt hat er sich um das Gemüt.
Körper zwar hat er geformt, doch nicht auf die Seele geachtet:
     Richtung und Maß für den Geist mußte das Wichtigste sein.

(W. Willige)

PROPERZ, ELEGIAE 3, 5, 9–12

228 Non dat natura virtutem: ars est bonum fieri.

Es ist nicht die Natur, die sittliche Vollkommenheit verleiht: eine Kunst
ist es, ein Mensch von Wert zu werden.

(nach M. Rosenbach)

SENECA, EPISTULAE MORALES 90, 44

229 In homine nihil ad rem pertinet, quantum aret, quantum feneret,
     a quam multis salutetur, quam pretioso incumbat lecto, quam
     perlucido poculo bibat, sed quam bonus sit.

Beim Menschen kommt es überhaupt nicht darauf an, wieviel Acker er
unter dem Pflug hat, wieviel Kapital er ausleiht, von wieviel Menschen
er gegrüßt wird, auf wie kostbarem Bett er liegt, aus wie funkelndem
Becher er trinkt, sondern wie gut er ist.

(M. Rosenbach)

SENECA, EPISTULAE MORALES 76, 15

230 Rationale animal est homo: consummatur itaque bonum eius, si id
     implevit, cui nascitur. quid est autem, quod ab illo ratio haec
     exigat? rem facillimam, secundum naturam vivere.

Der Mensch ist ein vernunftbegabtes Wesen: vollendet wird er daher
sein Vorzug, wenn er das erfüllt hat, wozu er geboren wird. Was ist es
aber, was diese Vernunft von ihm verlangt? Etwas sehr Leichtes:
gemäß der eigenen Natur zu leben.

(nach M. Rosenbach)

SENECA, EPISTULAE MORALES 41, 8–9

231 Nemo non hominis nomine aput me gratiosus est.
     Ein jeder ist mir mir auf Grund der Bezeichnung 'Mensch' will-
     kommen.

SENECA, DE CLEMENTIA PR. 1, 3

Nemo non, cui alia desunt, *hominis ...*

Ein jeder, dem anderes fehlt, ist mir ...

(M. Rosenbach)

232 **Ut in orbe ac pila nihil imum est, nihil summum, nihil extremum est, nihil primum, quia motu ordo mutatur et, quae sequebantur, praecedunt et, quae occidebant, oriuntur, omnia, quomodocumque ierunt, in idem revertuntur, ita in homine existima fieri; cum illum in multa mutaveris, unus est.**

Wie bei einem Kreis und einer Kugel nichts am tiefsten, nichts am höchsten, nichts am äußersten ist, nichts am vordersten, weil die Ordnung sich durch Bewegung ändert und, was folgte, voraufgeht, was niedersank, aufgeht, und alles, wie immer es gekommen ist, in dasselbe zurückkehrt, so – glaub' es – geschieht es beim Menschen; obwohl du ihn in viele Aspekte verwandelt hast, ist er einer.

(nach M. Rosenbach)

Seneca, De beneficiis 5, 8, 4

233 Tyndarus: **At scire memento, quando id, quod voles, habebis:**
nam fere maxima pars morem hunc homines habent:
quod sibi volunt,
dum id impetrant, boni sunt: sed ubi iam penes sese habent,
ex bonis pessumi et fraudulentissimi
fiunt.

Ty. Aber sei du des eingedenk,
Wenn nun dein Wunsch erreicht ist. Denn die Menschen sind
Zum größten Teile so gesinnt: solange sie
Das, was sie wollen, noch erstreben, sind sie gut,
Allein, nachdem sie es besitzen,
Wird auch der Gute durchaus schlecht und voller Trug.

(W. Binder – W. Ludwig)

Plautus, Captivi 231–236

234 Philolaches: **Magna pars**
morem hunc induxerunt: siquid nummo sarciri potest,
usque mantant neque id faciunt, donicum
parietes ruont – aedificantur aedes totae denuo.

Ph. Von der Art sind die Menschen großenteils:
Wenn etwas sich mit wenig Kosten flicken läßt,
So sehen sie immer zu und tun nichts, bis zuletzt
Das Mauerwerk zusammenstürzt, und also wird
Das ganze Haus von Grund auf wieder neu gebaut.

(W. Binder – W. Ludwig)

Plautus, Mostellaria 114–117

235 **Non soleo, mi Brute, quod tibi notum esse arbitror, temere adfirmare de altero; est enim periculosum propter occultas hominum voluntates multiplicesque naturas.**

Menschen

Es ist nicht meine Art, Brutus, und ich glaube, Du weißt das, voreilig
über jemanden etwas zu behaupten, denn das ist gefährlich – die
Menschen haben verborgene Absichten und vielartige Charaktere.
(Mai 43 v. Chr.?)

(H. Kasten)

Cicero, Ad M. Brutum 9 (6), 1 K.

236 **Mille hominum species et rerum discolor usus**
velle suum cuique est nec voto vivitur uno;
dissimilis cunctis vox vultus vita voluntas.
Menschlicher Arten sind tausend, buntscheckig der Dinge Benützung;
Jeder hat eigenen Wunsch, nicht lebt man nach einerlei Willen.
Allen verschieden ist Stimme und Miene und Leben und Neigung.

(O. Seel)

Persius, Saturae 5, 52–53A

Menschen-
geschlecht

237 **Falso queritur de natura sua genus humanum, quod inbecilla**
atque aevi brevis forte potius quam virtute regatur. nam contra
reputando neque maius aliud neque praestabilius invenias
magisque naturae industriam hominum quam vim aut tempus
deesse.
Zu Unrecht beklagt sich das Menschengeschlecht über seine Natur,
daß sie schwach und von kurzer Dauer sei und mehr vom bloßen
Zufall als von der eigenen Kraft gelenkt werde. Denn wenn man die
Gegenrechnung macht, dürfte man finden, daß es nichts anderes
Größeres und Vortrefflicheres gibt und daß unserer Natur eher
der Leistungswille des einzelnen Menschen abgeht als Kraft und
Dauer.

(W. Eisenhut – J. Lindauer)

Sallust, Bellum Iugurthinum 1, 1

Was ist der
Mensch?

238 **Quid est homo? Imbecillum corpus et fragile, nudum, suapte**
natura inerme, alienae opis indigens, ad omnes fortunae
contumelias proiectum.
Was ist der Mensch? Ein schwaches, hinfälliges Wesen, nackt, ohne
natürliche Waffen, auf fremde Hilfe angewiesen, allen Launen des
Schicksals ausgeliefert.

(G. Fink)

Seneca, Ad Marciam de consolatione 11

239 **Quid est homo? Quolibet quassu vas et quolibet fragile iactatu.**
Non tempestate magna, ut dissiperis, opus est; ubicumque
arietaveris, solveris.

Was ist der Mensch? Bei jedem Stoß geht er, ein irdener Topf, bei
jedem Schlag in Scherben. Es bedarf keines großen Sturmes, um dir
den Garaus zu machen: Wo du auch anrennst, zerschellst du!

(G. Fink)

SENECA, AD MARCIAM DE CONSOLATIONE 11

---

240   **Sumite in exemplum pecudes ratione carentes:**   Mensch – Tier
           Turpe erit ingenium mitius esse feris.
       Nehmt euch ein Beispiel am Tier, das ohne Verstand und Vernunft ist;
           Schändlich, zeigt sich das Vieh feiner gesinnt als der Mensch!

(W. Marg – R. Harder)

OVID, AMORES 1, 19, 25–26

---

241   **Nulli nisi homini concessa prudentia est, providentia, diligentia,
       cogitatio, nec tantum virtutibus humanis animalia, sed etiam vitiis
       prohibita sunt.**
       Nur dem Menschen wurde Klugheit zuteil, Voraussicht, Gründlichkeit
       und Denkvermögen; doch nicht nur die menschlichen Tugenden, son-
       dern auch die Laster sind den Tieren vorenthalten.

(G. Fink)

SENECA, DE IRA 1, 3

---

242   **Genus hominum ad honestatem natum est.**   Bestimmung des
       Das Menschengeschlecht ist zum Anstand geboren.   Menschen

CICERO, PARTITIONES ORATORIAE 91

Quarum rerum (*i. e.* ignominiae, infamiae, dedecoris) dolor est gravis testis *genus ... natum*
malo cultu pravisque opinionibus esse corruptum.

Der Schmerz hierüber (*d. h.* über Schande, schlechten Ruf, Unehre) ist ein wichtiger
Zeuge dafür, daß das Menschengeschlecht zum Anstand geboren, aber durch schlechte
Erziehung und verkehrte Meinungen verdorben ist.

(K. und G. Bayer)

---

243   **Homo in adiutorium mutuum genitus est.**
       Der Mensch ist in die Welt gekommen, um anderen zu helfen.

(G. Fink)

SENECA, DE IRA 1, 5

---

244   **In rectum sumus geniti.**
       Wir sind zum Guten geboren.

SENECA, DE IRA 2, 13

Non est, quod patroconium nobis quaeramus et excusatam licentiam dicentes aut utile id
esse aut inevitabile; cui enim tandem vitio advocatus defuit? Non est, quod dicas excidi
non posse: sanabilibus aegrotamus malis ipsaque *nos in rectum genitos* natura, si emendari velimus, iuvat. Nec, ut quibusdam visum est, arduum in virtutes et asperum iter est:
plano adeuntur.

Wir brauchen uns keinen Verteidiger zu suchen und keine Rechtfertigung der Haltlosigkeit, indem wir sagen, sie sei nützlich oder unvermeidbar – welchem Laster hat es je an
einem Fürsprecher gefehlt? Du hast keinen Grund zu der Behauptung, man könne es
nicht ausmerzen. Wir leiden an heilbaren Krankheiten, und da wir zum Guten geboren
sind, hilft uns die Natur selbst, wenn wir uns bessern wollen. Und keineswegs ist, wie es
manchen schien, der Aufstieg zur Vollendeung steil und rauh. Man erreicht ihn auf bester
Straße.

(G. Fink)

245 **Solemus dicere summum bonum esse secundum naturam vivere:
natura nos ad utrumque genuit, et contemplationi rerum et
actioni.**
Wir sagen gewöhnlich, das höchste Gut sei ein naturgemäßes Leben.
Die Natur aber hat uns zu zweierlei erschaffen: zum Betrachten von
allem, was da ist, und zum Handeln.

(G. Fink)

Seneca, De otio 4

246 **Sanabilibus aegrotamus malis ipsaque nos in rectum genitos
natura, si emendari volumus, iuvat. Nec, ut quibusdam visum est,
arduum in virtutes et asperum iter est: plano adeuntur.**
Wir leiden an heilbaren Krankheiten, und da wir zum Guten geboren
sind, hilft uns die Natur selbst, wenn wir uns nur bessern wollen. Und
keineswegs ist, wie es manchen schien, der Aufstieg zur Vollendung
steil und rauh. Man erreicht sie auf ebener Straße.

(G. Fink)

Seneca, De ira 2, 13

**Rolle des
Menschen**

247 **Ipsi gerere quam personam velimus, a nostra voluntate proficiscitur. Itaque se alii ad philosophiam, alii ad ius civile, alii ad
eloquentiam applicant, ipsarumque virtutum in alia alius mavult
excellere.**
Die Rolle, die wir spielen möchten, geht von unserem Willen aus.
Daher widmen sich die einen der Philosophie, die anderen dem bür-
gerlichen Recht, andere der Beredsamkeit; und unter den Tugenden
selber will der eine in der, der andere in jener hervorragen.

(K. Büchner)

Cicero, De officiis 1, 115

248 **Intellegendum est duabus quasi nos a natura indutos esse personis; quarum una communis est ex eo, quod omnes participes
sumus rationis praestantiaeque eius, qua antecellimus bestiis,
a qua omne honestum decorumque trahitur et ex qua ratio
inveniendi officii exquiritur, altera autem, quae proprie singulis
est tributa.**

Man muß erkennen, daß wir von der Natur gleichsam mit zwei Rollen betraut worden sind. Die eine von ihnen ist gemeinsam, daher, daß wir alle teilhaben an der Vernunft und dem Vorrang, durch den wir vor den Tieren herausragen, von dem sich alles Ehrenvolle und Schickliche herleitet und aus dem die Methode, das rechte Handeln zu finden, entwickelt wird. Die andere aber ist die, die einem jeden eigentümlich zugewiesen ist.

(nach K. Büchner)

CICERO, DE OFFICIIS 1, 107

249 **Est autem consolatio pervulgata quidem illa maxime, quam semper in ore atque in animo habere debemus, homines nos ut esse meminerimus ea lege natos, ut omnibus telis fortunae proposita sit vita nostra, neque esse recusandum, quo minus ea, qua nati sumus, condicione vivamus, neve tam graviter eos casus feramus, quos nullo consilio vitare possimus, eventisque aliorum memoria repetendis nihil accidisse novi nobis cogitemus.**
Der meistgehörte Trost, den wir aber immer aussprechen müssen und nie aus den Augen verlieren dürfen, ist der Hinweis darauf, daß wir Menschen sind, geboren mit der Bestimmung, daß unser Leben allen möglichen Schicksalsschlägen ausgesetzt ist, und daß wir uns nicht weigern können, unter den Bedingungen zu leben, unter denen wir geboren sind, daß wir die Zufälligkeiten nicht allzu schwer nehmen, denen wir uns auf keine Weise entziehen können, und daran denken, daß uns nichts Außergewöhnliches passiert ist, wenn wir uns die Erlebnisse anderer ins Gedächtnis zurückrufen. *(Frühjahr 46 v. Chr.)*

(H. Kasten)

CICERO, AD FAMILIARES 5, 17 (16), 2 K. (AD TITIUM)

Menschenlos

250 **At vero malum est liberos amittere. Malum; nisi hoc peius est, haec sufferre et perpeti. Quae res mihi non mediocrem consolationem attulit; volo tibi commemorare, si forte eadem res tibi maerorem minuere possit. Ex Asia rediens cum ab Aegina Megaram versus navigarem, coepi regiones circumcirca prospicere. Post me erat Aegina, ante me Megara, dextra Piraeus, sinistra Corinthus, quae oppida quodam tempore florentissima fuerunt, nunc prostrata et diruta ante oculos iacent. Coepi equidem mecum sic cogitare: 'hem! nos homunculi indignamur, si quis nostrum interiit aut occisus est, quorum vita brevior esse debet, cum uno loco tot oppidorum cadavera proiecta iacent? Visne tu te, Servi, cohibere et meminisse hominem te esse natum?' Crede mihi, cogitatione ea non mediocriter sum confirmatus.**
Aber es ist doch schlimm, ein Kind hingeben zu müssen! Gewiß, schlimm; falls es nicht schlimmer ist, die jetzigen Zustände ertragen zu müssen. Laß mich Dir vor Augen führen, was mir nicht unwesent-

lichen Trost gewährt hat; vielleicht, daß es auch Deinen Schmerz zu lindern vermag! Aus Asia zurückkehrend, befand ich mich auf der Fahrt von Ägina nach Megara. Da betrachtete ich rings die Landschaft. Hinter mir lag Ägina, vor mir Megara, zur Rechten Piräus, zur Linken Korinth, lauter Städte, die einst in hoher Blüte gestanden haben, und die wir jetzt zerstört am Boden liegen sehen. Da kam mir der Gedanke: «Sonderbar! Wir Menschlein regen uns auf, wenn eins unsrer Lieben, deren Leben doch nur verhältnismäßig kurz sein kann, stirbt oder fällt, und hier liegen dicht beieinander die Trümmer so vieler Städte! Willst Du Dich nicht fassen, Servius, und daran denken, daß Du als Mensch geboren bist?» – Glaub' mir, in diesem Gedanken habe ich nicht wenig Trost gefunden. *(Mitte März 45 v. Chr.)*

(H. Kasten)

Ser. Sulpicius bei Cicero, Ad familiares 4, 5, 4 K.

251 **Nulla tam bona est fortuna, de qua nil possis queri.**
Niemals ist ein Los so glücklich, daß man gar nicht klagen kann.

(H. Beckby)

Publilius Syrus, Sententiae N 8

252 **Sed humanum est: ad hoc genitus es, ut perderes, ut perires, ut sperares, metueres, alios teque inquietares, mortem et timeres et optares et, quod est pessimum, numquam scires, cuius esses status.**
Doch es ist Menschenlos: Dazu bist du geboren, um zu verlieren, um zu vergehen, um zu hoffen, dich zu ängstigen, anderen und dir selbst zur Last zu fallen, den Tod zu fürchten und zu wünschen und, was das Ärgste ist, nie zu wissen, wie es um dich steht.

(G. Fink)

Seneca, Ad Marciam de consolatione 17

Menschenhaß

253 **Qui vitia odit, homines odit.**
Wer die Fehler der Menschen haßt, haßt die Menschen.

Plinius Minor, Epistulae 8, 22, 3 K.

Vir mitissimus et ob hoc quoque maximus, Thrasea, crebro dicere solebat: *'qui ... '*

Ein sanftmütiger und eben darum großer Mann, nämlich Thrasea, pflegte häufig zu sagen: «Wer ...»

(nach H. Kasten)

DER MENSCH ALS INDIVIDUUM

254 **Nullum animal alteri par est.**

Kein lebendes Wesen ist dem anderen gleich.

SENECA, EPISTULAE MORALES 113, 16

... par est. circumspice omnium corpora: nulli non et color proprius est et figura sua et magnitudo. inter cetera, propter quae mirabile divini artificis ingenium est, hoc quoque existimo esse, quod in tanta copia rerum numquam in idem incidit: etiam quae similia videntur, cum contuleris, diversa sunt. tot fecit genera foliorum: nullum non sua proprietate signatum; tot animalia: nullius magnitudo cum altero convenit, utique aliquid interest. exegit a se, ut, quae alia erant, et dissimilia essent et inparia.

... dem anderen gleich. Betrachte ringsum alle ihre Körper: ein jedes hat seine eigene Farbe, seine Gestalt und Größe. Zu den übrigen Leistungen, deretwegen der Geist des Schöpfergottes bewundernswert ist, gehört, meine ich, auch diese: in dieser großen Menge der Schöpfung ist er niemals auf dasselbe verfallen; auch was ähnlich scheint, ist, wenn du es vergleichst, verschieden. So viele Arten von Blättern hat er geschaffen: keines ohne seine Eigenart; so viele Tiere: keine Größe stimmt mit der eines anderen überein, jedenfalls gibt es einen gewissen Unterschied. Er hat von sich verlangt, daß verschieden und ungleich sei, was anders ist.

(nach M. Rosenbach)

255 **Suum quisque noscat ingenium acremque se et bonorum et vitiorum suorum iudicem praebeat, ne scaenici plus quam nos videantur habere prudentiae. illi enim non optumas, sed sibi accommodatissimas fabulas eligunt.**

Jeder lerne seine Eigenart kennen und zeige sich als scharfer Richter seiner Vorzüge und Fehler, damit die Bühnenkünstler nicht mehr Klugheit zu haben scheinen als wir. Sie wählen sich nämlich nicht die besten Stücke aus, sondern die für sie passendsten.

(K. Büchner)

CICERO, DE OFFICIIS 1, 114

256 **Omnino si quicquam est decorum, nihil est profecto magis quam aequabilitas universae vitae, tum singularum actionum, quam conservare non possis, si aliorum naturam imitans omittas tuam.**

Überhaupt: wenn es etwas Schickliches gibt, ist es in der Tat nichts mehr als die innere Übereinstimmung des gesamten Lebens, dann vor allem jeder einzelnen Handlung. Sie könntest du nicht bewahren, wenn du die Natur anderer nachahmst, deine eigene außer acht läßt.

(K. Büchner)

CICERO, DE OFFICIIS 1, 111

Geschlecht

Mann

257 **Multo facilius est totam gentem quam unum virum vincere.**
Es ist viel leichter, ein ganzes Volk zu besiegen als einen einzigen
Mann.

(nach M. Rosenbach)

<small>SENECA, EPISTULAE MORALES 9, 19</small>

Mann – Frau

258 **Tantum inter Stoicos, Serene, et ceteros sapientiam professos
interesse, quantum inter feminas et mares, non immerito dixerim,
cum utraque turba ad vitae societatem tantundem conferat, sed
altera pars ad obsequendum, altera imperio nata sit.**
Daß ein gleich großer Unterschied zwischen den Stoikern, mein
Serenus, und den sonstigen Philosophen besteht wie zwischen Frauen
und Männern, sage ich wohl zu Recht, da beide Geschlechter zum
Leben in der Gemeinschaft gleich viel beisteuern, aber die eine Hälfte
zum Gehorsam, die andere zum Herrschen geboren ist.

(G. Fink)

<small>SENECA, DE CONSTANTIA SAPIENTIS 1</small>

Frau

259 **Cum pulchritudinis duo genera sint, quorum in altero venustas sit,
in altero dignitas, venustatem muliebrem ducere debemus,
dignitatem virilem.**
Da es zwei Arten von Schönheit gibt, in deren einer die Anmut, in
deren anderer die Würde liegt, müssen wir die Anmut für Eigenschaft
der Frau, die Würde für Eigenschaft des Mannes halten.

(K. Büchner)

<small>CICERO, DE OFFICIIS 1, 130</small>

Frauen

260 <small>SYRA:</small> **Ecastor lege dura vivont mulieres
multoque iniquiore miserae quam viri.**
<small>SY:</small> Die Weiber haben doch, fürwahr, ein hartes Los
Und sind um vieles schlimmer als die Männer dran.

<small>PLAUTUS, MERCATOR 817–818</small>

... quam viri.
nam si vir scortum duxit clam uxorem suam,
id si rescivit uxor, inpunest viro:
uxor virum si clam domo egressast foras,
viro fit causa, exigitur matrimonio.
utinam lex esset eadem, quae uxorist, viro!

... als die Männer dran.
Denn wenn ein Mann sich hinterm Rücken seiner Frau
Eine Hure hält, so geht's ihm, wenn's die Frau erfährt,
Stets ungestraft hin. Aber wenn die Frau einmal
Zum Haus hinausgeht, ohne daß der Mann es weiß,
Gleich gibt es einen Grund für ihn, die Ehe
Zu trennen. Gäb's doch *ein* Gesetz für Mann und Weib!

(W. Binder – W. Ludwig)

261 PALAESTRIO: **Nam mulier holitori numquam supplicat, siquast
mala:
domi habet hortum et condimenta ad omnis mores maleficos.**
PA. Ein Weib, das boshaft ist, braucht keinen Krämer,
Sie hat daheim selbst Salz und Pfeffer,
Um all ihr übles Tun zu würzen.

(W. Binder – W. Ludwig)

PLAUTUS, MILES GLORIOSUS 193–194

262 ANTIPHO: **Ubi facillume spectatur mulier, quae ingeniost bono?**
PAMPHILA: **Quoi male faciundist potestas, quae ne id faciat,
temperat.**
ANTIPHO: **Qui potest mulier vitare vitiis?**
PAMPHILA: **Ut cotidie pridie caveat, ne faciat,
quod pigeat postridie.**
ANTIPHO: **Quae tibi mulier videtur multo sapientissuma?**
PAMPHILA: **Quae tamen, quom res secundae sunt, se poterit
gnoscere,
Et illa, quae aequo animo patietur, sibi esse peius, quam fuit.**
AN. Woran erkennt man denn
Am leichtesten eine Frau, die gut geartet ist?
PA. Daran: wenn sie Gelegenheit zum Bösen hat,
Und es doch nicht tut und sich zu beherrschen weiß.
AN. Wie kann eine Frau frei von Fehlern sein?
PA. Wenn sie täglich am Tag zuvor sich hütet,
Daß sie nicht etwas tut, was sie am Tag danach bereut.
AN. Und welche Frau hältst du für die vernünftigste?
PA. Die auch im Glück sich selber noch erkennt und die,
Wenn's schlimmer kommt, es mit gelassenem Mut erträgt.

(W. Binder – W. Ludwig)

PLAUTUS, STICHUS 116–117; 121–125

263 GNATHO: **Novi ingenium mulierum:
nolunt, ubi velis, ubi nolis, cupiunt ultro.**
GN. Ich weiß ja, wie die Weiber sind:
Willst du, so wollen sie nicht; willst du nicht, so wollen sie.

(J. J. Donner)

TERENZ, EUNUCHUS 812–813

264 **Cohortarer vos, quo animo fortiores essetis, nisi vos fortiores
cognossem quam quemquam virum.**
Ich würde Euch gute Ratschläge erteilen, damit Ihr um so tapferer
seiet, wenn ich nicht wüßte, daß Ihr tapferer als mancher Mann seid.
(7. Juni 49 v. Chr.)

(H. Kasten)

CICERO, AD FAMILIARES 14, 8 (7), 2 K. (AD TERENTIAM)

tapfere Frauen

Frauenschelte

265 CURCULIO: **Antiquom poetam audivi scripsisse in tragoedia mulieres duas peiores esse quam unam: res itast.**
Cu. Ein alter Dichter hab' in einem Trauerspiel,
So hört' ich, sich vernehmen lassen: Schlimmer seien
Zwei Frauenzimmer stets als eins – und das ist wahr.

(W. Binder – W. Ludwig)

PLAUTUS, CURCULIO 591–592

266 LACHES: **Pro deum fidem atque hominum, quod hoc genus est, quae haec coniuratiost!**
utin omnes mulieres eadem aeque studeant nolintque omnia
neque declinatam quicquam ab aliarum ingenio ullam reperias!
itaque adeo uno animo omnes socrus oderunt, oderunt nurus.
viris esse advorsas aeque studiumst, similis pertinaciast.
in eodemque omnes mihi videntur ludo doctae ad malitiam:
ei ludo, si ullus est, magistram hanc esse satis certo scio.
La. Erd und Himmel! Was für Volk das, was für eine Verschwörung das!
Daß alle Frauen das gleiche lieben, alle Frauen das gleiche fliehen,
Und daß man keine findet. die nicht ganz der andern ähnlich ist!
So haßt auch jede Schwiegermutter ihre Schwiegertochter; dem Mann zu trotzen, sind
Gleich eifrig alle; der Eigensinn ist ihnen allen angeerbt.
In *einer* Schule, glaub' ich, hat man alle zur Bosheit angeführt,
Und an der Schule Lehrerin, wenn's eine gab, ist meine Frau.

(J. J. Donner)

TERENZ, HECYRA 198–204

267 **Cum satis una tuis insomnia portet ocellis,**
    Una sit et cuivis femina multa mala.
Da eine einzige schon dir schlaflose Nächte bereitet,
    sei eine einzige Frau jedem der Plage genug!

(W. Willige)

PROPERZ, ELEGIAE 2, 25, 47–48

268 **Mulier quae mulier milvinum genus. neminem nihil boni facere oportet; aeque est enim, ac si in puteum conicias. sed antiquus amor cancer est.**
Ein Weib mit Weiberallüren hat etwas vom Aasgeier. Man sollte keiner nichts zu Gefallen tun; es ist nämlich gerade so, als wenn du es in den Brunnen schüttest. Aber alte Liebe ist die Pest.

(K. Müller – W. Ehlers)

PETRON, CENA TRIMALCHIONIS 42, 7

Körper

269 **Non deformitate corporis foedatur animus, sed pulchritudine**   Körper – Seele
animi corpus ornatur.
Nicht wird durch eine Entstellung des Körpers die Seele entstellt, sondern durch die Schönheit der Seele der Körper geschmückt.

SENECA, EPISTULAE MORALES 66, 6

Claranus mihi videtur in exemplar editus, ut scire possemus non ... *foedari animum, sed ...*
corpus ornari.

Claranus scheint mir als Musterfall geschaffen, damit wir sehen können, daß nicht... die
Seele entstellt, sondern ... der Körper geschmückt wird.

(M. Rosenbach)

270 **Nunc opus est te animo valere, ut corpore possis. Id cum tua tum**   Gesundheit
mea causa facias a te peto.
Du mußt jetzt seelisch gesunden, damit auch der Leib gesunden kann.
Tu das bitte um Deinet- und meinetwillen! *(11. April 53 v. Chr.)*

(H. Kasten)

CICERO, AD FAMILIARES 16, 2 (14), 2 K. (AD TIRONEM)

271 **Valetudo sustentatur notitia sui corporis et observatione, quae res**
aut prodesse soleant aut obesse, et continentia in victu omni atque
cultu corporis tuendi causa praetermittendis voluptatibus,
postremo arte eorum, quorum ad scientiam haec pertinent.
Die Gesundheit wird aufrechterhalten durch Kenntnis des eigenen
Körpers und Beobachtung, welche Dinge ihm zu nützen oder zu
schaden pflegen, durch Beherrschung in jeglicher Lebensführung und
-gestaltung dadurch, daß man, um den Körper zu schonen, Genüsse
meidet, schließlich durch die Kunst derjenigen, deren Wissenschaft
dies angeht.

(K. Büchner)

CICERO, DE OFFICIIS 2, 86

272 **Si ventri bene, si lateri est pedibusque tuis, nil**
divitiae poterunt regales addere maius.
Sind dir Magen und Lunge und Füße in erwünschter Verfassung, so
können Königsschätze nichts Größeres dazutun.

HORAZ, EPISTULAE 1, 12, 4–11

... addere maius.
si forte in medio positorum abstemius herbis
vivis et urtica, sic vives protinus, ut te
confestim liquidus Fortunae rivus inauret,
vel quia naturam mutare pecunia nescit,
vel quia cuncta putas una virtute minora.

... Größeres dazutun. Lebst du aber, statt zuzulangen, bedürfnislos, vielleicht von Kraut
und Nesseln: dann wirst du auch künftig so leben, wollte selbst das Glück dich plötzlich
mit lauterem Goldstrom überfluten. Denn das Geld kann die Art nicht ändern; auch dünkt
dir ja alles minderwert neben dem einen Gute, der Tugend.

(H. Färber – W. Schöne)

273 **Ad salutem omnia parata sunt et in promptu, deliciis omnia misere ac sollicite comparantur. utamur ergo hoc naturae beneficio inter magna numerando et cogitemus nullo nomine melius illam meruisse de nobis, quam quia, quicquid ex necessitate desideratur, sine fastidio sumitur.**

Für unsere Gesundheit ist alles bereit und steht zur Verfügung, für verwöhnte Ansprüche wird alles unter Mühsal und Sorge beschafft. Machen wir uns also diese Wohltat der Natur zunutze, die zu den bedeutenden zu rechnen ist, und bedenken wir, daß sie sich in keiner Beziehung mehr um uns verdient gemacht hat als dadurch, daß man alles, was aus Notwendigkeit gebraucht wird, ohne Ekel genießen kann.

(nach M. Rosenbach)

SENECA, EPISTULAE MORALES 119, 15–16

274 **Hanc sanam ac salutarem formam vitae tenete, ut corpori tantum indulgeatis, quantum bonae valetudini satis est.**

Diese gesunde und heilsame Lebensform haltet fest, dem Körper nur soweit nachzugeben, wie es für die Gesundheit genug ist.

(nach M. Rosenbach)

SENECA, EPISTULAE MORALES 8, 5

275 **Aetatem Priamique Nestorisque**
longam qui putat esse, Marciane,
multum decipiturque falliturque.
non est vivere, sed valere vita est.

Wer des Priamus und des Nestor Leben
für ein langes erachtet, Marcianus,
ach, der irrt sich und täuscht sich wahrhaft gründlich:
Leben liegt nicht im Dasein, im Gesundsein!

(R. Helm)

MARTIAL, EPIGRAMMATA 6, 70, 12–15

Krankheit

276 **Possum ergo, quod plurimis verbis, plurimis etiam voluminibus philosophi docere conantur, ipse breviter tibi mihique praecipere, ut tales esse sani perseveremus, quales nos futuros profitemur infirmi.**

Was also die Philosophen und wort- und bändereich beizubringen suchen, das kann ich für Dich und mich in den kurzen Satz zusammenfassen: Wir müssen in gesunden Tagen so zu bleiben suchen, wie wir uns zu verhalten gedenken, wenn wir krank sind.

(H. Kasten)

PLINIUS MINOR, EPISTULAE 7, 26, 4 K.

277 Languebam; sed tu comitatus protinus ad me
venisti centum, Symmache, discipulis.
centum me tetigere manus aquilone gelatae:
non habui febrem, Symmache, nunc habeo.
Ich war krank, doch du, von hundert Schülern begleitet,
bist auf der Stelle sofort, Symmachus, zu mir geeilt.
Hundert Hände, sie haben, vom Nord erstarrt, mich betastet;
hatte kein Fieber, doch jetzt, Symmachus, hab' ich's gewiß.

(R. Helm)

MARTIAL, EPIGRAMMATA 5, 9

278 Non tantum arma et acies dant argumenta alacris animi   **Krankheit**
indomitique terroribus: et in vestimentis vir fortis apparet. habes,   **ertragen**
quod agas: bene luctare cum morbo. si nihil te coegerit, si nihil
exoraverit, insigne prodis exemplum. o quam magna erat gloriae
materia, si spectaremur aegri! ipse te specta, ipse te lauda!
Nicht nur Waffen und Kampf geben Beweise lebendigen Mutes, der
von Schrecknissen nicht bezähmt wird: auch in Zivilkleidung wird ein
tapferer Mann sichtbar. Du hast etwas, was du tun kannst: kämpfe
erfolgreich mit deiner Krankheit. Wenn sie dich zu nichts zwingt, zu
nichts erweicht, gibst du ein ausgezeichnetes Beispiel. O, wie groß
wäre des Ruhmes Stoff, wenn wir Zuschauer unserer Krankheit hätten! Betrachte dich selbst, rühme dich selbst!

(nach M. Rosenbach)

SENECA, EPISTULAE MORALES 78, 21

279 SCAPHA: **Pulcra mulier nuda erit quam purpurata pulcrior.**   **Schönheit**
Sc. Ein schönes Weib ist schöner nackt, als wenn es sich
In Purpur kleidet.

(W. Binder – W. Ludwig)

PLAUTUS, MOSTELLARIA 288

280 Hanc utinam faciem nolit mutare senectus,
Etsi Cumaeae saecula vatis aget.
Möchte dies Antlitz doch nie das Greisenalter entstellen,
selbst wenn Jahrhunderte sie wie die Sibylle erlebt!

(W. Willige)

PROPERZ, ELEGIAE 2, 2, 15–16

281 Formam optat modico pueris, maiore puellis
murmure, cum Veneris fanum videt, anxia mater
usque ad delicias votorum. 'cur tamen' inquit
'corripias? pulchra gaudet Latona Diana.'

Um Schönheit betet mit leisem Gemurmel für die Knaben,
mit lauterem
für die Mädchen, wenn sie das Heiligtum der Venus sieht, die besorgte
Mutter, und
ihre Wünsche gehen bis zum Ausgesuchten. «Warum jedoch», heißt es,
«schiltst du sie? An der schönen Diana erfreut sich Latona.»

(J. Adamietz)

JUVENAL, SATURAEE 10, 289–292

282 **Inmodicis brevis est aetas et rara senectus.**
     quidquid amas, cupias non placuisse nimis.
     Alles Besondere lebt nur kurz und altert nur selten.
         Was man lieb hat, man möcht' fast, es gefiele nicht sehr!

(R. Helm)

MARTIAL, EPIGRAMMATA 6, 29, 7–8

Mienenspiel   283 **Prudenti vultus etiam sermonis loco est.**
                   Dem Scharfsinn wird auch ein Gesicht zur Sprache.

(H. Beckby)

PUBLILIUS SYRUS, SENTENTIAE P 43

Bedürfnisse   284 **Venter praecepta non audit: poscit, appellat. non est tamen**
                   molestus creditor: parvo dimittitur, si modo das illi, quod debes,
                   non quod potes.
                   Der Bauch ist hört nicht auf Vorschriften: er fordert, er mahnt. Den-
                   noch ist er kein lästiger Gläubiger: mit Geringem wird er befriedigt,
                   wenn du ihm nur gibst, was du schuldest, nicht, was du kannst.

(M. Rosenbach)

SENECA, EPISTULAE MORALES 21, 11

Dürsten und   285 **Num, tibi cum fauces urit sitis, aurea quaeris**
Hungern   **pocula? num esuriens fastidis omnia praeter**
                   pavonem rhombumque?
                   Wenn dir den Schlund verbrennt der Durst, goldene Becher verlangst
                   du? Trotz Hunger verschmähst du alles außer Pfau und Steinbutt?

(M. Rosenbach)

HORAZ, SERMONES 1, 2, 114ff., BEI SENECA, EPISTULAE MORALES 119, 13

Essen   286 **'Ubi igitur', inquies, 'philosophia?' Tua quidem in culina, mea**
                   molestast; pudet enim servire; itaque facio me alias res agere, ne
                   convicium Platonis audiam.

«Wo bleibt denn die Philosophie?» Bei Dir in der Küche; meine macht
mir Schwierigkeiten, weil sie sich schämt, Sklavin zu sein. Ich stelle
mich deshalb so, als triebe ich andere Dinge, um nicht von Platon
Schelte zu bekommen.

CICERO, AD FAMILIARES 15, 16 (18), 1 K. (AD C. CASSIUM)

'Ridere igitur', inquies, 'possumus?' Non mercule facillime; verum tamen aliam
aberrationem a molestiis nullam habemus. *'Ubi igitur'*, inquies ...

«Also», wirst Du sagen, «können wir lachen?» Weiß Gott, ganz leicht ist es nicht; immerhin
ist es für uns die einzige Ablenkung von all den Widerwärtigkeiten. Wo bleibt denn ...
(Mitte Dezember 46 v. Chr.)

(H. Kasten)

287 **Copia ciborum subtilitas impeditur.**
Durch überreiches Essen wird der Einfallsreichtum behindert.

(nach M. Rosenbach)

SENECA, EPISTULAE MORALES 15, 3

288 **Gravest luxuriari per singula: omnia semel et in eundem saporem**   Schlemmen
versa ponantur. quare ego ad unam rem manum porrigam?
Eine schwere Aufgabe ist es, sich durch lauter einzelne Gänge hin-
durchzuschlemmen: alles soll man auf einmal und in denselben
Geschmack verwandelt servieren. Warum soll ich meine Hand zu
einem einzigen Gericht ausstrecken?

SENECA, EPISTULAE MORALES 95, 27–28

... porrigam? plura veniant simul, multorum ferculorum ornamenta coeant et cohaereant.
sciant protinus hi, qui iactationem ex istis peti et gloriam aiebant, non ostendi ista, sed
conscientiae dari. pariter sint, quae disponi solent, uno iure perfusa; nihil intersit: ostra,
echini, spondyli mulli perturbati concoctique ponantur. – Non esset confusior vomentium
cibus.

... ausstrecken. Mehrere Gänge sollen zugleich kommen, vieler Gerichte Vorzüge sich
vereinigen und einander durchdringen. Die Menschen, die behaupten, es gehe dabei um
Angeberei und Großtun, sollen einfach wissen, daß diese Dinge nicht zur Schau gestellt,
sondern der kennerischen Eingeweihtheit anvertraut werden. Einheitlich sei, was man
einzeln vorzulegen pflegt, mit einer Soße übergossen; keinen Unterschied darf es geben:
Austern, Seeigel, Muscheln, Meerbarben müssen vermengt und zusammengekocht
serviert werden. – Gekotztes wäre keine schlimmere Mischung.

(nach M. Rosenbach)

289 SANGA: **Iam dudum animus est in patinis.**   Gefrässigkeit
SA. Schon lange wohnt mein Sehnen bei den Schüsseln.

(J. J. Donner)

TERENZ, EUNUCHUS 816

290 **Ego a Sex. Fadio, Niconis discipulo, librum abstuli Νίκωνος περὶ**   Freßsucht
πολυφαγίας (Níkonos perì polyphagías). O medicum suavem
meque docilem ad hanc disciplinam! Sed Bassus noster me de hoc
libro celavit, te quidem non videtur.

Von Sex. Fadius, Nikons Schüler, habe ich mir 'Nikon, Über die Freßsucht' besorgt. Ein entzückender Arzt, und ich ein gelehriger Schüler
seiner Wissenschaft! Unser Bassus hat mir von diesem Buch nichts
gesagt, aber anscheinend Dir. *(20. Juli 44 v. Chr.)*

(H. Kasten)

CICERO, AD FAMILIARES 7, 20, 3 K. (AD TREBATIUM)

starker Magen 291 **Quidquid vult, habere nemo potest; illud potest, nolle, quod non
habet, rebus oblatis hilaris uti. magna pars libertatis est bene
moratus venter et contumeliae patiens.**

Niemand kann alles haben, was er will; das kann er: nicht zu wollen,
was er nicht hat, sich bietende Möglichkeiten heiter zu nutzen. Ein
großer Teil der Freiheit ist ein gutartiger Magen, der sich auch einmal
eine Mißhandlung gefallen läßt.

(M. Rosenbach)

SENECA, EPISTULAE MORALES 123, 3

Appetitlosigkeit 292 **Foris est promus, et atrum
defendens piscis hiemat mare: cum sale panis
latrantem stomachum bene leniet. unde putas aut
qui partum? non in caro nidore voluptas
summa, sed in te ipso est. tu pulmentaria quaere
sudando: pinguem vitiis albumque neque ostra
nec scarus aut poterit peregrina iuvare lagois.**

Nimm an, dein Koch ist ausgegangen, und das Meer ist stürmisch und
läßt keinen Fischfang zu: da wird dir Brot mit Salz des Magens Knur-
ren doch ganz gut befriedigen. Und fragst du nach des Rätsels Lösung?
Nicht in dem teuern Bratenduft liegt höchste Lust, nein, in dir selbst.
Du mußt des Mahles Würze dir durch saure Arbeit schaffen: den bleichen, krankhaft aufgedunsenen Schlemmer werden Austern nicht
erfreuen noch teurer Seefisch und ein Birkhuhn, das aus fernem
Lande kam.

(H. Färber – W. Schöne)

HORAZ, SERMONES 2, 2, 16–22

Trinken 293 **Fecundi calices quem non fecere disertum,
contracta quem non in paupertate solutum?**

Wem ward die Fülle im Becher nicht zur Quelle beredten Wortes?
Wem gab sie bei drückender Knappheit nicht das Gefühl der Be-
freiung?

(H. Färber – W. Schöne)

HORAZ, EPISTULAE 1, 5, 19–20

294 **Calda potio vestiarius est.**
Ein warmer Tropfen ist der beste Pelz.

(K. Müller – W. Ehlers)

PETRON, CENA TRIMALCHIONIS 41, 11

295 MEGARONIDES: **Denique**
diei tempus non vides? quid illum putas
natura illa atque ingenio? iam dudum ebriust.
quidvis probari poterit.
ME. Und dann, bedenkst du nicht
Die vorgerückte Tageszeit? Was meinst du nun?
Ein Mensch von diesem Schlag, mit diesem Naturell,
Ist jetzt längst betrunken. Alles läßt er sich
Weismachen ...

(W. Binder – W. Ludwig)

PLAUTUS, TRINUMMUS 810–813

Wein

296 PSEUDOLUS: **Magnum hoc vitium vinost:**
pedes captat primum, luctator dolosust.
profecto edepol ego nunc probe abeo madulsa.
Ps. Groß versündigt sich der Wein, daß er
Zuerst die Füße packt, dem tückischen Ringer gleich
Beim Pollux, wohl durchfeuchtet wank' ich jetzt einher!

(W. Binder – W. Ludwig)

PLAUTUS, PSEUDOLUS 1250–1252

297 **Vinum bonum fit, quod recens durum et asperum visum est; non**
pati aetatem, quod in dolio placuit.
Ein guter Wein wird der, der als junger Wein herb und rauh schien;
der aber, der im Faß gefallen hat, verträgt das Alter nicht.

SENECA, EPISTULAE MORALES 36, 3

Ariston aiebat malle se adulescentem tristem quam hilarem et amabilem turbae: *vinum*
enim bonum ...

Ariston pflegte zu sagen, er wolle lieber einen jungen Mann ernst als heiter und beliebt
bei der Menge: ein guter Wein ...

(nach M. Rosenbach)

298 CALLICLES: **Vinum, si fabulari possit, se defenderet.**
non vinum viris moderari, sed viri vino solent,
qui quidem probi sunt.
CA. Der Wein, könnt' er nur reden, würde sich gewiß
Verteidigen. Der Wein soll nie dem Mann das Maß
Bestimmen, nein, der Mann dem Wein, ist anders er
Ein braver Mann.

PLAUTUS, TRUCULENTUS 831–833

... *probi sunt:* verum qui improbust, sive bibit
sive adeo caret temeto, tamen ab ingenio inprobust.

... braver Mann. Wer freilich überhaupt nichts taugt,
Der bleibt, er mag getrunken haben oder nicht,
Ein Taugenichts.

(W. Binder – W. Ludwig)

299 Ecce, Veneris hortator et armiger Liber.
Schau, Venus' Schrittmacher und Waffenträger Bacchus!

(E. Brandt – W. Ehlers)

APULEIUS, METAMORPHOSES 2, 11, 2

Weinseligkeit

300 LEANA: Flos veteris vini meis naribus obiectust:
eius amor cupidam me huc prolicit per tenebras:
ubi ubist, prope mest: euax, habeo.
salve, anime mi, Liberi lepos:
ut veteris vetusti cupida sum.
LE. Des alten Weines Blume dringt zur Nase mir:
Die Lust nach ihm lockt durch das Dunkel mich daher.
Wo ist er, wo? Ganz nah. Juchhei, ich hab' ihn schon.
Willkommen, du mein Leben, Zauber des Bacchus!

(W. Binder – W. Ludwig)

PLAUTUS, CURCULIO 96–98 b

Trunkenheit

301 Dic, quam turpe sit plus sibi ingerere quam capiat et stomachi sui
non nosse mensuram, quam multa ebrii faciant, quibus sobrii
erubescant, nihil aliud esse ebrietatem quam voluntariam
insaniam.
Sag einfach, wie schändlich es ist, mehr in sich hineinzufüllen, als
man vertragen kann, und seines Magens Fassungsvermögen nicht zu
kennen, wieviel Dinge Trunkene tun, über die Nüchterne erröten: daß
Trunkenheit nichts anderes sei als freiwilliger Wahnsinn.

(nach M. Rosenbach)

SENECA, EPISTULAE MORALES 83, 18

302 Qui vinum male ferunt et ebrietatis suae temeritatem ac
petulantiam metuunt, mandant suis, ut e convivio auferantur;
intemperantiam in morbo suam experti parere ipsis in adversa
valetudine vetant.
Menschen, die den Wein nicht vertragen und fürchten müssen, daß sie
in der Trunkenheit unbesonnen und ausfällig werden, befehlen ihren
Leuten, sie vom Gelage heimzubringen. Sie haben ihre Unbeherrschtheit im Rausch an sich erfahren und verbieten daher, ihnen zu gehorchen, wenn sie schwach geworden sind.

(G. Fink)

SENECA, DE IRA 3, 13

303 **Cuncti denique, sed prorsus omnes vino sepulti iacent, omnes**   Weinleichen
     pariter mortui.
Schließlich liegen alle, absolut die ganze Gesellschaft, als Weinleichen
da, einer wie der andere hinüber.

APULEIUS, METAMORPHOSES 7, 12, 4

... sepulti iacebant, ...

... lagen alle ...

(E. Brandt – W. Ehlers)

304 **Ipsae voluptates in tormenta vertuntur, epulae cruditatem**   Genüsse
     afferunt, ebrietates nervorum torporem tremoremque, libidines
     pedum manuum, articulorum omnium depravationes.
Die Genüsse selber verwandeln sich in Qualen, die Speisen verur-
schen schlechte Verdauung, Trunkenheit Gliederlähmungen und
Zitern, die Begierden Verunstaltungen an Händen, Füßen und allen
Gliedern.

(nach M. Rosenbach)

SENECA, EPISTULAE MORALES 24, 16

305 **Bene dormit, qui non sentit, an male dormiat.**   Schlaf
Du weißt nicht, wie du schläfst? Dann schläfst du trefflich.

(H. Beckby)

PUBLILIUS SYRUS, SENTENTIAE B 24

306 **Postque venit tacitus furvis circumdatus alis**
     Somnus et incerto Somnia nigra pede.
Dann aber naht mit Schweigen, von schwarzen Schwingen getragen,
     Schlaf, und auf schwankendem Fuß schattenhaft naht uns der Traum.

(W. Willige)

TIBULL, ELEGIAE 2, 1, 89–90

307 **Me aegritudo non solum somno privat, verum etiam ne vigilare**   Schlaflosigkeit
     quidem sine summo dolore patitur.
Der Gram raubt mir den Schlaf und läßt mich auch nicht wachliegen
ohne tiefen Schmerz.

CICERO, AD ATTICUM 9, 11 (10), 1 K.

Sed cum *me aegritudo non solum somno privaret, verum ne vigilare quidem sine summo
dolore pateretur,* tecum ut quasi loquerer, in quo uno acquiesco, hoc nescio quid nullo
argumento proposito scribere institui.

Aber der Gram raubt mit den Schlaf und läßt mich auch nicht wachliegen ohne tiefen
Schmerz. So mache ich mich denn daran, Dir zu schreiben, ohne recht zu wissen, was;
dann habe ich das Gefühl, mit Dir zu plaudern, das einzige, was mich ein wenig beruhigt.
(18. März 49 v. Chr.)

(H. Kasten)

Träume

308 **Haec deus in melius crudelia somnia vertat**
  et iubeat tepidos inrita ferre Notos.
  Mag denn ein Gott diesen grausamen Traum zum Besseren wenden!
    Ruf' er dem Südwind zu, daß er ins Nichts ihn verweht!
  (W. Willige)
  TIBULL, ELEGIAE 3, 4, 95–96

309 DEMIPHO: **Miris modis di ludos faciunt hominibus**
  mirisque exemplis somnia in somnis danunt.
  DE. Auf sonderbare Weise treiben doch ihr Spiel
  Die Götter mit den Sterblichen, recht sonderbar
  Betören sie im Traum sie.
  (W. Binder – W. Ludwig)
  PLAUTUS, MERCATOR 225–226

310 **Di meliora ferant, nec sint mihi somnia vera,**
    quae tulit hesterna pessima nocte quies.
  Ite procul, vani, falsumque avertite visum:
    desinite in nobis quaerere velle fidem.
  Gäben die Götter doch Bessres! Die Träume seien nicht Wahrheit,
    Die in der gestrigen Nacht quälender Schlaf mir gebracht!
  Trugbilder, geht von dannen! Entfernt die falschen Gesichte!
    Laßt davon ab, für euch Glauben zu suchen bei mir!
  (W. Willige)
  TIBULL, ELEGIAE 3, 4, 1–4

311 **Nec tu sperne piis venientia somnia portis:**
    Cum pia venerunt somnia, pondus habent.
  Du aber achte des Traums, der vom Tore der Seligen herkommt:
    allzeit hat es Gewicht, wenn man von Seligen träumt.
  (W. Willige)
  PROPERZ, ELEGIAE 4, 7, 87–88

312 DAEMONES: **Miris modis di ludos faciunt hominibus:**
  Ne dormientis quidem sinunt quiescere.
  DAE. Die Götter treiben doch ein sonderbares Spiel
  Mit den Menschen; sonderbare Träume schicken sie
  Im Schlaf uns zu und gönnen uns selbst da nicht Ruhe.
  (W. Binder – W. Ludwig)
  PLAUTUS, RUDENS 593.595

313 **Dormientium quoque insomnia tam turbulenta sunt quam dies:
illa tranquillitas vera est, in quam bona mens explicatur.**
Auch bei Schlafenden sind die Träume so wirr wie die Tage: jene Ruhe
ist echt, zu der sich die richtige Seelenhaltung durchringt.

(M. Rosenbach)

SENECA, EPISTULAE MORALES 56, 6

314 **Non immerito medici fidi cibo et crapula distentos saeva et gravia
somniare autumant.**
Mit gutem Recht halten zuverlässige Ärzte dafür, daß man mit vollem
Bauch und einem Rausch im Blut greuliche und schwere Träume hat.

(E. Brandt – W. Ehlers)

APULEIUS, METAMORPHOSES 1, 18, 4

Seele

315 **Ignoratur enim, quae sit natura animai,**
nata sit, an contra nascentibus insinuetur,
et simul intereat nobiscum morte dirempta
an tenebras Orci visat.
Denn man weiß ja doch nichts von dem Wesen der Seele;
man weiß nicht,
Ob sie schon mit der Geburt in uns eingeht oder ob dann erst
Sie entsteht und im Tod mit dem Leibe zusammen sich auflöst;
Ob sie im Orkus verschwindet ...

(H. Diels)

Lukrez, De rerum natura 1, 112–115

316 **Cum primis ratione sagaci**
unde anima atque animi constet natura videndum
et quae res nobis vigilantibus obvia mentes
terrificet morbo adfectis somnoque sepultis.
Doch forschenswert vor allem bedünkt mich
Unsere Seele, woher sie stammt, und das Wesen des Geistes,
Und was unsere Seele im Wachen nicht minder zu schrecken
Pflegt wie im Krankheitsfall und wenn wir im Schlafe betäubt sind.

(H. Diels)

Lukrez, De rerum natura 1, 130–133

317 **Miraris hominem ad deos ire? deus ad homines venit, immo, quod**
est propius, in homines venit: nulla sine deo mens bona est.
Du wunderst dich, daß der Mensch zu den Göttern gelangt? Der Gott
kommt zu den Menschen, vielmehr – was näher liegt – er kommt in
die Menschen: keine Seele ist ohne den Gott gesund.

Seneca, Epistulae morales 73, 16

... *bona est.* semina in corporibus humanis divina dispersa sunt, quae si bonus cultor
excipit, similia origini prodeunt et paria iis, ex quibus orta sunt, surgunt: si malus, non
aliter quam humus sterilis ac palustris necat ac deinde creat purgamenta pro frugibus.

... gesund. Die Samen im Körper des Menschen – vom Gott sind sie ausgestreut; wenn ein
guter Gärtner sie aufnimmt, gehen sie dem Ursprung ähnlich auf und wachsen denen
gleich, von denen sie abstammen; wenn ein schlechter Gärtner – nicht anders als ein
unfruchtbarer und sumpfiger Boden läßt er sie absterben und bringt sodann Unkraut
hervor statt Früchten.

(M. Rosenbach)

318 **Magna et generosa res est humanus animus: nullos sibi poni nisi**
communes et cum deo terminos patitur.
Groß und edel ist die menschliche Seele: keine Grenzen läßt sie sich
setzen außer denen, die sie auch mit dem Gott gemeinsam hat.

Seneca, Epistulae morales 102, 21

... patitur. primum humilem non accipit patriam, Ephesum aut Alexandriam aut si quod est etiamnunc frequentius accolis laetiusve tectis solum. patria est illi, quodcumque suprema et universa circuitu suo cingit, hoc omne convexum, intra quod iacent maria cum terris, intra quod aer humanis divina secernens etiam coniungit, in quo disposita tot numina in actus suos excubant.

... gemeinsam hat. Erstens nimmt sie ein niedriges Vaterland nicht hin, Ephesos oder Alexandreia oder wenn es sonst einen Ort gibt, der reicher ist an Einwohnern und erfreulicher an Bauten: Vaterland ist ihr, was immer der Himmel und das All mit seinem Umfang umfaßt, das ganze Gewölbe, in dem die Meere mit den Ländern liegen, in dem der Äther das Göttliche vom Menschlichen trennt und doch wieder mit ihm verbindet, in dem so viele göttliche Wesen ihren Tätigkeiten obliegen.

(nach M. Rosenbach)

319 **Rex noster est animus: hoc incolumi cetera manent in officio, parent, obtemperant: cum ille paulum vacillavit, simul dubitant. cum vero cessit voluptati, artes quoque eius actusque marcent et omnis ex languido fluidoque conatus est.**
Unser «König» ist die Seele: ist sie gesund, so bleibt alles übrige in seiner Pflicht, gehorcht, ist folgsam: wenn sie auch nur ein wenig wankt, wird alles unsicher. Wenn sie aber dem Genuß erliegt, werden auch ihre Fähigkeiten und Handlungen kraftlos, jeder Versuch schlaff und schlapp.

(nach M. Rosenbach)

Seneca, Epistulae morales 114, 23

320 **Quemadmodum radii solis contingunt quidem terram, sed ibi sunt, unde mittuntur, sic animus magnus ac sacer et in hoc demissus, ut propius quaedam divina nossemus, conversatur quidem nobiscum, sed haeret origini suae. illinc pendet, illuc spectat ac nititur, nostris tamquam melior interest.**
Wie die Sonnenstrahlen die Erde zwar berühren, aber dort zu Hause sind, von wo sie ausgesandt werden, so die Seele, groß, heilig und hierher herabgesandt, damit wir das Göttliche näher erkennen: sie verkehrt zwar mit uns, behält aber den Zusammenhang mit ihrem Ursprung: von dort ist sie abhängig, dorthin blickt und strebt sie, an unseren Dingen hat sie gleichsam als ein höheres Wesen Anteil.

(nach M. Rosenbach)

Seneca, Epistulae morales 41, 5

321 **Quid nos decipimus? Non est extrinsecus malum nostrum: intra nos est, in visceribus ipsis sedet, et ideo difficulter ad sanitatem pervenimus, quia nos aegrotare nescimus.**
Was machen wir uns etwas vor? Nicht aus der Außenwelt stammt unser Unglück, nein, es sitzt mitten in unseren Eingeweiden, und deswegen kommen wir nur schwer zu seelischer Gesundheit, weil wir nicht wissen, daß wir krank sind.

Gesundheit der Seele

(nach M. Rosenbach)

Seneca, Epistulae morales 50, 4

322 **Nec indurata despero: nihil est, quod non expugnet pertinax opera et intenta ac diligens cura. robora in rectum quamvis flexa revocabis; curvatas trabes calor explicat et aliter natae in id finguntur, quod usus noster exigit: quanto facilius animus accipit formam.**

Auch bei (seelischen) Verhärtungen gebe ich die Hoffnung nicht auf: nichts gibt es, was beharrliche Mühe und angespannte, umsichtige Sorge nicht überwinden könnte. Bäume wirst du wieder aufrichten, mögen sie noch so verbogen sein; gekrümmte Balken streckt Wärme, und Dinge, die zu anderem bestimmt sind, werden zu dem geformt, was unser Bedürfnis erfordert: wieviel leichter nimmt die Seele Gestaltung an.

SENECA, EPISTULAE MORALES 50, 6

... accipit formam, flexibilis et omni umore obsequentior! quid enim est aliud animus quam quodam modo se habens spiritus? vides autem tanto spiritum esse faciliorem omni alia materia, quanto tenuior est.

... nimmt die Seele Gestaltung an, biegsam und folgsamer als jede Flüssigkeit! Was nämlich ist die Seele anderes als ein sich auf bestimmte Weise verhaltender Hauch? Du siehst aber, daß ein Hauch soviel leichter ist als jeder andere Stoff, wie fein er ist.

(nach M. Rosenbach)

kranke Seele

323 **Quemadmodum nihil refert, utrum aegrum in ligneo lecto an in aureo colloces – quocumque illum transtuleris, morbum secum suum transferet –, sic nihil refert, utrum aeger animus in divitiis an in paupertate ponatur: malum illum suum sequitur.**

Wie es nichts ausmacht, ob du einen Kranken auf ein hölzernes Bett legst oder auf ein goldenes – wohin auch immer du ihn bringst, nimmt er seine Krankheit mit sich –, so macht es nichts aus, ob eine kranke Seele in Reichtum oder in Armut versetzt wird: ihr Leiden folgt ihr nach.

(nach M. Rosenbach)

SENECA, EPISTULAE MORALES 17, 12

Gleichmaß der Seele

324 **Strenua nos exercet inertia: navibus atque quadrigis petimus bene vivere. quod petis, hic est, est Ulubris, animus si te non deficit aequus.**

Was uns plagt, ist Unrast ohne Tatkraft: mit Schnellseglern und Vierspännern jagen wir dem Lebensglücke nach. Das gesuchte Glück ist hier zu haben im elenden Ulubrae, – bleibt unbeirrt dir nur der Seele Gleichmaß.

(H. Färber – W. Schöne)

HORAZ, EPISTULAE 1, 11, 28–30

325 **Proderit nobis illud Democriti salutare praeceptum, quo** **Seelenfrieden**
monstratur tranquillitas, si neque privatim neque publice multa
aut maiora viribus nostris egerimus.
Nützlich kann uns jener gute Rat des Demokrit sein, der uns Seelenfrieden verheißt, wenn wir weder privat noch für den Staat vielerlei
treiben oder uns überfordern.

(G. Fink)

SENECA, DE IRA 3, 6

326 **Vacandum omni est animi perturbatione, cum cupiditate et metu** **Seelenruhe**
tum etiam aegritudine et voluptate nimia et iracundia, ut
tranquillitas animi et securitas adsit, quae affert cum constantiam
tum etiam dignitatem.
Frei muß man sein von jeder Verwirrung des Geistes, sowohl von
Begierde und Furcht, als auch besonders von Kummer, zu großer Lust
und Zorn, auf daß Ruhe der Seele und Ungestörtheit herrsche, die
Beständigkeit und Würde mit sich bringt.

(K. Büchner)

CICERO, DE OFFICIIS 1, 69

327 **Primum argumentum compositae mentis existimo posse**
consistere et secum morari.
Erster Beweis für eine Beruhigung der Seele ist, meine ich, stehen
bleiben und mit sich verweilen zu können.

(nach M. Rosenbach)

SENECA, EPISTULAE MORALES 2, 1

328 **Itaque, ut quietus possit esse animus, non est iactandus nec**
multarum rerum actu fatigandus nec magnarum supraque vires
appetitarum. Facile est levia aptare cervicibus et in hanc aut illam
partem transferre sine lapsu, at quae alienis in nos manibus
imposita aegre sustinemus, victi in proximo effundimus; etiam
dum stamus sub sarcina, impares oneri vaccillamus.
Um innerlich ruhig sein zu können, darf man sich deshalb nicht
umtreiben, sich nicht bei der Erledigung vielfältiger Aufgaben
erschöpfen oder bei der Erledigung großer Projekte, die über unsere
Kraft gehen. Keine Mühe macht es, Leichtes recht auf den Nacken zu
nehmen und es dahin und dorthin zu tragen, ohne zu strauchein.
Doch was uns fremde Hände aufgeladen haben und wir nur mühsam
halten können, das drückt uns nieder, und bei nächster Gelegenheit
schleudern wir es fort. Auch solange wir der Bürde standzuhalten
suchen, schwanken wir, zu schwach für die Last.

(G. Fink)

SENECA, DE IRA 3, 6

Seelenstärke

329 Hic onus horret,
ut parvis animis et parvo corpore maius,
hic subit et perfert. aut virtus nomen inane est
aut decus et pretium recte petit experiens vir.

Dem einen graut vor der Last; sie ist zu schwer für schwache Seelen
und schwache Schultern; der andre nimmt sie auf sich und trägt sie
ans Ziel. Entweder ist Mannheit ein leerer Schall, oder der wagende
Mann hat ein Recht, nach Auszeichnung und Geltung zu streben.

(H. Färber – W. Schöne)

HORAZ, EPISTULAE 1, 17, 39–42

Gewissen

**moralisches
Bewußtsein**

330 Civitatis mores magis corrigit parcitas animadversionum; facit
enim consuetudinem peccandi multitudo peccantium, et minus
gravis nota est, quam turba damnationum levat, et severitas, quod
maximum remedium habet, adsiduitate amittit auctoritatem.

Der Bürgerschaft moralisches Bewußtsein beeinflußt stärker ein spar-
sames Strafen; denn ursächlich für die Gewohnheit, sich zu verfehlen,
ist die Menge der sich Verfehlenden. Eine bloße Rüge hat zu wenig
Gewicht und ist bei der Masse der Verurteilungen belanglos, und
Strenge verliert durch Häufigkeit gerade das, was sie als größtes Bes-
serungsmittel besitzt – die moralische Wirkung.

(nach M. Rosenbach)

SENECA, DE CLEMENTIA 3, 20, 2

**Gefühl für
das Gute**

331 Alioquin ut scias subesse animis etiam in pessima adductis boni
sensum nec ignorari turpe, sed neglegi: omnes peccata
dissimulant et, quamvis feliciter cesserint, fructu illorum utuntur,
ipsa subducunt.

Im übrigen magst du wissen: auch Menschen, die sich zum Verbrechen haben verleiten lassen, wohnt ein Gefühl für das Gute inne, und
sie sind sich der Schande bewußt, lassen sie aber unbeachtet : alle verleugnen ihre Verfehlungen, und ging ihnen eine Sache gut hinaus, so
genießen sie deren Früchte, die Verfehlung selbst aber halten sie
geheim.

(nach M. Rosenbach)

SENECA, EPISTULAE MORALES 97, 12

Gewissen

332 Spes est salutis, ubi hominem obiurgat pudor.
Wo das Gewissen grollt, ist Heilung möglich.

(H. Beckby)

PUBLILIUS SYRUS, SENTENTIAE S 2

333 **Multi famam, conscientiam pauci verentur.**
Viele fürchten für ihr Renommee, nur wenige hören auf ihr Gewissen.

(H. Kasten)

PLINIUS MINOR, EPISTULAE 3, 20, 9 K.

334 CAECUS: **Nil feci secus quam me decet.**   **gutes Gewissen**
CAE. Ich tat nur, was sich für mich ziemt.

PLAUTUS, CAECUS VEL PRAEDONES FRG. IX

335 **Bona conscientia prodire vult et conspici: ipsas nequitia tenebras
timet.**
Ein gutes Gewissen will an die Öffentlichkeit treten und sich sehen
lassen: Schlechtigkeit fürchtet sich schon vor der Dunkelheit.

(nach M. Rosenbach)

SENECA, EPISTULAE MORALES 97, 12

336 **Bona conscientia turbam advocat, mala etiam in solitudine anxia
atque sollicita est. si honesta sunt, quae facis, omnes sciant,
si turpia, quid refert neminem scire, cum tu scias? o te miserum,
si contemnis hunc testem!**
Ein gutes Gewissen ruft die Menge zu Zeugen, ein schlechtes ist auch
in der Einsamkeit angstvoll und unruhig. Wenn anständig ist, was du
tust, mögen es alle wissen, wenn schimpflich, was nützt es, daß niemand es weiß, wenn du es weißt? O du Unglücklicher, wenn du diesen
Zeugen verachtest!

(M. Rosenbach)

SENECA, EPISTULAE MORALES 43, 5

337 **Atque hoc 'in omni vita sua quemque a recta conscientia
traversum unguem non oportet discedere' viden quam φιλοσόφως
(philosóphos).**
Und das Wort: «in seinem ganzen Leben darf man nicht um eines Fin-
gers Breite vom guten Gewissen abweichen», klingt das nicht ganz
nach Philosophie? *(2. Juli 45 v. Chr.)*

(H. Kasten)

CICERO, AD ATTICUM 13, 31 (20), 4 K.

338 TRANIO: **Nil est miserius quam animus hominis conscius.**   **böses Gewissen**
TR. Es gibt nichts Miserableres,
Als wenn ein Mensch ein bös Gewissen hat.

PLAUTUS, MOSTELLARIA 544

... *conscius,* sicut me male habet.

... ein bös Gewissen hat wie ich.

(W. Binder – W. Ludwig)

339 O tacitum tormentum animi conscientia!
Welch stille Folter ist ein schlecht Gewissen!

(H. Beckby)

Publilius Syrus, Sententiae O 8

340 Etiam sine lege poena est conscientia.
Wenn das Gesetz fehlt, straft auch das Gewissen.

(H. Beckby)

Publilius Syrus, Sententiae E 21

Gewissensbisse

341 Exemplo quodcumque malo committitur,
ipsi displicet: prima haec ultio.
Jede Tat, die ein schlechtes Beispiel gibt, mißfällt dem
Urheber selbst: dies ist die erste Bestrafung.

Juvenal, Saturae 13, 1–2

... *prima haec ultio,* quod se
iudice nemo nocens absolvitur, improba quamvis
gratia fallaci praetoris vicerit urna.

... dies ist die erste Bestrafung, daß vor dem
eigenen Gericht kein Schuldiger freigesprochen wird, wenn auch
unredlicher Einfluß durch die betrügerische Urne des Praetors siegte.

(J. Adamietz)

Gewissens-
konflikt

342 Miro mentis salo et cogitationum dissensione misellus in diversas
sententias carpitur ac distrahitur: illic fides, hic lucrum.
Wie ein Mühlrad ging es dem Ärmsten im Kopf herum, und der Widerstreit der Gedanken zerrte ihn bald zu dieser, bald zu jener Meinung:
dort Ehrlichkeit, hier Gewinn.

Apuleius, Metamorphoses 9, 19, 1

Videbat tamen decora illa monetae lumina et opulentam praedam iam tenebat animo
miroque mentis salo ... carpebatur ac distrahebatur: illic fides, hic lucrum, illic cruciatus, hic
voluptas. ad postremum tamen formidinem mortis vicit aurum.

Sah er doch den schönen Schimmer der Münzen und hatte sich in Gedanken schon die
reiche Beute gesichert. Wie ein Mühlrad ging es ihm im Kopf herum, und der Widerstreit
der Gedanken zog und zerrte den Armen ... zu jener Meinung: dort Ehrlichkeit, hier
Gewinn, dort Folter, hier Vergnügen. Aber zu guter Letzt siegte das Gold über die
Todesangst.

(E. Brandt – W. Ehlers)

343 **Omnes sensus perducendi sunt ad firmitatem: natura patientes**
sunt, si animus illos desiit corrumpere, qui cotidie ad rationem
reddendam vocandus est. Faciebat hoc Sextius, ut consummato
die, cum se ad nocturnam quietem recepisset, interrogaret
animum suum: 'Quod hodie malum tuum sanasti? Cui vitio
obstitisti? Qua parte melior es?'
Alle Sinne gilt es abzuhärten; von Natur aus sind sie leidensfähig,
wenn die Seele sie nicht mehr verdirbt: Von dieser muß täglich
Rechenschaft gefordert werden. Das tat Sextius dergestalt, daß er,
sobald ein Tag vorbei war und er sich zur Nachtruhe zurückgezogen
hatte, seine Seele befragte: «Welchen Fehler von dir hast du heute
behoben? Welchem Laster hast du dich widersetzt? Worin bist du nun
besser?»

(G. Fink)

Seneca, De ira 3, 36

344 **De bonis ac malis sensus non iudicat: quid utile sit, quid inutile,**
ignorat. non potest ferre sententiam, nisi in rem praesentem
perductus est. nec futuri providus est nec praeteriti memor: quid
sit consequens, nescit. ex hoc autem rerum ordo seriesque
contexitur et unitas vitae per rectum iturae. ratio ergo arbitra est
bonorum et malorum.
Über Gut und Schlecht urteilt die Sinneswahrnehmung nicht: was
nützlich ist, was nicht nützlich, weiß sie nicht. Sie kann kein Urteil
abgeben, wenn sie nicht vor eine konkrete Situation gestellt ist. Sie
sieht nicht die Zukunft voraus noch erinnert sie sich an die Vergangenheit: was folgt, weiß sie nicht. Daraus aber wird die Ordnung der
Dinge und ihre Reihenfolge gewoben und die Einheit eines Lebens,
das den rechten Weg gehen will. Die Vernunft also ist die Richterin
über Gut und Schlecht.

(nach M. Rosenbach)

Seneca, Epistulae morales 66, 35

345 **Quod si hominibus bonarum rerum tanta cura esset,**
quanto studio aliena ac nihil profutura multaque etiam periculosa
'ac perniciosa' petunt, neque regerentur magis quam regerent
casus.
Wenn sich die Menschen um das Gute ebensosehr sorgen wollten,
wie sie eifrig wesensfremde, nutzlose und häufig sogar gefährliche
‹und schädliche› Dinge erstreben, würden sie weniger vom Zufall
beherrscht werden als vielmehr ihn beherrschen.

(W. Eisenhut – J. Lindauer)

Sallust, Bellum Iugurthinum 1, 5

346 **Quod ergo in te bonum est? perfecta ratio.**
Welches Gut also ist in dir? Die vollkommene Vernunft.

(M. Rosenbach)

SENECA, EPISTULAE MORALES 124, 23

Unterscheidungsvermögen

347 **Pauci dinoscere possunt**
vera bona atque illis multum diversa, remota
erroris nebula. quid enim ratione timemus
aut cupimus? quid tam dextro pede concipis, ut te
conatus non paeniteat votique peracti?
Nur wenige vermögen zu trennen
die wahren Güter und die von diesen sehr verschiedenen,
frei vom Nebel des Irrtums. Was nämlich fürchten oder begehren
wir mit Vernunft? Was nimmst du dir unter so günstigem Vorzeichen
vor,
daß dich nicht der Versuch reut und die Erfüllung des Wunsches?

(nach J. Adamietz)

JUVENAL, SATURAE 10, 2–6

Weg zum Rechten

348 **Bonis malisque dimotis patenti via ad verum perges.**
Wenn Du Gut und Böse geschieden hast, steht Dir der Weg offen, auf
dem Du dann zum Rechten fortschreiten kannst.

(W. Eisenhut – J. Lindauer)

SALLUST, EPISTULAE AD CAESAREM SENEM DE RE PUBLICA 1, 5, 1

Wille

Wille

349 **Magni refert, hic quid velit; sed, quicquid volt, valde volt.**
Es kommt darauf an, was er will; aber was er will, das will er ganz.

CICERO, AD ATTICUM 14, 1, 1 K.

Tu, quaeso, ... scribere ne pigrere, maxime de Bruto nostro. De quo quidem ille, ad quem
deverti, Caesarem solitum dicere: *'magni refert ...'*

Laß es Dich bitte nicht verdrießen, mir... zu schreiben, vor allem über meinen Brutus. Von
ihm pflegte Caesar, wie mir mein Gastgeber erzählte, zu sagen: «Es kommt darauf an ...»
(8. April 44 v. Chr.)

(H. Kasten)

350 **Non omnes ad bonum propositum easdem adferunt vires, easdem**
facultates, eandem fortunam, quae optimorum quoque
consiliorum dumtaxat exitus temperat; voluntas ipsa rectum
petens laudanda est, etiam si illam alius gradu velociori antecessit:
non ut in certaminibus ad spectaculum editis meliorem palma
declarat, quamquam in illis quoque saepe deteriorem praetulit
casus.

Nicht alle bringen für ein wertvolles Vorhaben dieselben Kräfte mit, dieselben Möglichkeiten, dieselben Lebensumstände, die auch bei den wertvollsten Plänen wenigstens das Ergebnis begrenzen; der Wille allein schon, wenn er das Rechte sucht, muß anerkannt werden, auch wenn ihm ein anderer mit schnellerem Schritt zuvorgekommen ist: anders als bei Wettkämpfen, die als Schauspiel veranstaltet werden, wo die Siegespalme den Besseren bezeichnet, wiewohl auch da der Zufall oft den Schlechteren vorzieht.

(nach M. Rosenbach)

SENECA, DE BENEFICIIS 5, 2, 2

351 **Da operam, ne quid umquam invitus facias: quicquid necesse futurum est repugnanti, id volenti necessitas non est. ita dico: qui imperia libens excipit, partem acerbissimam servitutis effugit, facere, quod nolit. non qui iussus aliquid facit, miser est, sed qui invitus facit.**
Gib dir Mühe, niemals etwas gegen deinen Willen zu tun: was immer es an Unausweichlichem für den Widerstrebenden geben wird, das ist für den Wollenden keine unausweichliche Notwendigkeit. So meine ich: wer Befehle gern entgegennimmt, ist dem bittersten Teil der Knechtschaft entkommen, nämlich, etwas zu tun, was er nicht will. Nicht wer etwas auf Befehl tut, ist unglücklich, sondern wer es gegen seinen Willen tut.

(nach M. Rosenbach)

SENECA, EPISTULAE MORALES 61, 3

352 LESBONICUS: **Scibam, ut esse me deceret, facere non quibam miser.**
LE. Ich wußte wohl,
was mir zu tun geziemte, leider fehlte nur
Die Kraft mir zum Vollbringen.

Willens-
schwäche

PLAUTUS, TRINUMMUS 657–658

... miser:
ita vi Veneris vinctus, otio aptus in fraudem incidi.

... zum Vollbringen. So von Venus' Macht
Bezwungen, ganz des Müßigganges Sklave, bin
Ich in dies Netz gefallen.

(W. Binder – W. Ludwig)

Geist

353 **Dux atque imperator vitae mortalium animus est.**
Die Führung und Herrschaft im Menschenleben hat der Geist.

SALLUST, BELLUM IUGURTHINUM 1, 3

Sed *dux ... animus est.* qui ubi ad gloriam virtutis via grassatur, abunde pollens potensque et clarus est neque fortuna eget, quippe quae probitatem, industriam aliasque artis bonas neque dare neque eripere quoiquam potest.

Die Führung ... hat aber der Geist. Wenn dieser auf der Bahn der Tüchtigkeit zum Ruhm fortschreiten will, hat er auch Kraft, Stärke und Klarheit in vollem Maße und braucht die Gunst des Glückes nicht: denn dieses vermag ja niemandem Rechtlichkeit, Leistungswillen und andere gute Eigenschaften zu geben oder zu entreißen.

(W. Eisenhut – J. Lindauer)

354 **Animus incorruptus, aeternus, rector humani generis agit atque habet cuncta neque ipse habetur.**
Der unzerstörbare, ewige Geist wirkt als lenkende Kraft im Menschen und beherrscht alles, ohne selbst beherrscht zu werden.

SALLUST, BELLUM IUGURTHINUM 2, 3

Postremo corporis et fortunae bonorum ut initium sic finis est, omniaque orta occidunt et aucta senescunt: *animus incorruptus ...*

Kurz, wie die Vorzüge des Körpers und die Gaben des Glücks ihren Anfang haben, so haben sie auch ihr Ende, und alles Entstandene muß wieder untergehen, und was aufgewachsen ist, muß altern; der unzerstörbare Geist ...

(W. Eisenhut – J. Lindauer

355 **Ei, quibus bis die ventrem onerare, nullam noctem sine scorto quiescere mos est, ubi animum, quem dominari decebat, servitio oppressere, nequeiquam eo postea hebeti atque claudo pro exercito uti volunt. Nam inprudentia pleraque et se praecipitat.**
Wer gewohnt ist, zweimal am Tag seinen Bauch zu füllen und keine Nacht ohne Dirne zu schlafen, der wird, da er den Geist, dem die Herrschaft gebührt, in Unterwürfigkeit gehalten hat, später vergeblich versuchen, ihn, wenn er schlaff und lahm geworden ist, zu gebrauchen, als habe er ihn geübt. Denn Unverstand bringt meist auch sich selbst zu Fall.

(W. Eisenhut – J. Lindauer)

SALLUST, EPISTULAE AD CAESAREM SENEM DE RE PUBLICA 1, 8, 2

356 **Quemadmodum flamma surgit in rectum, iacere ac deprimi non potest, non magis quam quiescere, ita noster animus in motu est, eo mobilior et actuosior, quo vehementior fuerit.**
Wie die Flamme senkrecht aufstrebt, nicht liegen noch sich niederdrücken lassen, schon gar nicht ruhen kann, so ist unser Geist in Bewegung, um so lebhafter und tätiger, je stärker er ist.

(nach M. Rosenbach)

SENECA, EPISTULAE MORALES 39, 3

357 **Valentior omni fortuna animus est et in utramque partem ipse res suas ducit beataeque ac miserae vitae sibi causa est.**

Stärker als das Glück ist der Geist des Menschen, und in beide Richtungen führt er selbst seine Dinge und ist sich eines glücklichen und elendigen Lebens Ursache.

SENECA, EPISTULAE MORALES 98, 2–3

... *causa est.* malus omnia in malum vertit, etiam quae cum specie optimi venerant: rectus atque integer corrigit prava fortunae et dura atque aspera ferendi scientia mollit.

... Ursache. Ein schlechter Mensch wendet alles zum Schlechten, auch was mit dem Ahschein des Vorzüglichen in seine Hände geraten war: der aufrechte und lautere bessert schlechte Schicksalsgaben und milderte deren Härte und Beschwerlichkeit durch die Fähigkeit, sie zu ertragen.

(nach M. Rosenbach)

358 **An illud verum sit, quo maxime probatur homines divini esse spiritus, partem ac veluti scintillas quasdam astrorum in terram desiluisse atque alieno loco haesisse?**
Ist das wahr, was vor allem die Annahme stützt, der Mensch habe einen göttlichen Geist, daß nämlich irgendwelche Teilchen, gewissermaßen Sternenfunken, auf die Erde gefallen und an diesem himmelsfernen Ort verblieben seien?

(G. Fink)

SENECA, DE OTIO 5

359 **Ut vultus hominum, ita simulacra vultus imbecilla ac mortalia sunt, forma mentis aeterna, quam tenere et exprimere non per alienam materiam et artem, sed tuis ipse moribus possis.**
Wie das Antlitz der Menschen vergänglich und sterblich ist, sind es auch seine Abbildungen, das Bild des Geistes dagegen ist ewig; dieses kannst du festhalten und ausdrücken nicht in fremdem Stoff und durch Kunstfertigkeit anderer, sondern allein durch dein eigenes sittliches Verhalten.

(A. Städele)

TACITUS, VITA IULII AGRICOLAE 46, 3

360 **Mobilis et inquieta homini mens data est; nusquam se tenet, spargitur et cogitationes suas in omnia nova atque ignota dimittit vaga et quietis impatiens et novitate rerum laetissima.** ruheloser Geist
Dem Menschen wurde ein lebhafter, ruheloser Geist zuteil. Nirgends verweilt er, sondern schweift umher und richtet seine Gedanken auf alles Neues und Unbekannte, unstet, zur Ruhe unfähig und über ungewöhnliche Erlebnisse besonders froh.

(G. Fink)

SENECA, AD HELVIAM MATREM DE CONSOLATIONE 6

Geisteskraft

361 Omnino illud honestum, quod ex animo excelso magnificoque quaerimus, animi efficitur, non corporis viribus.

Überhaupt wird jenes Ehrenvolle, das wir aus einer erhabenen und großgesinnten Seele abzuleiten versuchen, durch die Kräfte des Geistes, nicht des Körpers bewirkt.

CICERO, DE OFFICIIS 1, 79

... *viribus*. Exercendum tamen corpus et ita afficiendum est, ut oboedire consilio rationique possit in exsequendis negotiis et in labore tolerando. Honestum autem id, quod exquirimus, totum est positum in animi cura et cogitatione.

... bewirkt. Freilich ist auch der Körper zu üben und in den Stand zu setzen, daß er der Einsicht und der Vernunft zu gehorchen vermag bei der Ausführung der Geschäfte und dem Ertragen von Strapazen. Das Ehrenvolle aber, das wir erforschen, ruht ganz in der Sorge und dem Denken des Geistes.

(K. Büchner)

362 Quod si regum atque imperatorum animi virtus in pace ita ut in bello valeret, aequabilius atque constantius sese res humanae haberent, neque aliud alio ferri neque mutari ac misceri omnia cerneres.

Käme die geistige Kraft der Könige und Machthaber im Frieden ebenso zur Wirkung wie im Kriege, dann würden sich die Verhältnisse bei den Menschen gleichmäßiger und beständiger gestalten, und man müßte nicht mit ansehen, wie alles in verschiedene Richtungen treibt und drunter und drüber geht.

(W. Eisenhut – J. Lindauer)

SALLUST, CATILINAE CONIURATIO 2, 3

geistige Gesundheit

363 Magna pars sanitatis est hortatores insaniae reliquisse et ex isto coitu invicem noxio procul abisse.

Ein großer Teil der geistigen Gesundheit besteht darin, sich von den Befürwortern der Vernunftlosigkeit loszusagen und sich aus dieser Gesellschaft von gegenseitigem schlechtem Einfluß weit zu entfernen.

(M. Rosenbach)

SENECA, EPISTULAE MORALES 94, 69

geistige Anregung

364 Mirum est, ut animus agitatione motuque corporis excitetur; iam undique silvae et solitudo ipsumque illud silentium magna cogitationis incitamenta sunt.

Es ist erstaunlich, wie der Geist durch körperliche Tätigkeit und Bewegung angeregt wird; dazu ringsum der Wald und die Einsamkeit und überhaupt die lautlose Stille: das sind starke Anregungen für die Gedankenarbeit.

(H. Kasten)

PLINIUS MINOR, EPISTULAE 1, 6, 2 K.

Verstand

365 **Ubi intenderis ingenium, valet; si lubido possidet, ea dominatur, animus nihil valet.**
Wenn man seinen Verstand anstrengt, vermag er auch etwas; wenn einen aber die Leidenschaft besitzt, dann herrscht eben sie, und die Vernunft vermag nichts.

(W. Eisenhut – J. Lindauer)

SALLUST, CATILINAE CONIURATIO 51, 3

366 **Bona mens nec commodatur nec emitur; et, puto, si venalis esset, non haberet emptorem: at mala cotidie emitur.**
Gesunder Verstand läßt sich weder borgen noch kaufen; und wenn er käuflich wäre, meine ich, fände er keinen Käufer: Dummheit hingegen wird täglich gekauft.

(nach M. Rosenbach)

SENECA, EPISTULAE MORALES 27, 8

367 **'Usquequaque sápere oportet; íd erit telum acérrimum.'**
«Immer bei Verstand bleiben ist die allerschärfste Waffe.»

den Verstand
gebrauchen

CICERO, AD FAMILIARES 7, 11, 1 K. (AD TREBATIUM)

Quod in Britannia non nimis φιλοθέωρον (philothéoron) te praebuisti, plane non reprehendo. Nunc vero in hibernis iniectus mihi videris, itaque te commovere non curas. *'Usquequaque sápere... '*

Daß Du Dich für Britannien nicht übermäßig interessiert zeigtest, nehme ich Dir nicht übel. Jetzt aber im Winterlager scheinst Du mir unter Dach und Fach zu sein und legst deshalb keinen Wert darauf, Dich von der Stelle zu rühren. «Immer bei Verstand . . .» *(November 54 v. Chr.)*

(H. Kasten)

368 **Sapiens contra omnes arma fert, cum cogitat.**
Beim Denken kämpft der Weise gegen alle.

Denken

(H. Beckby)

PUBLILIUS SYRUS, SENTENTIAE S 4

369 **Plerisque longiore tractatu vis quaedam et pondus accedit.**
Viele Gedanken gewinnen erst durch längere Erörterung Kraft und Gewicht.

Gedanken

(nach H. Kasten)

PLINIUS MINOR, EPISTULAE 1, 20, 2 K.

Intelligenz   370 **Corcillum est, quod homines facit, cetera quisquilia omnia.**
Das Oberstübchen ist es, was den Menschen ausmacht, alles übrige
sind Kinkerlitzchen.

(K. Müller – W. Ehlers)

PETRON, CENA TRIMALCHIONIS 75, 8

Talent   371 **Cui datum est, non cui destinatum.**
Wem es gegeben ist, dem ist es gegeben; wem es bestimmt ist,
dem nicht.

(K. Müller – W. Ehlers)

PETRON, CENA TRIMALCHIONIS 43, 7

Genie   372 **Ignis, quo clarior fulsit, citius exstinguitur; vivacior est, qui cum
lenta ac difficili materia commissus fumoque demersus ex sordido
lucet; eadem enim detinet causa, quae maligne alit. Sic ingenia,
quo illustriora, breviora sunt; nam ubi incremento locus non est,
vicinus occasus est.**
Ein Feuer muß, je heller es aufleuchtet, desto schneller erlöschen.
Eher hält eines vor, das mit schwer entflammbarem, ungeeignetem
Material zu kämpfen hat, im Qualm fast erstickt und nur ein trübes
Licht gibt. Der gleiche Stoff läßt es ja länger schwelen, der es nur
kärglich nährt. So leben Genies, je heller sie strahlen, desto kürzere
Zeit; wo nämlich eine Steigerung unmöglich ist, da ist das Ende nicht
mehr weit.

(G. Fink)

SENECA, AD MARCIAM DE CONSOLATIONE 23

373 **Ingenium misera fortunatius arte.**
Genie ist glückverheißender als mühseliger Kunstfleiß.

HORAZ, DE ARTE POETICA 295

Ingenium misera quia *fortunatius arte*
credit et excludit sanos Helicone poetas
Democritus, bona pars non unguis ponere curat,
non barbam, secreta petit loca, balnea vitat,
nanciscetur enim pretium nomenque poetae,
si tribus Anticyris caput insanabile numquam
tonsori Licino conmiserit.

Genie ist glückverheißender als der mühselige Kunstfleiß: so meint Demokrit und will
vernünftige Dichter vom Helikon verweisen. Die Folge ist: manch einer mag Nägel und
Bart nicht stutzen lassen; er sucht die Einsamkeit und meidet die Bäderhallen. Sein Wert
und Name als Dichter ist ja gesichert, wenn er seinen Kopf in der völligen, durch
dreifache Nieswurzzufuhr nicht heilbaren Verrücktheit erhält und niemals ihn dem
Bartscherer Licinus in Pflege gibt.

(H. Färber – W. Schöne)

Gedächtnis   374 **Discit enim citius meminitque libentius illud
quod quis deridet quam quod probat et veneratur.**

Denn rascher erfaßt und lieber behält der Leser im Gedächtnis, was er belächelt, als das, was er achten und ehren muß.

(H. Färber – W. Schöne)

HORAZ, EPISTULAE 2, 1, 262–263

375 **Quemadmodum, quae in usu sunt et manum cotidie tactumque patiuntur, numquam periculum situs adeunt, quae ad oculos non revocantur, sed extra conversationem ut supervacua iacuerunt, sordes ipsa colligunt vetustate, ita, quidquid frequens cogitatio exercet et renovat, memoriae numquam subducitur, quae nihil perdit, nisi ad quod non saepe respexerit.**

Wie Gegenstände, die sich in Benutzung befinden und täglich angefaßt und berührt werden, niemals in die Gefahr geraten zu rosten, und wie jene Gegenstände, die nicht in den Blick kommen, sondern außer Gebrauch wie überflüssig daliegen, Schmutz allein schon auf Grund des Alters ansetzen, so wird, was immer regelmäßiges Gedenken bewußthält und bewußtmacht, niemals dem Gedächtnis entzogen, das allein das verliert, was es nicht oft beachtet hat.

(nach M. Rosenbach)

SENECA, DE BENEFICIIS 3, 2, 3

376 **Imprimis vas fragile est memoria et rerum turbae non sufficit; necesse est, quantum recipit, emittat et antiquissima recentissimis obruat. sic factum est, ut minima apud te nutricis esset auctoritas, quia beneficium eius longius aetas sequens posuit; sic factum est, ut praeceptoris tibi non esset ulla veneratio; sic evenit, ut circa consularia occupato comitia aut sacerdotiorum candidato quaesturae suffragator excideret. fortasse vitium, de quo quereris, si te diligenter excusseris, in sinu invenies: inique publico crimini irasceris, stulte tuo: ut absolvaris, ignosce!**

Das Gedächtnis ist ein besonders zerbrechliches Gefäß, und der verwirrenden Fülle der Dinge genügt es nicht; notwendigerweise entläßt es soviel, wie es aufnimmt, und verschüttet das Älteste mit dem Jüngsten: So ist bei dir besonders klein das persönliche Ansehen deiner Amme, weil ihre Wohltat das anschließende Lebensalter hat fernerrücken lassen; so empfindest du gar keine Ehrfurcht vor deinem Lehrer, so kommt es, daß ein Mann, der mit der Wahl zum Konsul beschäftigt ist, oder ein Kandidat für ein Priesteramt den Wähler des Quästors aus dem Bewußtsein verliert. Vielleicht findest du die Fehlhaltung, über die du dich beklagst, in deiner eigenen Brust, wenn du dich sorgfältig prüfst. Ungerecht zürnst du einem allgemeinen Verbrechen, töricht dem deinen: um freigesprochen zu werden, verzeih!

(nach M. Rosenbach)

SENECA, DE BENEFICIIS 7, 28, 2–3

377 **Quam plurima communicare tecum velim, per partes tamen et quasi digesta, ne istam ipsam memoriam, cui gratias ago, adsiduitate et copia turbem oneratamque et quasi oppressam cogam pluribus singula, posterioribus priora dimittere.**
Ich will Dir gerne möglichst viel Arbeit zukommen lassen, jedoch nach und nach und sozusagen rationiert, eben um Dein gutes Gedächtnis, für das ich Dir dankbar bin, nicht durch Stetigkeit und Masse zu trüben und es, gleichsam überlastet und erdrückt, zu zwingen, die Einzelheiten über der Vielheit, das Frühere über dem Späteren zu vergessen.

PLINIUS MINOR, EPISTULAE 9, 18, 1–2 K.

Ipse igitur exhibes negotium tibi, qui elicis et invitas, ut *quam plurima communicare tecum velim.* faciam, *per partes tamen... .*

Du selbst also lädst Dir Arbeit auf, indem Du mich lockst und reizt, Dir möglichst viel zukommen zu lassen. Das will ich gern tun, jedoch nach und nach ...

(nach H. Kasten)

Vernunft

378 **Homo, quod rationis est particeps, per quam consequentia cernit, causas videt earumque praegressus et quasi antecessiones non ignorat, similitudines comparat rebusque praesentibus adiungit atque adnectit futuras, facile totius vitae cursum videt ad eamque degendam praeparat res necessarias.**
Weil der Mensch teilhat an der Vernunft, durch die er erkennt, was folgt, sieht er die Ursachen der Dinge und kennt sehr wohl ihre Vorstufen und gleichsam Vor-Gänge, vergleicht Ähnlichkeiten und verbindet sie mit den gegenwärtigen Dingen und knüpft die zukünftigen daran, sieht den Lauf des ganzen Lebens und bereitet die es zu führen notwendigen Dinge vor.

(nach K. Büchner)
CICERO, DE OFFICIIS 1, 11

379 **Ratio postulat, ne quid insidiose, ne quid simulate, ne quid fallaciter.**
Die Vernunft fordert dies: daß du nichts hinterlistig, nichts erheuchelt, nichts trügerisch tust.

CICERO, DE OFFICIIS 3, 68

... *ne quid fallaciter.* suntne igitur insidiae tendere plagas, etiam si excitaturus non sis, nec agitaturus? ipsae enim ferae nullo insequente saepe incidunt. sic tu aedes proscribas, tabulam tamquam plagam ponas, in eam aliquis incurrat inprudens?

... nichts trügerisch tust. Ist es also ein Hinterhalt, ein Netz zu stellen, auch wenn du nicht aufscheuchen, nicht hetzen willst? Ja, denn auch die Tiere geraten häufig von selbst hinein, ohne daß jemand sie verfolgt. So sollst du ein Haus zum Verkauf ausschreiben, eine Tafel gleich einem Netz aufstellen, und einer soll arglos hineinlaufen?

(K. Büchner)

380 **Una inducitur humanis virtutibus regula: una enim est ratio recta simplexque: nihil est divino divinius, caelesti caelestius.**

Ein einziger Maßstab wird den sittlichen Fähigkeiten des Menschen angelegt: es gibt nur *eine* Vernunft, gerade und einfach; nichts ist göttlicher als das Göttliche, nichts himmlischer als das Himmlische.

(M. Rosenbach)

SENECA, EPISTULAE MORALES 66, 11

381 **Ratio nihil aliud est quam in corpus humanum pars divini spiritus mersa. si ratio divina est, nullum autem bonum sine ratione est, bonum omne divinum est.**

Die Vernunft ist nichts anderes als ein in den menschliche Körper gesenkter Teil des göttlichen Geistes. Wenn die Vernunft göttlich ist, kein Gut aber ohne Vernunft existiert, ist jedes Gut göttlich.

SENECA, EPISTULAE MORALES 66, 12

... *divinum est.* nullum porro inter divina discrimen est: ergo nec inter bona. paria itaque sunt et gaudium et fortis atque obstinata tormentorum perpessio: in utroque enim eadem est animi magnitudo, in altero remissa et laxa, in altero pugnax et intenta.

... göttlich. Ferner gibt es keinen Unterschied zwischen Göttlichem: also auch nicht zwischen Gütern. Gleich sind daher Freude wie tapferes und standhaftes Ertragen der Folter: bei beidem nämlich ist es dieselbe Seelengröße, im einen Fall entspannt und locker, im anderen kämpferisch und angespannt.

(M. Rosenbach)

382 **Et ut, quod volo, exprimam breviter, materia boni aliquando contra naturam est, bonum numquam, quoniam bonum sine ratione nullum est, sequitur autem ratio naturam. 'Quid est ergo ratio?' naturae imitatio. 'Quod est summum hominis bonum?' ex naturae voluntate se gerere.**

Und damit ich, was ich sagen will, kurz ausdrücke, der Stoff des Guten ist gelegentlich wider die Natur, das Gut niemals, da ja ein Gut ohne Vernunft kein Gut ist, die Vernunft aber der Natur folgt. «Was ist also die Vernunft?» – Die Nachahmung der Natur. «Was ist das höchste Gut des Menschen?» – Sich nach dem Willen der Natur richten.

(nach M. Rosenbach)

SENECA, EPISTULAE MORALES 66, 39

383 **Ama rationem! huius te amor contra durissima armabit.**

Liebe die Vernunft! Die Liebe zu ihr wird dich gegen die härtesten Ereignisse wappnen.

SENECA, EPISTULAE MORALES 74, 21

... *armabit.* feras catulorum amor in venabula inpingit feritasque et inconsultus impetus praestat indomitas; iuvenilia nonnumquam ingenia cupido gloriae in contemptum tam ferri quam ignium misit; species quosdam atque umbra virtutis in mortem voluntariam trudit: quanto his omnibus fortior ratio est, quanto constantior, tanto vehementius per metus ipsos et pericula exibit.

... wappnen. Die Liebe zu ihren Jungen treibt die wilden Tiere in die Jagdspieße, und Wildheit und unbesonnener Ungestüm macht sie unzähmbar; jugendliche Geister zwingt manchmal das Streben nach Ruhm zur Verachtung von Eisen wie von Feuer; die Vorstellung und der Schein von Tapferkeit treibt manche in den freiwilligen Tod; je tapferer bei allen ihnen die Vernunft ist, je standhafter, desto leidenschaftlicher wird sie gerade durch Furcht und Gefahren den Weg ins Freie finden.

(M. Rosenbach)

384 **In homine optimum quid est? ratio: hac antecedit animalia, deos sequitur. ratio ergo perfecta proprium bonum est, cetera illi cum animalibus satisque communia sunt.**
Was ist beim Menschen das Beste? Die Vernunft: durch sie ist er den Tieren überlegen, durch sie folgt er den Göttern. Vollendete Vernunft also ist sein charakteristisches Gut, die übrigen Eigenschaften hat er mit den Tieren und Pflanzen gemeinsam.

(nach M. Rosenbach)

SENECA, EPISTULAE MORALES 76, 9

385 **Dociles natura nos edidit et rationem dedit inperfectam, sed quae perfici posset.**
Gelehrig hat uns die Natur hervorgebracht und Vernunft verliehen, unvollkommene, die aber vervollkommnet werden kann.

(nach M. Rosenbach)

SENECA, EPISTULAE MORALES 49, 11

386 **Satis nos instruxit ratione natura.**
Hinreichend hat uns die Natur mit der Vernunft ausgerüstet.

(G. Fink)

SENECA, DE IRA 1, 17

387 **Non ad providendum tantum, sed ad res gerendas satis est per se ipsa ratio.**
Nicht nur zum Planen, sondern auch zum Vollbringen reicht ganz allein die Vernunft.

(G. Fink)

SENECA, DE IRA 1, 17

388 **Qui rationi innixus per humanos casus divino incedit animo, non habet, ubi accipiat iniuriam: ab homine me tantum dicere putas? Ne a fortuna quidem, quae, quotiens cum virtute congressa est, numquam par recessit.**
Wer sich auf seine Vernunft verläßt und durch die Wechselfälle seines Menschenlebens mit gotterfülltem Herzen geht, hat nichts, wo er ein Unrecht leiden könnte. Durch einen Menschen nur, meinst du? Ich

behaupte: Nicht einmal durch das Schicksal, das sich immer, wenn es sich mit einem vollkommenen Mann messen wollte, geschlagen geben mußte.

(G. Fink)

SENECA, DE CONSTANTIA SAPIENTIS 8

---

389 **In vitia alter alterum trudimus. quomodo autem revocari ad salutem possunt, quos nemo retinet, populus impellit?**
In Fehlverhalten stürzen wir einer den anderen. Wie aber können Menschen wieder zur Rettung geführt werden, die niemand zurückhält, die die Masse verleitet?

(nach M. Rosenbach)

SENECA, EPISTULAE MORALES 41, 9

Unvernunft

Sehergabe

390 **Cui quidem divinationi hoc plus confidimus, quod ea nos nihil in his tam obscuris rebus tamque perturbatis umquam omnino fefellit.**
Diesem Ahnungsvermögen vertraue ich um so mehr, als es mich in den jetzigen dunklen, verworrenen Zeitläuften auch nicht ein einziges Mal getäuscht hat.

Ahnungs-vermögen

CICERO, AD FAMILIARES 6, 5 (6), 4. K. (AD A. CAECINAM)

Ne nos quidem nostra divinatio fallet, quam cum sapientissimorum virorum monumentis atque praeceptis plurimoque, ut tu scis, doctrinae studio tum magno etiam in usu tractandae rei p. magnaque nostrorum temporum varietate consecuti sumus; *cui quidem ...*

So wird auch mich jetzt mein Ahnungsvermögen nicht täuschen, das ich mir aus den Aufzeichnungen und Lehren kluger Männer und, wie Du weißt, durch eifriges wissenschaftliches Studium wie auch durch die lange Erfahrung im politischen Leben und meine vielfach wechselnden Schicksale angeeignet habe. Und diesem Ahnungsvermögen ... *(1. Oktober 46 v. Chr.)*

(H. Kasten)

---

391 **Facile existimari potest, prudentiam quodam modo esse divinationem.**
Man kann geradezu der Meinung werden, kluge Erkenntnis sei irgendwie das Vermögen, die Zukunft vorherzusehen.

die Zukunft voraussehen

CORNELIUS NEPOS, VITA ATTICI 16, 4

Sic omnia de studiis principum, vitiis ducum, mutationibus rei publicae perscripta sunt (in epistulis a Cicerone ad Atticum datis), ut nihil in eis non appareat et *facile existimari possit ... divinationem.* Non enim Cicero ea solum, quae vivo se acciderunt, futura praedixit, sed etiam, quae nunc usu veniunt, cecinit ut vates.

So genau ist darin (*i. e.* in Ciceros Briefen an Atticus) über die Bestrebungen der Parteiführer wie über die Fehler der leitenden Männer, über die Veränderung im Staatswesen abgehandelt; es gibt in ihnen keine Unklarheiten. Man kann übrigens ... vorherzusehen. Denn Cicero hat nicht nur vorausgesagt, was noch zu seinen Lebzeiten eintrat, sondern sogar die heutige Entwicklung wie ein Seher prophezeit.

(H. Färber)

Religiösität

Gebete

392 Nil ergo optabunt homines? Si consilium vis,
permittes ipsis expendere numinibus quid
conveniat nobis rebusque sit utile nostris;
nam pro iucundis aptissima quaeque dabunt di:
carior est illis homo quam sibi.

Sollen also um nichts die Menschen bitten? Wenn du einen Rat
willst, überläßt du es den Gottheiten selbst abzuwägen, was
uns frommt und unserem Leben dienlich ist; denn statt
des Angenehmen werden die Götter das Geeignetste schenken:
teurer ist ihnen der Mensch als er sich selbst.

(J. Adamietz)

JUVENAL, SATURAE 10, 346–350

393 Di faciles, peccasse semel concedite tuto;
Et satis est; poenam culpa secunda ferat.

Gnädige Götter, vergönnet für einmal straflose Sünde,
Mehr nicht! Ein zweites Vergehn werde mit Recht dann gebüßt.

(W. Marg – R. Harder)

OVID, AMORES 2, 14, 43–44

394 Prima fere vota et cunctis notissima templis
divitiae, crescant ut opes, ut maxima toto
nostra sit arca foro.

Das gewöhnlich erste und in allen Tempeln bekannteste Gebet
gilt dem Reichtum, daß die Schätze wachsen mögen, daß auf dem
ganzen Markt
unsere Geldtruhe die größte sei.

(J. Adamietz)

JUVENAL, SATURAE 10, 23–25

falsche Frömmigkeit

395 O curvae in terris animae et caelestium inanis,
quid iuvat hoc templis nostros inmittere mores
et bona dis ex hac scelerata ducere pulpa?

O ihr Herzen, zur Erde gekrümmt und des Himmels betrogen!
Was soll's frommen, wenn unseren Geist in die Tempel wir treiben
Und, was für die Götter ein Gut, nach des Fleisches Verderbtheit
bemessen?

(O. Seel)

PERSIUS, SATURAE 2, 61–63

396 **Superstitio error insaniae annumerandus est: amandos timet, quos**
colit, violat. quid autem interest, utrum deos neges an infames?
Aberglaube ist ein Irrtum, der zum Wahnsinn zu rechnen ist: die er
lieben sollte, fürchtet er, die er verehrt, verletzt er. Was macht es aber
für einen Unterschied, ob du die Götter leugnest oder sie verleumdest?

(nach M. Rosenbach)

SENECA, EPISTULAE MORALES 123, 16

397 **Ut fieri adsolet, sinistro pede profectum me spes frustrata est.**
Wie es eben zu gehen pflegt: ich war mit dem linken Fuß losgegangen
und sah mich in meiner Hoffnung auf ein gutes Geschäft geprellt.

(E. Brandt – W. Ehlers)

APULEIUS, METAMORPHOSES 1, 5, 5

398 ANTIPHO: **Quam ob rem? aut quid dicet?** GETA: **Rogas?**
'Quod res postilla monstra evenerunt mihi!
intro fit in aedis ater alienus canis;
anguis in inpluvium decidit de tegulis;
gallina cecinit; interdixit hariolus:
haruspex vetuit ante brumam autem novi
negoti incipere!' Quae causast iustissima.
Haec fient.
AN. Doch was gibt er vor? GE. Du fragst?
Gar vieles! «Böse Zeichen sah ich hinterher:
Mir lief eine fremder rabenschwarzer Hund ins Haus;
In meinem Hof fiel eine Schlange vom Dach herab;
Die Henne krähte; ein Seher widerriet; mir hat
Ein Opferschauer untersagt, vor Winter noch
Was Neues anzufangen.» Ein vollgültiger Grund!
So geht es.

(J. J. Donner)

TERENZ, PHORMIO 704–711

Eigenschaften

Allgemein

399 MNESILOCHUS: **Utut eris, moneo, haud celabis.**
MN. Wie du immer bist,
Gewiß, es bleibt nicht unbemerkt.

(W. Binder – W. Ludwig)

PLAUTUS, BACCHIDES 403

400 SYRUS: **Ea res dedit tum existumandi copiam**
cottidianae vitae consuetudinem,
quae, quoiusque ingenium ut sit, declarat maxume.
SY. So gab's Gelegenheit,
Zu sehen, was sie täglich tat, und dies enthüllt
Am ehsten, wes Geistes Kind ein jeder ist.

TERENZ, HEAUTONTIMORUMENOS 282–284

SYRUS: Hic sciri potuit aut nusquam alibi, Clinia,
quo studio vitam suam te absente exegerit,
ubi de inprovisost interventum mulieri
nam *ea res* ...

SY. Hierdurch oder nie
War's auszumitteln, wie sie ihre Zeit verbracht,
Indes du fern warst, da wir unvermutet sie
Jetzt überraschten. So ja gab's Gelegenheit ...

(nach J. J. Donner)

401 **Pars magna bonitatis est velle fieri bonum. scis, quem bonum**
dicam? perfectum, absolutum, quem malum facere nulla vis,
nulla necessitas possit.
Ein großer Teil des guten Charakters besteht darin, gut werden zu
wollen. Weißt du, wen ich gut nenne? Den Vollendeten, Unabhängi-
gen, den keine Gewalt, keine Notwendigkeit schlecht zu machen
vermag.

(nach M. Rosenbach)

SENECA, EPISTULAE MORALES 34, 3

402 **Sibi quisque dat mores, ministeria casus adsignat.**
Ein jeder gibt sich seinen Charakter selbst, die Dienstleistungen weist
ihm der Zufall zu.

(nach M. Rosenbach)

SENECA, EPISTULAE MORALES 47, 15

403 **Nulli vitium est, nisi cui virtus potest esse.**
Niemand hat einen Fehler, wenn er nicht auch einen Vorzug haben
kann.

(M. Rosenbach)

SENECA, EPISTULAE MORALES 124, 19

404 **Numquam praestantibus in re publica gubernanda viris laudata**
est in una sententia perpetua permansio, sed, ut in navigando
tempestati obsequi artis est, etiam si portum tenere non queas,
cum vero id possis mutata velificatione adsequi, stultum est eum
tenere cum periculo cursum, quem coeperis, potius quam eo
commutato quo velis tamen pervenire, sic, cum omnibus nobis in
administranda re publica propositum esse debeat, id quod a me
saepissime dictum est, cum dignitate otium, non idem semper
dicere, sed idem semper spectare debemus.
Niemals sind in der Staatsführung bewährte Männer mit eigensinni-
gem Beharren bei einer einmal gefaßten Meinung einverstanden
gewesen; vielmehr ist es wie beim Segeln: die Kunst besteht darin, daß
man sich nach Wind und Wetter richtet, auch wenn man dann den
erstrebten Hafen nicht erreicht; aber wenn man durch Umsetzen der
Segel ans Ziel kommen kann, dann wäre es Torheit, den einmal einge-
schlagenen Kurs unter Gefahren beizubehalten und ihn nicht lieber zu
ändern und schließlich doch dahin zu gelangen, wohin man will.
Genauso müssen wir alle in der Politik uns zwar als Ziel setzen, was
ich oft genug betont habe, einen Frieden in Ehren, dürfen aber nicht
immer wieder dasselbe sagen, sondern nur das Ziel nicht aus den
Augen verlieren. *(Dezember 54 v. Chr.)*

(H. Kasten)

CICERO, AD FAMILIARES 1, 10 (9), 21 K. (AD P. LENTULUM)

Stärken

405 **Ad hanc me fortunam frugalitas mea perduxit.**
Zu diesem Wohlstand hat mir meine Anspruchslosigkeit verholfen.

(K. Müller – W. Ehlers)

PETRON, CENA TRIMALCHIONIS 75, 10

406 **Frugalitatem exigit philosophia, non poenam: potest autem esse**
non incompta frugalitas.
Anspruchslosigkeit fordert die Philosophie, nicht Selbstbestrafung:
diese Anspruchlosigkeit muß aber nicht ungepflegt sein

(nach M. Rosenbach)

SENECA, EPISTULAE MORALES 5, 4

407 Ut adversas res, sic secundas inmoderate ferre levitatis est praeclaraque est aequabilitas in omni vita et idem semper vultus eademque frons, ut de Socrate itemque de C. Laelio accepimus.
Wie Unglück, so ist Glück unbeherrscht zu tragen ein Zeichen von Haltlosigkeit, und rühmlich ist die Ausgewogenheit im ganzen Leben und immer derselbe Ausdruck und dieselbe Stirn, wie wir's von Sokrates und ebenso von Gaius Laelius vernommen haben.

(K. Büchner)

Cicero, De officiis 1, 90

Beharrlichkeit

408 Fortem et liberum animum sine constantia et aequabilitate nullum esse putaris.
Glaub' mir, ein tapferer, freier Geist ist ohne Beharrlichkeit und Ausdauer ein Nichts.

Brutus bei Cicero, Ad M. Brutum 25 (24), 10 K.

... *animum,* quo et consul et nunc consularis rem publicam vindicavisti, *sine constantia* ...

... freier Geist, mit dem Du einst als Konsul und jetzt auch als Konsular den Staat geschützt hast, ist ohne Beharrlichkeit ... *(Juli 43 v. Chr.)*

(H. Kasten)

---

409 Perseverandum est et adsiduo studio robur addendum, donec bona mens sit, quod bona voluntas est.
Beharrlich muß man sein und in unablässiger Bemühung Festigkeit gewinnen, bis zur guten Verfassung der Seele wird, was guter Wille ist.

(nach M. Rosenbach)

Seneca, Epistulae morales 16, 1

Belastbarkeit

410 Aliquod mei experimentum animi sumpsi subito. hoc enim est simplicius et verius; nam ubi se praeparavit et indixit sibi patientiam, non aeque apparet, quantum habeat verae firmitatis: illa sunt certissima argumenta, quae ex tempore dedit, si non tantum aecus molestias, sed placidus aspexit; si non excanduit, non litigavit, si, quod dari deberet, ipse sibi non desiderando supplevit et cogitavit aliquid consuetudini suae, sibi nihil deesse.
Eine Probe auf meine seelische Belastbarkeit habe ich unvermutet unternommen. Das ist nämlich einfacher und ehrlicher; denn sobald sich die Seele vorbereitet hat und sich Geduld auferlegt hat, wird nicht in gleicher Weise erkennbar, welchen Grad echter Belastbarkeit sie besitzt. Das sind nämlich die verläßlichsten Beweise, die sie spontan gibt, wenn sie Beschwernisse nicht nur gleichmütig, sondern gelassen betrachtet; wenn man nicht aufbraust, nicht streitet, wenn man das, was einem gegeben werden müßte, sich selbst erfüllt, indem man es gar nicht erst wünscht, und sich denkt, es fehle zwar etwas an der persönlichen Gewohnheit, nicht aber dem eigenen Selbst.

(nach M. Rosenbach)

Seneca, Epistulae morales 123, 5

411 MICIO: **Ego in hac re nil reperio, quam ob rem lauder tanto opere,**   **Bescheidenheit**
Hegio:
meum officium facio: quod peccatum a nobis ortumst, corrigo.
nisi si me in illo credidisti esse hominum numero, qui ita putant,
sibi fieri iniuriam ultro, si quam fecere ipsi expostules, et ultro
accusant.
id quia non est a me factum, agis gratias?
MI. Ich finde nichts, warum ich hier so sehr zu loben wäre, Freund.
Ich tue nichts als meine Pflicht; was wir gefehlt, das mach' ich gut.
Du hast zu jenem Schlage mich doch nicht gezählt, der, wenn man ihm
Vorhält ein Unrecht, das er selbst verübt, Unrecht zu leiden wähnt
Und noch Beschwerde führt? Du dankst mir, weil ich dies nicht auch getan?

(J. J. Donner)

TERENZ, ADELPHOE 592–596

412 **Divitias alius fulvo sibi congerat auro**
   et teneat culti iugera multa soli,
quem labor adsiduus vicino terreat hoste,
   Martia cui somnos classica pulsa fugent:
me mea paupertas vita traducat inerti,
   dum meus adsiduo luceat igne focus.
Reichtümer mag manch anderer häufen an funkelndem Golde,
   Mag des geackerten Lands haben, soviel er nur will,
Daß ihn beständig der Kampf mit dem feindlichen Nachbarn erschrecke,
   Daß ihm die Hörner des Kriegs dröhnend verscheuchen den Schlaf!
Mir soll bescheidene Habe zum friedsamen Leben verhelfen,
   Wenn nur im eigenen Herd ständig das Feuer mir brennt.

(W. Willige)

TIBULL, ELEGIAE 1, 1, 1–6

413 **Etiam oblivisci, quid sis, interdum expedit.**
Oft frommt's auch, zu vergessen, wer man ist.

(H. Beckby)

PUBLILIUS SYRUS, SENTENTIAE E 6

414 PHILOXENUS: **Heia, Lyde, leniter qui saeviunt, sapiunt magis.**   **Besonnenheit**
PH. Ei, Lydus, wer besonnen bleibt, auch wenn er zürnt,
Tut immer klüger.

(W. Binder – W. Ludwig)

PLAUTUS, BACCHIDES 408

415 **Consilio melius vincas quam iracundia.**
Besonnenheit siegt leichter als Erregung.

(H. Beckby)

PUBLILIUS SYRUS, SENTENTIAE C 11

Ehrenhaftigkeit 416 **Quod meum consilium exquiris, id est tale, ut capere facilius ipse possim quam alteri dare. Quid enim est, quod audeam suadere tibi, homini summa auctoritate summaque prudentia? Si, quid rectissimum sit, quaerimus, perspicuum est, si quid maxime expediat, obscurum; sin ii sumus, qui profecto esse debemus, ut nihil arbitremur expedire, nisi quod rectum honestumque sit, non potest esse dubium, quid faciendum nobis sit.**
Du fragst nach meinen Plänen. Eine verzwickte Frage: für mich selbst kann ich leichter zu einem Entschluß kommen, als jemand anders einen Rat geben. Wie dürfte ich es denn auch wagen, Dir, einem so angesehenen, klugen Manne, zu raten? Denn wenn wir fragen, was das Anständigste wäre, ist die Antwort klar, wenn, was das Vorteilhafteste, dunkel. Nehmen wir aber den Standpunkt ein, zu dem wir verpflichtet sind, und halten einzig das Anständige und Ehrenhafte für vorteilhaft, kann nicht zweifelhaft sein, was wir zu tun haben.
(28. April 49 v. Chr.)

(H. Kasten)

CICERO, AD FAMILIARES 4, 2, 2 K. (AD SER. SULPICIUM)

Geduld 417 **Patientia animi occultas divitias habet.**
Geduld ist ein verborgner Schatz der Seele.

(H. Beckby)

PUBLILIUS SYRUS, SENTENTIAE P 7

418 **Longa dies homini docuit parere leones,**
    longa dies molli saxa peredit aqua.
Vieler Tage bedarf's, bis die Löwen dem Menschen gehorchen,
    Vieler Tage, damit Wasser den Felsen durchnagt.

(W. Willige)

TIBULL, ELEGIAE 1, 4, 16–17

419 **Patientia pars magna iustitiae est.**
Gerechtigkeit besteht zum guten Teil in Geduld.

PLINIUS MINOR, EPISTULAE 6, 2, 8 K.

Temerarium existimo divinare, quam spatiosa sit causa inaudita, tempusque negotio finire, cuius modum ignores, praesertim cum primam religioni suae iudex *patientiam* debeat, quae *pars magna iustitiae est.*

Eine Vorhersage, wie umfangreich eine noch nicht verhandelte Sache ist, und die zeitliche Begrenzung einer Verhandlung, deren Ausmaß man noch nicht kennt, halte ich für leichtfertig, zumal der Richter seiner Amtspflicht in erster Linie Geduld schuldet, worin die Gerechtigkeit zum guten Teil besteht.

(H. Kasten)

420 **Fortis animi et constantis est non perturbari in rebus asperis nec tumultuantem de gradu deici, ut dicitur, sed praesenti animo uti et consilio nec a ratione discedere.**
Sache eines tapferen und beständigen Geistes ist es, sich in schwierigen Lagen nicht in Verwirrung und aus der Fassung bringen zu lassen, wie man sagt, sondern Geistesgegenwart zu beweisen und Entschlußkraft und von der Vernunft nicht abzuweichen.

(K. Büchner)

CICERO, DE OFFICIIS 1, 80

Geistesgegenwart

421 **Cupiditati nihil satis est, naturae satis etiam parum.**
Der Gier ist nichts genug, doch der Natur genügt sogar – zu wenig!

(G. Fink)

SENECA, AD HELVIAM MATREM DE CONSOLATIONE 10

Genügsamkeit

422 **Fides in praesentia eos, quibus resistit, offendit, deinde ab illis ipsis suspicitur laudaturque.**
Gewissenhaftigkeit verletzt nur im ersten Augenblick diejenigen, denen sie in den Weg tritt; hernach wird sie gerade von diesen respektiert und anerkannt.

(H. Kasten)

PLINIUS MINOR, EPISTULAE 3, 9, 26 K.

Gewissenhaftigkeit

423 **Qui fortasse de alieno neglegentes, certe de suo diligentes erunt.**
Wer es mit fremdem Gut nicht so genau nimmt, wird sicher mit seinem eigenen gewissenhaft umgehen.

(H. Kasten)

PLINIUS MINOR, EPISTULAE 4, 13, 8 K.

424 COLAPHUS: **In re mala animo si bono utare, adiuvat.**
Co. Wenn man im Mißgeschick
Den guten Mut bewahrt, das hilft.

(W. Binder – W. Ludwig)

PLAUTUS, CAPTIVI 202

Gleichmut

425 TRACHALIO: **Animus aequos optumust aerumnae condimentum.**
TR. Gleichmut ist die beste Würze jedes Grams.

(W. Binder – W. Ludwig)

PLAUTUS, RUDENS 402

426 **Nihil miremur eorum, ad quae nati sumus, quae ideo nulli
quaerenda, quia paria sunt omnibus. ita dico, paria sunt. nam
etiam, quod effugit aliquis, pati potuit; aequum autem ius est non,
quo omnes usi sunt, sed quod omnibus latum est. imperetur
aequitas animo et sine querella mortalitatis tributa pendamus!**
Über nichts von dem wollen uns wundern, zu dem wir geboren sind,
worüber sich deswegen keiner beklagen darf, weil das für alle gleich
ist. Ja, so meine ich es: gleich. Denn auch das, dem einer entronnen
ist, hätte ihm widerfahren können; gleiches Recht ist aber nicht, was
alle erleben, sondern was für alle gesetzt ist. Gleichmut sei der Seele
anempfohlen, und klaglos wollen wir der Sterblichkeit ihren Tribut
entrichten!

(nach M. Rosenbach)

SENECA, EPISTULAE MORALES 107, 6

427 **Aequo animo audienda sunt inperitorum convicia et ad honesta
vadenti contemnendus est ipse contemptus.**
Mit Gleichmut muß man den Spott der Unwissenden anhören, und
wer zur sittlichen Vollendung voranschreitet, muß selbst die Verachtung verachten.

(nach M. Rosenbach)

SENECA, EPISTULAE MORALES 76, 4

Großmut   428 **Contra impudentem stulta est nimia ingenuitas.**
Zu starke Großmut ist vor Frechen Einfalt.

(H. Beckby)

PUBLILIUS SYRUS, SENTENTIAE C 23

Güte   429 **Facilitas nimia partem stultitiae sapit.**
Zu große Güte ist ein Stück von Dummheit.

(H. Beckby)

PUBLILIUS SYRUS, SENTENTIAE F 15

Herzensgüte   430 **Bonus vir nemo est, nisi qui bonus est omnibus.**
Herz hat nur, wer ein Herz besitzt für alle.

(H. Beckby)

PUBLILIUS SYRUS, SENTENTIAE B 43

Illusionslosigkeit 431 **Neque de otio nostro spero iam nec ullam acerbitatem recuso.**
Ich mache mir keine Illusionen mehr über ein ruhiges Leben und bin
auf jede Bitterkeit gefaßt.

CICERO, AD ATTICUM 9, 8 (7), 1 K.

Ita *neque ... recuso;* unum illud extimescebam, ne quid turpiter facerem, vel dicam iam me fecisse.

Darum mache ich mir auch gar keine Illusionen mehr über ein ruhiges Leben und bin auf jede Bitterkeit gefaßt. Nur das eine ängstigt mich noch, daß ich etwas Unehrenhaftes tue oder – sollte ich vielleicht sagen – getan habe. *(13. März 49 v. Chr.)*

(H. Kasten)

---

432 **Quid est, quare pavonem, quare anserem gallina non fugiat, refugiat autem tanto minorem et ne notum sibi quidem accipitrem? quare pulli faelem timeant, canem non timeant? apparet illis inesse nocituri scientiam non experimento collectam: nam antequam possint experiri, cavent.**
Was ist der Grund, daß das Huhn vor einem Pfau und vor einer Gans nicht flieht, wohl aber vor dem soviel kleineren und ihm nicht einmal bekannten Habicht? Daß Küken eine Katze fürchten, einen Hund aber nicht? Offensichtlich besitzen sie eine Kenntnis des ihnen Schädlichen, die sie nicht aus der Erfahrung gewonnen haben; denn schon bevor sie die Erfahrung machen können, nehmen sie sich in acht.

(nach M. Rosenbach)

SENECA, EPISTULAE MORALES 121, 19

Instinktsicherheit

---

433 **Numquis satis constare sibi videatur, si mulam calcibus repetat et canem morsu?**
Darf sich jemand für einen konsequenten Menschen halten, wenn er sein Maultier wiedertritt, beim Hund zurückbeißt?

(G. Fink)

SENECA, DE IRA 3, 27

konsequent sein

---

434 **Animi est ipsa tolerantia, quae se ad dura et aspera hortatur ac dicit: 'Quid cessas? non est viri timere sudorem.'**
Es ist gerade die Leidensfähigkeit der Seele, die sich zu Hartem und Rauhem auffordert und spricht: «Was zögerst du? Es ist nicht Mannesart, den Schweiß zu fürchten.»

(nach M. Rosenbach)

SENECA, EPISTULAE MORALES 31, 7

Leidensfähigkeit

---

435 **Audacia pro muro habetur.**
Im Mut besitzt man eine Mauer.

SALLUST, CATILINAE CONIURATIO 58, 17

Semper in proelio iis maxumum est periculum, qui maxume timent: *audacia* ...

Stets droht im Kampf denen die meiste Gefahr, die sich am meisten fürchten; im Mut ...

(W. Eisenhut – J. Lindauer)

Mut

436 **Audendo virtus crescit, tardando timor.**
Beim Wagen wächst der Mut, die Furcht beim Zögern.
(H. Beckby)
PUBLILIUS SYRUS, SENTENTIAE A 43

437 **Felicitatem in dubiis virtus impetrat.**
Der Mut verschafft uns in Gefahr die Rettung.
(H. Beckby)
PUBLILIUS SYRUS, SENTENTIAE F 32

Offenheit
438 **Illa quantum habet voluptatis sincera et per se inornata**
simplicitas nihil obtendens moribus suis!
Welche Lust liegt doch in echter, ganz ungekünstelter Offenheit, die
ihre Art hinter nichts verbirgt!
(G. Fink)
SENECA, DE TRANQUILLITATE ANIMI 17

schweigen
können
439 **Qui recitat lana fauces et colla revinctus,**
hic se posse loqui, posse tacere negat.
Wer, den Hals und den Nacken mit Wolle umwunden, doch vorträgt,
zeigt, daß das Reden ihm nicht, doch auch das Schweigen nicht glückt.
(R. Helm)
MARTIAL, EPIGRAMMATA 6, 41

Taktgefühl
440 **Pudor doceri non potest, nasci potest.**
Takt ist nicht lernbar, er ist angeboren.
(H. Beckby)
PUBLILIUS SYRUS, SENTENTIAE P 4

441 **Cum ipsi honestati tum aliquanto magis gloriae eius**
praedicationique invidemus atque ea demum recte facta minus
detorquemus et carpimus, quae in obscuritate et silentio
reponuntur.
Schon Ehrbarkeit an sich verstimmt uns, und erst recht deren Rühmen
und Preisen; nur heimliche, verschwiegene Guttaten verdrehen und
zerpflücken wir nicht.
(H. Kasten)
PLINIUS MINOR, EPISTULAE 1, 8, 6 K.

442 STRATOPHANES: **Strenui nimio plus prosunt populo quam argute**
cati.
STR. Der tapfere Mann ist seinem Volk bei weitem nützlicher
Als all die klugen Schwätzer.

(W. Binder – W. Ludwig)

PLAUTUS, TRUCULENTUS 493

443 **Rebus in angustis facile est contemnere vitam;**
fortiter ille facit, qui miser esse potest.
Ist man in Not, ist es leicht, das Leben nicht weiter zu achten.
Tapfer nur handelt, wer still Elend zu tragen vermag.

R. Helm)

MARTIAL, EPIGRAMMATA 11, 56, 15–16

444 **Fortitudo contemptrix timendorum est; terribilia et sub iugum**
libertatem nostram mittentia despicit, provocat, frangit.
Die Tapferkeit ist Verächterin des Fürchterlichen: Schreckliches und
unsere Freiheit Unterjochendes verachtet sie, fordert sie heraus, zerbricht sie.

(M. Rosenbach)

SENECA, EPISTULAE MORALES 88, 29

445 MNESILOCHUS: **Satin, ut, quem tu habeas fidelem tibi aut quoi**
credas, nescias?
MN. Weiß einer noch, auf wessen Treue man bauen darf?

(W. Binder – W. Ludwig)

PLAUTUS, BACCHIDES 491

446 **Nulla res tanta existet, iudices, ut possit vim mihi maiorem**
adhibere metus quam fides. etenim quis tam dissoluto animo est,
qui, haec cum videat, tacere ac neglegere possit?
Es kann nichts eintreten, ihr Richter, was so bedeutend wäre, daß die
Furcht eine größere Macht über mich auszuüben vermöchte als die
Treue. Denn wer ist so kaltherzig, daß er, wenn er dieses Treiben
sieht, schweigen und gleichgültig zusehen kann?

(M. Fuhrmann)

CICERO, PRO SEX. ROSCIO AMERINO 31–32

447 **Non est certa fides, quam non in iurgia vertas.**
Keine Treue ist echt, die man nie zu erzürnen vermöchte.

PROPERZ, ELEGIAE 3, 8, 19

... in iurgia vertas.
  Hostibus eveniat lenta puella meis!

... zu erzürnen vermöchte:
  Mädchen, die gleichgültig sind, wünsche ich nur meinem Feind.

(W. Willige)

448 Fides sanctissimum humani pectoris bonum est, nulla necessitate ad fallendum cogitur, nullo corrumpitur praemio.
Die Treue ist das heiligste Gut des Menschenherzens, keine Unausweichlichkeit zwingt sie zur Täuschung, keine Belohnung besticht sie.

SENECA, EPISTULAE MORALES 88, 29

... praemio. 'Ure', inquit, 'caede, occide; non prodam, sed quo magis secreta quaeret dolor, hoc illa altius condam.'

... besticht sie. «Brenne», sagt sie, «töte, mach nieder: nicht werde ich verraten, sondern je mehr der Schmerz nach den Geheimnissen fragt, desto tiefer will ich sie verbergen.»

(M. Rosenbach)

449 Illud miror, adduci potuisse te, qui me penitus nosse deberes, ut existimares aut me tam improvidum, qui ab excitata fortuna ad inclinatam et prope iacentem desciscerem, aut tam inconstantem, ut conlectam gratiam florentissimi hominis effunderem a meque ipse deficerem.
Aber darüber wundere ich mich, daß Du, der Du mich doch ganz genau kennen müßtest, hast glauben können, ich sei so unbedacht, mich von dem aufsteigenden Gestirn abzuwenden und dem sinkenden und beinahe schon erloschenen zuzukehren, oder so wankelmütig, daß ich den erworbenen Schatz an Wohlwollen seitens eines Mannes auf der Höhe des Erfolges verschleuderte und mir selbst untreu würde. *(4. Mai 49 v. Chr.)*

(H. Kasten)

CICERO, AD FAMILIARES 2, 16, 1 K. (AD M. CAELIUM)

Umsicht

450 Mora cogitationis diligentia est.
Den Zeitverlust durch Denken nenn' ich Umsicht.

(H. Beckby)

PUBLILIUS SYRUS, SENTENTIAE M 41

Wagemut

451 Videbis nihil humanae audaciae intentatum erisque et spectator et ipse pars magna conantium: disces docebisque artes alias, quae vitam instruant, alias, quae ornent, alias, quae regant.
Du wirst sehen, daß menschlicher Wagemut nichts unversucht läßt. Du wirst davon Zeuge sein und auch selbst einer von denen, die Großes unternehmen. Erwerben und weitergeben wirst du die Kenntnisse, die teils das Leben sichern, teils bereichern, teils ihm die Richtung weisen.

(G. Fink)

SENECA, AD MARCIAM DE CONSOLATIONE 18

452 **A rusticis est id, quod iam contritum est vetustate proverbium.**
cum enim fidem alicuius bonitatemque laudant, dignum esse
dicunt, quicum in tenebris mices. hoc quam habet vim nisi illam,
nihil expedire, quod non deceat, etiam si id possis nullo refellente
optinere?
Von den Bauern stammt die Redensart, die schon durchs Alter abge-
braucht ist. Wenn sie nämlich die Zuverlässigkeit jemandes und seine
gute Art loben, sagen sie: er ist's wert, daß man mit ihm im Dunkeln
Fingerschnellen spielt. Was hat das für eine Bedeutung, wenn nicht
die, daß nichts nützt, was sich nicht schickt, selbst wenn du es, ohne
daß jemand dich überführte, erlangen könntest?

(K. Büchner)

CICERO, DE OFFICIIS 3, 77

Schwächen

453 GREX: **Nec quisquamst tam ingenio duro nec tam firmo pectore,**
quin, ubi quicque occasionis sit, sibi faciat bene.
EPILOG DER SCHAUSPIELERTRUPPE: Kein Mensch ist so hart,
Keiner auch so tugendfest, daß er nicht
Gelegentlich sich's wohl sein ließe.

(W. Binder – W. Ludwig)

PLAUTUS, ASINARIA 944–945

454 **Homunciones sumus, omnia nobis negare non possumus.**
Wir sind nur schwache Menschen, wir können uns nicht alles versagen.

(nach M. Rosenbach)

SENECA, EPISTULAE MORALES 116, 7

455 **Aequum est**
peccatis veniam poscentem reddere rursus.
Wer für die eignen Schwächen Nachsicht fordert, muß auch Nachsicht
üben.

HORAZ, SERMONES 1, 3, 74–75

Qui, ne tuberibus propriis offendat amicum,
postulat, ignoscet verrucis illius: *aequum est ...*

Soll der Freund an deinen Beulen keinen Anstoß nehmen, so mußt du gegen seine Warzen
duldsam sein: wer für die eignen ...

(H. Färber – W. Schöne)

456 **Natura infirmitatis humanae tardiora sunt remedia quam mala.**
Es liegt im Wesen menschlicher Schwachheit, daß die Heilmittel
langsamer wirken als die Leiden.

(A. Städele)

TACITUS, VITA IULII AGRICOLAE 3, 1

Anpassungs- 457 **Nimis servis temporibus.**
bereitschaft Du hängst den Mantel zu sehr nach dem Wind.

CICERO, AD FAMILIARES 10, 3, 3 K. (AD PLANCUM)

Scis profecto – nihil enim te fugere potuit – fuisse quoddam tempus, cum homines existimarent te *nimis servire temporibus,* quod ego quoque existimarem, te si ea, quae patiebare, probare etiam arbirtrarer; sed cum intellegerem, quid sentires, prudenter te arbitrabar videre, quid posses. Nunc alia ratio est.

Du weißt – es konnte Dir ja nichts entgehen –, daß es einmal eine Zeit gegeben hat, wo die Leute meinten, Du hängtest den Mantel zu sehr nach dem Winde, und auch ich hätte das geglaubt, wenn ich das Gefühl gehabt hätte, Du hießest auch gut, was Du geschehen ließest; aber ich wußte ja, wie Du wirklich dachtest, und so sagte ich mir, daß Du klüglich Deine unzureichenden Kräfte in Betracht zögest. Jetzt sieht die Sache anders aus. *(Mitte Dezember 44 v. Chr.)*

(H. Kasten)

458 **Intus omnia dissimilia sint, frons populo nostra conveniat.**
Im Inneren mag alles ganz anders sein – unser Gesicht passe sich dem Volke an.

(M. Rosenbach)

SENECA, EPISTULAE MORALES 5, 2

Bequemlich- 459 MESSENIO: **Nimioque edo lubentius molitum quam molitum**
keit **praehibeo.**
ME. Auch hab' ich's lieber, wenn man mir Gemahlenes bringt,
Als wenn ich selbst zum Mahlen mich begeben muß.

(W. Binder – W. Ludwig)

PLAUTUS, MENAECHMI 979

Empfindlichkeit 460 **Sunt ferendarum contumeliarum impatientes faciendarum**
cupidissimi.
Es können nun einmal die eine Kränkung nicht vertragen, die selbst mit Hingabe kränken.

(G. Fink)

SENECA, DE CONSTANTIA SAPIENTIS 18

461 HEGIO: **Omnes, quibus res sunt minus secundae, magis sunt nescio**
quo modo
suspiciosi: ad contumeliam omnia accipiunt magis:
propter suam inpotentiam se semper credunt ludier.
HE. Die Leute, die das Glück nicht sehr begünstigt, sind – weiß nicht warum –
Mißtrauisch, nehmen alles gleich wie Kränkung auf und glauben stets
Um ihrer Unmacht willen sich geringgeschätzt, zurückgesetzt.

(nach J. J. Donner)

TERENZ, ADELPHOE 605–607

462 **Irascor, nec liquet mihi, an debeam, sed irascor. scis, quam sit amor iniquus interdum, impotens saepe, μικραίτιος (mikraítios) semper. Haec tamen causa magna est, nescio an iusta; sed ego, tamquam non minus iusta quam magna sit, graviter irascor, quod a te tam diu litterae nullae.**

Ich bin böse, nur weiß ich nicht recht, ob ich es darf, aber jedenfalls ist es so. Du weißt, wie ungerecht Liebe bisweilen ist, wie unbeherrscht oft und immer empfindlich. Bei mir ist's jedoch ein schwerwiegender, vielleicht auch triftiger Anlaß; jedenfalls bin ich ernstlich böse, als wäre er weniger triftig als schwerwiegend, weil ich von Dir so lange keinen Brief bekommen habe.

(H. Kasten)

PLINIUS MINOR, EPISTULAE 2, 2, 1 K.

463 **Contemnuntur ii, qui 'nec sibi nec alteri', ut dicitur, in quibus nullus labor, nulla industria, nulla cura est.**   Energielosigkeit

Geringgeschätzt werden die, die «weder für sich noch für den Nächsten» nützlich sind, wie es heißt, in denen kein Wille zur Anstrengung wohnt, kein Fleiß, keine Bemühung.

(nach K. Büchner)

CICERO, DE OFFICIIS 2, 36

464 **Nam desunt vires ad me mihi iusque regendum;**
    Auferor ut rapida concita puppis aqua.

Denn mir fehlen Gewalt und Kraft, mich selber zu lenken,
    Treibe dahin wie ein Kiel mitten im wütenden Meer.

(W. Marg – R. Harder)

OVID, AMORES 2, 3, 7–8

465 **Pigritia et haesitatio pugnam et inconstantiam ostendit. Quare**   Entschluß-
    audaciter licet profitearis summum bonum esse animi   losigkeit
    concordiam.

Entschlußlosigkeit und Zaudern weisen auf innere Konflikte und Inkonsequenz. Darum darf man unumwunden erklären, das höchste Gut sei die seelische Harmonie.

(G. Fink)

SENECA, DE VITA BEATA 8

466 **O te hominem felicem, quod nihil habes, propter quod quisquam**   flunkern
    tibi ... mentiatur! Nisi quod iam etiam, ubi causa sublata est,
    mentimur consuetudinis causa.

O du glücklicher Mensch, daß du nichts hast, dessentwegen einer dir ... etwas vormachte! Außer daß wir sogar auch, wo es keinen Grund dafür gibt, aus bloßer Gewohnheit flunkern.

SENECA, EPISTULAE MORALES 46, 3

... quisquam tibi tam longe *mentiatur*!

... einer dir aus so weiter Ferne (*d. h.* brieflich) etwas vormachte!

(nach M. Rosenbach)

Fügsamkeit   467   **Nullum tam artum est iugum, quod non minus laedat ducentem quam repugnantem; unum est levamentum malorum ingentium, pati et necessitatibus suis obsequi.**
Kein Joch ist so fest, daß es nicht den weniger drückte, der es willig auf sich nimmt, als den, der sich sträubt. Nur eins kann ungeheuere Leiden lindern: wenn man sie duldet und sich ins Unvermeidliche schickt.

(G. Fink)

SENECA, DE IRA 3, 16

468   **Quae cuncta nos observabili patientia sustinere censebat, quippe cum aviditati contumaciaeque summe cavere et utramque culpam vitare ac neque vocatus morari nec non iussus festinare deberem.**
All dem, empfahl er, solle sich auch unsereiner achtsam und geduldig fügen; ich müsse mich nämlich vor Begier und Widerspenstigkeit gründlich in acht nehmen und beide Sünden vermeiden, sei es bei Berufung zu zögern, sei es ohne Befehl zu hasten.

(E. Brandt – W. Ehlers)

APULEIUS, METAMORPHOSES 11, 21, 5

Gutgläubigkeit   469   **Numquam recte faciet, qui cito credit, utique homo negotians.**
Nie wird es einer recht machen, der alles für bare Münze nimmt, am wenigsten ein Geschäftsmann.

(K. Müller – W. Ehlers)

PETRON, CENA TRIMALCHIONIS 43, 6

inkosequent sein   470   GRIPUS: **Spectavi ego quidem comicos ad istunc modum sapienter dicta dicere atque is plaudier, quom illos sapienter mores monstrabant poplo. sed quom inde suam quisque ibant divorsi domum, nullus erat illo pacto, ut illi iusserant.**
GR. Von Komödianten hab'
Ich sonst wohl derlei Weisheitssprüche angehört:
Man klatschte jedesmal, wenn sie dem Publikum
Solch weise Sitten anempfahlen. Doch sobald
Jedweder seinen eigenen Weg nach Hause ging,
Befolgte keiner, was man ihm ans Herz gelegt.

(W. Binder – W. Ludwig)

PLAUTUS, RUDENS, 1249–1253

471 **Plurimum mali credulitas facit. Saepe ne audiendum quidem est,
quoniam in quibusdam rebus satius est decipi quam diffidere.**
Das meiste Unheil stiftet die Leichtgläubigkeit. Häufig sollte man nicht
einmal zuhören, weil es gelegentlich besser ist, etwas nicht wahrzunehmen als mißtrauisch zu werden.

(G. Fink)

SENECA, DE IRA 2, 24

Leicht-
gläubigkeit

472 PHIDIPPUS: **Aliud fortasse aliis viti est: ego sum animo leni natus:
non possum advorsari meis.**
PH. Ein anderer fehlt wohl anderswo; ich bin von mildem Sinne, kann
Den Meinen nichts versagen.

(J. J. Donner)

TERENZ, HECYRA 270–271

Nachgiebigkeit

473 **Dextera praecipue capit indulgentia mentes.
Asperitas odium saevaque bella movet.**
Nachgiebigkeit mit Geschick erobert vor allem die Herzen.
Ruppiges Wesen erzeugt Haß nur und grausamen Krieg.

(N. Holzberg)

OVID, ARS AMATORIA 2, 145–146.

474 **Tu melior esto! semper in hac re, qui vincitur, vincit.**
Du solltest großzügig sein! Immer gewinnt in diesem Fall, wer nachgibt.

PETRON, CENA TRIMALCHIONIS 59, 1

'Agite', inquit (Trimalchio), 'scordalias de medio. suaviter sit potius, et tu, Hermeros, parce
adulescentulo. sanguen illi fervet, *tu melior ...*'

«Geht zu», sagte Trimalchio, «Schluß mit den Keifereien! Lieber soll es gemütlich sein, und
du, Hermeros, verschone den jungen Freund! Der hat ein unruhig Blut, du solltest
großzügig sein ...»

(K. Müller – W. Ehlers)

475 **Non expedit omnia videre, omnia audire. Multae nos iniuriae
transeant, ex quibus plerasque non accipit, qui nescit. Non vis esse
iracundus? Ne fueris curiosus! Qui inquirit, quid in se dictum sit,
qui malignos sermones, etiam si secreto habiti sunt, eruit, se ipse
inquietat. Quaedam interpretatio eo perducit, ut videantur
iniuriae: itaque alia differenda sunt, alia deridenda, alia donanda.**
Es ist nicht gut, alles zu sehen, alles zu hören. Viele Kränkungen
könnten uns erspart bleiben – denn die allermeisten verspürt nicht,
wer davon nichts weiß. Du möchtest nicht wütend sein? Sei nicht neugierig! Wer nachforscht, was man gegen ihn gesagt hat, wer spitze
Bemerkungen, auch wenn sie nur heimlich fielen, ausspioniert, macht

Neugierde

sich selbst das Leben schwer. Bei manchen bringt es erst unsere Deutung dahin, daß es als Beleidigung erscheint. Daher sollte man sich beim einen Zeit lassen, über anderes lachen, anderes verzeihen.

(G. Fink)

SENECA, DE IRA 3, 11

476　**Cum aures hominum novitate laetantur, tum ad rationem vitae exemplis erudimur.**
Die Ohren der Menschen lechzen nach Neuigkeiten, und andrerseits lernen wir durch Beispiele für unsere Lebensgestaltung.

PLINIUS MINOR, EPISTULAE 8, 18, 12 K.

Invicem tu, si quid istic epistula dignum, ne gravare. nam *cum aures* ...

Laß Du es Dich nicht verdrießen, mir Deinerseits zu schreiben, wenn dort etwas passiert, was einen Brief verdient. Denn die Ohren ...

(H. Kasten)

477　**Liber, ut factum ipsum, manet, manebit legeturque semper, tanto magis, quia non statim. incitantur enim homines ad cognoscenda, quae differuntur.**
Ein Buch bleibt bestehen wie die Tatsachen selbst, wird bestehen bleiben und stets gelesen werden, um so mehr, wenn es nicht sofort geschieht. Denn die Neugier des Publikums wird geweckt, zu erfahren, was man ihm vorenthält.

PLINIUS MINOR, EPISTULAE 9, 27, 2 K.

Recitaverat quidam verissimum librum partemque eius in alium diem reservaverat. ecce amici cuiusdam orantes obsecrantesque, ne reliqua recitaret. tantus audiendi, quae fecerint, pudor, quibus nullus faciendi, quae audire erubescunt. et ille quidem praestitit, quod rogabatur; sinebat fides. *liber* tamen...

Jemand hatte aus einer ganz objektiven Darstellung vorgetragen und sich einen Teil für einen späteren Tag aufgespart. Da traten doch die Freunde einer gewissen Person an ihn heran und baten und beschworen ihn, den Rest nicht vorzutragen; so sehr schämten sie sich zu hören, was sie getan hatten, die sich doch nicht schämen zu tun, was zu hören sie erröten macht. Und der Autor kam ihren Bitten nach; seine Glaubwürdigkeit litt ja nicht darunter. Doch sein Werk bleibt bestehen ...

(H. Kasten)

Oberflächigkeit　478　**Nemo nostrum in altum descendit: summma tantum decerpsimus et exiguum temporis impendisse philosophiae satis abundeque occupatis fuit.**
Niemand von uns geht in die Tiefe; nur die äußerste Oberfläche haben wir abgegrast, und für Vielbeschäftigte war es genug und übergenug, eine knappe Zeitspanne für die Philosophie aufgewendet zu haben.

(nach M. Rosenbach)

SENECA, EPISTULAE MORALES 59, 10

479 **Languent per inertiam saginata nec labore tantum, sed motu et ipso sui onere deficiunt.**

Schlapp bleibt, was sich beim Nichtstun mästet: Nicht Anstrengung allein, sondern schon Bewegung und das eigene Gewicht führen zur Erschöpfung.

(G. Fink)

SENECA, DE PROVIDENTIA 2

Schlappheit

480 **Incuria sequens prioris providentiae beneficia conrumpet.**

Sorglosigkeit nachher wird den Gewinn früherer Vorsicht zunichte machen.

APULEIUS, METAMORPHOSES 5, 19, 4

Nunc si quam salutarem opem periclitanti sorori vestrae potestis adferre, iam nunc subsistite, ceterum *incuria sequens ...*

Wenn ihr nun eurer gefährdeten Schwester irgendeine Abhilfe bringen könnt, so steht mir gleich jetzt bei! Sonst wird Sorglosigkeit nachher den Gewinn ...

(E. Brandt – W. Ehlers)

Sorglosigkeit

481 **Quidam urbanitatem nesciunt continere nec periculosis abstinent salibus: omnibus his utilior negotio quies est.**

Manche können ihre Spottlust nicht unterdrücken und sich gefährliche Stichelei nicht verkneifen. Für alle diese ist ein ruhiges Leben zuträglicher als der Staatsdienst.

(G. Fink)

SENECA, DE TRANQUILLITATE ANIMI 6

Spottlust

482 **Piger ipse sibi obstat.**

Der Träge steht sich selbst im Wege.

(M. Rosenbach)

PUBLILIUS SYRUS BEI SENECA, EPISTULAE MORALES 94, 28

Trägheit

483 **Imperfectum ac languidum bonum est in otium sine actu proiecta virtus numquam id, quod didicit, ostendens.**

Es ist ein unvollkommenes und fragwürdiges Glück, wenn sich Tüchtigkeit träger Muße hingibt und nie zeigt, was sie gelernt hat.

(G. Fink)

SENECA, DE OTIO 6

484 **Adice et illos, qui non constantiae vitio parum leves sunt, sed inertiae, et vivunt, non quomodo volunt, sed quomodo coeperunt.**

Nimm noch die hinzu, die keineswegs dank ihrer Charakterstärke nicht besonders flatterhaft sind, sondern aus Trägheit, und nicht so leben, wie sie möchten, sondern, wie sie es einmal angefangen haben.

(G. Fink)

SENECA, DE TRANQUILLITATE ANIMI 2

Unbeständigkeit 485 **Nesciunt homines, quid velint, nisi momento, quo volunt: in totum nulli velle aut nolle decretum est. variatur cotidie iudicium et in contrarium vertitur ac plerisque agitur vita per lusum.**

Die Menschen wissen nicht, was sie wollen, außer in dem Augenblick, da sie es wollen: aufs Ganze gesehen, hat niemand über Wollen und Nichtwollen einen Beschluß gefaßt. Täglich ändert sich ihr Urteil und kehrt sich ins Gegenteil, und den meisten vergeht das Leben in Spielerei.

(nach M. Rosenbach)

SENECA, EPISTULAE MORALES 20, 6

Unentschieden- 486 **Huncine an hunc sequeris? subeas alternus oportet**
heit **ancipiti obsequio dominos, alternus oberres.**
nec tu, cum obstiteris semel instantique negaris
parere imperio, rupi iam vincula dicas.
nam et luctata canis nodum abripit, at tamen illi,
cum fugit, a collo trahitur pars longa catenae.

Folgest du dem oder dem? Unterstell dich im Zwiespalt gehorsam
Wechselnd den beiden Gebietern, so wirst du sie wechselnd ver-
säumen!
Aber wenn du auch einmal dich sträubst und der eben ergang'nen
Weisung erwehrst, sag nicht: «Jetzt hab ich die Fessel zerbrochen!»
Zerret doch wohl auch ein Hund seinen Haftring heraus, aber den-
noch
Schleift ihm noch überm Entlaufen am Halse ein Stück seiner Kette.

(O. Seel)

PERSIUS, SATURAE 5, 155–160

487 **Illa cruciabili silentio diutissime fatigata et ut in quodam vado dubitationis haerens omne verbum, quod praesenti sermoni putabat aptissimum, rursum improbans, unde potissimum caperet exordium, decunctatur.**

Durch das quälende Schweigen allzu lange geschwächt, sitzt sie wie auf einer Sandbank der Unentschiedenheit fest. So verwirft sie alle die Worte, die ihr für dieses Gespräch eben noch so geeignet schienen, und so zögert sie unsicher, womit sie am besten anfangen könnte.

(E. Brandt – W. Ehlers)

APULEIUS, METAMORPHOSES 10, 3, 2

Unentschlossen- 488 DINIARCHUS: **Neque vivos neque mortuos sum neque, quid nunc**
heit **faciam, scio:**
Neque ut hinc abeam neque ut hunc adeam, scio: timore torpeo.

DI. Ich bin nicht tot und nicht
Lebendig, weiß mir nicht zu helfen. Soll ich weg,
Soll ich hinzu? Die Furcht hat mich ganz starr gemacht.

(W. Binder- W. Ludwig)

PLAUTUS, TRUCULENTUS 823–824

489 PHORMIO: **Audio.**
quid vos malum ergo me sic ludificamini
inepti vostra puerili inconstantia?
nolo volo; volo nolo rursum; cape cedo;
quod dictum, indictumst; quod modo ratum erat, irritumst.
PH. Ich höre gut! Was aber treibt
Ihr Abgeschmackten ein so tolles Spiel mit mir
In eurer knabenhaften Unentschlossenheit?
«Ich will nicht – will – will wieder nicht – nimm – gib's heraus!»
Jetzt ja, jetzt nein; bald zugesagt, bald abgesagt.

(J. J. Donner)

TERENZ, PHORMIO 947–951

490 **Ego vero quem fugiam habeo, quem sequar non habeo.**
Ich weiß, vor wem ich zu fliehen habe, aber nicht, wem ich folgen soll.

CICERO, AD ATTICUM 8, 7, 2 K.

Ego vero ... non habeo Quod enim tu meum laudas et memorandum dicis, malle quod
dixerim me cum Pompeio vinci quam cum istis vincere; ego vero malo, sed cum illo
Pompeio, qui tum erat aut mihi esse videbatur; cum hoc vero, qui ante fugit, quam scit, aut
quem fugiat aut quo, qui nostra tradidit, qui patriam reliquit, Italiam relinquit, si malui,
contigit: victus sum.

Ich weiß, vor wem ich zu fliehen habe, aber nicht, wem ich folgen soll. Du zitierst eine
Stelle aus einem meiner Briefe und meinst, ich solle meine Worte beherzigen: lieber mit
Pompeius unterliegen als mit den andern siegen. Gewiß, aber mit dem Pompeius, wie er
damals war oder jedenfalls mir erschien; mit dem jetzigen aber, der ausreißt, ehe er weiß,
vor wem oder wohin, der unser Hab und Gut ausgeliefert, die Vaterstadt aufgegeben hat,
der Italien verläßt, wenn ich mit dem zusammen lieber habe unterliegen wollen, so ist mir
das geglückt: ich bin geschlagen. *(21. Februar 49 v. Chr.)*

(H. Kasten)

491 **Volt, non volt dare Galla mihi, nec dicere possum,**
 quod volt et non volt, quid sibi Galla velit.
Galla will und will nicht. Nun kann ich wirklich nicht sagen,
 da sie ja will und auch nicht, was denn die Galla nun will.

(R. Helm)

MARTIAL, EPIGRAMMATA 3, 90

492 **Isti, qui numquam tutelae suae fiunt, primum in ea re secuntur**
priores, in qua nemo non a priore descivit; deinde in ea re
secuntur, quae adhuc quaeritur: numquam autem invenietur,
si contenti fuerimus inventis.

Unselbst-
ständigkeit

Diejenigen, die niemals mündig werden, folgen erstens ihren Vor-
gängern in einer Sache, in der jeder vom Vorgänger abgewichen ist;
und zweitens folgen sie ihnen in einer Frage, die noch untersucht
wird: niemals aber wird man Weiterführendes finden, wenn wir mit
dem bereits Gefundenen zufrieden sind.

(nach M. Rosenbach)

SENECA, EPISTULAE MORALES 33, 10

Weichlichkeit

493   PHAEDRIA: **Eiciunda hercle haec est mollities animi; nimis mi
indulgeo.**
PH. Fort muß sie, diese Weichlichkeit! Ich gebe viel zuviel mir nach.

(J. J. Donner)

TERENZ, EUNUCHUS 222

Ambivalentes

Dickfelligkeit

494   **Non nullis rebus angor equidem, sed iam prorsus occallui.**
Einiges macht mir Sorge; aber ich habe mir längst ein dickes Fell
angeschafft.

CICERO, AD ATTICUM 2, 18, 4 K.

De Statio manu misso et *non nullis aliis rebus angor ... occallui.* Tu vellem ego vel cuperem
adesses nec mihi consilium nec consolatio deesset.

Statius' Freilassung und noch einiges andere macht mir Sorge; aber ich habe mir längst
ein dickes Fell angeschafft. Von Herzen wünsche ich, Du wärest hier, dann könnte es mir
an Rat und Trost nicht fehlen. *(Juni 59 v. Chr.)*

(H. Kasten)

Ehrgeiz

495   **Honores iudicabis bonum: male te habebit ille consul factus, ille
etiam refectus; evictus videberis, quotiens aliquem in fastis saepius
legeris. tantus erit ambitionis furor, ut nemo tibi post te videatur,
si aliquis ante te fuerit.**
Ehrenämter wirst du für ein Gut halten: wurmen wird es dich, daß dieser Konsul geworden ist, jener gar zum zweiten Mal; gedemütigt wirst
du dir vorkommen, wenn du jemanden im Beamtenkalender noch
öfter liest. So groß wird der Wahnsinn deines Ehrgeizes sein, daß du
dir einbildest, niemand stehe dir nach, wenn sich irgendeiner vor dir
befindet.

(nach M. Rosenbach)

SENECA, EPISTULAE MORALES 104, 9

Schlauheit

496   **Quo quis versutior et callidior, hoc invisior et suspectior detracta
opinione probitatis.**
Je gewandter und schlauer einer ist, um so verhaßter und verdächtiger ist er, wenn der Ruf der Rechtschaffenheit fehlt.

(K. Büchner)

CICERO, DE OFFICIIS 2, 33

497 **Non placuerunt maioribus nostris astuti.**
Unseren Vorfahren haben die Schlauen nicht gefallen!

(K. Büchner)

CICERO, DE OFFICIIS 3, 67

Quorsus haec? Ut illud intellegas: non placuisse ... *astutos.*

Was soll das? Damit du erkennst: Unseren Vorfahren ... gefallen!

498 **Hoc ego tuque sumus: sed quod sum non potes esse:**   **Stolz**
   Tu quod es e populo quilibet esse potest.
So steh'n ich und du; aber du kannst nicht sein, was ich bin:
   Was du bist, das kann jeder beliebige sein.

(R. Helm)

MARTIAL, EPIGRAMMATA 5, 13, 9–10

499 **Cavendi nulla est dimittenda occasio.**   **Vorsicht**
Bei keinem Vorgang darf die Vorsicht fehlen.

(H. Beckby)

PUBLILIUS SYRUS, SENTENTIAE C 3

500 **Non cito perit ruina, qui rimam timet.**
Wer einen Riß scheut, den begräbt kein Einsturz.

(H. Beckby)

PUBLILIUS SYRUS, SENTENTIAE N 4

501 LACHES: **Videndumst, ne minus propter iram hinc inpetrem quam possiem,**
aut ne quid faciam plus, quod minus me post fecisse satius sit.
LA. Ich muß mich hüten, daß ich nicht in meinem Zorne weniger
Erlange, als ich könnte, muß mich hüten, einen Schritt zu tun,
Den nicht getan zu haben mir am Ende lieber wäre.

(nach J. J. Donner)

TERENZ, HECYRA 729–730

Laster

502 **Deinde non ideo vitia in usum recipienda sunt, quia aliquando**   schlechte
aliquid effecerunt; nam et febres quaedam genera valetudinis   Eigenschaften
levant, nec ideo non ex toto illis caruisse melius est: abominandum
remedii genus est sanitatem debere morbo.
Ferner sollte man sich nicht deshalb schlechte Eigenschaften zunutze
machen wollen, weil sie irgendwann etwas Gutes wirkten. Auch
Fieberschauer fördern die Heilung bestimmter Krankheiten, und
dennoch ist es besser, überhaupt nie Fieber gehabt zu haben. Man

sollte die Art der Heilung sich nicht wünschen, daß man seine
Gesundheit einer Krankheit verdankt.

(G. Fink)

SENECA, DE IRA 1, 12

Laster

503 **Omnium denique virtutum tutela facilis est, vitia magno coluntur.**
Alle Tugenden sind leicht zu hüten; Lastern frönt man um einen
hohen Preis.

(G. Fink)

SENECA, DE IRA 2, 13

**versteckte
Laster**

504 **Multorum crudelitas et ambitio et luxuria, ut paria pessimis
audeant, fortunae favore deficitur. eadem velle cognosces: da
posse, quantum volunt.**
Bei vielen ermangeln die Grausamkeit, der Ehrgeiz und die Genußsucht nur der Gunst des Schicksals, sonst würden sie dasselbe wagen
wie die Schlechtesten. Daß sie dasselbe wollen, wirst du erkennen: gib
ihnen zu vermögen, soviel sie wollen!

(nach M. Rosenbach)

SENECA, EPISTULAE MORALES 42, 4

**niedrige
Instinkte**

505 **Nihil in rerum natura tam sacrum est, quod sacrilegum non
inveniat.**
Nichts auf der Welt ist so heilig, daß es nicht einen Tempelschänder
anzöge.

(G. Fink)

SENECA, DE CONSTANTIA SAPIENTIS 3

Angeberei

506 **Ita est: inritamentum est omnium, in quae insanimus, admirator et
conscius. ne concupiscamus, efficies, si, ne ostendamus, effeceris.
ambitio et luxuria et inpotentia scaenam desiderant: sanabis ista,
si absconderis.**
So ist es: Anreiz zu allem, was wir in unserem Wahnsinn tun, ist der
Bewunderer und der Mitwisser. Daß wir nicht begehren, wirst du
erreichen, wenn du zuvor erreicht hast, daß wir nicht angeben. Ehrgeiz, Verschwendungssucht und Maßlosigkeit verlangen nach einer
Bühne: heilen wirst du dies, wenn du dich verbirgst.

SENECA, EPISTULAE MORALES 94, 69–7

Non est per se magistra innocentiae solitudo nec frugalitatem docent rura, sed ubi testis ac
spectator abscessit, vitia subsidunt, quorum monstrari et conspici fructus est. quis eam,
quam nulli ostenderet, induit purpuram? quis posuit secretam in auro dapem? quis sub
alicuius arboris rusticae proiectus umbra luxuriae suae pompam solus explicuit? nemo
oculis suis lautus est, ne paucorum quidem aut familiarium, sed apparatum vitiorum
suorum pro modo turbae spectantis expandit. *ita est ...*

Nicht ist an sich schon eine Lehrerin der Unschuld die Einsamkeit, und nicht lehrt
Landleben Genügsamkeit, sondern wenn Zeuge und Zuschauer fernbleiben, verlieren
sich Fehlhaltungen, deren Lohn darin besteht, vorgeführt und zur Kenntnis genommen zu
werden. Wer legt den Purpur an, um ihn niemandem zu zeigen? Wer deckt den Tisch
allein für sich mit Goldgeschirr? Wer entfaltet, im Schatten eines ländlichen Baumes
hingestreckt, allein für sich Prunk? Niemand ist für seine eigenen Augen elegant, auch
nicht für die der wenigen oder für die seiner Freunde, sondern er breitet den Prunk seiner
Fehlhaltungen je nach der Größe der gaffenden Menge aus. So ist es: ...

(nach M. Rosenbach)

507 Commune hoc vitium est: hic vivimus ambitiosa paupertate omnes.

Anspruchs-
denken

Allgemein ist dieser Fehler, wir alle leben hier in anspruchsvoller
Armut.

JUVENAL, SATURAE 3, 182–183

Hic ultra vires habitus nitor, hic aliquid plus
quam satis est interdum aliena sumitur arca.
commune ...
paupertate omnes. quid te moror? omnia Romae
cum pretio.

Hier in Rom übersteigt die Eleganz der Kleidung die Kräfte, hier
wird, was über das Ausreichende hinausgeht, bisweilen fremdem Geldkasten entnommen.
Allgemein ...
Armut. Um es kurz zu machen: für alles muß man in Rom
bezahlen.

(J. Adamietz)

508 Inertia est laboris excusatio.

Arbeitsscheu

Nichtkönnen dient der Arbeitsscheu als Ausflucht.

(H. Beckby)

PUBLILIUS SYRUS, SENTENTIAE I 49

509 Ne studio nostri pecces odiumque ... sedulus importes opera vehemente minister.

Aufdringlichkeit

Sieh zu, daß Freundeseifer dich nicht zu weit führt, daß Dienstwillig-
keit nicht aufdringlich wird ...

HORAZ, EPISTULAE 1, 13, 4–5

... *odiumque* libellis *sedulus inportes* ...

... nicht aufdringlich wird und gegen das Büchlein einnimmt (das Vinnius Asina Augustus
bei passender Gelegenheit überreichen soll).

(H. Färber – W. Schöne)

510 Nam si violandum est ius, regnandi gratia, violandum est; aliis rebus pietatem colas.

Bedenken-
losigkeit

Denn wenn der Macht zulieb das Recht zu schänden ist, dann ist's zu
schänden. Sonst verehre frommen Sinn!

EURIPIDES, PHOENISSAE 524, BEI CICERO, DE OFFICIIS 3, 82

Ipse socer in ore semper Graecos versus de Phoenissis habebat, quos dicam ut potero, incondite fortasse, sed tamen, ut res possit intellegi: *Nam si ...*

Er selber aber, der Schwiegervater (des Pompeius, *d. h.* Caesar), führte immer die griechischen Verse aus den Phoinissai (des Euripides) im Munde. Ich werde sie sagen, wie ich's vermag, plump vielleicht, aber doch so, daß sich der Inhalt verstehen läßt: Denn wenn ...

(K. Büchner)

Bosheit 511 **Malivolus semper sua natura vescitur.**
Die Bosheit nährt sich immer aus sich selbst.

(H. Beckby)

PUBLILIUS SYRUS, SENTENTIAE M 29

512 **Malivolus animos abditos dentes habet.**
Der böse Wille hat verborgne Zähne.

(H. Beckby)

PUBLILIUS SYRUS, SENTENTIAE M 33

513 **Ut bene loquatur sentiatque Mamercus**
efficere nullis, Aule moribus possis:
robiginosis cuncta dentibus rodit.
Hominem malignum forsan esse tu credas:
ego esse miserum credo, cui placet nemo.
Daß gut von dir Mamercus spräche und dächte,
wirst, Aulus, du durch keine Tugend je schaffen.
Mit neidzerfressenen Zähnen nagt er an allem.
Du glaubst vielleicht bei dir, es sei der Mensch boshaft:
ich halt für elend, wem kein einz'ger zusagt.

(R. Helm)

MARTIAL, EPIGRAMMATA 5, 28, 1–2; 7–9

Dreistigkeit 514 **Cum magna malae superest audacia causae,**
creditur a multis fiducia.
Wenn sich zu einer schlechten Sache große Dreistigkeit in Fülle gesellt,
findet bei vielen das Selbstvertrauen Glauben.

(J. Adamietz)

JUVENAL, SATURAE 13, 109–110

Durchtriebenheit 515 SAGARISTO: **Vae illi, nil iam mihi novi**
offeri potest, quin sim peritus.
SA. Weh ihm! Für mich ersinnt er nichts Neues mehr,
Ich bin mit allen Wassern schon gewaschen.

(W. Binder – W. Ludwig)

PLAUTUS, PERSA 270–271

516 **Ius habet ille sui palpo quem ducit hiantem**   **Ehrsucht**
      cretata ambitio?
      Lebt denn nach eigenem Recht, wen klaffenden Maules die weiße
      Ehrsucht am Narrenseil schleppt?

      (nach O. Seel)

      PERSIUS, SATURAE 5, 176–177

517 **Inertia indicatur, cum fugitur labor.**   **Faulheit**
      Faulheit erkennt man an der Flucht vor Arbeit.

      (H. Beckby)

      PUBLILIUS SYRUS, SENTENTIAE I 42

518 **Res humanae ita se habent:**   **Feigheit**
      in victoria vel ignavis gloriari licet, advorsae res etiam bonos
      detrectant.
      So ist es im Menschenleben:
      Im Siege darf selbst der Feige sich rühmen, Mißerfolge machen auch
      Tüchtige verzagt.

      (W. Eisenhut – J. Lindauer)

      SALLUST, BELLUM IUGURTHINUM 53, 8

519 TRANIO: **Qui homo timidus erit in rebus dubiis, nauci non erit.**   **Furchtsamkeit**
      TR. Ein Mensch, der in Verlegenheiten furchtsam ist,
      Ist keinen Deut wert.

      PLAUTUS, MOSTELLARIA 1041

      ... nauci non erit.
      atque equidem, quid id esse dicam verbum nauci, nescio.

      ... keinen Deut wert. Was ein «Deut»
      Bedeutet, weiß ich freilich nicht.

      (W. Binder – W. Ludwig)

520 **Dicimus timidos proprie natura etiam ad inanes sonos pavidos.**
      Als furchtsam im eigentlichen Wortsinn bezeichnen wir Menschen, die
      von Natur aus auch bei bedeutungslosen Geräuschen schreckhaft
      sind.

      (nach M. Rosenbach)

      SENECA, DE BENEFICIIS 4, 27, 1

521 DORDALUS: **Nil mihi tam parvist, quin me id pigeat perdere.**   **Geiz**
      Do. Nichts ist so klein, daß es mich nicht reute,
      Es zu verlieren.

      (W. Binder – W. Ludwig)

      PLAUTUS, PERSA 690

522   **In nullum avarus bonus est, in se pessimus.**
Zu niemandem ist der Geizige gut, zu sich selbst am schlechtesten.

(M. Rosenbach)

PUBLILIUS SYRUS (I 5) BEI SENECA, EPISTULAE MORALES 108, 9

523   **Fallit enim vitium specie virtutis et umbra,**
cum sit triste habitu vultuque et veste severum,
nec dubie tamquam frugi laudetur avarus,
tamquam parcus homo et rerum tutela suarum
certa magis quam si fortunas servet easdem
Hesperidum serpens aut Ponticus.
Dieses Laster (*i. e.* der Geiz) trügt nämlich durch den Anschein und
Eindruck einer Tugend,
da er ernst ist in der Haltung und streng in Miene und Kleidung,
und zweifellos preist man ja den Geizigen als braven Mann,
als sparsamen Menschen und Hüter des eigenen Besitzes,
der zuverlässiger ist, als wenn dieselben Schätze bewachte
der Drache der Hesperiden oder des Pontus.

(J. Adamietz)

JUVENAL, SATURAE 14, 109–114

524   **Sed quo divitias haec per tormenta coactas,**
cum furor haut dubius, cum sit manifesta phrenesis,
ut locuples moriaris, egentis vivere fato?
Doch was sollen Reichtümer, die unter diesen Qualen zusammen-
gerafft wurden,
da es doch zweifellos Verrücktheit, da es doch offenkundig Irrsinn
ist, nur um reich zu sterben, das Leben eines Armen zu führen?

(J. Adamietz)

JUVENAL, SATURAE 14, 135–137

Kriecherei   525   **Sunt, quos ingratus superiorum cultus voluntaria servitute**
consumat.
Es gibt auch Leute, die undankbare Kriecherei bei Höhergestellten in
selbstgewählter Kriecherei aufreibt.

(G. Fink)

SENECA, DE BREVITATE VITAE 2

526   **Tutius per plana, sed humilius et depressius iter; frequentior**
currentibus quam reptantibus lapsus, sed his non labentibus nulla,
illis non nulla laus, etiamsi labantur.
Gefahrloser ist der Weg in der Ebene, aber niedriger und gemeiner;
häufiger kommt zu Fall, wer läuft, als wer kriecht, aber letzterer

findet, auch wenn er nicht ausgleitet, keine Anerkennung, der andre immerhin, selbst wenn er fällt.

PLINIUS MINOR, EPISTULAE 9, 26, 3 K.

... etiamsi labantur. nam ut quasdam artes, ita eloquentiam nihil magis quam ancipitia commendant. vides, qui per funem in summa nituntur, quantos soleant excitare clamores, cum iam iamque casuri videntur. sunt enim maxime mirabilia, quae maxime inexspectata, maxime periculosa, utque Graeci magis exprimunt, παράβολα (parábola).

... selbst wenn er fällt. Wie bei andern Künsten, so ist es ja auch bei der Beredsamkeit: nichts empfiehlt sie mehr als das Gewagte. Denk' an die Seiltänzer, die auf einem Seil emporklimmen: welche Beifallsstürme erregen sie, wenn sie jeden Augenblick zu fallen scheinen! Es wird am meisten bestaunt, was besonders gefährlich und, wie die Griechen es prägnanter ausdrücken, riskant ist.

(H. Kasten)

527 **Quam turpis est adsentatio!**
Wie schimpflich ist doch Liebedienerei!

Liebedienerei

CICERO, AD ATTICUM 13, 4 (18), 2 K.

De epistula ad Caesarem: iurato mihi crede, non possum; nec me turpitudo deterret, etsi maxime debebat. *Quam* enim *turpis est adsentatio*, cum vivere ipsum turpe sit nobis! Sed, ut coepi, non me hoc turpe deterret. Ac vellem quidem, essem enim, qui esse debebam; sed in mentem nihil venit.

Was die Denkschrift an Caesar betrifft, so versichere ich Dir unter Eid: ich kann nicht. Und es ist nicht die Schande, die mich abschreckt, obwohl es eigentlich so sein müßte. Wie schimpflich ist doch Liebedienerei, wo schon die Tatsache, daß wir noch leben, für uns eine Schande ist! Aber, wie gesagt, nicht diese Schmach schreckt mich ab. Gewiß, ich wünschte, es wäre so, denn dann handelte ich, wie ich handeln muß; nein, mir fällt einfach nichts ein.*(26. Mai 45 v. Chr.)*

(H. Kasten)

528 **Est bellum aliquem libenter odisse et quemadmodum non**
omnibus dormire, ita non omnibus servire. Etsi mercule, ut tu
intellegis, magis mihi isti serviunt, si observare servire est.
Es ist eine hübsche Sache, jemanden nach Herzenslust zu hassen und sich ebensowenig vor allen schlafend zu stellen wie vor allen zu liebedienern. Freilich, wenn Ehrerbietung und Liebedienerei eins ist, dann sind, wie Du weißt, eher diese Kerle mir gegenüber auf Liebedienerei aus. *(22. August 45 v. Chr.)*

(H. Kasten)

CICERO, AD ATTICUM 13, 54 (49), 2 K.

529 **Dic, quid referat intra**
naturae finis viventi, iugera centum an
mille aret? 'at suave est ex magno tollere acervo.' ...
ut tibi si sit opus liquidi non amplius urna
vel cyatho et dicas 'magno de flumine malim
quam ex hoc fonticulo tantundem sumere.' eo fit,
plenior ut siquos delectet copia iusto,
cum ripa simul avolsos ferat Aufidus acer.

Maßlosigkeit

Noch eins sage mir: was kommt es bei naturgemäßer Lebenshaltung
darauf an, ob man hundert, ob man tausend Morgen unter dem Pfluge
hat? «Es ist doch ein behagliches Gefühl, so aus dem vollen zu schöpfen.» ... Es ist, wie wenn du frisches Wasser brauchtest, nicht mehr als
einen Krug oder einen Becher, und nun sprächest: «Ich möchte lieber
aus dem großen Strome die gleiche Menge schöpfen als aus dem kleinen Quell hier.» Die Folge ist, daß so manchen, der an maßloser Fülle
sich labt, der reißende Aufidus fortschwemmt, ihn mitsamt dem Ufer-
rande.

(H. Färber – W. Schöne)

HORAZ, SERMONES 1, 1, 49–51. 54–58

Mißtrauen   530   **Heredem tibi me, Catulle, dicis.**
non credam, nisi legero, Catulle.
Du versicherst, Catull, ich sei dein Erbe.
Doch ich glaub's nicht, Catull, wenn ich's nicht lese.

(R. Helm)

MARTIAL, EPIGRAMMATA 12, 73

Narrheit   531   **Age si et stramentis incubet unde-**
octoginta annos natus, cui stragula vestis,
blattarum ac tinnearum epulae, putrescat in arca:
nimirum insanus paucis videatur, eo quod
maxima pars hominum morbo iactatur eodem.
filius aut etiam haec libertus ut ebibat heres,
dis inimice senex, custodis?
Ja selbst als Greis von neunundsiebzig Jahren schläft er auf bloßer
Streu, obwohl die schönsten Decken in der Kiste modern als Futter für
die Schaben und die Motten: gewiß scheint der nur wenigen ein Narr,
weil ja die meisten an der gleichen Narrheit kranken Du gottgehaßter
Alter, hütest du dies alles, daß dein Sohn, vielleicht dein Freigelaßner
einst als Erbe es versäuft?

(H. Färber – W. Schöne)

HORAZ, SERMONES 2, 3, 117–123

Schlechtigkeit   532   **Malitia praemiis exercetur; ubi ea dempseris, nemo omnium**
gratuito malus est.
Schlechtigkeit wird durch Belohnungen gefördert. Fallen sie weg, ist
kein Mensch für nichts schlecht.

(W. Eisenhut – J. Lindauer)

SALLUST, EPISTULAE AD CAESAREM SENEM DE RE PUBLICA 2, 8, 3

533 **Inter cetera mala hoc quoque habet stultitia: semper incipit vivere.**   **Torheit**
Unter den übrigen Übeln eignet der Torheit auch dieses: immer
beginnt sie zu leben.

SENECA, EPISTULAE MORALES 13, 16

... *incipit vivere*. considera, quid vox ista significet, Lucili, virorum optime, et intelleges,
quam foeda sit hominum levitas cotidie nova vitae fundamenta ponentium, novas spes
etiam in exitu habentium.

... beginnt sie zu leben. Bedenke, was dieses Wort bedeutet, Lucilius, der Männer bester,
und du wirst erkennen, wie scheußlich der Leichtsinn der Menschen ist, die täglich neue
Fundamente für ihr Leben legen und neue Hoffnungen auch noch im Tode zu hegen
beginnen.

(nach M. Rosenbach)

534 **Omnis stultitia laborat fastidio sui.**
Alle Torheit müht sich ab mit dem Überdruß an sich selbst.

(M. Rosenbach)

SENECA, EPISTULAE MORALES 19, 22

535 **Cum duobus modis, id est aut vi aut fraude, fiat iniustitia, fraus**   **Tücke**
quasi vulpeculae, vis leonis videtur; utrumque homine
alienissimum, sed fraus odio digna maiore.
Da auf zwei Weisen, nämlich mit Gewalt oder List, Ungerechtigkeit
geschieht, so scheint die List gleichsam zum Fuchs, Gewalt zum
Löwen zu gehören. Beides ist des Menschen überaus unwürdig. Aber
Tücke ist größeren Hasses wert.

(K. Büchner)

CICERO, DE OFFICIIS 1, 41

536 **Malignos fieri maxime ingrati docent.**   **Undankbarkeit**
Die Undankbaren sind's, die Geiz uns lehren.

(H. Beckby)

PUBLILIUS SYRUS, SENTENTIAE M 1

537 **Ille sapit, qui te sic utitur: omnia ferre**   **Unterwürfigkeit**
si potes, et debes. pulsandum vertice raso
praebebis quandoque caput nec dura timebis
flagra pati, his epulis et tali dignus amico.
Klug ist er, wenn er dich so behandelt: falls du alles zu ertragen
vermagst, verdienst du es auch. Du wirst am Ende noch den Kopf
mit geschorenem Scheitel zum Prügeln anbieten und dich nicht
scheuen,
die harte Knute zu erdulden, würdig solcher Gastmähler und eines
solchen «Freundes».

(J. Adamietz)

JUVENAL, SATURAE 5, 170–173

Unzuverlässig-
keit

538 **Non ignoras, quam sint incerti animi hominum infecti partibus.**
Du weißt ja, wie unzuverlässig die Menschen sind, wenn sie von
Parteileidenschaften infiziert werden. *(14. Juli 43 v. Chr.)*

(H. Kasten)

CICERO, AD M. BRUTUM 14 (22), 2 K.

... *partibus* et exitus proeliorum.

... infiziert werden, wie unsicher der Ausgang einer Schlacht ist.

539 **Quotiens parum fiduciae est in iis, quibus imperes, amplius**
exigendum est, quam sat est, ut praestetur, quantum sat est.
Sooft sich bei den Menschen, denen du etwas befiehlst, zu wenig
Zuverlässigkeit findet, muß mehr verlangt werden, als genug ist,
damit so viel geleistet wird, wie genug ist.

(nach M. Rosenbach)

SENECA, DE BENEFICIIS 7, 23, 1

540 **Omnia promittiis cum tota nocte bibisti;**
    mane nihil praestas. Pollio, mane bibe.
Alles versprichst du, sobald du die ganze Nacht durch getrunken.
    Morgens gibst du dann nichts. Pollio, trink in der Früh'!

(R. Helm)

MARTIAL, EPIGRAMMATA 12, 12

Willfährigkeit

541 **Atqui potuimus etiam beneficiis atque honoribus ut participes frui,**
quantis vellemus; quid enim negaret iis, quorum patientiam
videret maximum dominationis suae praesidium esse?
Wir hätten doch sogar als seine (*i. e.* des Antonius) Partner Wohltaten
und Ehren einheimsen können, so viele wir wollten! Was hätte er
denn denen verweigern sollen, in deren Willfährigkeit er die stärkste
Stütze seiner Herrschaft sehen mußte? *(Juli 43 v. Chr.)*

(H. Kasten)

BRUTUS BEI CICERO, AD M. BRUTUM 25 (24) K. 4

Affekte

542 **Quemadmodum rationi nullum animal optemperat, non ferum,**   Leidenschaften
non domesticum et mite – natura enim illorum est surda suadenti
– sic non secuntur, non audiunt affectus, quantulicumque sunt.
Wie kein Tier der Vernunft gehorcht, kein wildes, kein gezähmtes und
sanftes – ihr Wesen ist nämlich taub gegen gutes Zureden –, so folgen
und hören auch die Leidenschaften nicht, wie geringfügig sie auch
sein mögen.

(nach M. Rosenbach)

Seneca, Epistulae morales 85, 8

543 **Satius est expugnare adfectus, non circumscribere.**
Es ist besser, Leidenschaften zu überwinden als sie einzugrenzen.

Seneca, Epistulae morales 87, 41

Haec *satius est* suadere et *expugnare adfectus, non circumscribere* .

Das zu raten ist besser und die Leidenschaften zu überwinden, nicht einzugrenzen.

(nach M. Rosenbach)

544 **Inbecillus est primo omnis adfectus; deinde ipse se concitat et**
vires, dum procedit, parat: excluditur facilius quam expellitur.
Jede Leidenschaft ist anfangs schwach; danach versetzt sie sich selbst
in Erregung und verschafft sich Kräfte, während sie sich entwickelt:
sie läßt sich leichter aussperren als austreiben.

(nach M. Rosenbach)

Seneca, Epistulae morales 116, 3

545 **Affectus cito cadit, aequalis est ratio.**   Affekt –
Ein Affekt schwindet rasch, gleich bleibt sich die Vernunft.   Vernunft

(G. Fink)

Seneca, De ira 1, 17

546 **Valuit apud me plus pudor meus quam timor.**   Ehrgefühl –
Schließlich siegte bei mir doch das Ehrgefühl über die Angst.   Angst

Cicero, Ad familiares 6, 5 (6), 6 K. (Ad Caecinam)

... *quam timor.* veritus sum deesse Pompei saluti, cum ille aliquando non defuisset meae.
Itaque vel officio vel fama bonorum vel pudore victus, ut in fabulis Amphiararus, sic ego
'... prudens ét sciens ad péstem ante oculos pósitam ... ' sum profectus.

... über die Angst; ich brachte es nicht übers Herz, mich Pompeius zu versagen, wo er sich
einst auch mir nicht versagt hatte. So ist es mir ergangen wie Amphiaraus auf der Bühne:
von Pflichtbewußtsein, dem Gerede der Guten oder Ehrgefühl getrieben, rannte ich
«ahnungsvoll und wissend in das vor Augen liegende Verderben». *(1. Oktober 46 v. Chr.)*

(H. Kasten)

**Furcht –
Besinnung**

547 **Vide, quanto diligentius homines metuant quam meminerint!**
Sieh nur, wie viel gründlicher die Leute sich fürchten als sich besinnen!

Brutus bei Cicero, Ad M. Brutum 25 (24), 8 K.

... *meminerint:* quia Antonius vivat atque in armis sit, de Caesare vero, quod fieri potuit ac
debuit, transactum est neque revocari in integrum potest, Octavius is est, qui, quid de
nobis iudicaturus sit, exspectet populus Romanus, nos ii sumus, de quorum salute unus
homo rogandus videatur...

... sich besinnen: weil Antonius am Leben ist und unter Waffen steht, an Caesar aber getan
ist, was geschehen konnte und mußte und nicht mehr rückgängig gemacht werden kann,
ist Octavius der Mann, dessen Urteil über uns das römische Volk erwartet, und wir sind
diejenigen, für deren Sicherheit anscheinend der eine Mann mit Bitten angegangen
werden muß. *(Juli 43 v. Chr.)*

(H. Kasten)

Zorn – Vernunft

548 **Quidam e sapientibus viris iram dixerunt brevem insaniam; aeque
enim impotens sui est, decoris oblita, necessitudinum immemor, in
quod coepit pertinax et intenta, rationi consiliisque praeclusa,
vanis agitata causis, ad dispectum aequi verique inhabilis, ruinis
simillima, quae super id, quod oppressere, franguntur.**
Einige weise Männer nannten den Zorn einen vorübergehenden
Wahnsinn; er ist nämlich ebenso unbeherrscht, ehrvergessen und
selbst gegenüber Nahestehenden rücksichtslos, hartnäckig und unbe-
irrbar in der Verfolgung seiner Ziele, vernünftigen Ratschlägen verschlossen, aus nichtigem Anlaß erregt, unfähig zur Erkenntnis dessen,
was recht und billig ist, und stürzenden Steinen ganz gut vergleichbar,
die über Verschüttetem zerspringen.

(G. Fink)

Seneca, De ira 1, 1

**Leidenschaften
ablegen**

549 **Quemadmodum ei, qui amorem exuere conatur, evitanda est
omnis admonitio dilecti corporis – nihil enim facilius quam amor
recrudescit –, ita, qui deponere vult desideria rerum omnium,
quarum cupiditate flagravit, et oculos et aures ab iis, quae reliquit,
avertat.**
Wie einer, der die Liebe abzulegen versucht, alle Erinnerung an den
geliebten Körper meiden muß – nichts nämlich entbrennt leichter wieder als die Liebe –, so wende, wer die Sehnsucht auf alle die Dinge,
nach denen er vor Leidenschaft gebrannt hat, ablegen will, Augen und
Ohren ab von dem, was er hinter sich gelassen hat.

(nach M. Rosenbach)

Seneca, Epistulae morales 69, 3

550 **Tria ex praecepto veteri praestanda sunt, ut vitentur: odium, invidia, contemptus. quomodo hoc fiat, sapientia sola monstrabit: difficile enim temperamentum est, verendumque, ne in contemptum nos invidiae timor transferat, ne, dum calcare nolumus, videamur posse calcari; multis timendi attulit causas timeri posse. undique nos reducamus: non minus contemni quam suspici nocet.**

Bei drei Dingen muß man nach einer alten Regel darauf sehen, daß man sie meidet Haß, Mißgunst, Verachtung. Wie das geht, wird allein die Weisheit zeigen: schwierig ist nämlich das rechte Maß, und man muß fürchten, daß einen die Furcht vor dem Neid verächtlich macht, so daß wir, während wir nicht mit Füßen treten wollen, den Eindruck erwecken, wir ließen uns mit Füßen treten; vielen hat der Gedanke, vielleicht gefürchtet zu werden, Anlaß zu eigener Furcht gegeben. Ringsum wollen wir uns zurückhalten: verdächtigt zu werden schadet ebensosehr wie verachtet zu werden

(nach M. Rosenbach)

Seneca, Epistulae morales 14, 10

Leidenschaften meiden

551 **Quod naturale est, non decrescit mora. Dolorem dies longa consumit: licet contumacissimum, cotidie insurgentem et contra remedia effervescentem, tamen illum efficacissimum mitigandae ferociae tempus enervat.**

Was natürlich ist, schwindet nicht allmählich dahin. Schmerz aber vergeht im Laufe der Jahre, mag er auch hartnäckig sein, täglich aufwallen und, will man ihn lindern, nur noch heißer brennen. Trotzdem schwächt ihn, was sein Ungestüm am wirksamsten brechen kann, die Zeit!

(G. Fink)

Seneca, Ad Marciam de consolatione 8

Zeilt heilt Schmerz

552 **Ceteri dolores mitigantur vetustate, hic non potest non cotidie augeri.**

Gewiß, die Zeit heilt sonst jeden Schmerz, aber der meinige kann nur von Tag zu Tag größer werden.

Cicero, Ad Atticum 3, 15, 2 K.

Dies autem non modo non levat luctum meum, sed etiam auget. Nam *ceteri ... hic non potest non* et sensu praesentis miseriae et recordatione praeteritae vitae *cotidie augeri*. Desidero enim non mea solum neque meos, sed me ipsum.

Und das Tageslicht lindert diesen meinen Kummer nicht, sondern steigert ihn nur noch. Gewiß ... aber der meinige kann angesichts des gegenwärtigen Elends und in Erinnerung an mein früheres Leben nur von Tag zu Tag größer werden. Ich vermisse ja nicht nur mein Hab und Gut, meine Lieben, sondern auch mein eigenes Ich. *(17. August 58 v. Chr.)*

(H. Kasten)

Angst

553　LIBANUS: **Illic homo socium ad malam rem quaerit, quem adiungat sibi.**
non placet: pro monstro extemplost, quando, qui sudat, tremit.
LI. Der sucht Kameradschaft sich
Zu seinem schlimmen Spiel; da will ich nichts davon.
Es ist ein gar schrecklich Zeichen, wenn man schwitzt
Und zittert.

(W. Binder – W. Ludwig)

PLAUTUS, ASINARIA 288–289

554　**Maius malum timere, quam est illud ipsum, quod timetur.**
Ewige Angst ist schlimmer als das, was man fürchtet.

CICERO, AD ATTICUM 10, 16 (14), 1 K.

O vitam miseram *maiusque malum* tam diu *timere, quam est illud ipsum, quod timetur.*

Was für ein elendes Dasein! Dieser ewige Angstzustand ist schlimmer als das Eintreten des befürchteten Ereignisses (*8. Mai 49 v. Chr.*)

(H. Kasten)

555　**O magnam stultitiam timoris, id ipsum, quod verearis, ita cavere,**
ut, cum vitare fortasse potueris, ultro accersas et attrahas.
O diese grenzenlos törichte Angst, sich gerade gegen das, was man
befürchtet, so abzusichern, daß man es, obwohl man es vielleicht hätte
vermeiden können, noch obendrein heranholt und herbeizieht!
(*Juni 43 v. Chr.*)

(H. Kasten)

BRUTUS BEI CICERO, AD M. BRUTUM 26 (25), 4 K.

556　**Omnia tamquam mortales timetis, omnia tamquam immortales**
concupiscitis.
Vor allem habt ihr Angst wie Sterbliche, nach allem verlangt ihr wie
Unsterbliche.

(G. Fink)

SENECA, DE BREVITATE VITAE 3

Aufbrausen

557　CALLIPHO: **Iam istaec insipientiast**
iram in promptu gerere.
CA. Das ist gar nicht klug, wenn man den Zorn
So offen sehen läßt.

PLAUTUS, PSEUDOLUS 448–449

... *gerere:* quanto satius est
adire blandis verbis atque exquaerere,
sint illa necne sint, quae tibi renuntiant?

... sehen läßt; wär's nicht weit vernünftiger,
Du kämst mit sanften Worten und erforschtest,
Ob, was man berichtet, wahr ist oder nicht?

(W. Binder – W. Ludwig)

558 **Omnium animos mala aliena ac repentina sollicitant.**   Aufregung
Alle Menschen regt fremdes, plötzlich auftretendes Leid auf.

SENECA, EPISTULAE MORALES 74, 5

... sollicitant. quemadmodum aves etiam inanis fundae sonus territat, ita nos non ad ictum tantum exagitamur, sed ad crepitum. non potest ergo quisquam beatus esse, qui huic se opinioni credidit. non enim beatum est, nisi quod intrepidum: inter suspecta male vivitur.

... Leid auf. Wie Vögel schon der Laut einer ungeladenen Schleuder erschreckt, so werden wir nicht nur bei einem Schlag aufgescheucht, sondern schon bei einem Geräusch. Es kann folglich keiner glücklich sein, der sich dieser Einbildung hingegeben hat. Glücklich ist nämlich nur, was furchtlos ist: mitten im Argwohn lebt sich's schlecht.

(nach M. Rosenbach)

559 **Quid tumultuamur et vitam seditiosi conturbamus? Stat supra caput fatum et pereuntis dies imputat propiusque ac propius accedit.**
Was regen wir uns auf und bringen durch Streitsucht Unfrieden in unser Leben? Über uns steht das Schicksal, rechnet uns die Tage, die verlorengehen, an und kommt näher und näher.

(G. Fink)

SENECA, DE IRA 3, 42

560 **Maiora ista erunt.**   Befürchtungen
Du wirst es noch ärger treiben!
(23. November / 10. Dezember 59 v. Chr.)

(H. Kasten)

CICERO, AD QUINTUM FRATREM 1, 2, 13 K.

561 **Utinam inspectare possis timorem de illo meum!**
Ach, wenn Du Dir nur einen Begriff machen könntest, welche Befürchtungen ich bezüglich dieses Mannes (*i. e.* Octavian) hege!
(15. Mai 43 v. Chr.)

(H. Kasten)

BRUTUS BEI CICERO, AD M. BRUTUM 20(12), 3 K.

562 PHILTO: **Si animus hominem pepulit, actumst, animo servit, non**   Begehren
sibi:
si ipse animum pepulit, dum vivit, victor victorum cluet.
tu si animum vicisti potius quam animus te, est quod gaudeas.
Nimio satiust, ut opust, te ita esse, quam ut animo lubet.
PH. Wenn die Neigung Herr
Wird über ihn, dann ist's vorbei, ihr dient er dann,
Nicht sich. Wird er dagegen seiner Neigung Herr,
Heißt Sieger er sein Leben lang.
Hast du dein Begehren und hat nicht dein Begehren dich besiegt,

Dann kannst du dich freuen. Weit besser ist es, du lebst so,
Wie's sein soll, als wie's dein Begehren haben will.

(W. Binder – W. Ludwig)

PLAUTUS, TRINUMMUS 308–311

563 Negat sibi ipse, qui, quod difficile est, petit.
Wer Schwieriges begehrt, versagt es sich.

(H. Beckby)

PUBLILIUS SYRUS, SENTENTIAE N 39

Begierden

564 Nil magis amat cupiditas, quam quod non licet.
Gerade nach Verbotnem geht Begierde.

(H. Beckby)

PUBLILIUS SYRUS, SENTENTIAE N 17

565 Quod vult, cupiditas cogitat, non quod decet.
Begierde denkt an Wünsche, nicht an Anstand.

(H. Beckby)

PUBLILIUS SYRUS, SENTENTIAE Q 8

**566 Voluptates praecipue exturba et invisissimas habe: latronum more,
quos φιλήτας (philétas) Aegyptii vocant, in hoc nos amplectuntur,
ut strangulent.**
Die Begierden vornehmlich vertreibe und sieh in ihnen die hassens-
wertesten Feinde: wie die Banditen, die die Ägypter 'Phileten' nennen,
umarmen sie uns, um uns zu erwürgen.

(M. Rosenbach)

SENECA, EPISTULAE MORALES 51, 13

**567 Tunc scito esse te omnibus cupiditatibus solutum, cum eo
perveneris, ut nihil deum roges, nisi quod rogare possis palam.**
Dann, sollst du wissen, bis du von allen Begierden erlöst, wenn du
dahin gekommen bist, Gott um nichts zu bitten, außer was du in aller
Öffentlichkeit erbitten kannst.

(nach M. Rosenbach)

SENECA, EPISTULAE MORALES 10, 5

Empörung

568 DEMEA: Pro Iuppiter, tu homo adigis me ad insaniam!
DE. Beim Jupiter! Du bringst mich noch zum Rasen, Mensch!

(J. J. Donner)

TERENZ, ADELPHOE 111

569 Irasci tantum felices nostis amici.
    non belle facitis, sed iuvat hoc: facite.
Euch zu entrüsten allein versteht ihr wohlhabenden Freunde.
    Schön ist das grade nicht, aber erfreut's euch, na gut!

(R. Helm)

MARTIAL, EPIGRAMMATA 3, 37

Entrüstung

570 Quid referam, quanta siccum iecur ardeat ira,
cum populum gregibus comitum premat hic spoliator
pupilli prostantis et hic damnatus inani
iudicio? quid enim salvis infamia nummis?
Wozu soll ich schildern, von welch großem Zorn meine trockene
Leber brennt,
wenn mit den Scharen seiner Begleiter hier einer das Volk bedrängt,
der sein Mündel beraubte, das sich prostituieren muß, und dort einer,
den ein
wirkungsloser Richterspruch verurteilte? Denn was bedeutet Ehrlosigkeit, wenn das Geld gerettet ist?

(J. Adamietz)

JUVENAL, SATURAE 1, 45–48

571 Plerumque dolor etiam venustos facit.
Erbitterung macht ja oft auch witzig.

PLINIUS MINOR, EPISTULAE 3, 9, 3 K.

Inde dictum Baeticorum, ut *plerumque dolor etiam venustos facit*, non inlepidum ferebatur:
'dedi malum et accepi.'

Deshalb wurde ein ganz hübsches Wort der Baeticer kolportiert – Erbitterung macht ja oft
auch witzig –: «Wir haben einen Schelm gegen einen anderen eingetauscht.»

(H. Kasten)

Erbitterung

572 Plura sunt, Lucili, quae nos terrent quam quae premunt, et
saepius opinione quam re laboramus.
Mein Lucilius, es gibt mehr, was uns in Schrecken setzt, als was uns
überwältigt, und öfter leiden wir unter einer Vorerwartung als unter
der Wirklichkeit.

(nach M. Rosenbach)

SENECA, EPISTULAE MORALES 13, 4

Erschrecken

573 EUTYCHUS: Ecquisnam deus est, qui mea nunc laetus laetitia fuat?
domi erat, quod quaeritabam. sex sodales repperi:
vitam, amicitiam, civitatem, laetitiam, ludum, iocum.
eorum inventu res simitu pessumas pessum dedi:
iram, inimicitiam, maerorem, lacrumas, exilium, inopiam,
solitudinem, stultitiam, exitium, pertinaciam.

Freude

Eu. Ist irgendwo ein Gott, der eine solche Freude hat
Wie ich? Zu Hause ist, was ich so lang gesucht.
Sechs Gesellen hab' ich dort gefunden: Lebensglück,
Freundschaft und Bürgerschaft, Frohsinn und Spiel und Scherz.
Und weil ich die gefunden, hab' ich alsogleich
Zehn andere, böse Dinge mir vom Hals geschafft:
Zorn, Feindschaft, Narrheit, elend Dasein, Eigensinn,
Schmerz, Dürftigkeit, Verbannung, Tränen, Einsamkeit.

(W. Binder – W. Ludwig)

Plautus, Mercator 844–849

574 **O dulce tormentum, ubi reprimitur gaudium!**
Welch süße Qual ist aufgehaltne Freude!

(H. Beckby)

Publilius Syrus, Sententiae O 5

575 **Hoc ante omnia fac, mit Lucili: disce gaudere.**
Das tu vor allem, mein Lucilius: lerne dich freuen!

(M. Rosenbach)

Seneca, Epistulae morales 23, 3

576 **Mihi crede, verum gaudium res severa est. an tu existimas
quemquam soluto vultu et, ut isti delicati locuntur, hilariculo
mortem contemnere, paupertati domum aperire, voluptates tenere
sub freno, meditari dolorum patientiam? haec qui apud se versat,
in magno gaudio est, sed parum blando. in huius gaudii
possessione esse te volo: numquam deficiet, cum semel, unde
petatur, inveneris.**
Glaube mir, wahre Freude ist eine ernste Sache. Oder meinst du,
jemand verachte den Tod mit entspanntem Gesicht und öffne der
Armut – wie diese Lebenskünstler sagen – mit heiterem Gesicht sein
Haus, halte die Genüsse unter dem Zügel, denke über das Ertragen
von Schmerzen nach? Wer das bei sich bedenkt, lebt in großer, freilich
wenig verführerischer Freude. Ich wünsche dir, daß du im Besitz dieser Freude seiest: niemals wird sie versagen, wenn du einmal gefunden hast, woher man sie erlangt.

(nach M. Rosenbach)

Seneca, Epistulae morales 23, 4

577 **Haec, quibus delectatur vulgus, tenuem habet ac perfusoriam
voluptatem, et quodcumque invecticium gaudium est, funda-
mento caret: hoc, de quo loquor, ad quod te conor perducere,
solidum est et quod plus pateat introrsus.**

Das, woran sich die Masse freut. gewährt dünne und oberflächliche
Freude, und jede Freude, die nicht von Herzen stammt, ermangelt der
Grundlage; die Freude, über die ich spreche, zu der ich dich zu führen
versuche, ist fest gegründet und reicht mehr in der Tiefe.

(nach M. Rosenbach)

SENECA, EPISTULAE MORALES 23, 5

578 **Scio gaudium nisi sapienti non contingere: est enim animi elatio
suis bonis verisque fidentis.**
Ich weiß, wahre Freude kann nur dem Weisen zuteil werden: sie ist
nämlich die gehobene Stimmung einer Seele, die auf ihre wahren Vorzüge vertraut.

SENECA, EPISTULAE MORALES 59, 2

... fidentis. vulgo tamen sic loquimur, ut dicamus magnum gaudium nos ex illius consulatu
aut nuptiis aut ex partu uxoris percepisse, quae adeo non sunt gaudia, ut saepe initia
futurae tristitiae sint: gaudio autem iunctum est non desinere nec in contrarium verti.

... vertraut. Gewöhnlich sprechen wir dennoch so, daß wir sagen, große Freude hätten wir
über jemandes Wahl zum Konsul oder seine Heirat oder die Entbindung seiner Frau
empfunden, was ja gar nicht so sehr erfreuliche Ereignisse sind, als vielmehr oft der
Beginn künftigen Kummers: mit der Freude aber ist verbunden, daß sie nie aufhört noch
sich ins Gegenteil verkehrt.

(nach M. Rosenbach)

579 **Quod sperare nos quidem debemus aut inibi esse aut esse**   **voreilige Freude**
**confectum: sed spei fructum rei convenit et evento reservari, ne
aut deorum immortalium beneficium festinatione praeripuisse aut** '
vim fortunae stultitia contempsisse videamur.
Zwar müssen wir hoffen, daß die Sache in vollem Gange oder schon
abgeschlossen ist; gleichwohl ist es besser, mit der erhofften Freude
bis zum wirklichen Eintritt des Ereignisses zu warten: es soll nicht so
aussehen, als hätten wir ein Geschenk der unsterblichen Götter vor-
zeitig an uns gerissen oder die Macht des Schicksals aus Torheit verachtet.

(M. Fuhrmann)

CICERO, ORATIONES PHILIPPICAE 14, 5

580 **Provisum est a me, ne quis mihi ater dies esset. Quid ergo est?**   **Freude –**
Malo gaudia temperare quam dolores compescere.   **Schmerzen**
Ich habe vorgesorgt, daß es für mich keinen schwarzen Tag gibt. Wie
soll ich's noch sagen? Ich ziehe es vor, meine Freuden zu begrenzen,
statt meine Schmerzen zu beschwichtigen.

(G. Fink)

SENECA, DE VITA BEATA 25

Furcht

581 **Malus est custos diuturnitatis metus contraque benevolentia fidelis vel ad perpetuitatem.**
Ein schlechter Wächter der Dauer ist die Furcht und auf der anderen Seite das Wohlwollen ein zuverlässiger bis zur Ewigkeit.
(K. Büchner)
CICERO, DE OFFICIIS 2, 23

582 **Qui se metui volunt, a quibus metuentur, eosdem metuant ipsi necesse est.**
Die gefürchtet sein wollen, müssen notwendig dieselben Leute, von denen sie gefürchtet werden, selber fürchten.
(K. Büchner)
CICERO, DE OFFICIIS 2, 24

583 **Doleas, quantum scias accidisse, timeas, quantum possit accidere.**
Man bedauert nur so viel, wie man weiß, daß es geschehen ist, fürchtet aber alles, was geschehen kann.
(H. Kasten)
PLINIUS MINOR, EPISTULAE 8, 17, 6 K.

584 **Timendorum tria, nisi fallor, genera sunt: timetur inopia, timentur morbi, timentur, quae per vim potentioris eveniunt. ex his omnibus nihil nos magis concutit, quam quod ex aliena potentia impendet: magno enim strepitu et tumultu venit.**
Von dem, was man zu fürchten hat, gibt es, wenn ich mich nicht täusche, drei Arten: man fürchtet Krankheiten, Not und das, was durch die Gewalt eines Mächtigeren geschieht. Von all diesem erschüttert uns nichts mehr, als was von fremder Macht abhängt: es naht nämlich mit großem Getöse und Lärm heran.
(nach M. Rosenbach)
SENECA, EPISTULAE MORALES 14, 4

585 **Metus ac terror infirma vincla caritatis; quae ubi removeris, qui timere desierint, odisse incipient.**
Furcht und Schrecken sind schwache Bande der Liebe; sobald man sie wegnimmt, wird, wer sich zu fürchten aufgehört hat, zu hassen beginnen.
(nach A. Städele)
TACITUS, VITA IULII AGRICOLAE 32, 2

586 **Res falsa et inanis habet adhuc fidem, quia non coarguitur.**
Ein unzutreffender und nichtiger Sachverhalt findet Glauben, weil
er nicht als falsch überführt wird.

SENECA, EPISTULAE MORALES 110, 6

... *coarguitur.* tanti putemus oculos intendere: iam apparebit, quam brevia, quam incerta,
quam tuta timeantur. talis est animorum nostrorum confusio, qualis Lucretio visa est:
Nam veluti pueri trepidant atque omnia caecis
in tenebris metuunt, ita nos in luce timemus.

... *überführt wird.* Wir sollten es für der Mühe wert halten, die Augen anzustrengen:
sofort wird deutlich, wie kurze, wie ungewisse, wie gefahrlose Dinge wir fürchten. So
große ist unsere seelische Verwirrung, wie sie Lukrez (DE RERUM NATURA 2, 55–56)
erschien:
«Denn wie Knaben zittern und im dunklen Schatten
alles fürchten, so fürchten wir uns im hellen Licht.»

(nach M. Rosenbach)

587 **Infestis Furiis agitatus solus non est.**
Wer von grimmigen Furien gehetzt wird, ist nicht allein.

APULEIUS, METAMORPHOSES 5, 21, 3

At Psyche relicta sola – nisi quod *infestis Furiis agitata sola non est –*
aestu pelagi simile maerendo fluctuat.

Aber Psyche blieb allein, – nur daß jemand, der von grimmigen Furien gehetzt wird,
nicht allein ist! – Wie Meeresfluten treibt sie der Gram auf und nieder.

(E. Brandt – W. Ehlers)

588 **Miro omnes studio visendi pericula salutis neglegunt.**
Vor lauter Gaffsucht fragt kein Mensch nach Lebensgefahr.

APULEIUS, METAMORPHOSES 3, 2, 8

Aditus etiam et tectum omne fartim stipaverant plerique columnis implexi, alii
statuis dependuli, nonnulli per fenestras et lacunaria semiconspicui, *miro* tamen
omnes ... neglegebant.

Auch die Zugänge (zum Theater) und das ganze Dach hatte man vollgestopft und -
gepfropft, viele schlangen sich um Säulen, andere baumelten an Statuen, nicht wenige
in Fenstern und Luken nur halb zu sehen – aber vor lauter Gaffsucht fragte kein
Mensch ...

(E. Brandt – W. Ehlers)

589 **Erat hoc mihi dolendum, sed multo illud magis, quod inimicum
meum – meum autem? immo vero legum, iudiciorum, otii, patriae,
bonorum omnium – sic amplexabantur, sic in manibus habebant,
sic fovebant, sic me praesente osculabantur, non quidem ut mihi
stomachum facerent, quem ego funditus perdidi, sed certe ut
facere se arbitrarentur.**
Ich war mit Recht empört, noch mehr darüber, daß sie meinem persönlichen Gegner – «meinem» sage ich? nein, dem Feinde der Gesetze,
der Gerichte, des Friedens, des Vaterlandes, aller Guten – so um den
Bart gingen, ihn so auf den Händen trugen, verhätschelten, in meiner

Gegenwart abküßten, daß sie mir zwar nicht die Galle erregten – dies
Organ ist bei mir restlos verschwunden –, sich aber jedenfalls ein-
bildeten, sie täten es. *(Dezember 54 v. Chr.)*

(H. Kasten)

CICERO, AD FAMILIARES 1, 9 (8), 19 K. (AD P. LEPIDUM)

Gram und Sorge   590   MENEDEMUS: **Aut ego profecto ingenio egregio ad miserias**
natus sum aut illud falsumst, quod volgo audio
dici, diem adimere aegritudinem hominibus;
nam mihi quidem cottidie augescit magis.
ME. *Entweder ward ich von Natur vor anderen*
Zu Leid geboren, oder 's ist ein falsches Wort,
Daß Gram und Sorge durch die Zeit sich mindere.
Bei mir vermehrt mit jedem Tage sich der Gram.

(J. J. Donner)

TERENZ, HEAUTONTIMORUMENOS 420–423

Haß   591   **Multorum odiis nullae opes possunt obsistere.**
Dem Haß vieler kann keine Macht widerstehen.

CICERO, DE OFFICIIS 2, 23

... *nullas opes posse obsistere,* si antea fuit ignotum, nuper est cognitum. nec vero huius
tyranni solum, quem armis oppressa pertulit civitas ac paret cum maxime mortuo,
interitus declarat, quantum odium hominum valet ad pestem, sed reliquorum similes
exitus tyrannorum, quorum haud fere quisquam talem interitum effugit.

... widerstehen. Sollte es früher unbekannt gewesen sein, so hat man es jüngst erfahren.
Aber nicht nur der Tod dieses Tyrannen (*i. e.* Caesars) allein, den der Staat unter Waffen
vergewaltigt ertragen hat und dem er erst recht nach seinem Tode noch gehorcht, zeigt,
wieviel der Haß der Menschen Kraft hat zum Verderben, sondern auch das ähnliche Ende
der übrigen Tyrannen, von denen fast keiner einem solchen Untergang entronnen ist.

(K. Büchner)

592   **Nullum est odium perniciosius quam e beneficii violati pudore.**
Kein Haß ist vernichtender als der aus dem Schamgefühl, einer Wohl-
tat nicht gerecht geworden zu sein.

(nach M. Rosenbach)

SENECA, EPISTULAE MORALES 81, 32

593   **Proprium humani ingenii est odisse, quem laeseris.**
Es liegt in der Natur des Menschen, jemanden zu hassen, den man
beleidigt hat.

(A. Städele)

TACITUS, VITA IULII AGRICOLAE 42, 3

594 **Te illud moneo, ut, si hoc plene vitare non potes, quod ante**
occupatur animus ab iracundia, quam providere ratio potuit,
ne occuparetur, ut te ante compares cottidieque meditere
resistendum esse iracundiae, cumque te maxime moveat, tum tibi
esse diligentissime linguam continendam; quae quidem mihi
virtus interdum non minor videtur quam omnino non irasci.
Nur um dies eine bitte ich Dich dringend: wenn Du dieses Gebrechens
nicht gänzlich Herr werden kannst,weil die Seele vom Jähzorn
gepackt wird, ehe der Verstand es verhindern kann, triff vorher die
nötigen Vorsichtsmaßregeln und übe Dich täglich in dem Gedanken,
daß man sich gegen den Jähzorn stemmen muß, und daß man um so
gewissenhafter seine Zunge im Zaume halten muß, je heftiger er
einen überkommt, eine Fähigkeit, die mir bisweilen nicht geringer
erscheint als überhaupt nicht in Zorn zu geraten. *(Ende 60 / Anfang 59*
v. Chr.)

(H. Kasten)

CICERO, AD QUINTUM FRATREM 1, 1, 38 K

Jähzorn

595 DORDALUS: **Qui sunt, qui erunt quique fuerunt quique futuri sunt**
posthac,
solus ego omnibus antideo, facile miserrimus hominum ut vivam.
perii, interii: pessumus hic mihi dies hodie inluxit.
Do. Von allen Menschen, die da waren, die da sind,
Und künftig werden sein, bin ich allein bestimmt,
Zu leben als der allerunglückseligste.
Ich bin verloren, bin vernichtet; nie erschien
Ein solcher Jammertag mir wie der heutige.

(W. Binder – W. Ludwig)

PLAUTUS, PERSA 778–780

Jammer

596 **Prorsus nihil abest, quin sim miserrimus.**
Es fehlt wirklich nichts, um mich zum elendsten aller Menschen zu
machen. *(13. März 47 v. Chr.)*

(H. Kasten)

CICERO, AD ATTICUM 11, 16 (15), 3 K.

597 **Post calamitatem memoria alia est calamitas.**
Des Leides zweites Leid ist das Gedenken.

(H. Beckby)

PUBLILIUS SYRUS, SENTENTIAE P 48

Leid

598 **Vos ego nunc moneo: felix, quicumque dolore**
    alterius disces posse cavere tuo.
Ich aber künd' euch jetzt: Heil jedem, der aus dem Leide
    Andrer zu lernen vermag, wie er sich selber bewahrt!

(W. Willige)

TIBULL, ELEGIAE 3, 6, 43–44

Lust

599 **Sin speciem utilitatis etiam voluptas habere dicetur, nulla potest**
esse ei cum honestate coniunctio. nam, ut tribuamus aliquid
voluptati, condimenti fortasse non nihil, utilitatis certe nihil
habebit.
Wenn aber ein Schein des Nutzens auch die Lust an sich haben soll,
kann sie keine Verschmelzung mit dem Ehrenvollen eingehen. Denn
gesetzt, wir räumen der Lust etwas ein, so wird sie vielleicht einige
Würze, Nutzen jedenfalls nicht haben.

(K,Büchner)

CICERO, DE OFFICIIS 3, 120

600 **Libido cunctos etiam sub vultu domat.**
Die Lust packt jeden, mag man's auch nicht merken.

(H. Beckby)

PUBLILIUS SYRUS, SENTENTIAE L 10

601 **Omnis voluptas, quamcumque arrisit, nocet.**
Wie lockend eine Lust auch sei, sie schadet.

(H. Beckby)

PUBLILIUS SYRUS, SENTENTIAE O 1

602 **Si, Mimnermus uti censet, sine amore iocisque**
nil est iucundum, vivas in amore iocisque.
Hat, nach Mimnermos' Ausspruch, das Leben keinen Reiz ohne Lieb'
und Lust, so magst du leben in Lieb' und Lust.

HORAZ, EPISTULAE 1, 6, 65–66

... iocisque.
vive, vale, siquid novisti rectius istis,
candidus inperti; si nil, his utere mecum.

... in Lieb' und Lust. Leb wohl, fahr wohl! Hast du bessere Weisheit, als ich sie wußte, so
gib mir redlich davon ab; wo nicht, zehre hiervon mit mir.

(H. Färber – W. Schöne)

603 **Voluptatem convenies latitantem saepius ac tenebras captantem**
circa balinea ac sudatoria ac loca aedilem metuentia, mollem,
enervem, mero atque unguento madentem, pallidam aut fucatam
et medicamentis pollinctam.

Die Lust hält sich die meiste Zeit versteckt und sucht den Schutz der
Dunkelheit, etwa in Badehäusern und Schwitzkammern und an Orten,
die das Amt für öffentliche Ordnung zu fürchten haben. Sie ist schlaff,
kraftlos, patschnaß von schwerem Wein und Pomade, blaß oder grell-
rot geschminkt und mit Kosmetika hergerichtet wie eine Leiche.

(G. Fink)

SENECA, DE VITA BEATA 7

604 **Sicuti pleraque mortalium habentur, invidia ex opulentia oritur.**   **Neid**
Wohlstand ruft – so geht es meistens bei den Menschen – Neid hervor.

(W. Eisenhut – J. Lindauer)

SALLUST, CATILINAE CONIURATIO 6, 3

605 **Pascitur in vivis Livor, post fata quiescit,**
   Cum suus ex merito quemque tuetur honos.
Nur von den Lebenden nährt sich der Neid, er ruht mit dem Tode;
   Dann beschützt nach Verdienst jeden der eigene Wert.

(W. Marg – R. Harder)

OVID, AMORES 1, 15, 39–40

606 **Invidiam quod habet, non solet esse diu.**
Wisse: was Neid erregt, pflegt nicht von Dauer zu sein.

(W. Willige)

PROPERZ, ELEGIAE 2, 25, 34

607 **Post gloriam invidia sequitur.**
Auf den Ruhm folgt der Neid.

SALLUST, BELLUM IUGURTHINUM 55, 3

Igitur (Metellus) eo intentior ad victoriam niti, omnibus modis festinare, cavere tamen,
necubi hosti opportunus fieret, meminisse *post gloriam invidiam sequi.*

Metellus arbeitet nun noch zielstrebiger auf den Sieg hin, drängt auf jede Weise vorwärts,
hütet sich dabei aber, dem Feind irgendwo einen Vorteil zu bieten, und denkt auch daran,
daß auf den Ruhm der Neid folgt.

(W. Eisenhut – J. Lindauer)

608 **Nulli ad aliena respicienti sua placent: inde diis quoque irascimur,**
quod aliquis nos antecedat, obliti, quantum hominum retro sit et
paucis invidentem quantum sequatur a tergo ingentis invidiae.
Tanta tamen importunitas hominum est, ut, quamvis multum
acceperint, iniuriae loco sit plus accipere potuisse.
Niemandem gefällt, wenn er nach Fremdem schielt, das Eigene.
Darum sind wir sogar den Göttern böse, weil irgend jemand uns voraus ist, ohne zu bedenken, wie viele Leute uns nachstehen und wieviel

ungeheuerlicher Neid sich einem, der nur wenige beneidet, an die
Fersen heftet. Trotzdem sind die Menschen so unverfroren, selbst
wenn sie noch soviel erhalten haben, es als Kränkung zu empfinden,
daß sie mehr hätten bekommen können.

(G. Fink)

SENECA, DE IRA 3, 31

Neugierde

609 PARMENO: **Quid rei est?** BACCHIS: **Tua quod nil re fert, percontari
desinas.**
PA. Was ist los? BA. Laß ab zu fragen, wo dich etwas nicht betrifft!

(J. J. Donner)

TERENZ, HECYRA 810

Rachsucht

610 'Vir bonus', inquit Plato, 'non laedit.' Poena laedit: bono ergo poena
non convenit, ob hoc nec ira, quia poena irae convenit. Si vir
bonus poena non gaudet, non gaudebit ne eo quidem affectu, cui
poena voluptati est: ergo non est naturalis ira.
«Ein guter Mensch», sprach Platon (Pol. 335 d 7), «verletzt nicht.»
Rache verletzt. Also paßt zum Guten Rachsucht nicht, und daher auch
nicht der Zorn, weil Rachsucht zum Zorn paßt. Wenn ein guter
Mensch sich an Rache nicht freuen kann, dann wird er auch an der
Gemütsregung keine Freude haben, der Rache Vergnügen macht. Also
ist der Zorn unnatürlich.

(G. Fink)

SENECA, DE IRA 1, 6

611 'At vindicta bonum vita iucundius ipsa.'
nempe hoc indocti, quorum praecordia nullis
interdum aut levibus videas flagrantia causis.
quippe minuti
semper et infirmi est animi exiguique voluptas
ultio.
«Jedoch ist die Rache ein teureres Gut als das Leben selbst.»
Gewiß sagen dies die Ungebildeten, deren Brust man bisweilen
aus keinem oder einem geringfügigen Grund entflammt sieht:
Denn immer ist Rache
die Lust eines kleinmütigen, schwächlichen und unbedeutenden
Geistes.

(J. Adamietz)

JUVENAL, SATURAE 13, 180–182; 189–191

612 **Omnem consolationem vincit dolor.**
Der Schmerz ist größer als alle Trostgründe.

CICERO, AD ATTICUM 12, 13 (14), 3 K.

Nihil enim de maerore minuendo scriptum ab ullo est, quos ego non domi tuae legerim. Sed *omnem consolationem* ...

Was nur je geschrieben worden ist «Über Linderung des Grams», das habe ich bei Dir zu Hause gelesen; doch der Schmerz ... *(8. März 45 v. Chr.)*

(H. Kasten)

613 **Me scriptio et litterae non leniunt, sed obturbant.**
Schriftstellerei und Lektüre sänftigen mich nicht, betäuben aber meinen Schmerz.

CICERO, AD ATTICUM 12, 15 (16) K.

Mihi nihil adhucaptius fuit hac solitudine, quam vereor ne Philippus tollat; heri enim vesperi venerat. *Me scriptio* ...

Bisher ist die Einsamkeit hier (*sc.* in Astura) das Beste für mich gewesen, und ich fürchte nur, Philippus stört sie; er ist nämlich gestern abend angekommen. Schriftstellerei und Lektüre ... *(10. März 45 v. Chr.)*

(H. Kasten)

614 **Et quae praeterierunt et quae futura sunt, absunt: neutra sentimus. non est autem nisi ex eo, quod sentias, dolor.**
Was vergangen und was künftig ist, ist nicht vorhanden: keines von beiden empfinden wir. Einzig aber gibt es Schmerz aus dem, was du fühlst.

(M. Rosenbach)

SENECA, EPISTULAE MORALES 74, 34

615 **Satis praestiterit ratio, si id unum ex dolore, quod et superest et abundat, exciderit; ut quidem nullum omnino esse eum patiatur, nec sperandum ulli nec concupiscendum est. Hunc potius modum servet, qui nec impietatem imitetur nec insaniam et nos in eo habitu teneat, qui et piae mentis est nec motae. Fluant lacrimae, sed eaedem et desinant.**
Hinreichend wirksam ist wohl die Vernunft, wenn sie den Schmerz genau um das beschneidet, was überflüssig und unnötig ist. Daß sie freilich sein Auftreten überhaupt nicht zuließe, darf niemand hoffen oder wünschen. Sie sollte eher das rechte Maß wahren, so daß man weder den Anschein der Pflichtvergessenheit erweckt noch den der Raserei, und uns die Einstellung erhalten, die ein liebendes, aber kein erschüttertes Herz verrät. Rinnen sollen die Tränen, auch auch versiegen.

(G. Fink)

SENECA, AD POLYBIUM DE CONSOLATIONE 18

Seelenschmerz

616 Quaedam nos magis torquent quam debent; quaedam ante torquent quam debent; quaedam torquent, cum omnino non debeant. aut augemus dolorem aut praecipimus aut fingimus.

Manches quält uns mehr als nötig; manches quält uns, bevor es nötig ist; manches quält uns, obwohl es überhaupt nicht nötig ist. Wir vergrößeren den Schmerz oder nehmen ihn vorweg oder bilden ihn uns ein.

(M. Rosenbach)

SENECA, EPISTULAE MORALES 13, 5

eingebildeter Schmerz

617 Ad tantas ineptias perventum est, ut non dolore tantum, sed doloris opinione vexemur, more puerorum, quibus metum incutit umbra et personarum deformitas et depravata facies, lacrimas vero evocant nomina parum grata auribus et digitorum motus et alia, quae impetu quodam erroris improvidi refugiunt.

Und so weit ist es mit unserer Narrheit schon gekommen, daß uns nicht nur Schmerz, sondern auch der Glaube, etwas schmerze, quälen kann, gleich Kindern, die ein Schatten in Angst versetzt, abscheuliche Masken, eine Grimasse, Tränen gar entlocken ihnen Spitznamen, die man ungern hört, Finger, die auf sie zeigen, und anderes, was sie unter dem Einfluß falscher Vorstellungen in ihrer Torheit fürchten.

(G. Fink)

SENECA, DE CONSTANTIA SAPIENTISSE 5

ungegründete Sorge

618 SYRUS: Quid, si redeo ad illos, qui aiunt: 'Quid, si nunc caelum ruat?'

SY. Oder, wie die Leute sagen: «Wenn der Himmel niederstürzt?»

TERENZ, HEAUTONTIMORUMCUOS 719

CLINIA: Quid tum, quaeso, si hoc pater resciverit?

SYRUS: *Quid, si redeo ad illos ...*

CL. Aber wenn sein Vater es erfährt, wie dann?

SY. Oder, wie die Leute sagen ...

(J. J. Donner)

Tränen

619 Suspensaeque diu lacrimae fluxere per ora
    Qualiter abiecta de nive manat aqua.

Und erst zaudern die Tränen, dann tropfen sie eilig hernieder,
    Wie aus dem schmelzenden Schnee Wasser zu Wasser verrinnt.

(W. Marg – R. Harder)

OVID, AMORES 1, 7, 57–58

620 **Ille habet et silices et vivo in pectore ferrum.**
Qui tenero lacrimas lentus in ore videt.
Eisen trägt ja der Mann in der Brust, einen Stein statt des Herzens,
Der auf zartem Gesicht Tränen gelassen beschaut.

(W. Marg – R. Harder)

OVID, AMORES 3, 6, 59–60

621 **Lacrimas naturalis necessitas exprimit et spiritus ictu doloris**
inpulsus quemadmodum totum corpus quatit, ita oculos, quibus
adiacentem umorem premit et expellit. hae lacrimae per
elisionem cadunt nolentibus nobis: aliae sunt, quibus exitum
damus cum memoria eorum, quos amisimus, retractatur, et inest
quiddam dulce tristitiae, cum occurrunt sermones eorum iucundi,
conversatio hilaris, officiosa pietas: tunc oculi velut in gaudio
relaxantur. his indulgemus, illis vincimur.
Tränen läßt eine Naturgewalt hervorbrechen: durch den Schlag des
Schmerzes gestoßen, erschüttert der Atem die Augen wie den ganzen
Körper; er läßt die sie umgebende Flüssigkeit aus ihnen hervorbrechen. Diese Tränen fallen durch inneren Druck gegen unseren Willen:
andere sind es, denen wir freien Lauf lassen, wenn die Erinnerung an
die, die wir verloren haben, erneuert wird, und es wohnt dem Kummer ein wehmütig süßes Gefühl inne, wenn uns ihre freundlichen
Gespräche, ihr heiterer Umgang, ihre dienstbereite Anhänglichkeit in
den Sinn kommen: dann erleichtern sich die Augen wie in Freude.
Diesen geben wir nach, von jenen werden wir überwältigt.

(M. Rosenbach)

SENECA, EPISTULAE MORALES 99, 18–19

622 **Mollissima corda**
humano generi dare se natura fatetur,
quae lacrimas dedit; haec nostri pars optima sensus.
Die weichsten
Herzen bekennt die Natur dem Menschengeschlecht zu schenken,
indem sie ihm die Tränen schenkte; dies ist der beste Teil unseres
Gefühls.

(J. Adamietz)

JUVENAL, SATURAE 15, 131–133

623 **Numquam vacat lascivire districtis nihilque tam certum est quam**   Übermut
otii vitia negotio discuti.
Niemals hat Zeit zu Übermut, wer beschäftigt ist, und nicht ist so
gewiß wie die Erfahrung, daß man die Fehler des Müßiggangs durch
Tätigkeit verscheuchen kann.

SENECA, EPISTULAE MORALES 56, 9

Magni imperatores, cum male parere milites vident, aliquo labore compescunt et expeditionibus detinent: *numquam vacat* ...

Wenn große Feldherren sehen, daß der Soldat ungern pariert, dämpfen sie ihn mit Anstrengung und beschäftigen ihn mit Unternehmungen. Niemals ...

(nach M. Rosenbach)

Ungeduld

624 STRATIPPOCLES: **Exspectando exedor miser atque exenteror.**
ST. Das lange Harren zehrt mich bis zum Schatten ab.

PLAUTUS, EPIDICUS 320

... exenteror,
quomodo mi Epidici blanda dicta eveniant.
nimis diu maceror: sit quid necne sit,
scire cupio.

... zum Schatten ab;
Ob wohl Epidicus auch die Versprechungen
Erfüllt, die er mir mit so süßen Worten tat?
Zu lange schon quäl' ich mich darüber; wüßt' ich doch,
Ob's etwas ist, ob nichts!

(W. Binder – W. Ludwig)

625 STICHUS: **More hoc fit atque stulte mea sententia:**
siquem hominem exspectant, eum solent provisere:
qui hercle illa causa ocius nilo venit.
ST. Es ist gemeiner Brauch, gleichwohl bedünkt es mich
Töricht, wenn man auf einen wartet, daß man stets
Die Blicke nach ihm richtet, denn er stellt sich
Deshalb nicht früher ein.

PLAUTUS, STICHUS 641–643

... venit. idem ego nunc facio.

... nicht früher ein. So mach' auch ich es jetzt.

(W. Binder – W. Ludwig)

626 **Animo cupienti nihil satis festinatur.**
Einem gierigen Sinn geht nichts schnell genug.

(nach W. Eisenhut – J. Lindauer)

SALLUST, BELLUM IUGURTHINUM 64, 6

Unlust

627 CHREMES: **Nullast tam facilis res, quin difficilis fiat,**
quam invitus facias.
CHR. Nichts ist so leicht, was einem nicht schwer würde, wenn
Man's tut mit Unlust.

(J. J. Donner)

TERENZ, HEAUTONTIMORUMENOS 805–806

628 Alteri dices: 'Vide, ne inimicis iracundia tua voluptati sit', alteri: Wutausbruch
'Vide, ne quando magnitudo animi tui creditumque apud
plerosque robur cadat!'
Zu einem anderen magst du sagen: «Gib acht, daß deine Feinde sich
nicht bei deinem Wutausbruch belustigen», zu einem anderen: «Gib
acht, daß deine Seelengröße und die Festigkeit, die dir sehr viele Leute
zutrauen, nicht Schaden nehmen!»

(G. Fink)

Seneca, De ira 3, 40

629 Non sic incerto mutantur flamine Syrtes,   Zorn
   nec folia hiberno tam tremefacta noto,
Quam cito feminea non constat foedus in ira,
   Sive ea causa gravis, sive ea causa levis.
Nicht so schnell verändert das wechselnde Wehen die Syrten,
   werden vom eisigen Sturm Blätter geschüttelt, verweht,
wie eine Freundschaft vergeht in der zornigen Laune des Weibes,
   sei nun der Anlaß schwer, sei nun der Anlaß gering.

(W. Willige)

Properz, Elegiae 2, 9, 33–36

630 Cupido atque ira pessumi consultores.
Leidenschaft und Zorn sind die schlechtesten Ratgeber.

(nach W. Eisenhut – J. Lindauer)

Sallust, Bellum Iugurthinum 64, 5

631 Bonum ad virum cito moritur iracundia.
Rasch stirbt der Zorn bei einem edlen Menschen.

(H. Beckby)

Publilius Syrus, Sententiae B 31

632 Homo extra corpus est suum, cum irascitur.
Der Zorn'ge ist entrückt von seinem Körper.

(H. Beckby)

Publilius Syrus, Sententiae H 2

633 Lex videt iratum, iratus legem non videt.
Zorn sieht Gesetz nicht, doch Gesetz den Zorn.

(H. Beckby)

Publilius Syrus, Sententiae L 13

634 **Se posse plus iratus, quam possit, putat.**
     Der Zorn glaubt, mehr zu können, als er kann.
     (H. Beckby)
     PUBLILIUS SYRUS, SENTENTIAE S 1

635 PARMENO: **Non maxumae eas, quae maxumae sunt, interdum iras
     iniuriae
     faciunt; nam saepe est, quibus in rebus alius ne iratus quidem est,
     quom de eadem causast iracundus factus inimicissumus.
     pueri inter sese quam pro levibus noxiis iras gerunt!
     quapropter? quia enim, qui eos gubernat animus, eum infirmum
     gerunt.**
     PA. Nicht immer läßt der größte Groll auf größtes Unrecht schließen; oft
     Geschieht es ja, daß irgendwas, das einen anderen nicht erzürnt,
     In gleichem Fall den Zornigen zum bitterbösen Feinde macht.
     Wie manche Zornesfehd' entbrennt bei Knaben oft um Kindereien!
     Aus welchem Grunde? Weil der Geist, der sie regiert, noch kraftlos ist.
     (J. J. Donner)
     TERENZ, HECYRA 307–311

636 **Qui non moderabitur irae,
     infectum volet esse, dolor quod suaserit et mens,
     dum poenas odio per vim festinat inulto.**
     Wer den Zorn nicht meistert, wird die Tat ungetan wünschen, zu der
     ihn Gekränktheit und Erregung trieb, als er rachgierigem Hasse durch
     jähe Gewalt frönte.
     (H. Färber – W. Schöne)
     HORAZ, EPISTULAE 1, 2, 59–61

637 **Ait enim Aristoteles iram esse cupiditatem doloris reponendi.**
     Aristoteles (DE ANIMA 403 a 30) meint nämlich, der Zorn sei der
     Wunsch, Leid zu vergelten.
     (G. Fink)
     ARISTOTELES BEI SENECA, DE IRA 1, 3

638 **'Ira', inquit Aristoteles, 'necessaria est, nec quicquam sine illa
     expugnari potest, nisi illa implet animum et spiritum accendit;
     utendum autem illa est non ut duce, sed ut milite.' Quod est
     falsum; nam si exaudit rationem sequiturque, qua ducitur, iam
     non est ira, cuius proprium est contumacia; si vero repugnat et
     non, ubi iussa est, quiescit, sine libidine ferociaque provehitur, tam
     inutilis animi minister est quam miles, qui signum receptui
     neglegit.**

«Der Zorn», sagt Aristoteles (ETH. NIC. 1149 a 24), «ist nötig, und nichts kann ohne ihn durchgesetzt werden, wenn nicht er die Seele erfüllt und den Mut entzündet. Man darf ihn freilich nicht zum Führer, sondern nur zum Mitstreiter nehmen.» Das ist falsch, denn wenn er auf die Stimme der Vernunft hört und dahin folgt, wohin sie ihn führt, dann ist er auch schon kein Zorn mehr, dessen Wesenmerkmal der Trotz ist. Wenn er sich aber sträubt und nicht gleich auf Geheiß sich beruhigt, sondern in wilder Lust weiterstürmt, dann ist er als Helfer der Seele so unbrauchbar wie ein Soldat, der nicht auf das Signal zum Rückzug achtet.

(G. Fink)

ARISTOTELES BEI SENECA, DE IRA 1, 9

639 Ceteri enim affectus dilationem recipiunt et curari tardius possunt, irae incitata et se ipsa rapiens violentia non paulatim procedit, sed, dum incipit, tota est; nec aliorum more vitiorum sollicitat animos, sed abducit et impotentes sui cupidosque vel communis mali exagitat, nec in ea tantum, in quae destinavit, sed in occurrentia obiter furit.

Bei den sonstigen Affekten kann man sich Zeit lassen; sie erlauben eine recht bedächtige Behandlung. Der Zorn mit seinem hitzigen Ungestüm, in das er sich selbst hineinsteigert, entwickelt sich nicht nach und nach, sondern ist gleich zu Beginn voll da und stört nicht nur wie die anderen Fehlhaltungen das seelische Gleichgewicht, sondern reißt mit sich fort, läßt alle Selbstbeherrschung vergessen, weckt das leidenschaftliche Verlangen, alles zu vernichten, und geht in seiner Raserei nicht bloß auf ein bestimmtes Ziel los, sondern auf alles, was sich ihm in den Weg stellt.

(G. Fink)

SENECA, DE IRA 3, 1

640 Ita est, mi Lucili, ingentis irae exitus furor est, et ideo ira vitanda est non moderationis causa, sed sanitatis.

So ist es, mein Lucilius, ungeheueren Zornes Ende ist Wahnsinn, und deswegen muß man Zorn meiden, nicht um der Selbstbeherrschung willen,sondern der Gesundheit wegen.

(nach M. Rosenbach)

SENECA, EPISTULAE MORALES 18, 15

641 Cum me disputantem, non lacessentem laesisset, exarsi non solum praesenti, credo, iracundia – nam ea tam vehemens fortasse non fuisset –, sed, cum inclusum illud odium multarum eius iniuriarum, quod ego effudisse me omne arbitrabar, residuum tamen insciente me fuisset, omne repente apparuit.

Zornesausbruch

Er beleidigte mich, obwohl ich ganz sachlich sprach und ihn durchaus nicht reizte. Da kochte ich über, und es war, glaube ich, nicht nur ein jäh aufsteigender Zornesausbruch – dann wäre ich vielleicht nicht so heftig geworden –, nein, dieser eingekapselte Groll wegen seiner zahlreichen Kränkungen, den ich gänzlich abgetan zu haben glaubte, saß doch noch in mir, ohne daß ich es ahnte, und brach nun plötzlich hervor. *(Dezember 54 v. Chr.)*

(H. Kasten)

CICERO, AD FAMILIARES 1, 10 (9), 20 K. (AD LENTULUM)

Blinder Zorn   642 **Hic affectus totus concitatus et in impetu est doloris, dum alteri noceat sui neglegens, in ipsa irruens tela et ultionis secum ultorem tracturae avidus.**
Diese Leidenschaft ist reine Erregung und folgt ihrem dumpfen Drang; wenn sie nur einem anderen schaden kann, achtet sie ihrer selbst nicht, stürzt sich mitten in die Speere und giert nach Rache, auch wenn diese den Rächer ins Verderben reißt.

(nach G. Fink)

SENECA, DE IRA 1, 1

Ceteris enim aliquid quieti placidique inest, *hic totus concitatus et in impetu est doloris,* armorum, sanguinis, suppliciorum minime humana furens cupiditate, *dum alteri* ...

 Bei den anderen (Leidenschaften) findet sich noch etwas Überlegung und Ruhe, diese aber ist reine Erregung und folgt ihrem dumpfen Drang; Schmerz, Waffen, Blut, Hochgericht, das ist ihr ganz unmenschliches, rasendes Verlangen. Wenn sie nur ...

zürnen   643 **Prudentis est irasci nec sero et semel.**
Der weise Mann zürnt zeitig und nur einmal.

(H. Beckby)

PUBLILIUS SYRUS, SENTENTIAE P 53

Stimmungen

644 **Desine de quoquam quicquam bene velle mereri**   Enttäuschung
    aut aliquem fieri posse putare pium.
omnia sunt ingrata, nihil fecisse benigne
    prodest, immo etiam taedet obestque magis,
ut mihi, quem nemo gravius nec acerbius urget,
    quam modo qui me unum, atque unicum amicum habuit.
Höre doch auf, dir um jemand Verdienste erwerben zu wollen
    Oder zu glauben, ein Mensch könnte dir anhänglich sein.
Undankbar ist die Welt, nichts nützen dir freundliche Taten,
    Ja, man hat nur Verdruß und auch noch Schaden davon.
So geht es mir, den niemand heftiger, bitterer kränkte
    Als der, der eben mich noch hatte zum einzigen Freund.

(W. Eisenhut)

CATULL, CARMINA 73

645 **Quid magnifici erat multis prodesse, si nemo deciperet?**
Was wäre daran großartig, vielen behilflich zu sein, wenn uns niemand enttäuschte?

(nach M. Rosenbach)

SENECA, DE BENEFICIIS 1, 1, 12

646 **Ut in vita sic in studiis pulcherrimum et humanissimum existimo**   Ernst und
severitatem comitatemque miscere, ne illa in tristitiam, haec in   Heiterkeit
petulantiam excedat.
Wie im Leben, so halte ich es auch bei den Studien für das Schönste und Natürlichste, Ernst und Heiterkeit miteinander zu verbinden, damit das eine nicht in Verdrießlichkeit, das andre nicht in Leichtfertigkeit ausartet.

(H. Kasten)

PLINIUS MINOR, EPISTULAE 8, 21, 1 K.

647 **Ut ex studiis gaudium, sic studia hilaritate proveniunt.**   Heiterkeit
Wie die Studien Freude erzeugen, so fördert Heiterkeit die Studien.

(H. Kasten)

PLINIUS MINOR, EPISTULAE 8, 19, 2 K.

648 **Si quisquam est timidus in magnis periculosisque rebus**   Hypochondrie
semperque magis adversos rerum exitus metuens quam sperans
secundos, is ego sum et, si hoc vitiumst, eo me non carere
confiteor.

Wenn jemand bei schweren, gefahrvollen Entscheidungen ängstlich
ist und stets mehr geneigt, ein schlimmes Ergebnis zu fürchten als ein
gutes zu erhoffen, so bin ich es, und sollte das ein Manko sein, so
bekenne ich, daß ich nicht frei davon bin. *(26. November 46 v. Chr.)*

(H. Kasten)

CICERO, AD FAMILIARES 6, 14, 1 K. (AD LIGARIUM)

649 **Ipsa pax timores subministrabit: ne tutis quidem habebitur fides
consternata semel mente; quae ubi consuetudinem pavoris
improvidi fecit, etiam ad tutelam salutis tuae inhabilis es. non
enim vitat, sed fugit; magis autem periculis patemus aversi.**
Sogar der Frieden wird Befürchtungen aufkommen lassen: nicht einmal, wenn man in Sicherheit lebt, wird man sich auf Verläßliches verlassen, wenn die Seele erst einmal um den Verstand gebracht ist; hat
sie sich an unbedachte Furchtsamkeit gewöhnt, so bist du auch zum
Schutz deines eigenen Wohls nicht mehr fähig. Sie meidet nämlich
nicht, sondern sie flieht; wir setzen uns aber Gefahren mehr aus,
wenn wir ihnen den Rücken zugewandt haben.

(nach M. Rosenbach)

SENECA, EPISTULAE MORALES 104, 10

innere Unruhe   650 **Quemadmodum stomachus morbo vitiatus et colligens bilem,
quoscumque accepit cibos, mutat et omne alimentum in causam
doloris trahit, ita animus aeger, quidquid illi conmiseris, id onus
suum et perniciem et occasionem miseriae facit. felicissimis itaque
opulentissimisque plurimum aestus subest minusque se inveniunt,
quo in maiorem materiam inciderunt, qua in fluctuarentur.**
Wie ein Magen, der durch Krankheit geschwächt ist und Galle sammelt, alle Speisen, die er aufgenommen hat, verändert und alle Nahrung als Ursache von Schmerz nimmt, so macht eine kranke Seele
alles, was du ihr anvertraust, zu einer Belastung ihrer selbst, zu Verderben und Gelegenheit von Unglück. Daher wohnt den Glücklichsten
und Reichsten besonders viel Unruhe inne, und desto weniger finden
sie zu sich selbst, in je üppigere Verhältnisse sie geraten sind, durch
die sie aus dem Gleichgewicht kommen.

(M. Rosenbach)

SENECA, DE BENEFICIIS 5, 12, 6

Kummer   651 **Somnus sollicitas deficit ante domos.**
Schlaf bleibt fern Häusern, wo Kümmernis wohnt.

(W. Willige)

TIBULL, ELEGIAE 3, 4, 20

652 **Quae nocuere sequar, fugiam quae profore credam,**
   Romae Tibur amem, ventosus Tibure Romam.
   Ich tue, was ich als schädlich erfuhr, ich fliehe, was ich als heilbrin-
   gend erkenne; mit wetterwendischer Laune schwärme ich in Rom für
   Tibur, in Tibur für Rom.

   HORAZ, EPISTULAE 1, 8, 11–12

   Sed quia mente minus validus quam corpore toto
   nil audire velim, nil discere, quod levet aegrum,
   fidis offendar medicis, irascar amicis,
   cur me funesto properent arcere veterno, *quae nocuere* ...

   Krank fühle ich mich im Geist trotz leiblicher Vollkraft. Ich mag nichts hören, nichts
   lernen, was meiner Krankheit aufhelfen könnte, fühle mich von den treuen Ärzten gereizt,
   bin gram meinen Freunden, daß sie mich der tödlichen Dumpfheit durchaus entreißen
   wollen. Sag' ihm (*sc.* dem Albinovanus Celsus), ich tue, was ich ...

   (H. Färber – W. Schöne)

Launen-
haftigkeit

653 **Ne ad rem spinosam et auribus erectis curiosisque audiendam**
   lassus accedas!
   Du sollst dich einem Thema, das dornig ist und mit gespitzten und
   neugierigen Ohren vernommen werden muß, nicht im Zustand der
   Müdigkeit nähern!

   (M. Rosenbach)

   SENECA, EPISTULAE MORALES 108, 39

Müdigkeit

654 GRUMIO: **Unum hoc scito: nimio celerius**
   venire, quod moleste, quam illud, quod cupide petas.
   GR. Eines merke dir: viel geschwinder kehrt
   Das Unglück als das, was wir wünschen, bei uns ein.

   (W. Binder – W. Ludwig)

   PLAUTUS, MOSTELLARIA 72–73

Pessimismus

655 CLITIPHO: **Pergin istuc prius diiudicare, quam scis, quid veri siet?**
   CL. Urteilst du stets das Schlimmste nur, bevor du weißt, wie's wirklich steht?

   (J. J. Donner)

   TERENZ, HEAUTONTIMORUMENOS 237

656 **Si felicissimum est non nasci, proximum est, puto, brevi aetate**
   defunctos cito in integrum restitui.
   Wenn es das größte Glück ist, nicht geboren zu werden, so ist es,
   meine ich, das zweitgrößte, nach kurzem Dasein zu scheiden und
   schleunigst in den alten Stand zurückversetzt zu werden.

   (G. Fink)

   SENECA, AD MARCIAM DE CONSOLATIONE 22

657 **Si velis credere altius veritatem intuentibus, omnis vita supplicium est. In hoc profundum inquietumque proiecti mare, alternis aestibus reciprocum et modo allevans nos subitis incrementis, modo maioribus damnis deferens assidueque iactans, numquam stabili consistimus loco: pendemus et fluctuamur et alter in alterum illidimur et aliquando naufragium facimus, semper timemus.**

Wenn Du denen glauben willst, die tiefere Einsichten über die Welt gewonnen haben, so ist das ganze Leben eine Strafe. In dieses abgrundtiefe und ruhelose Meer sind wir gestürzt, das hin und wieder flutet und uns bald emporspült, wenn es plötzlich anschwillt, bald uns größerem Unheil entgegenträgt und ständig umherwirft. So setzen wir den Fuß nie auf festen Grund; wir treiben haltlos dahin und stoßen aneinander, erleiden manchmal einen Schiffbruch, fürchten ihn stets.

(nach G. Fink)

Seneca, Ad Polybium de consolatione 9

Schuldgefühle

658 **Qui sit omnium rerum status noster, vides: nihil est mali, quod non et sustineam et exspectem. Quarum rerum eo gravior est dolor, quo culpa maior.**

Wie meine Lage im ganzen ist, siehst Du wohl: es gibt kein Unheil, das ich nicht zu tragen hätte und erwarten müßte, und mein Gram darüber ist um so tiefer, je schuldiger ich mich fühle. *((8. März 47 v. Chr.)*

(H. Kasten)

Cicero, Ad Atticum 11, 12 (11), 2 K.

Sehnsucht

659 **Etiam celeritas in desiderio mora est.**
Auch Eile ist nur Schneckengang für Sehnsucht.

(H. Beckby)

Publilius Syrus, Sententiae E 3

660 **Longinquum est omne, quod cupiditas flagitat.**
Was Sehnsucht wünscht, liegt stets in weiter Ferne.

(H. Beckby)

Publilius Syrus, Sententiae L 11

Trauer

661 **Nobis ignosci potest prolapsis ad lacrimas, si non nimiae decucurrerunt, si ipsi illas repressimus. nec sicci sint oculi amisso amico nec fluant: lacrimandum est, non plorandum.**

Uns kann man verzeihen, wenn wir in Tränen ausgebrochen sind, falls sie nicht allzu reichlich flossen, wenn wir selbst ihnen Einhalt geboten haben. Weder seien die Augen tränenlos, wenn wir einen Freund verloren haben, noch strömen sie: weinen muß man, nicht wehklagen.

(nach M. Rosenbach)

Seneca, Epistulae morales 63, 1

662 **Nemo tristis sibi est: o infelicem stultitiam! est aliqua et doloris ambitio.**

Niemand ist für die eigene Person traurig:o unselige Torheit! Es gibt auch eine Eitelkeit des Schmerzes.

(M. Rosenbach)

SENECA, EPISTULAE MORALES 63, 2

663 **Illud quoque magno tibi erit levamento, si saepe sic interrogaveris: Utrumne meo nomine doleo an eius, qui decessit? Si meo, perit indulgentiae iactatio et incipit dolor hoc uno excusatus, quod honestus est, cum ad utilitatem respicit, a pietate desciscere; nihil autem minus bono viro convenit quam in luctu calculos ponere.**

Auch das wird eine starke Hilfe für Dich sein, wenn Du Dir oft die folgende Frage stellst: Traure ich mit Rücksicht auf mich selbst oder um dessentwillen, der dahingegangen ist? Geht es um mich, dann fällt die liebevolle Regung weg, und der Schmerz, der dadurch allein gerechtfertigt wird, daß er moralisch vertretbar ist, übt, wenn er auf einen Vorteil aus ist, an der Pietät Verrat. Nichts aber steht einem anständigen Menschen weniger an, als an die Trauer Berechnungen zu knüpfen.

(G. Fink)

SENECA, AD POLYBIUM DE CONSOLATIONE 9

664 **Ille dolet vere, qui sine teste dolet.**

Der fühlt wirklichen Schmerz, der ohne Zeugen ihn fühlt.

MARTIAL, EPIGRAMMATA 1, 33, 4

Amissum non flet cum sola est Gellia patrem,
  si quis adest iussae prosiliunt lacrimae.
non luget quisquis laudari, Gellia, quaerit,
  ille dolet vere qui sine teste dolet.

Ist sie allein, weint Gellia nicht um Verlust ihres Vaters.
  Ist jemand da, sofort stürzen die Tränen hervor.
Gellia, das ist nicht Trauer, bemüht man sich, Lob nur zu ernten.
  Der fühlt wirklichen Schmerz, der ohne Zeugen ihn fühlt.

(R. Helm)

665 **Mihi omnia sunt intolerabilia ad dolorem.**   **Unzufriedenheit**

In meinem Gram ist mir alles unerträglich.

CICERO, AD ATTICUM 11, 14 (13), 1 K.

Mihi cum *omnia sint intolerabila ad dolorem* tum maxime, quod in eam causam venisse me video, ut sola utilia mihi esse videantur, quae semper nolui.

In meinem Gram ist mir alles unerträglich, vor allem, daß ich mich in eine Lage versetzt sehe, in der offenbar nur das mir helfen kann, was ich stets verwünscht habe. *(Mitte März 47 v. Chr.)*

(H. Kasten)

666 **Cui placet alterius, sua nimirum est odio sors.**
Wem das fremde Los gefällt, dem schafft freilich das eigne Mißbehagen.

(H. Färber – W. Schöne)

HORAZ, EPISTULAE 1, 14, 11

667 **Nemo est, cui felicitas sua, etiam si cursu venit, satis faciat.**
queruntur et de consiliis et de processibus suis maluntque semper,
quae reliquerunt.
Es gibt keinen, dem sein Glück, auch wenn es im Sturmschritt daherkommt, genügt. Sie klagen über ihre Pläne und über ihre Erfolge und wollen immer zurückhaben, was sie aufgegeben haben.

(nach M. Rosenbach)

SENECA, EPISTULAE MORALES 115, 17

668 **Urere nec miserum cessant suspiria pectus.**
     Vis dicam male sit cur tibi, Cotta? bene est.
Immerzu seufzt dein armes Herz, es gehe so schlecht dir.
     Soll ich dir sagen, warum, Cotta? Es geht dir zu gut!

(R. Helm)

MARTIAL, EPIGRAMMATA 10, 14, 9–10

Verdrießlichkeit 669 **Praecipue vitentur tristes et omnia deplorantes, quibus nulla non**
caussa in querelas placet. Constet illi licet fides et benevolentia,
tranquillitati tamen inimicus est comes perturbatus et omnia
gemens.
Ganz besonders sollte man die Verdrießlichen meiden, die alles bejammern und denen jeder Anlaß hochwillkommen ist zum Lamentieren. Mag ein solcher Mensch auch Treue und guten Willen besitzen, für die Seelenruhe ist er abträglich als ein verstörter Weggefährte, der über alles ächzt.

(G. Fink)

SENECA, DE TRANQUILLITATE ANIMI 7

Verdrossenheit 670 **Aspice, ut auritus miserandae sortis asellus**
     Adsiduo domitus verbere lentus eat.
Sieh doch das Langohr dir an, das Geschöpf das geplagte, den Esel:
     Ständig mit Prügel gequält trottet er langsamer nur.

(W. Marg – R. Harder)

OVID, AMORES 2, 7, 15–16

671 PSEUDOLUS: **Nam ea stultitiast, facinus magnum timido cordi credere:**
nam omnes res perinde sunt,
ut agas, ut eas magni facias.
Ps. Torheit ist's in der Tat, wenn ein verzagtes Herz
An eine große Tat sich wagt: jedwedes Ding
Geht, wie man's treibt, und ist so wichtig, wie man's macht.

(W. Binder – W. Ludwig)

PLAUTUS, PSEUDOLUS 576–578

Verzagtheit

672 TYNDARUS: **Nunc illud est, quom me fuisse quam esse nimio mavelim:**
nunc spes opes auxiliaque a me segregant spernuntque se.
hic illest dies, quom nulla vitae meae salus sperabilest:
neque exitium existiost neque adeo spes, quae mihi hunc aspellat metum.
Ty. Jetzt ist's an dem, daß Nichtmehrsein mir lieber wär
Als Sein, jetzt trennen Hoffnung, Heil und Hilfe sich
Von mir und lassen mich im Stich. Dies ist der Tag,
Wo keine Rettung für mein Leben übrigbleibt,
Kein Hoffnungsschimmer, der mir diese Furcht wegnimmt.

(W. Binder – W. Ludwig)

PLAUTUS, CAPTIVI 516–519

Verzweiflung

673 GETA: **Vae misero mihi!**
tot res repente circumvallant se, unde emergi non potest:
vis, egestas, iniustitia, solitudo, infamia.
hocine saeclum! o scelera, o genera sacrilega!
Ge. Weh mir, weh!
So vieles türmt sich plötzlich rings um uns, daß kein Entrinnen ist:
Not, Gewalttat, Ungerechtigkeit, Verlassenheit und Schmach!
Welche Zeiten! Welche Frevel!

(J. J. Donner)

TERENZ, ADELPHOE 301–304

674 **Utinam susceptus non essem!**
O hätte meine Mutter mich doch nie empfangen!

CICERO, AD ATTICUM 11, 10 (9), 3 K.

Haec ad te die natali meo scripsi, quo *utinam susceptus non essem* aut ne quid ex eadem matre postea natum esset!

Heute ist mein Geburtstag. O hätte meine Mutter mich doch nie empfangen oder nicht nachher noch einen Zweiten geboren! *(3. Januar 47 v. Chr [6. Oktober 48 v. Chr.])*

(H. Kasten)

675 **Occidimus, occidimus, Attice, iam pridem nos quidem.**
Glaub' mir, mein Atticus, es ist aus mit mir, schon seit langem.

CICERO, AD ATTICUM 12, 25 (23), 1 K.

Occidimus, occidimus, Attice, iam pridem nos quidem, sed nunc fatemur, postea quam unum, quo tenebamur, amisimus. Itaque solitudinem sequor; et tamen, si qua me re isto adduxerit, enitar, si quo modo potero (potero autem), ut praeter te nemo dolorem meum sentiat, si ullo modo poterit, ne tu quidem.

Glaub' mir, mein Atticus, es ist aus mit mir, schon seit langem, aber jetzt gestehe ich es ein, wo ich den einzigen Halt verloren habe. Darum suche ich die Einsamkeit (*sc.* in Astura); aber sollte mich doch irgendein Umstand zu Euch führen, so werde ich mich – wenn ich irgend kann, und ich kann es – bemühen, daß niemand außer Dir meinen Gram spürt, ja, wenn möglich, auch Du nicht. *(19. März 45 v. Chr.)*

(H. Kasten)

676 **Cum rapiunt mala fata bonos (ignoscite fasso),**
    Sollicitor nullos esse putare deos.
Vive pius: moriere. pius cole sacra: colentem
    Mors gravis a templis in cava busta trahet.
Rafft das böse Geschick hinweg auch die Guten – verzeiht mir –
    Reißt's, daß die Götter nicht sind, einzugestehen mich hin.
Lebe nur fromm und du stirbst. Fromm opfere und aus dem Tempel
    Schleppt dich der lastende Tod in die Gewölbe der Gruft.

(W. Marg – R. Harder)

OVID, AMORES 3, 9, 35–38

Wünsche

677 **Si consilium vis,**
permittes ipsis expendere numinibus, quid
conveniat nobis rebusque sit utile nostris.
Wenn du einen Rat willst, überläßt du es den Gottheiten, selbst
abzuwägen, was uns frommt und unserem Leben dienlich ist.

(J. Adamietz)

JUVENAL, SATURAE 10, 346–349.

Wunschträume

678 **Utinam ita esset! Sed longe aliter esse intellego.**
Wäre es doch so! Aber ich weiß wohl, es ist in Wirklichkeit ganz anders.

CICERO, AD ATTICUM 11, 13 (12), 3 K.

Quod *utinam ita esset!. Sed ...*

Wäre es doch so! Aber ... *(8. März 47 v. Chr.)*

(H. Kasten)

Zukunftsangst

679 **Quemadmodum in corporibus languorem signa praecurrunt –**
quaedam enim segnitia enervis est et sine labore ullo lassitudo et
oscitatio et horror membra percurrens –, sic infirmus animus
multo ante quam obprimatur malis quatitur; praesumit illa et ante
tempus cadit. quid autem dementius quam angi futuris nec se
tormento reservare, sed arcessere sibi miserias et admovere?

Wie beim Körper der Erkrankung Anzeichen voraufgehen – denn eine
Art von energieloser Mattigkeit gibt es und Ermüdung ohne irgendeine Anstrengung und Gähnkrampf und Schüttelfrost –, so wird eine
schwache Seele, lange bevor sie vom Unglück überwältigt wird,
erschüttert; sie nimmt es vorweg und bricht vor der Zeit zusammen.
Was aber ist verrückter, als sich von Künftigem ängstigen zu lassen
und sich nicht für die Qual aufzubewahren, sondern sich das Unglück
herbeizuholen und es heranzuführen?

(nach M. Rosenbach)

Seneca, Epistulae morales 74, 33

680 **Calamitosus est animus futuri anxius et ante miserias miser, qui
sollicitus est, ut ea, quibus delectatur, ad extremum usque
permaneant. nullo enim tempore conquiescet et expectatione
venturi praesentia, quibus frui poterat, amittet.**
Vollkommen verloren ist ein Mensch, wenn er wegen der Zukunft
ängstlich und schon vor dem Unglück unglücklich ist, der sich darüber Sorgen macht, wie sein Besitz, an dem er sich freut, bis zum
Ende seiner Tage Bestand haben kann. Er wir nämlich zu keiner Zeit
zur Ruhe kommen, und in seiner Erwartung von Künftigem das
Gegenwärtige, das er hätte genießen können, verlieren.

(nach M. Rosenbach)

Seneca, Epistulae morales 98, 6

Erziehung

681 MICIO: **Pudore et liberalitate liberos
retinere satius esse credo quam metu.**
MI. Durch Ehrgefühl und Milde kann, das glaubt' ich stets,
Man seine Kinder besser ziehen als durch die Furcht.

(J. J. Donner)

TERENZ, ADELPHOE 57–58

682 **Omne meum obsequium in illum fuit cum multa severitate.**
All meine Nachgiebigkeit gegen ihn war doch mit großer Strenge
gepaart.

CICERO, AD ATTICUM 10, 5 (4), 6 K.

Omne meum ... cum multa severitate, neque unum eius nec parvum sed multa magna
delicta compressi; patris autem lenitas amanda potius ab illo quam tam crudeliter
neglegenda.

All meine Nachgiebigkeit gegen ihn (*i. e.* meinen Neffen Quintus) war doch mit Strenge
gepaart, mehr als einmal habe ich seine Vergehen im Keime erstickt, und nicht etwa nur
geringfügige, sondern häufig auch schwere; seines Vaters Sanftmut aber hätte er
eigentlich mit Liebe vergelten sollen, statt sie so grausam zu mißbrauchen. *(14. April 49
v. Chr.)*

(H. Kasten)

683 **Ratione, non vi vincenda adulescentia est.**
Vernunft, nicht Härte soll die Jugend zügeln.

(H. Beckby)

PUBLILIUS SYRUS, SENTENTIAE R 1

684 **Pieridas, pueri, doctos et amate poetas,
aurea nec superent munera Pieridas.**
Liebt, ihr Knaben, die Künste und liebt die kunstreichen Dichter,
Zieht der musischen Kunst goldne Geschenke nicht vor!

(W. Willige)

TIBULL, ELEGIAE 1, 4, 61–62

685 **Sic incede, sic cena; hoc viro, hoc feminae, hoc marito, hoc caelibi
convenit. ista enim qui diligentissime monent, ipsi facere non
possunt. haec paedagogus puero, haec avia nepoti praecipit, et
irascendum non esse magister iracundissimus disputat. Si ludum
litterarium intraveris, scies ista, quae ingenti supercilio philosophi
iactant, in puerili esse praescripto.**
«So geh! So iß! Das gehört sich für einen Mann, das für eine Frau, das
für einen Ehemann, das für einen Junggesellen!» Derartiges nämlich
können die eindringlichsten Mahner selbst nicht leisten. Das schreibt

der Erzieher dem Jungen, das die Großmutter dem Enkel vor, und daß
man nicht zürnen darf, erörtert der Lehrer in höchstem Zorn. Wenn
du eine Grundschule betrittst, wirst du erleben, daß es Dinge, über die
Philosophen mit bedeutend gehobener Augenbraue dozieren, schon in
den Vorschriften für kleine Jungen gibt.

(nach M. Rosenbach)

SENECA, EPISTULAE MORALES 93, 8–9

686 **Non vides, quemadmodum teneram liberorum infantiam parentes
ad salubrium rerum patientiam cogant? flentium corpora ac
repugnantium diligenti cura fovent et, ne membra libertas
inmatura detorqueat, in rectum exitura constringunt et mox
liberalia studia inculcant adhibito timore nolentibus; ad ultimum
audacem iuventam frugalitati, pudori, moribus bonis, si parum
sequitur, coactam adplicant. adulescentibus quoque ac iam
potentibus sui, si remedia metu aut intemperantia reiciunt, vis
adhibetur ac severitas. itaque beneficiorum maxima sunt, quae a
parentibus accepimus, dum aut nescimus aut nolumus.**
Siehst du nicht, wie Eltern ihre Kinder schon im zarten Alter zum
Ertragen von förderlichen Dingen zwingen? Wenn sie weinen und sich
sträuben, hegen sie sie mit gewissenhafter Sorge, und damit nicht vorzeitige Freiheit ihre Gliedmaßen krumm wachsen läßt, schnüren sie
sie, um sie gerade wachsen zu lassen, zusammen, und dann bleuen sie
ihnen die eines freien Mannes würdigen Wissenschaften ein, wobei
sie Einschüchterung anwenden, wenn die Kinder sich versagen;
zuletzt passen sie eine wagemutige Jugend der Genügsamkeit, der
Zurückhaltung, der Moral, wenn sie nicht freiwillig folgen, unter
Zwang an. Sogar bei jungen Männern, die auch schon Herren ihrer
selbst sind, wird, wenn sie «Heilmittel» aus Furcht oder aus Unbeherrschtheit zurückweisen, Gewalt und Strenge angewandt. Daher
sind unter den Wohltaten am größten die, die wir von den Eltern empfangen haben, ohne es zu wissen oder zu wollen.

(nach M. Rosenbach)

SENECA, DE BENEFICIIS 6, 24, 1–2

687 **Educatio maximam diligentiam plurimumque profuturam
desiderat; facile est enim teneros adhuc animos componere,
difficulter reciduntur vitia, quae nobiscum creverunt.**
Die Erziehung erfordert höchste Gewissenhaftigkeit – und diese wird
ungemein hoch angeschlagen; denn leicht ist es, ein kindliches Gemüt
zu formen, aber nur mühsam beschneidet man Laster, die mit uns
herangewachsen sind.

(G. Fink)

SENECA, DE IRA 2, 18

688 Nihil humile, nihil servile patiatur; numquam illi necesse sit rogare suppliciter nec prosit rogasse, potius causae suae et prioribus factis et bonis in futurum promissis donetur.

Ein Kind sollte nicht zu kriecherischen, nicht zu servilen Handlungen veranlaßt werden. Nie darf es sich zu flehenden Bitten gezwungen sehen, und es darf ihm keinen Vorteil bringen, falls es das getan hat. Eher soll man aufgrund seiner Entschuldigung, seines bisherigen Verhaltens und der guten Hoffnungen, die es für die Zukunft erweckt, auf Strafe verzichten.

(G. Fink)

Seneca, De ira 2, 21

689 Bonum virum in deliciis non habet deus; experitur, indurat, sibi illum parat.

Einen guten Menschen verhätschelt Gott nicht; er stellt ihn auf die Probe, härtet ihn ab, formt ihn für sich.

Seneca, De providentia 1

Itaque, cum videris bonos viros acceptosque diis laborare, per arduum escendere, malos autem lascivire et voluptatibus fluere, cogita filiorum nos modestia delectari, vernularum licentia, illos disciplina tristiore contineri, horum ali audaciam. Idem tibi de deo liqueat: *bonum virum* ...

Wenn du daher siehst, daß gute Menschen, die den Göttern lieb sind, sich plagen, Schweiß vergießen und steile Höhen erklimmen, schlechte dagegen über die Stränge schlagen und in Saus und Braus leben, dann bedenke, daß uns an unseren Söhnen Bescheidenheit erfreut, an Sklavenkindern aber ein vorlautes Mundwerk, und daß wir jene in strengerer Zucht halten, diese aber bei ihrer Frechheit noch ermuntern. Dasselbe sollte dir bei Gott einleuchten: Einen guten Menschen ...

(G. Fink)

Ansporn – Zügel   **690 Quaedam virtutes stimulis, quaedam frenis egent.**

Manche Tugenden bedürfen des Ansporns, andre der Zügel.

(G. Fink)

Seneca, De vita beata 25

Beispiele   **691 Demea: Salvos sit! spero, est similis maiorum suom. Syrus: hui. Demea: Syre, praeceptorum plenust istorum ille. Syrus: phy. domi habuit, unde disceret. Demea: Fit sedulo: nil praetermitto; consuefacio; denique inspicere tamquam in speculum in vitas omnium iubeo atque ex aliis sumere exemplum sibi: 'hoc facito.' Syrus: Recte sane. Demea: 'hoc fugito.' Syrus: callide. Demea: 'hoc laudist.' Syrus: istaec res est. Demea: 'hoc vitio datur.' Syrus: probissume. Demea: Porro autem ...**

DE. Ihn schütze Gott! Er schlägt den Ahnen nach. SY. Jawohl!
DE. Von solchen Regeln, Syrus, ist er voll. SY. Ja, ja!
Er hat den Meister daheim. DE. Ich tue, was ich kann:
Ich schenk' ihm nichts, gewöhn' ihn, heiß' ihn allezeit
In aller Leben als in einen Spiegel schauen,
Daß anderer Beispiel lehrend ihm und warnend sei.
«Das tu!» SY. Recht so. DE. «Davor hüte dich!» SY. Wie klug!
DE. «Das macht Ehre.» SY. Gut bemerkt! DE. «Das tadelt man.»
SY. Ganz herrlich! DE. Ferner ...

(J. J. Donner)

TERENZ, ADELPHOE 411–419

692 **Infans, qui stare meditatur et ferre se adsuescit, simul temptare**   Üben
vires suas coepit, cadit et cum fletu totiens resurgit, donec se per
dolorem ad id, quod natura poscit, exercuit.
Ein Kind, das stehen möchte und sich daran gewöhnt hat, sich zu
bewegen, fällt und steht, sobald es begonnen hat, seine Kräfte zu
erproben, unter Weinen so oft wieder auf, bis es das, was die Natur
fordert, unter Schmerzen eingeübt hat.

(nach M. Rosenbach)

SENECA, EPISTULAE MORALES 121, 8

693 **Nihil in fructum pervenit, quod non a primo usque ad extremum**   dauernde Pflege
aequalis cultura prosequitur.
Nichts kommt zum Früchtetragen, was nicht von Anfang bis Ende
gleichmäßige Pflege begleitet.

(nach M. Rosenbach)

SENECA, DE BENEFICIIS 2, 11, 4

694 **Nullo melius nomine de nobis natura meruit, quae, cum sciret,**   Gewöhnung
quibus aerumnis nasceremur, calamitatum mollimentum
consuetudinem invenit cito in familiaritatem gravissima
adducens. Nemo duraret, si rerum adversarum eandem vim
assiduitas haberet quam primus ictus.
Nirgends hat es die Natur besser mit uns gemeint: da sie ja wußte, zu
welchen Leiden wir geboren werden, erfand sie zur Linderung der
Unbill die Gewohnheit, die rasch das Allerschwerste alltäglich werden
läßt. Niemand hielte stand, wenn dauerndes Unglück die gleiche
Wucht hätte wie der erste Schlag.

(G. Fink)

SENECA, DE TRANQUILLITATE ANIMI 10

Gewohnheit

695 Consuetudo rebus affert constantiam.
Die Gewohnheit verfestigt alles.

SENECA, DE TRANQUILLITATE ANIMI 1

Sed ego vereor, ne *consuetudo,* quae *rebus affert constantiam,* hoc vitium mihi altius figat: tam malorum quam bonorum longa conversatio amorem induit.

Ich wiederum muß fürchten, daß die Gewohnheit, die alles verfestigt, mir diese meine Schwäche nur noch tiefer einprägt. Beim Schlechten wie beim Guten führt lange Vertrautheit dazu, daß man es liebt.

(G. Fink)

696 Aegre reprendas, quod sinas consuescere.
Was zur Gewohnheit ward, läßt schwer sich tadeln.

(H. Beckby)

PUBLILIUS SYRUS, SENTENTIAE A 52

Erziehungs-probleme

697 Pater nimis indulgens, quicquid ego adstrinxi, relaxat. Si sine illo possem, regerem.
Sein Vater ist allzu nachsichtig; wo ich die Zügel angezogen habe, läßt er sie locker. Ließe er mir freie Hand, wollte ich ihn schon zurechtsetzen.

CICERO, AD ATTICUM 10, 7 (6), 2 K.

De Q(uinti) f(ilio): Fit a me quidem sedulo. Sed – nosti reliqua. Quod dein me mones, et amice et prudenter me mones, sed erunt omnia facilia, si ab uno cavero. Magnum opus est, mirabilia multa, nihil simplex, nihil sincerum. Vellem suscepisses iuvenem regendum; *pater* enim ... *relaxat. Si sine illo possem, regerem;* quod tu potes. Sed ignosco; magnum, inquam, opus est.

Was unseren Neffen Quintus angeht, so gebe ich mir die erdenklichste Mühe, aber ... nun, Du weißt, was ich sagen will. Deine weiteren Ratschläge sind gut gemeint und wohl-überlegt; aber alles wird glatt gehen, nur gegen seine Machenschaften muß ich mich decken. Und das ist nicht ganz einfach: viele schöne Gaben, aber unehrlich und verlogen. Ich wollte, Du hättest es übernommen, den jungen Mann zu lenken, denn sein Vater ist allzu nachsichtig; wo ich die Zügel angezogen habe, läßt er sie locker. Ließe er mir freie Hand, wollte ich ihn schon zurechtsetzen. Du könntest es, doch will ich Dir keinen Vorwurf machen: aber wie gesagt, einfach ist es nicht. *(20. April 49 v. Chr.)*

(H. Kasten)

698 Iuvenem nostrum non possum non amare, sed ab eo nos non amari plane intellego. Nihil ego vidi tam ἀνηδοποίητον (anetho-poíeton), tam aversum a suis, tam nescio quid cogitans. O vim incredibilem molestiarum! Sed erit curae et est, ut regatur. Mirum est enim ingenium, ἤδους ἐπιμελητέον (éthus epimeletéon).
Unsern jungen Mann (*i. e.* Quintus) nicht lieb zu haben bringe ich nicht über mich; darüber bin ich mir allerdings völlig klar, daß er mich nicht liebt. So etwas von Charakterlosigkeit habe ich noch nicht erlebt, so etwas von Abneigung gegen die eigene Familie, von Un-durchsichtigkeit; unglaublich, was für Sorgen er mir macht. Aber nach wie vor werde ich mich bemühen, ihn zur Raison zu bringen. Er ist ja an sich gut veranlagt: nur bedarf sein Charakter der Formung. *(3. Mai 49 v. Chr.)*

(H. Kasten)

CICERO, AD ATTICUM 10, 11 (10), 6 K.

699 **Non facit indulgentia mendacem aut avarum aut non amantem suorum, ferocem fortasse atque arrogantem et infestum facit.**

Nachsicht macht nicht lügnerisch oder habsüchtig oder lieblos gegen die Nächsten, höchstens trotzig, anmaßend und widerspenstig.

CICERO, AD ATTICUM 10, 12 (11), 3 K.

De fratre satis. De eius filio: indulsit illi quidem suus pater semper, sed *non facit ...* . *infestum facit.* Itaque habet haec quoque, quae nascuntur ex indulgentia, sed ea sunt tolerabilia (quid enim dicam?) hac iuventute; ea vero, quae mihi quidem, qui illum amo, sunt his ipsis malis, in quis sumus, miseriora, non sunt ab obsequio nostro. Nam suas radices habent, quas tamen evellerem profecto, si liceret: sed ea tempora sunt, ut omnia mihi sint patienda.

Aber genug von meinem Bruder (Quintus)! Was seinen Sohn (Quintus) angeht, so hat der Vater ihm immer nachgegeben. Aber Nachsicht macht nicht lügnerisch oder habsüchtig oder lieblos gegen die Nächsten, höchstens trotzig, anmaßend und widerspenstig. So zeigt er denn auch diese Unarten, die eine Folge der Nachsicht sind, aber sie sind erträglich – muß man schon sagen –, so jung wie er ist. Doch die Eigenschaften, die mir, der ich ihn liebe, schlimmer erscheinen als selbst all dieses Elend, in dem wir leben, sind nicht eine Folge unseres Nachgebens; sie haben ihre besondere Wurzel, die ich gewiß ausreißen würde, wenn es anginge. Aber die Zeiten sind so, daß ich alles gehen lassen muß. *(4. Mai 49 v. Chr.)*

(H. Kasten)

700 SYRUS: **Quom fervit maxume, tam placidum quasi ovem reddo.**   Zähmung

SY. Braust er am ärgsten, mach' ich ihn zahm wie ein Lamm.

(J. J. Donner)

TERENZ, ADELPHOE 534

701 **Nimis credere videris spei tuae statimque, ut quisque aliquid recte   Verleitung
fecerit, omnia dare ac permittere, quasi non liceat traduci ad mala
consilia corruptum largitionibus animum.**

Du scheinst mir allzu fest auf Deine Hoffnungen zu bauen und, sobald jemand etwas Rechtes geleistet hat, gleich alles zu gewähren und nachzusehen, als ob ein durch Entgegenkommen verdorbener Charakter nicht zu bösen Gedanken verleitet werden könnte! *(7. Mai 43 v. Chr.)*

(H. Kasten)

BRUTUS BEI CICERO, AD M. BRUTUM 19 (11), 3 K.

702 LYDUS: **Iam perdidisti te atque me atque operam meam,   Erziehungspleite
qui tibi nequiquam saepe monstravi bene.**
PISTOCLERUS: **Ibidem ego meam operam perdidi, ubi tu tuam:
tua disciplina nec mihi prodest nec tibi.**

LY. Verloren bist du selbst, wie ich und meine Mühe;
Umsonst hab ich den Weg zum Guten dir gezeigt.
PI. Zunicht ist meine Mühe wie die deinige,
Dein Unterricht bringt weder dir noch mir Gewinn.

(W. Binder – W. Ludwig)

PLAUTUS, BACCHIDES 132–135

Lernen

703 **Agamus bonum patrem familiae, faciamus ampliora, quae accepimus: maior ista hereditas a me ad posteros transeat. multum adhuc restat operis multumque restabit, nec ulli nato post mille saecula praecludetur occasio aliquid adhuc adiciendi.**

Wir wollen den guten Hausvater machen und vermehren, was wir geerbt haben: vergrößert gehe dieses Erbe auf die Nachfahren über. Viel bleibt noch an Mühe übrig, und viel wird übrig bleiben, und keinem der nach tausend Generationen Geborenen wird die Möglichkeit verschlossen sein, noch etwas hinzuzufügen.

SENECA, EPISTULAE MORALES 64, 7–8

... adiciendi; sed etiam si omnia a veteribus inventa sunt, hoc semper novum erit, usus et inventorum ab aliis scientia ac dispositio.

.. hinzuzufügen; aber auch, wenn alles von den Alten gefunden worden ist, wird dies stets neu sein: Gebrauch und Kenntnis des von anderen Gefundenen sowie seine Anordnung.

(nach M. Rosenbach)

704 **Multum egerunt, qui ante nos fuerunt, sed non peregerunt: suspiciendi tamen sunt et ritu deorum colendi.**

Viel haben die geleistet, die vor uns gelebt haben, aber sie haben es nicht vollendet: achten muß man sie dennoch und wie Götter verehren.

SENECA, EPISTULAE MORALES 64, 8

... colendi. quidni ego magnorum virorum et imagines habeam incitamenta et natales celebrem? quidni ego illos honoris causa semper appellem? quam venerationem praeceptoribus meis debeo, eandem illis praeceptoribus generis humani, a quibus tanti boni initia fluxerunt.

... verehren. Warum sollte ich nicht die Bilder großer Männer besitzen als Ansporn für meinen Geist und ihre Geburtstage feiern? Warum sollte ich sie nicht ehrend nennen? Wie ich meinen Lehrern Verehrung schulde, ebenso jenen Lehrern des Menschengeschlechtes, von denen die Ursprünge von soviel Gutem ausgegangen sind.

(nach M. Rosenbach)

705 **Numquam nimis dicitur, quod numquam satis discitur. quibusdam remedia monstranda, quibusdam inculcanda sunt.**

Niemals sagt man zu oft, was niemals genug gelernt wird. Den einen braucht man Heilmittel nur zu zeigen, den anderen muß man sie eintrichtern.

(nach M. Rosenbach)

SENECA, EPISTULAE MORALES 27, 9

706 **Hoc est discendi tempus. 'Quid ergo? aliquod est, quo non sit discendum?' Minime: sed quemadmodum omnibus annis studere honestum est, ita non omnibus institui. turpis et ridicula res est elementarius senex: iuveni parandum, seni utendum est.**

Das ist die Zeit des Lernen. «Was also? Gibt es eine Zeit, in der man nicht lernen muß?» Durchaus nicht: aber wie in allen Lebensjahren wissenschaftlich zu arbeiten ehrenwert ist, so doch nicht in allen, sich unterweisen zu lassen. Ein schimpflicher und lächerlicher Anblick ist ein alter Mann als Klippschüler: ein junger Mann muß erwerben, ein alter benutzen.

(M. Rosenbach)

SENECA, EPISTULAE MORALES 36

707 **Quae dementia est supervacua discere in tanta temporis egestate!**
Welch ein Wahnsinn, bei solchem Mangel an Zeit Überflüssiges zu lernen!

(nach M. Rosenbach)

SENECA, EPISTULAE MORALES 48, 12

708 **Pueri ad praescriptum discunt; digiti illorum tenentur et aliena manu per litterarum simulacra ducuntur, deinde imitari iubentur proposita et ad illa reformare chirographum: sic animus noster dum eruditur ad praescriptum, iuvatur.**
Knaben lernen nach Vorschrift; ihre Finger werden geführt, und mit Hilfe fremder Hand läßt man sie die Buchstabenformen nachzeichnen, sodann heißt man sie, Vorlagen abzuschreiben und nach ihnen die Handschrift auszubilden: so erfährt auch unsere Seele Hilfe, während sie an Hand von Vorschriften unterwiesen wird.

(nach M. Rosenbach)

SENECA, EPISTULAE MORALES 94, 51

709 **Primigenius, crede mihi, quicquid discis, tibi discis.**
Primigenius, glaub mir, was du lernst, lernst du für dich.

PETRON, CENA TRIMALCHIONIS 46, 8

... *tibi discis.* vides Phileronem causidicum: si non didicisset, hodie famem a labris non abigeret. modo modo collo suo circumferebat onera venalia, nunc etiam adversus Norbanum se extendit.

... lernst du für dich. Da sieh dir Philerosen an, den Advokaten: wenn er nicht gelernt hätte, würde er heute am Hungertuche nagen. Gerade eben ging er noch mit der Hucke auf dem Buckel hausieren, jetzt macht er sich sogar gegen Norbanus breit.

(K. Müller – W. Ehlers)

710 **Quotus quisque tam patiens, ut velit discere, quod in usu non sit habiturus?**
Wie wenige bringen doch die Geduld auf, lernen zu wollen, was sie später nicht brauchen können!

PLINIUS MINOR, EPISTULAE 8, 14, 3 K.

... *habiturus?* adde, quod difficile est tenere, quae acceperis, nisi exerceas.

... gebrauchen können! Nimm noch hinzu, daß es nicht leicht ist zu behalten, was man gelernt hat, wenn man nicht in Übung bleibt.

(nach H. Kasten)

lebenslanges
Lernen

711 **Tamdiu discendum est, quamdiu nescias: si proverbio credimus,**
quamdiu vivas.
Solange muß man lernen, wie man unwissend ist: wenn wir dem
Sprichwort glauben, solange man lebt.

Seneca, Epistulae morales 76, 3

... *quamdiu vivas.* nec ulli hoc rei magis convenit quam huic: tamdiu discendum est,
quemadmodum vivas, quamdiu vivas.

... solange man lebt. Und für keine Aufgabe gilt das mehr als für diese: man muß lernen,
wie man lebt, solange man lebt.

(nach M. Rosenbach)

Langzeitlerner

712 **'Quid ergo? non novimus quosdam, qui multis apud philosophum**
annis persederint et ne colorem quidem duxerint?' quidni
noverim? pertinacissimos quidem et adsiduos, quos ego non
discipulos philosophorum, sed inquilinos voco.
«Was also? Kennen wir nicht Menschen, die viele Jahre bei einem
Philosophen herumsaßen und nicht einmal Farbe angenommen
haben?» Warum sollte ich sie nicht kennen? Ganz hartnäckige und
ausdauernde sogar, die ich nicht «Schüler», sondern «Untermieter»
nenne.

(M. Rosenbach)

Seneca, Epistulae morales 108, 5

Freude
am Lernen

713 **Hominis mens discendo alitur et cogitando, semper aliquid aut**
anquirit aut agit videndique et audiendi delectatione ducitur.
Der Geist des Menschen nährt sich durch Lernen und Denken,
erforscht oder treibt immer irgend etwas und läßt sich durch die
Freude am Sehen und Hören leiten.

(K. Büchner)

Cicero, De officiis 1, 105

magelnde
Lernfähigkeit

714 **Adeo adversus experimenta pertinaces sumus, ut naufragi maria**
repetamus.
Wir verhalten uns gegenüber Erfahrungen so uneinsichtig, daß wir,
obwohl schiffbrüchig, doch wieder zur See fahren.

Seneca, De beneficiis 1, 1, 10

... *pertinaces sumus*, ut bella victi et *naufragi* ...

... so uneinsichtig, daß wir Kriege, obwohl besiegt, wiederholen und, obwohl schiffbrüchig ...

(nach M. Rosenbach)

715 **Omnes trahimur et ducimur ad cognitionis et scientiae**   Wißbegier
cupiditatem, in qua excellere pulchrum putamus, labi autem,
errare, nescire, decipi et malum et turpe dicimus.
Alle werden wir gezogen und geleitet zur Begier nach Wissen und
Erkenntnis. In ihr hervorzuragen halten wir für schön, zu straucheln
aber, zu irren, nicht zu wissen, sich zu täuschen nennen wir übel und
schimpflich.

(K. Büchner)

CICERO, DE OFFICIIS 1, 18

716 **Sunt enim homines natura curiosi et quamlibet nuda rerum**
cognitione capiuntur, ut qui sermunculis etiam fabellisque
ducantur.
Der Mensch ist ja von Natur wißbegierig und fühlt sich durch eine
noch so dürftige Darstellung angezogen; läßt er sich doch gar durch
Anekdoten und Märchen fesseln.

(H. Kasten)

PLINIUS MINOR, EPISTULAE 5, 8, 4 K.

717 **Denique nihil sciri siquis putat, id quoque nescit**   Wissen
an sciri possit, quoniam nihil scire fatetur.
hunc igitur contra mittam contendere causam,
qui capite ipse sua in statuit vestigia sese.
Endlich wer meint, man wisse doch nichts, der weiß ja auch dies
nicht,
Ob man was wissen kann, da sein eigenes Wissen er leugnet.
Nun mit solchem Sophisten verzicht' ich den Streit zu beginnen;
Steht er ja doch mit dem Kopfe in seiner eigenen Fußspur.

(H. Diels)

LUKREZ, DE RERUM NATURA 4, 469–472

718 **Aliud est meminisse, aliud scire. meminisse est rem commissam**
memoriae custodire: at contra scire est et sua facere quaeque nec
ad exemplar pendere et totiens respicere ad magistrum.
Eines ist es, sich zu erinnern, ein anderes, zu wissen. Sich zu erinnern
bedeutet, einen dem Gedächtnis anvertrauten Sachverhalt zu bewahren: wissen hingegen heißt, sich alles zu eigen machen, nicht von
einem Vorbild abhängig zu sein und sich nicht andauernd nach dem
Lehrer umzusehen.

(nach M. Rosenbach)

SENECA, EPISTULAE MORALES 33, 8

719 **Non facile dixerim, utris magis irascar, illis, qui nos nihil scire voluerunt, an illis, qui ne hoc quidem nobis reliquerunt, nihil scire.**
Ich kann nicht leicht sagen, wem ich mehr zürne, denen, die wollen, daß wir nichts wissen, oder denen, die uns nicht einmal das gelassen haben, nichts zu wissen.

SENECA, EPISTULAE MORALES 88, 46

Quid ergo nos sumus? quid ista, quae nos circumstant, alunt, sustinent? tota rerum natura umbra est aut inanis aut fallax. *Non facile dixerim* ...

Was also sind wir? Was ist das, was uns umgibt, ernährt, erhält? Die ganze Natur ist ein Schatten, entweder ein nichtiger oder ein trügerischer. Ich kann nicht leicht sagen ...

(nach M. Rosenbach)

720 **Quemadmodum magnus luctator est, non qui omnis numeros nexusque perdidicit, quorum usus sub adversario rarus est, sed qui in uno se aut altero bene ac diligenter exercuit et eorum occasiones intentus exspectat – neque enim refert, quam multa sciat, si scit, quantum victoriae satis est –, sic in hoc studio multa delectant, pauca vincunt.**
Wie ein großer Ringer nicht ist, wer alle Gänge und Haltegriffe gelernt hat, die man im Wettkampf selten anwenden kann, sondern wer sich in dem einen oder anderen gut und sorgfältig trainiert hat und aufmerksam auf Gelegenheiten für sie achtet – es kommt nämlich nicht darauf an, wieviel er weiß, wenn er so viel weiß, wie für einen Sieg genügt –, so erfreut bei der Beschäftigung (mit der Philosophie) viel, wenig führt zur besseren Einsicht.

(nach M. Rosenbach)

SENECA, DE BENEFICIIS 7, 1, 4

Fachwissen

721 **Gerere quam fieri tempore posterius, re atque usu prius est.**
Das Wirken (in einem Amt) kommt zeitlich erst nach dem Gewählt-werden, Fachwissen und Übung müssen aber schon vorher dasein.

(W. Eisenhut – J. Lindauer)

SALLUST, BELLUM IUGURTHINUM 85, 12

Studiereifer

722 **Tanta industria est tantumque evigilat in studio Messala, ut non maxima ingenio, quod in eo summum est, gratia habenda videatur.**
Messala ist mit großem Eifer bei der Sache und schlägt sich bei seinen Studien die Nächte um die Ohren, so daß er seine Erfolge in der Hauptsache anscheinend nicht seinem an sich bedeutenden Talent verdankt. *(Juli 43 v. Chr.)*

(H. Kasten)

CICERO, AD M. BRUTUM 16 (23), 1 K.

723 **At me litterulas stulti docuere parentes:**
   quid cum grammaticis rhetoribusque mihi?
   Frange leves calamos et scinde, Thalia, libellos,
   si dare sutori calceus ista potest.

Doch mich ließen die Eltern in ihrer Torheit studieren.
   Was soll die Wissenschaft jetzt, was die Rhetorik mir nun?
Brich nur, Thalia, das Rohr entzwei und zerreiß die Gedichte,
   wenn einem Schuster der Schuh das zu verschaffen vermag!

(R. Helm)

MARTIAL, EPIGRAMMATA 9, 73, 7–10

724 **Haec studia adulescentiam agunt, senectutem oblectant, secundas res ornant, adversis perfugium ac solacium praebent.**

Diese Studien prägen die Jugend und ergötzen das Alter; sie verschönen das Glück und spenden hilfreichen Trost im Unglück.

CICERO, PRO A. LICINIO ARCHIA POETA 16

Quodsi non hic tantus fructus ostenderetur et si ex his studiis delectatio sola peteretur, tamen, ut opinor, hanc animi remissionem humanissimam ac liberalissimam iudicaretis. Nam ceterae neque temporum sunt neque aetatum omnium neque locorum; atque *haec studia ... praebent*, delectant domi, non impediunt foris, pernoctant nobiscum, peregrinantur, rusticantur.

Gesetzt, der Gewinn, der sich hier zeigt, wäre nicht so groß und diese Studien wären nur ein Mittel der Unterhaltungen, dann müßtet ihr immerhin zugeben, denke ich, daß diese Art, den Geist zu entspannen, die menschenwürdigste und edelste ist. Denn alles andere paßt nicht zu jeder Zeit, zu jedem Ort und jeder Alterstufe; doch diese Studien ... im Unglück, sie bereiten daheim Vergnügen und sind in der Öffentlichkeit kein Ballast, sie verbringen die Nacht mit uns und begleiten uns in die Fremde und hinaus aufs Land.

(M. Fuhrmann)

725 **Adhuc honor studiis durat. Studeamus ergo nec desidiae nostrae praetendamus alienam!**

Noch stehen die Studien in Ehren! Also bleiben wir bei unsern Studien und beschönigen nicht unsern Müßiggang mit dem andrer.

(H. Kasten)

PLINIUS MINOR, EPISTULAE 4, 16, 1 K.

Bildung

726 **Pueriles sunt et aliquid habentes liberalibus simile hae artes, quas ἐγκυκλίους (enkyklíus) Graeci, nostri autem liberales vocant. solae autem liberales sunt, immo, ut dicam verius, liberae, quibus curae virtus est.**

Kindlich sind – und sie besitzen etwas den freien Ähnliches – die Wissensgebiete, die die Griechen enzyklisch- allgemeinbildend –, die Unsrigen aber freiheitlich nennen. Allein die freiheitlichen, nein, um es zutreffender zu sagen, die freien Künste sind es, denen die sittliche Vollkommenheit Gegenstand ihrer Sorge ist.

(M. Rosenbach)

SENECA, EPISTULAE MORALES 88, 23

Bildung

727 Si mihi Stati fidelitas est tantae voluptati, quanti esse in isto haec eadem bona debent additis litteris et sermonibus, humanitate, quae sunt his ipsis commodis potiora!

Wenn mir schon Statius' Treue so viel Genuß bereitet, wieviel mehr mußt Du Dich dann an seiner Treue freuen, wo noch wissenschaftliche Gespräche und feine Bildung dazukommen, Dinge, die noch mehr bedeuten als jener Genuß. *(Ende Mai 53)*

(H. Kasten)

Q. Cicero bei Cicero, Ad familiares 16, 22 (16), 2 K. (Ad M. fratrem)

728 Multi mortales, dediti ventri atque somno, indocti incultique vitam sicuti peregrinantes transigere; quibus profecto contra naturam corpus voluptati, anima oneri fuit.

Viele Menschen gehen, nur dem Bauch und dem Schlafen frönend, ohne Wissen und ohne Bildung durchs Leben wie Reisende in der Fremde. Für sie jedenfalls bedeutet – im Gegensatz zu ihrer natürlichen Bestimmung – der Körper bloß Sinnenlust, die Seele aber eine Last.

(W. Eisenhut – J. Lindauer)

Sallust, Catilinae coniuratio 2, 8

729 Iuvenis filius probe litteratus atque ob id consequenter pietate et modestia praecipuus, quem tibi quoque provenisse cuperes vel talem.

Ein junger Sohn, der recht gebildet und infolgedessen ein Muster von kindlichem Gehorsam und von Bescheidenheit: den hättest du dir auch zum Sohn gewünscht oder doch einen von der Art!

Apuleius, Metamorphoses 10, 2, 1

Dominus aedium habebat *iuvenem filium probe litteratum atque ... praecipuum ...*

Ein Hausbesitzer hatte einen jungen Sohn, der war recht gebildet und ...

(E. Brandt – W. Ehlers)

Bildung und Anstand

730 Tironem Patris aegrum reliqui, adulescentem doctum, ut nosti, et adde, si quid vis, probum; nihil vidi melius.

Tiro habe ich krank in Patrai lassen müssen; ein gebildeter junger Mann, wie Du weißt, und anständig dazu, falls Bildung allein Dir nicht genügt; es gibt keinen besseren. *(25. November 50 v. Chr.)*

(H. Kasten)

Cicero, Ad Atticum 7, 2, 3 K.

731 **Exculto in animo nihil agreste, nihil inhumanum est.**
Gerade dem verfeinerten Geist liegt Derbheit und Rücksichtslosigkeit
nicht. *(15. Mai 45 v. Chr.)*

CICERO, AD ATTICUM 12, 50 (46), 1 K.

(H. Kasten)

732 **Talis hominibus oratio, qualis vita.**
Die Menschen sprechen so, wie sie leben.

SENECA, EPISTULAE MORALES 114, 1

Quare quibusdam temporibus provenerit corrupti generis oratio quaeris... . quare aliqua
aetas fuerit, quae translationis iure uteretur inverecunde. hoc, quod audire vulgo soles,
quod apud Graecos in proverbium cessit: *talis hominibus fuit oratio, qualis vita.*

Du fragst, warum zu gewissen Zeiten eine Redeweise von verhunzter Art aufgekommen
ist... . Warum es eine Zeit gegeben hat, die vom Recht auf Sprachbilder (Metaphern)
geradezu hemmungslos Gebrauch gemacht hat. Die Antwort kannst du überall hören, bei
den Griechen ist sie zum Sprichwort geworden: Die Menschen sprechen so, wie sie leben.

(nach M. Rosenbach)

733 **Litterae thesaurus sunt, et artificium numquam moritur.**
Bildung ist der beste Tresor, und Handwerk stirbt nie.
(wörtl.: Bildung ist ein Schatz, und ...)

PETRON, CENA TRIMALCHIONIS 46, 8

Litterae thesaurum est, *et* ...

Bildung ist d*as* beste Tresor, und ...

(K. Müller – W. Ehlers)

734 **Scimus te prae litteris fatuum esse.**
Wir wissen, du hast vor lauter gelehrtem Zeug einen Klaps.

PETRON, CENA TRIMALCHIONIS 46, 1

. . *prae litter*as ...

... vor lauter gelehrten Zeugs ...

(K. Müller – W. Ehlers)

Erfahrung

735 **Ut nec medici nec imperatores nec oratores, quamvis artis praecepta perceperint, quicquam magna laude dignum sine usu et exercitatione consequi possunt, sic officii conservandi praecepta traduntur illa quidem, ut facimus ipsi, sed rei magnitudo usum quoque exercitationemque desiderat.**

Wie weder Ärzte noch Feldherren noch Redner, mögen sie auch die Vorschriften der Kunst in sich aufgenommen haben, etwas großen Lobes Würdiges ohne Erfahrung und Übung erreichen können, so werden zwar jene Vorschriften, das rechte Handeln zu bewahren, gelehrt, wie wir es selber tun, aber die Größe der Sache verlangt auch Praxis und Übung.

(K. Büchner)

CICERO, DE OFFICIIS 1, 60

736 **Expertus metuit.**

Erfahrung macht bedenklich.

HORAZ, EPISTULAE 1, 18, 86–88

Dulcis inexpertis cultura potentis amici:
expertus metuit. tu, dum tua navis in alto est,
hoc age, ne mutata retrorsum te ferat aura.

Reizvoll beim ersten Erproben ist verehrender Dienst beim mächtigen Gönner; Erfahrung macht bedenklich. Dir rate ich: solange dein Schifflein auf hoher See ist, bleib aufmerksam, daß nicht umspringende Wetterlaune dich rückwärts treibt!

(H. Färber – W. Schöne)

Eindrücke

737 **Segnius inritant animos demissa per aurem quam quae sunt oculis subiecta fidelibus et quae ipse sibi tradit spectator.**

Schwächer ist der Eindruck, der der Seele durch das Ohr zugeht, minder wirksam, als was das zuverlässige Auge unmittelbar aufnimmt und was der Zuschauer sich selbst zuträgt.

(H. Färber – W. Schöne)

HORAZ, DE ARTE POETICA 180–182

Einsicht

738 **Scio nos nostris multis peccatis in hanc aerumnam incidisse.**

Ich weiß, eine ganze Reihe eigener Fehlgriffe ist es gewesen, die mich in diese Mühsal gebracht hat.

CICERO, AD ATTICUM 3, 13 (14), 1 K.

Si tibi stultus esse videor, qui sperem, qui facio tuo iussu, etsi scio te me isteis epistulis sustentare potius et meas res solitum esse renovare. Nunc velim mihi plane perscribas, quid videas. *Scio nos ... incidisse.* Ea si qui casus aliqua ex parte correxerit, minus moleste feremus nos vixisse et adhuc vivere.

Erscheine ich Dir nun töricht, wenn ich mir Hoffnungen mache, so doch nur, weil Du es so willst, obwohl ich weiß, daß Du mich mit Deinen Briefen vielmehr immer nur hast stützen und meine Hoffnungen hast neu beleben wollen. Sag' mir also bitte rund heraus, wie Du meine Lage beurteilst. Ich weiß, daß ... gebracht hat; macht irgendein Umstand sie teilweise wieder gut, so will ich weniger bedauern, weiter gelebt zu haben und noch zu leben. *(21. Juli 58 v. Chr.)*

(H. Kasten)

739 **Quod multi clamore permixto tuentur, nemo tacentibus ceteris dicere vult; patescit enim, cum separaris a turba, contemplatio rerum, quae turba teguntur.**   klarer Blick

Was beim wüsten Durcheinanderreden viele befürworten, mag, wenn alles schweigt, niemand aussprechen; erst wenn man sich von der Menge absetzt, weitet sich der Blick für die ruhige Betrachtung der Dinge, die in der Masse verdunkelt werden.

PLINIUS MINOR, EPISTULAE 2, 11, 7 K.

Unde evenit, ut, *quod multi... tuentur, nemo... dicere* velit; *patescit...*

So kommt es auch, daß, was... . . befürworten, niemand aussprechen mag; erst wenn...

(H. Kasten)

740 **Numquam liquidum sincerumque ex turbido venit.**   klare Gedanken

Niemals kommt ein klarer und reiner Gedanke aus Wirrnis.

(M. Rosenbach)

SENECA, DE CLEMENTIA 2, 4, 1

741 ANTIPHO: **Ah, dictum sapienti sat est.**

AN. Dem Klugen ist ein Wort genug.

(J. J. Donner)

TERENZ, PHORMIO 541

742 CHREMES: **Scitumst periclum ex aliis facere tibi, quod ex usu siet.**   klug werden

CHR. Ein goldner Spruch ist: spiegle dich an anderen, dadurch werde klug.

(J. J. Donner)

TERENZ, HEAUTONTIMORUMENOS 210

743 DORDALUS: **Gratiam habeo: sed te de aliis quam de te alios suaviust fieri doctos.**   klüger werden

Do. Danke schön, doch ist es besser, wenn Du durch andere, als wenn andere durch dich klüger werden.

(W. Binder – W. Ludwig)

PLAUTUS, PERSA 540–541

744 MICIO: **Illos sat aetas acuet.**
     MI. Sie wird das Alter schleifen.

(J. J. Donner)

TERENZ, ADELPHOE 85

Klugheit

745 TOXILUS: **Siquam rem accures sobrie aut frugaliter,**
     solet illa recte sum manus succedere.
     atque edepol firme ut quisque rem accurat suam,
     sic ei procedit post principio denique.
     To. Wer eine Sache klug und mit Bedacht betreibt,
     Dem pflegt sie auch gehörig von der Hand zu gehen,
     Denn, meiner Treu, wie einer ein Geschäft betreibt,
     So rückt auch das begonnene dem Ziele zu.

(W. Binder – W. Ludwig)

PLAUTUS, PERSA 449–452

746 GNATHO: **Di, vostram fidem,**
     quantist sapere! numquam accedo, quin abs te abeam doctior.
     GN. Götter, helft!
     Was ist Klugheit wert! Nie geh' ich, ohne weiser zu sein, von dir.

(J. J. Donner)

TERENZ, EUNUCHUS 790–791

747 **Eius haec praecipua prudentia, quod alios prudentiores**
     arbitrabatur, haec praecipua eruditio, quod discere volebat.
     Semper ille aut de studiis aliquid aut de officiis vitae consulebat,
     semper ita recedebat, ut melior factus, et erat factus vel eo, quod
     audierat, vel quod omnino quaesierat.
     Seine Klugheit bestand vornehmlich darin, daß er andre für klüger
     hielt, seine Bildung vornehmlich darin, daß er lernen wollte. Stets kam
     er mit Fragen betreffs der Studien oder der Pflichten des Lebens, stets
     ging er mit dem Gefühl, gefördert worden zu sein; und so war es auch,
     entweder durch das, was er gehört hatte, oder schon dadurch, daß er
     überhaupt gefragt hatte.

PLINIUS MINOR, EPISTULAE 8, 23, 3–4 K.

Sed non Avitus, cuius *haec praecipua prudentia* ...

Nicht so Avitus. Seine Klugheit ...

(H. Kasten)

Menschenkenntnis

748 Ut in fidibus musicorum aures vel minima sentiunt, sic nos, si
acres ac diligentes iudices esse volumus animadversoresque
vitiorum, magna saepe intellegemus ex parvis. Ex oculorum
optutu, superciliorum aut remissione aut contractione, ex
maestitia, ex hilaritate, ex risu, ex locutione, ex reticentia, ex
contentione vocis, ex summissione, ex ceteris similibus facile
iudicabimnus, quid eorum apte fiat, quid ab officio naturaque
discrepet.

Beobachten

Wie beim Saiteninstrument die Ohren der Musiker selbst das Geringste bemerken, so werden wir, wenn wir scharfe und peinliche Beurtei-
ler und Kritiker von Fehlern sein wollen, häufig Großes aus Geringem
erkennen. Aus dem Blick der Augen, der Entspannung und dem
Zusammenziehen der Augenbrauen, aus Trübsinnigkeit, aus Heiterkeit, aus dem Lachen, aus dem Sprechen, aus dem Schweigen, aus
dem Erheben der Stimme, aus ihrem Senken, aus den übrigen Dingen
ähnlicher Art werden wir leicht beurteilen, was davon harmonisch ist,
was vom rechten Handeln und der Natur abweicht.

(K. Büchner)

Cicero, De officiis 1, 146

749 Ut nemo in sese temptat descendere, nemo;
sed praecedenti spectatur mantica tergo.

fremde Fehler

Wie doch Keiner versucht in sich selber zu steigen, nicht Einer!
Doch auf des Vordermanns Rücken, da freilich sieht man die Hucke!

(O. Seel)

Persius, Saturae 4, 23–24

750 In alio peduclum vides, in te ricinum non vides.
Beim anderen siehst du die kleinste Laus, bei dir siehst du keinen
Holzbock.

(K. Müller – W. Ehlers)

Petron, Cena Trimalchionis 57, 7

751 Aliena vitia in oculis habemus, a tergo nostra sunt.
Fremde Fehler haben wir vor Augen, auf dem Rücken die eigenen.

(G. Fink)

Seneca, De ira 2, 28

Urteil

752 MENEDEMUS: **Di vostram fidem,**
ita conparatam esse hominum naturam omnium,
aliena ut melius videant et diiudicent
quam sua! an eo fit, quia in re nostra aut gaudio
sumus praepediti nimio aut aegritudine?
ME. Gott, wie sonderbar,
Daß aller Menschen Wesen so geartet ist,
Daß Blick und Urteil schärfer trifft in fremden als
In eigenen Dingen! Etwa weil Lust und Schmerz
Zu sehr in eigenen Dingen uns gefangenhält?

(J. J. Donner)

TERENZ, HEAUTONTIMORUMENOS 502–506

Vorsicht im
Urteil

753 **Haec tum laudemus, cum erunt perorata.**
Wir wollen den Tag nicht vor dem Abend loben.

CICERO, AD ATTICUM 5, 10, 2 K.

Belle adhuc. Hoc animadversum Graecorum laude et multo sermone celebratur; quod
superest, elaboratur in hoc a me, sicut tibi sensi placere. Sed *haec ... perorata.*

Bisher ist es ja ganz gut gegangen. Das merken die Griechen, sind voll des Lobes und
rühmen mein Verhalten bei jeder Gelegenheit; für die Zukunft bemühe ich mich darum,
wie ich weiß, daß es Dir gefällt; aber wir wollen den Tag nicht vor dem Abend loben!
(27. Juni 51 v. Chr., aus Athen)

(H. Kasten)

Beurteilen

754 **Non numero haec iudicantur, sed pondere.**
Nicht nach der Zahl wird das beurteilt, sondern nach dem Gewicht.

CICERO, DE OFFICIIS 2, 79

Ille, qui accepit iniuriam, et meminit et prae se fert dolorem suum, nec, si plures sunt ii,
quibus improbe datum est, quam illi, quibus iniuste ademptum est, idcirco plus etiam
valent. *non* enim *numero ...*

Jener, der Unrecht erfahren hat, denkt daran und zeigt seinen Schmerz offen, und wenn
es mehr sind, denen verbrecherisch gegeben wurde, als jene, denen ungerecht
genommen wurde, so haben sie deshalb auch nicht mehr Macht. Denn nicht nach der
Zahl ...

(K. Büchner)

755 **Contra totius generis humani opiniones mittenda vox erat:**
'Insanitis, erratis, stupetis ad supervacua, neminem aestimatis
suo.'
Gegen der ganzen Menschheit Vorurteile muß man seine Stimme erheben: «Verrückt seid ihr, in die Irre geht ihr, betäubt seid ihr angesichts überflüssiger Dinge, niemanden schätzt ihr nach seinem Wesen
ein.»

(nach M. Rosenbach)

SENECA, EPISTULAE MORALES 87, 5

756 **Quemadmodum stultus est, qui equum empturus non ipsum inspicit, sed stratum eius ac frenos, sic stultissimus est, qui hominem aut ex veste aut ex condicione, quae vestis modo nobis circumdata est, aestimat.**

Wie es töricht ist, wenn einer, der ein Pferd kaufen will, es nicht selbst betrachtet, sondern nur seine Satteldecke und sein Zaumzeug, so ist ein großer Tor, wer einen Menschen nach seiner Kleidung beurteilt oder nach den äußeren Lebensverhältnissen, die uns wie ein Kleidungsstück übergeworfen sind.

(nach M. Rosenbach)

Seneca, Epistulae morales 47, 16

757 **Quod vides accidere pueris, hoc nobis quoque maiusculis pueris evenit: illi, quos amant, quibus adsueverunt, cum quibus ludunt, si personatos vident, expavescunt: non hominibus tantum, sed rebus persona demenda est et reddenda facies sua.**

Was, wie du siehst, Knaben widerfährt, das geschieht auch uns, etwas größeren Knaben: Die sie lieben, an die sie sich gewöhnt haben, mit denen sie spielen – wenn sie sie maskiert sehen, fürchten sie sich vor ihnen: nicht nur den Menschen, auch den Dingen muß man die Maske abnehmen und ihr eigenes Gesicht zurückgeben.

(nach M. Rosenbach)

Seneca, Epistulae morales 24, 13

Masken abnehmen

758 Chremes: **De me ego facio coniecturam.**
Chr. Ich schließe dieses von mir selbst.

(J. J. Donner)

Terenz, Heautontimorumenos 574

Schluß von sich auf andere

759 **Aiunt homines plus in alieno negotio videre.**
Man sagt, die Menschen sähen in der Situation anderer mehr.

(nach M. Rosenbach)

Seneca, Epistulae morales 109, 16

Situation des anderen

Ziele

Allgemein

760 **Proponendum est primum, quid sit, quod appetamus; tunc circumspiciendum, qua contendere illo celerrime possimus intellecturi in ipso itinere, si modo rectum erit, quantum cotidie profligetur quantoque propius ab eo simus, ad quod nos cupiditas naturalis impellit.**

Wir müssen uns zunächst darüber klar werden, was überhaupt unser Ziel ist, und uns dann Gedanken machen, wie wir am raschesten dorthin gelangen können. Sind wir erst einmal auf dem rechten Weg, werden wir merken, wieviel davon täglich zu schaffen ist und um wieviel wir dem nähergekommen sind, dem uns ein natürliches Verlangen entgegentreibt.

(G. Fink)

SENECA, DE VITA BEATA 1

Ziel verfehlen   **761** **Sagittarius non aliquando ferire debet, sed aliquando deerrare; non est ars, quae ad effectum casu venit.**

Ein Schütze darf nicht gelegentlich treffen, sondern gelegentlich sein Ziel verfehlen; was nur durch Zufall zur Wirkung kommt, ist keine Kunst.

(nach M. Rosenbach)

SENECA, EPISTULAE MORALES 29, 3

Sicherheit

762 **Fortissumus quisque tutissumus.**

Gerade die Tapfersten sind am sichersten.

(nach W. Eisenhut – J. Lindauer)

SALLUST, BELLUM IUGURTHINUM 87, 2

763 **Alter remus aquas, alter tibi radat harenas:**
    Tutus eris: medio maxima turba mari est.

Streife mit einem Ruder die Flut, mit dem andern am Strand hin!
    So bist du sicher: im Meer draußen ist Sturm und Gefahr.

(W. Willige)

PROPERZ, ELEGIAE 3, 3, 23–24

764 **Pars securitatis et in hoc est, non ex professo eam petere, quia, quae quis fugit, damnat.**
Ein Teil der Sicherheit besteht darin, daß man nicht eingesteht, nach ihr zu streben, weil man das, was man ablehnt, zugleich verurteilt.

(nach M. Rosenbach)

SENECA, EPISTULAE MORALES 14, 8

765 **Securitas proprium bonum sapientis est.**
Sicherheit ist das spezifische Gut des Weisen.

(G. Fink)

SENECA, DE CONSTANTIA SAPIENTIS 13

766 **Securitatis magna portio est nihil inique facere.**
Ein großer Teil der Sicherheit besteht darin, nichts gegen das Recht zu tun.

SENECA, EPISTULAE MORALES 105, 7

... *inique facere:* confusam vitam et perturbatam inpotentes agunt: tantum metuunt, quantum nocent, nec ullo tempore vacant.

... zu tun; unbeherrschte Menschen führen ein wirres und unruhiges Leben: sie fürchten soviel, wie sie Schaden anrichten, und zu keiner Zeit sind sie innerlich frei.

(nach M. Rosenbach)

767 **Ego ad te breviter scribo, quia me status hic rei publicae non delectat; scribo tamen, ut te admoneam, quod ipse litteris omnibus a pueritia deditus experiendo tamen magis quam discendo cognovi, tu tuis rebus integris discas, neque salutis nostrae rationem habendam nobis esse sine dignitate neque dignitatis sine salute.**   Sicherheit – Ehre
Davon schreibe ich nur so kurz, weil mir der augenblickliche Zustand des Staates nicht behagt; immerhin schreibe ich davon, um meinem Wunsche Ausdruck zu geben, Du mögest, was ich selbst, der ich mich von Jugend auf mit allen Zweigen der Wissenschaft befaßt habe, doch mehr durch Erfahrung als aus Büchern gelernt habe, ohne Schaden zu nehmen, lernen: daß wir weder auf unsre Sicherheit bedacht sein dürfen, ohne an unsre Ehre, noch auf unsre Ehre, ohne an unsre Sicherheit zu denken. *(Juli 56 v. Chr.)*

(H. Kasten)

CICERO, AD FAMILIARES 1, 8 (7), 10 K. (AD P. LENTULUM)

768 **Egregium versum et dignum, qui non e pulpito exiret: 'Cuivis potest accidere, quod cuiquam potest.'**   keine Sicherheit
Großartig ist der folgende Spruch und er hätte es verdient, nicht von der Schmierenbühne zu kommen: «Jedwedem kann geschehen, was irgendwem geschehen kann.»

G. Fink)

SENECA, AD MARCIAM DE CONSOLATIONE 9

Glück

769 Pseudolus: **Centum doctum hominum consilia sola haec devincit dea, Fortuna.**

Ps. Die einzige Göttin Fortuna macht zunichte, was Hunderte
Der Klügsten ausgesonnen.

(W. Binder – W. Ludwig)

Plautus, Pseudolus 678–679

770 Phaedromus: **Sibi sua habeant regna reges, sibi divitias divites,**
sibi honores, sibi virtutes, sibi pugnas, sibi proelia:
dum mihi abstineant invidere, sibi quisque habeant, quod suomst.

Ph. Laßt Königen die Königreiche; Geld und Gut
Den Reichen; Ehre, Tapferkeit und Schlachtenruhm
Behalte, wer's besitzt, wofern er ohne Neid
Mein Glück mir gönnt.

(W. Binder – W. Ludwig)

Plautus, Curculio 178–180

771 Philto: **Sapiens quidem pol ipsus fingit fortunam sibi.**

Ph. Der kluge Mann ist seines eigenen Glückes Schmied.

Plautus, Trinummus 362

Philto, Nam *sapiens* ...

Ph. Denn der kluge Mann ...

(W. Binder – W. Ludwig)

772 Astaphium: **Actutum fortunae solent mutari, varia vitast.**

Ast. Das Glück pflegt rasch zu wechseln, gar veränderlich
Ist dieses Leben.

(W. Binder – W. Ludwig)

Plautus, Truculentus 219

773 Chremes: **Miserum quem minus crederes?**
quid relicuist, quin habeat, quae quidem in homine dicuntur
bona?
parentis, patriam incolumem, amicos, genus, cognatos, ditias.
atque haec perinde sunt, ut illius animust, qui ea possidet:
qui uti scit, ei bona; illi, qui non utitur recte, mala.

Chr. Ein armer Mensch? Wen kann
Man minder dafür halten? Hat er nicht, was Glück bei Menschen
heißt?
Hat Eltern, Freunde, Verwandte, Geld, Geschlecht, ein blühend Vaterland!

Wohl richtet das sich nach dem Sinn des Besitzers: derlei Dinge sind
Ein Glück für den, der's weise braucht, für andere nur ein Ungemach.

(J. J. Donner)

TERENZ, HEAUTONTIMORUMENOS 192–196

774 PHAEDRIA: **Beatus, ni unum desit, animus, qui modeste istaec fert.**
PH. Wie glücklich, fehlt' dir nicht der Sinn, der stets bescheiden trägt
sein Glück!

(J. J. Donner)

TERENZ, PHORMIO 170

775 GETA: **O omnium, quantumst qui vivont, homo hominum
ornatissume!**
nam sine controversia ab dis solus diligere, Antipho.
ANTIPHO: **Ita velim; sed, qui istuc credam ita esse, mihi dici velim.**
GETA: **Satine est, si te delibutum gaudio reddo?** ANTIPHO: **Enicas.**
GE. Du Beglücktester von allen Menschen, so die Erde trägt!
Denn fürwahr, du bist allein der Götter Liebling, Antipho!
AN. Das möcht' ich sein; doch wissen möcht' ich auch, warum ich's
glauben soll.
GE. Nicht genügt es, wenn ich dich mit Freuden überschütte? AN. Du
marterst mich!

(J. J. Donner)

TERENZ, PHORMIO 853–856

776 **Ita vitast hominum, quasi quom ludas tesseris.**
Der Menschen Leben ist wie ein Würfelspiel.

TERENZ, ADELPHOE 739

DEMEA: Ceterum
placet tibi factum, Micio? MICIO: non, si queam
mutare. Nunc, quom non queo, animo aequo fero.
Ita vitast hominum, quasi ludas tesseris:
si illud, quo maxume opus est, iactu non cadit,
illud, quod cecidit forte, id arte ut corrigas.

DE. So sprich: gefällt dir die Geschichte, Micio?
MI. Nein, wenn ich's ändern könnte; jetzt ergeb' ich mich,
Weil ich es nicht kann, mit Gelassenheit darein.
Ist doch des Menschen Leben wie ein Würfelspiel;
Wenn nicht der Wurf fällt, den man eben braucht, so muß
Die Kunst den Wurf verbessern, der nun einmal fiel.

(J. J. C. Donner)

777 **Ad prosperam adversamve fortunam, qualis sis aut
quemadmodum vixeris, nihil interest.**
Der Charakter und der Lebenswandel eines Menschen haben auf sein
Glück oder Unglück nicht den geringsten Einfluß.

CICERO, DE NATURA DEORUM 3, 89

At Diagoras, cum Samothracam venisset, Atheus ille qui dicitur, atque ei quidam amicus:
'Tu, qui deos putas humana neglegere, nonne animadvertis ex tot tabulis pictis, quam
multi votis vim tempestatis effugerint in portumque salvi pervenerint?!' 'Ita fit', inquit, 'illi
enim nusquam picti sunt, qui naufragia fecerunt in marique perierunt.' Idemque, cum
naviganti vectores adversa tempestate timidi et perterriti dicerent non iniuria sibi illud
accidere, qui illum in eandem navem recepissent, ostendit eis in eodem cursu multas alias
laborantis quaesivitque, num etiam in is navibus Diagoram vehi crederent. Sic enim res se
habet, ut *ad prosperam* ...

Als aber Diagoras, der Atheist, wie man ihn nennt, nach Samothrake kam und ein Freund
zu ihm sagte: «Du, der du meinst, die Götter kümmerten sich nicht um die Angelegenheiten der Menschen, erkennst du aus der Menge der Votivtafeln denn nicht, wie viele
Menschen durch ihre Gelübde der Gewalt des Sturmes entronnen und wohlbehalten in
den Hafen gelangt sind?», da erwiderte er: «Richtig! man sieht ja nirgends die Bilder
derjenigen, die Schiffbruch erlitten und im Meere den Tod gefunden haben!» Und als auf
einer Seefahrt die Mitreisenden, in Furcht und Schrecken über einen Sturm, zu ihm
sagten, das Unglück treffe sie mit vollem Recht, weil sie ihn ja in ihr Schiff mit aufgenommen hätten, da zeigte ihnen derselbe Mann eine Reihe anderer Schiffe, die auf
dem gleichen Kurs in Seenot waren, und fragte sie, ob sie etwa glaubten, auch diese
Schiffe hätten einen Diagoras an Bord. Denn es ist doch so, daß der Charakter ...

(W. Gerlach – K. Bayer)

778   **Consuesse deos immortales, quo gravius homines ex
commutatione rerum doleant, quos pro scelere eorum ulcisci
velint, his secundiores interdum res et diuturniorem impunitatem
concedere.**
Die unsterblichen Götter pflegen, um Schuldige durch den Wechsel
desto schlimmer zu peinigen, Verbrechern, die sie strafen wollen,
manchmal auffallendes Glück und längere Straflosigkeit zu gewähren.
CAESAR, COMMENTARII DE BELLO GALLICO 1, 14, 5

His Caesar ita respondit: Eo sibi minus dubitationis dari, quod res eas, quas legati
Helvetiorum commemorassent, memoria teneret, atque eo gravius ferre, quo minus
merito populi Romani accidisset. Qui si alicuius iniuriae sibi conscius fuisset, non fuisse
difficile cavere; sed eo deceptum, quod neque commissum a se intellegeret, quare timeret,
neque sine causa tuendum putaret... *Consuesse* ...

Caesar entgegenete ihnen (*d. h.* den Gesandten der Helvetier) folgendes: Er brauche sich
um so weniger zu bedenken, als er sich an die von den helvetischen Gesandten erwähnten
Ereignisse sehr wohl erinnere, und sie entrüsteten ihn um so mehr, als sie ohne
Verschulden des römischen Volkes eingetreten seien. Wäre dieses nämlich sich des
geringsten Unrechtes bewußt gewesen, so hätte es sich leicht vorsehen können; doch habe
es sich auf das Bewußtsein, nichts verschuldet zu haben, weshalb es Angst haben sollte, zu
seinem Nachteil verlassen und nicht geglaubt, sich grundlos fürchten zu sollen, ... pflegten
die unsterblichen Götter doch ...

(O. Schönberger)

779   **Fortuna cum blanditur, captatum venit.**
Das Glück, das schmeichelt, will dein Herz umgarnen.
(H. Beckby)
PUBLILIUS SYRUS, SENTENTIAE F 2

780   **Sed profecto fortuna in omni re dominatur;
ea res cunctas ex lubidine magis quam ex vero celebrat
obscuratque.**

Gewiß ist das Glück in jedem Bereich eine beherrschende Macht;
mehr nach Laune als nach dem wirklichen Wert rückt es alle
Geschehnisse ins Licht oder ins Dunkel.

(W. Eisenhut – J. Lindauer)

SALLUST, CATILINAE CONIURATIO 8, 1

---

781 Audentis fortuna iuvat.

Wagenden ist Fortuna gewogen.

VERGIL, AENEIS 10, 284

Haud tamen audaci Turno fiducia cessit
litora praecipere et venientis pellere terra.
'Quod votis optastis, adest, perfringere dextra:
in manibus Mars ipse viris. Nunc coniugis esto
quisque suae tectique memor, nunc magna referto
facta, patrum laudes. Ultro occuramus ad undam,
dum trepidi egressique labant vestigia prima:
Audentis Fortuna iuvat. '

Nicht aber schwand die Hoffnung dem tollkühnen Turnus, zuvor den
Strand zu besetzen, die Nahenden gleich zu vertreiben vom Lande.
«Was ihr erfleht und gewünscht, ist da: dreinschlagen im Nahkampf:
Mars selbst winkt in männlicher Faust. Jetzt denke der Gattin
jeder und denke an Haus und Herd, jetzt leiste er neu der
Väter herrlichen Ruhm. Gleich laßt uns stürmen zum Meere,
während nach hastiger Landung zunächst noch schwanken die Schritte.
Wagenden ist Fortuna gewogen.»

(J. und M. Götte)

---

782 Vivitur parvo bene.

Glücklich lebt man mit wenigem.

HORAZ, CARMINA 2, 16, 13

Vivitur parvo bene, cui paternum
splendet in mensa tenui salinum
nec levis somnos timor aut cupido
    sordidus aufert.

Glücklich lebte mit wenigem, wem auf schlichtem
Tische blinkt das vaterererbte Salzfaß,
Wem den Schlaf, den leichten, nicht Angst verscheucht noch
    Schmutzige Habgier.

(Kayser – Nordenflycht – Burger – Färber)

---

783 Quam iuvat inmites ventos audire cubantem
    et dominam tenero continuisse sinu
aut, gelidas hibernus aquas cum fuderit Auster,
    securum somnos imbre iuvante sequi.

Köstlich ist es, im Liegen die brausenden Winde zu hören,
    Und eine Herrin dabei halten an zärtlicher Brust
Oder sich winters, wenn Sturm uns eisige Güsse herantreibt,
    Sorglos vom Regengeräusch wiegen zu lassen in Schlaf.

(W. Willige)

TIBULL, ELEGIAE 1, 1, 45–48

784 **Certe fortuna domusque**
sospes et in cursu est. Vivunt genetrixque paterque.
Das Glück deines Hauses,
es ist doch heil und in fröhlicher Fahrt. Es leben Mutter und Vater.

OVID, METAMORPHOSES 10, 400–406

'Dic', inquit, 'opemque
me ferre tibi: non est mea pigra senectus.
Seu furor est, habeo, quae carmine sanet et herbis;
sive aliquis nocuit, magico lustrabere ritu;
ira deum sive est, sacris placabilis ira.
Quid rear ulterius? *Certe fortuna domusque*
sospes ...'

(DIE AMME ZU MYRRHA:) «O rede!
Mich laß Hilfe dir bringen! Ist doch nicht träge mein Alter.
Rasen der Liebe? Ich kann mit Lied und Kräutern es heilen.
Tat es Einer dir an? Ein Zauberspruch wird dich feien.
Ist es der Götter Zorn? Er läßt sich durch Opfer versöhnen.
Was soll ich denken noch sonst? Das Glück deines Hauses, es ist doch
heil ... »

(E. Rösch)

785 **Magnos homines virtute metimur, non fortuna.**
Die Leistung, nicht das Glück ist der Maßstab historischer Größe.

CORNELIUS NEPOS, VITA EUMENIS 1, 1

Eumenes Cardianus. Huius si virtuti par data esset fortuna, non ille quidem maior
exstitisset, sed multo illustrior atque etiam honoratior, quod *magnos homines virtute*
metimur, non fortuna. Nam cum aetas eius incidisset in ea tempora, quibus Macedones
florerent, multum ei detraxit inter eos viventi, quod alienae erat civitatis, neque aliud huic
defuit quam generosa stirps. Etsi ille domestico summo genere erat, tamen Macedones
eum sibi aliquando anteponi indigne ferebant, neque tamen patiebantur: vincebat enim
omnes cura, vigilantia, patientia, calliditate et celeritate ingenii.

Wäre Eumenes aus Kardia das Glück so gewogen gewesen wie seine Leistungen groß,
dann würde er zwar nicht an Wert gewinnen, aber viel an Berühmtheit und Ansehen; die
Leistung, nicht das Glück ist ja der Maßstab historischer Größe. Seine Zeit fällt ganz in die
Periode der makedonischen Hegemonie. Daß er nicht diesem Stamm angehörte, machte
ihm viel zu schaffen beim Zusammenleben mit Makedoniern; einzig und allein die
Abstammung von einem edlen Geschlecht fehlte ihm. Mochte seine Familie daheim noch
so viel gelten, die Makedonier empörte manchmal doch die Bevorzugung. Sie mußten sich
freilich damit abfinden: seine überragende Aufmerksamkeit, Wachsamkeit, Ausdauer,
Schläue und Wendigkeit ließ sich eben nicht leugnen.

(H. Färber)

786 **Accidit huic quod ceteris mortalibus, ut inconsideratior in secunda**
quam in advorsa esset fortuna.
Aber es traf ihn (*i. e.* Konon) das Los, das den Sterblichen meist
beschieden ist: im Glück benahm er sich unüberlegter als vorher in
schwieriger Lage.

(nach H. Färber)

CORNELIUS NEPOS, VITA CONONIS 5, 1

787 **Quisquis habet nummos, secura navigat aura**
fortunamque suo temperat arbitrio.
Wer nur die Tasche voll Geld hat, der segelt mit sicherem Winde,
kann nach eigenem Wunsch lenken das launische Glück.

PETRON, SATYRICA 137, 9

Quisquis habet nummos, secura navigat aura
fortunamque suo temperat arbitrio.
Uxorem ducat Danaen ipsumque licebit
Acrisium iubeat credere quod Danaen.
Carmina componat, declamet, concrepet omnes
et peragat causas sitque Catone prior.
Iurisconsultus 'parret, non parret' habeto
atque esto quicquid Servius et Labeo.
Multa loquor: quod vis nummis praesentibus opta,
et veniet. Clausum possidet arca Iovem.

Wer nur die Tasche voll Geld hat, der segelt mit sicherem Winde,
kann nach eigenem Wunsch lenken das launische Glück.
Der darf Danaë freien und kann von Akrisios selber
Glauben verlangen für das, was er bei Danaë schwatzt.
Dichten darf er und reden, er braucht nur zu winken, und siegreich
endet jeder Prozeß: Cato war viel, er ist mehr.
«Klärlich so und nicht so», das darf als Jurist er entscheiden,
darf ein Servius ganz oder ein Labeo sein.
Kurz gesprochen: du kannst mit Bargeld alles dir wünschen –
flugs ist es da. Denn es sitzt Jupiter selbst im Depot.

(K. Müller – W. Ehlers)

788 **Ne forma quidem et vires beatum te facere possunt: nihil horum**
patitur vetustatem.
Nicht einmal Schönheit und Kraft können dich glücklich machen:
nichts davon erträgt das Altern.

(nach M. Rosenbach)

SENECA, EPISTULAE MORALES 31, 10

789 **Res est inquieta felicitas, ipsa se exagitat, movet cerebrum non**
uno genere: alios in aliud irritat, hos in inpotentiam, illos in
luxuriam; hos inflat, illos mollit et totos resolvit.
Eine ruhelose Sache ist das Glück, es treibt sich selbst um, erregt das
Gehirn auf nicht nur eine Weise: die einen reizt es zu diesem, die
anderen zu jenem, diese zur Unbeherrschtheit, jene zur Genußsucht;
diese macht es aufgeblasen, jene weichlich, und alle entkräftet es.

(nach M. Rosenbach)

SENECA, EPISTULAE MORALES 36, 1

790 **Hoc nos doce, beatum non esse eum, quem vulgus appellat,**
ad quem pecunia magna confluxit, sed eum, cui bonum omne in
animo est, erectum et excelsum et mirabilia calcantem, qui
neminem videt, cum quo se commutatum velit, qui hominem ea
sola parte aestimat, qua homo est.

Lehre uns folgendes: Glücklich ist nicht der, den das Volk so nennt, bei dem das große Geld zusammengeströmt ist; sondern jener, der all sein Gut in der Seele hat, aufrecht und hocherhoben und Bewundertes verachtend, der niemanden sieht, mit dem er den Platz tauschen wollte, der den Menschen allein danach einschätzt, wodurch er Mensch ist.

SENECA, EPISTULAE MORALES 45, 9

... *qua homo est*, qui natura magistra utitur, ad illius leges componitur, sic vivit, quomodo illa praescripsit, cui bona sua nulla vis excutit, qui mala in bonum vertit, certus iudicii, inconcussus, intrepidus, quem aliqua vis movet, nulla perturbat, quem fortuna, cum quod habuit telum nocentissimum vi maxima intorsit, pungit, non vulnerat, et hoc raro: nam cetera eius tela, quibus genus humanum debellatur, grandinis more dissultant, quae incussa tectis sine ulla habitatoris incommodo crepitat ac solvitur.

... wodurch er Mensch ist, der die Natur zur Lehrerin nimmt, nach ihren Gesetzen sich einrichtet, so lebt, wie sie es vorgeschrtieben hat, dem seine Güter keine Gewalt wegstoßen kann, der Schlechtes zum Guten wendet, sicher im Urteil, unerschütterlich, unerschrocken, den manche Gewalt bewegt, keine verwirrt, den das Schicksal, wenn es das schädlichste Geschoß, das es hat, mit aller Macht schleudert, ritzt, nicht verwundet, und das selten: denn seine übrigen Geschosse, mit denen es das Menschengeschlecht bekriegt, prallen wie Hagel ab, der, auf das Dach gefallen, ohne irgendeinen Schaden für den Bewohner prasselt und schmilzt.

(M. Rosenbach)

791 **Quotiens felicitatis et causa et initium fuit, quod calamitas vocabatur? quotiens magna gratulatione excepta res gradum sibi struxit in praeceps?**
Wie oft war Ursache und Beginn des Glückes, was als Unglück bezeichnet wurde? Wie oft hat ein Ereignis, obwohl mit Glückwunsch entgegengenommen, eine Stufe in den Abgrund geschaffen?

SENECA, EPISTULAE MORALES 110, 3

... *in praeceps et* aliquem iam eminentem adlevavit etiamnunc, tamquam adhuc ibi staret, unde tuto cadunt?

... in den Abgrund geschaffen und einen ohnehin schon erfolgreichen Menschen noch weiter erhoben, als ob er an einem Platz, von dem man mit Sicherheit abstürzt, einen festen Stand finden könnte?

(nach M. Rosenbach)

792 **Neminem adversa fortuna comminuit, nisi quem secunda decepit.**
Niemanden hat das Unglück je zerschmettert außer einem, den sein Glück getäuscht hat.

SENECA, CONSOLATIO AD HELVIAM MATREM 5

Numquam ego fortunae credidi, etiam cum videretur pacem agere, omnia illa, quae in me indulgentissime conferebat, pecuniam, honores, gratiam, eo loco posui, unde posset sine metu meo repetere. Intervallum inter illa et me magnum habui; itaque abstulit illa, non avulsit. *Neminem adversa fortuna comminuit, nisi quem secunda decepit.* Illi munera eius velut sua et perpetua amaverunt, qui se suscipi propter illa voluerunt, iacent et maerent, cum vanos et pueriles animos omnis solidae voluptatis ignaros falsa et mobilia oblectamenta destituunt. At ille, qui se laetis rebus non inflavit, nec mutatis contrahit. Adversus utrumque statum invictum animum tenet exploratae iam firmitatis; nam in ipsa felicitate, quid contra infelicitatem valeret, expertus est.

Niemals habe ich dem Schicksal getraut, auch wenn es anscheinend Frieden hielt. All das, was es mir gnädigst zufallen ließ, Geld, Auszeichnungen, Beliebtheit, wies ich an eine Stelle, von der es sich das, ohne daß es mich gestört hätte, wieder holen konnte. Den Abstand zwischen dem allen und mir hielt ich groß; daher brauchte es das Schicksal nur wegzunehmen, nicht loszureißen. Niemanden hat das Unglück je zerschmettert außer einem, den sein Glück getäuscht hat. Jene Leute, die dessen Gaben wie ihr ewiges Eigentum liebten, die derentwegen bewundert werden wollten, sind niedergeschlagen und traurig, weil ihrem eitlen, kindischen Sinn, der nicht weiß, was wahre Lust ist, ein nichtiges und flüchtiges Vergnügen entgeht. Der aber, der sich in erfreulichen Verhältnissen nicht bläht, gibt auch, wenn sie sich ändern, nicht klein bei. Für jede Lage hat er ein unerschütterliches Herz von schon erwiesener Stärke, denn mitten im Glück hat er, was gegen Unglück helfen kann, erprobt.

(G. Fink)

793 **Nulli fere et magna bona et diuturna contingunt; non durat nec ad ultimum exit nisi lenta felicitas.**
Niemandem fast werden zugleich große und dauernde Güter zuteil. Glück verweilt nicht und kommt erst am Ende mit Mühe zustande.

(G. Fink)

Seneca, Ad Marciam de consolatione 12

794 **Non temere incerta casuum reputat, quem fortuna numquam decepit.**
Nicht so leicht denkt an die Unwägbarkeiten des Zufalls, den das Glück nie getäuscht.

Livius, Ab urbe condita 30, 30, 11

Quod ad me attinet, iam aetas senem in patriam revertentem, unde puer profectus sum, iam secundae, iam adversae res ita erudierunt, ut rationem sequi quam fortunam malim; tuam et adulescentiam et perpetuam felicitatem, ferociora utraque quam quietis opus est consiliis, metuo. *Non temere ...*

(Hannibal zu Scipio:) Was mich anlangt, so haben mich nun das Leben, das mich als alten Mann in die Heimat zurückkehren sieht, aus der ich als Kind aufgebrochen bin, und auch das Unglück so erzogen, daß ich lieber der Vernunft folgen will als dem Glück; vor deinem jugendlichen Alter und deinem ewigen Glück – beide zu stürmisch für ruhige Entschlüsse, die hier nötig wären – graut mir. Nicht leicht bedenkt der die Unwägbarkeiten der Zufälle, den das Glück noch nie enttäuscht hat. (*202 v. Chr.*)

795 **Insita mortalibus natura recentem aliorum felicitatem acribus oculis introspicere modumque fortunae a nullis magis exigere, quam quos in aequo viderunt.**
Es liegt in der Natur des Menschen, den glücklichen Aufstieg anderer mit kritischen Augen zu betrachten und von niemandem eine größere Mäßigung im Glück zu verlangen als von denen, die man vorher als seinesgleichen gesehen hat.

Tacitus, Historiae 1, 20

At Caecina, velut relicta post Alpes saevitia ac licentia, modesto agmine per Italiam incessit. Ornatum ipsius municipia et coloniae in superbiam trahebant, quod versicolori sagulo, bracas, barbarum tegumen, indutus togatos adloqueretur. Uxorem quoque eius Saloninam, quamquam in nullius iniuriam insignis equo ostroque veheretur, tamquam laesi gravabantur, *insita mortalibus natura ...*

Caecina aber rückte, als hätte er Grausamkeit und Zügellosigkeit jenseits der Alpen gelassen, mit guter Marschdisziplin in Italien vorwärts. Seine persönliche Aufmachung – er pflegte nämlich in buntfarbigem Kriegsmantel und Hosen, dieser Barbarentracht, mit der Toga bekleidete Männer zu empfangen – legten Land- und Pflanzstädte als Hochmut aus. Auch über seine Gattin Salonina beschwerten sie sich: obwohl die Frau auf einem mit einer Purpurdecke geschmückten Perd stattlich daherritt und niemandem zu nahe trat, fühlten sich die Leute gewissermaßen verletzt; es liegt eben in der Natur des Menschen ...

(J. Borst – H. Hroß – H. Borst)

796 **Nullum numen habes, si sit prudentia: nos te,**
nos facimus, Fortuna, deam.
Keine göttliche Macht hättest du, wenn es Vernunft gäbe: wir sind
es, wir, die dich, Glück, zur Göttin machen.

(J. Adamietz)

JUVENAL, SATURAE 14, 315–316

797 **Quem felicitas amicum fecit, infortunium faciet inimicum.**
Wen dir nur das Glück zum Freund gemacht hat, den wird das Mißgeschick dir zum Feinde machen.

BOETHIUS, CONSOLATIO PHILOSOPHIAE 3, 5 P.

An praesidio sunt amici, quos non virtus, sed fortuna conciliat? Sed *quem felicitas amicum fecit, infortunium faciet inimicum.* Quae vero pestis efficacior ad nocendum quam familiaris inimicus?

Oder sind etwa Freunde, welche nicht die Tugend gewinnt, sondern das Glück, ein Schutz? Wen dir nur das Glück zum Freunde gemacht hat, den wird das Mißgeschick dir zum Feinde machen. Welche Seuche aber ist schädlicher als ein Feind, der dein Vertrauter war?

(E. Gegenschatz – O. Gigon)

glücklich sein 798 **Non est beatus, esse se qui non putat.**
Wer sich nicht glücklich fühlt, ist auch nicht glücklich.

(H. Beckby)

PUBLILIUS SYRUS, SENTENTIAE N 61

799 **Beatus dici nemo potest extra veritatem proiectus.**
Glücklich kann man keinen nennen, der von der Wahrheit weit
abgekommen ist.

(G. Fink)

SENECA, DE VITA BEATA 5

800 **Beatus est iudicii rectus; beatus est praesentibus, qualiacumque**
sunt, contentus amicusque rebus suis; beatus est is, cui omnem
habitum rerum suarum ratio commendat.
Glücklich ist, wer recht zu entscheiden weiß; glücklich ist, wer mit
seiner Lage, gleich wie sie sich darstellt, zufrieden und für seine Habe

dankbar ist; glücklich ist der, dem alle Lebensumstände die Vernunft erträglich macht.

(G. Fink)

Seneca, De vita beata 6

801 **Numquam credideris felicem quemquam ex felicitate suspensum. fragilibus innititur, qui adventicio laetus est: exibit gaudium, quod intravit.**

Glaube niemals, ein Mensch wäre glücklich, wenn er von seinem Glück abhängig ist. Auf brüchigen Grund baut, wer sich an Dingen erfreut, die von außen kommen: die Freude geht, wie sie gekommen ist.

(nach M. Rosenbach)

Seneca, Epistulae morales 98, 1

802 **Cognitionem rerum aut occultarum aut admirabilium ad beate vivendum necessariam ducimus.**

Wir halten die Erkenntnis verborgener und merkwürdiger Dinge für notwendig zum Glücklichleben.

Cicero, De officiis 1, 13

Inprimis hominis est propria veri inquisitio atque investigatio. Itaque cum sumus necessariis negotiis curisque vacui, tum avemus aliquid videre, audire, addiscere *cognitionem*que *rerum ... ducimus.* Ex quo intellegitur, quod verum, simplex sincerumque sit, id esse naturae hominis aptissimum.

Und vor allem ist dem Menschen die Suche und das Aufspüren der Wahrheit eigentümlich. Wenn wir deshalb unbeansprucht sind von notwendigen Geschäften oder Sorgen, begehren wir etwas zu sehen, zu hören, hinzuzulernen, und halten die Erkenntnis verborgener und merkwürdiger Dinge für nötig zum Glücklichleben. Daraus erkennt man, daß, was wahr, einfach und rein ist, der Natur des Menschen am gemäßesten ist.

(K. Büchner)

803 **Vivere, Gallio frater, omnes beate volunt, sed ad pervidendum, quid sit, quod beatam vitam efficiat, caligant.** ·   glücklich leben

Leben, mein Bruder Gallio, wollen alle im Glück, doch um zu erkennen, was das Leben glücklich macht, dafür sind sie blind.

(G. Fink)

Seneca, De vita beata 1

804 **Quid est vita beata? securitas et perpetua tranquillitas.**

Was ist das glückliche Leben? Sorgenlosigkeit und beständige innere Ruhe.

(M. Rosenbach)

Seneca, Epistulae morales 92, 3

805 **In hoc uno posita est beata vita, ut in nobis ratio perfecta sit.**
Allein auf dieser Voraussetzung beruht das glückliche Leben, daß in
uns die Vernunft vollkommen ausgebildet ist.

SENECA, EPISTULAE MORALES 92, 2

Si de hoc inter nos convenit, sequitur, ut de illo quoque conveniat, *in hoc positam esse
beatam vitam, ut ...*

Wenn wir darin einig sind, dann folgerichtig auch darin: Allein auf dieser Voraussetzung ...

(M. Rosenbach)

806 **Quid est ergo, in quo erratur, cum omnes beatam vitam optent?**
quod instrumenta eius pro ipsa habent et illam, dum petunt,
fugiunt. nam cum summa vitae beatae sit solida securitas et eius
inconcussa fiducia, sollicitudinis colligunt causas et per
insidiosum iter vitae non tantum ferunt sarcinas, sed trahunt: ita
longius ab effectu eius, quod petunt, semper abscedunt, et quo
plus operae impenderunt, hoc se magis impediunt et feruntur
retro. quod evenit in labyrintho properantibus: ipsa illos velocitas
implicat.
Was also ist es, worin man irrt, da doch alle ein glückliches Leben
wünschen? Daß sie die Mittel dazu für das Leben selber halten und,
während sie danach streben, vor ihm davonlaufen. Denn während der
Inbegriff glücklichen Lebens in fester Überlegenheit und unerschüt-
terlichem Vertrauen darauf besteht, sammeln sie Anlässe zu Beunruhigung, und auf dem gefahrvollen Lebensweg tragen sie nicht nur
Lasten, nein, sie schleppen sie förmlich: so entfernen sie sich immer
weiter von der Verwirklichung dessen, was sie erstreben, und je mehr
Mühe sie aufwenden, desto mehr behindern sie sich und werden
zurückgeworfen. So geht des den Menschen, die in einem Irrgarten in
Hast verfallen: eben diese Hast führt sie immer tiefer in die Irre.

(nach M. Rosenbach)

SENECA, EPISTULAE MORALES 44, 7

Glücksgefühl 807 **O quantum est hominum beatiorum,**
quid me laetius est beatiusve?
Viele glückliche Menschen mag es geben:
Wer ist glücklicher jetzt als ich und froher?

(W. Eisenhut)

CATULL, CARMINA 9, 10–11

808 **In maxima laetitia et exoptatissima gratulatione unum ad**
cumulandum gaudium conspectum tuum aut potius complexum
tuum defuisse adfirmo.
Bei all dem Jubel, all den zu Herzen gehenden Beglückwünschungen
hat mir doch eines gefehlt, um das Maß der Freude voll zu machen,

daß ich Dich sehen oder vielmehr in die Arme schließen konnte, kann
ich Dir versichern.

CICERO, AD ATTICUM 4, 1, 2 K.

Itaque hoc tibi vere adfirmo, *in maxima* ...

So kann ich Dir ganz aufrichtig versichern, bei all dem Jubel ... *(10. September 57 v. Chr.)*

(H. Kasten)

809 **Vir temperatus, constans, sine metu, sine aegritudine, sine**   Glückseligkeit
alacritate ulla, sine libidine nonne beatus?
Ist ein Mann, der maßvoll, beständig, ohne Angst, Kummer, Ausgelassenheit und Begierden ist, nicht glückselig?

CICERO, TUSCULANAE DISPUTATIONES 5, 48

Etenim – pro deorum atque hominum fidem! – parumne cognitum est superioribus nostris
disputationibus, an delectationis et oti causa locuti sumus sapientem et omni concitatione
animi, quam perturbationem voco, semper vacare, semper in animo eius esse
placidissimam pacem? *Vir* ille ... *nonne beatus?* At semper sapiens talis; semper igitur
beatus.

In der Tat, bei Göttern und Menschen, ist es denn in unseren früheren Unterhaltungen
nicht klar genug geworden oder haben wir bloß zu unserer Unterhaltung, und um uns die
Zeit zu vertreiben, festgestellt, daß der Weise von aller Unruhe der Seele, die ich
Leidenschaft nenne, immer frei sei und daß in seiner Seele immer der tiefste Friede
herrsche? Ist also ein Mann ... nicht glückselig? Aber der Weise ist immer von dieser Art.
Er ist also immer glückselig.

(O. Gigon)

810 **Omnis auctoritas philosophiae consistit in beata vita comparanda.**
Der Sinn der ganzen Philosophie besteht im Erlangen der Glückseligkeit.

CICERO, DE FINIBUS BONORUM ET MALORUM 5, 86–87.

'Audi igitur', inquit, 'Luci; tecum enim mihi instituenda oratio est. *Omnis auctoritas
philosophiae,* ut ait Theophrastus, *consistit in beata vita comparanda;* beate enim vivendi
cupiditate incensi omnes sumus, Hoc mihi cum tuo fratre convenit. Quare hoc videndum
est, possitne nobis hoc ratio philosophorum dare. Pollicetur certe.'

«Also hör nun zu, Lucius (Cicero)», begann er (*d. h.* M. Pupius Piso Calpurnius). «Denn
nun wird sich meine Rede an dich wenden. Der Sinn der ganzen Philosophie besteht, wie
Theophrast sagt, im Erlangen der Glückseligkeit. Denn von der Begierde nach dem
glückseligen Leben sind wir alle entflammt. Soweit bin ich mit deinem Vetter (Quintus)
einverstanden. Also haben wir zu prüfen, ob uns das Programm der Philosophen dies zu
verschaffen vermag. Sicherlich verspricht es uns dies.»

(O. Gigon – L. Straume-Zimmermann)

811 **Verum beatitudinis finem licet minime perspicaci, qualicumque**
tamen cogitatione prospicitis.
Mögt ihr auch das wahre Ziel der Glückseligkeit durchaus nicht
erkennen, so ahnt ihr es doch irgendwie in euren Gedanken.

BOETHIUS, CONSOLATIO PHILOSOPHIAE 3, 3 P.

Vos quoque, o terrena animalia, tenui licet imagine, verum tamen principium somniatis
*verum*que illum *beatitudinis finem licet minime perspicaci, qualicumque tamen cogitatione
prospicitis,* eoque vos et ad verum bonum naturalis ducit intentio et ab eodem multiplex
error abducit.

Auch ihr, irdische Geschöpfe, träumt, wenn auch unter einem dürftigen Bild, von eurem Ursprung, und mögt ihr auch dieses wahre Ziel der Glückseligkeit durchaus nicht erkennen, so ahnt ihr es doch irgendwie in euren Gedanken. Die Absicht eurer Natur führt euch dorthin und zum wahren Glück, und nur der vielgestaltige Irrtum lenkt euch davon ab.

(E. Gegenschatz – O. Gigon)

Glück – Verstand   812   **Fortuna in homine plus quam consilium valet.**
Mehr als Verstand vermag das Glück beim Menschen.

(H. Beckby)

PUBLILIUS SYRUS, SENTENTIAE F 27

Maßlosigkeit im Glück   813   **Cum omnia, quae excesserunt modum, noceant, periculosissima felicitatis intemperantia est: movet cerebrum, in vanas mentem imagines evocat, multum inter falsum et verum mediae caliginis fundit.**
Wenngleich alles, was das rechte Maß überschreitet, Schaden bringt, ist doch am gefährlichsten die Maßlosigkeit im Glück: Sie verwirrt den Verstand, sie verlockt das Herz zu eitlen Phantasien, sie verbreitet dichtes Dunkel, das Falsches und Wahres nicht mehr trennen läßt.

(G. Fink)

SENECA, DE PROVIDENTIA 4

814   PAMPHILUS: **O fortuna, ut numquam perpetua es bona!**
PA. Hohes Glück, wie bist du doch so wandelbar!

(J. J. Donner)

TERENZ, HECYRA 406

815   **Fortuna sua mobilitate, quem paulo ante extulerat, demergere est adorta.**
In seiner Wandelbarkeit begann das Geschick zu stürzen, den es eben noch erhoben hatte.

CORNELIUS NEPOS, VITA DIONIS 6, 1

Has tam prosperas tamque inopinatas res consecuta est subita commutatio, quod *fortuna ...*

Nach den unerwarteten Erfolgen trat ein plötzlicher Umschwung ein: in seiner Wandelbarkeit ...

(H. Färber)

Unglück   816   EPIDICUS: **In te irruont montes mali.**
EP. Bergähnlich stürzt
Das Unglück über dich.

(W. Binder – W. Ludwig)

PLAUTUS, EPIDICUS 84

817 **Tunc demum videas philosophantis metu et aegrae fortunae sana consilia. nam quasi ista inter se contraria sint, bona fortuna et mens bona, ita melius in malis sapimus, secunda rectum auferunt.**
Da schließlich kannst du sehen, wie sie philosophieren – aus Angst –, und wie aus bedrohlicher Lebenssituation vernünftige Entscheidungen erwachsen. Denn als ob diese Dinge zueinander im Gegensatz stünden – Glück und Verstand –, kommen wir auf diese Weise im Unglück zur Einsicht, Glück nimmt uns den rechten Weg.

(M. Rosenbach)

SENECA, EPISTULAE MORALES 94, 74

818 **Omnia, ad quae gemimus, quae expavescimus, tributa vitae sunt: horum, mi Lucili, nec speraveris inmunitatem nec petieris.**
Alles, worüber wir seufzen, wovor wir erbeben, ist Tribut des Lebens: davon, mein Lucilius, solltest du Freistellung weder erhoffen noch erstreben.

(M. Rosenbach)

SENECA, EPISTULAE MORALES 96, 2

819 **Humani generis mores tibi nosse volenti**   unglücklich sein
sufficit una domus; paucos consume dies et
dicere te miserum, postquam illic veneris, aude.
Willst du die Sitten des Menschengeschlechts kennenlernen,
genügt dir dieses Haus (*sc.* das Polizeipräsidium); verbringe dort wenige Tage
und wage, wenn du von dort kommst, dich unglücklich zu nennen!

(J. Adamietz)

JUVENAL, SATURAE 13, 159–161

820 **Non est beatus, esse se qui non putat.**
Nicht ist glücklich, wer da meint, er sei es nicht.

(nach M. Rosenbach)

PUBLILIUS SYRUS N 61, BEI SENECA, EPISTULAE MORALES 9, 21

821 **Miser est, qui se non beatissimum iudicat, licet imperet mundo.**
Unglücklich ist, wer sich nicht für überaus glücklich hält, und mag er die Welt beherrschen.

(M. Rosenbach)

SENECA, EPISTULAE MORALES 19, 20

822 **Inter multa magnifica Demetrii nostri et haec vox est, a qua recens sum (sonat adhuc et vibrat in auribus meis): 'Nihil', inquit, 'mihi videtur infelicius eo, cui nihil umquam evenit adversi.'**

Unter vielen großen Worten unseres Freundes Demetrius ist auch der folgende Ausspruch, den ich eben erst gehört habe – noch klingt er hell in meinen Ohren nach: «Nichts», sprach er, «scheint mir unglücklicher als einer, dem nie irgend etwas Widriges zugestoßen ist.»

(G. Fink)

Demetrius bei Seneca, De providentia 3

Fassung im Unglück

823 **Vidimus aliquotiens secundam pulcherrime te ferre fortunam magnamque ex ea re te laudem apisci; fac aliquando intellegamus adversam quoque te aeque ferre posse neque id maius, quam debeat tibi onus videri, ne ex omnibus virtutibus haec una tibi videatur desse.**

Oft genug haben wir es erlebt, wie Du das Glück mit Anstand zu tragen wußtest und dies Verhalten Dir viel Lob eintrug; laß jetzt einmal sehen, daß Du auch ein Unglück ebenso gefaßt zu tragen vermagst und Dich diese Last nicht schwerer als unvermeidlich drückt, damit es nicht so aussieht, als fehlte Dir von allen Tugenden gerade diese eine.

Ser. Sulpicius bei Cicero, Ad familiares 4, 5, 6 K.

Plura me ad te de hac re scribere pudet, ne videar prudentiae tuae diffidere. Quare, si hoc unum proposuero, finem faciam scribendi: *Vidimus* ...

Ich scheue mich, Dir noch mehr über dieses Thema zu schreiben; es könnte so aussehen, als mißtraute ich Deiner eigenen Klugheit. So will ich nur noch dies eine zu bedenken geben und dann die Feder aus der Hand legen. Oft genug haben wir ... *(März 45 v. Chr.)*

(H. Kasten)

Unglück ertragen

824 **Optime certe illos imitabere, qui se ceteris exaequari hominibus non iniuriam, sed ius mortalitatis iudicaverunt tuleruntque nec nimis acerbe et aspere, quod acciderat, nec molliter et effeminate. Nam et non sentire mala sua non est hominis, et non ferre non est viri.**

Gewiß wirst Du es sehr wohl denen gleichtun, die ihre Gleichstellung mit den übrigen Menschen nicht für ein Unrecht, sondern für ihren Anteil an der Sterblichkeit hielten und, was ihnen zustieß, weder allzu verbittert und ergrimmt ertrugen noch weichlich und weibisch. Denn sein Unglück nicht zu empfinden ist unmenschlich, es nicht zu ertragen, unmännlich.

Seneca, Ad Polybium de consolatione 17

Optime certe illos imitabere, qui cum indignari possent non esse ipsos exsortes huius mali, tamen in hoc uno *se ceteris exaequari* . .

Gewiß wirst Du es sehr wohl denen gleichtun, die, obschon sie es unwürdig finden konnten, solchem Unglück nicht enthoben zu sein, trotzdem ihre Gleichstellung mit den übrigen Menschen in diesem einen Punkt nicht für ein Unrecht ...

(G. Fink)

825 **Ignosces mihi de me ipso aliquid praedicanti; quarum enim tu**   Ablenkung
rerum cogitatione nos levare aegritudine voluisti, earum etiam
commemoratione lenimur. Itaque, ut mones, quantum potero, me
ab omnibus molestiis et angoribus abducam transferamque
animum ad ea, quibus secundae res ornantur, adversae
adiuvantur.

Sei mir nicht böse, wenn ich mich selbst ein wenig beweihräuchere.
Es war ja Dein Wunsch, daß ich an diese Dinge denken sollte, um mir
meinen Gram zu erleichtern, und so werde ich auch ruhiger, wenn ich
davon rede. Also ich werde auf Deine Mahnungen hören, mich, so gut
ich kann, von allen Beschwerlichkeiten und Beklemmungen ablenken,
meinen Geist auf die Dinge richten, die uns das Glück verschönen und
das Unglück leichter machen. *(März 45 v. Chr.)*

(H. Kasten)

CICERO, AD FAMILIARES 5, 14 (13), 5 K. (AD L. LUCCEIUM)

826 **Unum habet assidua infelicitas bonum, quod, quos semper vexat,**   beständiges
novissime indurat.   Unglück

Ein Gutes hat beständiges Unglück: die es stets heimsucht, härtet es
schließlich ab

(G. Fink)

SENECA, AD HELVIAM MATREM DE CONSOLATIONE 2

Freiheit

827 COLAPHUS: **Omnis profecto liberi lubentius**   Freiheit
sumus quam servimus.

Co. Sind wir alle doch
Weit lieber frei als in der Sklaverei.

(W. Binder – W. Ludwig)

PLAUTUS, CAPTIVI 119–120

828 **Libertas iuxta bonis et malis, strenuis atque ignavis optabilis est,**
verum eam plerique metu deserunt.

Freiheit ist ebenso Guten wie Bösen, Tüchtigen wie Trägen wünschenswert, aber die meisten geben sie aus Furcht preis.

SALLUST, EPISTULAE AD CAESAREM SENEM DE RE PUBLICA 2, 11, 4

... *deserunt.* stultissimi mortales, quod in certamine dubium est, quorsum accidat, id per
inertiam in se quasi victi recipiunt.

... preis. Dumm, wie sie sind, nehmen diese Menschen aus Trägheit auf sich, wovon
während des Streites noch ungewiß ist, wie es ausgeht, und geben sich geschlagen.

(W. Eisenhut – J. Lindauer)

829   Quisnam igitur liber? sapiens, sibi qui imperiosus,
      quem neque pauperies neque mors neque vincula terrent,
      responsare cupidinibus, contemnere honores
      fortis, et in se ipso totus, teres atque rotundus,
      externi nequid valeat per leve morari,
      in quem manca ruit semper fortuna. potesne
      ex his ut proprium quid noscere?
      Wer ist denn also frei? Der Weise, der sich selbst beherrscht, den
      Armut, Kerker, Tod nicht schrecken kann, der auch die Kraft hat, den
      Begierden Trotz zu bieten und alle Ehren zu verachten, der in dem
      eignen Ich Genüge findet, wie eine Kugel gedreht und gerundet, an
      deren glatter Fläche nichts von außen haften bleibt, so daß das Schick-
      sal machtlos ihn bestürmt. Kannst du in diesem Bild etwas erkennen,
      das dein eigen?

      (H. Färber – W. Schöne)

      HORAZ, SERMONES 2, 7, 83–89

830   Cui peccare licet, peccat minus; ipsa potestas
           Semina nequitiae languidiora facit.
      Der, dem's zu fehlen erlaubt, fehlt weniger: grade die Freiheit
           Nimmt des unnützen Tuns Keimen die treibende Kraft.

      (W. Marg – R. Harder)

      OVID, AMORES 3, 4, 9–10

831   Libertas proposita est; ad hoc praemium laboratur. quae sit
      libertas, quaeris? nulli rei servire, nulli necessitati, nullis casibus,
      fortunam in aequum deducere. quo die illa me intellexero plus
      posse, nil poterit.
      Freiheit ist das Ziel; um diesen Preis wird gerungen. Was ist Freiheit,
      fragst du? Keiner Sache als Sklave zu dienen, keiner Notwendigkeit,
      keinen Zufällen, das Schicksal auf die gleiche Ebene zu führen. An
      dem Tage, da ich erkenne, ich bin stärker, vermag es nichts.

      (M. Rosenbach)

      SENECA, EPISTULAE MORALES 51, 9

832   An quisquam est alius liber, nisi ducere vitam
      cui licet, ut libuit. licet, ut volo, vivere.
      Aber wer sonst wäre frei, als wer nach Wunsche sein Leben
      Zubringen darf? Nun darf, wie ich will, ich leben.

      (O. Seel)

      PERSIUS, SATURAE 5, 83–84

833 **Quid interest, quot domini sint? servitus una est: hanc qui contempsit, in quantalibet turba dominantium liber est.**

Was macht es schon für einen Unterschied, wie viele Herrscher es sind? Knechtschaft gibt es nur eine: wer sie verachtet, ist inmitten einer noch so großen Schar von Machthabern ein freier Mensch.

SENECA, EPISTULAE MORALES 28, 8

'Triginta', inquis, 'tyranni Socratem circumsteterunt nec potuerunt animum eius infringere.' *quid interest* ...

«Dreißig Tyrannen», sagst du, «umstanden den Sokrates und konnten seine Seele nicht zerbrechen.» Was macht es ...

(nach M. Rosenbach)

834 **Libertas quoniam nulli iam restat amanti:**
　　Nullus liber erit, si quis amare volet.

Freiheit wird ja nun einmal nie einem Liebenden bleiben:
　　keiner ist Herr seiner selbst, wenn er zu lieben begehrt.

(W. Willige)

PROPERZ, ELEGIAE 2, 23, 23–24

835 **Quaero causas omnis aliquando vivendi arbitratu meo teque et istam rationem otii tui et laudo et probo.**　　**Unabhängigkeit**

Ich suche nach allen möglichen Gründen, um endlich einmal nach eigenem Gutdünken leben zu können, und preise und beneide Dich und Deine Art, die Freizeit zu genießen. *(September 55 v. Chr.)*

(H. Kasten)

CICERO, AD FAMILIARES 7, 1, 5 K. (AD M. MARIUM)

836 **Nempe**
tu, mihi qui imperitas, aliis servis miser atque
duceris ut nervis alienis mobile lignum.

Du bist ja doch mein Herr und mußt zu deinem Unglück wieder anderen dienen; wie eine bewegliche Holzfigur bewegst du dich, die eine fremde Hand am Faden zieht.

(H. Färber – W. Schöne)

HORAZ, SERMONES 2, 7, 80–82

837 **Temporibus parere omnes πολιτικοὶ (politikoì) praecipiunt.**　　**Anpassung**

Sich den Zeitverhältnissen anzupassen befürworten alle, die sich in der Politik auskennen.

CICERO, AD ATTICUM 12, 56 (51), 2 K.

Epistulam ad Caesarem mitti video tibi placere. Quid quaeris? Mihi quoque idem maxime placuit, et eo magis, quod nihil est in ea, nisi optimi civis, sed ita optimi, ut *tempora*, quibus *parere omnes πολιτικοὶ (politikoì) praecipiunt*; sed scis ita nobis visum, ut isti ante legerent. Tu igitur id curabis; sed nisi plane iis intelleges placere, mittenda non est, id autem utrum illi sentiant anne simulent, tu intelleges. Mihi simulatio pro repudiatione fuerit; τοῦτο δὲ μηλώσῃ (toûto dè melóse).

Mit der Absendung meiner Denkschrift für Caesar bist Du also einverstanden. Natürlich; auch ich bin sehr damit einverstanden, und das um so mehr, als nichts darin steht, was ein guter Staatsbürger nicht sagen darf, nur mit der Einschränkung, daß ich den Zeitverhältnissen Rechnung trage, denen sich anzupassen alle befürworten, die sich mit der Politik auskennen. Aber wie Du weißt, haben wir es für gut geraten gehalten, sie den beiden (*i. e.* Balbus und Oppius) vorher zu lesen zu geben; also nimm das in die Hand! Merkst Du, daß sie nicht ganz einverstanden sind, dann darf sie nicht abgeschickt werden. Falls sie nichts auszusetzen haben, wirst Du herausfühlen, ob sie wirklich so denken oder nur so tun. Mir müßte geheucheltes Einverständnis als Ablehnung gelten. Das wirst Du sondieren. *(20. Mai 45 v. Chr.)*

(H. Kasten)

Sklavensinn

838 **Tu nihil admittes in te formidine poenae:**
sit spes fallendi, miscebis sacra profanis.
Du, Sklave, wirst dich schuldfrei halten, weil du die Strafe fürchtest. Winkt dir etwa die Aussicht, unentdeckt zu bleiben, dann wird dir nichts mehr heilig sein!

Horaz, Epistulae 1, 16, 53–56

... *sacra profanis.* nam de mille fabae modiis cum surripis unum, damnum est, non facinus mihi pacto lenius isto.

... wird dir nichts mehr heilig sein. Denn, glaube nur, wenn du von tausend Scheffeln Bohnen nur einen entwendest, so ist auf diese Art zwar mein Verlust für mich erträglich, nicht aber dein Vergehen.

(H. Färber – W. Schöne)

Herr seiner Entschlüsse

839 **Vos vestrorum estis consiliorum rerumque domini.**
Ihr seid Herren eurer Beschlüsse und eures Eigentums.

(E. Brandt – W. Ehlers)

Apuleius, Metamorphoses 7, 9, 6

---

840 **Sunt ea tempora, ut certi nihil esse possit, quid honestum mihi sit,**
quid liceat, quid expediat.
Die Zeitumstände sind ja so, daß ich nicht mit Sicherheit sagen kann, was meine Ehre erfordert, wieweit ich Herr meiner Entschlüsse bin, was meine Interessen gebieten. *(15 April 44 v. Chr.)*

(H. Kasten)

Cicero, Ad Atticum 14, 7, 2 K.

---

freies Denken

841 **Nolite existumare maiores nostros armis rem publicam ex parva**
magnam fecisse... . Alia fuere, quae illos magnos fecere, quae nobis
nulla sunt: domi industria, foris iustum imperium, animus in
consulundo liber, neque delicto neque lubidini obnoxius.
Denkt nicht, unsere Vorfahren hätten ihren kleinen Staat nur mit Waffen groß gemacht! ... Nein, es sind andere Kräfte gewesen, die sie groß gemacht haben, die uns völlig fehlen: in der Heimat Strebsamkeit, auswärts gerechte Herrschaft, bei Beratungen ein freies Denken, nicht verstrickt in Schuld und Leidenschaft.

(W. Eisenhut – J. Lindauer)

Sallust, Catilinae coniuratio 52, 19. 21

842 **Inaestimabile bonum est suum fieri.**
Es ist ein unschätzbares Gut, Eigentum seiner selbst zu werden.

(nach M. Rosenbach)

SENECA, EPISTULAE MORALES 75, 18

*sich selbst
gehören*

Vollkommenheit

843 **Multa ante temptes, quam virum invenias bonum.**
Lang suchst du, bis du einen Guten findest.

(H. Beckby)

PUBLILIUS SYRUS, SENTENTIAE M 63

guter Mensch

844 **Persuadebo tibi, ne umquam boni viri miserearis: potest enim
miser dici, non potest esse.**
Ich werde dich dazu überreden, nie einen guten Menschen zu bedauern; er kann nämlich nur bedauernswert genannt werden; sein kann
er es nicht.

(G. Fink)

SENECA, DE PROVIDENTIA 3

845 **Explica atque excute intellegentiam tuam, ut videas, quae sit in ea
species et notio viri boni. Cadit ergo in virum bonum mentiri
emolumenti sui causa, criminari, praeripere, fallere? Nihil
profecto minus.**
Entfalte und prüfe deine Vorstellung, damit du siehst, welches in ihr
das Ideal und der Begriff eines «guten Mannes» ist. Paßt es also zu
einem guten Mann, seines Vorteils wegen zu lügen, zu verleumden,
jemandem etwas wegzufischen, einen zu täuschen? Nichts in der Tat
weniger!

(K. Büchner)

CICERO, DE OFFICIIS 3, 81

guter Mann

846 **Magna est vis humanitatis; multum valet communio sanguinis.**
Das Band der Menschlichkeit ist stark; viel vermag die Gemeinschaft
des Blutes.

CICERO, PRO SEX. ROSCIO AMERINO 63

Menschlichkeit

... *sanguinis*; ... portentum atque monstrum certissimum est esse aliquem humana specie
et figura, qui tantum immanitate bestias vicerit, ut, propter quos hanc suavissimam lucem
aspexerit, eos indignissime luce privarit, cum etiam feras inter sese partus atque educatio
et natura ipsa conciliet.

... *des Blutes*. Es ist das sicherste Unglückszeichen und Merkmal böser Vorbedeutung,
wenn jemand in menschlicher Erscheinung und Gestalt die wilden Tiere so sehr an Roheit
übertrifft, daß er díe auf schmachvollste Weise des Lichtes beraubt, denen er den Anblick
dieses so lieblichen Lichtes verdankt. Denn auch bei den wilden Tieren pflegen Geburt
und Aufzucht und das Naturgesetz selbst die Artgenossen zu verbinden.

(M. Fuhrmann)

847 **Humanitas vetat superbum esse adversus socios, vetat avarum:
verbis, rebus, adfectibus comem se facilemque omnibus praestat:
nullum alienum malum putat, bonum autem suum ideo maxime,
quod alicui bono futurum est, amat.**
Die Menschlichkeit verbietet es, hochmütig zu sein gegenüber den
Mitmenschen, verbietet es, geizig zu sein: mit Worten, Taten, Gefühlen
erweist sie sich allen als freundlich und zugänglich: kein Unglück
empfindet sie als sie nichts angehend, das Gute, das ihr eignet, liebt
sie deswegen am meisten, weil es jemandem zugute kommen wird.

(M. Rosenbach)

SENECA, EPISTULAE MORALES 88, 30

848 **Interim, dum trahimus, dum inter homines sumus, colamus
humanitatem; non timori cuiquam, non periculo simus;
detrimenta, iniurias, convicia, vellicationes contemnamus et
magno animo feramus incommoda: dum respicimus, quod aiunt,
versamusque nos, iam mortalitas aderit.**
Solange wir noch Atem holen, solange wir noch unter Menschen sind,
laß Menschlichkeit uns üben, keinen schrecken, keinen gefährden!
Schädigungen, Unrecht, Streit und Stichelei laß uns verachten und
hochgemut die kurze Unbill tragen! Während wir uns, wie es im
Sprichwort heißt, umsehen und umdrehen, ist unsere Stunde schon
da.

(G. Fink)

SENECA, DE IRA 3, 43

**Verlust der
Menschlichkeit**

849 **Cum omnibus horis aliquid atrociter fieri videmus aut audimus,
etiam qui natura mitissimi sumus, adsiduitate molestiarum
sensum omnem humanitatis ex animis amittimus.**
Wenn wir zu jeder Stunde sehen und hören, daß etwas Grausiges
geschieht, dann mögen wir die mildeste Sinnesart haben: unser Herz
verliert, wenn die bedrückenden Ereignisse sich ständig wiederholen,
jegliches Empfinden für Menschlichkeit.

(M. Fuhrmann)

CICERO, PRO SEX. ROSCIO AMERINO 154

sittlich Gutes

850 **Omne honestum voluntarium est. admisce illi pigritiam,
querelam, tergiversationem, metum: quod habet in se optimum,
perdidit, sibi placere.**
Alles sittlich Gute ist freiwillig. Mische ihm Faulheit, Klage, Ausflucht,
Furcht bei: damit hat es zugrunde gerichtet, was es als Bestes in sich
hat: mit sich selbst einverstanden zu sein.

(nach M. Rosenbach)

SENECA, EPISTULAE MORALES 66, 16

851 'Quid consequar', inquit, 'si hoc fortiter, si hoc grate fecero?' quod   Lohn der
sittlichen Tat
feceris; nihil tibi extra promittitur. si quid commodi forte
obvenerit, inter accessiones numerabis. rerum honestarum
pretium in ipsis est.
«Was werde ich erreichen», heißt es, «wenn ich dies tapfer, wenn ich
das dankbar tue?» Daß du es getan hast; nichts wird dir darüber hinaus
versprochen. Wenn dir zufällig ein Vorteil erwächst, kannst du ihn als
Zugabe betrachten. Der Wert sittlicher Dinge besteht in ihnen selbst.

(nach M. Rosenbach)

Seneca, De beneficiis 4, 1, 3

852 Tyndarus: **Qui per virtutem peritat, non interit.**   Tugend
Ty. Wer um der Tugend willen untergeht, geht nicht zugrunde.

(W. Binder – W. Ludwig)

Plautus, Captivi 690

Möglicherweise: Qui per virtutem peri*clitatur* ... – Wer sich der Tugend wegen in Gefahr
begibt ...

853 **In iustitia virtutis splendor est maximus, ex qua viri boni**   Vollkommenheit
nominantur, et huic coniuncta beneficentia, quam eandem vel
benignitatem vel liberalitatem appellari licet.
Bei der Gerechtigkeit ist der Glanz der Vollkommenheit am größten,
auf Grund deren man den Namen eines guten Mannes erhält, und ihr
verbunden ist das Wohltun, das man ebenso entweder Freigebigkeit
oder Großzügigkeit nennen darf.

Cicero, De officiis 1, 20

De tribus autem reliquis latissime patet ea ratio, qua societas hominum inter ipsos et vitae
communitas continetur; cuius partes duae: *iustitia, in qua virtutis splendor* ...

Was die drei übrigen (Gebiete) anlangt, so erstreckt sich am weitesten das Gefüge, in dem
die Gesellschaft der Menschen untereinander und die Gemeinschaft des Lebens ihren Halt
findet. Es hat drei Teile: die Gerechtigkeit, bei der der Glanz ... am größten ist, ...

(K. Büchner)

854 **Omnis in modo est virtus. modo certa mensura est: constantia non**   sittliche
Vollkommenheit
habet, quo procedat, non magis quam fiducia aut veritas aut fides
quid accedere perfecto potest? nihil, aut perfectum non erat, cui
accessit: ergo ne virtuti quidem, cui si quid adici potest, defuit.
Alle sittliche Vollkommenheit besteht im Maß. Maß hat eine bestimmte
Begrenzung: Standhaftigkeit hat keine Möglichkeit, sich weiterzuent-
wickeln, ebensowenig wie Vertrauen oder Wahrheitsliebe oder Verläßlichkeit. Was kann zum Vollkommenen hinzukommen? Nichts, oder es
war nicht vollkommen, wozu es hinzukam: also erst recht die sittliche
Vollkommenheit – wenn ihr etwas hinzugefügt werden kann, hat es
ihr daran gefehlt.

(nach M. Rosenbach)

Seneca, Epistulae morales 66, 9

855 **Quemadmodum lana quosdam colores semel ducit, quosdam nisi saepius macerata et recocta non perbibit, sic alias disciplinas ingenia, cum accepere, protinus praestant: haec, nisi alte descendit et diu sedit et animum non coloravit, sed infecit, nihil ex iis, quae promiserat, praestat.**
Wie Wolle manche Farben auf einmal annimmt, manche, wenn sie nicht öfter gewalkt und aufgekocht wird, nicht aufsaugt, so leistet der Geist die einen Fähigkeiten, wenn er sie aufgenommen hat, sofort: die sittliche Vollkommenheit hingegen leistet, wenn sie nicht tief einge-drungen ist, sich lange festgesetzt hat und die Seele nicht bloß ange-färbt, sondern tief durchtränkt hat, nichts von dem, was sie verspro-chen hatte.
(nach M. Rosenbach)
SENECA, EPISTULAE MORALES 71, 31

856 **Nulla virtus latet, et latuisse non ipsius est damnum: veniet qui conditam et saeculi sui malignitate compressam dies publicet. paucis natus est, qui populum aetatis suae cogitat. multa annorum milia, multa populorum supervenient: ad illa respice.**
Keine sittliche Vollkommenheit bleibt verborgen, und verborgen gewesen zu sein ist für sie kein Schade: kommen wird der Tag, der sie, obwohl sie durch ihres Zeitalters bösen Willen verborgen und unter-drückt blieb, in das öffentliche Bewußtsein rückt. Für wenige ist geboren, wer nur an das Volk seiner eigenen Lebenszeit denkt. Viele Tausende von Jahren, viele Tausende von Völkern werden später kommen: auf sie richte deinen Blick!
(nach M. Rosenbach)
SENECA, EPISTULAE MORALES 79, 17

857 **Virtus suadet praesentia bene conlocare, in futurum consulere, deliberare et intendere animum: facilius intendet explicabitque, qui aliquem sibi adsumpserit.**
Die sittliche Vollkommenheit rät, sich auf die Gegenwart richtig ein-zustellen, für die Zukunft zu sorgen, nachzudenken und den Willen anzustrengen: leichter wird ihn anstrengen, wer einen anderen hinzu-zieht.
(M. Rosenbach)
SENECA, EPISTULAE MORALES 109, 15

Weisheit

858 **LACHES: Istuc sapere est, qui, ubi quomque opus sit, animum possit flectere.**
quod faciendum sit post fortasse, idemst, hoc nunc si fecerit.

La. Das nenn' ich weise, wenn man sich bezwingen kann, wo's nötig ist,
Und gleich von selbst tut, was vielleicht doch späterhin geschehen muß.

(J. J. Donner)

TERENZ, HECYRA 608–609

859 Princeps omnium virtutum illa sapientia, quam σοφίαν (sophían) Graeci vocant – prudentiam enim, quam Graeci φρόνησιν (phrónesin) dicunt, aliam quandam intellegimus, quae est rerum expetendarum fugiendarumque scientia: illa autem sapientia, quam principem dixi, rerum est divinarum et humanarum scientia, in qua continetur deorum et hominum communitas et societas inter ipsos; ea si maxima est, ut est, certe necesse est, quod a communitate ducatur officium, id esse maximum.
Die Fürstin aller Tugenden ist jene Weisheit, die die Griechen σοφία (sophía) nennen – denn unter «Klugheit», *prudentia*, die die Griechen φρόνησις (phrónesis) heißen, verstehen wir eine andere, das Wissen von den erstrebenswerten und zu meidenden Dingen: jene Weisheit aber, die ich die Fürstin nannte, ist das Wissen um die göttlichen und menschlichen Dinge, in dem beschlossen liegt der Götter und Menschen Gemeinschaft und Gesellschaft untereinander selber. Wenn diese von der größten Bedeutung ist, wie sie es wirklich ist, ist es sicherlich notwendig, daß die Pflicht, die sich von der Gemeinschaft ableitet, am wichtigsten ist.

(K. Büchner)

CICERO, DE OFFICIIS 1, 153

860 Nisi per te sapias, frustra sapientem audias.
Vergebens hört der Tor der Weisen Lehre.

(H. Beckby)

PUBLILIUS SYRUS, SENTENTIAE N 51

861 Vis recte vivere – quis non? –:
Si vitiis hoc una potest dare, fortis omissis
hoc age deliciis.
Du strebst – wer tut es nicht? – nach dem Glück des Lebens:
findest du, daß sittliche Weisheit allein es gewähren kann, so betritt entschlossen den Weg,
unbeirrt durch Lockungen des Genusses.

(W. Schöne – H. Färber)

HORAZ, EPISTULAE 1, 6, 29–31

862   **Chrysippus ait sapientem nulla re egere, et tamen multis rebus illi opus esse: 'contra stulto nulla re opus est; nulla enim re uti scit, sed omnibus eget.'**

Chrysipp sagt, der Weise entbehre nichts, und dennoch habe er viele Dinge nötig: «Der Törichte dagegen hat nichts nötig; er weiß nämlich nichts zu gebrauchen, doch entbehrt er alles:»

CHRYSIPP, FR. MOR. 674, BEI SENECA, EPISTULAE MORALES 9, 14

... *omnibus eget.* . sapienti et manibus et oculis et multis ad cotidianum usum necessariis opus est, eget nulla re: egere enim necessitatis est, nihil necesse sapienti est.

... doch entbehrt er alles. Der Weise hat Hände und Augen und viele für den täglichen Gebrauch bestimmte Dinge nötig, er entbehrt nichts; zu entbehren ist nämlich ein Zeichen des Mangels, dem Weisen aber mangelt es an nichts.

(nach M. Rosenbach)

863   **Nihil invitus facit sapiens. necessitatem effugit, quia vult, quod coactura est.**

Der Weise tut nichts gegen seinen Willen. Er entzieht sich der Notwendigkeit, weil er will, wozu sie ihn zwingen wird.

(nach M. Rosenbach)

SENECA, EPISTULAE MORALES 54, 7

864   **Quid est, quare existimem non futurum sapientem eum, qui litteras nescit, cum sapientia non sit in litteris? res tradit, non verba, et nescio an certior memoria sit, quae nullum extra se subsidium habet.**

Welchen Grund gibt es für mich zu meinen, wer die Buchstaben nicht kennt, werde nicht weise sein, obwohl sich die Weisheit nicht in den Buchstaben befindet? Handlungen vermittelt sie, nicht Worte, und vielleicht ist ein Gedächtnis zuverlässiger, das keine Stütze außerhalb seiner selbst besitzt.

(nach M. Rosenbach)

SENECA, EPISTULAE MORALES 88, 32

865   **Puto multos potuisse ad sapientiam pervenire, nisi putassent se pervenisse, nisi quaedam in se dissimulassent, quaedam opertis oculis transiluissent. Non est enim, quod magis aliena iudices adulatione nos perire quam nostra.**

Ich glaube, viele hätten zum Besitz der Weisheit gelangen können, wenn sie sich nicht bereits in ihrem Besitz geglaubt hätten, wenn sie nicht bestimmte Dinge geflissentlich übersehen und vor ihnen die Augen verschlossen hätten. Du darfst nämlich nicht glauben, wir würden eher durch fremde Schmeichelei verdorben als durch eigene.

(G. Fink)

SENECA, DE TRANQUILLITATE ANIMI 1

866 **Solet plus prodesse, si pauca praecepta sapientiae teneas, sed illa** **Weisheitslehren**
in promptu tibi et in usu sint, quam si multa quidem didiceris, sed
illa non habeas ad manum.

Es nützt in der Regel mehr, wenn du wenige Vorschriften der Weisheit
einhältst, sie dir aber gegenwärtig sind und zur Verfügung stehen, als
wenn du zwar viel gelernt hast, es aber nicht zur Hand hast.

Seneca, De beneficiis 7, 1, 3

Egregie dicere Demetrius Cynicus, vir meo iudicio magnus, etiam si maximis comparetur:
solet ...

Hervorragend sagte das der Kyniker Demetrius, ein meiner Meinung nach bedeutender
Mann, auch wenn ihn mit den bedeutendsten vergleicht: Es nützt ...

(nach M. Rosenbach)

Verwirklichung

Persönlichkeitsentfaltung

Autarkie

867 **Qui se habet, nihil perdidit: sed quoto cuique habere se contingit?**
Wer sich besitzt, hat nichts verloren: Aber wie wenigen gelingt es, sich zu besitzen?

SENECA, EPISTULAE MORALES 42, 10

Circumspice ista, quae nos agunt in insaniam, quae cum plurimis lacrimis amittimus: scies non damnum in his molestum esse, sed opinionem damni. nemo illa perisse sentit, sed cogitat. *qui se habet* ...

Sieh rings das, was uns zum Wahnsinn treibt, war wir unter vielen Tränen verlieren, und du wirst wissen, daß bei diesen Dingen nicht der Verlust belastend ist, sondern die Vorstellung von Verlust. Niemand empfindet, daß es verloren ist, sondern er denkt es. Wer sich ...

(nach M. Rosenbach)

**Überein-
stimmung mit
sich selbst**

868 **Hunc (bonum) te prospicio, si perseveraveris et incubueris et id egeris, ut omnia facta dictaque tua inter se congruant ac respondeant sibi et una forma percussa sint. Non est huius animus in recto, cuius acta discordant.**
Als Guten in meinem Sinne sehe ich dich an, wenn du beharrlich bleibst, nicht nachgibst und dafür sorgst, daß alle deine Taten und Worte miteinander übereinstimmen, einander entsprechen und aus einem Guß sind. Nicht im Lot ist dessen Seele, dessen Handlungen zwiespältig sind.

(nach M. Rosenbach)

SENECA, EPISTULAE MORALES 34, 4

**innere Über-
einstimmung**

869 **Haec sit propositi nostri summa: quod sentimus, loquamur, quod loquimur, sentiamus: concordet sermo cum vita. Ille promissum suum implevit, qui, et cum videas illum et cum audias, idem est.**
Das sei unserer Absicht Inbegriff: Was wir empfinden, wollen aussprechen, was wir aussprechen, wollen wir empfinden – die Rede stimme mit dem Leben überein. Der hat sein Versprechen erfüllt, der, wenn du ihn siehst und wenn du ihn hörst, derselbe ist.

(nach M. Rosenbach)

SENECA, EPISTULAE MORALES 75, 4

**Treue zu sich
selbst**

870 **Nihil malo quam et me mei similem esse et illos sui.**
Es ist mein herzlichster Wunsch, daß ich mir treu bleibe und auch sie sich.

CAESAR BEI CICERO, AD ATTICUM 9, 19 (16), 2 K. (CAESAR IMP. CICERONI IMP. SAL. DIC.)

Neque illud me movet, quod ii, qui a me dimissi sunt, discessisse dicuntur, ut mihi rursus bellum inferrent; *nihil* ego *malo quam* ...

Die, die ich habe laufen lassen, haben sich allerdings, wie es heißt, davongemacht, um weiter gegen mich zu kämpfen. Aber das ficht mich nicht an; es ist mein herzlichster Wunsch, daß ich mir treu bleibe und sie sich. *(26. März 49 v. Chr.)*

(H. Kasten)

871 **Praesta te eum, qui mihi 'a teneris', ut Graeci dicunt, 'unguiculis' es cognitus; inlustrabit, mihi crede, tuam amplitudinem hominum iniuria.**
Erweise Dich als der, der Du in meinen Augen, wie die Griechen sagen, «vom zarten Fingernagel an» gewesen bist; glaub' mir, Deine Würde wird durch das Unrecht der Leute nur in ein noch helleres Licht gerückt!

CICERO, AD FAMILIARES 1, 7 (6), 2 K. (AD P. LENTULUM)

Sed *praesta te* ...

Aber erweise Dich ... *(März 56 v. Chr.)*

(H. Kasten)

872 **Est et mihi censendi ius.**   eigene Meinung
Auch ich habe das Recht, mir eine eigene Meinung zu bilden.

(G. Fink)

SENECA, DE VITA BEATA 3

873 **Ne me quidem contemno meoque iudicio multo stare malo quam**   eigenes Urteil
omnium reliquorum.
Auch bin ich mir meines Eigenwertes bewußt und verlasse mich viel lieber auf mein eigenes Urteil als auf das all der andern.

CICERO, AD ATTICUM 12, 23/21), 5 K.

Ne me quidem ... reliquorum; neque tamen progredior longius, quam mihi doctissimi homines concedunt, quorum scripta omnia, quaecumque sunt in eam sententiam, non legi solum, quod ipsum erat fortis aegroti, accipere medicinam, sed in mea etiam scripta transtuli, quod certe adflicti et fracti animi non fuit. Ab his me remediis noli in istam turbam vocare, ne recidam.

Auch bin ich ... als all der andern; doch gehe ich damit nicht weiter, als es mir jene hochgelehrten Leute gestatten, deren Schriften ich alle, soweit sie sich mit diesem Thema befassen, nicht nur gelesen habe, wie ein Kranker tapfer die Medizin schluckt, sondern auch in meine eigenen Schriften verarbeitet habe, was doch gewiß nicht auf ein mutloses, gebrochenes Herz deutet. Aus diesem Heilungsprozeß darfst Du mich nicht abrufen wollen in Euer Getriebe dort; ich würde sonst rückfällig werden. *(17. März 45 v. Chr.)*

(H. Kasten)

874 **Ille autem, sui iudicii, potius, quid se facere par esset, intuebatur,**   selbständiges
quam, quid alii laudaturi forent.   Urteil
Er (*i. e.* Atticus) aber, als ein Mann von selbständigem Urteil, sah mehr darauf, was er selbst zu tun für angemessen hielt, als was andere loben würden.

CORNELIUS NEPOS, VITA ATTICI 9, 7

Sed sensim is a nonnullis optimatibus reprehendebatur, quod parum odisse malos cives videretur. *ille autem, sui iudicii* ...

Allmählich jedoch erhoben einige Optimaten den Vorwurf, er lasse es offenbar an Abneigung gegenüber staatsfeindlich eingestellten Subjekten fehlen. Er aber, als ein Mann von selbständigem Urteil ...

(H. Färber)

Selbständigkeit

875 **Pueris et sententias ediscendas damus et has, quas Graeci 'chrias' vocant, quia conplecti illas puerilis animus potest, qui plus adhuc non capit. certi profectus viro captare flosculos turpe est et fulcire se notissimis ac paucissimis vocibus et memoria stare: sibi iam innitatur!**
Knaben geben wir Sinnsprüche zum Auswendiglernen und das, was die Griechen als «Chrien» bezeichnen, weil der kindliche Geist, der bis dahin nicht mehr aufnimmt, sie zu erfassen vermag. Für einen Mann von sicherem Fortschreiten ist es schimpflich, nach Blümchen zu haschen und sich auf wenige allbekannte Sprüche und sein Gedächtnis zu verlassen: auf sich selbst stütze er sich!

(nach M. Rosenbach)

SENECA, EPISTULAE MORALES 33, 7

876 **Oportet omnia aut ad alienum arbitrium aut ad suum facere. Mei certe stomachi haec natura est, ut nihil nisi totum et merum velit.**
In allem muß man sich entweder nach des andern oder nach seinen eigenen Wünschen richten; mein Geschmack geht dahin, alles voll und ganz zu wollen.

(H. Kasten)

PLINIUS MINOR, EPISTULAE 6, 14, 2 K.

Selbstbeherrschung

877 **PERIPLECTOMENUS: Neque per vinum umquam ex me exoritur discidium in convivio.**
siquis ibist odiosus, abeo domum, sermonem segrego.
PE. Ich trinke nie so viel,
Daß beim Gelage Streit entsteht. Ist einer mir
Zuwider, geh' ich heim und sage weiter nichts.

(W. Binder – W. Ludwig)

PLAUTUS, MILES GLORIOSUS 654–655

878 **PSEUDOLUS: Vince animum.**
in rem quod sit, praevortaris quam in re advorsa animo auscultes.
Ps. Beherrsche deine Leidenschaft!
Tu, was die Sache fördern kann, und kehre dich
An Widerwärtigkeiten nicht!

(W. Binder – W. Ludwig)

PLAUTUS, PSEUDOLUS 236–237

879 **Temperantia voluptatibus imperat, alias odit atque abigit, alias dispensat et ad sanum modum redigit nec umquam ad illas propter ipsas venit: scit optimum esse modum cupitorum non quantum velis, sed quantum debeas sumere.**

Die Selbstbeherrschung gebietet den Genüssen, die einen haßt und vertreibt sie, sie anderen teilt sie ein, bringt sie auf ein vernünftiges Maß und läßt sich mit ihnen niemals um ihrer selbst willen ein; sie weiß, daß das beste Maß des Begehrten nicht ist, wieviel man nehmen will, sondern wieviel man nehmen muß.

(nach M. Rosenbach)

SENECA, EPISTULAE MORALES 88, 29

880 **O quam magnis homines tenentur erroribus, qui ius dominandi trans maria cupiunt permittere felicissimosque se iudicant, si multas ... provincias obtinent et novas veteribus adiungunt, ignari, quod sit illud ingens parque dis regnum: imperare sibi maximum imperium est.**

Ach, welch grundlegende Irrtümer halten die Menschen gefangen, die das Recht zu herrschen über die Meere hinaus auszudehnen streben und sich für besonders glücklich halten, wenn sie viele ... Provinzen besetzt halten sowie den alten neue hinzugewinnen, ohne zu wissen, daß es jenes gewaltige und den Göttern gleiche Reich gibt: sich selbst zu beherrschen, das ist das bedeutendste Reich.

(nach M. Rosenbach)

SENECA, EPISTULAE MORALES 113, 30

881 **Id actum est, mihi crede, ab illo, quisquis formator universi fuit, ut in alienum arbitrium nisi vilissima quaeque non caderent. Quicquid optimum homini est, id extra humanam potentiam iacet; nec dari nec eripi potest.**

Darum, glaube mir, ging des dem Schöpfer des Alls, wer es auch war, daß fremder Entscheidung nur das Allerunwichtigste unterliegt. Alles, was für den Menschen am besten ist, steht nicht in menschlicher Macht. Man kann es uns weder geben noch entreißen.

(G. Fink)

SENECA, AD HELVIAM MATREM DE CONSOLATIONE 8

*Selbst-
bestimmung*

882 **Mihi spes omnes in memet sitae, quas necesse est virtute et innocentia tutari; nam alia infirma sunt.**

Meine Hoffnungen liegen in mir selbst; ich muß sie absichern mit meiner Tüchtigkeit und Redlichkeit, denn alles andere ist wirkungslos.

(Aus einer Rede des Marius)

(W. Eisenhut – J. Lindauer)

SALLUST, BELLUM IUGURTHINUM 85, 4

*Selbstbewußt-
sein*

Selbst-
einschätzung

883 Ita sunt res nostrae, 'ut in secundis fluxae, ut in adversis bonae'.
So stehe ich nun da: «am Glück gemessen – nicht eben fest, im Vergleich zum Unglück – nicht übel.»

CICERO, AD ATTICUM 4, 2, 1 K.

Prioribus tibi declaravi, adventus noster qualis fuisset et quis esset status, atque omnes *res
nostrae* quem ad modum essent, '... *bonae*'. Post illas datas litteras secuta est summa
contentio de domo.

Im vorigen Brief habe ich Dir geschildert, wie sich meine Ankunft abgespielt hat, wie es
mir geht, und wie ich aufs Ganze gesehen dastehe: «gemessen am Glück – nicht eben fest,
in Vergleich zum Unglück – nicht übel.» Gleich nach jenem Brief begann ein gewaltiger
Kampf um mein Haus. *(Anfang Oktober 57 v. Chr.)*

(H. Kasten)

**884 Si perpendere te voles, sepone pecuniam, domum, dignitatem,
intus te ipse considera: nunc qualis sis, aliis credis.**
Wenn du dich einschätzen willst, entferne Geld, Haus, Rang und betrachte dich selbst von innen: jetzt glaubst du anderen, wie beschaffen
du bist.

(nach M. Rosenbach)

SENECA, EPISTULAE MORALES 80, 10

885 Qui sua metitur pondera ferre potest.
Wer seine Bürde ermißt, ist sie zu tragen imstand.

(R. Helm)

MARTIAL, EPIGRAMMATA 12, 98, 8

**886 Ex eo licet stupor noster appareat, quod ea sola putamus emi, pro
quibus pecuniam solvimus, ea gratuita vocamus, pro quibus nos
ipsos impendimus.**
Daraus mag unser Stumpfsinn deutlich werden, daß wir meinen, das
allein werde gekauft, wofür wir Geld zahlen, und daß wir als kostenlos
bezeichnen, wofür wir uns selbst in Zahlung geben.

(nach M. Rosenbach)

SENECA, EPISTULAE MORALES 42, 7

**887 PERIPHANES: Non oris causa modo homines aequom fuit
sibi habere speculum, ubi os contemplarent suom,
sed qui perspicere possent cordis copiam:
ubi id inspexissent, cogitarent postea,
vitam ut vixissent olim in adulescentia.**
PE. Nicht einzig des Gesichtes wegen sollten sich
Die Menschen Spiegel halten, drin sich zu beschauen;
Weit besser, dächt' ich, wär' ein Spiegel für das Herz. Würde das
Geschehen, sie dächten in der Folge drüber nach,
Wie sie dereinst in ihrer Jugendzeit gelebt.

(W. Binder – W. Ludwig)

PLAUTUS, EPIDICUS 382–387

888 **Cessator esse noli et illud γνῶθι σαυτὸν (gnôthi sautòn) noli putare ad adrogantiam minuendam solum esse dictum, verum etiam, ut bona nostra norimus.**

Hör auf mit Deiner Bedenklichkeit und sage Dir, daß jenes «Erkenne dich selbst» nicht nur gesprochen ist, um unsern Hochmut zu dämpfen; wir sollen uns auch unsrer Vorzüge bewußt werden.

(Okt. /Nov. 54 v. Chr.)

(H. Kasten)

CICERO, AD QUINTUM FRATREM 5, 5, 7 K.

889 **Noscenda est mensura sui spectandaque rebus in summis minimisque.**

Erkennen muß man sein eigenes Maß und es bei den bedeutendsten und geringsten Dingen beachten.

JUVENAL, SATURAE 11, 35–36

... *minimisque.* etiam cum piscis emetur,
ne mullum cupias, cum sit tibi gobio tantum
in loculis. quis enim te deficiente crumina
at crescente gula manet exitus, aere paterno
ac rebus mersis in ventrem fenoris atque
argenti gravis et pecorum agrorumque capacem?

... beachten, auch wenn man einen Fisch kauft,
damit du nicht eine Barbe begehrst, während du nur Geld für einen
Gründling in der Börse hast. Denn welches Ende erwartet dich bei schrumpfendem
Beutel und sich weitendem Schlund, nachdem Geld und Besitz
des Vaters in den Bauch versenkt worden sind, in dem für Zinsen
und schweres Silbergeschirr, Vieh und Äcker Platz ist?

(J. Adamietz)

890 **E caelo decendit γνῶθι σαυτὸν (gnôthi sautón) figendum et memori tractandum pectore.**

Vom Himmel stieg herab das «Erkenne dich selbst»,
das man sich einprägen und es im Herzen bewahrend erwägen muß.

JUVENAL, SATURAE 11, 27–28

... . *tractandum pectore,* sive
coniugium quaeras vel sacri in parte senatus
esse velis; neque enim loricam poscit Achillis
Thersites, in qua se traducebat Ulixes;
ancipitem seu tu magno discrimine causam
protegere affectas, te consule, dic tibi qui sis,
orator vehemens an Curtius et Matho buccae.

... erwägen muß,
ob man nun eine Ehe eingehen oder ein Mitglied des ehrwürdigen
Senates sein will; es fordert nämlich auch nicht Thersites den
Panzer Achills, in dem sich Ulixes lächerlich machte;
oder wenn du einen zweifelhaften Fall mit großem Risiko
zu vertreten begehrst, dann geh' mit dir zu Rate, mach' dir klar, wer du bist,
ein machtvoller Redner oder ein Schreihals wie Curtius und Matho.

(J. Adamietz)

**sich helfen
können**

891 MICIO: **Ita vitast hominum quasi quom ludas tesseris:
si illud, quod maxume opus est, iactu non cadit,
illud, quod cecidit forte, id arte ut corrigas.**
MI. Ist doch des Menschen Leben wie ein Würfelspiel;
Wenn nicht der Wurf fällt, den man eben braucht, so muß
Die Kunst den Wurf verbessern, der nun einmal fiel.

(J. J. Donner)

TERENZ, ADELPHOE 739–741

Selbsthilfe

892 Μισῶ σοφιστήν, ὅστις οὐχ αὑτῷ σοφός. **(Misô sophistén, hóstis uch
hautô sophós)**
«Den Klugen hass' ich, der sich selbst nicht raten kann.» *(Ende
46/Anfang 45 v. Chr.)*

(H. Kasten)

EURIPIDES, TRAG. INC. FR. 905 S. (1222 N.), BEI CICERO, AD FAMILIARES 13, 15, 2 K.
(AD CAESAREM IMP.)

893 **'Qui ípse sibi sapiéns prodesse nón quit, nequiquám sapit.'**
«Wer sich selbst nicht kann kurieren, dünkt mich, hat umsonst
studiert.»

ENNIUS BEI CICERO, AD FAMILIARES 7, 6, 2 K. (AD TREBATIUM)

Sed plura scribemus alias. Tu, qui ceteris cavere didicisti, in Britannia ne ab essedariis
decipiaris, caveto et, quoniam Medeam coepi agere, illud semper memento: *'Qui ípse ... '*

Mehr schreibe ich ein andermal. Sieh Du nur zu, daß Dich, der Du gelernt hast, andre vor
Schaden zu bewahren, in Britannien die Wagenkämpfer nicht aufs Glatteis führen, und wo
ich nun einmal begonnen habe, die Medea zu zitieren, denke immer daran: «Wer sich
selbst . . .» *(April 54 v. Chr.)*

(H. Kasten)

894 **Nequiquam sapere sapientem, qui ipse sibi prodesse non quiret.**
Keineswegs sei weise der Weise, der sich selbst nicht nützen könne.

ENNIUS BEI CICERO, DE OFFICIIS 3, 62

Ex quo Ennius *'nequiquam ... quiret.'* vere id quidem, si, quid esset prodesse, mihi cum
Ennio conveniret.

Weswegen Ennius sagt: «Keineswegs ... könne!» Richtig, wenn ich mit Ennius darin
übereinstimmte, was nützlich ist.

(K. Büchner)

Selbstironie

895 **Si quando fatuo delectari volo, non est mihi longe quaerendus: me
rideo.**
Wenn ich mich einmal an einem Narren erheitern will, brauche ich
nicht lange zu suchen: über mich lache ich.

SENECA, EPISTULAE MORALES 50, 2

Harpasten, uxoris meae fatuam, scis hereditarium onus in domo mea remansisse. ipse
enim aversissimus ab istis prodigiis sum: *si quando ...*

Harpaste, meiner Frau schwachsinnige Sklavin, ist, wie du weißt, als ererbte Last in
meinem Hause geblieben. Ich selbst nämlich bin höchst kritisch gegenüber solcher
Unnatur: wenn ich einmal ...

(M. Rosenbach)

896 **Torquet assidua observatio sui et deprehendi aliter ac solet metuit.** **Selbstkontrolle**
Nec umquam cura solvimur, ubi totiens nos aestimari putamus,
quotiens aspici. Nam et multa incidunt, quae invitos denudent, et,
ut bene cedat tanta sui diligentia, non tamen iucunda vita aut
secura est semper sub persona viventium.

Das ständige Achtgeben auf sich selbst wird zur Qual, und man muß
zudem fürchten, ertappt zu werden, wenn man sich einmal anders
gibt als üblich. Auch kommen wir nie von diesem Hemmnis los,
solange wir glauben, wir würden so oft beurteilt wie betrachtet, denn
es kommt vieles vor, was uns ungewollt entlarvt, und selbst wenn so
strenge Selbstkontrolle erfolgreich ist, ist doch das Leben derer weder
angenehm noch sorgenfrei, die stets mit einer Maske leben.

(G. Fink)

Seneca, De tranquillitate animi 17

897 **Scio me asinum germanum fuisse.** **Selbstkritik**
Ich weiß, ich bin ein rechter Esel gewesen.

Cicero, Ad Atticum 4, 6 (5), 3 K.

Finis sit! Quoniam, qui nihil possunt, ii me nolunt amare, demus operam, ut ab iis, qui
possunt, diligamur. Dices: 'Vellem iam pridem.' *scio* te voluisse et *me asinum germanum
fuisse.* Sed iam tempus est me ipsum a me amari, quando ab illis nullo modo possum.

Schluß damit! Wo die, die nichts vermögen, mich nicht lieben wollen, will ich mich um die
Gunst derer, die etwas vermögen, bemühen. Du wirst sagen: «Hättest Du das nur schon
längst getan!» Ich weiß, das war Dein Wunsch, und ich bin ein rechter Esel gewesen. Jetzt
aber ist's wohl an der Zeit, auch einmal an mich selbst zu denken, wo ich es ihnen auf
keine Weise recht machen kann. *(Ende Juni 56 v. Chr.)*

(H. Kasten)

898 **Crescet licentia spiritus, servitute comminuitur; assurgit, si** **Selbstsicherheit**
laudatur et in spem sui bonam adducitur, sed eadem ista
insolentiam et iracundiam generant; itaque sic inter utrumque
regendus est, ut modo frenis utamur, modo stimulis.

Bei schrankenloser Freiheit wächst die Selbstsicherheit, bei Unterdrückung wird sie gebrochen: sie steigert sich, wenn sie Anerkennung
findet und sich etwas zutrauen darf. Eben daraus aber entwickelt sich
Unverschämtheit und Jähzorn. So muß sie derart zwischen den Extre-
men gehalten werden, daß wir uns bald der Zügel bedienen, bald der
Peitsche.

(G. Fink)

Seneca, De ira 2, 21

899 Alcumena: **Quae non deliquit, decet** **Selbstvertrauen**
audacem esse, confidenter pro se et proterve loqui.
Al. Wer keiner Schuld sich ist bewußt,
Darf kühn sein, darf mit Selbstvertrauen und mit Zuversicht
Sein Recht verwahren.

(W. Binder – W. Ludwig)

Plautus, Amphitruo 836–837

900 Plurimum tibi credas nec cuiquam satis fidas, deinde scias, si quis forte te, quod abominor, fallat, paratam ultionem.

Verlaß Dich hauptsächlich auf Dich selbst und auf traue niemand über den Weg; ferner wisse, daß die Strafe nicht auf sich warten läßt, falls Dich jemand – was der Himmel verhüte! – hintergeht.

PLINIUS MINOR, EPISTULAE 6, 22, 7–8 K.

... *paratam ultionem*; qua tamen ne sit opus, etiam atque etiam attende! neque enim tam iucundum est vindicari, quam decipi miserum.

... hintergeht; doch sei immer auf der Hut, daß es ihrer nicht bedarf! Denn die Freude, gerächt zu werden, wiegt den Jammer, betrogen zu werden, nicht auf.

(H. Kasten)

Selbstwert

901 Scio, quem animum, quod hortor ingenium; tu modo enitere, ut tibi ipse sis tanti, quanti videberis aliis, si tibi fueris!

Ich weiß, welch großen Geist, welchen Kopf ich mahne; zwing Dich nur, Dir selbst so viel wert zu sein, wie Du es andern sein wirst, wenn Du es zunächst Dir selbst bist!

(H. Kasten)

PLINIUS MINOR, EPISTULAE 1, 3, 5 K.

Selbstzweifel

902 Mehercule, mi Attice, saepe mecum: ἡ δεῦρ' ὁδός σοι τί δύναται; (he deûr' hodós soi tí dýnatai?) Cur ego tecum non sum?

Wirklich, mein Atticus, gar oft spreche ich mir den Vers vor: «Der Weg hierher, was nützt er dir!» Warum bleibe ich nicht bei Dir?

CICERO, AD ATTICUM 16, 6, 2 K.

... *non sum?* Cur ocellos Italiae, villulas meas, non video? Sed id satis superque, tecum me non esse, quid fugientem? Periculumne? At id nunc quidem, ni fallor, nullum est.

... nicht bei Dir? Warum besuche ich nicht meine Landgüter, die Augäpfel Italiens? Doch daß ich nicht bei Dir bin, ist schon schlimm genug. Wovor fliehe ich denn eigentlich? Vor einer Gefahr? Aber die besteht, wenn ich mich nicht täusche, zur Zeit gar nicht. *(25. Juli 44 v. Chr.)*

(H. Kasten)

Zufriedenheit mit sich selbst

903 Me ipse non noram.

Ich kannte mich selbst nicht wieder.

CICERO, AD ATTICUM 5, 20, 6 K.

Ego in vita mea nulla umquam voluptate tanta sum adfectus, quanta adficior hac integritate, non me tam fama, quae summa est, quam res ipsa delectat. Quid quaeris? Fuit tanti. *Me ... noram* nec satis sciebam, quid in hoc genere facere possem.

In meinem ganzen Leben hat mir noch nie etwas solch Vergnügen bereitet wie diese Lauterkeit, und nicht so sehr mein Leumund, der nicht besser sein kann, als die Sache an sich befriedigt mich. Nicht wahr? Es hat sich gelohnt! Ich kenne mich selbst nicht wieder, weiß überhaupt nicht, wozu ich in dieser Beziehung fähig bin. *(19. Dezember 51 v. Chr.)*

(H. Kasten)

904 **Ego me amavi, quod mihi pridem usu non venit.**
Ich bin mit mir zufrieden, was mir seit langem nicht mehr widerfahren ist.

Cicero, Ad Atticum 9, 21 (18), 1 K.

Summa fuit, ut ille, quasi exitum quaerens, ut deliberarem. Non fuit negandum. Ita
discessimus. Credo igitur hunc me non amare, at *ego me amavi, quod mihi* ...

Das Ergebnis war schließlich, daß er (*i. e.* Caesar), wie um zum Ende zu kommen, sagte,
ich solle es mir überlegen. Das konnte ich nicht ablehnen. So schieden wir voneinander.
Zufrieden wird er also kaum mit mir sein, aber ich bin mit mir zufrieden, was mir ... *(28.
März 49 v. Chr.)*

(H. Kasten)

905 **Qui se ipse laudat, cito derisorem invenit.**
Wer selbst sich lobt, wird rasch den Spötter finden.

(H. Beckby)

Publilius Syrus, Sententiae Q 45

Selbstlob

906 **Cum omnes homines ad custodiam eius (*i. e.* pecuniae) natura
restrinxerit, nos contra multum ac diu pensitatus amor
liberalitatis communibus avaritiae vinculis eximebat, tantoque
laudabilior munificentia nostra fore videbatur, quod ad illam non
impetu quodam, sed consilio trahebamur.**
Alle Menschen fühlen sich von Natur dazu verpflichtet, ihr Geld
zusammenzuhalten; mich befreite die ausgiebig und lange erwogene
Liebe zur Freigebigkeit von den gemeinen Banden des Geizes, und
meine Munifizenz mußte um so lobenswerter erscheinen, als sie nicht
einer Laune, sondern reiflicher Überlegung entsprang.

(H. Kasten)

Plinius Minor, Epistulae 1, 8, 9 K.

907 **Patiendo multa venient, quae nequeas pati.**
Wer *zu* viel trägt, kann schließlich nichts mehr tragen.

(H. Beckby)

Publilius Syrus, Sententiae P 38

**Selbst-
überforderung**

908 **Ante omnia necesse est se ipsum aestimare, quia fere plus nobis
videmur posse quam possumus: alius eloquentiae fiducia
prolabitur, alius patrimonio suo plus imperavit, quam ferre posset,
alius infirmum corpus laborioso pressit officio.**
Vor allem ist es nötig, sich selbst richtig einzuschätzen, da wir uns in
der Regel einbilden, mehr zu können als wir können. Der eine über-
nimmt sich um Vertrauen auf seine Fähigkeiten als Redner, der andere
hat sich finanziell mehr zugemutet als er leisten konnte, der dritte
seine schwächliche Konstitution durch eine anstrengende Arbeit über-
fordert.

(G. Fink)

Seneca, De tranquillitate animi 6

909   **Ita fit, ut frequenter irrita sit eius voluntas, qui non, quae facilia sunt, aggreditur, sed vult facilia esse, quae aggressus est.**
So kommt es, daß dessen Streben oft erfolglos ist, der nicht, was machbar ist, in Angriff nimmt, sondern will, daß machbar ist, was er in Angriff nahm.

(G. Fink)

SENECA, DE IRA 3, 7

**Selbst-
überschätzung**

910   PERIPHANES: **Is etiam sese sapere memorat: malleum sapientiorem vidi excusso manubrio.**
PE. Er sagt's auch immer selbst, wie er klug und weise sei;
Ein Hammer ohne Stiel hat mehr Verstand als er.

(W. Binder – W. Ludwig)

PLAUTUS, EPIDICUS 524–525

Einbildung

911   **Opinio est ergo, quae nos cruciat, et tanti quodque malum est, quanti illud taxavimus. In nostra potestate remedium habemus.**
Einbildung ist es also, was uns martert, und jedes Leid ist nur so schwer, wie wir es einschätzen. In unserer Hand haben wir, was uns helfen kann.

(G. Fink)

SENECA, AD MARCIAM DE CONSOLATIONE 18

Realitätsverlust

912   **Fuit haud ignobilis Argis,
qui se credebat miros audire tragoedos
in vacuo laetus sessor plausorque theatro;
cetera qui vitae servaret munia recto more.**
Ein stadtbekannter Mann in Argos lebte des Glaubens, er höre Stimmen, – wundersame Heldendarsteller; im leeren Theater saß er vergnügt und spendete seinen Beifall. Dabei versah er alle anderen Pflichten, die der Tag brachte, ganz vernünftig ...

(H. Färber – W. Schöne)

HORAZ, EPISTULAE 2, 2, 128–132

Privatleben

Abgründe

913   **Vita hominum altos recessus magnasque latebras habet.**
Das Privatleben der Menschen hat tiefe Abgründe und verborgene Schlupfwinkel.

(H. Kasten)

PLINIUS MINOR, EPISTULAE 3, 3, 6 K.

914 **Privatum oportet aequo et pari cum civibus iure vivere neque**
summissum et abiectum neque se ecferentem, tum in re publica
ea velle, quae tranquilla et honesta sint; talem enim solemus et
sentire bonum civem et dicere.

Der Privatmann muß in gleichem und demselben Recht mit seinen
Mitbürgern leben, weder demütig und zag noch sich überhebend,
dann im Gemeinwesen das wollen, was ruhig und ehrenvoll ist. Einen
so Beschaffenen nämlich pflegen wir als guten Bürger zu empfinden
und ihn so zu nennen.

(K. Büchner)

CICERO, DE OFFICIIS 1, 124

Privatmann

915 **Moribus et caelum patuit.**
Rechtem Wandel erschließt sich der Himmel.

PROPERZ, ELEGIAE 4, 11, 101–102

Moribus et caelum patuit: sim digna merendo,
  Cuius honoratis ossa vehantur avis.

Rechtem Wandel erschließt sich der Himmel: o wäre ich würdig,
  daß mein Gebein sich dem Kreis ruhmreicher Ahnen gesellt!
(Abschiedsworte der Cornelia)

(W. Willige)

Lebenswandel

916 **Vita rustica parsimoniae, diligentiae, iustitiae magistra est.**
Die ländliche Lebensweise ist die Schule der Sparsamkeit, der Besonnenheit, der Gerechtigkeit.

CICERO, PRO SEX. ROSCIO AMERINO 75

Vita autem *rustica,* quam tu agrestem vocas, *parsimoniae ...*

Diese ländliche Lebensweise, die du bäuerisch nennst, ist die Schule ...

(M. Fuhrmann)

Lebensweise

917 **Tunc demum intelleges, quid faciendum tibi, quid vitandum sit,**
cum didiceris, quid naturae tuae debeas.

Dann erst wirst du einsehen, was du zu tun, was zu lassen hast, wenn
du gelernt hast, was du deiner Natur schuldig bist.

(nach M. Rosenbach)

SENECA, EPISTULAE MORALES 121, 3

Tun und lassen

Bedenkliches

918 **Tu quamcumque deus tibi fortunaverit horam**
grata sume manu neu dulcia differ in annum.

Mein Freund, wenn Gott dir eine gute Stunde beschert, nimm sie mit
dankbarer Hand und verschiebe das Genießen nicht aufs nächste Jahr!

(H. Färber – W. Schöne)

HORAZ, EPISTULAE 1, 11, 22–23

Genießen

919 **Utar et ex modico, quantum res poscet, acervo**
tollam nec metuam, quid de me iudicet heres,
quod non plura datis invenerit; et tamen idem
scire volam, quantum simplex hilarisque nepoti
discrepet et quantum discordet parcus avaro.

Ich neige zum Genießen und will von dem bescheidenen Vorrat nehmen, soviel der Bedarf erheischt; nicht soll's mich kümmern, was ein
Erbe von mir denkt, weil er nicht mehr fand, als was mir einst gegeben ward. Und trotzdem will ich Augenmaß behalten für die Kluft, die
den harmlos Heiteren vom Prasser und den Sparsamen vom Geizigen
trennt.

(H. Färber – W. Schöne)

HORAZ, EPISTULAE 2, 2, 190–194

Genuß

920 **Vobis voluptas est inertis otii facere corpusculum et securitatem**
sopitis simillimam adpetere et sub densa umbra latitare
tenerrimisque cogitationibus, quas tranquillitatem vocatis, animi
marcentis oblectare torporem et cibis potionibusque intra
hortorum latebram corpora ignavia pallentia saginare.

Für euch (*sc.* Epikureer) besteht Genuß darin, sich ein Bäuchlein träger Muße zuzulegen, eine Sorgenfreiheit, die Betäubung äußerst ähnlich ist, anzustreben, in tiefem Schatten sich zu verbergen und mit
überaus zaghaften Gedanken, die ihr Seelenruhe nennt, die Energielosigkeit einer schlaffen Seele zu ergötzen und mit Essen und Trinken
im Schatten der Gärten untätig vor sich hin bleichende Körper zu
mästen.

(nach M. Rosenbach)

SENECA, DE BENEFICIIS 4, 13, 1

Genußsucht

921 **Nil ego, si ducor libo fumante: tibi ingens**
virtus atque animus cenis responsat opimis?

Ich bin ein Nichtsnutz, reizt mich mal ein frischgebackner Kuchen,
der noch dampft: und du? kannst denn du hochgesinnter Tugendbold
der Lockung feinen Essens widerstehen?

(nach H. Färber – W. Schöne)

HORAZ, SERMONES 2, 7, 102–103

922 **'Infelices, ecquid intellegitis maiorem vos famem habere quam**
ventrem?'

«Unglückliche, erkennt ihr vielleicht, daß euer Hunger größer ist als
euer Magen?»

SENECA, EPISTULAE MORALES 89, 22

'Qauntulum ex istis epulis, quae per tot comparatis manus, fesso voluptatibus ore libatis?
quantulum ex ista fera periculose capta dominus crudus nausians gustat? quantulum ex
tot conchyliis tam longe advectis per istum stomachum inexplebilem labitur? *infelices,
ecquid ...*'

«Wie wenig von diesen Gerichten, die ihr von so vielen Händen zubereiten laßt, kostet ihr mit von Genüssen ermatteten Lippen? Wie wenig von dem unter Gefahren gefangenen Wild kostet der Herr, der vor schlechter Verdauung an Übelkeit leidet? Wie wenige von diesen Muscheln, die man aus so weiter Ferne herbeischafft, gleiten in diesen unersättlichen Magen? Unglückliche, erkennt ...»

(nach M. Rosenbach)

923 **Simplici cura constant necessaria: in delicias laboratur.**
Nur geringe Mühe kostet das Notwendige: für Genußsucht müht man sich ab.

(nach M. Rosenbach)

Seneca, Epistulae morales 90, 16

924 **Demus alienis oblectationibus veniam, ut nostris impetremus.**   Vergnügungen
Laß uns Nachsicht üben gegen die Vergnügungen anderer, damit wir sie für die unsrigen erhalten!

(H. Kasten)

Plinius Minor, Epistulae 9, 17, 4 K.

925 **Quod optimum sit quaeritis convivium?**   Musik-
    in quo choraules non erit.   berieselung
Ihr fragt danach, welch Gastmahl wohl das beste sei?
    Wo nicht Musik zu hören ist!

(R. Helm)

Martial, Epigrammata 9, 77, 5–6

926 **Luxurioso frugalitas poena est, pigro supplicii loco labor est, delicatus miseretur industrii, desidioso studere torqueri est: eodem modo haec, ad quae omnes inbecilli sumus, dura atque intoleranda credimus, obliti, quam multis tormentum sit vino carere aut prima luce excitari. non ista difficilia sunt natura, sed nos fluidi et enerves.**   Energielosigkeit
Für einen Verschwender ist Genügsamkeit eine Strafe, für einen Arbeitsscheuen Anstrengung soviel wie die Höchststrafe, ein Genießer bemitleidet den Fleißigen, einem Entschlußlosen bedeutet geistige Tätigkeit Folterqualen: Ebenso halten wir das, worin wir alle schwach sind, für hart und unerträglich, wobei wir vergessen, für wie viele es eine Qual ist, auf Wein zu verzichten oder sich im Morgengrauen wecken zu lassen. Das ist nicht von Natur aus schwierig, sondern wir sind schlaff und energielos.

(nach M. Rosenbach)

Seneca, Epistulae morales 71, 23

Schickimicki

927 **Praeterea luxuriosi vitam suam esse in sermonibus, dum vivunt,
volunt: nam si tacetur, perdere se putant operam. itaque male
habent, quotiens faciunt, quod excidat fama. multi bona
comedunt, multi amicas habent. ut inter istos nomen invenias,
opus est non tantum luxuriosam rem, sed notabilem facere: in tam
occupata civitate fabulas vulgaris nequitia non invenit.**
Außerdem wollen die Verschwender, daß ihre Lebensgestaltung,
solange sie leben, im Gespräch sei: denn sie meinen, wenn man nicht
darüber spricht, sei ihre Mühe umsonst. Daher sind sie todunglück-
lich, sooft sie etwas tun, was nicht öffentlich zur Sprache kommt. Viele
verprassen ihr Vermögen, viele haben Geliebte. Damit man sich in
diesen Kreisen einen Namen macht, muß man nicht nur eine verschwenderische Tat vollbringen, sondern auch eine, die Aufsehen
erregt: in einer so geschäftigen Stadt findet die ganz normale Nichtsnutzigkeit keinerlei Beachtung.

(nach M. Rosenbach)

Seneca, Epistulae morales 122, 14

Luderleben

928 **Nempe haec adsidue: iam clarum mane fenestras
intrat et angustas extendit lumine rimas;
stertimus, indomitum quod despumare Falernum
sufficiat, quinta dum linea tangitur umbra.**
's ist doch ewig das Gleiche: Schon kommt durchs Fenster der klare
Morgen und dehnt die engen mit Licht, die Ritzen und Spalten.
Aber wir schnarchen so lang, bis der ungestüme Falerner
Ausschäumt, da doch der Schatten des Zeigers den Elfer schon
anrührt!

(O. Seel)

Persius, Saturae 3, 1–4

Besserung

bittere Lehren

929 **Quamvis acerbus, qui monet, nulli nocet.**
Auch eine bittre Lehre schadet keinem.

(H. Beckby)

Publilius Syrus, Sententiae Q 68

späte Einsicht

930 Davus: **Quod si quiessem, nil evenisset mali.**
Da. Wär ich still gesessen, dann blieb alles gut.

(J. J. Donner)

Terenz, Andria 604

931 Nam cur
**quae laedunt oculum, festinas demere: siquid
est animum, differs curandi tempus in annum?**
Du pflegst ja, was dir Störendes ins Auge kam, schleunig zu entfernen.
Hier frißt's die Seele wund: warum schiebst du die Kur hinaus bis
übers Jahr?

(H. Färber – W. Schöne)

HORAZ, EPISTULAE 1, 2, 37–39

Umkehr

932 **Commutationem vitae tuae tibi puto esse faciendam.**
Du solltest Deinem Leben meiner Meinung nach unbedingt eine
andere Wendung geben.

CICERO, AD ATTICUM 8, 15, 1 K.

Epistulis mihi tuas Aegypta reddidit, unam veterem ..., in qua et fugam intendis
*commutationem*que *vitae tuae,* quod *tibi puto esse faciendum.*

Heute hat mir Aegypta Deine Briefe übergeben, darunter einen alten ..., in welchem Du
weiterhin auf die Flucht dringst und es für nötig hältst, Deinem Leben eine andere
Wendung zu geben – was Du meiner Meinung nach unbedingt tun solltest. *(3. März 49 v.
Chr.)*

(H. Kasten)

Änderung der
Ansichten

933 **Saepe rogare soles qualis sim, Prisce, futurus,
    si fiam locuples simque repente potens.
Quemquam posse putas mores narrare futuros?
    dic mihi, si fias tu leo, qualis eris?**
Oftmals pflegst du zu fragen, mein Priscus, wie ich wohl würde,
    wär ich auf einmal reich oder gewänne ich Macht.
Glaubst du, daß einer imstande, sein künftig Wesen zu sagen?
    Würdest du plötzlich ein Leu, sag mir, wie wirst du dann sein?

(R. Helm)

MARTIAL, EPIGRAMMATA 12, 92

Wesenswandel

934 **De aliquo, quem heri vidisti, merito dici potest: 'Hic qui est?' –
tanta mutatio est.**
Von einem Menschen, den du gestern gesehen hat, kann man mit
Recht sagen: «Wer ist das?» – so groß ist die Veränderlichkeit.

(M. Rosenbach)

SENECA, EPISTULAE MORALES 120, 22

Veränderlichkeit

935 DEMIPHO: **Iam relicom vitae spatiumst: quin ego
voluptate, vino et amore delectavero.**
DE. Die kurze Zeit, die mir vom Leben noch übrig ist,
Will ich dem Wein, der Liebe widmen und der Lust.

(W. Binder – W. Ludwig)

PLAUTUS, MERCATOR 547–548

Vorsätze

Besserungs-fähigkeit

936 Invidus, iracundus, iners, vinosus, amator:
nemo adeo ferus est, ut non mitescere possit,
si modo culturae patientem commodet aurem.
Neid, Jähzorn, Trägheit, Trunk und Brunst: sie alle können den Menschen nicht so verwildern, daß er sich nicht veredeln ließe, sofern er
pflegender Einwirkung ein williges Ohr leiht.

(H. Färber – W. Schöne)

HORAZ, EPISTULAE 1, 1, 38–40

Besserungs-versuche

937 Quosdam sanabiles et qui fieri boni possint, si quid illos
momorderit, perire patiemur admonitione sublata, qua pater
filium aliquando correxit et uxor maritum aberrantem ad se
reduxit et amicus languentem amici fidem erexit.
Manche, die besserungsfähig sind und gut werden können, wenn sie
etwas gebissen hat, werden wir dann verlorengehen lassen, wenn eine
Erinnerung unterbleibt, mit der ein Vater bisweilen seinen Sohn
zurechtrückt, eine Ehefrau ihren Mann, wenn er auf Abwege gerät,
wieder zu sich heranholt und ein Freund das nachlassende Vertrauen
seines Freundes stärkt.

(M. Rosenbach)

SENECA, DE BENEFICIIS 5, 22, 4

Weg zum Besseren

938 Nunc, dum calet sanguis, vigentibus ad meliora eundum est.
Jetzt, solange das Blut noch warm und man noch frisch ist, muß man
sich auf den Weg zum Besseren machen.

(G. Fink)

SENECA, DE BREVITATE VITAE 19

Aufwärts-entwicklung

939 Sic unumquidque paulatim protrahit aetas
in medium ratioque in luminis erigit oras:
namque alid ex alio clarescere corde videbant,
artibus ad summum donec venere cacumen.
So bringt Schritt für Schritt die Zeit jedwedes zum Vorschein,
Und der Verstand hebt alles empor zum Reiche des Lichtes.
Denn man ersah mit dem Geiste, wie eins aus dem andern sich auf-
hellt,
Bis man in jeglicher Kunst zu dem höchsten Gipfel gelangt ist.

(H. Diels)

LUKREZ, DE RERUM NATURA 5, 1454–1457

Besserung

940 Tamen etiam rogo, ut, si quae minus antea propter infirmitatem
aetatis constanter ab eo fieri videbantur, ea iudices illum abiecisse
mihique credas multum adlaturam vel plurimum potius ad illius
iudicium confirmandum auctoritatem tuam.

Ich füge trotzdem noch eine Bitte hinzu: Sollte er (*d. h.* Quintus iun.) sich bisher infolge seines jugendlichen Alters nicht immer als ganz zuverlässig erwiesen haben, so darfst Du jetzt überzeugt sein, daß er diese Unart von sich getan hat, und Du darfst es mir glauben, daß Dein guter Einfluß viel, ja das meiste dazu beitragen wird, ihn in seiner neuen Einstellung zu bestärken.

CICERO, AD ATTICUM 16, 2 (5), 2 K.

Quamobrem, etsi magis est, quod gratuler tibi quam quod te rogem, *tamen etiam rogo...*

Somit sollte ich Dich eigentlich mehr beglückwünschen als noch eine Bitte hinzufügen, tue dies aber trotzdem ... (*9. Juli 44 v. Chr.*)

(H. Kasten)

941 **Si velis vitiis exui, longe a vitiorum exemplis recedendum est. avarus, corruptor, saevus, fraudulentus, multum nocituri, si prope a te fuissent, intra te sunt. ad meliores transi!**
Wenn du dich deiner Fehlhaltungen entledigen willst, mußt du dich von den Vorbildern der Fehlhaltungen weit zurückziehen. Der Habsüchtige, der Verführer, der Grausame, der Betrüger – sie alle wären, wenn sie in deiner Nähe wären, fähig dir zu schaden –: sie finden sich aber in dir selbst. Begib dich in bessere Gesellschaft!

SENECA, EPISTULAE MORALES 104, 21–22

... *transi:* cum Catonibus vive, cum Laelio, cum Tuberone. quodsi convivere etiam Graecis iuvat, cum Socrate, cum Zenone versare...

... Gesellschaft: mit den beiden Cato lebe, mit Laelius, mit Tubero. Wenn es dir nun auch mit Griechen zusammenzuleben Freude macht, verkehre mit Sokrates, mit Zenon ...

(nach M. Rosenbach)

942 **Egit mecum accurate multis verbis, tibi ut sponderem se dignum et te et nobis futurum; neque se postulare, ut statim crederes, sed, cum ipse perspexisses, tum ut se amares.**   **Läuterung**
Er (*d. h.* Quintus iun.) hat mich eindringlich und herzlich gebeten, ich möchte mich Dir gegenüber dafür verbürgen, daß er in Zukunft Deiner und meiner würdig sein werde. Er fordere ja nicht, daß Du ihm sofort trautest; erst wenn Du Dich selbst von seiner Wandlung überzeugt hättest, möchtest Du ihm Deine Liebe wieder zuwenden. (*9. Juli 44 v. Chr.*)

(H. Kasten)

CICERO, AD ATTICUM 16, 2 (5), 2 K.

943 **At nisi purgatumst pectus, quae proelia nobis**
atque pericula tumst ingratis insinuandum!
quantae tum scindunt hominum cuppidines acres
sollicitum curae, quantique perinde timores!
quidve superbia spurcitia ac petulantia? quantas
efficiunt clades! quid luxus desidiaeque?

> Doch ist der Geist nicht geläutert, was müssen wir dann für Gefahren,
> Was für Kämpfe bestehn, auch wenn wir selbst es nicht wollen!
> Was für fressende Sorgen zerfleischen die menschlichen Herzen,
> Wenn die Begierde sie reizt, und ebenso quälende Ängste!
> Wie kommt der Hochmut zu Fall, wie Geiz und freches Gebaren,
> Welcher Ruin entsteht durch üppiges Protzen und Nichtstun!

(H. Diels)

LUKREZ, DE RERUM NATURA 5, 43–48

Reue

944 Maximas poenas pendo temeritatis meae.
Schwer muß ich büßen für meinen unüberlegten Schritt.

CICERO, AD ATTICUM 11, 9 (8), 1 K.

Maximas poenas pendo temeritatis meae, quam tu prudentiam mihi videri vis, neque te
deterreo, quo minus id disputes scribasque ad me quam saepissime, non nihil enim me
levant tuae litterae hoc tempore.

Schwer muß ich büßen für meinen unüberlegten Schritt, den Du mir als einen
wohlüberlegten hinstellen möchtest. Ich will Dich auch gar nicht davon abbringen, mir
das klarzumachen und immer wieder vor Augen zu führen; ein wenig erträglicher
machen Deine Briefe mir meine Lage in dieser Zeit auf jeden Fall. *(23. Dezember 48 v.
Chr.)*

(H. Kasten)

945 Gravis animi poena est, quem post facti paenitet.
Die Reue nach der Tat ist schwerste Strafe.

(H. Beckby)

PUBLILIUS SYRUS, SENTENTIAE G 3

946 Sibi supplicium ipse dat, quem admissi paenitet.
Wer seine Tat bereut, bestraft sich selber.

(H. Beckby)

PUBLILIUS SYRUS, SENTENTIAE S 18

947 Velox consilium sequitur paenitentia.
Dem allzu raschen Ratschluß folgt die Reue.

(H. Beckby)

PUBLILIUS SYRUS, SENTENTIAE V (SINE NRO.)

Buße

948 Video nos stultitiae nostrae gravissimas poenas pendere.
Ich sehe, daß ich schwer büße für meine Torheit.

CICERO, AD ATTICUM 11, 12 (11), 1 K.

Longo intervallo *video* mutata esse omnia: illa esse firma, quae debeant, *nos stultitiae
nostrae gravissimas poenas pendere.*

In der langen Zeit, die seitdem verstrichen ist, ist alles anders geworden: gefestigt steht
die andere Seite da, wie es nicht anders sein darf, und ich büße schwer für meine Torheit.
(8. März 47 v. Chr.)

(H. Kasten)

Unbehagen

949 **Ea perturbatio est omnium rerum, ut suae quemque fortunae maxime paeniteat nemoque sit, quin ubivis quam ibi, ubi est, esse malit.**
Die ganze Welt steht auf dem Kopfe; jedermann ist vor allem mit seinem persönlichen Geschick unzufrieden und möchte lieber wer weiß wo sein als gerade da, wo er sich befindet.

CICERO, AD FAMILIARES 6, 1, 1 K. (AD A. TORQUATUM)

Etsi *ea perturbatio est ... malit,* tamen mihi dubium non est, quin hoc tempore bono viro Romae esse miserrimum sit.

Gewiß, die ganze Welt steht auf dem Kopfe..., aber zweifellos fühlt sich ein anständiger Mensch heutzutage in Rom am unglücklichsten. *(Ende 46 v. Chr.)*

(H. Kasten)

*Hadern
mit der Welt*

950 **Audies plerosque dicentes: 'A quinquagesimo anno in otium secedam, sexagesimus me annus ab officiis dimittet.' Et quem tandem longioris vitae praedem accipis? Quis ista, sicut disponis, ire patietur?**
Man hört viele sagen: «Mit dem fünfzigsten Jahr will ich mich ins Privatleben zurückziehen, das sechzigste Jahr wird mich aus allen Bindungen entlassen.» Und wen nimmst du dir zum Bürgen für ein längeres Leben? Wer wird's erlauben, daß das so, wie du es dir zurechtlegst, vonstatten geht?

(G. Fink)

SENECA, DE BREVITATE VITAE 3

*Rückzug ins
Private*

951 **Nunc plane non ego victum nec ego vitam illam colere possum, nec in ea re, quid aliis videatur, mihi puto curandum.**
Jetzt bin ich einfach nicht mehr imstande, mich der alten Lebensweise, den früheren Aufgaben hinzugeben. Wie andere darüber denken, braucht mich, meine ich, nicht zu kümmern.

CICERO, AD ATTICUM 12, 30 (28), 2 K.

... *mihi puto curandum;* mea mihi conscientia pluris est quam omnium sermo.

... nicht zu kümmern; mein Gewissen steht mir höher als das Gerede der Leute. *(24. März 45 v. Chr.)*

*Rückzug aus
dem Leben*

952 **Tibi idem consilium do, quod mihimet ipsi, ut vitemus oculos hominum, si linguas minus facile possimus.**
Dir gebe ich denselben Rat wie mir selbst, daß wir die Augen der Leute meiden, wenn wir schon ihren Zungen nicht so leicht entgehen können. *(19. April 46 v. Chr.)*

(nach H. Kasten)

CICERO, AD FAMILIARES 9, 3 (2), 2 K. (AD VARRONEM)

*Öffentlichkeit
meiden*

Leben im Verborgenen

953 Nam neque divitibus contingunt gaudia solis
nec vixit male, qui natus moriensque fefellit:
si prodesse tuis pauloque benignius ipsum
te tractare voles, accedes siccus ad unctum.

Denn nicht dem Reichen allein sind Freuden beschert, und nicht ohne
Genuß hat gelebt, wer von der Geburt bis zum Tode im verborgenen
blieb. Willst du hingegen deine Lieben vorwärtsbringen und dir selbst
den Tisch etwas reichlicher decken, so muß der Schmachtende sich
dem Schmausenden nähern.

(H. Färber – W. Schöne)

HORAZ, EPISTULAE 1, 17, 9–12

Ruhelosigkeit

954 Quid est, ubi acquiescam, nisi quam diu tuas litteras lego. Quae
essent profecto crebriores, si quid haberes, quo putares meam
molestiam minui posse.

Wo könnte ich noch Ruhe finden außer in der Lektüre Deiner Briefe?
Sicherlich wären sie zahlreicher, wenn Du etwas wüßtest, womit Du
meintest, meine Grillen vertreiben zu können.

CICERO, AD ATTICUM 11, 11 (10), 2 K.

... *minui posse*. Sed tamen te rogo, ut ne intermittas scribere ad me, quicquid erit, eosque,
qui mihi tam crudeliter inimici sunt, si odisse non potes, accuses tamen, non ut aliquid
proficias, sed ut tibi me carum esse sentias.

... vertreiben zu können: Trotzdem bitte ich Dich, schreib mir auch weiterhin, einerlei
was, und wenn Du die, die mich so grausam befeinden, nicht zu hassen vermagst, so
mach' ihnen jedenfalls Vorhaltungen; wenn Du auch nichts damit erreichst, so sollen sie
wenigstens merken, daß ich Dir lieb und wert bin. *(19. Januar 47 v. Chr.)*

(nach H. Kasten)

Unstetigkeit

955 Multi numquam iidem, ne similes quidem sibi: adeo in diversum
aberrant. multos dixi? prope est, ut omnes sint. nemo non cotidie
consilium mutat et votum: modo uxorem vult habere, modo
amicam, modo regnare vult, modo id agit, ne quis sit officiosior
servus, modo dilatat se suaque ad invidiam, modo subsidit et
contrahitur infra humilitatem vere iacentium, nunc pecuniam
spargit, nunc rapit. Sic maxime coarguitur animus inprudens:
alius prodit atque alius et, quo turpius nihil iudico, impar sibi est.

Viele sind sich niemals treu, nicht einmal sich ähnlich: so sehr irrt
man in entgegengesetzte Richtungen. «Viele» habe ich gesagt? Es fehlt
nicht viel, und es sind alle. Wirklich jeder ändert täglich Entschluß
und Wunsch: bald will er eine Ehefrau haben, bald eine Geliebte, bald
will er König sein, bald legt er e darauf an, daß kein Sklave eifriger sei,
bald breitet er sich aus bis zur Mißgunst, bald sitzt er in der Ecke und
macht sich klein bis unter die Dürftigkeit derer, die wirklich am Boden
liegen, bald wirft er das Geld zum Fenster hinaus, bald scharrt er es
zusammen. So überführt sich ein törichter Mensch vor allem: bald tritt
er so auf, bald so, und – nichts halte ich für schimpflicher – ist sich
nicht selbst gleich.

SENECA, EPISTULAE MORALES 120, 21–22

Homines istic *multi tales* sunt, qualem hunc describit Horatius Flaccus, numquam eun*dem,ne similem quidem sibi: adeo ...*

Viele Menschen sind so, wie Horatius Flaccus diesen (Tigellius) beschreibt (SERMONES 1, 3, 11ff.), niemals sich treu, nicht einmal sich ähnlich: so sehr ...

(M. Rosenbach)

956 ALCESIMARCHUS: **Quod lubet, non lubet iam id continuo.**
AL. Was mir gefällt, gefällt mir gleich darauf nicht mehr.

(W. Binder – W. Ludwig)

PLAUTUS, CISTELLARIA 214

957 **Illi, qui ex aliis propositis in alia transiliunt aut ne transiliunt quidem, sed casu quodam transmittuntur, quomodo habere quicquam certum mansurumve possunt suspensi et vagi?**
Jene, die von einem Vorhaben zum anderen springen oder nicht einmal springen, sondern durch eine Art von Zufall hinübergeschoben werden, wie können sie etwas Verläßliches und Bleibendes besitzen, unstet und ziellos wie sie sind?

(nach M. Rosenbach)

SENECA, EPISTULAE MORALES 23, 7

958 **Si quis quietem petit et otium, virtute naturae summam suae nactus est, quae pacem amat.**
Wer Ruhe sucht oder Muße, hat durch die sittliche Vollkommenheit den Inbegriff seines Wesens gefunden, das den Frieden sucht.

Ruhe suchen

SENECA, DE CLEMENTIA 3, 1, 3

... *et otium*, hac *virtute naturae summam suae* ...

... hat durch diese sittliche Vollkommenheit ...

(M. Rosenbach)

959 **Aestima tu, quae vita mea sit, cui requies in labore, in miseria curisque solacium!**
Danach kannst Du Dir ein Bild machen, was für ein Leben ich führe, der ich Ruhe in der Arbeit, Trost in Kummer und Sorgen suchen muß!

(H. Kasten)

PLINIUS MINOR, EPISTULAE 7, 5, 2 K.

960 **Semita certe**
tranquillae per virtutem patet unica vitae.
Der einzige Pfad
zum ruhigen Leben eröffnet sich gewiß nur durch die Tugend.

Leben in Ruhe

(J. Adamietz)

JUVENAL, SATURAE 10, 363–364

Einsamkeit   961   **Nihil hac solitudine iucundius, nisi paulum interpellasset Amyntae filius. Ὦ ἀπεραντολογίας ἀηδοῦς (O aperantologías aëdûs)!**
Nichts ist lieblicher als diese Einsamkeit; nur der Amyntassohn hat sie ein wenig gestört. Diese ekelhafte Geschwätzigkeit!

CICERO, AD ATTICUM 13, 41 (12, 9)

... *ἀηδοῦς*! Cetera noli putare amabiliora fieri posse villa, litore, prospectu maris, tum his rebus omnibus.

... ekelhafte Geschwätzigkeit! Aber sonst ist es wirklich einzig hier, das Landhaus, der Strand, der Ausblick auf das Meer, überhaupt alles. *(17. November 45 v. Chr.)*

(H. Kasten)

    962   **Licet nihil aliud, quod sit salutare, tentemus, proderit tamen per se ipsum secedere: meliores erimus singuli.**
So ist es, wenn wir sonst nichts unternehmen, was für uns heilsam wäre, schon um seiner selbst willen von Nutzen, daß wir uns zurückziehen. Nur wenn wir allein sind, werden wir bessere Menschen.

(G. Fink)

SENECA, DE OTIO 1

Vereinsamung   963   **Qui res et homines fugit, quem cupiditatum suarum infelicitas relegavit, qui alios feliciores videre non potuit, qui velut timidum atque iners animal metu obliituit, ille sibi non vivit, sed, quod est turpissimum, ventri, somno, libidini: non continuo sibi vivit, qui nemini.**
Wer Geschäfte und Menschen flieht, wen das enttäuschende Fehlschlagen seiner begehrlichen Wünsche vereinsamt hat, wer andere nicht glücklicher zu sehen vermag, wer sich wie ein scheues und träges Tier aus Furcht verborgen hält, der lebt nicht für sich, sondern – was am schändlichsten ist – für den Bauch, den Schlaf, die Lust: es ist nicht einfach so, daß schon für sich lebt, wer für niemanden lebt.

(nach M. Rosenbach)

SENECA, EPISTULAE MORALES 55, 5

keine Rettung   964   **Non est servare se obruere.**
Man rettet sich nicht, wenn man sich vergräbt.

(G. Fink)

SENECA, DE TRANQUILLITATE ANIMI 5

Resignation   965   **Nunc vero, quoniam, quae putavi esse praeclara, expertus sum, quam essent inania, cum omnibus Musis rationem habere cogito.**
Nun aber, wo ich erfahren habe, wie eitel das alles ist, was mir so glänzend erschien, gedenke ich, mit allen Musen Umgang zu pflegen.

CICERO, AD ATTICUM 2, 5, 2 K.

Sed quid ego haec, quae cupio deponere et toto animo atque omni cura φιλοσοφεῖν (philosopheîn)? Sic, inquam, in animo est, vellem ab initio; *nunc vero* ...

Aber was rede ich eigentlich von diesen Dingen, die ich beiseite legen will, um mit ganzem Herzen und ganzer Seele zu philosophieren? Ja, ich habe wirklich die Absicht und wünschte, sie von je gehabt zu haben. Nun aber, wo ich ... *(April 59. v. Chr.)*

(H. Kasten)

Entspannung

966 **Danda est animis remissio: meliores acrioresque requieti surgent ... Nascitur ex assiduitate laborum animorum hebetatio quaedam et languor.**
Man sollte sich Entspannung gönnen; leistungsfähiger und lebhafter werden wir uns nach einer Ruhepause erheben ... Die Folge unablässiger Arbeit ist eine gewisse Abstumpfung und Erschöpfung.

(G. Fink)

SENECA, DE TRANQUILLITATE ANIMI 17

967 **In opere suo occupata sollicitudo ingens oblectamentum habet in ipsa occupatione.**
In ihre Arbeit vertiefte Ruhelosigkeit gewährt ungeheure Entspannung in eben ihrer Vertieftheit.

(nach M. Rosenbach)

SENECA, EPISTULAE MORALES 9, 7

968 **Neque ego te iubeo semper inminere libro aut pugillaribus: dandum est aliquod intervallum animo, ita tamen, ut non resolvatur, sed remittatur.**
Ich heiße dich nicht, stets über Buch und Schreibzeug zu hocken: man muß dem Geist eine Pause gönnen, so freilich, daß er nicht erschlafft, sondern sich entspannen kann.

(nach M. Rosenbach)

SENECA, EPISTULAE MORALES 15, 5

969 **Quemadmodum caelator oculos diu intentos ac fatigatos remittit atque avocat et, ut dici solet, pascit, sic nos animum aliquando debemus relaxare et quibusdam oblectamentis reficere.**
Wie der Gemmenschneider seine Augen, nachdem er sie lange angestrengt und ermüdet hat, entspannt, sich erholen läßt und, wie man zu sagen pflegt, «weidet», so müssen wir unsere Seele gelegentlich entspannen und mit mancherlei Ablenkungen erfrischen.

SENECA, EPISTULAE MORALES 58, 25

... reficere. sed ipsa oblectamenta opera sint: ex his quoque, si observaveris, sumes, quod possit fieri salutare.

... erfrischen. Aber eben diese Ablenkungen sollen anspruchsvoll sein: auch aus diesen meinen Darlegungen wirst du, wenn du aufmerksam bist, etwas entnehmen können, was heilsam werden kann.

(nach M. Rosenbach)

970 **Aliquando rideo, iocor, ludo, utque omnia innoxiae remissionis genera breviter amplectar: homo sum.**

Ab und zu lache ich auch einmal, scherze, spiele, und, um alle Arten unschuldiger Entspannung in ein Wort zu fassen: ich bin ein Mensch.

(H. Kasten)

Plinius Minor, Epistulae 5, 3, 2 K.

Muße

971 **Otium, Catulle, tibi molestum est:**
otio exultas nimiumque gestis.
otium et reges prius et beatas
    perdidit urbes.

Mußezeit bekommt dir nicht gut, Catullus,
Muße macht zu dreist dich und übermütig.
Muße hat schon glückliche Herren und Städte
    völlig vernichtet

(W. Eisenhut)

Catull, Carmina 51, 13–16

972 **P. Scipionem dicere solitum scripsit Cato, qui fuit eius fere aequalis, numquam se minus otiosum esse, quam cum otiosus, nec minus solum, quam cum solus esset.**

Publius Scipio pflegte, wie Cato schrieb, der etwa sein Altersgenosse war, zu sagen: niemals sei er weniger müßig, als wenn er Zeit habe, und nie weniger allein, als wenn er für sich allein sei.

Cicero, De officiis 3, 1

... solus esset. magnifica vox et magno viro ac sapiente digna; quae declarat illum et in otio de negotiis cogitare et in solitudine secum loqui solitum, ut neque cessaret umquam et interdum conloquio alterius non egeret.

... allein sei. Ein prachtvolles Wort und eines großem und weisen Mannes würdig! Es zeigt klar, daß er auch in der Muße an die Geschäfte zu denken pflegte, derart, daß er nie feierte und bisweilen des Gesprächs mit dem Nächsten nicht bedurfte.

(nach K. Büchner)

973 **'Otium', inquis, 'Seneca, commendas mihi? Ad Epicureas voces delaberis.' Otium tibi commendo, in quo maiora agas et pulchriora quam quae reliquisti.**

«Muße», sagst du, «Seneca, empfiehlst du mir? Zu des Epikur Aussprüchen gleitest du ab.» – Muße empfehle ich dir, daß du darin Wichtigeres tust und Schöneres, als was du hinter dir gelassen hast.

Seneca, Epistulae morales 68, 10

... *reliquisti:* pulsare superbas potentiorum fores, digerere in litteram senes orbos, plurimum in foro posse invidiosa potentia ac brevis est et, si verum aestimes, sordida.

... hinter dir gelassen hast: an die hochmütigen Türen der Mächtigeren zu klopfen, kinderlose Greise in Listen einzutragen, großen Einfluß auf das Forum zu haben ist eine mißgünstige Macht, kurz und, wenn du sie richtig einschätzt, schmutzig.

(M. Rosenbach)

974 At te nocturnis iuvat inpallesecre chartis,
cultor enim iuvenum purgatas inseris aures
fruge Cleanthea. petite hinc, puerique senesque,
finem animo certum miserisque viatica canis.
Du aber freust dich daran, an nächtigen Büchern zu bleichen,
Denn als Wahrer der Jugend säst in gereinigte Ohren
Du die kleanthische Saat. Hier suchet, so Jugend wie Greise,
Stetiges Ziel für das Herz und dem traurigen Alter ein Zehrgeld!

(O. Seel)

Persius, Saturae 5, 62–65

Lektüre

975 Non refert, quam multos, sed quam bonos libros habeas: lectio
certa prodest, varia delectat. qui, quo destinavit, pervenire vult,
unam sequatur viam, non per multas vagetur: non ire istuc, sed
errare est.
Es kommt nicht darauf an, wie viele Bücher du besitzt, sondern wie
gute: zielbewußte Lektüre nützt, abwechslungsreiche unterhält. Wer
zu seinem Ziel gelangen will, wird nur einen einzigen Weg verfolgen,
nicht auf vielen umherschweifen: nicht gehen heißt das, sondern herumirren.

(nach M. Rosenbach)

Seneca, Epistulae morales 45, 1

976 Alit lectio ingenium et studio fatigatum, non sine studio tamen,
reficit.
Lektüre stärkt den Geist und erfrischt ihn, wenn er vom Studium
ermüdet ist – nicht ohne Mühe freilich.

(nach M. Rosenbach)

Seneca, Epistulae morales 84, 1

Bücher

977 **Distringit librorum multitudo: itaque cum legere non possis, quantum habueris, satis est habere, quantum legas.**
Es zerstreut der Bücher Menge: weil du ohnehin nicht lesen kannst, was du an Büchern besitzen könntest, ist es genug, so viele zu besitzen, wie du lesen kannst.
(nach M. Rosenbach)
SENECA, EPISTULAE MORALES 2, 3

978 **Quo innumerabiles libros et bibliothecas, quarum dominus vix tota vita indices perlegit? Onerat discentem turba, non instruit, multoque satius est paucis te auctoribus tradere quam errare per multos.**
Was bringen zahllose Bücher und Regale, wenn ihr Besitzer in seinem ganzen Leben kaum die Titel überflogen hat? Belastend für den Lernenden ist Überfülle, nicht belehrend, und viel vernünftiger ist es, sich wenigen Autoren zu widmen als ziellos in vielen herumzuschmökern.
(G. Fink)
SENECA, DE TRANQUILLITATE ANIMI 9

979 **Quid habes, cur ignoscas homini armaria e citro atque ebore captanti, corpora conquirenti aut ignotorum auctorum aut improbatorum et inter tot milia librorum oscitanti, cui voluminum suorum frontes maxime placent titulique?**
Was solltest du für einen Menschen Verständnis aufbringen, der auf Schränke aus Zitrusbaum und Elfenbein versessen ist, der Gesamtausgaben sammelt – von unbekannten Autoren oder von nicht anerkannten –, und inmitten von soviel tausend Büchern das Gähnen kriegt, er, dem die Ränder seiner Bücherrollen am wichtigsten sind und die Titel?
(G. Fink)
SENECA, DE TRANQUILLITATE ANIMI 9

Ablenkung

980 **Omnes, inquam, illo tendunt ad gaudium, sed unde stabile magnumque consequantur, ignorant: ille ex conviviis et luxuria, ille ex ambitione et circumfusa clientium turba, ille ex amica, alius ex studiorum liberalium vana ostentatione et nihil sanantibus litteris: omnes istos oblectamenta fallacia et brevia decipiunt, sicut ebrietas, quae unius horae hilarem insaniam longi temporis taedio pensant, sicut plausus et adclamationis secundae favor, qui magna sollicitudine et partus est et expiandus.**
Alle, sage ich, streben dorthin, zur Freude, aber wo sie dauerhafte und große Freude finden, wissen sie nicht: der eine auf Gelagen und in Verschwendung, der andere in Ehrgeiz und einer ihn umströmenden

Schar von Abhängigen, der eine bei einer Geliebten, ein anderer bei wissenschaftlicher Arbeit mit nichtiger Angeberei und sinnlosem Literaturbetrieb; alle diese Menschen täuschen trügerische und kurzfristige Ablenkungen, wie Trunkenheit, die einer einzigen Stunde heitere Entrückung mit langanhaltendem Ekel bezahlt, wie Beifall und lärmenden Zuspruches beifällige Zustimmung, die mit großer Beunruhigung erkauft ist und gebüßt werden muß.

(M. Rosenbach)

SENECA, EPISTULAE MORALES 59, 15

981 **Iucundum nil est, nisi quod reficit varietas.**
Der Freuden schönste Quelle ist der Wechsel.

(H. Beckby)

PUBLILIUS SYRUS, SENTENTIAE I 10

Abwechslung

982 **Ut, si cenam tibi facerem, dulcibus cibis acutos miscerem, ut obtusus illis et oblitus stomachus his excitaretur, ita nunc hortor, ut iucundissimum genus vitae non nullis interdum quasi acoribus condias.**
Wie ich, wollte ich Dir ein Mahl bereiten, süße Speisen mit scharfen wechseln lassen würde, damit der Magen, durch erstere überladen und abgestumpft, durch letztere wieder Appetit bekommt, so rate ich Dir jetzt, Dein herrliches Leben ab und zu gleichsam durch ein wenig Saures schmackhafter zu machen.

(H. Kasten)

PLINIUS MINOR, EPISTULAE 7, 3, 5 K.

983 **Ego hic cesso, quia ipse nihil scribo, lego autem libentissime. Tu istic, si quid librarii mea manu non intellegent, monstrabis.**
Ich faulenze hier, denn ich schreibe nichts, lese aber mit größtem Vergnügen. Du (sc. Tiro) wirst dort so gut sein und den Kopisten helfen, wenn sie irgendwo meine Handschrift nicht lesen können.

CICERO, AD FAMILIARES 16, 15 (22), 1 K. (AD TIRONEM)

Faulenzen

... *monstrabis.* Una omnino interpositio difficilior est, quam ne ipse quidem facile legere soleo, de quadrimo Catone.

... lesen können. Ein Abschnitt vor allem ist ziemlich schwierig, der über den vierjährigen Cato; ich selbst kann ihn meist nur schwer lesen. *(Ende August 45 v. Chr.)*

(H. Kasten)

984 **Et in ambulationibus apertis vagandum, ut caelo libero et multo spiritu augeat attollatque se animus; aliquando vectatio iterque et mutata regio vigorem dabunt convictusque et liberalior potio.**

Spaziergänge

Auch weite Spaziergänge im offenen Gelände sollte man unternehmen, damit sich unter freiem Himmel und bei kräftigem Durchatmen der Geist erholen kann. Bisweilen werden ein Ausritt, eine Reise und eine Ortsveränderung neue Frische schenken, ein Gelage und ein kräftiger Schluck.

(G. Fink)

SENECA, DE TRANQUILLITATE ANIMI 17

Fernweh

985 **Ad quae noscenda iter ingredi, transmittere mare solemus, ea sub oculis posita neglegimus, seu quia ita natura comparatum, ut proximorum incuriosi longinqua sectemur, seu quod omnium rerum cupido languescit, cum facilis occasio, seu quod differimus tamquam saepe visuri, quod datur videre, quotiens velis cernere.**
Wir pflegen Reisen zu unternehmen, das Meer zu überqueren, um Dinge kennenzulernen, die uns, wenn wir sie immer vor Augen haben, nicht interessieren, weil es uns von Natur eigen ist, gleichgültig gegen die nächste Umgebung in die Ferne zu schweifen, weil das Verlangen nach allem, was bequem zu erreichen ist, erkaltet, oder weil wir es aufschieben, als könnten wir jederzeit in Augenschein nehmen, was sich den Augen darbietet, sooft man es sehen will.

(H. Kasten)

PLINIUS MINOR, EPISTULAE 8, 20, 1 K.

Reiselust

986 **Iam mens praetrepidans avet vagari**
iam laeti studio pedes vigescunt.
o dulces comitum valete coetus,
longe quos simul a domo profectos
diversae varie viae reportant.
Schon voll Unruhe drängt mein Herz zur Reise,
Schon ergreift frohe Wanderlust die Füße.
Lebt nun wohl, meine lieben Freundeskreise!
Einst zusammen zu Hause aufgebrochen,
Kehren jetzt wir zurück getrennten Weges.

(W. Eisenhut)

CATULL, CARMINA 46 7–11

Reisen

987 **Hoc tibi soli putas accidisse et admiraris quasi rem novam, quod peregrinatione tam longa et tot locorum varietatibus non discussisti tristitiam gravitatemque mentis? animum debes mutare, non caelum.**
Du meinst, das sei dir allein widerfahren – und du bestaunt es als einen unerhörten Vorgang –, daß du mit ein einer so langen Reise und so vielfachem Ortswechsel die Bekümmerung und die Schwermut deiner Seele nicht vertrieben hast? Die seelische Einstellung mußt du wechseln, nicht den Himmelsstrich.

(nach M. Rosenbach)

SENECA, EPISTULAE MORALES 28, 1

988 **Licet vastum traieceris mare, licet, ut ait Vergilius noster, 'terraeque urbesque recedant': sequentur te, quocumque perveneris, vitia.**

Magst du über das weite Meer fahren, mögen, wie unser Vergil formuliert, «Länder und Städte entschwinden» (AENEIS 3, 71): es folgen dir, wohin immer du kommst, deine Fehler nach.

(nach M. Rosenbach)

SENECA, EPISTULAE MORALES 28, 1

989 **Narrant Socratem querenti cuidam, quod nihil sibi peregrinationes profuissent, respondisse: 'Non immerito hoc tibi evenit: tecum enim peregrinabaris.'**

Man erzählt, Sokrates habe jemandem auf seine Klage, seine Reisen hätten ihm in keiner Weise genützt, geantwortet: «Das ist dir ganz zu Recht geschehen: du hast dich ja selbst mit auf die Reise genommen.»

(nach M. Rosenbach)

SENECA, EPISTULAE MORALES 104, 7

990 **Quondam laudatas quocumque libebat ad undas**   **Reiseunlust**
    currere nec longas pertimuisse vias,
nunc urbis vicina iuvant facilesque recessus,
    et satis est pigro si licet esse mihi.

Rühmte man einst mir ein Bad, wo immer, besucht' ich es eilends;
    damals habe ich nie Länge der Reise gescheut.
Jetzt erfreut mich die Nähe der Stadt und leichte Erholung,
    und es genügt mir schon, gönnt man mir, träge zu sein.

(R. Helm)

MARTIAL, EPIGRAMMATA 6, 43, 7–10

991 **Et mercule non tam sum peregrinator iam, quam solebam. Aedificia mea me delectabant et otium; domus est, quae nulli mearum villarum cedat, otium omni desertissima regione maius. Itaque ne litterae quidem meae impediuntur, in quibus sine ulla interpellatione versor.**

Im übrigen bin ich weiß Gott nicht mehr der Reiseonkel wie früher. Ich fand Gefallen an meinen Landsitzen und der Ruhe dort. Jetzt steht mein Heim dahier keinem meiner Landsitze nach, und Ruhe finde ich hier besser als in der einsamsten Gegend. So leidet auch meine literarische Tätigkeit nicht, der ich mich ohne Störung hingebe. *(Ende Januar 45 v. Chr.)*

(H. Kasten)

CICERO, AD FAMILIARES 6, 18, 5 K. (AD LEPTAM)

Unbehagen 992 **Hoc se quisque modo semper fugitat.**
So sucht jeder beständig, sich selbst zu entfliehen.

(G. Fink)

LUKREZ, DE RERUM NATURA 3, 1068, BEI SENECA, DE TRANQUILLITATE ANIMI, 2

Typen

993 **Nihil est aut pigrius delicatis aut curiosius otiosis.**   **Faulpelz**

Niemand ist so träge wie der Genießer, niemand so neugierig wie der Faulpelz.

(H. Kasten)

PLINIUS MINOR, EPISTULAE 9, 32 K.

994 **Nec tamen eas cenas quaero, ut magnae reliquiae fiant; quod erit,**   **Feinschmecker**
magnificum sit et lautum.

Doch frage ich nicht nach solchen Mahlzeiten, bei denen viel übrig bleibt; was es gibt, muß fein und appetitlich sein. *(Anfang Juli 46 v. Chr.)*

(H. Kasten)

CICERO, AD FAMILIARES 9, 16, 8 K. (AD PAETUM)

995 **Nec illi tam gratum est abundare iucundis, quam acerbum, quod**   **Genußmensch**
non omnem illum apparatum per gulam ventremque transmittit,
quod non cum omni exoletorum feminarumque turba convolu-
tatur, maeretque, quod magna pars suae felicitatis exclusa cor-
poris angustiis cessat.

Dem Genußmenschen ist es nicht so wichtig, Überfluß an den Annehmlichkeiten des Lebens zu haben, als vielmehr bitter, daß er diesen ganzen Aufwand nicht durch die Kehle und den Bauch jagen kann, daß er sich nicht mit der ganzen Bande von Strichjungen und Huren herumwälzen kann – und er grämt sich, daß ein großer Teil seines «Glücks», beeinträchtigt durch die Grenzen seines Körpers, sich ins Nichts auflöst.

(nach M. Rosenbach)

SENECA, EPISTULAE MORALES 114, 25

996 GNATHO:**Est genus hominum, qui esse primos se omnium rerum**   **Gimpel**
volunt
nec sunt: hos consector; hisce ego non paro me, ut rideant,
sed eis ultro adrideo et eorum ingenia admiror simul.
quidquid dicunt, laudo; id rursum si negant, laudo id quoque;
negat quis: nego; ait: aio; postremo imperavi egomet mihi
omnia adsentari. is quaestus nunc est multo uberrimus.

GN. Tröpfe gibt's; die wollen stets die ersten sein: sie such ich auf;
Ihnen geb' ich nicht mich selbst zum Lachen hin; nein, ich zuerst
Komme lachend ihnen entgegen und bewundere ihren Witz.
Was sie sagen, lob' ich; nehmen sie's zurück, ich lob' es auch.
Sagt man nein, vernein' ich; sagt man ja, bejah' ich; überall
Stimm' ich bei: der Handel trägt uns heutzutag am meisten ein.

(J. J. Donner)

TERENZ, EUNUCHUS 248–253

Glückspilz   997   Toxilus: **Tace, stultiloque: nescis, quid te instet boni**
neque quam tibi Fortuna faculam luciferam adlucere volt.
To. Schweig, du Narrenmund,
Du weißt nicht, was dir Gutes noch bevorsteht; ungesucht
Steckt dir das Glück die Fackel auf, die zum Gewinn
Dir leuchten soll.
(W. Binder – W. Ludwig)
Plautus, Persa 514–515

998   **Plane Fortunae filius, in manu illius plumbum aurum fiebat. facile**
est autem, ubi omnia quadrata currunt.
Ein reiner Glückspilz, in seiner Hand wurde Blei zu Gold. Es ist eben
ein Kinderspiel, wo alles wie am Schnürchen läuft.
(K. Müller – W. Ehlers)
Petron, Cena Trimalchionis 43, 7

Kumpel   999   **Rectus, certus, amicus amico, cum quo audacter posses in tenebris**
micare.
Gerade, zuverlässig, Kamerad unter Kameraden, ein Mann, mit dem
man getrost im Finstern hätte knobeln können.
Petron, Cena Trimalchionis 44, 7
Is, quacumque ibat, terram adurebat. sed *rectus, sed certus* ...
Wo der unterwegs war, versengte er das Gras. Aber gerade, aber zuverlässig ...
(nach K. Müller – W. Ehlers)

Kuppler   1000   Diniarchus: **Nunc leonum et scortorum plus est fere**
quam olim muscarumst, quom caletur maxume.
Di. Es gibt fürwahr
Der Kuppler und der Huren jetzt beinahe mehr,
Als Fliegen man am schwülsten Sommertage sieht.
(W. Binder – W. Ludwig)
Plautus, Truculentus 64–65

Langschläfer   1001   **Ingenti fruor inproboque somno**
quem nec tertia saepe rumpit hora.
Ich erfreue des Schlafs mich schamlos lange –
oftmals endet er nicht in dritter Stunde.
(R. Helm)
Martial, Epigrammata 12, 18, 13–14

1002 **Nihil minus fero quam severitatem otiosorum.** Leisetreter
Nichts ärgert mich mehr als das Getue der Leisetreter. *(Anfang Juni 46 v. Chr.)*

(H. Kasten)

Cicero, Ad familiares 9, 5, 2 K. (Ad Varronem)

1003 **Deciens centena dedisses** Luftikus
huic parco, paucis contento, quinque diebus
nil erat in loculis; noctes vigilabat ad ipsum
mane, diem totum stertebat: nil fuit umquam
sic impar sibi.
Eine Million konntest du diesem (*sc.* Tigellius)
schlichten, genügsamen Manne geben: in einer Woche
war die Kasse leer. Bald wachte er bis zum frühen
Morgen, dann wieder schnarchte er den ganzen Tag. Keinen
unbeständigeren Menschen gab's auf der Welt.

(H. Färber – W. Schöne)

Horaz, Sermones 1, 3, 15–19

1004 **Nihil magis facit iracundos quam educatio mollis et blanda: ideo** Muttersöhnchen
unicis, quo plus indulgetur, pupillisque, quo plus licet, corruptior
animus est. Non resistet offensis, cui nihil umquam negatum est,
cuius lacrimas sollicita semper mater abstergit, cui de paedagogo
satisfactum est.
Nichts macht Kinder jähzorniger als eine energielose und verzärtelte
Erziehung. Je mehr Nachsicht man daher Einzelkindern schenkt und
je mehr Muttersöhnchen gestattet ist, desto verdorbener sind sie. Keinen Widerstandswillen bei Mißlichem hat, wem nie etwas verwehrt
wurde, wessen Tränen eine stets besorgte Mutter abwischte, wer
gegen seinen Lehrer recht bekam.

(G. Fink)

Seneca, De ira 2, 21

1005 **Sunt, qui officia lucis noctisque perverterint nec ante diducant** Nachtmensch
oculos hesterna graves crapula, quam adpetere nox coepit.
Es gibt Menschen, die die Rolle von Tag und Nacht vertauscht haben
und ihre Augen, schwer vom Rausch des Vortages, erst aufbringen,
wenn die Nacht zu nahen beginnt.

(nach M. Rosenbach)

Seneca, Epistulae morales 122, 2

Neider   1006 PHILOLACHES: **Qui invident, neumquam eorum quisquam invideat prorsus commodis.**
PH. Die Neider aber treff' ein Los, um das sie nie
Ein Mensch beneiden möge!
(W. Binder – W. Ludwig)
PLAUTUS, MOSTELLARIA 307

1007 **Quam magnus mirantium, tam magnus invidentium populus est.**
Ebenso groß wie die Schar der Bewunderer ist die der Neider.
(G. Fink)
SENECA, DE VITA BEATA 2

Pechvogel   1008 CHARINUS: **Homo me miserior nullus est aeque, opinor,**
neque advorsa quoi plura sint sempiterna.
satin quicquid est, quam rem agere occepi,
proprium nequit mihi evenire, quod cupio.
ita mihi mala res aliqua obicitur,
bonum quae meum conprimit consilium.
CH. Kein Mensch auf Erden ist wohl übler dran als ich,
Dem so, wie mir, jedwedes in die Quere geht;
Ich mag auch eine Sach' anfangen, wie ich will,
Gewiß geschieht das Gegenteil von dem, was ich will.
Stets kommt mir etwas Widerwärtiges in den Weg,
Das, was ich Kluges ausgesonnen, hintertreibt.
(W. Binder – W. Ludwig)
PLAUTUS, MERCATOR 335–340

1009 DAVUS: **More hominum evenit, ut, quod sum nactus mali,**
prius rescisceres tu quam ego illud, quod tibi evenit boni.
DA. So ging es also nach der Welt gewohntem Lauf,
Daß du mein Unglück erfuhrest, eh als ich dein Glück erfuhr.
(J. J. Donner)
TERENZ, ANDRIA 967–968

Plaggeist   1010 MEGADORUS: **Aut aliqua mala crux semper est, quae aliquid petat.**
ME. Irgendein Plaggeist ist immer da, der Geld verlangt.
(W. Binder – W. Ludwig)
PLAUTUS, AULULARIA 522

Prozeßhansl   1011 **Lis te bis decumae numerantem frigora brumae**
conterit una tribus, Gargiliane, foris.
ah miser et demens! viginti litigat annis
quisquam cui vinci, Gargiliane, licet?

Ein Prozeß vor drei Fora – du zählst schon zweimal zehn Winter
  voller Frost, seit er, Gargilianus, dich quält.
Armer Tor! Führt einer durch zwanzig Jahre Prozesse?
  Und das Verlieren ist doch, Gargilianus, so leicht!

(R. Helm)

MARTIAL, EPIGRAMMATA 7, 65

1012 **Quos ego penitus novi libidinum et languoris effeminatissimi
animi plenos. Qui nisi a gubernaculis recesserint, maximum ab
universo naufragio periculum est.**
Ich kenne sie (*sc.* die designierten Konsuln) in- und auswendig;
sie strotzen von Begierden und sind völlig verweichlichte Schlapp-
schwänze. Treten sie nicht vom Steuer zurück, so droht höchste
Gefahr von einem Gesamtzusammenbruch. *(Dezember 44)*

(H. Kasten)

M. TULLIUS CICERO, M. FILIUS, BEI CICERO, AD FAMILIARES 16, 25 (27), 1 K.
(AD TIRONEM)

*Schlapp-
schwänze*

1013 **Isdem temporibus cavendum est, ne assentatoribus patefaciamus
aures neve adulari nos sinamus, in quo falli facile est. Tales enim
nos esse putamus, ut iure laudemur; ex quo nascuntur
innumerabilia peccata, cum homines inflati opinionibus turpiter
irridentur et in maximis versantur erroribus.**
Zur gleichen Zeit (*d. h.* auch in den allergünstigsten Umständen) muß
man sich hüten, Leuten, die nach dem Munde reden, das Ohr zu öffnen und sich umschmeicheln zu lassen, wobei es leicht ist, einer Täuschung zu verfallen. Wir glauben nämlich dann, so beschaffen zu sein,
daß wir mit Recht gelobt werden. Daraus entstehen ungezählte Vergehen, wenn Menschen, aufgeblasen von ihren Vorstellungen, schimpflich verlacht werden und in den größten Irrtümern befangen sind.

(K. Büchner)

CICERO, DE OFFICIIS 1, 91

Schmeichler

1014 **Quid sit largiri, quid sit donare docebo,
  si nescis: dona, Gargiliane, mihi.**
Was ein freigebig Spenden, was Schenken ist, will ich dich lehren;
  weißt du es nicht, so schenk, Gargilianus, nur mir!

(R. Helm)

MARTIAL, EPIGRAMMATA 4, 56, 7–8

Schnorrer

1015 **Si quis nulla se amica fecit insignem nec alienae uxori annuum
praestat, hunc matronae humilem et sordidae libidinis et
ancillariolum vocant. inde certissimum sponsaliorum genus est
adulterium et in consensu viduitas caelibatusque: nemo uxorem
duxit, nisi qui abduxit.**

Schürzenjäger

Wenn einer sich nicht durch eine Freundin einen Namen gemacht hat und sich nicht für die Ehefrau eines anderen als «Jahresmann» zur Verfügung stellt, nennen ihn die Damen niedrig, bezichtigen ihn schmutziger Begierde und heißen ihn einen Schürzenjäger. Daher ist die sicherste Art von Verlöbnis der Ehebruch, und ganz allgemein bestehen Witwerschaft und Ehelosigkeit: niemand führt eine Gattin heim, außer wer die eines anderen verführt.

(M. Rosenbach)

Seneca, De beneficiis 1, 9, 4

Schwätzer 1016 Megaronides: **Nil est profecto stultius neque stolidius**
neque mendaciloquius neque argutum magis
neque confidentiloquius neque peiiurius
quam urbani adsidui cives, quos scurras vocant.
Me. Fürwahr, es gibt nichts so Dummes, nichts so Albernes,
Nichts so Verlogenes, nichts so Dreistgeschwätziges,
Nichts so Spitzfindiges, nichts so Meineidiges
Wie die feinen Herren in der Stadt, die man Schwätzer nennt.

(W. Binder – W. Ludwig)

Plautus, Trinummus 199–202

1017 Megaronides: **Illorum verbis falsis acceptor fui,**
qui omnia se simulant scire neque quicquam sciunt.
quod quisque in animo habet aut habiturust sciunt.
sciunt id, quod in aurem rex reginae dixerit:
sciunt, quod Iuno fabulatast cum Iove:
quae neque futura neque sunt, tamen illi sciunt.
Me. Den Lügenreden derer lieh ich Glauben,
Die tun, als ob sie alles wüßten, und sie wissen nichts.
Was jeder denkt, was er denken wird, das wissen sie:
Sie wissen, was der König seiner Königin
Ins Ohr raunt, was mit Jupiter Juno sprach.
Was nie geschehen ist, nie geschehen wird, wissen sie doch.

(W. Binder – W. Ludwig)

Plautus, Trinummus 204–209

Spätzünder 1018 Ὀψιμαθεῖς (opsimatheîs) **homines scis quam insolentes sint.**
Du weißt doch, wie maßlos die Spätlerner sind!

Cicero, Ad familiares 9, 18 (20), 2 K. (Ad Paetum)

Proinde te para; cum homine et edaci tibi res est et qui iam aliquid intellegat – Ὀψιμαθεῖς autem *homines scis quam insolentes sint;* – dediscendae tibi sunt sportellae et artolagyni tui. Nos iam ex arte ista tantum habemus, ut Verrium tuum et Camillum – qua munditia homines, qua elegantia! – vocare saepius audeamus.

Also mach' Dich auf etwas gefaßt! Du hast es mit einem Vielfraß zu tun, der sich nachgerade auskennt – Du weißt doch, wie maßlos die Spätlerner sind! –; Körbchen und
Döschen mußt Du Dir abgewöhnen! Ich habe von dieser Kunst schon so viel weg, daß ich
es wagen kann, Deinen Verrius und Camillus – wählerische, verwöhnte Leute! – ab und
zu zu Tisch zu bitten. *(Anfang August 46 v. Chr.)*

(H. Kasten)

1019 **Omnis Minervae homo.**   Tausendsassa
Er wird allen Sätteln gerecht.

(nach K. Müller – W. Ehlers)

Petron, Cena Trimalchionis 43, 8

1020 Demea: **Quid hoc, malum, infelicitatis? neque satis decernere;**   Unglücksmensch
nisi me credo huic esse natum rei, ferundis miseriis.
primus sentio mala nostra, primus rescisco omnia;
primus porro obnuntio; aegre solus, si quid fit, fero.
De. Was, zum Henker! Welch ein Unstern? Werde gar nicht klug
daraus.
Nein, ich bin dazu geboren, daß ich Unglück tragen muß.
Ich zuerst merk' alles Elend; ich erfahr' es stets zuerst;
Ich zuerst bring' alle Kunde, fühl's allein, wenn was geschieht.

(J. J. Donner)

Terenz, Adelphoe 544–547

1021 **Mentitur prodigus liberalem, cum plurimum intersit, utrum quis**   Verschwender
dare sciat an servare nesciat. multi, inquam, sunt, Lucili, qui non
donant, sed proiciunt: non voco ego liberalem pecuniae suae
iratum.
Der Verschwender täuscht den Großzügigen vor, obwohl es ein
himmelweiter Unterschied ist, ob einer zu geben weiß oder nicht zu
sparen versteht. Viele, sage ich, mein Lucilius, schenken nicht,
sondern werfen das das Geld zum Fenster hinaus: ich kann einen
Menschen nicht großzügig nennen, der auf sein Geld wütend ist.

(nach M. Rosenbach)

Seneca, Epistulae morales 120, 8

DER MENSCH ALS PARTNER

Liebe

Zueinanderfinden

1022 LYSIDAMUS: **Omnibus rebus ego amorem credo et nitoribus nitidis antevenire,**
nec potis quicquam commemorari, quod plus salis plusque leporis hodie habeat.
LY. Die Liebe geht doch über alles in der Welt,
Sie ist selbst unter Glänzendem das Glänzendste!
Ich wüßte nichts zu nennen, das mehr Reiz und Lust
Gewährt.

(W. Binder – W. Ludwig)

PLAUTUS, CASINA 217–219

1023 GYMNASIUM: **Video ego te Amoris valde tactum toxico,**
adulescens: eo te magis volo monitum. ALCESIMARCHUS: **Mone.**
GYMNASIUM: **Cave, sis, cum Amore tu umquam bellum sumpseris.**
GY. Ich seh, dich traf des Amor Gift sehr hart.
Wenn ich dir, junger Mann, noch etwas raten darf … AL. Nur zu!
GY. Hüte dich, mit Amor je in Krieg zu treten!

(W. Binder – W. Ludwig)

PLAUTUS, CISTELLARIA 298–300

1024 PALINURUS: **Edepol, qui amat, si eget, misera adficitur aerumna.**
PA. Fürwahr, ein Liebender,
Der nichts im Beutel hat, ist miserabel dran.

(W. Binder – W. Ludwig)

PLAUTUS, CURCULIO 142

1025 CHARINUS: **Nec pol profecto quisquam sine grandi malo,**
prae quam res patitur, studuit elegantiae –
sed amori accedunt etiam haec, quae dixi minus:
insomnia, aerumna, error, terror et fuga,
ineptia, stultitiaque adeo et temeritas,
incogitantia, excors inmodestia,
petulantia et cupiditas, malivolentia:
inhaeret etiam aviditas, desidia, iniuria,
inopia, contumelia et dispendium,
multiloquium, parumloquium: hoc ideo fit, quia
tam amator profert saepe advorso tempore …

Cʜ. Kein Mensch fürwahr hat ohne eigenen empfindlichen
Nachteil mehr, als sein Vermögen zuläßt, sich dem Luxus hingegeben.
Doch viel mehr noch folgt der Liebe, was ich nicht erwähnt':
Schlaflosigkeit, Bekümmernis, Furcht, Irrtum, Flucht,
Verkehrter Sinn, Narrheit sogar, Verwegenheit,
Unüberlegtes Wesen, Ausgelassenheit,
Übermut, Begierde, Neid,
Habsucht, Faulheit, Nachlässigkeit,
Armut und Schande, wenn das Gut vergeudet ist;
Bald redet man zu wenig, bald zu viel; das kommt
Daher, weil ein Verliebter oftmals Sachen, die
Durchaus nicht hergehören, völlig nutzlos sind,
Ganz ungelegen auftischt ...

(W. Binder – W. Ludwig)

PLAUTUS, MERCATOR 22–32

1026 DEMIPHO: **Humanum amarest atque id vei optingit deum.**
ne, sis, me obiurga: hoc non voluntas me impulit.
Dᴇ. Lieben ist menschlich, und es geschieht nach Götterwillen.
Schelte mich drum nicht, nicht freie Wahl trieb mich dazu.

(W. Binder – W. Ludwig)

PLAUTUS, MERCATOR 319–321

1027 Cocus: **Nam qui amat, quod amat, si habet, id habet pro cibo:**
videre, amplecti, ausculari, alloqui.
Kᴏ. Denn wer liebt, hat seine Speise, wenn
Er hat, was er liebt: Sehen, sprechen, küssen, umarmen.

PLAUTUS, MERCATOR 744–745

Cocus: Agite ite actutum: nam mihi amatori seni
coquendast cena: atque quom recogito,
nobis coquendast, non quoi conducti sumus.
nam qui amat ...

Koch: So macht doch, daß es vorwärts geht,
Ich habe ja für einen alten und verliebten Herren heute
Ein Mahl zu kochen. Fast indessen scheint es mir,
Als kochten wir für uns, und nicht für den, der uns
Gedungen. Denn wer liebt ...

(W. Binder – W. Ludwig)

1028 SCAPHA: **Matronae, non meretriciumst uni inservire amantem.**
Sc. Bei Ehefrauen, nicht
Bei Freudenmädchen ist's am Platz, nur einem Mann
Zu dienen.

(W. Binder – W. Ludwig)

PLAUTUS, MOSTELLARIA 190

1029 SOPHOCLIDISCA: **Miser est, qui amat. certo is quidem nilist,
qui non amat. quid ei homini opus vitast?**
So. Unglücklich ist, wer liebt. Und wer nicht liebt, der ist
Wahrhaftig gar nichts. Was gilt dem das Leben noch?
(W. Binder – W. Ludwig)
PLAUTUS, PERSA 179–180

1030 CALIDORUS: **Non iucundumst, nisi amans facit stulte.**
CA. Wer liebt, dessen Freude ist es ja, ein Narr zu sein.
(W,Binder-W. Ludwig)
PLAUTUS, PSEUDOLUS 238

1031 LYSITELES: **Numquam Amor quemquam nisi cupidum hominem
postulat se in plagas conicere:
eos cupit, eos consectatur, subdole ab re consulit:
blandiloquentulus, harpago, mendax,
cuppes, avarus, elegans, despoliator.**
LY. Nie hat Amor noch
Jemanden in sein Garn gelockt, wenn er nicht lüstern war.
Auf diese macht er Jagd, verfolgt sie, bringt sie durch
Heimtücke und Schmeichelei vom rechten Wege ab.
Er kommt mit süßen Worten, lügt, schleckt, giert und stiehlt,
Ein feines Bürschchen und dabei ein Räuber doch.
(W. Binder – W. Ludwig)
PLAUTUS, TRINUMMUS 237a–239b

1032 LYSITELES: **Ipse amoris teneo omnis vias.
itast amor ballista, ut iacitur: nil sic celerest neque volat:
atque is mores hominum moros et morosos efficit.
minus placet magis, quod suadetur: quod dissuadetur placet.
quom inopiast, cupias, quando copiast, tum non velis.
ille qui aspellit, is compellit: ille qui consuadet, vetat.
insanum malumst hospitio devorti ad Cupidinem.**
LY. Ich selber bin mit Amors Schlichen wohl vertraut.
Er gleicht dem abgeschossenen Pfeil; nichts ist so schnell,
Kein Flug so rasch, und er verkehrt des Menschen Sinn
In Sinnlichkeit und Trübsinn. Was geraten wird,
Ist nicht genehm; was abgeraten, ist genehm.
Was fehlt, das will man haben, was man reichlich hat,
Das will man nicht; wer rückwärts treibt, der treibet an;
Wer anmahnt, mahnet ab. Es ist ein rasendes
Unglück, als Gast einzukehren bei dem Liebesgott.
(W. Binder – W. Ludwig)
PLAUTUS, TRINUMMUS 667–673

1033 PARMENO: **In amore haec omnia insunt vitia: iniuriae,**
suspiciones, inimicitiae, indutiae,
bellum, pax rursum: incerta haec si postules
ratione certa facere, nihilo plus agas
quam si des operam, ut cum ratione insanias.
PA. Die Liebe führt die Übel alle mit: Verdacht,
Beleidigung, Feindschaften, Waffenruhe, Krieg
Und Friede wieder. Diesem Unbestand Bestand
Verleihen zu wollen durch Vernunft wär' ebenso
Als wenn du strebtest, mit Vernunft ein Narr zu sein.

(J. J. Donner)

TERENZ, EUNUCHUS 59–63

1034 THAIS: **Non adeo inhumano ingenio sum, Chaerea,**
neque ita inperita, ut, quid amor valeat, nesciam.
TH. Nicht so gefühllos oder unerfahren ist
mein Herz, daß ich nicht wüßte, was die Liebe kann.

(J. J. Donner)

TERENZ, EUNUCHUS 880–881

1035 **Amor animi arbitrio sumitur, non ponitur.**
Frei steht der Liebe Anfang, nicht ihr Ende.

(H. Beckby)

PUBLILIUS SYRUS, SENTENTIAE A 5

1036 **In venere semper dulcis est dementia.**
Im Lieben waltet stets ein süßer Wahnsinn.

(H. Beckby)

PUBLILIUS SYRUS, SENTENTIAE I 46

1037 **Oculi occulte amorem incipiunt, consuetudo perficit.**
Still beginnt im Aug die Liebe, und ihr Ende liegt im Bett.

(H. Beckby)

PUBLILIUS SYRUS, SENTENTIAE O 15

1038 **Et vacuus somno noctem, quam longa, peregi,**
     Lassaque versati corporis ossa dolent?
Nam, puto, sentirem, siquo temptarer amore.
     An subit et tecta callidus arte nocet?
Sic erit; haeserunt tenues in corde sagittae,
     Et possessa ferus pectora versat Amor.

Schlaflos hab ich die Nacht – wie währte sie lange! – gelegen,
    Hab mich gewälzt und noch jetzt spür ich im Leib das Gebein.
Fiel eine Liebe mich an, ich denk doch, ich müßte es merken.
    Oder schleicht sie und wirkt heimlich und listig versteckt?
Das wird es sein! Der Pfeil, der spitzige, hängt schon im Herzen,
    Amor ist da! Ein Tyrann herrscht er und wühlt in der Brust.

(W. Marg – R. Harder)

OVID, AMORES 1, 2, 3–8

1039 **Non caret effectu, quod voluere duo.**
Immer gelangt an das Ziel, was sich zwei Herzen gewünscht.

(W. Marg – R. Harder)

OVID, AMORES 2, 3, 16

1040 **Pinguis amor nimiumque patens in taedia nobis**
    Vertitur et, stomacho dulcis ut esca, nocet.
Wird eine Neigung bequem und leicht ersättigt, dann macht sie
    überdrüssig, und schal schmeckt sie wie süßliche Kost.

(W. Marg – R. Harder)

OVID, AMORES 2, 19, 25–26

1041 **Servitium sed triste datur, teneorque catenis,**
    et numquam misero vincla remittit Amor.
Traurige Knechtschaft ist mir verhängt: ich liege in Ketten.
    Amor erbarmt sich nicht, lockert die Fesseln mir nie.

(W. Willige)

TIBULL, ELEGIAE 2, 4, 3–4

1042 **Nescis, quid sit amor, iuvenis, si ferre recusas**
    inmitem dominam coniugiumque ferum.
ergo ne dubita blandas adhibere querelas:
    vincuntur molli pectora dura prece.
Jüngling, du weißt nichts von Liebe, solang du dich sträubst zu ertragen
    Deiner Gebieterin Trotz, Leid um die Ehe mir ihr.
Zaudre drum nicht und stimme nur an deine schmeichelnden Klagen!
    Zärtliches Bitten besiegt auch ein gefühlloses Herz.

(W. Willige)

TIBULL, ELEGIAE 3, 4, 73–76

1043 **Perfida nec merito nobis inimica merenti,**
      perfida, sed, quamvis perfida, cara tamen!
      Treulose du, die mit Unrecht jetzt meine Feindin geworden,
        Treulose, doch, obschon treulos, geliebt und ersehnt!

      (W. Willige)

      TIBULL, ELEGIAE 3, 6, 55–56

1044 **Non dubie habet aliquid simile amicitiae affectus amantium.**
      possis dicere illam esse insanam amicitiam: numquid ergo
      quisquam amat lucri causa? numquid ambitionis aut gloriae?
      ipse per se amor omnium aliarum rerum neglegens animos in
      cupiditatem formae non sine spe mutuae caritatis accendit.
      Unzweifelhaft hat die leidenschaftliche Empfindung Liebender Ähn-
      lichkeit mit Freundschaft. Man kann sagen, sie sei übersteigerte
      Freundschaft: liebt also etwa jemand um des Gewinnes willen? Etwa
      um des Ehrgeizes und des Ruhmes willen? Einfach an und für sich
      entflammt die Liebe, alles andere vernachlässigend, die Seele zu lei-
      denschaftlichem Begehren der Schönheit, nicht ohne Hoffnung auf
      Erwiderung der Zuneigung.

      (nach M. Rosenbach)

      SENECA, EPISTULAE MORALES 9, 11

1045 **Permittit enim sibi quaedam contra bonum morem magna pietas.**
      Es gibt ja manches, wozu sich gegen gute Ordnung innige Liebe hin-
      reißen läßt.

      (G. Fink)

      SENECA, AD MARCIAM DE CONSOLATIONE 1

1046 **Votis suis amor plerumque praecurrit.**
      Die Liebe eilt meist ihren Wünschen voraus.

      (H. Kasten)

      PLINIUS MINOR, EPISTULAE 4, 15, 11 K.

1047 **Amat, qui se sic amari putat, ut taedium non pertimescat.**
      Wirklich lieben heißt, sich so geliebt zu glauben, daß man nicht
      befürchtet zu langweilen.

      (H. Kasten)

      PLINIUS MINOR, EPISTULAE 8, 21, 5 K.

1048 **Hecaton ait: 'Ego tibi monstrabo amatorium sine medicamento, sine herba, sine ullius veneficae carmine: si vis amari, ama!'**
Hekaton sagt: «Ich will dir einen Liebeszauber zeigen ohne Gift, ohne Zauberkraut, ohne irgendeiner Hexe Zauberspruch: wenn du geliebt werden willst, liebe!»

(nach M. Rosenbach)

HECATON, FR. 27 F., BEI SENECA, EPISTULAE MORALES 9, 6

1049 **Quis deus magis est
amatis petendus amantibus?
quem colent homines magis
caelitum? o Hymenaee Hymen,
o Hymen Hymenaee.**
Welchen Gott können Liebende
Heißer rufen als dich? Und wen
Von den Himmlischen soll man noch
Mehr verehren? o Hymen, o
Hymen, o Hymenaeus.

(W. Eisenhut)

CATULL, CARMINA 61, 46–50

1050 **Siqua volet regnare diu, deludat amantem!
Ei mihi, ne monitis torquear ipse meis!**
Will lang herrschen die Frau, so muß sie den Liebenden narren! –
Weh mir, der eigene Rat macht mir noch Kummer und Pein!

(W. Marg – R. Harder)

OVID, AMORES 2, 19, 33–34

1051 **Nihil mihi minus hominis videtur quam non respondere in amore iis, a quibus provocere.**
Nichts scheint mir menschenunwürdiger zu sein, als in Liebe dem nicht mit gleichen Gefühlen zu begegnen, von dem man angesprochen wird. *(Mai 43 v. Chr. ?)*

CICERO, AD M. BRUTUM 9 (6), 1 K.

L. Clodius, tribunus plebis designatus, valde me diligit vel, ut ἐμφατικώτερον (emphatikóteron) dicam, valde me amat. quod cum mihi ita persuasum sit, non dubito – bene enim me nosti –, quin illum quoque iudices a me amari; *nihil enim minus ...*

L. Clodius, der designierte Volkstribun, schätzt mich sehr oder – um ein markanteres Wort zu gebrauchen – liebt mich herzlich. Davon bin ich ganz fest überzeugt, und somit – Du kennst mich ja gut – wirst Du Dir zweifellos sagen, daß auch ich ihn liebe, denn nichts scheint mir menschenunwürdiger zu sein ... *(Mai 43 v. Chr.)*

(H. Kasten)

wahre Liebe 1052 Etsi non facile diiudicatur amor verus et fictus, nisi aliquod incidit
eiusmodi tempus, ut quasi aurum igni sic benevolentia fidelis
periculo aliquo perspici possit – cetera signa communia –, sed ego
uno utar argumento, quamobrem me ex animo vereque arbitrer
diligi, quia et nostra fortuna ea est et illorum, ut simulandi causa
non sit.
Zwar ist wahre und falsche Liebe nur schwer zu unterscheiden, es sei
denn, es tritt ein Umstand ein, wo, wie echtes Gold im Schmelztiegel,
so in einer Gefahr echte Zuneigung sich zu erkennen gibt, das einzige
Merkmal wahrer oder falscher Liebe. Ich mache aber doch einen
bestimmten Grund dafür geltend, daß sie mich wirklich und von
Herzen lieben: meine und ihre Lage bietet gar keine Veranlassung
zum Schmeicheln. *(Juli 46 v. Chr.)*

(H. Kasten)

Cicero, Ad familiares 9, 16, 2 K. (Ad Paetum)

eigensinnige 1053 Quam sint morosi, qui amant, vel ex hoc intellegi potest: moleste
Liebe ferebam antea te invitum istic esse; pungit me rursus, quod scribis
esse te istic libenter.
Wie eigensinnig Liebende sind, kann man schon aus folgendem ersehen: Früher war ich unwillig, daß Du nur ungern dort warst; jetzt
versetzt es mir wieder einen Stich, daß Du schreibst, Du seiest gern
dort. *(Juni 53 v. Chr.)*

(H. Kasten)

Cicero, Ad familiares 7, 17, 1 K. (Ad Trebatium)

blinde Liebe 1054 Illuc praevertamur, amatorem quod amicae
turpia decipiunt caecum vitia aut etiam ipsa haec
delectant.
Achten wir lieber zunächst darauf, wie ein Verehrer blind ist für die
Schönheitsfehler seiner Liebsten, wohl sogar Freude daran hat.

Horaz, Sermones 1, 3, 38–40

... *delectant,* veluti Balbinum polypus Hagnae.

... Freude daran hat wie Balbinus am Nasenpolyp seiner Hagna.

(H. Färber – W. Schöne)

Lieben – Hassen 1055 Luctantur pectusque leve in contraria tendunt
Hac amor hac odium, sed, puto, vincit amor.
Ringend stehen und ziehen mein Herz nach hüben und drüben
Liebe und Haß; doch erringt, schätz, die Liebe den Sieg.

(W. Marg – R. Harder)

Ovid, Amores 3, 11, 33–34

1056 CHREMES: **Novi ego amantis: animum advortunt graviter, quae non** | **Verliebtheit**
censeas.

CHR. Scharf bemerken ja Verliebte, wo kein anderer Mensch es denkt.

(J. J. Donner)

TERENZ, HEAUTONTIMORUMENOS 570

1057 LEONIDA: **O Libane, ut miser est homo, qui amat.** LIBANUS: **Immo hercle vero**
qui pendet, multost miserior. LEONIDA: **Scio, qui periclum feci.**

LE. Wie unglücklich ist ein Verliebter doch!

LI. Wer hängt, ist weit unglücklicher noch.

LE. Das weiß ich wohl, denn ich war nah daran.

(W. Binder – W. Ludwig)

PLAUTUS, ASINARIA 616–617

1058 AGORASTOCLES: **Di immortales omnipotentes, quid est apud vos pulcrius?**
quid habetis, qui mage immortalis vos credam esse, quam ego siem,
qui haec tanta oculis bona concipio? nam Venus non est Venus;
hanc equidem Venerem venerabor, me ut amet posthac propitia.

AG. Ihr unsterblichen,

Allmächtigen Götter, gibt's bei euch was Schöneres?

Was habt ihr denn, daß mehr Unsterblichkeit ich euch

Zutrauen soll, als ich besitze, da mir hier

So viel des Schönen durch das Auge hin zur Seele dringt?

Nicht Venus ist mehr Venus: diese hier will künftig ich

Als Venus ehren, hold und gnädig mir zu sein.

(W. Binder – W. Ludwig)

PLAUTUS, POENULUS 275–278

1059 AGORASTOCLES: **Illa mulier lapidem silicem subigere, ut se amet, potest.**

AG. Dies Mädchen könnte selbst einen Kieselstein

Zur Liebesglut anfachen.

PLAUTUS, POENULUS 289–292

AGORASTOCLES: Ita me dei ament, ut illa me amet malim quam di, Milphio:
nam *illa mulier ... potest.*
MILPHIO: Pol idquidem hau mentire: nam tu's lapide silice stultior,
qui hanc ames.

AG. Oh, liebte sie mich, Milphio, wie der Götter Liebe
Ich mir erflehe, ließ ich Götter Götter sein.
Dies Mädchen ... anfachen.
MI. Darin lügst du nicht.
Du bist ja wohl noch dümmer als ein Kieselstein,
Weil du in sie verliebt bist.

(W. Binder – W. Ludwig)

1060 DINIARCHUS: **Non omnis aetas ad perdiscendum sat est**
       amanti, dum id perdiscat, quot pereat modis,
       neque eam rationem eapse umquam educet Venus,
       quam penes amantum summa summarum redit,
       quot amans exemplis ludificetur.
       DI. Lernt ein Verliebter auch sein ganzes Leben durch,
       Nie kriegt er doch heraus, auf wieviel Arten ihm
       Der Untergang bereitet wird. Ja, Venus selbst,
       Die doch in allen Liebessachen oberste
       Gebieterin ist, wär' außerstande, Auskunft ihm
       Zu geben, wie so oft man den Verliebten foppt.

       (W. Binder – W. Ludwig)

       PLAUTUS, TRUCULENTUS 22–26

1061 **Amans, quid cupiat, scit; quid sapiat, non videt.**
       Die Liebe kennt nur Wünsche, nicht Vernunft.

       (H. Beckby)

       PUBLILIUS SYRUS, SENTENTIAE A 15

1062 **Ecce**
       servos, non paulo sapientior: 'o ere, quae res
       nec modum habet neque consilium, ratione modoque
       tractari non volt. in amore haec sunt mala, bellum,
       pax rursum: haec si quis tempestatis prope ritu
       mobilia et caeca fluitantia sorte laboret
       reddere certa sibi, nihilo plus explicet ac si
       insanire paret certa ratione modoque.'
       Hör' doch den Sklaven, der viel klüger redet: «Ein Ding, Herr,
       das nicht Maß und Überlegung kennt, das will auch niemals mit Ver-
       nunft und Maß
       behandelt werden. Dergleichen Übel bringt nun mal die Liebe: heute
       Krieg,
       dann wieder Frieden. Dies wechselt wie das Wetter, hängt vom blin-
       den Zufall ab;
       willst du's für dich allein beständig machen? Genau so wenig wird dir
       das gelingen, wie wenn
       du dich bemühst, mit Absicht und Methode verrückt zu sein.»

       (H. Färber – W. Schöne)

       HORAZ, SERMONES 2, 3, 264–271

1063 **Speremus pariter, pariter metuamus amantes,**
       Et faciat voto rara repulsa locum.
       Hoffen solln wir zugleich und zugleich auch fürchten beim Lieben,
       Und bisweilen ein Nein schaffe dem Wünschen den Raum.

       (W. Marg – R. Harder)

       OVID, AMORES 2, 19, 5–6

1064 Me sine, quem semper voluit fortuna iacere,
   Hanc animam extremae reddere nequitiae.
multi longinquo periere in amore libenter,
   In quorum numero me quoque terra tegat.
Mich laß, da mir das Schicksal bestimmt hat, mich zu verlieben.
   dieses mein Leben denn weihn äußerster Nichtsnutzigkeit!
Viele sind gerne an unaufhörlicher Liebe gestorben;
   ähnlich ihnen dereinst decke die Erde auch mich!

(W. Willige)

PROPERZ, ELEGIAE 1, 6, 25–28

1065 OLYMPIO: 'Mi animule, mi Olympio,
   mea vita, mea mellila, mea festivitas:
   sine tuos ocellos deosculer, voluptas mea,
   sine, amabo, ted amari, meus festus dies,
   meus pullus passer, mea columba, mi lepus.'
OL. «Mein Herzchen, mein Olympio, mein Honigmund,
Mein Leben, meine Wonne, meiner Seele Lust,
Laß dich umarmen, laß die Äuglein küssen dir,
Mein Spätzchen, Täubchen, Häschen.»

PLAUTUS, CASINA 134–138

CHALINUS: Quid facies? OLYMPIO: Concludere in fenestram firmiter,
unde auscultare possis, quom ego illam ausculer.
quom mihi illa dicet: 'Mi animule ...'

CH. Was soll dann weiter noch geschehen? OL. Ich will dich auch fest
Dann an mein Fenster schließen, daß du hören kannst,
Wenn ich sie küsse. Wenn sie zu mir sprechen wird:
«Mein Herzchen ...»

(W. Binder-W. Ludwig)

verliebte Worte

1066 Quis ego nunc pereo similes moniturus amantes:
   'O nullis tutum credere blanditiis.'
Hieran geh' ich zugrunde, den Liebenden künftig zur Warnung:
   «O, wie ist es gewagt, schmeichelnden Worten zu traun!»

(W. Willige)

PROPERZ, ELEGIAE 1, 15, 41–42

Schmeichel-
worte

1067 Verba puellarum, foliis leviora caducis,
   Inrita, qua visum est, ventus et unda ferunt.
Worte von Mädchen sind leicht, und leichter als fallende Blätter
   Tragen sie Wellen und Wind, wie sie es wollen, ins Nichts.

(W. Marg – R. Harder)

OVID, AMORES 2, 45–46

Mädchenworte

Weiberwort 1068 Nulli se dicit mulier mea nubere malle
quam mihi, non si se Iuppiter ipse petat.
dicit: sed mulier cupido quod dicit amanti,
in vento et rapida scribere oportet aqua.
Keinen, so sagt die Meine, möchte sie lieber als mich zum
Gatten, da könnte sogar Jupiter selbst um sie frein.
Sagen tut sie's. Doch was ein Weib dem Liebhaber sagte,
All das kann man sogleich schreiben in Wasser und Wind.
(W. Eisenhut)
CATULL, CARMINA 70

Küssen 1069 Quam sidera multa, cum tacet nox,
furtivos hominum vident amores:
tam te basia multa basiare
vesano satis et super Catullo est ...
Soviel Sterne in stiller Nacht am Himmel
Auf das heimliche Lieben schaun der Menschen:
So viel Küsse zu küssen würde reichen
Dem Catull, der von Liebe toll und krank ist ...
(W. Eisenhut)
CATULL, CARMINA 7, 7–10

1070 Tu modo, dum lucet, fructum ne desere vitae:
Omnia si dederis oscula, pauca dabis.
Du aber pflücke, solange es tagt, die Früchte des Lebens!
Küsse, soviel du vermagst: nimmer doch küßt du genug!
(nach W. Willige)
PROPERZ, ELEGIAE 2, 15, 49–50

1071 Aliter homines amicam, aliter liberos suos osculantur: tamen in
hoc quoque amplexu tam sancto et moderato satis apparet
affectus.
Anders küssen Männer die Geliebte, anders ihre Kinder: dennoch wird
auch in dieser so reinen und zurückhaltenden Zärtlichkeit durchaus
ein Gefühl deutlich.
(nach M. Rosenbach)
SENECA, EPISTULAE MORALES 75, 3

zwiespältige
Gefühle 1072 Odi et amo. quare id faciam, fortasse requiris.
nescio, sed fieri sentio et excrucior.
Haß erfüllt mich und Liebe. Weshalb das?, so fragst du vielleicht mich.
Weiß nicht. Doch daß es so ist, fühl ich und quäle mich ab.
(W. Eisenhut)
CATULL, CARMINA 85

1073 **Nec vos aut capiant pendentia bracchia collo**
      aut fallat blanda sordida lingua fide.
   etsi perque suos fallax iuravit ocellos
      Iunonemque suam perque suam Venerem,
   nulla fides inerit: periuria ridet amantum
      Iuppiter et ventos inrita ferre iubet.
   Laßt euch von Armen nicht fangen, die zärtlich den Hals euch
   umschlingen!
      Leiht eines schmeichelnden Munds trügendem Wort nicht Gehör!
   Hat sie euch auch bei den eigenen Augen heuchelnd geschworen,
      Ob sie auf Juno sich gar oder auf Venus beruft,
   Treue gibt's nicht dabei: es belacht der Liebenden Meineid
      Jupiter, ja, er befiehlt, daß ihn die Winde verwehn.
   (W. Willige)
   TIBULL, ELEGIAE 3, 6, 45–50

Warnung

1074 **Tu mihi sola places, nec iam te praeter in urbe**
      formosa est oculis ulla puella meis.
   Du nur gefällst mir, nur du, und außer dir gibt es kein Mädchen,
      Hier in der Stadt, das je schön meinen Augen erscheint.
   (W. Willige)
   TIBULL, ELEGIAE 4, 13, 3–4

Liebeserklärung

1075 **Nam vitare, plagas in amoris ne iaciamur,**
   non ita difficile est quam captum retibus ipsis
   exire et validos Veneris perrumpere nodos.
   Denn es ist weniger schwer, die Schlingen der Liebe zu meiden
   Als, wenn man einmal gefangen im Netz, daraus zu entkommen
   Und zu zerreißen die Knoten, die Venus so kräftig geknüpft hat.
   (H. Diels)
   LUKREZ, DE RERUM NATURA 4, 1146–1148

Liebesflucht

1076 **Nimirum veri dantur mihi signa caloris:**
      Nam sine amore gravi femina nulla dolet.
   Dies sind von wahrhafter Glut für mich untrügliche Zeichen:
      ohne zu lieben im Ernst, hat noch kein Weib sich erzürnt.
   (W. Willige)
   PROPERZ, ELEGIAE 3, 8, 9–10

Liebesglut

1077 **Cum flamma saevi amoris parva quidem primo vapore delectet,**
   fomentis consuetudinis exaestuans inmodicis ardoribus totos
   amburit homines.

Mag die Flamme verzehrender Liebe, solange sie klein ist, beim
ersten Schwelen Vergnügen machen: läßt der Zunder der Gewohnheit
sie auflodern, so verbrennt sie mit unaufhaltsamen Gluten die Menschen von Kopf zu Fuß.

APULEIUS, METAMORPHOSES 8, 2, 7

... in profundam ruinam cupidinis sese paulatim nescius praecipitaverat. quidni, *cum
flamma . . totos amburat homines?*

... (er) hatte sich allmählich, ohne es zu ahnen, tief in den Strudel des Begehrens gestürzt.
Wie sollte es anders sein? Mag die Flamme ... , so verbrennt sie mit unaufhaltsamen
Gluten die Menschen von Kopf zu Fuß.

(E. Brandt – W. Ehlers)

Liebesklage 1078 GYMNASIUM: **Namque ecastor amor et melle et fellest
fecundissimus.
gustui dat dulce: amarum ad satietatem usque oggerit.**
GY. Fürwahr,
An Gall' und Honig ist die Liebe überreich!
Wohl süß zu kosten, reicht des Bitteren sie so viel,
Daß man desselben herzlich satt wird.

(W. Binder – W. Ludwig)

PLAUTUS, CISTELLARIA 69–70

1079 **Durius in terris nihil est, quod vivat, amante,
Nec, modo si sapias, quod minus esse velis.**
Liebhaber sein ist das härteste Los, das man findet auf Erden,
und wer nur recht bei Verstand, wünscht es sich niemals zu sein.

(W. Willige)

PROPERZ, ELEGIAE 2, 17, 9–10

liebeskrank 1080 **Iam cetera salutis vultusque detrimenta et aegris et amantibus
examussim convenire nemo, qui nesciat: pallor deformis,
marcentes oculi, lassa genua, quies turbida et suspiratus cruciatus
tarditate vehementior.**
Nun weiß jeder, daß auch sonst schlimme Veränderungen im Zustand
und Aussehen bei Kranken
und Verliebten bis ins einzelne genau zusammenstimmen: entstel-
lende Blässe, matter Blick, müde Knie,
unruhiger Schlaf, und je länger das Leiden, desto heftigeres Seufzen.

(E. Brandt – W. Ehlers)

APULEIUS, METAMORPHOSES 10, 2, 6

Liebesleid 1081 LYSIDAMUS: **Qua ego hunc amorem mi esse avi dicam datum
aut quid ego umquam erga Venerem inique fecerim,
quoi sic amanti mi obviam eveniant morae?**

Ly. Ach, welcher Unglücksvogel schwirrt
Um diese Liebe! Womit hab' ich mich an dir
Versündigt, Venus, daß sich mir, dem Liebenden,
So vieles, was mir Aufschub macht, entgegenstellt?

(W. Binder – W. Ludwig)

PLAUTUS, CASINA 617–619

1082 ALCESIMARCHUS: **Credo ego Amorem primum apud homines carnificinam commentum.**
AL. Der Liebesgott hat, glaub' ich, in der Welt
Die erste Marterkammer eingerichtet.

PLAUTUS, CISTELLARIA 203

... commentum. hanc ego de me coniecturam domi facio, ni foris quaeram,
qui omnes homines supero antideo cruciabilitatibus animi.
iactor, crucior, agitor,
stimulor, vorsor in amoris rota,
miser exanimor,
feror, differor, distrahor, diripior:
ita nubilam mentem animi habeo.
ubi sum, ibi non sum,
ubi non sum, ibist animus.
ita mi omnia sunt ingenia...

... eingerichtet. Diese Vermutung
Kann ich an mir, im eigenen Hause, machen, brauch'
Nicht auswärts erst zu suchen, ich, der alles, was
Nur Mensch heißt, übertreffe, weit voran ihm geh'
An Herzensqualen: ich bin gehetzt, geplagt,
Herumgejagt, gestachelt, von der Lieb' aufs Rad
Geflochten, bin entseelt, zerrissen und zerfleischt,
Von dichter Finsternis ist meine Seele umhüllt.
Denn wo ich bin, da bin ich nicht, wo nicht ich bin,
Da ist mein Herz...

(W. Binder – W. Ludwig)

1083 **Custodum transire manus vigilumque catervas**
  Militis et miseri semper amantis opus.
Wache auf Wache umgehn, durch Postenketten zu schleichen,
  Das ist des Kriegers und, ach, ewig des Liebenden Amt.

(W. Marg – R. Harder)

OVID, AMORES 1, 9, 27–28

Liebeslist

1084 **Ille per excubias custodum leniter ire**
  Monstrat, inoffensos derigit ille pedes.
Dienst in der Liebe, er lehrt durch Posten schleichen und Wachen
  Nächtens und gibt dem Fuß leisen, behutsamen Tritt.

(W. Marg – R. Harder)

OVID, AMORES 1, 5, 7–8

Liebesnöte 1085 Ipsa Venus magico religatum bracchia nodo
perdocuit multis non sine verberibus.

Venus selbst hat meine Arme mit Zauberknoten gebunden,
Hat mich recht gründlich belehrt, Hiebe mir reichlich versetzt.

(W. Willige)

TIBULL, ELEGIAE 1, 8, 5–6

Liebesrasen 1086 Errat, qui finem vesani quaerit amoris:
Verus amor nullum novit habere modum.

Töricht, wer rasender Liebe versucht eine Grenze zu setzen:
wahrhaft Liebe hat nie, Maß sich zu geben, gelernt.

(W. Willige)

PROPERZ, ELEGIAE 2, 15, 29–30

Liebesrausch 1087 Nec mulier semper ficto suspirat amore,
quae conplexa viri corpus cum corpore iungit
et tenet adsuctis umectans oscula labris:
nam facit ex animo saepe, et communia quaerens
gaudia sollicitat spatium decurrere amoris.

Aber das Weib ist nicht immer nur Heuchlerin, wenn sie nach Liebe
Schmachtend und in der Umarmung des Manns den Leib an den Leib
preßt,
Während sie saftige Küsse mit saugender Lippe ihm darreicht;
Denn oft tut sie's von Herzen so gern, und sie sucht im Genusse
Wechselwirkung und reizt, zum Ziele des Rennens zu kommen.

(H. Diels)

LUKREZ, DE RERUM NATURA 4, 1192–1196

Liebesschmerz 1088 Omnis humanos sanat medicina dolores:
Solus amor morbi non habet artificem.

Ärztliche Kunst hat Mittel für alle menschlichen Schmerzen:
Amor als einziger wünscht nicht für sein Leiden den Arzt.

(W. Willige)

PROPERZ, ELEGIAE 2, 1, 57–58

Liebesschwüre 1089 Multa prius vasto labentur flumine ponto,
Annus et inversas duxerit ante vices,
Quam tua sub nostro mutetur pectore cura:
Sis, quodcumque voles, non aliena tamen.

Eher werden vom Meere sich bergwärts Flüsse ergießen,
eher kehrte das Jahr um seiner Monde Verlauf,
als der Gedanke an dich in meinem Herzen sich wandelt:
sei, wie immer du willst, nimmer doch bist du mir fremd.

(W. Willige)

PROPERZ, ELEGIAE 1, 15, 29–32

1090 LENA: **Nil Amori iniuriumst.**
LE. In Liebessachen gibt es keinen falschen Eid.
(W. Binder – W. Ludwig)
PLAUTUS, CISTELLARIA 103

1091 MILPHIO: **Mea voluptas, meum labellum, mea salus, meum sanium,**
meus ocellus, meum labellum, mea salus, mea savium,
meum mel, meum cor, mea colustra, meus molliculus caseus.
MI. O meine Lust, mein Leben, mein Entzücken, mein
Augapfel, mein Kußmäulchen, meine Retterin,
Mein Honigseim, mein Herzchen, meine Zuckermilch,
Mein feinster Käse!
(W. Binder – W. Ludwig)
PLAUTUS, POENULUS 365–367

1092 **Si deus ipse forem, numen sine fraude liceret**
Femina mendaci falleret ore meum;
Ipse ego iurarem verum iurasse puellas
Et non de tetricis dicerer esse deus.
Und wäre ich selber ein Gott, mit Großmut gönnt ichs den Frauen,
Meiner erhabenen Macht trüglich zu spotten im Schwur,
Schwüre noch selbst einen Eid, daß wahr die Schwüre der Mädchen;
Sauertöpfisch und eng wollt ich nicht heißen als Gott.
(W. Marg – R. Harder)
OVID, AMORES 3, 3, 43–46

1093 **Tecum, quos dederint annos mihi fila sororum,**
Vivere contingat teque dolente mori.
Dir zur Seit, was an Jahren denn gönnt die Spindel der Schwestern,
Möcht ich verleben und einst sterben betrauert von dir.
(W. Marg – R. Harder)
OVID, AMORES 1, 3, 17–18

Liebeswunsch

Trennung

1094 **Multa me movent in discessu, in primis mercule, quod diiungor**
a te. Movet etiam navigationis labor alienus non ab aetate solum
nostra, verum etiam a dignitate tempusque discessus
subabsurdum.
Mancherlei macht mir den Abschied schwer, vor allem, daß ich mich
von Dir trennen muß, aber auch die Mühsal der Seereise, die weder zu
meinem Alter noch zu meiner Würde paßt, dazu der ziemlich dumm
gewählte Zeitpunkt der Abreise. *(17. Juli 44 v. Chr.)*
(H. Kasten)
CICERO, AD ATTICUM 16, 2 (5), 4 K.

Abschied

1095 Vivite felices, memores et vivite nostri,
　　　sive erimus seu nos fata fuisse velint.

Lebt denn glücklich, und lebt, indem ihr meiner gedenket,
　　　Ob ich nun bleib' oder mir Abschied das Schicksal bestimmt!

(W. Willige)

Tibull, Elegiae 3, 5, 31–32

Trennungs-schmerz

1096 Asper eram et bene discidium me ferre loquebar:
　　　at mihi nunc longe gloria fortis abest.
namque agor ut per plana citus sola verbere turben,
　　　quem celer adsueta versat ab arte puer.

Trotzig war ich und prahlte, ich könnte die Trennung ertragen.
　　　Jetzt aber, ach, wie fern liegt mir die Ruhmredigkeit!
Jagt es mich doch wie den Kreisel auf ebenem Boden die Peitsche
　　　dreht, die ein Knabe schwingt rasch mit gewohntem Geschick.

(W. Willige)

Tibull, Elegiae 1, 5, 1–4

Verführung

1097 Cleaereta: Aedis nobis areast, auceps sum ego,
escast meretrix, lectus inlex est, amatores aves.
bene salutando consuescunt, compellando blanditer,
osculando, oratione vinnula, venustula,
si papillam pertractavit, haud est ab re aucipis.
Suavium si sumpsit, sumere eum licet sine retibus.

Cl. Das Haus ist unser Vogelherd,
Der Vogelfänger bin ich, die Lockspeise ist
Mein Mädchen, der Lockvogel ist das Bett,
Und die Liebhaber sind die Vögel.
Durch ein freundliches Willkommen, schmeichelnde Anrede,
Durch Küsse und süße, liebevolle Worte gewöhnt man sie.
Befühlt er einen Busen, kommt das dem Vogler ganz erwünscht;
Nimmt er sich einen Kuß, fängt man ohne Netz ihn ein.

(W. Binder – W. Ludwig)

Plautus, Asinaria 220–225

Fehltritt

1098 Aufilena, viro contentam vivere solo
　　　nuptarum laus est laudibus ex nimiis:
sed cuivis quamvis potius succumbere par est,
　　　quam matrem fratres te parere ex patruo.

Aufilena, mit einen Mann sich zu begnügen
　　　Ist das größte Lob, das eine Frau sich verdient;
Aber besser ist's noch, sich jedem darunterzulegen,
　　　Als von dem Onkel her Mutter dem Vetter zu sein.

(W. Eisenhut)

Catull, Carmina 111

1099 Numquid iam ullus adulterii pudor est, postquam eo ventum est,
ut nulla virum habeat, nisi ut adulterum inritet? argumentum est
deformitatis pudicitia. quam invenies tam miseram, tam sordidam,
ut illi satis sit unum adulterorum par, nisi singulis divisit horas? et
non sufficit dies omnibus, nisi apud alium gestata est, apud alium
mansit. infrunita et antiqua est, quae nesciat matrimonium vocari
unum adulterium.

Gibt es vielleicht noch irgendeine Scham vor Ehebruch, seit es dahin
gekommen ist, daß keine Frau einen Mann hat, außer um einen Ehebrecher zu reizen? Keuschheit ist nur noch ein Beweis für mangelnde
Schönheit. Welche Frau wird man so elend, so schmutzig finden, daß
ihr nur ein Paar Liebhaber genug ist, wenn sie nicht jedem für sich die
Stunden genau zuteilt? Und der Tag genügt nicht für alle, wenn sie
sich nicht zu einem hat in der Sänfte tragen lassen und bei dem
anderen die Nacht über geblieben ist. Einfältig und altmodisch ist
eine Frau, die nicht weiß, daß die Ehe ein einziger Ehebruch genannt
wird.

(nach M. Rosenbach)

SENECA, DE BENEFICIIS 3, 16, 3

1100 Nec saevo sis casta metu, sed mente fideli;
      mutuus absenti te mihi servet amor.

Nicht aus Furcht sollst du keusch sein, sondern aus treuer Gesinnung.
    Liebe bewahre dich, auch wenn ich fern bin, für mich!

(nach W. Willige)

TIBULL, ELEGIAE 1, 6, 75–76

Keuschheit

1101 A miser, et siquis primo periuria celat,
      sera tamen tacitis Poena venit pedibus.

Ach, Unseliger, wenn man zuerst auch verhehlt seinen Treubruch,
    Spät und mit lautlosem Schritt kommt doch die Strafe herbei.

(W. Willige)

TIBULL, ELEGIAE 1, 9, 3–4

Treubruch

1102 A crudele genus nec fidum femina nomen!
      a pereat, didicit fallere siqua virum!

Ach, dieses Geschlecht ist grausam: Untreue, Weib, ist dein Name!
    Gehe zugrunde, die je lernt, zu betrügen den Mann!

(W. Willige)

TIBULL, ELEGIAE 3, 4, 61–62

Untreue

Heimkehr

1103   **Sed iam cupio tecum coram loqui; quare fac, ut quam primum venias neque in Apuliam tuam accedas, ut possimus salvum venisse gaudere; nam illo si veneris tam Ulixes, cognosces tuorum neminem.**

Aber ich möchte jetzt einmal von Mund zu Mund mit Dir scherzen. Darum sieh zu, daß Du so bald wie möglich kommst, und halt Dich nicht erst in Deinem Apulien auf, damit ich mich Deiner glücklichen Heimkunft freuen kann. Denn wenn Du als rechter Ulixes dorthin kommst, wirst Du keinen von Deinen Leuten wiedererkennen. *(Ende 54 v. Chr.)*

(H. Kasten)

Cicero, Ad familiares 1, 11 (10) K. (Ad L. Valerium)

Zank

1104   **At lascivus Amor rixae mala verba ministrat,**
      inter et iratum lentus utrumque sedet.

Amor, der lockere, leiht den Zankenden schmähende Worte:
   Haben die zwei sich erzürnt, sitzt er gelassen dabei.

(W. Willige)

Tibull, Elegiae 10, 57–58

Ehe

1105 'Si grave non est, velim scire, quid sit causae.' – 'Quia, dum
dubitabam, quam ducerem, non satisfaciebam matri; ita ne illi
quidem. Nunc nihil mihi tanti est. Faciam, quod volunt.' – 'Feliciter
velim', inquam, 'teque laudo. Sed quando?' – 'Nihil ad me', inquit,
'de tempore, quoniam rem probo.'

Heiraten

«Aber wenn es nichts Schlimmes ist, möchte ich den Grund wohl
wissen.» – «Weil ich (*sc.* Quintus), solange ich schwankte, wen ich
heiraten sollte, nicht auf meine Mutter hören wollte und so auch ihn
(*sc.* den Vater) vor den Kopf stieß. Jetzt gäbe ich alles drum. Ich werde
mich ihren Wünschen fügen.» – «Da tust Du recht; Glück zu! Aber
wann?« – «Das soll mir einerlei sein, denn im Prinzip bin ich einverstanden.»

Cicero, Ad Atticum 13, 58 (42), 1–2

'... *quoniam rem probo.'* – 'At ego', inquam, 'censeo, priusquam proficiscaris. Ita patri
quoque morem gesseris.' – 'Faciam', inquit, 'ut censes.' – Hic dialogus sic conclusus
est.

«... denn im Prinzip bin ich einverstanden.» – «Ich meine, vor Deiner Abreise. Dann tust
Du gleichzeitig dem Vater seinen Willen.» – «Gut, ich werde es so machen.» – Damit war
dieser unser Dialog zu Ende. (*Ende Dezember 45 v. Chr.*)

(H. Kasten)

1106 Megadorus: Haec sunt atque aliae multae in magnis dotibus
incommoditates sumptusque intolerabiles.
nam quae indotatast, ea in potestatest viri:
dotatae mactant et malo et damno viros.

Mitgift

Me. Das und noch viel andere Unannehmlichkeiten,
Viel anderen unerträglichen Aufwand bringt
Eine große Mitgift mit sich. Ein Weib, das nichts besitzt,
Ist in des Manns Gewalt; das reichbegüterte
Dagegen bringt durch Unglück und Verlust ihn um.

(W. Binder – W. Ludwig)

Plautus, Aulularia 532–535

1107 Dorippa: Miserior mulier me nec fiet nec fuit,
tali viro quae nupserim. heu miserae mihi.
em, quoi te et tua, quae tu habeas, commendes viro.
em, quoi decem talenta dotis detuli,
haec ut viderem, ut ferrem has contumelias.

Frau

Do. Ein solch unglücklich Weib, wie ich bin, hat noch nie
Gelebt und wird nie leben, daß ich solchen Mann
Genommen! Ach, ich Ärmste, das ist der Mann,
Dem ich mich selbst und mein Vermögen anvertraut!
Der ist es, dem ich zehn Talente Heiratsgut

Hab zugebracht, und muß nun solche Dinge sehen,
Mich so beschimpfen lassen, das ist gar zu arg!

(W. Binder – W. Ludwig)

PLAUTUS, MERCATOR 700–704

1108 BACCHIS: **Vobis cum uno semel ubi aetatem agere decretumst viro,**
quoius mos maxumest consimilis vostrum, ei se ad vos adplicant.
hoc beneficio utrique ab utrisque vero devincimini.
ut numquam ulla amori vostro incidere possit calamitas.
BA. Wenn ihr euch einmal entschlossen, nur mit einem Mann zu
leben,
Dessen Art der euren zusagt, schließt er auch sich ganz an euch.
Solches Band vereint die Herzen beider unauflöslich fest,
Daß kein Sturm, kein Ungewitter ihre Lieb' erschüttern kann.

(J. J. Donner)

TERENZ, HEAUTONTIMORUMENOS 392–395

Utopie   1109 MEGADORUS: **Nam meo quidem animo si idem faciant ceteri,**
opulentiores pauperiorum filias
ut indotatas ducant uxores domum:
et multo fiat civitas concordior,
et invidia nos minore utamur, quam utimur,
et illae malam rem metuant, quam metuont, magis,
et nos minore sumptu simus quam sumus.
ME. Ich meinerseits urteile so: wenn alle, die
Begütert sind, mit Töchtern Unbemittelter,
Die keine Mitgift haben, sich verehelichten,
Gewiß, es herrscht' im Staate größre Einigkeit,
Die Mißgunst träf uns minder, als sie jetzt uns trifft,
Die Frauen scheuten weit mehr vor Bestrafung sich,
Und unser Aufwand für sie wäre nicht so stark.

PLAUTUS, AULULARIA 478–484

... quam sumus.
in maxumam illuc populi partemst optumum,
in pauciores avidos altercatiost,
quorum animis avidis atque insatietatibus
neque lex neque pudor capere est qui possit modum.

... nicht so stark.
Dem größten Teil des Volkes wär's das größte Glück.
Nur mit ein paar Geizhälsen etwa gäb es Streit,
Da ihrer Habsucht, ihrer Unersättlichkeit
Kein Staatsgesetz und keine Scham Einhalt gebieten kann.

(W. Binder – W. Ludwig)

1110 SIMO: **Immo habeat, valeat, vivat cum illa.**
      SI. Nein, er mag
·   Sie nehmen, mit ihr leben, und zum Geier gehen!

(J. J. Donner)

TERENZ, ANDRIA 889

1111 **Vota cadunt: utinam strepitantibus advolet alis**
    flavaque coniugio vincula portet Amor,
vincula, quae maneant semper, dum tarda senectus
    inducat rugas inficiatque comas.
hic veniat Natalis avis prolemque ministret,
    ludat et ante tuos turba novella pedes.
Dir ist's gewährt: nun schwebe mit rauschenden Schwingen auch Amor
    Nieder und bringe herbei Bande der Ehe von Gold,
Bande, die bleiben für immer, bis spät und langsam das Alter
    Runzeln dir zieht im Gesicht und deine Haare verfärbt!
Komme zum Großvater noch der Genius, schenke dir Enkel,
    Daß vor den Füßen dir einst spielt eine muntere Schar!

(W. Willige)

TIBULL, ELEGIAE 2, 2, 17–22

1112 PERIPLECTOMENUS: **Nam bona uxor suave ductust, si sit usquam**
gentium,
ubi possit inveniri.
PE. Eine gute Frau ist sicher eine süße Sache,
Wenn man irgendwo in der Welt sie finden kann.

PLAUTUS, MILES GLORIOSUS 685–686

... *possit inveniri:* verum egone eam ducam domum,
quae mihi numquam hoc dicat: 'eme, mi vir, lanam, unde tibi pallium
malacum et calidum conficiatur tunicaeque hibernae bonae,
ne algeres hac hieme'? hoc numquam verbum ex uxore audias:
verum prius quam galli cantent, quae me e somno suscitet,
dicat: 'Da, mi vir, Kalendis meam qui matrem munerem ... '

... sie finden kann.
Aber soll ich eine mir nach Hause führen.
Die niemals sagt: «Kauf mir Wolle, lieber Mann,
Woraus ich einen weichen, warmen Mantel dir
Und eine gute Winterweste machen kann,
Damit dich in der kalten Zeit nicht friert»? Ein Wort
Wie dieses hörst du nie von einer Frau. Allein,
Noch ehe der Hahn kräht, weckt sie mich vom Schlafe auf:
«Mann, gib mir etwas für den Ersten,
Was meiner Mutter Freude macht ...»

(W. Binder – W. Ludwig)

Dissonanzen

Ehe

1113 CLEOSTRATA: **Ita solent omnes, quae sunt male nuptae:**
domi et foris aegre quod sit, satis semper est.
CLEOSTRATA Das ist das Los jedweder schlechtvermählten Frau: zu
Haus
Und auswärts gibt's zu jeder Zeit Verdruß genug.

(W. Binder – W. Ludwig)

PLAUTUS, CASINA 174–177

Ehejoch

1114 **Si tibi simplicitas uxoria, deditus uni**
est animus, summitte caput cervice parata
ferre iugum.
Wenn du aber das einfältige Gemüt eines Ehemannes hast, dein Herz
der einen treu ergeben ist, dann beuge das Haupt, um mit willigem
Nacken das Joch zu tragen.

(J. Adamietz)

JUVENAL, SATURAE 6, 206–208

Ehe

1115 **Perenne coniugium animus, non corpus facit.**
Das Herz schließt feste Ehen, nicht der Körper.

(H. Beckby)

PUBLILIUS SYRUS, SENTENTIAE P 32

Eheratschläge

1116 PARDALISCA: **Sensim super tolle limen pedes, mea nova nupta:**
sospes iter incipe hoc, ut viro tuo
semper sis superstes,
tuaque vox superet tuomque imperium: vir te vestiat, tu virum
despolies.
noctu et diu ut viro subdola sis,
opsecro, memento.
PA. Behutsam, Braut, heb über die Schwelle deinen Fuß,
Beginne deinen Weg ohne Anstoß, daß du stets
Die Oberhand behaltest über deinen Mann,
An Stärk' ihn überbietest und als Siegerin
Das Regiment behaupten kannst. Er kleide dich,
Du ziehst ihn dafür aus. Studiere Tag und Nacht,
Wie du ihn hintergehst. Schreib's ja dir hinters Ohr!

(W. Binder – W. Ludwig)

PLAUTUS, CASINA 815–824

1117   **Est aliquid quocumque loco, quocumque recessu**
unius sese dominum fecisse lacertae.
Es bedeutet etwas, an welchem Platz und in welchem entlegenen
Winkel auch immer
sich zum Besitzer einer einzigen Eidechse gemacht zu haben.

(J. Adamietz)

JUVENAL, SATURAE 3, 230–231

eigener Herd

1118   **Quod cessat ex reditu, frugalitate suppletur, ex qua velut fonte**
liberalitas nostra decurrit; quae tamen ita temperanda est, ne
nimia profusione inarescat.
Was an Einkommen ausbleibt, wird durch Wirtschaftlichkeit ausgegli-
chen, aus der meine Freigebigkeit wie aus einer Quelle strömt. Natürlich muß sie so bemessen sein, daß sie nicht durch Überbeanspru-
chung versiegt.

(H. Kasten)

PLINIUS MINOR, EPISTULAE 2, 4, 3–4 K.

Haushalten

1119   **Quo mihi fortunam, si non conceditur uti?**
parcus ob heredis curam nimiumque severus
adsidet insano: potare et spargere flores
incipiam patiarque vel inconsultus haberi.
Wozu des Glückes Gaben, wenn ich sie nicht brauchen soll? Sparsucht, die für den Erben sorgt und peinlich kargt, streift hart an
Unvernunft. Ein frohes Zechen will ich eröffnen und Blumen aus-
streuen, und will gern sogar der Anwalt des Leichtsinns heißen.

(H. Färber – W. Schöne)

HORAZ, EPISTULAE 1, 5, 12–15

Sparsucht

1120   **Et bene parta patrum fiunt anademata, mitrae,**
interdum in pallam atque Alidensia Ciaque vertunt;
eximia veste et victu convivia, ludi,
pocula crebra, unguenta, coronae, serta parantur:
ne quiquam, quoniam medio de fonte leporum
surgit amari aliquid ...
Was die Väter erwarben, verwandelt sich in Diademe
Oder in Mäntel und Kleider aus Chios oder Alinda.
Prächtige Decken und Speisen erscheinen bei Tafel und Würfel;
Becher wechseln und Salben und Blumengewinde und Kränze:
Alles umsonst. Denn mitten vom Strudel der Freuden kommt hoch doch
Plötzlich ein bitt'rer Geschmack ...

(nach H. Diels)

LUKREZ, DE RERUM NATURA 4, 1129–1134

Verschwendung

1121 **Tamen utile quid sit**
prospiciunt aliquando viri, frigus famemque
formica tandem quidam expavere magistra:
prodiga non sentit pereuntem femina censum.
ac velut exhausta recidivus pullulet arca
nummus et e pleno tollatur semper acervo,
non umquam reputant, quanti sibi gaudia constent.
Die Männer dagegen erwägen irgendwann
vorausschauend, was nützlich wäre, manche haben schließlich von
der Ameise gelernt, sich vor Kälte und Hunger zu fürchten:
eine verschwenderische Frau hat keinen Sinn für das Schwinden des
Vermögens.
Und als ob in der entleerten Schatztruhe das Geld sich erneuernd
nachwachse und man stets vom vollen Haufen nehmen könne,
rechnen sie niemals nach, wieviel ihre Vergnügungen sie kosten.

(J. Adamietz)

Juvenal, Saturae 6, 359–365

Verprassen

1122 **Ubi omne**
verterat in fumum et cinerem: 'non hercule miror,'
aiebat, 'siqui comedunt bona, cum sit obeso
nil melius turdo, nil volva pulchrius ampla.'
War dann die ganze
Herrlichkeit in Rauch und Asche verwandelt, pflegte er (*i. e.* Maenius)
zu sagen: «Wahrhaftig, ich verstehe es, wenn manche ihre Güter durch
die Kehle jagen; gibt es doch
nichts Edleres als eine gemästete Drossel, nichts Schöneres als ein
tüchtiges Bauchstück von der Sau.»

(H. Färber – W. Schöne)

Horaz, Epistulae 1, 15, 38–41

Luxus

1123 **Ubi luxuriam late felicitas fudit, cultus primum corporum esse**
diligentior incipit; deinde supellectili laboratur; deinde in ipsas
domos inpenditur cura, ut in laxitatem ruris excurrant, ut parietes
advectis trans maria marmoribus fulgeant, ut tecta varientur auro,
ut lacunaribus pavimentorum respondeat nitor. deinde ad cenas
lautitia transfertur ...
Sobald der Wohlstand weithin zu üppiger Lebensweise geführt hat,
wird zunächst die Körperpflege sorgfältiger; sodann bemüht man sich
um den Hausrat; dann wendet man seine Sorgfalt auf die Häuser selbst:
sie sollen sich zur Weitläufigkeit eines Landgutes entfalten, die Wände
sollen von Marmor aus Übersee glänzen, die Decken von Gold leuchten, den Kassettendecken soll das Schimmern der Fußböden entsprechen. Sodann überträgt man den feinen Geschmack auf das Essen ...

(nach M. Rosenbach)

Seneca, Epistulae morales 114, 9

1124 **Aequum est induere nuptam ventum textilem,**
palam prostare nudam in nebula linea?
Schickt sich für Ehefraun ein Hauch von Kleid,
nach feiler Dirnen Art ein Florkostüm?

(K. Müller – W. Ehlers)

PETRON, CENA TRIMALCHIONIS 55, 6, 15–16.

Mode

1125 **Quod semper casiaque cinnamoque**
et nido niger alitis superbae
fragras plumbea Nicerotiana,
rides nos, Coracine, nil olentis:
malo quam bene olere nil olere.
Weil du immer, gebräunt von Zimt und Zimtart
und Parfüm von dem Nest des stolzen Vogels,
aus des Niceros Bleigefäßen duftest,
lachst du mein, Coracin, da ich nicht dufte.
Ich will lieber als gut nach gar nichts riechen

(R. Helm)

MARTIAL, EPIGRAMMATA 6, 55

Parfüm

1126 SCAPHA: **Ecastor mulier recte olet, ubi nil olet.**
SC. Bei Kastor,
Nur dann riecht ein Mädchen gut, wenn es gar nicht riecht.

PLAUTUS, MOSTELLARIA 273

... ubi nil olet.
nam istae veteres, quae se unguentis unctitant, interpoles,
vetulae, edentulae, quae vitia corporis fuco occulunt,
ubi sese sudor cum unguentis consociavit, ilico
itidem olent, quasi quam una multa iura confudit cocus.
quid olant, nescias.

... gar nicht riecht.
Denn jene Vetteln, die beschmiert mit Salben sind,
Die angestrichenen, abgelebten, ohne Zahn,
Die unter Schminke bergen ihres Körpers Fehler,
Die riechen, wenn der Schweiß sich mit den Salben mischt,
Gerade so, als gösse ein Koch verschiedene Brühen
In ein Gefäß; man wird nicht klug, wonach es riecht.

(W. Binder – W. Ludwig)

1127 **Nunc reprimam susceptam obiurgationem.**
Ich will die begonnene Gardinenpredigt jetzt abbrechen.

CICERO, AD ATTICUM 4, 17 (16), 9 K.

Sed haec mallem integra re tecum egissem; profecto enim aliquid egissem. *Nunc ...*
obiurgationem. Utinam valeat ad celeritatem reditus tui!

Aber ich hätte das lieber mit Dir besprechen sollen, als es noch nicht zu spät war; sicher
hätte ich dann noch etwas ausgerichtet. Jetzt ist es zu spät, und so will ich die begonnene
Gardinenpredigt nicht weiter fortsetzen. Möge sie dazu beitragen, Deine Rückkehr zu
beschleunigen! *(1. /2. Juli 54 v. Chr.)*

(H. Kasten)

Gardinenpredigt

Standpauke

1128 NAUSISTRATA: **An quicquam hodiest factum indignius?**
qui mi, ubi ad uxores ventumst, tum fiunt senes.
NAU. Ward etwas Frecheres je verübt?
Die Männer drückt ihr Alter nur bei ihren Frauen.

TERENZ, PHORMIO 1009–1010

... tum fiunt senes. Demipho, te appello: nam cum hoc ipso distaedet loqui:
haecine erant itiones crebrae et mansiones diutinae
Lemni? haecine erat ea, quae nostros minuit fructus, utilitas?

... nur bei ihren Frauen.
Demipho, dich red' ich an – mit dem (*sc.* Chremes) zu sprechen widert mich.
Das denn war sein vieles Reisen, das sein lang Verweilen auf
Lemnos? Das die niedrigen Preise, die unseren Verdienst verminderten?

(J. J. Donner)

Ehejoch

1129 CHARMIDES: **Si tu modo frugi esse vis,**
haec tibi pactast Callicli filia. LESBONICUS: **Ego ducam, pater,**
et eam et siquam aliam iubebis. CHARMIDES: **Quamquam tibi**
suscensui,
miseria una uni quidem hominist adfatim. CALLICLES: **Immo huic**
parumst:
nam si pro peccatis centum ducat uxoris, parumst.
CH. Wenn du nur ein geordnet Leben führen willst,
Verspricht Callicles seine Tochter dir zur Frau.
LE. Die nehm' ich, Vater, und eine andere noch dazu,
Wenn du's verlangst. CH. Obschon ich böse war auf dich,
Ist eine Qual für einen Menschen doch genug.
CA.. O nein, für den ist's immer noch zu wenig, denn
Nähm' er für seine Sünden hundert Weiber, wär's zu wenig.

(W. Binder – W. Ludwig)

PLAUTUS, TRINUMMUS 1182–1186

ertappt werden

1130 DEMAENETUS: **Vae mihi.** ARTEMONA: **Vera hariolare: surge amator,**
i domum!
DE. Weh mir! AR. Du bist ein guter Prophet.
Steh auf, du Liebhaber, und komm nach Haus!

(W. Binder – W. Ludwig)

PLAUTUS, ASINARIA 924

Frau

1131 **Quae, quia non licuit, non dedit, illa dedit.**
Hat eine Frau, weil es nicht erlaubt war, nicht gewährt, so hat sie
gewährt.

(nach M. Rosenbach)

OVID, ARS AMATORIA, BEI SENECA, DE BENEFICIIS 4, 14, 1

1132 SOSTRATA: **Nunc, si potis est, Pamphile,**
maxume volo doque operam, ut clam eveniat partus patrem
atque adeo omnis.
So. Jetzt, mein Teurer, wünsch' ich und bemühe mich,
Daß die Niederkunft womöglich aller Welt verborgen bleibt,
Auch dem Vater.

(J. J. Donner)

TERENZ, HECYRA 395–397

verheimlichte
Niederkunft

1133 CALLICLES: **Ut facilius alia quam alia eundem puerum unum parit.**
haec labore alieno puerum peperit sine doloribus.
puer quidem beatust: matres duas habet et avias duas:
iam metuo, patres quot fuerint. vide, sis, facinus muliebre.
CA. Um wieviel leichter hat die eine als die andere
Dasselbe Kind geboren. Sie hat mit fremdem Schmerz
Ohne Schmerz den Sohn geboren. Glücklich ist der Knabe:
Er hat zwei Mütter, zwei Großmütter auch; ich fürchte nur,
Wie viele Väter er hat. Weiberpack!

(W. Binder – W. Ludwig)

PLAUTUS, TRUCULENTUS 806–809

Wechselbalg

1134 **'Olim convenerat' inquit**
'ut faceres tu quod velles, nec non ego possem
indulgere mihi. clames licet et mare caelo
confundas, homo sum.'
«Längst schon», sagt sie,
«kamen wir überein, daß du machst, was du willst, und auch ich mir
freien Lauf lassen darf. Du magst schreien und Meer und Himmel
mischen: ich bin nur ein Mensch.»

(J. Adamietz)

JUVENAL, SATURAE 6, 281–284

Ehekrise

1135 **Semper habet lites alternaque iurgia lectus**
in quo nupta iacet, minimum dormitur in illo.
tum gravis illa viro, tunc orba tigride peior,
cum simulat gemitus occulti conscia facti.
Immer gibt es Streit und gegenseitige Vorwürfe in dem Bett,
in dem eine Ehefrau liegt, sehr wenig wird in ihm geschlafen.
Dann wird sie dem Manne lästig, dann ist sie schlimmer als eine ihrer
Jungen beraubte Tigerin,
wenn sie Schluchzen vortäuscht im Bewußtsein eines verborgenen
Fehltritts.

(J. Adamietz)

JUVENAL, SATURAE 6, 268–271

Ehekrach

1136 Phormio: **Habet haec, ei quod, dum vivat, usque ad aurem obganniat.**

Ph. Sie hat nun, was sie ihm (*sc.* ihrem Mann) zeitlebens in die Ohren bellt.

(J. J. Donner)

Terenz, Phormio 1030

Scheidung

1137 **Numquid iam ulla repudio erubescit, postquam inlustres quaedam ac nobiles feminae non consulum numero, sed maritorum annos suos conputant et exeunt matrimonii causa, nubunt repudii?**

Errötet vielleicht noch irgendeine Frau über eine Scheidung, seit manche berühmten und vornehmen Frauen ihre Lebensjahre nicht nach der Zahl der Konsuln, sondern der ihrer Ehemänner berechnen und ihr Haus verlassen, um zu heiraten, heiraten, um sich scheiden zu lassen.

(nach M. Rosenbach)

Seneca, De beneficiis 3, 16, 2

**Wieder-
verheiratung**

1138 **A ducenda autem uxore sic abhorret, ut libero lectulo neget esse quicquam iucundius.**

Sich wieder zu verheiraten, davor hat er ein solches Grauen, daß er ein Junggesellenlager für das schönste erklärt, was es gibt.

Cicero, Ad Atticum 14, 13, 5 K.

Quintus autem de emendo nihil curat hoc tempore. Satis enim torquetur debitione dotis, in qua mirifica Q. Egnatio gratias agit; *a ducenda autem ...*

Und Quintus ist zur Zeit auch nicht aufs Kaufen aus; die Rückzahlung der Mitgift macht ihm schon Sorge genug; übrigens ist er Q. Egnatius für seine dabei gewährte Hilfe außerordentlich dankbar. Sich wieder zu verheiraten ... *(26. April 44 v. Chr.)*

(H. Kasten)

Stiefmutter

1139 **Seu tamen adversum mutarit ianua lectum.**
   Sederit et nostro cauta noverca toro,
Coniugium, pueri, laudate et ferte paternum:
   Capta dabit vestris moribus illa manus.
Nec matrem laudate nimis: conlata priori
   Vertet in offensas libera verba suas.

Sollte indessen die Tür einer neuen Ehe sich öffnen
   und eine Stiefmutter klug sitzen auf unserem Pfühl,
seid es zufrieden, ihr Kinder, und tragt des Vaters Verbindung:
   euer Verhalten gewinnt sie, und sie reicht euch die Hand.
Lobet auch nicht eure Mutter zu sehr: mit der ersten verglichen,
   wird sie ein freieres Wort leicht als Verletzung verstehn.

(Vermächtnis der Cornelia)

(W. Willige)

Properz, Elegiae 4, 11, 85–90

1140 **An, ut solebas, intentione rei familiaris obeundae crebris**
excursionibus avocaris? Si possident, felix beatusque es, si minus,
'unus e multis'.

Oder beansprucht Dich wie gewöhnlich die Erledigung von Familien-
angelegenheiten und ruft Dich zu häufigen Ausflügen ab? Wenn sie
Dich festhalten, bist Du glücklich und reich, wenn nicht, «einer von
vielen».

(H. Kasten)

PLINIUS MINOR, EPISTULAE 1, 3, 2 K.

Familie

1141 **Haec alii cupiant; liceat mihi paupere cultu**
    securo cara coniuge posse frui.

Mögen die andren sich's wünschen! Mir sei es vergönnt, bei be-
scheidnem
    Wohlstand der Gattin mich sorglos, der lieben, zu freun!

TIBULL, ELEGIAE 3, 3, 31–32

Nec me regna iuvant nec Lydius aurifer amnis
    nec quas terrarum sustinet orbis opes.
haec alii cupiant ...

Kann kein Königsthron mich erfreun, kein lydischer Goldstrom,
    Nichts was der Erdkreis uns sonst noch an Reichtümern beut.
Mögen die andren ...

(W. Willige)

1142 DEMAENETUS: **Omnes parentes, Libane, liberis suis,**
qui mi auscultabunt, facient obsequentia:
quippe qui mage amico utantur gnato et benevolo:
atque ego me id facere studeo: volo amari a meis.

DE. Wenn alle Eltern auf mich hörten, Libanus,
Sie würden ihren Kindern stets zu Willen sein.
Der Sohn bewiese freundlicher und zärtlicher
Sich gegen sie, und das ist mein Bestreben auch:
Geliebt wünsch' ich zu werden von den Meinigen.

(W. Binder – W. Ludwig)

PLAUTUS, ASINARIA 64–67

1143 SATURIO: **Virgo atque mulier nulla erit, quin sit mala,**
quae praeter sapiet quam placet parentibus.

SA. Es ist ja doch kein Weib, kein Mädchen etwas wert,
Die mehr verstehen will, als den Eltern es gefällt.

(W. Binder – W. Ludwig)

PLAUTUS, PERSA 365–366

1144 **Nam si natura iuberet**
a certis annis aevum remeare peractum
atque alios legere, ad fastum quoscumque parentes
optaret sibi quisque, meis contentus honestos
fascibus et sellis nollem mihi sumere demens
iudicio volgi, sanus fortasse tuo, quod
nollem onus haud umquam solitus portare molestum.
Denn wenn Naturordnung es fügte,
daß der Mensch nach gewissen Jahren die zurückgelegte Lebens-
strecke noch einmal zu wandern
und sich andere Eltern auszusuchen hätte, wie ein jeder sie sich nach
seinem Dünkel:
wünschte: ich wäre mit den meinen zufrieden
und dächte nicht daran, solche zu wählen, denen der Amtsbüttel und
der Amtssessel ihren Wert verleiht.
Verrückt hieße ich im Urteil der Masse, in deinem Sinne vielleicht vernünftig:
nicht gewillt zu drückender Traglast, wie ich sie nie zuvor gewohnt
war.
(H. Färber – W. Schöne)
HORAZ, SERMONES 1, 6, 93–99

1145 **Solemus dicere non fuisse in nostra potestate, quos sortiremur**
parentes, forte nobis datos: nobis vero ad nostrum arbitrium nasci
licet. Nobilissimorum ingeniorum familiae sunt: elige, in quam
adscisci velis; non in nomen tantum adoptaberis, sed in ipsa bona,
quae non erunt sordide nec maligne custodienda: maiora fient,
quo illa pluribus diviseris.
Gewöhnlich sagen wir, wir hätten uns unsere Eltern nichts aussuchen
können; der Zufall habe sie uns gegeben. In Wirklichkeit ist unsere
Abkunft unserer freien Entscheidung überlassen. Die edelsten Geister
(*i. e.* die Philosophen) haben Familien: Such dir heraus, in welche du
aufgenommen werden willst. Du bekommst durch die Adoption nicht
nur einen neuen Namen, sondern gerade die Güter, die man nicht wie
ein schmutziger Geizhals und Knauser zu hüten braucht: Sie werden
mehr, an je mehr Leute man sie austeilt.
(G. Fink)
SENECA, DE BREVITATE VITAE 15

1146 **Parentium condicionem sacravimus, quia expediebat liberos tolli;**
sollicitandi ad hunc laborem erant incertam adituri fortunam.
Die Stellung der Eltern haben wir unverletzlich gemacht, weil es
wichtig ist, daß Kinder aufgezogen werden; zu dieser Mühe mußten
Menschen, die in ein ungewisses Geschick gehen sollen, ermutigt
werden.
(nach M. Rosenbach)
SENECA, DE BENEFICIIS 3, 11, 1

1147 **Mos est optimorum parentium maledictis suorum infantium adridere.**

Es ist die Art wirklich guter Eltern, zu den Schmähungen ihrer kleinen Kinder zu lachen.

SENECA, DE BENEFICIIS, 7, 31, 4

Nihilo minus tamen *more optimorum parentium, qui ... adrident,* non cessant dii beneficia congerere de beneficiorum auctore dubitantibus.

Nichtsdestoweniger jedoch, nach Art wirklich guter Eltern, die ... lachen, säumen die Götter nicht, denen Wohltaten zuzuwenden, die an dem Urheber der Wohltaten zweifeln.

(M. Rosenbach)

1148 **Colubra restem non parit.**

Der Apfel fällt nicht weit vom Stamm.

(wörtl. : Eine Schlange gebiert keinen Strick.)

(K. Müller – W. Ehlers)

PETRON, CENA TRIMALCHIONIS 45, 9

Nachwuchs

1149 **Hunc optet generum rex et regina. Puellae hunc rapiant, quidquid calcaverit hic, rosa fiat.**

«Wünschten sich König und Königin ihn zum Eidam! Die Mädchen Mögen sich reißen um ihn! Seine Fußspur blühe von Rosen!»

PERSIUS, SATURAE 2, 32–33; 37–38

Ecce, avia aut metuens divum matertera cunis exemit puerum ...
Hunc optet ...

Siehe, die Großmutter holt und in Furcht der Götter die Tante
Aus der Wiege das Kind ...
Mögen ...

(O. Seel)

Wünsche für den Neugeborenen

1150 DEMEA: **Ei mihi, pater esse disce ab illis, qui vere sciunt.**
DE. O Gott!

Von anderen lerne Vater sein, die's wirklich sind.

(J. J. Donner)

TERENZ, ADELPHOE 124–125

Vaterrolle

1151 **Unde tibi frontem libertatemque parentis, cum facias peiora senex vacuumque cerebro iam pridem caput hoc ventosa cucurbita quaerat?**

Woher maßt du dir die Miene und den Freimut eines Vaters an, wenn du in deinem Alter noch Schlimmeres begehst und nach deinem hirnlosen Kopf schon längst der saugende Schröpfkopf verlangt?

JUVENAL, SATURAE 14, 56–58

Nam si quid dignum censoris fecerit ira
quandoque et similem tibi se non corpore tantum
nec vultu dederit, morum quoque filius et qui
omnia deterius tua per vestigia peccet,
corripies nimirum et castigabis acerbo
clamore ac post haec tabulas mutare parabis:
unde tibi ...

Denn wenn (dein Sohn) irgendwann etwas getan haben wird, was den Zorn
des Censors verdient, und sich dir nicht nur ähnlich an Körper
und Antlitz erwies, sondern auch in der Moral als dein Sohn
und einer, der in deinen Spuren noch schlimmer in allem sündigt,
wirst du ihn zweifellos schelten, ihn mit bitterem Geschrei
tadeln und danach dich anschicken, das Testament zu ändern:
woher maßt du dir ...

(J. Adamietz)

Mütter

1152 PHRONESIUM: **Ut miserae matres sollicitaeque ex animo sunt cruciantque.**
PHR. Was haben Mütter doch
Stets Not und Jammer, kommen gar nie aus der Qual!

(W. Binder – W. Ludwig)

PLAUTUS, TRUCULENTUS 449–450

1153 **Computa, Marcia, quam raro (matres) liberos videant, quae in diversis domibus habitant; cogita tot illos perire annos matribus et per sollicitudinem exigi, quibus filios in exercitu habent; scies multum patuisse hoc tempus, ex quo nihil perdidisti.**
Überschlage, Marcia, wie selten Mütter ihre Kinder sehen, wenn sie fern von ihnen wohnen! Bedenke, daß so vielen Müttern die Jahre verlorengehen und in Sorge verstreichen, in denen sie ihre Söhne beim Heer haben: Du wirst einsehen, daß es ein langer Zeitraum war, von dem Dir nichts entzogen ist.

(G. Fink)

SENECA, AD MARCIAM DE CONSOLATIONE 24

Stammhalter

1154 LACHES: **Hunc videre saepe optabamus diem,**
quom ex te esset aliquis, qui te appellaret patrem.
evenit: habeo gratiam dis.
LA. Wie oft, ach, wünschten wir den Tag zu sehen,
Daß einer lebte, der entsprossen, Sohn, von dir,
Dich Vater nennte! Dieser Wunsch, er ist erfüllt:
Den Göttern Dank!

(J. J. Donner)

TERENZ, HECYRA 651–653

1155 **Quintus pater ad me gravia de filio, maxime quod matri nunc indulgeat, cui antea bene merenti fuerit inimicus. Ardentes in eum litteras ad me misit.**

Vater Quintus beklagt sich bitter bei mir über seinen Sohn, vor allem, daß er jetzt zu seiner Mutter halte, mit der er sich früher, obwohl sie es gut mit ihm meinte, nicht vertragen konnte. Sein Brief an mich ist voll von leidenschaftlichen Vorwürfen gegen ihn. *(19. April 44 v. Chr.)*

(H. Kasten)

CICERO, AD ATTICUM 14, 10, 4 K.

> Söhne

1156 **Quis amicior quam frater fratri?**

Wer kann ein echterer Freund sein als der Bruder dem Bruder?

SALLUST, BELLUM IUGURTHINUM 10, 5

... frater fratri? aut quem alienum fidum invenies, si tuis hostis fueris?

... der Bruder dem Bruder? Oder welchen Fremden wirst du treu finden, wenn du mit den Deinen verfeindet bist?

(W. Eisenhut – J. Lindauer)

> Brüder

1157 APOECIDES: **Docte et sapienter dicis. numquam nimis potest pudicitiam quisquam suae servare filiae.**

AP. Ein wahres Wort, ein kluges Wort! Nicht streng genug
Kann man besorgt sein für der Töchter Sittsamkeit.

(W. Binder – W. Ludwig)

PLAUTUS, EPIDICUS, 404–405

> Töchter

1158 **Rapite ex liberis voluptates, fruendos vos in vicem liberis date et sine dilatione omne gaudium haurite: nihil de hodierna nocte promittitur. Nimis magnam advocationem dedi: nihil de hac hora. Festinandum est, instatur a tergo.**

Schnell, freut euch eurer Kinder, laßt euererseits die Kinder an euch Freude haben und genießt ohne Zögern jedes Vergnügen! Nichts wird für heute nacht – doch allzulange habe ich Frist gegeben: Nichts wird für diese Stunde garantiert! Eile ist geboten, man sitzt uns im Nacken.

(G. Fink)

SENECA, AD MARCIAM DE CONSOLATIONE 10

> Kinder

1159 CLEAERETA: **Hocinest pietatem colere, matri imperium minuere?**

CL. Nennst du das Kindesliebe, wenn der Mutter Wort
Gering man schätzt?

(W. Binder – W. Ludwig)

PLAUTUS, ASINARIA 508

> Kindesliebe

Kindesliebe 1160 Laetor probari tibi φυσικὴν (physikèn) esse τὴν πρὸς τὰ τέκνα (tèn pròs tà tékna), etenim si hoc non est, nulla potest homini esse ad hominem naturae adiunctio, qua sublata vitae societas tollitur.

Es freut mich, daß auch Du die Auffassung gelten läßt, die Liebe zu den Kindern sei uns angeboren. Wenn das nicht so wäre, gäbe es ja auch kein natürliches Band zwischen Mensch und Mensch und damit keine Lebensgemeinschaft.

CICERO, AD ATTICUM 7, 2, 4 K.

Filiola tua te delectari *laetor et probari tibi ...*

Daß Dein Töchterchen Dir Vergnügen macht, freut mich, und daß Du ... *(25. November 50 v. Chr.)*

(H. Kasten)

1161 Alacrior erit pietas, si ad reddenda beneficia cum vincendi spe venerit. ipsis patribus id volentibus laetisque contigerit, quoniam pleraque sunt, in quibus nostro bono vincimur.

Die Kindesliebe wird lebhafter sein, wenn sie an die Erwiderung von Wohltaten mit der Hoffnung herangeht, sie zu übertreffen. Wenn die Väter selbst das wollen und darüber froh sind, kann es gelingen, da es ja sehr viele Wohltaten gibt, bei denen wir durch unser Gut übertroffen werden.

(M. Rosenbach)

SENECA, DE BENEFICIIS 3, 36, 1

1162 Debemus parentibus nostris pietatem, et multi non, ut gignerent, coierant. dii non possunt videri nescisse, quid effecturi essent, cum omnibus alimenta protinus et exin alia providerint, nec eos per neglegentiam generavere, quibus tam multa generabant. cogitavit nos ante natura, quam fecit.

Wir schulden unseren Eltern pflichttreue Kindesliebe – und dabei hatten viele sich nicht in der Absicht vereinigt, uns zu zeugen. Die Götter können nicht den Anschein erwecken, nicht gewußt zu haben, was sie bewirken, als sie für uns sogleich die Lebensmittel und sodann anderes vorsahen, und sie haben die nicht unbedacht geschaffen, für die sie so vieles schufen. Erdacht hat uns die Natur, bevor sie uns schuf.

(nach M. Rosenbach)

SENECA, DE BENEFICIIS 6, 23, 5

Kindespflicht 1163 Si, id quod praeclare a sapientibus dicitur, voltu saepe laeditur pietas, quod supplicium satis acre reperietur in eum, qui mortem obtulerit parenti?

Wenn, wie ein vortrefflicher Ausspruch weiser Männer lautet, oft schon ein Blick die Kindespflicht verletzt, welche Strafe ließe sich

ersinnen, die schwer genug für den wäre, der dem Vater den Tod
bereitet hat?

(M. Fuhrmann)

CICERO, PRO SEX. ROSCIO AMERINO 37

1164 PHILOLACHES: **Nunc etiam volo**   Eltern – Kinder
dicere, ut hominis aedium esse similis arbitremini:
primumdum parentes fabri liberum sunt:
ei fundamentum substruont liberorum.
extollunt, parant sedulo in firmitatem,
et, ut in usum boni et in speciem
populo sint sibique, haud materiae reparcunt,
nec sumptus sibi sumptui esse ducunt.
expoliunt, docent litteras, iura, leges
sumptu suo et labore.
nituntur, ut alii sibi esse illorum similes expetant.
PH. Jetzt will ich auch sagen, wie die Ähnlichkeit
Der Menschen mit den Häusern ihr erkennen könnt:
Erstens sind die Eltern die Verfertiger
Der Kinder; nicht nur legen sie den Grund dazu,
Sie ziehen sie auch auf und bilden sie mit allem Fleiß
Zu Festigkeit, um brauchbar für die Welt zu sein
Und angesehen bei dem Volk. Da gehen sie
Mit sich und ihren Mitteln gar nicht kärglich um,
Die Kosten halten sie für keine Kosten mehr.
Sie bilden, unterrichten sie in Wissenschaft,
Recht und Gesetz, mit Müh' und Aufwand suchen sie
Das zu erreichen, daß auch andere Leute Kinder sich,
Den ihren ähnlich, wünschen.

(W. Binder – W. Ludwig)

PLAUTUS, MOSTELLARIA 118–128

1165 **Plerumque parentium praeceptis imbuti ad eorum consuetudinem**
moremque deducimur; alii multitudinis iudicio feruntur, quaeque
maiori parti pulcherrima videntur, ea maxime exoptant; nonnulli
tamen sive felicitate quadam sive bonitate naturae sine parentium
disciplina rectam vitae secuti sunt viam.
Meist lassen wir uns, von den Lehren der Eltern erfüllt, zu deren
Gewohnheit und Sitte ziehen. Andere werden durch das Urteil der
Menge getrieben und wünschen das am meisten, was der Mehrzahl
das Schöne scheint. Einige sind dennoch, sei es durch ein besonderes
Glück, sei es durch die Güte ihrer Natur, ohne Lehren ihrer Eltern der
richtigen Straße des Lebens nachgegangen.

(K. Büchner)

CICERO, DE OFFICIIS 1, 118

1166 **Fit quoque, ut interdum similes existere avorum**
possint et referant proavorum saepe figuras.
Auch kommt's häufiger vor, daß die Kinder den Eltern der Eltern
Gleichen und oft an die Ahnen in ihrer Gestaltung erinnern.

(H. Diels)

Lukrez, De rerum natura 4, 1218–1219

1167 **Plurima sunt, Fuscine, et fama digna sinistra**
et nitidis maculam haesuram figentia rebus,
quae monstrant ipsi pueris traduntque parentes.
Sehr vieles, Fuscinus, was einen üblen Ruf verdient und
reinen Dingen einen bleibenden Makel anheftet, gibt es,
das die Eltern den Kindern selbst zeigen und weitergeben.

Juvenal, Saturae 14, 1–3

... traduntque parentes.
si damnosa senem iuvat alea, ludit et heres
bullatus parvoque eadem movet arma fritillo.

... und weitergeben.
Wenn den Greis das verlustreiche Würfelspiel erfreut, spielt auch
der das Kinderamulett tragende Erbe und schüttelt im kleinen Würfelbecher dieselben
«Waffen».

(J. Adamietz)

1168 **A parentibus fere vincimur. nam tam diu illos habemus, quam diu**
iudicamus graves et quam diu beneficia illorum non intellegimus;
cum iam aetas aliquid prudentiae collegit et apparere coepit
propter illa ipsa eos amari a nobis debere, propter quae non
amabantur, admonitiones, severitatem et inconsultae
adulescentiae diligentem custodiam, rapiuntur nobis; paucos
usque ad verum fructum a liberis percipiendum perduxit aetas,
ceteri filios onere senserunt.
Von den Eltern werden wir fast immer übertroffen. Denn so lange
haben wir sie, wie wir sie als belastend bezeichnen und wir ihre
Wohltaten nicht wahrnehmen; sobald das Lebensalter bereits etwas
Klugheit angesammelt hat und es deutlich zu werden beginnt, daß
wir sie wegen eben jener Wohltaten lieben müssen, wegen deren
sie nicht geliebt wurden, Ermahnungen, Ernst und sorgfältiger Wacht
unberatener Jugendlichkeit, werden sie uns entrissen; wenige führt
das Lebensalter dahin, die wahre Frucht von ihren Kindern zu
empfangen, die übrigen haben ihre Söhne unter einer Last wahrgenommen.

(M. Rosenbach)

Seneca, De beneficiis 5, 5, 1–2

1169 **Optima hereditas a patribus traditur liberis omnique patrimonio praestantior gloria virtutis rerumque gestarum, cui dedecori esse nefas et vitium iudicandum est.**

Väter – Kinder

Als beste Erbschaft und vortrefflicher als jedes Vatersgut wird den Kindern von den Vätern übergeben der Ruhm männlicher Vollkommenheit und der Taten. Ihm Schande zu machen hat als Sünde und Fehler zu gelten.

(K. Büchner)

CICERO, DE OFFICIIS 1, 121

1170 CALLIPHO: **Probum patrem esse oportet, qui gnatum suom esse probiorem, quam ipsus fuerit, postulet.**

Vater – Sohn

CA. Das muß ein Tugendspiegel von einem Vater sein,
Der von seinem Sohn verlangt, daß er noch besser sei,
Als er, der Vater, selbst gewesen.

(W. Binder – W. Ludwig)

PLAUTUS, PSEUDOLUS 438–439

1171 CALLIPHO: **Idne tu mirare, si patrissat filius?**

CA. Wundert's dich vielleicht
Bei deinem Sohn, wenn er dem Vater nachschlägt!

PLAUTUS, PSEUDOLUS 442

CALLIPHO: Nam tu quod damni et quod fecisti flagiti,
populo viritim potuit dispertirier.
Idne ...

CA. Denn was du
Verschwendet, was an Schelmenstreichen du verübt,
Es hätte dran, verteilte man's Mann um Mann,
Ein ganzes Volk genug: Wundert's dich ...

(nach W. Binder-W. Ludwig)

1172 CHREMES: **Dicam: utut erat, mansum tamen oportuit. fortasse aliquantum iniquior erat praeter eius lubidinem: pateretur; nam quem ferret, si parentem non ferret suom? huncine erat aequom ex more illius an illum ex huius vivere? et quod illum insimulat durum, id non est.**

CHR. Ich sage dir: wie's immer war, er hätte bleiben sollen. Wenn Der Vater etwas barscher war, als ihm gefiel: o hätt' er's nur Gelitten! Wen ertrüg' er, wenn er seinen Vater nicht ertrug? Wohl muß der Sohn dem Vater doch sich fügen, und nicht umgekehrt. Und wenn man hart ihn nennt – er ist es nicht.

(J. J. Donner)

TERENZ, HEAUTONTIMORUMENOS 200–204

1173 CHREMES: Hui,
huic quantam fenestram ad nequitiam patefeceris,
tibi autem porro ut non sit suave vivere!
nam deteriores omnes sumus licentia.
CHR. Welch breite Pforten öffnest du der Schlechtigkeit!
Fortan verliert das Leben allen Reiz für dich;
Uns alle verschlechtert Ungebundenheit.

(J. J. Donner)

TERENZ, HEAUTONTIMORUMENOS 480–483

1174 MICIO: Hoc patriumst, potius consuefacere filium
sua sponte recte facere quam alieno metu:
hoc pater ac dominus interest. hoc qui nequit,
fateatur nescire imperare liberis.
MI. Gewöhne denn ein Vater seinen Sohn, von selbst
Zu tun das Rechte, nicht aus Furcht vor anderen.
Dies trennt den Herrn vom Vater. Wer das nicht erkennt,
Gestehe, daß ihm Kinderzucht was Fremdes ist.

(J. J. Donner)

TERENZ, ADELPHOE 74–77

1175 Quod cum omnibus est faciendum, qui vitam honestam ingredi
cogitant, tum haud scio an nemini potius quam tibi. sustines enim
non parvam exspectationem imitandae industriae nostrae,
magnam honorum, non nullam fortasse nominis.
Das (d. h. die Lehren der Philosophie beherzigen) müssen alle tun, die
daran denken, ein ehrenvolles Leben zu beginnen, aber vielleicht niemand mehr als du. Ruht doch auf die keine geringe Erwartung, daß du
unsere Energie nachahmen werdest, eine große, daß du die Ämter,
vielleicht eine gewisse, daß du einen Namen erreichst.

(K. Büchner)

CICERO, DE OFFICIIS 3, 6

1176 Vale, mi Cicero, tibique persuade esse te quidem mihi carissimum,
sed multo fore cariorem, si talibus monumentis praeceptisque
laetabere.
Lebe also wohl, mein Cicero, und sei überzeugt, daß Du mir sehr lieb
bist, aber noch viel teurer sein wirst, wenn Du Dich an solchen Schrift-
werken und Lehren (sc. wie meinen drei Büchern De officiis) freust.

(K. Büchner)

CICERO, DE OFFICIIS 3, 121

1177 Castigabat quidam filium suum, quod paulo sumptuosius equos et canes emeret. Huic ego iuvene digresso: 'heu tu, numquamne fecisti, quod a patre corripi posset? fecisti dico? non interdum facis, quod filius tuus, si repente pater ille, tu filius, pari gravitate reprehendat? Non omnes homines aliquo errore ducuntur? Non hic in illo sibi, in hoc alius indulget?'

Jemand schalt seinen Sohn, weil er reichlich viel für Pferde und Hunde ausgebe. Nachdem der junge Mann hinausgegangen war, sagte ich zu dem Vater. «Hör' mal, hast du nie etwas getan, was dein Vater hätte tadeln können? Hast getan, sage ich? Tust nicht manchmal etwas, was dein Sohn, wenn unversehens er der Vater wäre, und du der Sohn, ebenso scharf tadeln könnte? Haben nicht alle Menschen dann und wann ihre schwachen Stunden? Sieht sich nicht der eine dies, der andre das nach?»

(H. Kasten)

PLINIUS MINOR, EPISTULAE 9, 12, 1 K.

1178 CLITIPHO: **Quam iniqui sunt patres in omnis adulescentis iudices!** **qui aequom esse censent nos a pueris ilico nasci senes** **neque illarum adfinis esse rerum, quas fert adulescentia.**
CL. Welch ungerechte Richter sind die Väter doch den Jünglingen!
Sie meinen, billig sollten wir als Greise gleich geboren sein
Und auf Genüsse nicht erpicht, wozu die Jugend uns verlockt.

(J. J. Donner)

TERENZ, HEAUTONTIMORUMENOS 213–215

Väter – Söhne

1179 **Illud concedetur, multos filios maiores potentioresque exstitisse** **quam parentes suos; aeque et illud, meliores fuisse. quod si** **constat, potest fieri, ut meliora tribuerint, cum et fortuna illis** **maior esset et melior voluntas. Quidquid est, quod det patri filius,** **utique minus est, quia hanc ipsam dandi facultatem patri debet.** **ita numquam beneficio vincitur, cuius beneficium est ipsum, quod** **vincitur.**

Zugestanden, viele Söhne sind bedeutender und mächtiger als ihre Väter; in gleicher Weise auch, sie seien besser gewesen. Wenn das feststeht, kann es geschehen, daß sie Besseres geschenkt haben, weil sie ein größeres Vermögen hatten und auch besseren Willen. Was immer es ist, was ein Sohn dem Vater geben kann, es ist jedenfalls geringer, weil er eben diese Möglichkeit zu geben seinem Vater verdankt. So wird der niemals in einer Wohltat übertroffen, von dem eben diese Wohltat stammt, die übertroffen wird.

(nach M. Rosenbach)

SENECA, DE BENEFICIIS 3, 29, 2–3

väterliche Mahnung

1180 Quantum coniti animo potes, quantum labore contendere, si
discendi labor est potius quam voluptas, tantum fac ut efficias
neve committas, ut, cum omnia suppeditata sint a nobis, tute tibi
defuisse videare.

So sehr du dich geistig anzustrengen, so sehr in Mühen anzuspannen
vermagst, wenn Lernen Mühe ist und nicht vielmehr Genuß, so viel
suche zu erreichen und laß nicht zu, daß du, wo alles von uns zur Verfügung gestellt wurde, dir selber gefehlt zu haben scheinst.

(K. Büchner)

CICERO, DE OFFICIIS 3, 6

Vaterzorn

1181 Parens iratus in se est crudelissimus.

Der Vater quält mit seinem Zorn sich selber.

(H. Beckby)

PUBLILIUS SYRUS, SENTENTIAE P 17

Mutter – Sohn

1182 Mater tu et praeterea cordata mulier filii tui lusus semper
explorabis curiose et in eo luxuriem culpabis et amores revinces?

Willst du denn als Mutter und außerdem als Frau, die das Herz am
rechten Fleck hat, dem Zeitvertreib deines Sohnes immer genau nach-
spionieren, ihm seine Abenteuer ankreiden und seine Liebeleien
unterdrücken?

(E. Brandt – W. Ehlers)

APULEIUS, METAMORPHOSES 5, 31, 5

1183 SYRUS: Matres omnes filiis
in peccato adiutrices, auxilio in paterna iniuria
solent esse.

SY. Dem Sohne, der unrecht getan,
Pflegt die Mutter beizustehen, ihn bei des Vaters Härte stets
Zu schützen.

(J. J. Donner)

TERENZ, HEAUTONTIMORUMENOS 991–993

1184 Plane te rogo, sic ut olim matrem nostram facere memini, quae
lagoenas etiam inanis obsignabat, ne dicerentur inanes aliquae
fuisse, quae furtim essent exsiccatae, sic tu, etiam si, quod scribas,
non habebis, scribito tamen, ne furtum cessationis quaesivisse
videaris. Valde enim mi semper et vera et dulcia tuis epistulis
nuntiantur.

Mach' es doch bitte so, wie ich es von unserer Mutter erinnere, die auch die leeren Flaschen mit einem Etikett versah, damit man nachher nicht sagen konnte, es seien einige leer gewesen, die heimlich geleert worden waren: auch wenn Du nichts zu schreiben weißt, schreib trotzdem; sonst könnte es so aussehen, als hättest Du einen geheimen Vorwand für Dein Säumen gesucht. Denn immer bringen mir Deine Briefe wahre Nachrichten, und ich freue mich jedesmal. *(im Jahre 44)*

(H. Kasten)

Q. Cicero bei Cicero, Ad familiares 16, 24 (26), 2 K. (Ad Tironem)

1185 **Cum septimus annus**
transierit puerum, nondum omni dente renato,
barbatos licet admoveas mille inde magistros,
hinc totidem, cupiet lauto cenare paratu
semper et a magna non degenerare culina.
Hat der Knabe das siebte
Jahr vollendet und ist ihm noch nicht jeder Zahn nachgewachsen,
magst du ihm tausend bärtige Lehrer zur einen Seite beigeben
und ebenso viele zur anderen, er wird danach verlangen, stets an üppiger
Tafel zu speisen und nicht von der erlesenen Küche abzugehen.

(J. Adamietz)

Juvenal, Saturae 14, 10–14

falsch erzogene Kinder

1186 **Rusticus exspectas ut non sit adultera Largae**
filia, quae numquam maternos dicere moechos
tam cito nec tanto poterit contexere cursu,
ut non ter deciens respiret?
Erwartest du naiv, die Tochter einer Larga werde keine
Ehebrecherin sein, wo sie doch nie die Galane der Mutter so schnell
herzusagen und derart eilig aneinanderzureihen vermag, daß sie
nicht dreizehnmal Luft holen müßte?

(J. Adamietz)

Juvenal, Saturae 14, 25–28

1187 **Liberos cuique ac propinquos suos natura carissimos esse voluit.**
Kinder und Angehörige sind von Natur aus einem jeden das Liebste.

(A. Städele)

Tacitus, Vita Iulii Agricolae 31, 1

Familienangehörige

1188 **Indigna putamus, quae inopinata sunt; itaque maxime**
commovent, quae contra spem exspectationemque evenerunt, nec
aliud est, quare in domesticis minima offendant, in amicis
iniuriam vocamus neglegentiam.
Für unverdient halten wir, was unverhofft kommt. Daher erschüttert
am meisten, was wider alle Erwartung geschah, und das ist der Grund,
weshalb uns an unseren Familienangehörigen Belangloses stört und
wir bei Freunden schon Zurückhaltung als kränkend empfinden.
(G. Fink)
Seneca, De ira 2, 31

Verwandtschaft 1189 **Sanguinis coniunctio et benivolentia devincit homines et caritate.**
Magnum est enim eadem habere monumenta maiorum, eisdem
uti sacris, sepulchra habere communia.
Blutsverbindungen verknüpfen die Menschen durch Wohlwollen und
Liebe. Etwas Großes nämlich ist es, dieselben Erinnerungen an die
Vorfahren zu haben, dieselben Heiligtümer zu verehren, gemeinsame
Gräber zu haben.
(K. Büchner)
Cicero, De officiis 1, 54. 55

Schwieger- 1190 Sostrata: **Ita me di ament, quod me accusat nunc vir, sum extra**
mutter **noxiam.**
sed non facilest expurgatu: ita animum induxerunt socrus
omnis esse iniquas: haud pol me equidem; nam numquam secus
habui illam, ac si ex me nata esset, nec, qui hoc mi eveniat scio.
So. An dem, was jetzt mein Mann mir vorwirft, hab' ich keine Schuld.
Doch es ist nicht leicht, mich hier zu reinigen: man glaubt einmal,
Schwiegermütter seien böse: ich bin's nicht. Stets hielt ich sie
Wie mein eigen leiblich Kind, und wie mich das trifft, weiß ich nicht.
(J. J. Donner)
Terenz, Hecyra 276–279

1191 **Non puto socrum illam ferendam.**
Diese Frau (*d. h.* Tutia) als Schwiegermutter scheint mir untragbar.
(8. Juli 44 v. Chr.)
(H. Kasten)
Cicero, Ad Atticum 16, 1, 5 K.

Schwieger- 1192 **Desperanda tibi salva concordia socru.**
mutterschelte **illa docet spoliis nudi gaudere mariti,**
illa docet missis a corruptore tabellis
nil rude nec simplex rescribere, decipit illa
custodes aut aere domat.

Die Hoffnung auf Einvernehmen mußt du aufgeben, solange die
Schwiegermutter lebt.
Sie lehrt, sich an der Ausplünderung des arm werdenden Ehemanns
zu freuen,
sie lehrt, auf die vom Verführer geschickten Liebesbriefe nichts
Ungeschicktes und Einfältiges zu antworten, sie täuscht die
Aufpasser oder zähmt sie mit Geld.

(J. Adamietz)

JUVENAL, SATURAE 6, 231–235

1193 **Et infinito dolore, cum aliquem ex carissimis amiseris, affici stulta
indulgentia est et nullo inhumana duritia: optimum inter pietatem
et rationem temperamentum est et sentire desiderium et
opprimere.**
Grenzenloser Schmerz über den Verlust eines der liebsten Angehörigen zeugt von törichter Schwäche, keiner von unmenschlicher Härte.
Die beste Mischung von Liebe und Vernunft besteht darin, Verlangen
zu spüren und zu unterdrücken.

(G. Fink)

SENECA, AD HELVIAM MATREM DE CONSOLATIONE 16

**Verlust eines
Angehörigen**

1194 **Annum feminis ad lugendum constiuere maiores, non ut tam diu
lugerent, sed ne diutius; viris nullum legitimum tempus est, quia
nullum honestum.**
Ein Jahr haben unsere Vorfahren für Frauen zum Trauern festgesetzt,
nicht, damit sie so lange trauern sollen, sondern nicht länger; für Männer gibt es keine gesetzliche Frist, weil keine ehrenhafte.

SENECA, EPISTULAE MORALES 63, 13

Trauern

... *honestum.* quam tamen mihi ex illis mulierculis dabis vix retractis a rogo, vix a cadavere
revulsis, cui lacrimae in totum mensem duraverint? nulla res citius in odium venit quam
dolor, qui recens consolatorem invenit et aliquos ad se adducit, inveteratus vero deridetur,
nec inmerito: aut enim simulatus aut stultus est.

... ehrenhafte. Wen wirst du mir denn von jenen schwachen Frauen zeigen, die man mit
Mühe vom Scheiterhaufen wegzerrt, mit Mühe vom Toten wegreißt, bei denen die Tränen
einen ganzen Monat angedauert haben? Nichts verfällt rascher der Ablehnung als
Schmerz. der, wenn er frisch ist, einen Tröster findet und manche zu sich heranholt, wenn
er alt geworden ist, jedoch verlacht wird, und nicht zu Unrecht: entweder ist er Heuchelei
oder Torheit.

(nach M. Rosenbach)

1195 **Boni et optimi consules, si luctui legitimo miserrimae feminae
necessarium concesseris tempus, quoad residuis mensibus
spatium reliquum compleatur anni.**
Du wirst gut, ja trefflich beraten sein, wenn du einer schwergetroffe-
nen Frau die nötige Zeit für ihre Trauerpflichten zugestehst, bis die
restlichen Monate die Jahresspanne ergänzt und aufgefüllt haben.

APULEIUS, METAMORPHOSES 8, 9, 7–8

Trauerzeit

... anni. quae res cum meum pudorem, tum etiam tuum salutare commodum respicit, ne forte inmaturitate nuptiarum indignatione iusta manes acerbos mariti ad exitium salutis tuae suscitemus.

... die Jahresspanne ergänzt und aufgefüllt haben. Das geschieht in Rücksicht zunächst auf meine Ehre, besonders aber auch auf deinen Nutzen und Vorteil, denn wir dürfen nicht etwa durch vorzeitige Hochzeit den Geist des Gatten verstimmen, daß er in gerechter Entrüstung aufsteht und dein Leben vernichtet!

(E. Brandt – W. Ehlers)

Erben

Testament

1196 **Cum in ipso vitae fine constitimus, cum testamentum ordinamus, non beneficia nihil nobis profutura dividimus? quantum temporis consumitur, quam diu secreto agitur, quantum et quibus demus! atqui numquam diligentius damus, numquam magis iudicia nostra torquemus, quam ubi remotis utilitatibus solum ante oculos honestum stetit.**

Wenn wir unmittelbar am Ende unseres Lebens stehen, wenn wir unseren letzten Willen verfügen, verteilen wir dann nicht Geschenke, die uns keinen Gewinn mehr bringen können? Wie viel Zeit wird da verbraucht, wie lange geht es da um die Frage, wieviel und wem wir schenken sollen! Was kommt es denn darauf an, wem wir schenken, da wir von niemandem eine Gegenleistung erhalten werden? Und doch geben wir niemals sorgfältiger, martern wir unser Urteilsvermögen niemals stärker, als wenn – ohne Rücksicht auf Nützlichkeitserwägungen – uns allein das Sittliche vor Augen steht!

(nach M. Rosenbach)

SENECA, DE BENEFICIIS 4, 11, 4–5

1197 **Falsum est nimirum, quod creditur vulgo, testamenta hominum speculum esse morum.**

Natürlich ist es Unsinn, was man gemeinhin glaubt, daß ein Testament der Spiegel des Charakters eines Menschen sei.

PLINIUS MINOR, EPISTULAE 8, 18, 1 K.

... . morum, cum Domitius Tullus longe melior apparuerit morte quam vita. nam, cum se captandum praebuisset, reliquit filiam heredem, quae illi cum fratre communis, quia genitam fratre adoptaverat ...

... eines Menschen sei; jedenfalls hat sich Domitius Tullus im Tode wesentlich besser gezeigt als im Leben. Denn obwohl er sich mit Erbschleichern eingelassen hatte, hinterließ er sein Erbe einer Tochter, die gleichzeitig die Tochter seines Bruders war, denn er hatte sie als Kind seines Bruders adoptiert ...

(H. Kasten)

1198 **Turpis, quem accipiendis immorientem rationibus diu tractus risit heres.**
Ein trauriges Bild gibt einer ab, den, während er sich auf dem Sterbe-
bett noch Abrechnungen vorlegen läßt, sein lang hingehaltener Erbe
auslachte.

(G. Fink)

SENECA, DE BREVITATE VITAE 20

Erbe

1199 **Magis fidus heres nascitur quam scribitur.**
Geburt, nicht Testament macht treuen Erben.

(H. Beckby)

PUBLILIUS SYRUS, SENTENTIAE M 15

1200 **Heredem Fabius Labienum ex asse reliquit:**
    plus meruisse tamen se Labienus ait.
Fabius macht Labienus zum Erben des ganzen Vermögens.
    Doch er verdiente noch mehr, meint Labienus dazu.

(R. Helm)

MARTIAL, EPIGRAMMATA 7, 66

Erben

1201 LACHES: **Cedo, quid reliquit Phania**
consobrinus noster? PAMPHILUS: **Sane hercle homo voluptati obsequens**
fuit, dum vixit; et qui sic sunt, haud multum heredem iuvant,
sibi vero relinquont laudem: 'Vixit, dum vixit, bene'.
LACHES: **Tum tu igitur nihil attulisti plus una hac sententia?**
LA. Sprich: was hinterließ denn Phania,
Unser Vetter? PA. Ach! Solang er lebte, ließ der Mann es sich
Immer wohl sein, und ein solcher macht den Erben niemals reich,
Hinterläßt er auch den Ruhm: «Solang er lebte, lebt' er gut.».
LA. Also weiter hast du nichts uns mitgebracht, als diesen Spruch?

(J. J. Donner)

TERENZ, HECYRA 458–462

Erbschaft

1202 **Nil tibi legavit Fabius, Bithynice, cui tu**
    annua, si memini, milia sena dabas.
plus nulli dedit ille: queri, Bithynice, noli:
    annua legavit milia sena tibi.
Nichts hinterließ, Bithynicus, dir der Fabius, dem du
    jährlich, entsinn ich mich recht, immer sechstausend doch gabst.
Mehr hat er keinem gegeben, Bithynicus, brauchst nicht zu klagen;
    hat er dir doch im Grund jährlich sechstausend vermacht.

(R. Helm)

MARTIAL, EPIGRAMMATA 9, 8

1203 **Mihi quidem etiam verae hereditates non honestae videntur, si sunt malitiosis blanditiis, officiorum non veritate, sed simulatione quaesitae. Atqui in talibus rebus aliud utile interdum, aliud honestum videri solet. falso; nam eadem utilitatis quae honestatis est regula.**

Mir scheinen auch die echten Erbschaften nicht ehrenhaft zu sein, wenn sie durch arglistige Schmeicheleien, nicht durch Aufrichtigkeit der Dienste, sondern durch ihre Vorspiegelung erworben worden sind. Jedoch pflegt bei solchen Dingen anderes bisweilen nützlich, anderes ehrenvoll zu scheinen. Falsch! Denn dasselbe Maß gilt für den Nutzen wie für das Ehrenvolle.

(K. Büchner)

CICERO, DE OFFICIIS 3, 74

Freunde

1204 Messalam cum a me dimittens graviter ferrem, hoc levabar uno,   zweites Ich
quod ad te tamquam ad alterum me proficiscens et officio
fungebatur et laudem maximam sequebatur.

Als ich Messala von mir ließ, war es mir gar nicht recht, und nur
das eine tröstete mich, daß er zu Dir wie zu meinem zweiten Ich eilte
und damit seiner Pflicht genügte und höchstem Ruhme entgegenging.
(Juli 43 v. Chr.)

(H. Kasten)

CICERO, AD M. BRUTUM 16 (23), 2 K.

1205 PERIPHANES: Nil homini amicost opportuno amicius: Freund
sine tuo labore, quod velis, actumst tamen.

PE. Nichts auf der Welt ist so willkommen wie ein Freund,
Der zur gelegenen Zeit erscheint. Du brauchst dich nicht
Selbst anzumühen, und dennoch wird dein Wunsch erfüllt.

(W. Binder – W. Ludwig)

PLAUTUS, EPIDICUS 425–426

1206 AGORASTOCLES: Ita me di ament, tardo amico nil est quicquam
inaequius,
praesertim homini amanti, qui, quicquid agit, properat omnia.

AG. So wahr ein Gott lebt, der mir gnädig sei: es gibt
Nichts Unausstehlicheres als einen trägen Freund,
Zumal wenn man verliebt ist, weil man, was man tut,
Mit Eile tut.

(W. Binder – W. Ludwig)

PLAUTUS, POENULUS 504–505

1207 MEGARONIDES: Amicum castigare ob meritam noxiam
inmoenest facinus, verum in aetate utile
et conducibile.

ME. Fürwahr, den Freund selbst wegen wohlverdienter Schuld
Zu schelten ist ein unerquicklich Ding; doch hat's
Bisweilen seinen guten Nutzen und es kann
Zu etwas führen.

(W. Binder – W. Ludwig)

PLAUTUS, TRINUMMUS 23–25

1208 CHREMES: **Nemost meorum amicorum**
apud quem expromere omnia mea occulta, Clitipho, audeam.
apud alium prohibet dignitas; apud alium ipsi facti pudet,
ne ineptus, ne protervos videar.
CHR. Jetzt eben hab' ich keinen Freund,
Dem meine Heimlichkeiten all ich offenbarte, Clitipho.
Des einen Würde schreckt mich ab, beim anderen auch Scham vor mir
selbst,
Um nicht für unklug oder frech zu gelten.

(J. J. Donner)

TERENZ, HEAUTONTIMORUMENOS 574–577

1209 **Amicum an nomen habeas, aperit calamitas.**
Ob echt, ob falsch dein Freund ist, zeigt das Unglück.

(H. Beckby)

PUBLILIUS SYRUS, SENTENTIAE A 41

1210 **Fortunata domus, modo sit tibi fidus amicus.**
O glückselig dein Haus, wenn treu sich ein Freund dir verbindet!

(W. Willige)

PROPERZ, ELEGIAE 3, 20, 9

1211 **Scitis, in angustiis amici apparent.**
Ihr wißt doch, in der Bedrängnis zeigt sich, was ein Freund ist.

(K. Müller – W. Ehlers)

PETRON, CENA TRIMALCHIONIS 61, 9

1212 **Si aliquem amicum existimas, cui non tantundem credis quantum**
tibi, vehementer erras et non satis nosti vim verae amicitiae. tu
vero omnia cum amico delibera, sed de eo prius: post amicitiam
credendum est, ante amicitiam iudicandum.
Wenn du einen für deinen Freund hältst, dem du nicht ebensoviel
vertraust wie dir, irrst du gewaltig und kennst nicht genug die Kraft
wahrer Freundschaft. Ja, in allem berate dich mit deinem Freund,
aber über ihn vorher: nachdem eine Freundschaft geschlossen ist,
muß man vertrauen, vorher urteilen.

(M. Rosenbach)

SENECA, EPISTULAE MORALES 3, 2

1213 PISTOCLERUS: **Multi more isto atque exemplo vivont, quos quom censeas**
esse amicos, reperiuntur falsi falsimoniis,
lingua factiosi, inertes opera, sublesta fide.
nullus est, quoi non invideant rem secundam optingere.
sibi ne invideatur, ipsi ignavia recte cavent.
PI. Der Sorte gibt es viele, die man für Freunde hält,
Dieweil Betrug und Falschheit hinter ihnen steckt.
Dienstfertig mit dem Maul, sind sie zum Handeln träg,
Und ihre Treue hält nicht Stich. Jeden, dem es
Nach Wunsch geht, den beneiden sie; doch sie, sie schützen sich
Durch ihre Schlaffheit selber gegen fremden Neid.

(W. Binder – W. Ludwig)

PLAUTUS, BACCHIDES 540–544

1214 ANTIPHO: **Nam hoc tu facito, ut cogites:**
ut quoique homini res paratast, perinde amicis utitur:
si res firma, item firmi amici sunt: sin res laxe labat,
itidem amici conlabascunt. res amicos invenit.
AN. Bedenke nur: solang der Mensch Vermögen hat,
Sind auch die Freunde fest; wo's mit dem Gelde wankt,
Wankt auch die Freundschaft. Freunde schafft allein das Geld.

(W. Binder – W. Ludwig)

PLAUTUS, STICHUS 519–522

1215 CALLICLES: **Edepol haud dicam dolo.**
sunt, quos scio esse amicos, sunt, quos suspicor,
sunt, quorum ingenia atque animos nequeo noscere,
ad amici partem an ad inimici pervenant.
CA. Wahrlich, offen sag ich's dir:
Von einigen weiß ich, daß sie meine Freunde sind,
Von anderen vermut ich's, wieder andere kann
Ich nicht genug durchschauen und weiß nicht, ob ich sie
Freund oder Feind nennen soll.

PLAUTUS, TRINUMMUS 90–93

... pervenant.
sed tu ex amicis certis mihi's certissimus.
siquid sceis me fecisse inscite aut inprobe,
si id non me accusas, tute ipse obiurgandus es.

... nennen soll. Du aber bist
Von allen sicheren Freunden mir der sicherste,
Und wenn dir eine dumme oder schlechte Tat
Von mir bekannt ist und du rügst mich nicht darob,
Verdienst du Tadel.

(W. Binder – W. Ludwig)

1216 GNATHO: **Miser, quod habui, perdidi, em
quo redactus sum. omnes noti me atque amici deserunt.**
GN. All das Meine hab' ich, ach, verloren:
Wo geriet ich hin? Die Freunde kehren alle mir den Rücken.

(J. J. Donner)

TERENZ, EUNUCHUS 237–238

1217 MICIO: **Vetus verbum hoc quidemst,
communia esse amicorum inter se omnia.**
MI. Alles ist
Gemeinsam unter Freunden, sagt der alte Spruch.

(J. J. Donner)

TERENZ, ADELPHOE 803–804

1218 **Etiam in secundissimis rebus maxime est utendum consilio
amicorum isque maior etiam quam ante tribuenda auctoritas.**
Auch in den allergünstigsten Umständen muß man besonders auf den
Rat der Freunde hören und ihnen noch mehr Gewicht als vorher bei-
messen.

(K. Büchner)

CICERO, DE OFFICIIS 1, 91

1219 **Amicis avide fruamur, quia, quamdiu contingere hoc possit,
incertum est.**
Wollen wir uns unserer Freunde rückhaltlos erfreuen, weil unbe-
stimmt ist, wie lange uns das zuteil werden kann.

(nach M. Rosenbach)

SENECA, EPISTULAE MORALES 63, 8

**Freunde
gewinnen**

1220 **Nullum habet maius malum occupatus homo et bonis suis
obsessus, quam quod amicos sibi putat, quibus ipse non est, quod
beneficia sua efficacia iudicat ad conciliandos animos, cum
quidam, quo plus debent, magis oderint.**
Kein größeres Unheil trifft einen vielbeschäftigten, von seinem Besitz
besessenen Menschen, als daß er die für seine Freunde hält, denen er
selbst es nicht ist, weil er seine Almosen für wirksam hält, ihm die
Herzen zu gewinnen, wo doch manche, je mehr sie schulden, desto
mehr hassen.

(nach M. Rosenbach)

SENECA, EPISTULAE MORALES 19, 11

1221 **Quid ergo? beneficia non parant amicitias? – Parant, si accepturos licuit eligere, si conlocata, non sparsa sunt.**
Was also? Wohltaten verschaffen keine Freundschaften? – Doch, aber nur, wenn es möglich war, die Empfänger auszuwählen, wenn die Wohltaten gezielt angelegt und nicht einfach ausgestreut wurden.

(nach M. Rosenbach)

SENECA, EPISTULAE MORALES 19, 12

1222 CURCULIO: **Decet velle hominem amicum amico opitularier.** — **Freunde**
Cu. Pflicht des Freundes ist's, dem Freund in Nöten beizustehen.   **in der Not**

PLAUTUS, CURCULIO 332

CURCULIO: Perveni in Cariam.
video tuom sodalem, argenti rogo uti faciat copiam.
scires velle gratiam tuam: noluit frustrarier,
ut *decet velle hominem amicum amico* atque *opitularier:*
respondit mihi paucis verbis atque adeo fideliter,
quod tibist item sibi esse, magnam argenti inopiam.

Cu. Ich kam nach Karia, treffe deinen Freund daselbst
Und bitt' ihn, daß er dir mit Geld behilflich sei.
Er möchte, hieß es, gerne dir gefällig sein –
Du mögest dich ja nicht in ihm täuschen –, wie es Pflicht
Des Freundes sei, dem Freund in Nöten beizustehen.
Drum gab er kurz und unverblümt mir den Bescheid:
Es geh' ihm just wie dir, es fehl' ihm selbst an Geld.

(W. Binder – W. Ludwig)

1223 **Quid? illa vincula, quibus quidem libentissime astringor, quanta**   **Gemeinsam-**
sunt, studiorum similitudo, suavitas consuetudinis, delectatio vitae   **keiten**
atque victus, sermonis societas, litterae interiores!
Und weiter: Wie stark sind doch die Bande, mit denen ich mich so gerne fesseln lasse, die Ähnlichkeit unserer Neigungen, die Annehmlichkeit des freundschaftlichen Verkehrs, die Freude am Leben und leiblichen Genüssen, die gesellige Unterhaltung, unsre speziellen Studien! *(April 50 v . Chr.)*

(H. Kasten)

CICERO, AD FAMILIARES 3, 10, 9 K. (AD APPIUM PULCHRUM)

1224 **Nescio quod certe est, quod me tibi temperat astrum.**   **Verbundenheit**
Irgendein Stern ist's gewiß, der mich mit dir hat verflochten.

(O. Seel)

PERSIUS, SATURAE 5, 51

1225 **Quod ita scribis: 'pro mutuo inter nos animo', quid tu existimes**   **Freundschaft**
esse in amicitia mutuum, nescio; equidem hoc arbitror, cum par
voluntas accipitur et redditur.

Wenn Du schreibst «angesichts unsrer gegenseitigen guten Beziehungen», so weiß ich nicht, was Du unter «Gegenseitigkeit» in einem Freundschaftsbunde verstehst. Meiner Auffassung nach besteht sie darin, daß man gleiches Entgegenkommen gewährt und erfährt. *(Ende Januar/Anfang Februar 62 v. Chr.)*

(H. Kasten)

CICERO, AD FAMILIARES 5, 2, 3 K. (AD Q. METELLUM)

1226 **Omnium societatum nulla praestantior est, nulla firmior, quam cum viri boni moribus similes sunt familiaritate coniuncti; illud enim honestum, quod saepe dicimus, etiam si in alio cernimus, tamen nos movet atque illi, in quo id inesse videtur, amicos facit.**
Von allen Gemeinschaften ist keine unübertrefflicher, keine fester, als wenn gute Männer, an Art ähnlich, durch Freundschaft verbunden sind. Jenes Ehrenvolle nämlich, wovon wir oft sprechen, bewegt, auch wenn wir es an einem anderen wahrnehmen, uns doch und macht uns jenem, in dem es zu wohnen scheint, zum Freunde.

(K. Büchner)

CICERO, DE OFFICIIS 1, 55

1227 **Benevolentia non pariter omnes egemus; nam ad cuiusque vitam institutam accommodandum est, a multisne opus sit an satis sit a paucis diligi.**
Wir bedürfen des Wohlwollens aber nicht alle in gleichem Maße. Denn der Lebenseinrichtung eines jeden ist anzupassen, ob es nötig ist, daß er von vielen, oder genügend, daß er von wenigen geliebt werde.

CICERO, DE OFFICIIS 2, 30

... *a paucis diligi.* certum igitur et primum et maxime necessarium familiaritates habere fidas amantium nos amicorum et nostra mirantium. haec est una res prorsus, ut non multum differat inter summos et mediocres viros, eaque aeque utrisque est propemodum comparanda.

... von wenigen geliebt werde. Das also dürfte sicher sein und dies das erste und nötigste, treue Freundschaften zu haben mit Freunden, die uns lieben und unser Wesen bewundern. Dieses nämlich ist die einzige Sache überhaupt, die bewirkt, daß es keinen großen Unterschied zwischen den bedeutendsten Männern und dem Durchschnitt gibt, und sie sollte von beiden Gruppen fast in gleicher Weise erworben werden.

(K. Büchner)

1228 **Quae videntur utilia, honores, divitiae, voluptates, cetera generis eiusdem, haec amicitiae numquam anteponenda sunt. at neque contra rem publicam neque contra ius iurandum ac fidem amici causa vir bonus faciet, ne si iudex quidem erit de ipso amico; ponit enim personam amici, cum induit iudicis. tantum dabit amicitiae, ut veram amici causam esse malit, ut orandae litis tempus, quoad per leges liceat, accommodet.**

Was nützlich scheint, Ehren, Reichtum, Genüsse, das übrige dergleichen, das darf nie der Freundschaft vorgezogen werden. Jedoch
wird ein guter Mann des Freundes wegen weder gegen das Gemeinwesen noch gegen Eid und Wort handeln, auch nicht, wenn er Richter
über den Freund selber sein sollte. Ab legt er nämlich die Rolle des
Freundes, wenn er die des Richters anlegt. Nur so viel wird er der
Freundschaft einräumen, daß er lieber will, daß die Sache des Freundes wahr ist, daß er ihm die Zeit, seine Sache zu vertreten, soweit es
durch die Gesetze erlaubt ist, günstig legt.

(K. Büchner)

CICERO, DE OFFICIIS 3, 43

1229 **Neque bonitas nec liberalitas nec comitas esse potest, non plus
quam amicitia, si haec non per se expetantur, sed ad voluptatem
utilitatemve referantur.**
Weder Gutsein noch Großzügigkeit noch Freundlichkeit kann bestehen, ebensowenig wie Freundschaft, wenn diese Dinge nicht an
sich erstrebt, sondern auf Lust und Nutzen bezogen werden.

(K. Büchner)

CICERO, DE OFFICIIS 3, 118

1230 **Idem velle atque idem nolle, ea demum firma amicitia est.**
Dasselbe wollen und dasselbe nicht wollen, das ist ja erst feste
Freundschaft.

SALLUST, CATILINAE CONIURATIO 20, 3–4

Sed quia multis et magnis tempestatibus vos cognovi fortis fidosque mihi,
eo animus ausus est maximum atque pulcherrumum facinus incipere,
simul quia vobis eadem, quae mihi, bona malaque esse intellexi. nam *idem* ...

Weil ich euch aber schon in vielen schweren Stürmen tapfer und treu ergeben fand,
deshalb habe ich es gewagt, ein ganz großes und herrliches Unternehmen zu beginnen,
und auch deshalb, weil ich erkannt habe, daß euer Wohl und Wehe gleich dem meinen ist.
Denn dasselbe ...

(W. Eisenhut – J. Lindauer)

1231 '**Metum ab scelere suo ad ignaviam vostram transtulere,
quos omnis eadem cupere, eadem odisse, eadem metuere
in unum coegit. sed haec inter bonos amicitia, inter malos factio
est.**'
«Die Furcht, die sie wegen ihrer Verbrechen haben müßten, haben sie
wegen eurer Feigheit auf euch weitergeschoben; daß sie dasselbe
begehren, dasselbe hassen und dasselbe fürchten, hat sie alle zu einer
Einheit zusammengeführt. So etwas heißt unter Guten Freundschaft,
unter Schlechten aber Partei.» (Aus einer Rede des Memmius)

(W. Eisenhut – J. Lindauer)

SALLUST, BELLUM IUGURTHINUM 31, 14–15

1232 **Multos tibi dabo, qui non amico, sed amicitia caruerunt: hoc non potest accidere, cum animos in societatem honesta cupiendi par voluntas trahit.**
Viele werde ich dir nennen, die nicht ohne Freund, sondern ohne Freundschaft gelebt haben: das kann nicht geschehen, wenn die Seelen der gleiche Wille, das Sittliche zu erstreben, zur Gemeinschaft zieht.

(nach M. Rosenbach)

SENECA, EPISTULAE MORALES 6, 3

1233 **Ad amicitiam fert illum sapientem nulla utilitas sua, sed naturalis irritatio: nam ut aliarum nobis rerum innata dulcedo est, sic amicitiae. quomodo solitudinis odium est et adpetitio societatis, quomodo hominem homini natura conciliat, sic inest huic quoque rei stimulus, qui nos amicitiarum appetentes faciat.**
Zur Freundschaft bringt den Weisen kein persönlicher Nutzen, sondern ein natürlicher Reiz: denn wie uns ein Verlangen zu anderen Dingen angeboren ist, so zur Freundschaft. Wie es Haß auf Einsamkeit gibt und Verlangen nach Gemeinschaft, wie den Menschen die Natur dem Menschen verbindet, so wohnt auch diesem Umstand ein Reiz inne, der uns nach Freundschaften verlangen läßt.

(nach M. Rosenbach)

SENECA, EPISTULAE MORALES 9, 17

1234 **Haec societas diligenter et sancte observata, quae nos homines hominibus miscet et iudicat aliquod esse commune ius generis humani, plurimum ad illam quoque ... interiorem societatem amicitiae colendam proficit: omnia enim cum amico communia habebit, qui multa cum homine.**
Dieses treu und sorgsam gehütete Zusammengehörigkeitsgefühl, das uns Menschen den Menschen verbindet und das Bewußtsein vermittelt, es gebe ein gemeinsames Recht des Menschengeschlechtes, trägt das meiste dazu bei, auch jene engere Gemeinschaft der Freundschaft ... zu fördern: alles nämlich wird mit einem Freunde gemeinsam haben, wer vieles mit einem Menschen gemeinsam hat.

(nach M. Rosenbach)

SENECA, EPISTULAE MORALES 48, 3

... *ad illam quoque,* de qua loquebar, *interiorem* ...

... der Freundschaft, von der ich sprach, zu fördern ...

1235 Consortium rerum omnium inter nos facit amicitia: nec secundi quicquam singulis est nec adversi: in commune vivitur.

Freundschaft stiftet zwischen uns Gemeinschaft in allen Dingen: weder Glück gibt es für uns einzeln noch Unglück – gemeinsam lebt man.

SENECA, EPISTULAE MORALES 48, 2

... *vivitur*. nec potest quisquam beate degere, qui se tantum intuetur, qui omnia ad utilitates suas convertit: alteri vivas oportet, si vis tibi vivere.

... lebt man. Und keiner kann glücklich leben, der nur an sich denkt, der alles nur zu seinem eigenen Nutzen wendet: für einen anderen mußt du leben, wenn du für dich leben willst.

(nach M. Rosenbach)

1236 Nihil aeque oblectaverit animum quam amicitia fidelis et dulcis. Quantum bonum est, ubi praeparata sunt pectora, in quae tuto secretum omne descendat, quorum conscientiam minus quam tuam timeas, quorum sermo sollicitudinem leniat, sententia consilium expediat, hilaritas tristitiam dissipet, conspectus ipse delectet!

Es wird wohl nichts das Herz in gleicher Weise ergötzen wie die Freundschaft, wenn sie aufrichtig und innig ist. Was für ein Glück ist es, wenn man Menschen hat, denen man sorglos jedes Geheimnis anvertrauen kann, deren Mitwissen man weniger fürchten muß als das eigene, deren Worte den Kummer lindern, deren Vorschlag Rat schafft, deren Heiterkeit üble Laune schwinden läßt, deren bloßer Anblick erfreut!

(G. Fink)

SENECA, DE TRANQUILLITATE ANIMI 7

1237 Nec sunt parum multi, qui carpere amicos suos iudicium vocant.

Es sind ja nicht ganz wenige, die es Unbefangenheit nennen, ihre Freunde durchzuhecheln.

PLINIUS MINOR, EPISTULAE 7, 28, 2–3 K.

Qui sunt tamen isti, qui amicos meos melius norint? sed ut norint, quid invident mihi felicissimo errore? ut enim non sint tales, quales a me praedicantur, ego tamen beatus, quod mihi videntur. Igitur ad alios hanc sinistram diligentiam conferant; *nec sunt* ...

Was sind das eigentlich für Leute, die meine Freunde besser kennen wollen als ich? Aber gesetzt den Fall, sie kennten sie besser – warum gönnen sie mir dann nicht den beglückenden Irrtum? Denn sind sie nicht so, wie ich sie rühme, so bin ich doch zufrieden, daß sie mir so erscheinen. Sollen die Leute also ihre unangebrachte Besorgnis andern zuwenden; es sind ja ...

(H. Kasten)

1238 Ut praestem Pyladen, aliquis mihi praestet Oresten.
     hoc non fit verbis, Marce: ut ameris, ama.

Soll ich den Pylades stellen, stell jemand mir den Orestes!
     Marcus, Worte tun's nicht. Soll ich dich lieben, lieb mich!

(R. Helm)

MARTIAL, EPIGRAMMATA 6, 11, 9–10

**fragwürdige
Freundschaft**

1239 **Velim, ut tibi amicus sit. Hoc cum tibi opto, opto ut beatus sis; erit
enim tam diu.**

Möge er (*i. e.* Dionysios) weiter Dein Freund bleiben! Wenn ich
diesen Wunsch ausspreche, wünsche ich zugleich, daß Dein Glück
von Bestand sein möge, denn nur so lange wird er es bleiben!
(14. Mai 49 v. Chr.)

(H. Kasten)

Cicero, Ad Atticum 10, 18 (16), 1 K.

Gespräch

1240 **Plurimum proficit sermo, quia minutatim inrepit animo:
disputationes praeparatae et effusae audiente populo plus habent
strepitus, minus familiaritatis.**

Am meisten bringt ein Gespräch voran, weil es nach und nach in die
Seele dringt: Vorträge, ausgearbeitet und vorgetragen, wenn eine
Menge Leute zuhören, bieten mehr Getön, weniger Vertrautheit.

(nach M. Rosenbach)

Seneca, Epistulae morales 38, 1

1241 **Sermonem vultus, gestus, vox ipsa moderatur, epistula omnibus
commendationibus destituta malignitati interpretantium
exponitur.**

Im Gespräch wirkt Mienenspiel, Gebärde und Tonfall mäßigend; das
geschriebene Wort entbehrt aller vermittelnden Momente und ist böswilliger Auslegung ausgesetzt.

(H. Kasten)

Plinius Minor, Epistulae 5, 7, 6 K.

**Gesprächs-
partner**

1242 **Nihil mihi nunc scito tam deesse quam hominem eum, quocum
omnia, quae me cura aliqua adficiunt, una communicem, qui me
amet, qui sapiat, quicum ego cum loquar, nihil fingam, nihil
dissimulem, nihil obtegam.**

Wisse, mir fehlt im Augenblick nichts so sehr wie ein Mensch, dem ich
alles sagen könnte, was mich bedrückt, der mich liebt und Verstand
hat, mit dem im Gespräch ich nichts erfinden, nichts verheimlichen,
nichts vertuschen braucte. *(20. Januar 60 v. Chr.)*

(nach H. Kasten)

Cicero, Ad Atticum 1, 18, 1 K.

**Gesprächs-
themen**

1243 **Ergo
sermo oritur, non de villis domibusve alienis,
nec male necne Lepos saltet; sed, quod magis ad nos
pertinet et nescire malum est, agitamus: utrumne
divitiis homines an sint virtute beati,
quidve ad amicitias, usus rectumne, trahat nos
et quae sit natura boni summumque quid eius.**

So entspinnt sich denn die Unterhaltung, nicht über Landhäuser und
Stadtpaläste andrer Leute,
auch nicht über Herrn Lepos' Erfolge und Mißerfolge im Ballett; nein,
wir besprechen, was uns näher angeht,
was wir, um nicht Schaden zu nehmen, verstehen müssen: ob
Reichtum, ob Tugend das Menschenglück begründet, ob wir
Freundschaft nur aus Vorteil schließen oder um sittlich uns zu fördern;
dazu die Frage nach dem Wesen des Guten und dem höchsten Gut.

(H. Färber – W. Schöne)

HORAZ, SERMONES 2, 6, 70–76

1244 **Si possumus, fortius loquamur: si minus, apertius.**   offen sprechen
Wenn wir können, laßt uns kräftiger sprechen –, wenn nicht, offener!

(M. Rosenbach)

SENECA, EPISTULAE MORALES 87, 41

1245 **Secrete loquimur.**   Vertraulichkeit
Wir sind ganz unter uns.

PERSIUS, SATURAE 5, 21

Secrete loquimur: Tibi nunc hortante Camena
excutienda damus praecordia, quantaque nostrae
pars tua sit, Cornute, animae tibi, dulcis amice,
ostendisse iuvat.

Wir sind ganz unter uns. Drum biet nach Geheiß der Kamöne
Heut ich zur Probe mein Herz, und, welcher Teil meiner Seele
Dir, Cornutus, zu eigen gehört, das, Freund, dir zu zeigen
Macht mich so froh.

(O. Seel)

1246 **Mea quidem sententia omnis ratio atque institutio vitae**
adiumenta hominum desiderat, inprimisque, ut habeat quibuscum
possit familiares conferre sermones; quod est difficile, nisi speciem
prae te boni viri feras.
Nach meiner Meinung bedarf jede Weise und Einrichtung des Lebens
der Hilfe der Menschen, und zwar insbesondere, daß man jemanden
habe, mit dem man vertraute Gespräche führen kann. Das ist schwierig, wenn man dir nicht den wackeren Mann ansieht.

(K. Büchner)

CICERO, DE OFFICIIS 2, 39

1247 **Quidam etiam carissimorum conscientiam reformidant et,**   Vertrauen
si possent, ne sibi quidem credituri interius premunt omne
secretum. neutrum faciendum est: utrumque enim vitium est,
et omnibus credere et nulli, sed alterum honestius dixerim vitium
alterum tutius.

Manche scheuen vor der Mitwisserschaft auch ihrer Liebsten zurück, und wenn sie können – nicht einmal sich selber zu vertrauen fähig –, drängen sie jedes Geheimnis in ihr Inneres zurück. Keines von beidem darf man tun: beides nämlich ist ein Fehler, sowohl allen zu glauben als auch keinem, aber das eine möchte ich einen anständigeren Fehler nennen, das andere einen sichereren.

(M. Rosenbach)

Seneca, Epistulae morales 3, 4

Verschwiegen- 1248 **Si quicquam tacito commissum est fido ab amico,**
heit   **cuius sit penitus nota fides animi,**
meque esse invenies illorum iure sacratum,
Corneli, et factum me esse puta Harpocratem.

Hat dem verschwiegenen Freund ein Freund je vertraut ein Geheimnis,
Weil seine Treu stets bis in das kleinste bewährt,
Wirst du finden, daß ich zu jenen Geweihten gehöre,
Daß ich Harpokrates bin, glaube, Cornelius, mir!

(W. Eisenhut)

Catull, Carmina 102

Geheimnisse 1249 **Nemo, quod audierit, tacebit: nemo, quantum audierit, loquetur.**
qui rem non tacuerit, non tacebit auctorem.

Niemand wird für sich behalten, was er gehört hat: niemand wird nur so viel sagen, wie er gehört hat. Wer einen Sachverhalt nicht für sich behält, wird auch den Urheber nicht für sich behalten.

Seneca, Epistulae morales 105, 6

Est quaedam dulcedo sermonis, quae inrepit et eblanditur et non aliter quam ebrietas aut amor secreta producit. *nemo, quod ...*

Es gibt eine Art von Verführung durch das Gespräch, die sich einschleicht und einschmeichelt und nicht anders als Trunkenheit oder Liebe Geheimnisse entlockt. Niemand wird ...

(nach M. Rosenbach)

1250 **Hos mores habet populus, hos inperitissimus quisque: in secreta**
inrumpere cupit.

Diese Einstellung hat das Volk, diese gerade die Ungebildetsten: in Geheimes wünschen sie einzudringen.

(M. Rosenbach)

Seneca, Epistulae morales 68, 4

Vorsicht 1251 **Ego id ipsum tum eram secutus, ne offenderem quempiam.**

Für mich war gerade der Gedanke maßgebend gewesen, niemanden vor den Kopf zu stoßen. *(Oktober/November 54 v. Chr.)*

(H. Kasten)

Cicero, Ad Quintum fratrem 3, 5, 1–2 K.

Sermo autem in novem et dies et libros distributus de optimo statu civitatis et de optimo cive – sane texebatur opus luculente hominumque dignitas aliquantum orationi ponderis adferebat –, ii libri cum in Tusculano mihi legerentur audiente Sallustio, admonitus sum ab illo multo maiore auctoritate illis de rebus dici posse, si ipse loquerer de re publica ... *Ego* autem *id ipsum tum eram secutus, ne in* nostra tempora incurrens *offenderem quempiam.*

Das Gespräch sollte sich auf neun Tage und ebenso viele Bücher verteilen und von der besten Verfassung und dem besten Bürger handeln (DE RE PUBLICA). Das Werk ging mir recht hübsch von der Hand, und der Rang der Gesprächspartner gab ihren Ausführungen nicht wenig Gewicht – diese Bücher ließ ich mir also auf dem Tusculanum vorlesen, und Sallust hörte zu. Er war es dann, der mich darauf hinwies, wie diese Dinge bedeutend eindrucksvoller vorgetragen werden könnten, wenn ich selbst über den Staat das Wort nähme ... Für meinen ursprünglichen Plan war gerade der Gedanke maßgebend gewesen, niemanden vor den Kopf zu stoßen, wenn ich in unsere Zeiten geriete.

(H. Kasten)

1252 **Etiam illud te admoneo, ne quid ullis litteris committas, quod, si prolatum sit, moleste feramus; multa sunt, quae ego nescire malo quam cum aliquo periculo fieri certior.**
Übrigens möchte ich Dich auch warnen, Deinen Briefen etwas anzuvertrauen, was uns, wenn es an die Öffentlichkeit dringen sollte, Ungelegenheiten bereiten könnte. Es gibt manches, was ich lieber nicht wissen als unter Gefahren erfahren möchte. *(Ende November 54 v. Chr.)*

(H. Kasten)

CICERO, AD QUINTUM FRATREM 3, 6, 2 K.

1253 **Tu, quid de quoque viro et cui dicas, saepe videto.** Urteilen
Beim Urteilen gib du acht und abermals acht, was deine Worte besagen, wem sie gelten und wer sie hört!

(H. Färber – W. Schöne)

HORAZ, EPISTULAE 1, 18, 67–68

1254 PERIPLECTOMENUS: **Incommoditate abstinere me apud convivas commemini: et meae orationis iustam partem persequi et meam partem itidem tacere, quom alienast oratio.** Schweigen
PE. Der Unhöflichkeiten bei dem Mahl
Sich zu enthalten, hab' ich mir wohl eingeprägt.
Soweit es angeht, sprech' ich gern ein Wörtchen mit,
Doch weiß ich auch zu schweigen, wenn ein anderer spricht.

(W. Binder – W. Ludwig)

PLAUTUS, MILES GLORIOSUS 644–646

1255 IUPPITER: **Si quid dictumst per iocum, non aequomst id te serio praevortier.** Spaß
JU. Was im Spaß gesprochen ward,
Muß man so ernstlich nicht aufnehmen.

(W. Binder – W. Ludwig)

PLAUTUS, AMPHITRUO 920–921

Scherze

1256 **Non est seiunctus iocus a φιλολογίᾳ (filología) et cotidiana συζητήσει (syzetései).**

Das Studium und das tägliche Disputieren schließen den Scherz nicht aus.

M. Tullius Cicero M. f. bei Cicero, Ad familiares 16, 26 (21), 4 K.

Nam quid ego de Bruttio dicam? Quem nullo tempore a me patior discedere, cuius cum frugi severaque est vita, tum etiam iucundissima convictio, *non est* enim *seiunctus* ...

Und was soll ich Dir von Bruttius sagen? Ich lasse ihn keinen Augenblick von meiner Seite. Sein Lebenswandel ist ehrbar und streng, mit ihm zu verkehren überaus angenehm, denn Studium und ... *(Juli/Oktober 44 v. Chr.)*

(H. Kasten)

1257 **Ludimus innocui; scis hoc bene: iure potentis**
    per genium Famae Castaliumque gregem
perque tuas aures, magni mihi numinis instar,
    lector inhumana liber ab invidia.

Harmlos sind meine Scherze, du weißt es. Ich schwör's bei der Fama
    mächtigem Geist und der Schar an dem kastalischen Quell
und bei dir, dessen kritisches Ohr mir gleich einer Gottheit,
    Leser, bei dir, der du frei bist von dem häßlichen Neid.

(R. Helm)

Martial, Epigrammata 7, 12, 9–12

1258 **Videsne me etiam iocari?**

Du siehst, ich bin sogar zum Scherzen aufgelegt.

Cicero, Ad Atticum 7, 18 (17), 1 K.

Tu ipse cum Sexto etiam nunc mihi videris Romae recte esse posse; etenim minime amici Pompeio nostro esse debetis; nemo umquam tantum de urbanis praediis detraxit. *Videsne* ...

Du kannst wohl mit Sextus vorläufig noch ganz gut in Rom bleiben. Ihr seid ja durchaus nicht verpflichtet, Euch freundlich zu unserm Pompeius zu stellen, hat doch noch nie jemand den hauptstädtischen Grundbesitz so stark entwertet. Du siehst ... *(2. Februar 49 v Chr.)*

(H. Kasten)

Humor

1259 **Ego autem – existimes licet quidlibet – mirifice capior facetiis.**

Und ich bin – magst Du glauben, was Du willst – riesig empfänglich für feinen Humor.

Cicero, Ad familiares 9, 21 (15), 2 K. (Ad Paetum)

..*facetiis* maxime nostratibus, praesertim cum eas videam primum oblitas Latio, tum, cum in urbem nostram est infusa peregrinitas, nunc vero etiam bracatis et Transalpinis nationibus, ut nullum veteris leporis vestigium appareat.

... für feinen Humor, besonders, wie er bei uns heimisch ist, zumal ich sehe, wie er durch das Latinertum übertüncht worden ist, damals, als die Ausländerei in unsre Stadt einströmte, und jetzt gar durch diese behosten Völker von jenseits der Alpen, so daß von der alten Anmut kaum noch eine Spur geblieben ist. *(September 44 v. Chr.)*

(H. Kasten)

1260 **Epistularum genera multa esse non ignoras, sed unum illud certissimum, cuius causa inventa res ipsa est, ut certiores faceremus absentis, si quid esset, quod eos scire aut nostra aut ipsorum interesset. Huius generis litteras a me profecto non exspectas; tuarum enim rerum domesticarum habes et scriptores et nuntios, in meis autem rebus nihil est sane novi. Reliqua sunt epistularum genera duo, quae me magno opere delectant, unum familiare et iocosum, alterum serverum et grave. Utro me minus deceat uti, non intellego. Iocerne tecum per litteras?**

Wie Du weißt, gibt es viele Gattungen von Briefen, und eine von ihnen ist unstreitig die, um deretwillen die Sache überhaupt erfunden ist: um jemandem in der Ferne Nachricht zukommen zu lassen, wenn es etwas gibt, was man den Betreffenden wissen lassen will oder dieser selbst wissen möchte. Indessen erwartest Du einen Brief dieser Art gewiß nicht von mir; denn für Deine privaten Angelegenheiten hast Du Deine Korrespondenten und Botengänger, und bei mir ist alles beim alten. Bleiben also noch zwei weitere Gattungen von Briefen, die mir an sich Freude machen: einmal die vertraulichen, scherzhaften, sodann die ernsten, gesetzten. Welche von beiden mir weniger anstünde, weiß ich nicht. Soll ich brieflich mit Dir scherzen?

Cicero, Ad familiares 2, 4, 1 K. (Ad C. Curionem)

Iocerne tecum per litteras? Civem mehercule non puto esse, qui temporibus his ridere possit. An gravius aliquid scribam?

Soll ich brieflich mit Dir scherzen? Der ist, meine ich, kein rechter Staatsbürger, der bei diesen Zeiten noch lachen könnte. Oder soll ich ernstere Töne anschlagen? *(53 v. Chr.)*

(H. Kasten)

1261 **Et hercule quousque illa vulgaria 'quid agis? ecquid commode vales?'. habeant nostrae quoque litterae aliquid non humile nec sordidum nec privatis rebus inclusum.**

Verdammt! Immer wieder dies abgedroschene «Wie geht's? Bist du gut zuwege?» Auch unsre Briefe sollten etwas nicht ganz Gewöhnliches, Unbedeutendes, nur auf Privatangelegenheiten Beschränktes enthalten.

(H. Kasten)

Plinius Minor, Epistulae 3, 20, 11 K.

1262 **Nihil est, quod vereare; ego enim ne pilo quidem minus me amabo. hac de re φιλαληθῶς (philalethôs) et, ut tu soles scribere, fraterne.**

Du brauchst Dir kein Blatt vor den Mund zu nehmen, denn ich bin trotzdem nicht um ein Haar weniger mit mir zufrieden. Also darüber schreib mir freimütig und, wie immer, in brüderlicher Liebe! *(August 54 v. Chr.)*

(H. Kasten)

Cicero, Ad Quintum fratrem 2, 16, 5 K.

Dank
für einenGruß

1263 Atticam nostram cupio absentem suaviari, ita mi dulcis salus visa
est per te missa ab illa. Referas igitur ei plurimam itemque Piliae
dicas velim.

Meiner Attica möchte ich aus der Ferne einen Kuß geben, so lieb ist
mir ihr von Dir vermittelter Gruß gewesen. Grüße sie also herzlich
wieder und empfiehl mich bitte auch Pilia. *(17. Juli 44 v. Chr.)*

(H. Kasten)

Cicero, Ad Atticum 16, 5 (3), 6 K.

Briefschulden

1264 Quare cum in primis tuas desiderem litteras, noli committere, ut
excusatione potius expleas officium scribendi quam assiduitate
epistularum.

Da ich also vor allem Briefe von Dir ersehne, laß es nicht geschehen,
daß Du Deiner Schreibepflicht weniger durch rasche Folge Deiner
Briefe als durch Ausreden genügst! *(September/Oktober 44 v. Chr.)*

(H. Kasten)

Q. Tullius Cicero bei Cicero, Ad familiares 16, 25(27) K. (Ad Tironem)

Bekannte, Fremde

1265 **Quod si quis etiam a culpa vacuos in amicitiam eius inciderat,** Umgang
cottidiano usu atque inlecebris facile par similisque ceteris
efficiebatur.
Wenn aber einer, der noch frei von Schuld war, in seinen (*i. e.* Cati-
linas) Freundeskreis geraten war, dann wurde er durch den täglichen
Umgang und die Verlockung leicht den übrigen gleichgemacht.

(W. Eisenhut – J. Lindauer)

SALLUST, CATILINAE CONIURATIO 14, 4

1266 **Sic vive cum hominibus, tamquam deus videat; sic loquere cum**
deo, tamquam homines audiant.
So lebe mit den Menschen, als ob Gott es sähe; so sprich mit Gott, als
ob die Menschen es hörten.

(nach M. Rosenbach)

SENECA, EPISTULAE MORALES 10, 5

1267 **Venit ad nos ex is, quos amamus, etiam absentibus gaudium, sed id**
leve et evanidum: conspectus et praesentia et conversatio habet
aliquid vivae voluptatis, utique si non tantum quem velis, sed
qualem velis, videas.
Von denen, die wir lieben, kommt auch in ihrer Abwesenheit Freude
zu uns, aber sie ist flüchtig und vergänglich: Anblick, Gegenwart und
Umgang bieten etwas an lebendigem Vergnügen, jedenfalls wenn du
nicht nur siehst, wen du willst, sondern auch, wie du ihn willst.

(nach M. Rosenbach)

SENECA, EPISTULAE MORALES 35, 3

1268 **Accedit huc, quod non tantum exemplo melior fit, qui cum quietis** guter Umgang
hominibus vivit, sed quod causas irascendi non invenit nec vitium
suum exercet. Fugere itaque dedebit omnis, quos irritaturos
iracundiam sciet.
Dazu kommt, daß einer nicht nur durch das Vorbild besser wird, der
mit friedliebenden Menschen zusammenlebt, sondern auch, weil er
keine Anlässe findet, sich zu ereifern. Also wird er allen aus dem Weg
gehen müssen, von denen er weiß, daß sie seinen Jähzorn reizen
könnten.

(G. Fink)

SENECA, DE IRA 3, 8

**Gastfreund-
schaft**

1269 **Homines visi sumus. Hospes tamen non is, quoi diceres: 'Amabo te, eodem ad me, cum revertere.' Semel satis est.**

Ich glaube, in Ehren bestanden zu haben. Freilich, der Gast nicht so, daß man ihm hätte sagen mögen: «Komm doch bitte wieder herein, wenn Du vorbeikommst!» Einmal genügt mir gerade.

CICERO, AD ATTICUM 13, 57 (52), 2 K.

... *Semel satis est.* σπουδαῖον οὐδὲν (spoudaîon udèn) in sermone, φιλόλογα (philóloga) multa. Quid quaeris? Delectatus est et libenter fuit.

... Einmal genügt mir gerade. In der Unterhaltung kein ernsthaftes Wort, viel Literatur. Genug! Er (*d. h.* Caesar) hatte sein Vergnügen und fühlte sich behaglich. (*19. Dezember 45 v. Chr.*)

(H. Kasten)

Gastlichkeit

1270 PERIPLECTOMENUS: **In bono hospite atque amico quaestus est, quod sumitur,
et quod in divinis rebus sumat sumpti, sapienti lucrost.
deum virtute est, te unde hospitio accipiam apud me comiter.
es, bibe, animo obsequere mecum atque onera te hilaritudine:
liberae sunt aedis, liberum autem me volo vivere.**
PE. Was
Für einen lieben Gast aufgeht, für einen Freund,
Das ist Erwerb. Die Götter gaben,
Daß ich dich bei mir angenehm bewirten kann.
Iß, trink, sei frohen Muts bei mir, belade dich
Mit Fröhlichkeit; mein Haus steht offen, offen bin
Ich selbst, frei soll mein ganzes Tun und Treiben sein.

(W. Binder – W. Ludwig)

PLAUTUS, MILES GLORIOSUS 674–678

Einladung

1271 **Athenodorus ait ne ad cenam quidem se iturum ad eum, qui sibi nihil pro hoc debiturus sit. Puto, intellegis multo minus ad eos iturum, qui cum amicorum officiis paria mensa faciunt, qui fericula pro congiariis numerant, quasi in alienum honorem intemperantes sint. Deme illis testes spectatoresque, non delectabit popina secreta.**

Athenodorus meint, er werde nicht einmal zum Abendessen zu jemandem gehen, der sich ihm dafür nicht verpflichtet fühle. Ich glaube, du begreifst, daß er noch weit weniger zu solchen Leuten gehen würde, die die Gefälligkeit ihrer Freunde durch eine Einladung abgelten, die jedes Gericht als Spende verbuchen, gleich als ob sie für andere Leute übermäßige Opfer brächten. Nimm ihnen nur die Augenzeugen; sie werden keinen Spaß haben an einem Essen ohne Publikum!

(G. Fink)

SENECA, DE TRANQUILLITATE ANIMI 6

1272 **Convivatoris, uti ducis, ingenium res**
adversae nudare solent, celare secundae.
Sieh, dem Wirt geht's wie dem Feldherrn: seine wahre Größe
bleibt im Glück verborgen, immer erst das Mißgeschick wird sie ent-
hüllen.

(H. Färber – W. Schöne)

Horaz, Sermones 2, 8, 73–74

Bewirtung

1273 **Tres mihi convivae prope dissentire videntur**
poscentes vario multum diversa palato:
quid dem? quid non dem? renuis quod tu, iubet alter;
quod petis, id sane est invisum acidumque duobus.
Die drei Gäste an meinem Tische stimmen, wie mir scheint, nicht
ganz überein. Sie bestellen verschiedene Gerichte für ihres Gaumens
verschiedenen Geschmack. Was soll ich bieten, was versagen? Du
dankst, wo der andre bedient sein will; was du gern hast, ist zweien
ganz unausstehlich und zuwider.

(H. Färber – W. Schöne)

Horaz, Epistulae 2, 2, 61–64

Geschmäcker

1274 **Nunc mihi fumosos veteris proferte Falernos**
 consulis et Chio solvite vincla cado.
 Vina diem celebrent: non festa luce madere
  est rubor, errantes et male ferre pedes.
Tischt mir Falerner Wein jetzt auf von dem staubigen alten
 Jahrgang! Vom Chier Krug löset mir jetzt den Verschluß!
Wein verschöne den Tag! Bei solch einem Feste berauscht sein,
Schreiten auf schwankendem Fuß unsicher, ist keine Schmach.

(W. Willige)

Tibull, Elegiae 2, 1, 27–30

Feste feiern

1275 **Nonne vides, quanto celebretur sportula fumo?**
centum convivae, sequitur sua quemque culina.
Siehst du nicht, mit wieviel Qualm das Picknick gefeiert wird?
Hundert Mahlgenossen, und einem jeden folgt sein Grillofen.

(J. Adamietz)

Juvenal, Saturae 3, 249–250

Grillparty

1276 Toxilus: **Hunc diem suavem**
meum natalem agitemus amoenum.
To. In Freuden geh' uns heute mein Geburtstag hin!

(W. Binder – W. Ludwig)

Plautus, Persa 768–769

**Geburtstags-
wunsch**

1277 **Transeat hic sine nube dies, stent aere venti,**
    Ponat et in sicco molliter unda minax.
Aspiciam nullos hodierna luce dolentes.
Gehe der Tag ohne Wolke dahin! Es wehe kein Lüftchen!
    Auch die bedrohliche Flut lege sich freundlich ans Land!
Niemanden möchte ich sehn, der im Licht dieses Tages betrübt ist.

(W. Willige)

PROPERZ, ELEGIAE 10, 5–7

1278 **At tu, Natalis multos celebrande per annos,**
    candidior semper candidiorque veni.
Du aber, Tag der Geburt, lass' noch viele Jahre dich feiern:
    Immer strahlender und strahlender steige herauf!

(W. Willige)

TIBULL, ELEGIAE 1, 7, 63–64

1279 **Omnibus ille dies nobis natalis agatur.**
Sei dieser Tag der Geburt denn froh von uns allen gefeiert!

TIBULL, ELEGIAE 4, 9, 3

Scis iter ex animo sublatum triste puellae?
    natali Romae iam licet esse suo.
Omnibus ille dies nobis natalis agatur,
    qui nec opinanti nunc tibi forte venit.

Weißt du's? Dein Mädchen ist der traurigen Fahrt überhoben,
    Ja, ihr Geburtstagsfest darf sie in Rom nun begehn.
Sei dieser Tag der Geburt denn froh von uns allen gefeiert,
    Der dir durch Zufall jetzt wider Erwarten erscheint!

(W. Willige)

1280 **Hunc, Macrine, diem numera meliore lapillo,**
qui tibi labentis apponet candidus annos.
funde merum genio. non tu prece poscis emaci,
quae nisi seductis nequeas committere divis.
Zähle, Macrin, den heutigen Tag mit besseren Steinchen,
Der dir freundlich die Zahl der gleitenden Jahre vermehret.
Spende dem Genius Wein! Nicht begehrst du mit feilschendem Beten,
Was geheim und beiseit nur den Göttern du dürftest vertrauen.

(O. Seel)

PERSIUS, SATURAE 2, 1–4

Glückwunsch 1281 **Tibi gratulor, mihi gaudeo; te amo, tua tueor; a te amari et, quid**
agas quidque agatur, certior fieri volo.
Dir den Glückwunsch, mir die Freude! Ich habe Dich lieb und kümmere mich um Deine Angelegenheiten. Behalt auch Du mich lieb und
laß mich wissen, was Du vorhast und was vorgeht. *(15. März 44 v. Chr.)*

(H. Kasten)

CICERO, AD FAMILIARES 6, 15 K. (AD BASILUM)

1282 **Hoc precor, hunc illum nobis Aurora nitentem**
    luciferum roseis candida portet equis.   Wunsch

Dies ist mein Flehn: o möge die lichte Aurora uns einmal
    Bringen im Rosengespann solch einen strahlenden Tag!

(W. Willige)

TIBULL, ELEGIAE 1, 3, 93-94

1283 LYSIMACHUS: **Nunc ego verum illud verbum esse experior vetus,**
aliquid mali esse propter vicinum malum.   Nachbarn

LY. Jetzt seh' ich ein, wie wahr
Das alte Sprichwort ist: Es ist ein böses Ding
Um einen bösen Nachbarn.

(W. Binder – W. Ludwig)

PLAUTUS, MERCATOR 771-772

1284 **Soletis, cum aliquid huiusce modi audistis, iudices, continuo**
dicere: 'Necesse est aliquem dixisse municipem aut vicinum;
ei plerumque indicant, per eos plerique produntur.'

Wenn ihr etwas derartiges hört, ihr Richter, dann pflegt ihr sofort zu
sagen: «Ein Mitbürger oder Nachbar muß es gesagt haben; meist sind
es diese Leute, die Anzeige erstatten; durch sie werden die meisten
verraten.»

(M. Fuhrmann)

CICERO, PRO SEX. ROSCIO AMERINO 105

1285 **Quemadmodum inter tortores habitare nolim, sic ne inter popinas**   Nachbarschaft
quidem.

Wie ich unter Folterknechten nicht leben möchte, so auch nicht in der
Nachbarschaft von Nachtlokalen.

SENECA, EPISTULAE MORALES 51, 4

... quidem. videre ebrios per litora errantes et comessationes navigantium et
symphoniarum cantibus strepentes lacus et alia, quae velut soluta legibus luxuria non
tantum peccat, sed publicat, quid necesse est?

... Nachtlokalen. Ist es denn nötig mitzubekommen,wie Betrunkene die Gestande entlang
irren, die lärmenden Gelage zu Wasser und die von den Melodien der Konzerte
dröhnenden Seen und anderes, worin die gleichsam von den Gesetzen befreite
Ausschweifung nicht nur sündigt, sondern dies auch noch zur Schau stellt.

(nach M. Rosenbach)

1286 **Omnia conductor solvit mercede soluta;**
    Non manet officio debitor ille tuo.   Mieter

Hat er die Miete bezahlt, hat alles beglichen der Mieter,
    Bleibt nicht Schuldner und hat keine Verbindlichkeit mehr.

(W. Marg – R. Harder)

OVID, AMORES 1, 10, 45-46

Fremde 1287 **Qui civium rationem dicunt habendam, externorum negant, ii dirimunt communem humani generis societatem.**
Wer sagt, Rücksicht sei auf die Mitbürger zu nehmen, nicht aber auf Fremde, trennt damit die gemeinsame Gesellschaft des Menschengeschlechtes auseinander.

CICERO, DE OFFICIIS 3, 28

... *societatem.* qua sublata beneficentia, liberalitas, bonitas, iustitia funditus tollitur; quae qui tollunt etiam adversus deos immortales impii iudicandi sunt. ab iis enim constitutam inter homines societatem evertunt.

... *auseinander.* Ist die aufgehoben, ist auch Wohltun, Großzügigkeit, Güte, Gerechtigkeit von Grund aus aufgehoben. Die aber, die das aufheben, haben auch als Frevler gegen die unsterblichen Götter zu gelten. Damit zerstören sie nämlich die von diesen unter den Menschen gestiftete Gesellschaft.

(nach K. Büchner)

1288 **Esse pro cive, qui civis non sit, rectum est non licere, quem legem tulerunt sapientissimi consules Crassus et Scaevola, usu vero urbis prohibere peregrinos sane inhumanum est. illa praeclara, in quibus publicae utilitatis species prae honestate contemnitur.**
Daß es nicht erlaubt ist, daß einer an Bürgers Statt ist, der nicht Bürger ist, ist richtig, ein Gesetz, das die hochweisen Konsuln Crassus und Scaevola eingebracht haben. An der Benutzung der Stadt aber die Fremden zu hindern ist wirklich unmenschlich. Das ist vielmehr rühmlich, bei dem der Schein eines öffentlichen Nutzens im Vergleich zur Ehrenhaftigkeit geringgeschätzt wird.

(K. Büchner)

CICERO, DE OFFICIIS 3, 47

Ausländer 1289 **Peregrini atque incolae officium est nihil praeter suum negotium agere, nihil de alio anquirere minimeque esse in aliena re publica curiosum.**
Des Auswärtigen und Fremden Pflicht ist es, nichts außer seinem Geschäft zu treiben, nicht dem anderen nachzuspüren und im fremden Gemeinwesen sich so wenig wie möglich um alles zu kümmern.

(K. Büchner)

CICERO, DE OFFICIIS 1, 125

DER MENSCH
IN DER GESELLSCHAFT

Allgemein

1290 **Est animus tibi, sunt mores, est lingua fidesque,**
sed quadringentis sex septem milia desunt:
plebs eris. At pueri ludentes 'rex eris' aiunt,
'si recte facies.' hic murus aeneus esto:
nil conscire sibi, nulla pallescere culpa.
Du hast Gesinnung, hast Charakter; dein Wort findet Beifall und
Glauben; aber an den vierhundert Tausenden fehlen noch sechs oder
sieben: also zählst zu nicht zur Gesellschaft. Wie anders sagen schon
die Knaben beim Spiele: «König wird, wer's recht macht!» Ja, das sei
die eherne Schutzwehr: Gewissensreinheit, vor keiner Schuld zu er-
blassen.

(H. Färber – W. Schöne)

HORAZ, EPISTULAE 1, 1, 57–61

1291 **Fac nos singulos, quid sumus? praeda animalium et victimae ac**   Gesellung
bellissimus et facillimus sanguis, quoniam ceteris animalibus in
tutelam suam satis virium est; quaecumque vaga nascebantur et
actura vitam segregem, armata sunt, hominem cutis pro tegmine
inbecilla cingit, non unguium vis, non dentium terribilem ceteris
fecit, nudum et infirmum societas munit. duas res deus dedit, quae
illum obnoxium validissimum facerent, rationem et societatem;
itaque, qui par esse nulli posset, si seduceretur, rerum potitur.
Mach (uns Menschen) zu Einzelwesen, was sind wir dann? Beute der
Tiere und Opfer, und schönstes und am leichtesten zugängliches Blut,
da ja die übrigen Tiere zu ihrem Schutz genügend Kräfte haben; alle
Tiere, die immer heimatlos geboren wurden und ein Einzelgängerda-
sein führen werden, sind bewaffnet, den Menschen gürtet statt eines
Schutzes eine schwache Haut, nicht die Kraft von Krallen, nicht die
seiner Zähne hat ihn den anderen Tieren schrecklich gemacht, ihn,
der nackt und schwach ist, schützt die Gesellung. Zwei Dinge hat ihm
Gott gegeben, die ihn, den Schwachen, besonders stark machen, Vernunft und Gesellung; deshalb ist er, der keinem gewachsen sein
könnte, wenn er sich vereinzelte, Herr der Welt.

(nach M. Rosenbach)

SENECA, DE BENEFICIIS 4, 18, 2

1292 **Quid tibi vitandum praecipue existimem, quaeris: turbam.**   Masse
Was du meiner Meinung nach besonders meiden mußt, fragst du:
die Masse.

(nach M. Rosenbach)

SENECA, EPISTULAE MORALES 7, 1

1293 **Tunc praecipue in te ipse secede, cum esse cogeris in turba.**
Dann vor allem zieh dich auf dich selbst zurück, wenn du gezwungen
bist, dich in der Masse aufzuhalten.

(nach M. Rosenbach)

EPIKUR, FR. 209, BEI SENECA, EPISTULAE MORALES 25, 6

1294 **Numquam volui populo placere: nam quae ego scio, non probat
populus; quae probat populus, ego nescio.**
Niemals habe ich der Masse gefallen wollen: denn was ich weiß, heißt
die Masse nicht gut; was die Masse gutheißt, kenne ich nicht.

(M. Rosenbach)

EPIKUR, FR. 187, BEI SENECA, EPISTULAE MORALES 29, 10

1295 **Malis artibus popularis favor quaeritur: similem te ipse facias
oportet: non probabunt, nisi agnoverint.**
Mit anfechtbaren Mitteln erwirbt man der Masse Gunst: anpassen
mußt du selbst dich ihnen: nicht werden sie gutheißen, wenn sie nicht
anerkannt haben.

(M. Rosenbach)

SENECA, EPISTULAE MORALES 29, 11

1296 **Alienis perimus exemplis; sanabimur, si separamur modo a coetu.
Nunc vero stat contra rationem defensor mali sui populus.**
Das Beispiel anderer ist unser Verhängnis; wir werden gerettet, wenn
wir uns nur von der Masse absondern. Heutzutage stellt sich in der Tat
der Vernunft als Verteidiger seiner Fehler der große Haufe entgegen.

(G. Fink)

SENECA, DE VITA BEATA 1

die Leute   1297 **Heraclitus quotiens prodierat et tantum circa se male viventium,
immo male pereuntium viderat, flebat, miserabatur omnium, qui
sibi laeti felicesque occurrebant, miti animo, sed nimis imbecillo:
et ipse inter deplorandos erat. Democritum contra aiunt
numquam sine risu in publico fuisse; adeo nihil illi videbatur
serium eorum, quae serio gerebantur. Isticne irae locus est, ubi aut
ridenda omnia aut flenda sunt?**
Sooft Heraklit sich unter die Leute begab und so viele ringsum sah, die
übel lebten, ja vielmehr übel zugrunde gingen, mußte er weinen und
bedauerte alle, die ihm froh und glücklich entgegenkamen; er war von
mildem, aber allzu unbeherrschtem Wesen. Von Demokrit sagt man
hingegen, er sei niemals, ohne zu lachen, unter Leuten gewesen. So
wenig ernstzunehmen schien ihm alles, was man mit Ernst betrieb. Ist
aber da Zorn am Platz, wo alles entweder lachhaft oder zum Heulen
ist?

(G. Fink)

SENECA, DE IRA 2, 10

1298 **Homo inter homines sum, capite aperto ambulo; assem aerarium nemini debeo; constitutum habui numquam; nemo mihi in foro dixit: 'redde, quod debes'.**

Ein Mensch unter Menschen bin ich, muß meinen Kopf vor den Leuten nicht verstecken; keinem bin ich einen roten Heller schuldig; vor Gericht habe ich nie gemußt; noch keiner hat mich auf dem Marktplatz angesprochen: «Zahle deine Schulden!»

(K. Müller – W. Ehlers)

PETRON, CENA TRIMALCHIONIS 57, 5

1299 **Remove existimationem hominum: dubia semper est et in partem utramque dividitur.**

Verzichte auf die Meinung der Menschen: schwankend ist sie und nach beiden Seiten orientiert.

(nach M. Rosenbach)

SENECA, EPISTULAE MORALES 26, 6

1300 **Rectum iter, quod sero cognovi et lassus errando, aliis monstro. Clam: 'Vitate quaecumque vulgo placent, quae casus adtribuit: ad omne fortuitum bonum suspiciosi pavidique subsistite. et fera et piscis spe aliqua oblectante decipitur. munera ista fortunae putatis? insidiae sunt. quisquis vestrum tutam agere vitam volet, quantum plurimum potest, ista viscata beneficia devitet, in quibus hoc quoque miserrimi fallimur: habere nos putamus, haeremus.'**

Den rechten Weg, den ich erst spät und müde vom Umherirren erkannt habe, zeige ich anderen. Ich rufe: «Meidet, was immer der Masse gefällt, was der Zufall euch zuweist. Bei jedem Glücksfall haltet argwöhnisch und vorsichtig inne. Wild und Fisch lassen sich durch eine verlockende Hoffnung täuschen. Für Geschenke des Schicksals haltet ihr das? Fallen sind es. Wer immer von euch sein Leben in Sicherheit führen will, der meide, soweit er kann, diese geleimten Geschenke, bei denen wir auch dadurch elendig getäuscht werden: wir meinen sie zu haben, hängen aber fest.»

(nach M. Rosenbach)

SENECA, EPISTULAE MORALES 8, 3

1301 **Non tam bene cum rebus humanis agitur, ut meliora pluribus placeant: argumentum pessimi turba est.**

Nein, so gut ist's im Menschenleben nicht bestellt, daß das Bessere der Mehrheit zusagt. Als ganz schlecht erweist sich das, worum man sich drängt

(G. Fink)

SENECA, DE VITA BEATA 2

gute Menschen 1302 **Rari quippe boni; numera, vix sunt totidem quot Thebarum portae vel divitis ostia Nili.**
Denn selten sind die Guten; zähle sie, es sind kaum so viele wie die Tore Thebens oder die Mündungsarme des reichen Nil.

(J. Adamietz)

Juvenal, Saturae 13, 26–27

Umgang mit Menschen 1303 **Recede in te ipse, quantum potes; cum his versare, qui te meliorem facturi sunt, illos admitte, quos tu potes facere meliores: mutuo ista fiunt, et homines, dum docent, discunt.**
Zieh dich auf dich selbst zurück, soweit du kannst; mit denen verkehre, die dich besser zu machen fähig sind, jene laß zu dir, die du besser zu machen vermagst: auf Gegenseitigkeit geschieht dies, und die Menschen lernen, indem sie lehren.

(nach M. Rosenbach)

Seneca, Epistulae morales 7, 8

1304 **Hoc est salutare, non conversari dissimilibus et diversa cupientibus.**
Das ist heilsam, nicht mit völlig andersgearteten Menschen mit abweichenden Wunschvorstellungen zu verkehren.

(nach M. Rosenbach)

Seneca, Epistulae morales 32, 2

Ansteckungs- gefahr 1305 **Unum exemplum luxuriae aut avaritiae multum mali facit: convictor delicatus paulatim enervat et mollit, vicinus dives cupiditatem inritat, malignus comes quamvis candido et simplici rubiginem suam adfricuit, quid tu accidere his moribus credis, in quos publice factus est impetus?**
Ein einziges Beispiel von Genußsucht oder Habsucht richtet viel Unheil an: ein verwöhnter Tischgenosse macht allmählich schlaff und weichlich, ein reicher Nachbar regt zu Begehrlichkeit an, ein bösartiger Begleiter überträgt auf einen noch so reinen und schlichten Menschen seine Verderbtheit; was, glaubst du, widerfährt den Charakteren, auf die sich der Angriff aller richtet?

(nach M. Rosenbach)

Seneca, Epistulae morales 7, 7

keine Gemein- schaft mit Lumpen 1306 **Quare maiorem in modum te rogo, ut rem potiorem oratione ducas mihique, si sentis expedire recte fieri, credas nullam communionem cum improbis esse posse.**
Darum bitte ich Dich noch dringender, mehr Wert auf die Sache als auf Worte zu legen und mir, wenn Du meinen Standpunkt teilst, daß

Rechttun wohlgetan ist, zu glauben, daß mit den Lumpen keine
Gemeinschaft bestehten kann. *(Ende August 44)*

(nach H. Kasten)

CICERO, AD FAMILIARES 11, 30 (28), 5 K. (AD MATIUM)

Zeitkritik

1307 **Saeva et infesta virtutibus tempora.**
Schrecklich und großer Leistung feind sind die Zeiten.

(A. Städele)

TACITUS, VITA IULII AGRICOLAE 1, 4

1308 **Erras, mit Lucili, si existimas nostri saeculi esse vitium luxuriam**   **Zeitalter**
et neglegentiam boni moris et alia, quae obiecit suis quisque
temporibus. hominum sunt ista, non temporum: nulla aetas
vacavit a culpa.
Du irrst, mein Lucilius, wenn du annimmst, die Genußsucht, die Ver-
nachlässigung der guten Sitte und all das, was ein jeder seiner Zeit
vorwirft, sei ein Fehler unseres Zeitalters. Es liegt vielmehr an den
Menschen, nicht an der Zeit: noch keine Epoche war frei von Schuld.

(nach M. Rosenbach)

SENECA, EPISTULAE MORALES 97, 1

1309 **Omne tempus Clodios, non omne Catones feret. ad deteriora**
faciles sumus, quia nec dux potest nec comes deesse.
Jedes Zeitalter bringt Männer wie Clodius hervor, nicht jedes Männer
wie Cato. Zu minderwertigeren Handlungen sind wir leicht bei der
Hand, weil weder ein Führer noch ein Kumpan fehlen kann.

SENECA, EPISTULAE MORALES 97, 10

... *deesse,* et res ipsa etiam sine comite procedit. non pronum iter est tantum ad vitia, sed
praeceps, et, quod plerosque inemendabiles facit, omnium aliarum artium peccata
artificibus pudori sunt offenduntque deerrantem, vitae peccata delectant.

... fehlen kann, und die Sache selbst kommt auch ohne Kumpan voran. Der Weg in die
Fehlhaltungen ist nicht lediglich geneigt, sondern abschüssig, und – was die meisten
unverbesserlich macht – in allen anderen Künsten sind Fehler für die Künstler peinlich
und lassen einen, wenn er irrt, Schmerz empfinden, in der Lebensgestaltung aber bereiten
Fehler Vergnügen.

(nach M. Rosenbach)

1310 PHILTO: **Novi ego, hoc saeculum moribus quibus sit:**   **Zeitgeist**
malus bonum malum esse volt, ut sit sui similis:
turbant, miscent mores mali, rapax, avarus, invidus:
sacrum profanum, publicum privatum habent, hiulca gens.
haec ego doleo, haec sunt, quae me excruciant,
haec, dies noctis canto tibi, ut caveas.

PH. Kenn ich doch den Geist der Zeit:
Der Schlechte will, daß auch der Gute werde schlecht,
Damit er gleich ihm sei, Die böse Welt verwirrt,
Vermenget alles. Nichts als Mißgunst, Geiz und Raub;
Das Heilige wird entweiht, Gemeingut Eigengut;
Ein Volk, das Maul und Hand beständig offen hat.
Das schmerzt mich, das ist's, was mich martert, dieses Lied
Sing' ich zur Warnung Tag und Nacht dir.

(W. Binder – W. Ludwig)

PLAUTUS, TRINUMMUS 283–287b

schlimme
Zustände

1311 **Quo te vertas? quae remedia conquiras? ubique vitia remediis**
fortiora. Ἀλλὰ ταῦτα τῷ ὑπὲρ ἡμᾶς μελήσει (Allà taûta tô hypèr
hemâs melései), cui multum cotidie vigiliarum, multum laboris
adicit haec nostra iners et tamen effrenata petulantia.
Wohin soll man sich da wenden, wo nach Heilmitteln suchen? Immer
sind die Gebrechen stärker als die Heilmittel. Aber das ist Sache dessen, der über uns steht, dem unsre einfältige und doch unbändige
Dreistigkeit immerfort so viele schlaflose Nächte, so viel Mühe und
Arbeit abfordert.

(H. Kasten)

PLINIUS MINOR, EPISTULAE 4, 25, 5 K.

1312 **Si tibi vitae nostrae vera imago succurret, videre videberis tibi**
captae cum maxime civitatis faciem, in qua omisso pudoris
rectique respectu vires in concilio sunt. velut signo ad
permiscenda omnia dato non igni, non ferro abstinetur; soluta
legibus scelera sunt; ne religio quidem, quae inter arma hostilia
supplices texit, ullum impedimentum est ruentium in praedam.
Wenn dir ein wahres Bild unseres Lebens in den Sinn kommt, wirst du
meinen, du sähest eine eroberte Stadt, in der sich ohne Rücksicht auf
die Scham und das Rechte pure Gewalt ein Stelldichein gibt. Wie wenn
das Signal gegeben wäre, alles durcheinanderzumengen, hält man
sich nicht von Feuer, nicht von Eisen fern; frei von Gesetzen sind die
Verbrechen, nicht einmal die Gottesfurcht, die die inmitten von feindlichen Waffen die Kniefälligen geschützt hat, ist irgendein Hinderungsgrund, sich auf die Beute zu stürzen.

(nach M. Rosenbach)

SENECA, DE BENEFICIIS 7, 26, 1

1313 **Ingravescit in dies intestinum malum.**
Von Tag zu Tag verschlimmern sich die Zustände im Innern.
(Juni 43 v. Chr.)

(H. Kasten)

CICERO, AD M. BRUTUM 12 (18), 1 K.

1314 DEMEA: **Hancine vitam! hoscin mores! hanc dementiam!**
uxor sine dote veniet; intus psaltriast;
domus sumptuosa; adulescens luxu perditus;
senex delirans, ipsa si cupiat Salus,
servare prorsus non potest hanc familiam.
DE. Welch Leben! Welche Sitten! Welch ein Aberwitz!
Ein Weib, vermögenslos! Im Hause die Lautenspielerin!
Aufwand in allen Ecken! Üppigkeit, liederlich
Der Junge! Toll der Alte! Wollte dieses Haus
Des Heiles Göttin retten, selbst sie könnt' es nicht.

(J. J. Donner)

TERENZ, ADELPHOE 758–762

Abgründe

1315 **Hi discant non eadem omnibus esse honesta atque turpia, sed**
omnia maiorum institutis iudicari.
Diese (Kritiker) mögen erst einmal lernen, daß die Anschauungen
über Anstand und Unsitte bei den Menschen verschieden sind und
daß ein Urteil darüber sich immer an die überkommenen Gebräuche
halten muß.

CORNELIUS NEPOS, DE EXCELLENTIBUS DUCIBUS EXTERARUM GENTIUM, PRAEF. 3

... *iudicari*, non admirabuntur nos in Graiorum virtutibus exponendis mores eorum
secutos.

... sich halten muß; dann werden sie sich nicht mehr darüber aufhalten, daß wir bei der
Darstellung der vorzüglichen Eigenschaften griechischer Männer auch den Maßstab
griechischer Sitte angelegt haben.

(H. Färber)

Sitten

1316 SATURIO: **Tace, stulta. non tu nunc hominum mores vides?**
quoivismodi hic cum fama facile nubitur.
dum dos sit, nullum vitium vitio vortitur.
SA. Schweig, Närrin! Siehst du nicht, wie jetzt die Menschen sind?
Daß man bei jedem Ruf sich leicht vermählen kann?
Ist nur die Mitgift da, dann wird kein Laster mehr
Als Laster angesehen.

(W. Binder – W. Ludwig)

PLAUTUS, PERSA 385–387

Sittenverfall

1317 CHARINUS: **Nam ubi mores deteriores increbrescunt in dies,**
ubi, qui amici, qui infideles sint, nequeas pernoscere,
ubique id eripiatur animo tuo, quod placeat maxume,
ibi quidem si regnum detur, non cupitast civitas.
CH. Denn wo Tag für Tag
Das Sittenverderben immer weiter um sich greift,
Wo man den Freund und Feind nicht auseinanderkennt,
Wo man uns raubt, was uns vor allem teuer ist,
Das ist kein Staat für mich, und würd' ich König drin.

PLAUTUS, MERCATOR 838–841

CHARINUS: Ego mihi alios deos penatis persequar, alium Larem,
aliam urbem, aliam civitatem: ab Atticis abhorreo.
nam ubi mores ...

CH. Ich ziehe aus, um andere
Penaten aufzusuchen, einen anderen Lar,
eine andere Stadt und Bürgerschaft. Wie ist mir doch
Dies Attika zuwider! Denn wo Tag für Tag ...

(W. Binder – W. Ludwig)

1318 Non nostri faciunt tibi quod tua tempora sordent,
   sed faciunt mores, Caeciliane, tui.
Nein! Nicht unser Verhalten ist schuld, daß die Zeit dir so schlecht
scheint,
   nur das deine allein, Caecilianus, ist schuld.

(R. Helm)

MARTIAL, EPIGRAMMATA 9, 70, 9–10

Niedergang

1319 Heu heu, quotidie peius!
Ach Gott, ach Gott, alle Tage bergab!

(K. Müller – W. Ehlers)

PETRON, CENA TRIMALCHIONIS 44, 12

Weltverderbnis

1320 SYNCERASTUS: Quid illuc est genus:
Quae illic hominum corruptelae fiunt. di, vostram fidem:
quodvis genus ibi hominum videas, quasi Acheruntem veneris!
SY. Was das für eine Bande ist, wie da die Welt
Total verdorben wird! Bei aller Götter Treu,
Gesindel kannst du da von allen Sorten sehen,
Als stiegest du zum Acheron.

(W. Binder – W. Ludwig)

PLAUTUS, POENULUS 829–831

**Untergangs-
stimmung**

1321 Nuper divitiae avaritiam et abundantes voluptates desiderium per
luxum atque libidinem pereundi perdendique omnia invexere.
Jüngst erst hat der Reichtum auch die Habgier zu uns gebracht und
das Übermaß der Vergnügungen das Verlangen, in Schwelgerei und
Ausschweifung zugrunde zu gehen und alles zugrunde zu richten.

(H. J. Hillen)

LIVIUS, AB URBE CONDITA, PRAEF. 10

Orientierungspunkte

1322 STASISMUS: **Utinam veteres homines, veteres parsimoniae** alte Sitten
potius in maiore honore hic essent quam mores mali!
CHARMIDES: **Di inmortales, basilica hicquidem facinora inceptat**
loqui:
vetera quaerit, vetera amare hunc more maiorum scias.
STASISMUS: **Nam nunc mores nili faciunt, quod licet, nisi quod**
lubet.
ambitio iam more sanctast, liberast a legibus:
scuta iacere fugereque hostis more habent licentiam:
petere honorem pro flagitio more fit. CHARMIDES: **Morem**
improbum.
ST. O wenn doch nur
Die alten Sitten hier, die alte Sparsamkeit
In größerer Achtung stünden als zerfallene Zucht!
CH. Ihr ewigen Götter, welche Prachtsentenzen hebt
Der an zu sprechen! Nach dem Alten sehnt er sich.
Das Alte hat er nach der Ahnen Sitte lieb.
ST. Denn jetzt ist's Mode, nicht nach dem zu fragen, was
Erlaubt, nur, was genehm ist. Durch diese Mode ist
Ehrsucht geheiligt, kein Gesetz sperrt ihr den Weg.
Den Schild wegwerfen, die Flucht ergreifen vor dem Feind
Erlaubt die Mode. Ehre suchen in der Schand
Ist allgemeine Sitte. CH. Schlechte Sitte das!

(W. Binder – W. Ludwig)

PLAUTUS, TRINUMMUS 1028–1035

1323 PHILTO: **Multa ego possum docta dicta quamvis facunde loqui:** alte Weisheiten
historiam veterem atque antiquam haec mea senectus sustinet.
PH. Viel weise Sprüche könnt' ich mit beredtem Mund
Anbringen: es verwahrt ja mein alter Kopf,
Was in alter und uralter Zeit geschehen ist.

(W. Binder – W. Ludwig)

PLAUTUS, TRINUMMUS 380–381

1324 LYSITELES: **Boni sibi haec expetunt, rem, fidem, honorem,** Ziele
gloriam et gratiam: hoc probis pretiumst.
LY. Brav sein heißt: man strebt
Nach Geld und Gut, Ansehen, Ehre, Ruhm und Gunst.
Das ist der Lohn der Braven.

PLAUTUS, TRINUMMUS 272–273

... pretiumst.
eo mihi magis lubet cum probis potius
quam cum inprobis vivere vanidicis.

... der Braven. Darum will ich mich
Viel lieber zu den Braven und den Redlichen
Als zu den Schuften halten und dem Schwätzerpack.

(W. Binder – W. Ludwig)

Autoritäten	1325	**Non me cuiquam emancipavi, nullius nomen fero: multum magnorum virorum iudicio credo, aliquid et meo vindico. nam illi quoque non inventa, sed quaerenda nobis reliquerunt, et invenissent forsitan necessaria, nisi et supervacua quaesissent.**

Ich habe mich keinem (Schriftsteller) verschrieben, ich bin niemandes
Fan: vieler bedeutender Männer Urteilskraft vertraue ich, etwas aber
beanspruche ich auch für die meine. Denn auch jene haben uns nicht
Ergebnisse, sondern Probleme hinterlassen, und sie hätten möglicherweise das Notwendige gefunden, wenn sie nicht auch Überflüssiges
untersucht hätten.

(nach M. Rosenbach)

Seneca, Epistulae morales 45, 4

bewährte Tüchtigkeit	1326	**Fateor duriorem esse condicionem spectatae virtutis quam incognitae: bene facta pro debitis exigimus; quae aliter veniunt, ut decepti ab iis, infesto animo reprehendimus.**

Ich gestehe, bewährte Tüchtigkeit ist unbequemer als unerkannte:
man fordert Großtaten als Abzahlung; was anders kommt, tadelt man
ohne Gnade, weil man sich betrogen fühlt. *(Juli 43 v. Chr.)*

(H. Kasten)

Brutus bei Cicero, Ad M. Brutum 25 (24), 10 K.

Ansehen	1327	**Credite mihi: assem habeas, assem valeas; habes, habeberis.**

Ihr könnt mir glauben: wenn du einen Groschen hast, bist zu einen
Groschen wert; hast du was, giltst du was.

Petron, Cena Trimalchionis 77, 6

... habeberis. sic amicus vester, qui fuit rana, nunc est rex.

... giltst du was. So ist euer Freund, der ein Frosch war, jetzt ein König.

(K. Müller – W. Ehlers)

Vorbild	1328	**Deterret, qui imitandi cupiditatem fecit, spem abstulit.**

Es schreckt ab, wer das Bedürfnis zu Nachahmung hervorruft, aber
die Hoffnung nimmt,

(M. Rosenbach)

Seneca, Epistulae morales 100, 12

1329 **Opus est, inquam, aliquo, ad quem mores nostri se ipsi exigant: nisi ad regulam prava non corriges.**
Nötig ist, sage ich, jemand, bei dem unser Charakter sich selbst prüfen kann: nur nach einer Regel wirst du Verkehrtes gerade machen.
(M. Rosenbach)
SENECA, EPISTULAE MORALES 11, 10

1330 **Proximis applicatur omne, quod tenerum est et in eorum similitudinem crescit; nutricum et paedagogorum rettulere mox in adulescentiam mores.**
An seiner nächsten Umgebung orientiert sich der Jugendliche und formt sich nach ihrem Vorbild. Der Charakter von Ammen und Erziehern hat bald die jungen Menschen geprägt.
(G. Fink)
SENECA, DE IRA 2, 21

1331 **Decipit exemplar vitiis imitabile: quodsi pallerem casu, biberent exsangue cuminum.**
Beirrend wirkt ein Vorbild, das in seinen Fehlern zur Nachahmung ermutig: hätte ich zufällig ein blasses Aussehen, sie tränken sogar bleichmachenden Kümmel.
(H. Färber – W. Schöne)
HORAZ, EPISTULAE 1, 19, 17–18

1332 **Cogita, quantum nobis exempla bona prosint: scies magnorum virorum non minus praesentiam esse utilem quam memoriam.**
Bedenke, wie sehr uns gute Vorbilder nützen können: dann wirst du wissen, daß die Gegenwart bedeutender Männer ebenso nützlich ist das Andenken an sie.
(nach M. Rosenbach)
SENECA, EPISTULAE MORALES 102, 30

1333 **Stultissimum credo ad imitandum non optima quaeque proponere.**
Ich halte es für die größte Dummheit, sich nicht immer das Beste zum Vorbild zu nehmen.
(H. Kasten)
PLINIUS MINOR, EPISTULAE 1, 5, 13 K.

1334 Nihil offuerit, quae legeris hactenus, ut rem argumentumque
teneas, quasi aemulum scribere lectisque conferre ac sedulo
pensitare, quid tu, quid ille commodius. Magna gratulatio, si non
nulla tu, magnus pudor, si cuncta ille melius. Licebit interdum et
notissima eligere et certare cum electis. audax haec, non tamen
improba, quia secreta contentio.

Es kann auch nichts schaden, wenn Du etwas, was Du nur soweit
gelesen hast, daß Dir Thema und Grundgedanken gegenwärtig sind,
gleichsam als Rivale des Autors schriftlich ausarbeitest, mit dem Ge-
lesenen vergleichst und reiflich erwägst, was Du, was der andre
besser getroffen hat. Groß ist das Vergnügen, wenn einiges bei Dir,
groß die Beschämung, wenn alles bei ihm besser ist. Ab und zu kannst
Du Dir auch landläufige Themen vornehmen und mit erlesenen
Geistern wetteifern, ein kühnes, aber doch nicht vermessenes, weil
geheimes Ringen.

(H. Kasten)

Plinius Minor, Epistulae 7, 9, 3–4 K.

1335 Velocius et citius nos
corrumpunt vitiorum exempla domestica, magnis
cum subeant animos auctoribus.

Rascher und schneller verderben
uns die Beispiele von Lastern im eigenen Haus, da diese durch
gewichtige Vorbilder in die Seelen dringen.

Juvenal, Saturae 14, 31–33

... *animos auctoribus.* unus et alter
forsitan haec spernant iuvenes, quibus arte benigna
et meliore luto finxit praecordia Titan,
sed reliquos fugienda patrum vestigia ducunt
et monstrata diu veteris trahit orbita culpae.

... in die Seelen dringen. Vielleicht hält sie von
sich fern der eine oder andere Sohn, dem mit gütiger Kunst
und aus besserem Ton der Titan (*i. e.* Prometheus) die Brust geformt hat,
die übrigen aber verleiten der Väter Spuren, die sie meiden müßten,
und es zieht sie mit sich das lange gezeigte Wagengleis alter Sünde.

(J. Adamietz)

Motivationen

1336 **Utetur propria velocitate, sed nihilominus adiuvat et iam currentem hortator.**

Der Läufer wird seine Geschwindigkeit nutzen, doch nichtsdestoweniger hilft ihm bei seinem Lauf ein Anfeuerer.

(nach M. Rosenbach)

Seneca, Epistulae morales 109, 6

Anfeuerung

1337 **Gloria industria alitur; ubi eam dempseris, ipsa per se virtus amara atque aspera est.**

Anerkennung gibt dem Streben Nahrung. Fällt sie weg, ist die Tugend an sich bitter und beschwerlich.

(W. Eisenhut – J. Lindauer)

Sallust, Epistulae ad Caesarem senem de re publica 2, 7, 7

Ansporn

1338 **In excitando et in acuendo plurimum valet, si laudes eum, quem cohortere.**

Beim Anregen und Anspornen kommt man am weitesten, wenn man den, den man aufmuntern will, lobt. *(Ende 46/Anfang 45 v. Chr.)*

(H. Kasten)

Cicero, Ad familiares 15, 20 (21), 4 K. (Ad C. Trebonium)

Lob

1339 Syrus: **Nimium inter vos, Demea, –**
non quia ades praesens, dico hoc – pernimium interest.
tu, quantus quantu's, nil nisi sapientia es,
ille somnium.
Sy. Fürwahr,
Ein gar zu großer Unterschied ist zwischen euch –
Ich sage das nicht, weil du just zugegen bist –,
Du bist die Weisheit ganz und gar von Kopf bis Fuß,
Er ist ein Träumer.

(J. J. Donner)

Terenz, Adelphoe 392–395

1340 **Laudat, qui laudandum esse iudicat. cum tragicus ille apud nos ait magnificum esse 'laudari a laudato viro', laude digno ait. et cum aeque antiquus poeta ait 'laus alit artis', non laudationem dicit, quae corrumpit artes: nihil enim aeque et eloquentiam et omne aliud studium auribus deditum vitiavit quam popularis adsensio.**

Es lobt, wer urteilt, es müsse gelobt werden. Wenn jener Tragödien-
dichter sagt, bei uns gelte es als großartig, «gelobt zu werden von
einem gelobten Manne» (Naevius, Fragm. aus «Hector»), meint er, von
einem des Lobes würdigen. Und wenn in gleicher Weise ein antiker
Dichter sagt, «Lob nährt die Künste», meint er nicht die Lobrede, die
die Künste verdirbt. Nichts nämlich hat in gleicher Weise der Beredsamkeit und jedem anderen auf Zuhören abgestellten Beruf geschadet
wie der Beifall des Publikums.

(M. Rosenbach)

SENECA, EPISTULAE MORALES 102, 16

1341   'Laetus sum laudari me', inquit Hector, opinor, apud Naevium, 'abs
te, pater, a laudato viro.'
«Ich freue mich, gelobt zu werden» sagt, glaube ich, Hektor bei Naevius, «von dir, Vater, einem gepriesenen Manne.»

NAEVIUS BEI CICERO, AD FAMILIARES 15, 6, 1 K. (AD M. CATONEM)

... a laudato viro.' Ea est enim profecto iucunda laus, quae ab iis proficiscitur, qui ipsi in
laude vixerunt.

... einem gepriesenen Manne.» Das ist ja in der Tat ein erfreuliches Lob, das von denen
ausgeht, die selbst in der Sphäre des Ruhmes gelebt haben. (Ende Juli 50 v. Chr.)

(H. Kasten)

1342   Laudare dignos honesta actio est.
Würdige zu loben ist eine sittliche Tat.

(M. Rosenbach)

SENECA, EPISTULAE MORALES 101, 10

Lob und Tadel   1343   Praeter id, quod in tantis vitiis hominum plura culpanda sunt
quam laudanda, tum, si laudaveris, parcus, si culpaveris, nimius
fuisse dicaris, quamvis illud plenissime, hoc restrictissime feceris.
Abgesehen davon, daß es bei all den Lastern der Menschen mehr zu
tadeln als zu loben gibt, heißt es, wenn man lobt, man habe gekargt,
tadelt man, man habe übertrieben, auch wenn man das eine in reichem Maße, das andre mit aller Vorsicht getan hat.

(H. Kasten)

PLINIUS MINOR, EPISTULAE 5, 8, 13 K.

Anerkennung   1344   Verum enim vero is demum mihi vivere atque frui anima videtur,
qui aliquo negotio intentus praeclari facinoris aut artis bonae
famam quaerit.
Mit scheint erst der wahrhaft zu leben und sein Dasein zu nützen, der,
auf irgendeine Aufgabe konzentriert, die Anerkennung sucht, die man
durch eine glanzvolle Leistung oder eine bedeutende Fähigkeit erhält.

(W. Eisenhut – J. Lindauer)

SALLUST, CATILINAE CONIURATIO 2, 9

1345 **Is demum est mea quidem sententia iustus triumphus ac verus, cum bene de re publica meritis testimonium a consensu civitatis datur.**

Verdienste anerkennen

Das erst ist nach meiner Auffassung ein richtiger und wahrer Triumph, wenn große Verdienste um den Staat von der einhelligen Zustimmung der Bürgerschaft bestätigt werden.

(M. Fuhrmann)

CICERO, ORATIONES PHILIPPICAE 14, 13

1346 **Quaecumque videntur eminere in rebus humanis, quamvis pusilla sint et comparatione humillimorum exstent, per difficiles tamen et arduos tramites adeuntur. confragosa in fastidium dignitatis via est: at si conscendere hunc verticem libet, cui se fortuna summisit, omnia quidem sub te, quae pro excelsissimis habentur, aspicies, sed tamen venies ad summa per planum.**

Anerkennung finden

Was immer im Menschenleben hervorzuragen schein, mag es winzig sein und nur bei einem Vergleich mit dem Allerniedrigsten Bestand haben, über schwierige und steile Pfade ist es dennoch zu erreichen. Voller Felsbrocken ist der Weg zum Gipfel gesellschaftlicher Anerkennung: doch wenn du den Gipfel ersteigen magst, dem sich das Schicksal unterworfen hat, wirst du alles zu deinen Füßen erblicken, was als das Erhabenste gilt.

(nach M. Rosenbach)

SENECA, EPISTULAE MORALES 84, 13

1347 **Quosdam, cum in consummationem dignitatis per mille indignitates erepsissent, misera subiit cogitatio laborasse ipsos in titulum sepulcri.**

Ehren

Manchen wurde, als sie sich zu höchster Würde unter tausendfacher Entwürdigung hochgearbeitet hatten, deprimierend bewußt, daß sie sich nur für ihre Grabschrift geplagt hatten.

(G. Fink)

SENECA, DE BREVITATE VITAE 20

1348 **Is, qui vere appellari potest honos, non invitamentum ad tempus, sed perpetuae virtutis est praemium.**

echte Ehre

Die Ehre, die diesen Namen verdient, ist nicht ein Lockmittel auf Zeit, sondern der Lohn für anhaltende Tüchtigkeit.

CICERO, AD FAMILIARES 10, 6 (10), 2 K. (AD PLANCUM)

Is enim denique honos mihi videri solet, qui non propter spem futuri beneficii, sed propter magna merita claris viris defertur et datur. Quare, sit modo aliqua res p., in qua honos elucere possit, omnibus, mihi crede, amplissimis honoribus abundabis. *Is* autem, *qui vere ...*

Denn eigentlich erscheint mir erst das als wahre Ehre, was angesehenen Männern nicht
um der Aussicht auf künftige Großtaten willen, sondern für faktische Verdienste
angetragen und verliehen wird. Sollten wir also einmal wieder eine Art Staatswesen
bekommen, in dem Ehre erstrahlen kann, dann, glaub' mir, wirst Du mit reichsten Ehren
überhäuft werden. Die Ehre, die ... *(30. März 43)*

(H. Kasten)

Hochachtung   1349   **Aliquis vir bonus nobis diligendus est ac semper ante oculos
habendus, ut sic tamquam illo spectante vivamus et omnia
tamquam illo vidente faciamus.**
Einen Mann von Wert müssen wir hochachten und uns stets vor
Augen halten, damit wir so leben, als schaue er uns zu, und alles so
tun, als sähe er es.

(nach M. Rosenbach)

EPIKUR, FR. 210, BEI SENECA, EPISTULAE MORALES 11, 8

Bewunderung   1350   **Non est admirationi una arbor, ubi in eandem altitudinem tota
silva surrexit.**
Man bewundert nicht den einzelnen Baum, wo sich ein ganzer Wald
zur selben Höhe erhebt.

(nach M. Rosenbach)

SENECA, EPISTULAE MORALES 33, 1

1351   **Admiratione adficiuntur ii, qui anteire ceteris virtute putantur et
cum omni carere dedecore tum vero iis vitiis, quibus alii non facile
possunt obsistere.**
Bewundert werden die, die, wie man glaubt, die übrigen an Tüchtigkeit übertreffen und sowohl von jeglicher Schande frei sind als auch
besonders von den Fehlern, denen andere nicht leicht widerstehen
können.

(K. Büchner)

CICERO, DE OFFICIIS 2, 37

Verehrung   1352   **Qui colitur, et amatur: non potest amor cum timore misceri.**
Wer verehrt wird, wird auch geliebt: Liebe kann sich nicht mit Furcht
mischen.

(nach M. Rosenbach)

SENECA, EPISTULAE MORALES 47, 18

berühmt sein   1353   **Si quis ab ineunte aetate habet causam celebritatis et nominis a
patre acceptam ... aut aliquo casu atque fortuna, in hunc oculi
omnium coniciuntur atque in eum, quid agat, quemadmodum
vivat, inquiritur, et, tamquam clarissima luce versetur, ita nullum
obscurum potest nec dictum eius esse nec factum.**

Wenn einer von Lebensbeginn an Anlaß bietet zu Berühmtheit und Namen entweder vom Vater her ... oder durch irgendeinen Zufall und Glücksumstand, auf den richten sich aller Augen, bei dem wird geforscht, was er treibt, wie er lebt und, gleich wie wenn er im strahlenden Lichte sich bewegte, so kann keines seiner Worte verborgen sein noch eine seiner Taten.

(K. Büchner)

CICERO, DE OFFICIIS 2, 44

1354 **Magnus est in re publica campus, ut sapienter dicere Crassus solebat, multis apertus cursus ad laudem.**
Ein weites Feld eröffnet sich in unserem Staat, wie Crassus treffend zu sagen pflegte, und viele finden dort die Bahn frei zum Ruhme.

(M. Fuhrmann)

CICERO, ORATIONES PHILIPPICAE 14, 17

Bahn zum Ruhm

1355 **O quam ignorant homines cupidi gloriae, quid illa sit aut quemadmodum petenda!**
Ach, wie wenig wissen die ruhmbegierigen Menschen, was Ruhm ist und wie man nach ihm streben sollte!

SENECA, EPISTULAE MORALES 95, 73

Ruhm

... *petenda!* Illo die populus Romanus multorum suppellectilem spectavit, unius miratus est, omnium illorum aurum argentumque fractum est et milliens conflatum, at omnibus saeculis Tuberonis fictilia durabunt.

... streben sollte! An jenem Tage hat das römische Volk das Speiseservice vieler Menschen gesehen, aber nur das eines einzigen bewundert. Aller jener Gold und Silber ist zerbrochen und tausendmal umgeschmolzen, doch in allen Zeitaltern wird das irdene Geschirr des Tubero überdauern.

(nach M. Rosenbach)

1356 **Nulla est gloria praeterire asellos.**
Überholst du nur Esel, das ist kein Ruhm.

(R. Helm)

MARTIAL, EPIGRAMMATA 12, 36, 13

1357 **Sciant, quibus moris est inlicita mirari, posse etiam sub malis principibus magnos viros esse obsequiumque ac modestiam, si industria ac vigor adsint, eo laudis excedere, quo plerique per abrupta, sed in nullum rei publicae usum ambitiosa morte inclaruerunt.**
Wissen sollen die Leute, deren Art es ist, das Unerlaubte zu bewundern, daß es sogar unter schlechten Herrschern bedeutende Männer geben kann und daß Loyalität und Zurückhaltung, falls sie von Beharrlichkeit und Tatkraft begleitet werden, zu solchem Ruhm führen, wie ihn viele durch ihr unnachgiebiges, jedoch für das Ge-

meinwesen unnützes Verhalten und durch einen aufsehenerregenden Tod erworben haben.

(nach A. Städele)

TACITUS, VITA IULII AGRICOLAE 42, 4

1358 **Quo minus petebat gloriam, eo magis illum adsequebatur.**
Ihm (*i. e.* Cato) folgte der Ruhm um so mehr, je weniger er nach ihm strebte.

(W. Eisenhut – J. Lindauer)

SALLUST, CATILINAE CONIURATIO 54, 6

1359 **Cineri gloria sera venit.**
Zu spät kommt deiner Asche der Ruhm.

MARTIAL, EPIGRAMMATA 1, 25, 8

Post te victurae per te quoque vivere chartae
   incipiant: *cineri gloria sera venit.*

Laß, was du schreibst, wie es nach dir lebt, mit deiner Erlaubnis
   jetzt schon leben! Zu spät kommt deiner Asche der Ruhm.

(R. Helm)

Ruhmsucht 1360 **Nemo gloriari nisi suo debet.**
Niemand darf sich außer mit Eigenem rühmen.

SENECA, EPISTULAE MORALES 41, 7

... *debet.* vitem laudamus, si fructu palmites onerat, si ipsa pondere ad terram eorum, quae tulit, adminicula deducit: num quis huic illam praeferret vitem, cui aureae uvae, aurea folia dependent?

... rühmen. Einen Weinstock loben wir, wenn er seine Ranken mit Frucht belädt, wenn er sogar die Stützen durch das Gewicht dessen, was er trägt, zur Erde biegt: wird ihm einer einen Weinstock vorziehen, von dem Trauben aus Gold und Blätter aus Gold herabhängen?

(nach M. Rosenbach)

wahrer Ruhm 1361 **Ipsam quidem gloriam per se numquam putavi expetendam.**
Ruhm an sich habe ich nie für erstrebenswert gehalten.

CICERO, AD FAMILIARES 15, 44, 13 K. (AD CATONEM)

Si quisquam fuit umquam remotus et natura et magis etiam, ut mihi quidem sentire videor, ratione atque doctrina ab inani laude et sermonibus vulgi, ego profecto is sum. Testis est consulatus meus, in quo sicut in reliqua vita fateor ea me studiose secutum, ex quibus vera gloria nasci posset, *ipsam quidem* ...

Wenn jemals wer von Natur und mehr noch, wie ich von mir sagen zu dürfen glaube, durch philosophische Bildung uninteressiert gewesen ist an leeren Lobhudeleien und Popularität, dann bin ich es gewiß. Zeuge dafür ist mein Konsulat, in dem ich, wie ich zugebe, wie in meinem ganzen sonstigen Leben eifrig bestrebt gewesen bin, Taten zu vollbringen, aus denen echter Ruhm erwachsen könnte; aber Ruhm an sich ... *(Ende 51/ Anfang 50 v. Chr.)*

(H. Kasten)

1362 **Haec omnia, quae habent speciem gloriae conlecta inanissimis**
splendoris insignibus, contemne, brevia, fugacia, caduca existima.
Verum decus in virtute positum est, quae maxime inlustratur
magnis in rem p. meritis.

Verachte all diesen Firlefanz der, zusammengestoppelt aus den nichti-
gen Abzeichen äußeren Glanzes, nach Ruhm aussieht, halt es für kurz-
lebig, flüchtig und vergänglich! Wahre Ehre beruht auf Tüchtigkeit,
die vor allem in großem Verdiensten um den Staat zutage tritt.

CICERO, AD FAMILIARES 10, 7 (12), 5 K. (AD PLANCUM)

Perge igitur, ut agis, nomenque tuum commenda immortalitati atque *haec omnia* ...

Mach' also so weiter, empfiehl Deinen Namen der Unsterblichkeit und verachte all diesen
Firlefanz ... *(11. April 43 v. Chr.)*

(H. Kasten)

Soziales Verhalten

Allgemein

1363 **Neque vero his rebus tam amici Alcibiadi sunt facti quam timore ab eo alienati.**

Durch sein Verhalten stieß Alkibiades allerdings mehr Leute vor den Kopf, weil sie ihn fürchteten, als er sich Freunde gewann.

CORNELIUS NEPOS, VITA ALCIBIADIS 5, 1

... *alienati.* nam cum acerrimi viri praestantem prudentiam in omnibus rebus cognoscerent, pertimuerunt, ne caritate patriae ductus aliquando ab ipsis desciscaret et cum suis in gratiam rediret

... gewann. Denn gerade dadurch, daß man die überragende Klugheit dieses tatkräftigen Mannes in jeder Hinsicht mehr und mehr kennenlernte, stieg die Befürchtung, er könne schließlich doch in einem Anfall von Patriotismus einmal wieder von Sparta abfallen und sich mit Athen aussöhnen.

(H. Färber)

1364 **Effice, ut possis laudari, si minus, ut adgnosci.**

Sieh zu, daß man dich loben oder doch wenigstens wenigstens anerkennen kann.

(nach M. Rosenbach)

SENECA, EPISTULAE MORALES 120, 22

spontanes Verhalten

1365 **Quomodo nulla lex amare parentes, indulgere liberis iubet (supervacuum est enim, in quod imus, inpelli), quemadmodum nemo in amorem sui cohortandus est, quem a momento, dum nascitur, trahit, ita ne ad hoc quidem, ut honesta per se petat; placent suapte natura.**

Wie kein Gesetz die Eltern zu lieben, sich den Kindern zu widmen befiehlt – überflüssig ist es nämlich, zu einem spontanen Verhalten veranlaßt zu werden –, wie niemand zur Liebe zu sich selbst aufgefordert werden muß, die er von dem Augenblick seiner Geburt an sich zu eigen macht, so auch nicht, daß man sittliche Dinge um ihrer selbst willen erstrebe. Sie gefallen durch ihr eigenes Wesen.

(nach M. Rosenbach)

SENECA, DE BENEFICIIS 4, 17, 2

Positives Verhalten

Abstand halten

1366 **Si vitare velis acerba quaedam
et tristis animi cavere morsus,
nulli te facias nimis sodalem:
gaudebis minus et minus dolebis.**

Will man mancherlei Kummer aus dem Weg geh'n
und vor traurigem Herzeleid sich hüten,
schließ' man keinem der Menschen sich zu eng an;
dann gibt's weniger Freud, doch wen'ger Leid auch.

(R. Helm)

MARTIAL, EPIGRAMMATA 12, 34, 8–11

1367 **Neminem despexeris, etiam si circa illum obsoleta sunt nomina et**
parum indulgente adiuta fortuna!
Achte niemand gering, auch wenn die Namen in seiner Umgebung
unbedeutend sind und zu wenig Hilfe in einem gütigen Schicksal
fanden!

Achtung von Jedermann

(nach M. Rosenbach)

SENECA, DE BENEFICIIS 3, 28, 3

1368 **Alteri vivas oportet, si vis tibi vivere.**
Für einen anderen mußt du leben, wenn du für dich leben willst.

Altruismus

(M. Rosenbach)

SENECA, EPISTULAE MORALES 48, 2

1369 **Attica mea, obsecro te, quid agit? Quae me valde angit.**
Sag', wie geht es bloß meiner Attica? Sie macht mir große Sorge.

Anteilnahme

CICERO, AD ATTICUM 13, 25 (13), 3 K.

Sed quid haec levia curamus? *Attica mea, obsecro te, quid agit? Quae me valde angit.* Sed crebro regusto tuas litteras; in his acquiesco. Tamen exspecto novas.

Doch was sorgen wir uns um diese Kleinigkeiten! Sag', wie geht es bloß meiner Attica? Sie macht mir große Sorge. Aber ich lese Deinen Brief immer wieder und werde dabei ruhiger; trotzdem warte ich auf neue Nachrichten. *(24. Juni 45 v. Chr.)*

(H. Kasten)

1370 **Quid agit, obsecro te, Attica nostra? Nam triduo abs te nullas**
acceperam.
Wie geht es bloß unserer Attica? Ich habe ja seit drei Tagen keine
Nachricht von Dir.

CICERO, AD ATTICUM 13, 26 (15), 2 K.

Quid agit, absecro te, Attica nostra? Nam triduo abs te nullas acceperam: nec mirum, nemo enim venerat, nec fortasse causa fuerat. Itaque ipse, quod scriberem, non habebam. Quo autem die has Valerio dabam, exspectabam aliquem meorum, qui si venisset et a te quid attulisset, videbam non defuturum, quod scriberem.

Wie geht es denn bloß unserer Attica? Ich habe ja seit drei Tagen keine Nachricht von Dir, was nicht zu verwundern ist, da niemand gekommen ist und vielleicht auch kein Anlaß dazu gewesen ist. So weiß ich auch nichts zu schreiben. Heute, wo ich diesen Brief Valerius einhändige, erwarte ich einen meiner Leute; wäre er schon da und hätte mir etwas von Dir gebracht, so würde es mir an Stoff natürlich nicht fehlen. *(25. Juni 45 v. Chr.)*

(H. Kasten)

Bescheidung   1371   **Fuge magna: licet sub paupere tecto**
reges et regum vita praecurrere amicos.
Fliehe die Höhen: das schlichte Heim hat Raum für Lebenskunst, die
Königen und Königsfreunden den Rang abläuft.

(H. Färber – W. Schöne)

HORAZ, EPISTULAE 1, 10, 32–33

1372   **Parcis et in tenues humilem te colligis umbras,**
     Velorum plenos subtrahis ipse sinus.
Doch du verzichtest bescheiden und wirfst nur sparsamen Schatten,
     raffst deine Segel von selbst, daß sie der Wind dir nicht schwellt.

PROPERZ, ELEGIAE 3, 9, 29–30

... ipse sinus.
Crede mihi, magnos aequabunt ista Camillos
   Iudicia, et venies tu quoque in ora virum,
Caesaris et famae vestigia iuncta tenebis:
   Maecenatis erunt vera tropaea fides.

... nicht schwellt.
Glaube mir: dieser Entschluß wird einst den großen Camillern
   gleich dich stellen: auch du lebst dann im Munde des Volks.
Allzeit hältst mit dem Kaiser du Schritt im Gedenken der Nachwelt:
   Treue heißt dann Maecens wahrhaftes Siegespanier.

(W. Willige)

Dank   1373   MNESILOCHUS: **Malefactorem amitti satius quam relinqui**
beneficium.
nimio inpendiosum praestat te quam ingratum dicier.
illum laudabunt boni: hunc etiam ipsi culpabunt mali.
MN. Besser ist es, einen, der uns Böses tat,
Entwischen zu lassen, als für Gutes uns des Dankes zu
Entschlagen. Lieber lasse man verschwenderisch
Als undankbar sich nennen. Jenes werden die Guten
Loben, dieses heißen selbst die Schlechten schlecht.

(W. Binder – W. Ludwig)

PLAUTUS, BACCHIDES 395–397

1374   HEGIO: **Quod bonis bene fit beneficium, gratia ea gravidast bonis.**
HE. Was Guten Gutes geschieht, wird mit reichem Dank
Vergütet.

(W. Binder – W. Ludwig)

PLAUTUS, CAPTIVI 358

1375   **Nullum officium referenda gratia magis necessarium est.**
Keine Pflicht ist unausweichlicher als die, Dank abzustatten.

CICERO, DE OFFICIIS 1, 47

Sin erunt merita, ut non ineunda, sed referenda sit gratia, maior quaedam cura adhibenda est; *nullum* enim *officium* ...

Wenn aber Verdienste da sind, so daß ein Verhältnis des Wohlwollens nicht zu beginnen, sondern zu vergelten ist, muß man noch größere Sorgfalt anwenden. Denn keine Pflicht ...

(K. Büchner)

1376 Natura prius est, ut quis debeat, deinde, ut gratiam referat.
Im Einklang mit der Natur steht zuerst, daß einer schuldet, dann, daß er Dank abstattet.

(M. Rosenbach)

SENECA, DE BENEFICIIS 5, 8, 1

1377 Ille tenuis, cum quidquid factum sit, se spectatum, non fortunam putat, non modo illi, qui est meritus, sed etiam illis, a quibus exspectat – eget enim multis–, gratum se videri studet, neque vero verbis auget suum munus, si quo forte fungitur, sed etiam extenuat.

Jener Geringe, da er glaubt, man habe bei allem, was geschah, auf ihn, nicht auf sein Glück geblickt, bemüht sich, nicht nur jenem, der sich verdient gemacht hat, sondern auch denen, von denen er es erwartet – bedarf er doch vieler –, dankbar zu erscheinen, übertreibt aber nicht mit Worten seinen Dienst, wenn er etwa einen leistet, sondern schwächt ihn gar noch ab.

(K. Büchner)

CICERO, DE OFFICIIS 2, 70

Dankbarkeit

1378 Tu vero ut intellegas homini amicissimo te tribuisse officium, re tibi praestabo.
Du aber sollst merken, daß Du Dich für einen guten Freund eingesetzt hast; durch Taten werde ich es Dir beweisen.

CICERO, AD FAMILIARES 4, 11, 2 K. (AD M. MARCELLUM)

Reliqua sunt eius modi, quibus ego, quoniam haec erant tempora, facile et aequo animo carebam; hoc vero eius modi esse statuo, ut sine talium virorum et amicorum benevolentia neque in adversa neque in secunda fortuna quisquam vivere possit. Itaque in hoc ego mihi gratulor; *tu vero* ...

Alles übrige ist so, daß ich unter den gegenwärtigen Verhältnissen gern und gleichmütig darauf verzichte; das aber bleibt bestehen, daß ohne die Ergebenheit solcher Männer und Freunde niemand weder im Glück noch im Unglück zu leben vermag. Insofern beglückwünsche ich mich also selbst; Du aber sollst merken ... *(Oktober 46 v. Chr.)*

(H. Kasten)

1379 Quod tributum est bono viro et grato, in eo cum ex ipso fructus est, tum etiam ex ceteris.
Was einem guten und dankbaren Manne zugeteilt wird, in dem ist Frucht sowohl aus ihm selbst als auch aus den übrigen.

CICERO, DE OFFICIIS 2, 63

... ex ceteris. temeritate enim remota gratissima est liberalitas, eoque eam studiosius plerique laudant, quod summi cuiusque bonitas commune perfugium est omnium.

... aus den übrigen. Denn drängt man die Leichtfertigkeit zurück, so ist die Großzügigkeit am meisten dankbringend und loben sie die meisten um so emsiger, weil die Güte der Höchsten die gemeinsame Zuflucht aller ist. .

(nach K. Büchner)

Diskretion

1380 Rei tantae fidem silentiumque tribue!

Behandle eine wichtige Sache mit Diskretion und Verschwiegenheit!

(nach E. Brandt – W. Ehlers)

APULEIUS, METAMORPHOSES 3, 20, 2

Edelmut

1381 Ferarum vero et ne generosarum quidem est praemordere et urguere proiectos. elephanti leonesque transeunt, quae inpulerunt; ignobilis bestiae pertinacia est.

Art der wilden Tiere, und nicht einmal der edel geratenen, ist es, niedergeworfene zu beißen und zu bedrängen. Elefanten und Löwen gehen an denen vorbei, die sie hingestreckt haben; das unedle Tier läßt nicht locker.

(M. Rosenbach)

SENECA, DE CLEMENTIA 3, 3, 5

Fairneß

1382 Nec tamen nostrae utilitates omittendae sunt aliisque tradendae, cum his ipsi egeamus. sed suae cuique utilitati, quod sine alterius iniuria fiat, serviendum est.

Wir sollen unsere Vorteile nicht außer acht lassen und nicht anderen übergeben, wenn wir ihrer selber bedürfen, sondern jeder muß dem eigenen Nutzen, soweit es ohne Unrecht an dem anderen geschieht, dienen.

CICERO, DE OFFICIIS 3, 42

... serviendum est. Scite Chrysippus, ut multa, 'qui stadium' inquit, 'currit, eniti et contendere debet quam maxime possit, ut vincat, supplantare eum, quicum certet, aut manu depellere nullo modo debet; sic in vita sibi quemque petere, quod pertineat ad usum, non iniquum est, alteri deripere ius non est. '

... dienen. Hübsch sagt,wie vieles, Chrysipp: «Wer die Rennbahn läuft, muß sich anstrengen und anspannen, so sehr er kann, um zu siegen; dem, mit dem er kämpft, ein Bein stellen oder ihn mit der Hand zurückstoßen darf er auf keinen Fall. So ist im Leben, wenn jeder nach dem trachtet, was für seine Bedürfnisse wichtig ist, dies nicht unbillig; dem anderen es zu entreißen ist nicht recht.»

(K. Büchner)

Freigiebigkeit

1383 Munificus nemo putabatur nisi pariter volens, dona omnia in benignitate habebantur.

Als freigebig galt nur, wer zugleich auch wohlwollend war, und alle Geschenke wurden als Zeichen echter Herzlichkeit aufgefaßt.

SALLUST, BELLUM IUGURTHINUM 103, 6

Nam etiam tum largitio multis ignota erat; *munificus* ...

Damals nämlich war das Spendenunwesen noch vielen unbekannt. Als freigebig ...

(W. Eisenhut – J. Lindauer)

1384 **Regem armis quam munificentia vinci minus flagitiosum est.**
Es ist eine geringere Schande für einen König durch Waffen besiegt zu werden als an Freigebigkeit.

(W. Eisenhut – J. Lindauer)

SALLUST, BELLUM IUGURTHINUM 110, 5

1385 **Eius negotium sic velim suscipias, ut si esset res mea. Novi ego vos magnos patronos; hominem occidat oportet, qui vestra opera uti velit. Sed in hoc homine nullam accipio excusationem. Omnia relinques, si me amabis, cum tua opera Fabius uti volet.**
Nimm Dich seiner (*i. e.* des Fabius) Angelegenheit an, als ob es sich um meine Belange handelte. Ich kenne Euch großschnauzigen Patrone: man muß erst einen Menschen totschlagen, wenn man Euch bemühen will. Aber bei diesem Manne lasse ich keine Ausrede gelten. Laß bitte alles im Stiche, wenn Fabius Deine Hilfe benötigt. (*Februar 50 v. Chr.*)

(H. Kasten)

CICERO, AD FAMILIARES 2, 11 K. (AD M. CAELIUM)

Fürbitte

1386 **Demus beneficia, non feneremus. dignus est decipi, qui de recipiendo cogitavit, cum daret.**
Erweisen wollen wir Wohltaten, nicht Zinsen bringen lassen. Es verdient enttäuscht zu werden, wer bei Geben ans Wiederbekommen dachte.

(nach M. Rosenbach)

SENECA, DE BENEFICIIS 1, 1, 9

Gegenleistung

1387 **Est non modo liberale paulum non numquam de suo iure decedere, sed interdum etiam fructuosum.**
Es ist nicht nur großzügig, bisweilen ein wenig von seinem Anspruch abzugehen, sondern manchmal auch fruchtbringend.

(K. Büchner)

CICERO, DE OFFICIIS 2, 64

Großzügigkeit

1388 ADELPHASIUM: **Bono med esse ingenio ornatam quam auro multo mavolo.**
aurum id fortuna invenitur, natura ingenium bonum:
magisque mulierem pudorem quam aurum gerere condecet.

gutes Herz

AD. Ein gutes Herz sei mir erwünschterer Schmuck als Gold.
Das Gold wird uns vom Glück beschert, das gute Herz
Von der Natur. Scham verleiht uns Mädchen größeren Schmuck,
Als wenn wir Gold und Purpur auf dem Leibe tragen.

(W. Binder – W. Ludwig)

PLAUTUS, POENULUS 301–302. 305

Gutes tun

1389 VIRGO: **Siquid bonis**
boni fit, esse id et grave et gratum solet.
VI. Das Gute, das man Guten tut, wird stets
Mit Dank und Anerkennung aufgenommen.

(W. Binder – W. Ludwig)

PLAUTUS, PERSA 674–675

Helfen

1390 **Homo qui erranti comiter monstrat viam,**
Quasi lumen de suo lumine accendat facit.
Nihilo minus ipsi lucet, cum illi accenderit.
Ein Mann, der freundlich Irrenden die Straße zeigt,
der zündet gleichsam Licht von seinem Lichte an:
er leuchtet sich, auch wenn er jenem zündet an.

ENNIUS BEI CICERO, DE OFFICIIS 1, 51

Omnium communia hominum videntur ea, quae sunt generis eius, quod ab Ennio positum in una re transferri in permultas potest: *Homo qui …*

Allen Menschen gemeinsam scheint das, was derart ist, wie es, von Ennius auf *eine* Sache gemünzt, auf sehr viele übertragen werden kann: Ein Mann, der …

(K. Büchner)

1391 **Bis fiet gratum, quod opus est, si ultro offeras.**
Wer ungebeten hilft, ist doppelt gütig.

(H. Beckby)

PUBLILIUS SYRUS, SENTENTIAE B 1

1392 **Prosunt inter se boni.**
Es helfen einander die Guten.

(M. Rosenbach)

SENECA, EPISTULAE MORALES 109, 1

1393 **Sapiens dabit egenti stipem, non hanc contumeliosam, quam pars**
maior horum, qui misericordes videri volunt, abicit et fastidit,
quos adiuvat, contingique ab iis timet, sed ut homo homini ex
communi dabit.

Der Weise wird dem Armen eine Spende geben, nicht eine er-
niedrigende, wie sie der größere Teil der Menschen, die mitleidig
erscheinen wollen, hinwirft und damit die verachtet, denen er hilft,
und von ihnen berührt zu werden fürchtet, sondern wie ein Mensch,
der einem anderen aus gemeinsamem Besitz gibt.

(M. Rosenbach)

SENECA, DE CLEMENTIA 2, 4, 2

1394 In collocando beneficio et in referenda gratia, si cetera paria sunt,
hoc maxime officii est, ut quisque maxime opis indigeat, ita ei
potissimum opitulari; quod contra fit a plerisque; a quo enim
plurimum sperant, etiamsi ille iis non eget, tamen ei potissimum
inserviunt.

Beim Erweisen einer Wohltat und beim Abstatten von Dank gehört,
wofern das übrige gleich ist, das besonders zum rechten Handeln, wie
jeder der Hilfe bedarf, so ihm am ehesten zu helfen. Was von den
meisten gerade umgekehrt gemacht wird. Von wem sie nämlich am
meisten erhoffen, dem dienen sie, auch wenn jener ihrer Hilfe nicht
bedarf, dennoch am ehesten.

(nach K. Büchner)

CICERO, DE OFFICIIS 1, 49

1395 Sestio et saepissime Attico nostro me patefeci et haec iis singulis
saepe dixi, quacumque re possem, me tibi et liberis tuis satis
facere cupere, idque tu ad tuos velim scribas, haec quidem certe,
quae in potestate mea sunt, ut operam, consilium, rem, fidem
meam sibi ad omnes res paratam putent.

Hilfsbereitschaft

So habe ich mich denn gegen Sestius, mehrfach auch gegen unsern
Atticus ganz offen dahin geäußert und jedem von ihnen mehr als einmal im Gespräch erklärt, ich wünschte mich Dir und Deinen Kindern
auf jede mögliche Weise erkenntlich zu zeigen. Schreib das bitte den
Deinigen, sie dürften, jedenfalls soweit das in meiner Macht stehe,
überzeugt sein, daß ihnen meine Dienste, mein Rat, mein Vermögen
mein Kredit auf alle Fälle zur Verfügung ständen. *(Mitte 46 v. Chr.)*

(H. Kasten)

CICERO, AD FAMILIARES 6, 10, 1 K. (AD TREBIANUM)

1396 Separat hoc nos
a grege mutorum, atque ideo venerabile soli
sortiti ingenium divinorumque capaces
atque exercendis pariendisque artibus apti
sensum a caelesti demissum traximus arce,
cuius egent prona et terram spectantia.

Mitgefühl

Dies trennt uns
von der Herde der stummen Geschöpfe, und so haben wir als einzige
eine erhabene Geistnatur erlost, können Göttliches erfassen,
sind tauglich zum Ausüben und Erfinden von Künsten,
und haben das von der Himmelsburg herabgeschickte Mitgefühl empfangen,
dessen die gebückten, auf die Erde blickenden Wesen entbehren.

(J. Adamietz)

JUVENAL, SATURAE 15, 142–147

Mitleid

1397 **Misericordia non causam, sed fortunam spectat.**
Mitleid sieht nicht die Ursache an, sondern das Schicksal.

(nach M. Rosenbach)

SENECA, DE CLEMENTIA 2, 3, 1

Rat erteilen

1398 DEMEA: **Nunc adeo si ob eam rem vobis mea vita invisa, Aeschine,
est,**
quia non iusta iniusta prorsus omnia omnino obsequor,
missa facio: ecfundite, emite, facite, quod vobis lubet.
sed si id voltis potius, quae vos propter adulescentiam
minus videtis, magis inpense cupitis, consulitis parum,
haec me reprehendere et corrigere et obsecundare in loco:
ecce me, qui id faciam vobis.
DE. Also kurz: wenn mein Gebaren euch verhaßt ist, Aeschinus,
Weil ich nicht in allem, Unrecht oder Recht, zu Willen bin:
Sei es drum, fahrt hin, verschleudert, kaufet, tut, was euch gefällt!
Wollt ihr aber, daß ein Mann euch, wo ihr noch als Jünglinge
Minder klar seht, allzu heftig wünscht, zu wenig überlegt,
Mahnt, zurechtweist, auch mitunter Nachsicht übt am rechten Ort:
Seht, ich bin dazu bereit!

(J. J. Donner)

TERENZ, ADELPHOE 989–995

1399 **Annali pergratae litterae tuae fuerunt, quod et curares de se
diligenter et tamen consilio se verissimo iuvares.**
Annalis ist entzückt von Deinem Brief, daß Du Dich so gewissenhaft
um ihn kümmerst und ihm mit ungeschminktem Rat zur Seite stehst.
(September 54 v. Chr.)

(H. Kasten)

CICERO, AD QUINTUM FRATREM 3, 1, 20 K.

1400 **In particulas suasisse totum ordinanti parum est.**
Häppchenweise Rat zu geben ist, wenn man das Ganze gestalten will,
zu wenig.

(M. Rosenbach)

Seneca, Epistulae morales 95, 44

1401 **Consilium nemo clare dat.**
Einen guten Rat gibt niemand mit lauter Stimme.

(M. Rosenbach)

Seneca, Epistulae morales 38, 1

1402 Epidicus: **Immo si placebit, utitor**
consilium, si non placebit, reperitote rectius.
mihi istic nec seritur nec metitur.
Ep. Ist euch mein Rat genehm, so macht Gebrauch davon,
Wo nicht, so sinnt was Besseres aus. Für mich ist da
Nicht Saat, nicht Ernte.

(W. Binder – W. Ludwig)

Plautus, Epidicus 263–265

1403 **Nemo est, qui tibi sapientius suadere possit te ipso; numquam**
labere, si te audies.
Niemand könnte Dir weiseren Rat erteilen als Dein eigenes Ich;
nie wirst Du straucheln, wenn Du auf Dich hörst.

Cicero, Ad familiares 2, 7, 1 K. (Ad C. Curionem)

... *si te audies*. Non scribo hoc temere; cui scribam, video; novi animum, novi consilium
tuum; non vereor, ne quid timide, ne quid stulte facias, si ea defendes, quae ipse recta esse
senties.

... wenn Du auf Dich hörst. Ich sage das nicht so daher; ich weiß, wem ich es sage, kenne
Deinen Charakter, kenne Deine Besonnenheit und brauche nicht zu besorgen, Du
könntest etwas aus Angst oder Torheit unternehmen, wenn Du das vertrittst, was Du selbst
als recht empfindest. *(19. Dezember 51 v. Chr.)*

(H. Kasten)

1404 **Causa largitionis est, si aut necesse est aut utile. in his autem ipsis**   **Schenken**
mediocritas regula optima est.
Anlaß zu Schenken besteht, wenn es entweder unausweichlich oder
nützlich ist. In eben diesen Dingen aber ist der Maßstab der Mitte am
besten.

(K. Büchner)

Cicero, De officiis 2, 59

1405 **Nec dare, sed pretium posci dedignor et odi;**
      Quod nego poscenti; desine velle, dabo.
      Und nicht zu schenken den Preis, nur Fordern scheu ich und haß ich;
          Was ich dem Fordern versag, warte, so wird es geschenkt.

      (W. Marg – R. Harder)

      OVID, AMORES 1, 10, 63–64

1406 **Anule, formosae digitum vincture puellae,**
      in quo censendum nil nisi dantis amor.
      Ring, der den Finger du bald umschlingst der Liebsten und Schönsten,
          Liebe des schenkenden Freunds macht deinen einzigen Wert.

      (W. Marg – R. Harder)

      OVID, AMORES 2, 15, 1–2

1407 **Eo animo quidque debetur, quo datur, nec quantum sit, sed a quali**
      profectum voluntate, perpenditur.
      In der Gesinnung wird alles geschuldet, in der es gegeben wird; den
      Ausschlag gibt nicht, um wieviel es sich handelt, sondern aus welcher
      Einstellung es hervorgegangen ist.

      (nach M. Rosenbach)

      SENECA, EPISTULAE MORALES 81, 6

1408 **Sit in beneficio sensus communis; tempus, locum observet,**
      personas, quia momentis quaedam grata et ingrata sunt.
      Bei einem Geschenk komme der gesunde Menschenverstand zur
      Geltung; den Zeitpunkt, die Gelegenheit, die Personen beachte es,
      weil je nach den augenblicklichen Umständen manches willkommen
      und nicht willkommen ist.

      (nach M. Rosenbach)

      SENECA, DE BENEFICIIS 1, 12, 3

1409 **Quod voles gratum esse, rarum effice.**
      Soll ein Geschenk willkommen sein, laß es selten sein!

      (M. Rosenbach)

      SENECA, DE BENEFICIIS 1, 14, 1

1410 **Refert, qui det, cui, quando, quare, ubi, et cetera, sine quibus facti**
      ratio non constabit.
      Es kommt darauf an, wer gibt, wem, wann, aus welchem Grunde, bei
      welcher Gelegenheit, und auf weitere Gesichtspunkte, ohne die ein
      vernünftiges Urteil über eine Handlung nicht zustande kommen wird.

      (M. Rosenbach)

      SENECA, DE BENEFICIIS 2, 16, 1

1411 **Turpissimum genus damni est inconsulta donatio multoque gravius male dedisse beneficium quam non recepisse: aliena enim culpa est, quod non recipimus; quod, cui daremus, non elegimus, nostra.**

Die schimpflichste Art von Verlust ist ein unbedachtes Geschenk, und viel belastender ist es, eine Wohltat schlecht erwiesen zu haben, als sie nicht erwidert zu sehen; fremde Schuld ist es nämlich, daß sie uns nicht erwidert wird, daß wir nicht richtig auswählen, wem wir geben, unsere Schuld.

(nach M. Rosenbach)

SENECA, DE BENEFICIIS 4, 10, 3

1412 **Errat, si quis existimat facilem rem esse donare; plurimum ista res habet difficultatis, si modo consilio tribuitur, non casu et impetu spargitur. Hunc promereor, illi reddo: huic succurro, huius misereor; illum instruo dignum, quem non deducat paupertas nec occupatum teneat; quibusdam non dabo, quamvis desit, quia etiam, si dedero, erit defuturum; quibusdam offeram, quibusdam inculcabo.**

Der irrt, der Schenken für eine leichte Sache hält: In Menge stellen sich die Schwierigkeiten ein, wenn man nur mit Überlegung gibt und nicht nach Lust und Laune austeilt. Dem einen erweise ich einen Dienst, dem anderen bezahle ich eine Schuld; dem greife ich unter die Arme, des anderen erbarme ich mich, und bei jenem lege ich zu, weil er's verdient, daß ihn die Armut nicht herunterzieht und hart bedrückt. Manchen gebe ich nicht, obschon nichts da ist, denn selbst wenn ich gebe, wird bald wieder nichts mehr da sein. Manchen werde ich etwas anbieten, anderen es sogar aufnötigen.

(G. Fink)

SENECA, DE VITA BEATA 24

1413 **Volo eum, qui sit vere liberalis, tribuere patriae, propinquis, adfinibus, amicis, sed amicis dico pauperibus, non ut isti, qui iis potissimum donant, qui donare maxime possunt. Hos ego viscatis hamatisque muneribus non sua promere puto, sed aliena corripere.**

Von einem wahrhaft Freigebigen verlange ich, daß er dem Vaterlande, seinen Nächsten, Verwandten und Freunden, bedürftigen Freunden wohlgemerkt, etwas zukommen läßt, nicht, wie die es machen, die vornehmlich denen etwas schenken, die selbst am ehesten dazu in der Lage sind. Mir scheint, ihre Gaben sind mit Leimruten und Angelhaken versehen; sie spenden nicht aus eigenem, sondern haschen nach fremdem Gut.

(H. Kasten)

PLINIUS MINOR, EPISTULAE 9, 30, 1–2 K.

1414 Extra fortunam est quidquid donatur amicis:
quas dederis solas semper habebis opes.

Nur was den Freunden du schenkst, das ist entrissen dem Zufall;
Schätze allein, die du gibst, bleiben dein steter Besitz.

(R. Helm)

MARTIAL, EPIGRAMMATA 5, 42, 7–8

1415 Multum interest, donaveris an succurreris, servaverit illum tua
liberalitas an instruxerit: saepe, quod datur, exiguum est, quod
sequitur ex eo, magnum.

Viel macht es aus, ob du geschenkt oder geholfen hast, ob deine
Großzügigkeit einen gerettet oder bereichert hat: oft ist, was gegeben
wird, wenig, seine Wirkung aber groß.

(nach M. Rosenbach)

SENECA, EPISTULAE MORALES 81, 14

**Schutz
gewähren**

1416 Tuti sunt omnes, unus ubi defenditur.

Wo *einem* Schutz wird, fühlt sich jeder sicher.

(H. Beckby)

PUBLILIUS SYRUS, SENTENTIAE T 5

Segenswunsch

1417 CALLICLES: **Deos volo consilia vostra recte vortere.**
CA. Der Himmel mag
Glück und Gedeihen allem eurem Tun verleihen!

(W. Binder – W. Ludwig)

PLAUTUS, TRINUMMUS 1155

1418 Quod bonum, faustum felixque sit!

Möge es gut, glückhaft und segensreich sein!

LIVIUS, AB URBE CONDITA 1, 17, 10

Tum interrex contione advocata '*Quod ... sit*', inquit, 'Quirites, regnum create; ita patribus
visum est. patres deinde, si dignum, qui secundus ab Romulo numeretur, createritis,
auctores fient.'

Damals berief der Interrex die Volksversammlung ein und verkündete: «Möge es ... sein,
Mitbüger, wenn ihr jetzt einen König wählt. Der Senat hat so entschieden. Wenn ihr einen
gewählt habt, der würdig ist, Nachfolger des Romulus zu werden, dann wird der Senat die
Wahl bestätigen.»

(H. J. Hillen)

Solidarität

1419 Si natura praescribit, ut homo homini, quicumque sit, ob eam
ipsam rem, quod is homo sit, consultum velit, necesse est
secundum eandem naturam omnium utilitatem esse communem.

Wenn die Natur vorschreibt, daß der Mensch für den Mitmenschen, wer er auch immer sei, eben aus dem Grunde, weil dieser ein Mensch ist, gesorgt wissen will, ist es notwendig, daß gemäß derselben Natur der Nutzen aller gemeinsam ist.

(K. Büchner)

CICERO, DE OFFICIIS 3, 27

1420 **Omne hoc, quod vides, quo divina atque humana conclusa sunt, unum est: membra sumus corporis magni. Natura nos cognatos edidit, cum ex isdem et in eadem gigneret. haec nobis amorem indidit mutuum et sociabiles fecit. illa aequum iustumque composuit, ex illius constitutione miserius est nocere quam laedi: ex illius imperio paratae sunt iuvandis manus.**
Alles, was du siehst, worin Göttliches und Menschliches zusammengefaßt ist, bildet eine Einheit: Glieder eines großen Körpers sind wir. Die Natur hat uns als Blutsverwandte geschaffen, als sie uns aus demselben Stoff zu derselben Bestimmung zeugte. Sie hat uns gegenseitige Liebe eingepflanzt und uns zum Leben in der Gesellschaft befähigt. Sie hat Billigkeit und Recht geschaffen, nach ihrer Verfügung ist es erbärmlicher, zu schaden als Schaden zu erleiden: nach ihrem Befehl sind die Hände zum Helfen bereit.

(nach M. Rosenbach)

SENECA, EPISTULAE MORALES 95, 52

1421 **Cohaereamus: in commune nati sumus; societas nostra lapidum fornicationi simillima est, quae casura nisi invicem obstarent, hoc ipso sustinetur.**
Seien wir solidarisch! Für die Gemeinschaft sind wir geboren: unsere Gemeinschaft gleicht einem Gewölbe, das zusammenbräche, wenn die Steine einander nicht stützten, und eben dadurch gehalten wird.

(M. Rosenbach)

SENECA, EPISTULAE MORALES 95, 53

1422 ANTIPHO: **Noli metuere: una tecum bona mala tolerabimus.**
AN. Sei nicht bange! Glück und Unglück tragen wir vereint mit dir.

Zusammen-halten

(J. J. Donner)

TERENZ, PHORMIO 556

1423 **Me quidem multa iam consolantur maximeque conscientia consiliorum meorum.**
Ich finde manchen Trost in dem Bewußtsein, das Rechte getan zu haben.

Trost

CICERO, AD FAMILIARES 4, 4 (3), 1 K. (AD SER. SULPICIUM)

Me quidem, etsi nemini concedo, qui maiorem ex pernicie et peste rei publicae molestiam traxerit, tamen *multa iam* ...

Auch ich gehöre gewiß zu denen, die unter dem furchtbaren Zusammenbruch des Staates mit am schwersten zu leiden haben, doch finde ich nachgerade manchen Trost... *(26. November 46 v. Chr.)*

(H. Kasten)

1424 **Quod adlatura est ipsa diurnitas, quae maximos luctus vetustate tollit, id nos praecipere consilio prudentiaque debemus. Etenim, si nulla fuit umquam liberis amissis tam imbecillo mulier animo, quae non aliquando lugendi modum fecerit, certe nos, quod est dies adlatura, id consilio anteferre debemus neque exspectare temporis medicinam, quam repraesentare ratione possimus.**
Was die Zeit von selbst mit sich bringt, die die tiefste Trauer nach und nach verblassen läßt, das müssen wir in kluger Einsicht vorwegnehmen. Wenn nie eine Mutter nach Verlust ihrer Kinder so haltlos gewesen ist, daß sie nicht doch einmal ihrer Trauer ein Maß setzte, dann müssen wir gewiß, was eines Tages doch geschehen wird, bewußt vorwegnehmen und nicht auf Heilung durch Zeit warten, die wir durch die Vernunft herbeiführen können. *(Frühjahr 46 v. Chr.)*

(H. Kasten)

CICERO, AD FAMILIARES 5, 17 (16), 5–6 K. (AD TITIUM)

1425 **Quicquid habes ad consolandum, collige!**
Suche zusammen, was Du an Trostgründen hast!

CICERO, AD ATTICUM 10, 16 (14), 2 K.

Quam ob rem, *quicquid* ... . *collige et* illa scribe, non ex doctrina neque ex libris, nam id quidem domi est; sed nescio quo modo imbecillior est medicina quam morbus.

Also such' zusammen, was Du an Trostgründen hast, und schreib es uns! Nicht, was Deine Philosophie Dir an die Hand gibt oder in Büchern zu lesen steht – davon habe ich selbst genug, aber irgendwie kommt diese Medizin nicht gegen die Krankheit auf. *(8. Mai 49 v. Chr.)*

(H. Kasten)

1426 **Tuus dolor humanus is quidem, sed magno opere moderandus. Consolationum autem multae viae, sed illa rectissima: impetret ratio, quod dies impetratura est.**
Gewiß ist Dein Schmerz menschlich verständlich; aber Du mußt Dich wirklich mäßigen. Trost gibt es auf vielen Wegen, doch der wirksamste ist der, daß der Verstand erreicht, was sonst die Zeit wirken wird.

CICERO, AD ATTICUM 13, 42 (12, 10) K.

Male mehercule de Athamante, *tuus* autem *dolor* ...

Der arme Athamas! Und gewiß ist ... *(18. November 45 v. Chr.)*

(H. Kasten)

1427 **Ad haec omnia una consolatio est, quod ea condicione nati sumus, ut nihil, quod homini accidere possit, recusare debeamus.**
Für all das gibt es nur einen Trost: es ist nun einmal so unser Los, daß wir alles, was einem Menschen zustoßen kann, ruhig hinnehmen müssen. *(17. Mai 44 v. Chr.)*

(H. Kasten)

CICERO, AD ATTICUM 15, 1, 1 K.

1428 **Si tibi potest solacio esse desiderii tui commune fatum, nihil, quo stat loco, stabit, omnia sternet abducetque secum vetustas. Nec hominibus solum (quota enim ista fortuitae potentiae portio est?), sed locis, sed regionibus, sed mundi partibus ludet.**
Wenn dich in deinem Schmerz das allgemeine Verhängnis trösten kann: Nichts bleibt an seinem Ort stehen, wo es steht, alles wird das Alter niederzwingen und mit sich reißen. Und nicht den Menschen allein – denn einen wie kleinen Teil seines Machtbereichs machen die aus? –, sondern auch mit Örtlichkeiten, Landschaften, Erdteilen wird das Schicksal sein Spiel treiben.

(G. Fink)

SENECA, AD MARCIAM DE CONSOLATIONE 26

1429 **Maximum solacium est cogitare id sibi accidisse, quod omnes ante se passi sunt omnesque passuri, et ideo mihi videtur rerum natura, quod gravissimum fecerat, commune fecisse, ut crudelitatem fati consolaretur aequalitas.**
Äußerst tröstlich ist (beim Verlust eines Angehörigen) der Gedanke, daß einem das widerfuhr, was alle vor uns traf und alle treffen wird, und darum scheint mir die Natur, was sie als Schwerstes bestimmt hatte, allen gemeinsam bestimmt zu haben, damit man sich angesichts der Härte des Schicksals mit dem Gedanken trösten kann, daß es uns gleich behandelt.

(G. Fink)

SENECA, AD POLYBIUM DE CONSOLATIONE 1

1430 **Ut crudum adhuc vulnus medentium manus reformidat, deinde patitur atque ultro requirit, sic recens animi dolor consolationes reicit ac refugit, mox desiderat et clementer admotis adquiescit.**
Wie eine noch frische Wunde vor der Hand des Arztes schaudert, dann sie sich gefallen läßt und sogar nach ihr verlangt, so weist frischer Seelenschmerz alle Tröstungen zunächst weit von sich, bald aber sehnt er sie herbei und beruhigt sich, wenn sie sanft an ihn herangetragen werden.

(H. Kasten)

PLINIUS MINOR, EPISTULAE 5, 16, 11 K.

Trostsuche 1431 **Quod me ipse per litteras consolatus sum, non paenitet me, quantum profecerim; maerorem minui, dolorem nec potui nec, si possem, vellem.**

Ich habe in literarischer Tätigkeit Trost gesucht und bin mit dem Erfolg nicht unzufrieden; meiner Traurigkeit habe ich gesteuert, den Schmerz habe ich nicht lindern können, und könnte ich's, so wollt' ich es gar nicht. *(24. März 45 v. Chr.)*

(H. Kasten)

CICERO, AD ATTICUM 12, 30 (28), 2 K.

Wille fürs Werk 1432 **Non semper numero numerus aequandus est; aliquando una res pro duabus valet; itaque in locum rei succedit tam propensa voluntas et cupida reddendi. quod si animus sine re ad referendam gratiam non valet, nemo adversus deos gratus est, et in quos voluntas sola confertur.**

Nicht immer darf Zahl mit Zahl gleichgesetzt werden; manchmal hat eine Sache die Kraft für zwei; daher tritt an die Stelle der Sache der Wille in seiner Neigung und seinem Wollen, sich erkenntlich zu zeigen. Wenn die Gesinnung ohne eine Sache keine Kraft hat, Dank abzustatten, ist niemand gegenüber den Göttern dankbar, denn auch ihnen wird allein der Wille dargebracht.

(M. Rosenbach)

SENECA, DE BENEFICIIS 7, 15, 4

Wohltat 1433 **Sat magna usura est pro beneficio memoria.**

Wer an die Wohltat denkt, zahlt reichlich Zinsen.

(H. Beckby)

PUBLILIUS SYRUS, SENTENTIAE S 41

1434 **Eodem animo beneficium debetur, quo datur, et ideo non est neglegenter dandum.**

Eine Wohltat wird in derselben Gesinnung geschuldet, wie sie erwiesen wird, und deswegen darf man sie nicht gedankenlos erweisen.

(nach M. Rosenbach)

SENECA, DE BENEFICIIS 1, 1, 8

1435 **Beneficium collocetur, quemadmodum thesaurus alte obrutus, quem non eruas, nisi fuerit necesse.**

Eine Wohltat ist eine sichere Anlage, gleich einem tief vergrabenen Schatz, den man nur dann ausgräbt, wenn es nötig ist.

(G. Fink)

SENECA, DE VITA BEATA 24$Z

1436 Beneficii tui tibi etiam infelicitas placeat: semper enim paenitebit,
si te ne nunc quidem paenitet. non est, quod indigneris, tamquam
aliquid novi acciderit; magis mirari deberes, si non accidisset.
Auch das Mißlingen einer Wohltat soll dir gefallen; immer wird es dich
reuen, wenn es dich auch jetzt nicht reut. Du hast keinen Anlaß, dich
zu entrüsten, als habe sich etwas Unerhörtes ereignet; eher müßtest
du dich wundern, wenn es sich nicht so ereignet hätte.

(nach M. Rosenbach)

SENECA, DE BENEFICIIS 7, 26, 2

1437 MICIO: Ille, quem beneficio adiungas, ex animo facit,
studet par referre, praesens absensque idem erit.
MI. Wen du durch Wohltun fesselst, der tut alles gern;
Er will vergelten; nah und fern bleibt er sich gleich.

(J. J. Donner)

TERENZ, ADELPHOE 72–73

Wohltaten

1438 CTESIPHO: Abs quovis homine, quom est opus, beneficium accipere
gaudeas;
verum enim vero id demum iuvat, si, quem aequomst facere, is
bene facit.
CT. Von jedem Menschen nimmt man gern Wohltaten an zur Zeit der
Not;
Doch ist die Freude doppelt, wenn der uns wohltut, dem's gebührt.

(J. J. Donner)

TERENZ, ADELPHOE 254–255

1439 Melius apud bonos quam apud fortunatos beneficium collocari
puto.
Ich meine, eine Wohltat ist besser bei Guten als bei vom Glück Begünstigten angebracht.

(K. Büchner)

CICERO, DE OFFICIIS 2, 71

1440 Extremum praeceptum in beneficiis operaque danda, ne quid
contra aequitatem contendas, ne quid pro iniuria; fundamentum
enim est perpetuae commendationis et famae iustitia, sine qua
nihil potest esse laudabile.
Die letzte Vorschrift beim Erweisen von Wohltaten und Diensten ist,
daß du nichts gegen die Billigkeit anstrengst, nichts für ein Unrecht.
Denn die Grundlage dauernder Empfehlung und dauernden Rufes ist
die Gerechtigkeit, ohne die nichts lobenswert sein kann.

(K. Büchner)

CICERO, DE OFFICIIS 2, 71

1441 **Beneficia nostra tueri solemus.**
Wir möchten, daß von Dauer ist, was wir Gutes getan haben.

CICERO, AD ATTICUM 15, 26 (14), 3 K.

Quod reliquum est, Buthrotiam et causam et civitatem, quamquam a te constituta est (*beneficia* autem *nostra tueri solemus*), tamen velim receptam in fidem tuam a meque etiam atque etiam tibi commendatam auctoritate et auxilio tuo tectam velis esse.

Im übrigen möchte ich Dich (*d. h.* Dolabella) bitten, die Bewohnerschaft von Buthrotum und ihre Sache, obwohl sie von Dir in Ordnung gebracht ist – wir möchten doch, daß von Dauer ist, was wir Gutes getan haben –, trotzdem, als Deinem Schutz unterstellt und Dir von mir ein über das andere Mal ans Herz gelegt, durch Deinen Einfluß und Deinen Beistand zu schützen. (*28. Juni 44 v. Chr.*)

(H. Kasten)

1442 **Est tanti, ut gratum invenias, experiri et ingratos. nemo habet tam certam in beneficiis manum, ut non saepe fallatur: aberrent, ut aliquando haereant.**
Es lohnt sich, damit du einen dankbaren Menschen findest, sich auch auf undankbare einzulassen. Niemand hat bei Wohltaten eine so sichere Hand, daß er sich nicht oft täuschte: sie mögen fehlgehen, wenn sie nur gelegentlich den Richtigen erreichen.

(nach M. Rosenbach)

SENECA, EPISTULAE MORALES 81, 2

1443 **Nihil carius aestimamus quam beneficium, quamdiu petimus, nihil vilius, cum accepimus.**
Nichts halten wir für teurer als eine Wohltat, solange wie sie uns wünschen, nichts für billiger, wenn wir sie erhalten haben.

(M. Rosenbach)

SENECA, EPISTULAE MORALES 81, 28

1444 **Multum interest inter materiam beneficii et beneficium; itaque nec aurum nec argentum nec quicquam eorum, quae pro maximis accipiuntur, beneficium est, sed ipsa tribuentis voluntas.**
Groß ist der Unterschied zwischen dem Gegenstand einer Wohltat und einer Wohltat; daher ist weder Gold noch Silber noch irgend etwas von den Dingen, die für die wichtigsten gehalten werden, eine Wohltat, sondern eben gerade der Wille dessen, der sie gewährt.

(M. Rosenbach)

SENECA, DE BENEFICIIS 1, 5, 2

1445 **Haec beneficii inter duos lex est: alter statim oblivisci debet dati, alter accepti numquam.**
Das ist zwischen zwei Menschen das Gesetz der Wohltat: der eine soll das Gegebene sofort vergessen, der andere das Empfangene niemals.

(M. Rosenbach)

SENECA, DE BENEFICIIS 2, 10, 4

1446 **Qui nimis de reddendo beneficio cogitat, nimis cogitare alterum de recipiendo putat. praestat se in utrumque facilem: si vult recipere beneficium, referamus reddamusque laeti; illud apud nos custodiri mavult? quid thensaurum eius eruimus? quid custodiam recusamus? dignus est, quoi, utrum volet, liceat. .**
Wer allzuviel über das Erwidern einer Wohltat nachdenkt, meint, der andere denke allzusehr über deren Entgegennahme nach. Er verhalte sich gegenüber beidem umgänglich: Wenn der Geber eine Wohltat wiederhaben will, wollen wir sie zurückbringen und fröhlich zurückerstatten; er will sie lieber bei uns aufbewahrt sehen? Was graben wir seinen Schatz aus? Was weisen wir die Aufbewahrung zurück? Er verdient, daß ihm freisteht, was von beiden er will.

(nach M. Rosenbach)

SENECA, DE BENEFICIIS 6, 43, 3

1447 **De benevolentia, quam quisque habeat erga nos, illud est in officio, ut ei plurimum tribuamus, a quo plurimum diligamur, sed benevolentiam non adulescentulorum more ardore quodam amoris, sed stabilitate potius et constantia iudicemus.**   **Wohlwollen**
Was das Wohlwollen anlangt, das ein jeder gegen uns haben soll, so gehört zum rechten Handeln, daß wir es dem am meisten zuwenden, von dem wir am meisten geliebt werden, aber dabei nicht nach der Art von Jünglingen nach der Glut der Liebe, sondern vielmehr nach der Festigkeit und Beständigkeit urteilen.

(nach K. Büchner)

CICERO, DE OFFICIIS 1, 47

1448 **Suadere primum, dein corripere benevoli est.**
Wohlwollen zeigt den Weg, bevor es tadelt.

(H. Beckby)

PUBLILIUS SYRUS, SENTENTIAE S 3

1449 SYRUS: **Di tibi omnes semper omnia optata offerant!**   **Wunsch**
SY. Daß dir alle Götter alle Wünsche stets erfüllten!

TERENZ, ADELPHOE 978

SYRUS: *Di tibi,* Demea, *omnes ...*

SY. Daß dir alle Götter alle Wünsche stets erfüllten, Herr!

(J. J. Donner)

1450 **Est quod differat in hominum ratione habenda inter iustitiam et verecundiam. iustitiae partes sunt non violare homines, verecundiae non offendere, in quo maxime vis perspicitur decori.**   **Zartgefühl**

Es gibt beim Rücksichtnehmen auf die Menschen einen Unterschied
zwischen Gerechtigkeit und Zartgefühl. Aufgabe der Gerechtigkeit
ist es, die Menschen nicht zu verletzen, des Zartgefühls, keinen Anstoß
zu erwecken, worin besonders das Wesen des Schicklichen erkannt
wird.

(K. Büchner)

CICERO, DE OFFICIIS 1, 99

Zurückhaltung   1451   **Modestiam in conscientiam ducunt.**
Zurückhaltung legt man als Schuldbewußtsein aus.

SALLUST, BELLUM IUGURTHINUM 85, 26

Sed in maxumo vostro beneficio quom omnibus locis meque vosque maledictis lacerent,
non placuit reticere, ne quis *modestiam in conscientiam duceret.*

Doch weil sie (*sc.* die Mitglieder der Nobilität) mich und euch trotz eures
außerordentlichen Gunstbeweises bei jeder Gelegenheit mit Schmähungen
herunterreißen, habe ich nicht schweigen wollen, damit niemand Zurückhaltung als
Schuldbewußtsein auslegen kann.

(Aus einer Rede des Marius)

(W. Eisenhut – J. Lindauer)

1452   **Quamquam minor vis bonis quam malis inest, ac sicut ἀμαθία μὲν
θράσος, λογισμὸς δὲ ὄκνον φέρει (amathía mèn thrásos, logismòs dè
óknon phérei), ita recta ingenia debilitat verecundia, perversa
confirmat audacia.**
Allerdings, in den Guten steckt weniger Energie als in den Schlechten,
und wie «Unwissenheit dreist, Überlegung bedenklich macht», so
schwächt Zurückhaltung aufrechte, bestärkt Dreistigkeit verkehrte
Geister

(H. Kasten)

PLINIUS MINOR, EPISTULAE 4, 7, 3 K.

Zuspruch   1453   **Extremum illud est, ut te orem et obsecrem, animo ut maximo sis
nec ea solum memineris, quae ab aliis magnis viris accepisti, sed
illa etiam, quae ipse ingenio studioque peperisti. Quae si conliges,
et sperabis omnia optime et, quae accident, qualiacumque erunt,
sapienter feres. Sed haec tu melius vel optime omnium.**
Zum Schluß möchte ich Dich inständig bitten: sei guten Mutes und
denke nicht nur an das, was Du andern großen Männern verdankst,
sondern auch an das, was Du Dir selbst durch Deine Begabung und
Deinen Fleiß erworben hast. Hältst Du Dir das vor Augen, dann wirst
Du hoffnungsvoll in die Zukunft blicken und alles, was passiert, mag
es sein, was es will, mit Gleichmut zu tragen wissen. Aber das weißt
Du selbst besser, oder vielmehr am besten von allen. (*August 46
v. Chr.*)

(H. Kasten)

CICERO, AD FAMILIARES 4, 13, 7 K. (AD P. FIGULUM)

1454 **Fac animo magno fortique sis et, si turbidissima sapienter ferebas, tranquilliora laete feras. Ego tamen tuis rebus adero ut difficillimis.**

Sei tapfer und wohlgemut, und wenn Du die trübsten Zeiten gelassen zu tragen wußtest, dann trag die ruhigeren mit heiterem Gemüt. Ich werde weiter wie in den schlimmsten Tagen für Dich eintreten.

CICERO, AD FAMILIARES 6, 14, 3 K. (AD LIGARIUM)

Quam ob rem *fac animo* ...

Darum sei tapfer ... *(26. November 46 v. Chr.)*

(H. Kasten)

Grenzfälle

1455 CHREMES: **Vide, quam iniquos sis prae studio: tu id efficias, quod cupis,**

neque modum benignitatis neque, quid me ores, cogitas;

nam si cogites, remittas iam me onerare iniuriis.

CHR. Sieh, wie der Eifer, deinen Wunsch zu krönen, dich unbillig macht.

Denn daß die Güte Grenzen hat, und was du willst, bedenkst du nicht.

Bedächtest du's, du drängtest mich nicht länger so voll Ungebühr.

(J. J. Donner)

TERENZ, ANDRIA 825–827

Grenzen der Güte

1456 PHILTO: **Praemonstro tibi,**

ut ita te aliorum miserescat, ne tui alios misereat.

PH. Ich bedeute dir, daß man mit anderen so weit nur

Soll Mitleid haben, daß man selbst nicht Mitleid braucht.

PLAUTUS, TRINUMMUS 342–343

PHILTO: De mendico male meretur, qui ei dat, quod edit aut bibat:
nam et illud, quod dat, perdit et illi prodit vitam ad miseriam.
non eo haec dico, quin, quae tu vis, ego velim et facere lubens:
sed ego hoc verbum, quom illi quoidam dico, *praemonstro tibi* ...

PH. Einen schlechten Dienst
Erweist dem Bettler, wer ihm Trank und Speise gibt;
Denn was er gibt, verliert er und verlängert ihm
Das Leben nur zu weiterem Elend. Das erwähn'
Ich nicht, weil, was du willst, nicht ich auch wollte, nicht
Es gerne täte: sondern wenn ich in bezug
Auf ihn, den Unbekannten, so mich äußere,
Bedeut ich nur, daß man ...

(W. Binder – W. Ludwig)

Grenzen des Mitleids

1457 PALAESTRIO: **Nam bene consultum inconsultumst, si id inimicis usuist,**

neque potest, quin, si id inimicis usuist, obsit tibi.

Rat für Feinde

PA. Denn der allerbeste Rat
Ist kein Rat, wenn er unseren Feinden Nutzen bringt.
Es ist nicht anders: Was dem Feinde nützt,
Muß dir selber schaden.

(W. Binder – W. Ludwig)

PLAUTUS, MILES GLORIOSUS 600–601

Rat des Hilflosen 1458 MENEDEMUS: **Tene istuc loqui!**
Nonne id flagitiumst, te aliis consilium dare,
foris sapere, tibi non posse te auxiliarier?
ME. Solche Sprache redest du?
O pfui der Schande, daß du anderen Rat erteilst,
Für andere klug bist und dir selbst nicht helfen kannst!

(J. J. Donner)

TERENZ, HEAUTONTIMORUMENOS 921–923

undruchsichtiger 1459 **Consilia ex eventu, non ex voluntate a plerisque probari solent.**
Rat Ratschläge pflegen die meisten nach ihren Folgen und nicht nach den
Absichten zu beurteilen.

CICERO, AD ATTICUM 9, 8 (7) A 1 (BALBUS ET OPPIUS S. D. M. CICERONI)

Nedum hominum humilium, ut nos sumus, sed etiam amplissimorum virorum *consilia ...*
probari solent. Tamen freti tua humanitate, quod verissimum nobis videtur, de eo, quod ad
nos scripsisti, tibi consilium dabimus, quod si non fuerit prudens, at certe ab optima fide et
optimo animo proficiscetur.

Die Ratschläge nicht nur unbedeutender Leute, wie wir es sind, auch die
hochangesehener Männer beurteilen die meisten Menschen gewöhnlich nach ihren
Folgen und nicht nach ihren Absichten. Trotzdem wollen wir Dir im Vertrauen auf Deine
Liebenswürdigkeit in der Sache, in der Du Dich an uns gewandt hast, den uns am
vernünftigsten scheinenden Rat erteilen. Stellt es sich dann heraus, daß er nicht klug
gewesen ist, so kommt er doch aus gutem Glauben und aufrichtigem Herzen. *(10. März 49*
v. Chr.)

(H. Kasten)

fehlende Rück- 1460 **Illud est in promptu, ut animadvertant, qui iuvare alios velint, ne**
sichtnahme **quos offendant. saepe enim aut eos laedunt, quos non debent, aut**
eos, quos non expedit; si imprudentes, neglegentiae est, si scientes,
temeritatis.
Jenes liegt auf der Hand, daß die, die anderen helfen wollen, achthaben sollen, niemanden vor den Kopf zu stoßen. Oft nämlich verletzt
man entweder die, die man nicht darf, oder die, die zu verletzen
schadet. Wenn aus Versehen, ist es Nachlässigkeit, wenn bewußt,
Tollheit.

CICERO, DE OFFICIIS 2, 68

Iam *illud* non sunt admonendi – *est* enim *in promptu* –, *ut animadvertant*, cum *iuvare alios*
velint ...

An jenes gar braucht man sie nicht zu erinnern – liegt es doch auf der Hand –, daß sie
achthaben sollen, wenn sie anderen helfen wollen ...

(K. Büchner)

1461 BALLIO: **Nimio id, quod pudet, facilius fertur quam illud, quod piget.**
BA. Die Scham trägt leichter sich, als sich der Ärger trägt.

PLAUTUS, PSEUDOLUS 281

... quod piget.
non dedisse istunc pudet: me, quia non accepi, piget.

... Ärger trägt.
Er schämt sich, weil er mir noch nichts gegeben hat;
Ich aber, weil ich nichts bekommen, ärgere mich.

(W. Binder – W. Ludwig)

Beschämung

1462 AESCHINUS: **Fac: promisi ego illis.**
MICIO: **promisti autem? de te largitor, puer!**
AE. Ich hab's versprochen: tu's!
MI. Versprochen? Schenke, was dein eigen ist!

(J. J. Donner)

TERENZ, ADELPHOE 940

**Schenken auf
Kosten anderer**

1463 **Omnino meminisse debemus id, quod a nostris hominibus saepissime usurpatum iam in proverbii consuetudinem venit: largitionem fundum non habere.**
Überhaupt müssen wir an das denken, was, von unseren Landsleuten so überaus oft gebraucht, schon zur Gewohnheit eines Sprichworts geworden ist: Schenken habe keinen Boden.

CICERO, DE OFFICIIS 2, 55

Nec ita claudenda res est familiaris, ut eam benignitas aperire non possit, nec ita reseranda, ut pateat omnibus; modus adhibeatur isque referatur ad facultates. *omnino ...*

Das Vermögen ist nicht so zu verschließen, daß es die Wohltätigkeit nicht zu öffnen vermöchte, noch so zu öffnen, daß es allen freisteht. Maß soll man anwenden, und das soll man beziehen auf die Möglichkeiten. Überhaupt ...

(K. Büchner)

**grenzenloses
Schenken**

1464 ARGYRIPPUS: **Bene merenti mala's, male merenti bona's. at malo cum tuo.**
AR. Mit dem, der's gut meint, meinst du's schlecht, dagegen gut
Mit dem, der's schlecht meint, das soll dich noch schwer gereuen.

(W. Binder – W. Ludwig)

PLAUTUS, ASINARIA 129–130

**unbedachte
Hilfe**

Problematische Fälle

1465 **Perdit, non donat, qui dat, nisi sit memoria.**
Geschenke ohne Dank sind weggeworfen.

(H. Beckby)

PUBLILIUS SYRUS, SENTENTIAE P 18

**Schenken an
Undankbare**

Schenken aus Angabe

1466 Crede mihi, quamvis ingentia, Postume, dona
auctoris pereunt garrulitate sui.
Glaub mir, alle Geschenke, die größten, Postumus, selber,
schwatzt der Geber davon dauernd, verlieren den Wert.

(R. Helm)

MARTIAL, EPIGRAMMATA 5, 52, 7–8

Schenken ohne Takt

1467 Non quo more piris vesci Calaber iubet hospes
tu me fecisti locupletem: 'vescere sodes.'
'iam satis est.' 'at tu, quantum vis, tolle.' 'benigne.'
'non invisa feres pueris munuscula parvis.'
'tam teneor dono, quam si dimittar onustus.'
'ut libet: haec porcis hodie comedenda relinques.'
Du (Maecenas) hast mich begütert gemacht, – nicht auf die Art, wie
der Calabrier seinen Gast zum Birnenessen nötigt. «Bitte, laß es dir
schmecken!» «Ich habe schon genug.» «So steck dir nach Gefallen ein.»
«Oh, danke, zu gütig!» «Deine Kleinen werden es nicht ungern sehen,
wenn Vater hübsch was mitbringt.» «Ich fühle mich beschenkt, so gut
als ginge ich bepackt von hinnen.» «Nun, wie es beliebt; was du hier
läßt, müssen heute die Schweine fressen.»

(H. Färber – W. Schöne)

HORAZ, EPISTULAE 1, 7, 14–19

sinnlose Hilfe

1468 Quam miserum auxilium est, ubi nocet, quod sustinet.
Traurig ist die Hilfe, die uns helfend schadet.

(H. Beckby)

PUBLILIUS SYRUS, SENTENTIAE Q 26

Fehlhaltungen

Hilfe für gleichgültiges Verhalten

1469 Non votis neque suppliciis muliebribus auxilia deorum parantur;
vigilando agundo bene consulundo prospere omnia cedunt. Ubi
socordiae te atque ignaviae tradideris, nequiquam deos implores:
irati infestique sunt.
Nicht durch Gelübde und weibische Bittgebete gewinnt man den
Beistand der Götter; durch Wachsamkeit, Handeln und reifliches
Überlegen nimmt alles einen günstigen Verlauf. Wo man sich der
Gleichgültigkeit und Schlaffheit überläßt, ist es sinnlos, die Götter
anzuflehen: sie sind da zornig und feindselig.

(W. Eisenhut – J. Lindauer)

SALLUST, CATILINAE CONIURATIO 52, 29

1470 **Omnes praeoccupati sumus: virtutes discere vitia dediscere est.**
Alle sind wir vorbelastet: sittliche Haltung zu lernen heißt Fehlhaltungen zu verlernen.

(M. Rosenbach)

Seneca, Epistulae morales 50, 7

1471 **Nempe reprehenditur adsentator et aliena subsequens verba,
paratus ad falsa laudator; non minus placens sibi et se suspiciens,
ut ita dicam, adsentator sui. vitia non tantum, cum foris peccant,
invisa sunt, sed cum in se retorquentur.**
Natürlich wird der Liebediener kritisiert, der sich fremden Worten
anschließt, der zu Unehrlichem bereite Lobhudler; nicht weniger, wer
sich selbst gefällt und bewundert, als sozusagen sein eigener Liebediener. Fehlhaltungen sind nicht nur dann verhaßt, wenn man sie sich
in der Öffentlichkeit zuschulden kommen läßt, sondern auch, wenn
sie sich gegen die eigene Person richten.

(nach M. Rosenbach)

Seneca, De beneficiis 5, 7, 4

1472 **Vix effici toto saeculo potest, ut vitia tam longa licentia tumida
subigantur et iugum accipiant, nedum, si tam breve tempus
intervallis caedimus. unam quamlibet rem vix ad perfectum
perducit assidua vigilia et intentio.**
Kaum kann man in einem ganzen Leben erreichen, daß sich Fehlhaltungen, die durch lange Freizügigkeit angeschwollen sind, unterdrücken lassen und das Joch hinnehmen, geschweige denn, wenn wir
eine so kurze Zeit durch Unterbrechungen zerstückeln. Schon einen
einzigen beliebigen Gegenstand kann beständige Hingabe und
Anstrengung kaum zur Vollendung führen.

(nach M. Rosenbach)

Seneca, Epistulae morales 69, 5

1473 **Istis dicentibus 'Quo usque eadem?' responde: Ego debebam
dicere: 'Quo usque eadem peccabitis?' Remedia ante vultis quam
vitia desinere?**
Denen, die da sagen: «Wie lange dasselbe?» antworte: Ich müßte
sagen: «Wie lange werdet ihr immer dieselben Fehler machen?» Ihr
wollt, daß die Heilmittel eher aufhören als die Fehlhaltungen?

Seneca, Epistulae morales 89, 18–19

... *vitia desinere?* ego vero ea magis dicam et, quia recusatis, perseverabo. tunc incipit
medicina proficere, ubi in corpore alienato dolorem tactus expressit. dicam etiam invitis
profutura.

... die Fehlhaltungen? Ich freilich werde desto nachdrücklicher sprechen und, weil ihr
euch sträubt, darin nicht müde werden. Dann erst beginnt eine Medizin zu wirken, wenn
an einem gefühllosen Körper eine Berührung Schmerz hervorruft. Ich werde euch sagen,
was auch gegen euren Willen nützen wird.

(nach M. Rosenbach)

Arglist

1474 **Astutiae tollendae sunt eaque malitia, quae vult illa quidem videri se esse prudentiam, sed abest ab ea distatque plurimum; prudentia est enim locata in dilectu bonorum et malorum, malitia, si omnia, quae turpia sunt, mala sunt, mala bonis ponit ante.**

Schlaue Kniffe sind fernzuhalten und die Arglist, die Klugheit scheinen möchte, von ihr aber am weitesten entfernt und getrennt ist. Klugheit liegt nämlich in der Wahl zwischen Gutem und Schlechtem, Arglist zieht, wenn alles, was schimpflich ist, schlecht ist, das Schlechte dem Guten vor.

(K. Büchner)

CICERO, DE OFFICIIS 3, 71

auf Kosten anderer

1475 **Re vera ludis de alieno corio.**

Du riskierst einen fremden Kragen.

(E. Brandt – W. Ehlers)

APULEIUS, METAMORPHOSES 7, 11, 6

Ausnützen

1476 **Ut quisque est vir optimus, ita difficillime esse alios improbos suspicatur.**

Je anständiger einer ist, um so weniger verdächtigt er andre als Schurken.

CICERO, AD QUINTUM FRATREM 1, 1, 12 K.

A quibus, rudis cum esses, videtur potuisse tua liberalitas decipi – nam *ut quisque* ...

Anscheinend hat diese Gesellschaft, als Du noch unerfahren warst, Deine Großzügigkeit zu mißbrauchen verstanden – natürlich, je anständiger ... *(Ende 60/Anfang 59 v. Chr.)*

(nach H. Kasten)

1477 **Homines antiqui, qui ex sua natura ceteros fingerent, crediderunt.**

Die altmodischen Leute, die sich ihre Mitmenschen so vorstellten, wie sie selbst waren, schenkten (diesen Reden) Glauben.

CICERO, PRO SEX. ROSCIO AMERINO 26

.... *fingerent*, cum ille confirmaret sese nomen Sex. Rosci de tabulis exempturum, praedia vacua filio traditurum, cumque id ita futurum T. Roscius Capito, qui in decem legatis erat, appromitteret, *crediderunt;* Ameriam re inorata reverterunt.

Er (*i. e.* Chrysogonus) versicherte, er werde den Namen des Sextus Roscius aus den (Proskriptions-)Listen tilgen und dem Sohn die Güter frei von fremden Rechtstiteln übergeben, und obendrein versprach T. Roscius Capito, der zu den zehn Abgesandten gehörte, daß man es wirklich so halten wolle. Die altmodischen Leute ... Sie kehrten nach Ameria zurück, ohne ihre Sache vorgetragen zu haben.

(M. Fuhrmann)

Bosheit

1478 **Nemo praeceptis curat insaniam, ergo ne malitiam quidem.**

Niemand heilt mit Vorschriften Wahnsinn, also auch nicht Bosheit.

(M. Rosenbach)

SENECA, EPISTULAE MORALES 94, 36

1479 ERGASILUS: **Sese omnes amant.**
ER. Jeder liebt nur sich.

PLAUTUS, CAPTIVI 477

ERGASILUS (parasita): Neque ridiculos iam terrunci faciunt: *sese* ...

ER. (Parasit): Keinen Heller mehr
Schätzt man die Lustigmacher. Jeder ...

(W. Binder – W. Ludwig)

Eigenliebe

1480 **O di, quam ineptus, quam se ipse amans sine rivali!**
Mein Gott, dieser Tropf, diese Eigenliebe ohne Nebenbuhler!

CICERO, AD QUINTUM FRATREM 3, 6, 4 K.

Res prolatae, ad interregnum omnia adducta. rumor dictatoris iniucundus bonis, mihi
etiam magis, quae loquuntur; sed tota res et timetur et refrigescit. Pompeius plane se
negat velle; antea ipse non negabat. Hirrus auctor fore videtur, *o di* ...

Die öffentlichen Geschäfte sind vertagt; bei den Wahlen läßt man es auf ein Interregnum
ankommen. Das Gerede von Diktatur fällt den Optimaten auf die Nerven; mir noch mehr,
was man so redet. Aber die ganze Geschichte macht zunächst Angst und verliert dann
wieder an Interesse. Pompeius versichert, er wolle auf keinen Fall; mir gegenüber hat er
neulich nicht nein gesagt. Anscheinend soll Hirrus den Antrag einbringen – mein Gott,
dieser Tropf ... *(November 54 v. Chr.)*

(H. Kasten)

1481 LYSIMACHUS: **Suam quisque homo rem meminit.**
LY. Jedweder denkt zuerst an seine Sache.

(W. Binder – W. Ludwig)

PLAUTUS, MERCATOR 1011

Eigennutz

1482 **Detrahere alteri aliquid et hominem hominis incommodo suum**
commodum augere magis est contra naturam quam mors, quam
paupertas, quam dolor, quam cetera, quae possunt aut corpori
accidere aut rebus externis. Nam principio tollit convictum
humanum et societatem. Si enim sic erimus adfecti, ut propter
suum quisque emolumentum spoliet aut violet alterum, disrumpi
necesse est eam, quae maxime est secundum naturam, humani
generis societatem.
Den Nächsten um etwas zu kürzen und als Mensch durch des Mitmenschen Nachteil den eigenen Vorteil zu mehren ist mehr gegen die
Natur als der Tod, als die Armut, als der Schmerz, als das übrige, was
dem Körper oder den äußeren Dingen zustoßen kann. Denn zum
ersten hebt es die menschliche Lebensgemeinschaft und Gesellschaft
auf. Wenn wir nämlich die Haltung einnehmen, daß ein jeder seines
Vorteils wegen den anderen beraubt oder verletzt, muß mit Notwendigkeit die Gesellschaft des Menschengeschlechts, die besonders der
Natur gemäß ist, auseinandergerissen werden.

(K. Büchner)

CICERO, DE OFFICIIS 3, 21

Nachteil zufügen

Mißgunst 1483 PHILTO: **De magnis divitiis siquid demas, plus fit an minus?**
LYSITELES: **Minus, pater: sed, civi inmuni, scin, quid cantari solet:**
'Quod habes, ne habeas, et illuc, quod non habes, habeas, malim,
quandoquidem nec tibi bene esse pote pati neque alteri.'
PH. Wenn du von großen Schätzen etwas wegnimmst, wirds
Mehr oder weniger? LY. Weniger, doch du weißt, was man
Dem nicht gerne gebenden Bürger für ein Liedchen singt:
«Was du hast, sollst du nicht haben, was du nicht hast, wünsch' ich dir
Da du weder eigenes Wohlsein noch auch fremdes tragen kannst.»

PLAUTUS, TRINUMMUS 349–352

... neque alteri.
PHILTO: Scio equidem istuc ita solere fieri: verum, gnate mi,
is est inmunis, quoi nil est, qui munus fungatur suom.

... tragen kannst.»
PH. Wohl ist das Sprichwort mir bekannt; allein, mein Sohn,
Vom Geben frei ist der, der nichts zu geben hat.

(W. Binder – W. Ludwig)

Opportunismus 1484 THESPRIO: **Utcumque in alto ventust, Epidice, exim velum vortitur.**
TH. Nach dem Wind auf offener See richtet man
Die Segel.

(W. Binder – W. Ludwig)

PLAUTUS, EPIDICUS 49

Prahlen 1485 **Deforme est de se ipsum praedicare, falsa praesertim, et cum**
inrisione audientium imitari militem gloriosum.
Häßlich ist es, von sich selber große Worte zu machen, zumal
unwahre, und unter dem Spott der Hörer den prahlerischen Soldaten
(den *Miles gloriosus* des Plautus) nachzuahmen.

(nach K. Büchner)

CICERO, DE OFFICIIS 1, 137

Schadenfreude 1486 CHARINUS: **Hocine credibile aut memorabile,**
tanta vecordia innata quoiquam ut siet,
ut malis gaudeant atque ex incommodis
alterius sua ut comparent commoda?
CH. Sollte man's glauben wohl oder aussprechen gar,
Daß ein Mensch von Natur so bösartig sei,
Daß der Schmerz seiner Mitmenschen ihm Freude macht,
Daß er aus ihrem Leid seine Vorteile zieht?

(J. J. Donner)

TERENZ, ANDRIA 625–628

1487 **Nemo id esse, quod iam videtur, timet; deprenso pudor emittitur.**
Niemand fürchtet, das zu sein, als was er schon gilt; wer ertappt ist,
der läßt die Scham fahren.

(nach M. Rosenbach)
SENECA, DE BENEFICIIS 7, 38, 3

Scham verlieren

1488 **Geminat peccatum, quem delicti non pudet.**
Wer sich des Fehls nicht schämt, begeht in doppelt.

(H. Beckby)
PUBLILIUS SYRUS, SENTENTIAE G 11

Schamlosigkeit

1489 APOECIDES: **Plerique homines, quos, quom nil refert, pudet,**
ubi pudendumst, ibi eos deserit pudor,
quom usust, ut pudeat.
AP. Die Menschen ihrer großen Zahl nach schämen sich,
Wo's nichts zu schämen gibt; dagegen, wo
Man sich schämen sollte, weicht die Scham
von ihnen ganz.

(W. Binder – W. Ludwig)
PLAUTUS, EPIDICUS 166–167

1490 CHARINUS: **Quod nisi puderet, ne luberet vivere.**
CH. Wo keine Scham, ist auch das Leben nichts mehr wert.

(W. Binder – W. Ludwig)
PLAUTUS, MERCATOR 60

1491 **An ignoras eos etiam, qui morituris auxilium salutare denegarint,**
quod contra mores id ipsum fecerint, solere puniri?
Oder weiß du nicht, daß auch, wer bei Lebensgefahr Hilfe und Rettung
verweigert, weil er eben damit gegen die guten Sitten verstößt, bestraft
zu werden pflegt?

(E. Brandt – W. Ehlers)
APULEIUS, METAMORPHOSES 7, 27, 8

*unterlassene
Hilfeleistung*

1492 **Nil habuit Cordus, quis enim negat? et tamen illud**
perdidit infelix totum nihil. ultimus autem
aerumnae cumulus, quod nudum et frusta rogantem
nemo cibo, nemo hospitio tectoque iuvabit.
Nichts besaß Cordus, wer könnte es leugnen? Und dennoch verlor
der Unglückliche dieses Nichts vollständig. Der höchste Gipfel
des Kummers aber ist, daß niemand den Nackten und um Brocken
Bettelnden
mit Nahrung unterstützen wird, niemand mit gastlichem Obdach.

JUVENAL, SATURAE 3, 208–211

Hilfe verweigern

... tectoque iuvabit:.
si magna Asturici cecidit domus, horrida mater,
pullati proceres, differt vadimonia praetor,
tum gemimus casus urbis, tunc odimus ignem.

... Obdach:
wenn aber das große Haus des Asturicus einstürzte, trägt Trauer die Matrone,
legen dunkle Gewänder die hohen Herren an, verschiebt der Praetor die Prozeßtermine,
dann jammern wir über die Schicksalsschläge der Stadt, dann verwünschen wir das Feuer.

(J. Adamietz)

1493 **Evenit mihi, quod plerisque non suo vitio ad inopiam redactis: omnes ignoscunt, nemo succurrit.**
Es geht mir wie den meisten, die ohne eigene Schuld in Not geraten sind: alle verzeihen, aber keiner hilft.

(nach M. Rosenbach)

SENECA, EPISTULAE MORALES 1, 4

Selbstsucht

1494 **Qui se spectat et propter hoc ad amicitiam venit, male cogitat. quemadmodum coepit, sic desinet. paravit amicum adversum vincula laturum opem: cum primum crepuerit catena, discedet.**
Wer sich selbst im Auge hat und deswegen Freundschaft schließt, ist schlecht beraten. Wie der Beginn, so das Ende. Er hat einen Freund gewonnen, der ihm gegen Fesseln Hilfe bringen soll: sobald die Kette klirrt, wird er sich davonmachen.

(nach M. Rosenbach)

SENECA, EPISTULAE MORALES 9, 8

Streiten

1495 **In immensum damni procedens querela nutrit immanem discordiam.**
Der Streit um einen Schaden verlängert sich ins Endlose und unterhält großen Unfrieden.

APULEIUS, METAMORPHOSES 10, 14, 5

Video *in immensum damni procedentem querelam nutrire nobis immanem discordiam.*

Ich sehe, daß sich der Streit um den Schaden ins Endlose verlängert und einen großen Unfrieden zwischen uns unterhält.

(E. Brandt – W. Ehlers)

Undank

1496 TOXILUS: **Nam improbus est homo, qui beneficium scit accipere et reddere nescit.**
To. Ein schlechter Mann ist der, der, was man Gutes ihm Erwies, nicht auch durch Gutes zu vergelten weiß.

(W. Binder – W. Ludwig)

PLAUTUS, PERSA 762

1497 MNESILOCHUS: **Nam pol quidem meo animo ingrato homine nihil impensiust.**
MN. Denn ich fühle wohl,
Undank ist an den Menschen das Verläßlichste.
(W. Binder – W. Ludwig)
PLAUTUS, BACCHIDES 394

1498 **Nonne satis est ab hominibus virtutis ignaris gratiam bene merentibus non referri? etiam in eos, qui omnis suas curas in rei publicae salute defigunt, crimen et invidia quaeretur?**
Genügt es nicht, daß Leute, die von Leistung keinen Begriff haben, dem Verdienst keinerlei Dank wissen? Müssen sie noch gegen die, deren ganzes Sorgen auf das Wohl des Staates gerichtet ist, gehässige Beschuldigungen ersinnen?
(M. Fuhrmann)
CICERO, ORATIONES PHILIPPICAE 14, 13

1499 PAMPHILUS: **Audi nunciam:**
ego, Charine, ne utiquam officium liberi esse hominis puto,
quom is nil mereat, postulare id gratiae adponi sibi.
CH. Vernimm!
Meiner Ansicht nach, Charinus, ziemt es nie dem braven Mann,
Auch nur kleinen Dank zu fordern, wenn er keinen Dank verdient.
(J. J. Donner)
TERENZ, ANDRIA 329–331

1500 **Commode, quicumque dixit, 'pecuniam qui habeat, non reddidisse, qui reddiderit, non habere, gratiam autem et, qui rettulerit, habere et, qui habeat, rettulisse'.**
Den Nagel auf den Kopf getroffen hat, wer sagte: «Wer Geld habe, habe es nicht erstattet, wer es erstattet habe, habe es nicht. Wer aber Dank erwies, bewahre ihn, und wer ihn bewahrt, habe ihn erwiesen.»
(K. Büchner)
CICERO, DE OFFICIIS 2, 69

1501 **Qui festinat utique reddere, non habet animum grati hominis, sed debitoris, et, ut breviter, qui nimis cupit solvere, invitus debet; qui invitus debet, ingratus est.**
Wer sich beeilt, in jedem Fall eine Wohltat zu erwidern, hat nicht die Gesinnung ines dankbaren Menschen, sondern eines Schuldners. Und, um es kurz zu sagen, wer allzusehr eine Dankesschuld abzutragen wünscht, ist ungern etwas schuldig; wer ungern etwas schuldet, ist undankbar.
(M. Rosenbach)
SENECA, DE BENEFICIIS 4, 40, 5

1502 **Non est gloriosa res gratum esse, nisi tutum est ingratum fuisse.**
Dankbarkeit ist kein rühmliches Verhalten, wenn es nicht ungefährlich ist, undankbar gewesen zu sein.

(nach M. Rosenbach)

SENECA, DE BENEFICIIS 3, 7, 3

1503 **Nihil cognovi ingratius, in quo vitio nihil mali non inest.**
So etwas von Undankbarkeit habe ich noch nicht erlebt; übrigens ein
Charakterfehler, der jedes andere Manko in sich begreift.

CICERO, AD ATTICUM 8, 5 (4)1, 1–2 K.

Ad quem ego quas litteras, dei immortales, miseram, quantum honoris significantes,
quantum amoris! Dicaearchum mehercule aut Aristoxenum diceres arcessi, non unum
omnium loquacissimum et minime aptum ad docendum. 'Sed est memoria bona.' Me dicet
esse meliore. Quibus litteris ita respondit, ut ego nemini, cuius causam non reciperem.
Semper enim: 'Si potero, si ante suscepta causa non impediar.' Numquam reo cuiquam
tam humili, tam sordido, tam nocenti, tam alieno tam praecise negavi, quam hic mihi
plane sine ulla exceptione praecidit. *Nihil ...*

Mein Gott, was für einen Brief habe ich ihm geschrieben! Welche Ehrerbietung, welche
Liebe sprach aus ihm! Einen Dikaiarchos oder Aristoxenos engagiert man so, könnte man
mit Fug und Recht sagen, nicht aber solch einen Oberschwätzer, dem es an jeglichem
Lehrtalent mangelt. «Aber er hat ein gutes Gedächtnis!» Meines, das wird er bald merken,
ist besser! Auf diesen Brief also hat er mir nun geantwortet in einem Ton, den ich mir
nicht einmal einem Mandanten gegenüber, dessen Sache ich nicht übernehmen wollte,
erlaubt hätte. Immer heißt es nur «wenn ich kann», «wenn ältere Verpflichtungen es mir
gestatten». Noch nie habe ich mich einem noch so niedrigen, noch so armseligen, noch so
ruchlosen, noch so fremden Menschen so barsch versagt, wie er mir jede Bitte glatt
abgeschlagen hat. So etwas von Undankbarkeit ... *(22. Februar 49 v. Chr.)*

(H. Kasten)

1504 **Omnes immemorem beneficii oderunt eamque iniuriam in
deterrenda liberalitate sibi etiam fieri eumque, qui faciat,
communem hostem tenuiorum putant.**
Alle hassen den, der einer Wohltat nicht eingedenk ist, und meinen,
dies Unrecht geschehe, da hierbei die Großzügigkeit abgeschreckt
wird, auch ihnen und halten den, der das tut, für den gemeinsamen
Feind der Schwächeren.

(nach K. Büchner)

CICERO, DE OFFICIIS 2, 63

1505 **Nec mirum est inter plurima maximaque vitia nullum esse
frequentius quam ingrati animi.**
Es ist nicht erstaunlich, daß unter den häufigsten und bedeutendsten
Fehlhaltungen keine häufiger ist als die einer undankbaren Gesinnung.

(M. Rosenbach)

SENECA, DE BENEFICIIS 1, 1, 2

1506   **Ubi, quod acceperis, leve novorum cupiditas fecit, auctor quoque eorum non est in pretio.**

Sobald die Begierde nach Neuem das, was du empfangen hast, bedeutungslos gemacht hat, ist auch dessen Urheber nicht mehr von Belang.

(M. Rosenbach)

SENECA, DE BENEFICIIS 3, 3, 2

1507   **Quomodo fenerator quosdam debitores non appellat, quos decoxisse et in quorum pudorem nihil superest, nisi quod pereat, sic ego quosdam ingratos palam ac pertinaciter praeteribo nec ab ullo beneficium repetam, nisi a quo non ablaturus ero, sed recepturus.**

Wie ein Geldverleiher manche Schuldner nicht anspricht, von denen er weiß, daß sie Bankrott gemacht haben und daß zu ihrer Beschämung nichts übrig ist außer dem, was verlorengeht, so werde ich an manchen Undankbaren öffentlich und hartnäckig vorbeigehen und von keinem eine Wohltat zurückverlangen, außer wenn ich sie ihm nicht entreißen muß, sondern von ihm erhalten kann.

(nach M. Rosenbach)

SENECA, DE BENEFICIIS 5, 21, 3

1508   **Si indignaris ingratos esse, indignare luxuriosos, indignare avaros, indignare impudicos, indignare aegros deformes senes pallidos. est istuc grave vitium, est intolerabile et quod dissociet homines, quod concordiam, qua inbecillitas nostra fulcitur, scindat ac dissupet, sed usque eo vulgare est, ut illud ne qui queritur quidem effugerit.**

Wenn du dich empörst, daß man undankbar ist, empöre dich, daß man verschwenderisch, empöre dich, daß man habsüchtig, empöre dich, daß man schamlos, empöre dich, daß man krank, mißgestaltet, daß man alt, bleich ist. Es ist das eine schwere, eine unerträgliche Fehlhaltung, die die Menschen entzweit, die die Einigkeit, die Stütze unserer Schwäche, spaltet und zerstört; doch ist sie bis zu dem Grade verbreitet, daß ihr selbst der nicht entgeht, der über sie klagt.

(nach M. Rosenbach)

SENECA, DE BENEFICIIS 7, 27, 3

1509   **Non est magni animi beneficium dare et perdere; hoc est magni animi perdere et dare.**   Wohltaten

Es ist kein Zeichen von Großmut, eine Wohltat zu erweisen und zu verlieren; das ist ein Zeichen von Großmut, sie zu verlieren und zu erweisen.

(M. Rosenbach)

SENECA, DE BENEFICIIS 7, 32, 4

1510 **Istud non beneficium, sed fenus est circumspicere non, ubi optime ponas, sed ubi quaestuosissime habeas, unde facillime tollas.**
Das ist keine Wohltat, sondern ein Geldgeschäft, sich umzublicken, nicht wo du sie am besten anbringst, sondern wo sie dir den reichsten Ertrag verspricht, von wo du sie am leichtesten eintreiben kannst.

(M. Rosenbach)

SENECA, DE BENEFICIIS 4, 3, 3

1511 LESBONICUS: **Nullum beneficium esse duco id, quod, quoi facias, non placet.**
LE. Nicht Wohltat nenn' ich das,
Was dem mißfällt, dem's widerfährt.

(W. Binder – W. Ludwig)

PLAUTUS, TRINUMMUS 638

1512 **Fit deterior, qui accipit, atque ad idem semper exspectandum paratior.**
Schlechter wird, wer nimmt, und bereiter, immer auf dasselbe zu warten.

CICERO, DE OFFICIIS 2, 53

... *paratior.* hoc ille (Philippus) filio (Alexandro), sed praeceptum putemus omnibus.

... zu warten. Das schrieb jener (König Philipp von Makedonien) an seinen Sohn (Alexander), wir wollen meinen, es sei allen geraten.

(K. Büchner)

1513 **Praeclare Ennius: 'Benefacta male locata male facta arbitror.'**
Vortrefflich sagt Ennius: «Eine Wohltat übel angewendet ist Übeltat.»

ENNIUS BEI CICERO, DE OFFICIIS 2, 62

Propensior benignitas esse debebit in calamitosos, nisi forte erunt digni calamitate. in iis tamen, qui se adiuvari volent, non ne adfligantur, sed ut altiorem gradum ascendant, restricti omnino esse nullo modo debemus, sed in deligendis idoneis iudicium et diligentiam adhibere. Nam *praeclare Ennius* ...

Geneigter wird die Wohltätigkeit gegen die Unglücklichen sein müssen, es müßte denn sein, sie verdienten ihr Unglück. Bei denen hingegen, die unterstützt werden wollen, nicht um nicht zu Boden geschlagen zu werden, sondern um eine höhere Stufe zu erklimmen, müssen wir keineswegs gänzlich abweisend sein, wohl aber bei der Auswahl der Geeigneten Urteil und Sorgfalt anwenden. Denn vortrefflich sagt Ennius ...

(K. Büchner)

1514 **Nec facile dixerim, utrum turpius sit infitiari an repetere beneficium; id enim genus huius crediti est, ex quo tantum recipiendum est, quantum ultro refertur.**
Nicht leicht vermag ich zu sagen, ob es schimpflicher ist, eine Wohltat abzustreiten oder sie zurückzufordern; das ist nämlich die Eigenart dieses Darlehens, daß man von ihm nur so viel zurückbekommen darf, wie aus freien Stücken zurückgezahlt wird.

(M. Rosenbach)

SENECA, DE BENEFICIIS 1, 1, 3

1515 **Dicam, quod sentio: qui beneficium non reddit, magis peccat; qui non dat, citius.**
Ich will sagen, was ich meine: Wer eine Wohltat nicht vergilt, verfehlt sich schwerer, wer sie nicht erweist, schneller.

(nach M. Rosenbach)

SENECA, DE BENEFICIIS 1, 1, 13

1516 **Turpis feneratio est beneficium expensum ferre.**
Schäbiger Wucher ist es, eine Wohltat als Ausgabe zu buchen.

SENECA, DE BENEFICIIS 1, 2, 3

Numquam beneficia vir bonus cogitat nisi admonitus a reddente; alioqui in formam credendi transit. *turpis feneratio est* ...

Niemals denkt ein Mann von Wert an seine Wohltaten, außer wenn er von dem Erstattenden daran erinnert wird; andernfalls nimmt Schenken den Charakter einer Kreditgewährung an. Schäbiger Wucher ...

(M. Rosenbach)

1517 **Beneficium qui dedisse se dicit, petit.**
Wer Wohltat in Erinnerung bringt, der fordert.

(H. Beckby)

PUBLILIUS SYRUS, SENTENTIAE B 15

1518 **Cui non conveniet sua res, ut calceus olim,**
si pede maior erit, subvertet, si minor, uret.
Wem der eigne Zuschnitt nicht paßt, dem wird es gehn wie manchmal mit dem Schuhwerk: ist der Schuh zu weit, bringt er den Fuß zum Straucheln, ist er zu eng, so drückt er.

(H. Färber – W. Schöne)

HORAZ, EPISTULAE 1, 10, 42–43

Wünsche

1519 **Se quisque consultat et in secretum pectoris sui redeat et inspiciat,**
quid tacitus optaverit: quam multa sunt vota, quae etiam sibi fateri
pudet! quam pauca, quae facere coram teste possimus!
Es frage ein jeder sich selbst, gehe in das geheime Innere seines Herzens und betrachte, was er an unausgesprochenen Wünschen hatte: Wie viele Wünsche sind es, die auch sich selbst einzugestehen beschämt! Wie wenige, die wir auch im Angesicht von Zeugen aussprechen können!

(nach M. Rosenbach)

SENECA, DE BENEFICIIS 6, 38, 5

1520 **Medico, si nihil amplius quam manum tangit et me inter eos, quos**
perambulat, ponit sine ullo adfectu facienda aut vitanda
praecipiens, nihil amplius debeo, quia me non tamquam amicum
videt, sed tamquam emptorem.

fehlende Zuwendung

Ich schulde einem Arzt, wenn er nichts weiter als meinen Puls fühlt und mich zu den Menschen rechnet, die er zur Visite aufsucht, dabei ohne irgendeine Gefühlsregung Anordnungen für Tun und Unterlassen treffend, nichts weiter, weil er mich nicht als Freund sieht, sondern als Käufer.

(M. Rosenbach)

SENECA, DE BENEFICIIS 6, 16, 2

1521 **Ne praeceptorem quidem habeo, cur venerer, si me in grege discipulorum habuit, si non putavit dignum propria et peculiari cura, si numquam in me derexit animum, et, cum in medium effunderet, quae sciebat, non didici, sed excepi.**

Auch einem Lehrer zu verehren habe ich keinen Grund, wenn er mich nur zur Schar seiner Schüler gerechnet hat, mich aber einer persönlichen und individuellen Fürsorge nicht für würdig gehalten, niemals sein Denken auf mich gerichtet und nur für alle ausgebreitet hat, was er wußte, ich also nicht gelernt, sondern nur aufgenommen habe.

(nach M. Rosenbach)

SENECA, DE BENEFICIIS 6, 16, 3

Status

Allgemein

1522 **Invenies, qui dignitati suae quam securitati consuli malit.**
Du wirst einen Menschen finden, der lieber seiner gesellschaftlichen
Stellung als seiner Freiheit von materiellen Sorgen aufgeholfen wissen
will.

(nach M. Rosenbach)
SENECA, DE BENEFICIIS 3, 12, 2

1523 **Bona fama in tenebris proprium splendorem tenet.**
Im Dunkeln auch bleibt hell der gute Name.

(H. Beckby)
PUBLIUS SYRUS, SENTENTIAE B 27

1524 **Quem fama semel oppressit, vix restituitur.**
Schwer hebt sich wieder, wen der Ruf gestürzt hat.

(H. Beckby)
PUBLILIUS SYRUS, SENTENTIAE Q 20

1525 **Et terram rumor transilit et maria.**
Auch über Meere und Land setzt sich der Leumund hinweg.

PROPERZ, ELEGIAE 2, 18B, 38

Credam ego narranti (noli committere) famae:
  Et terram ...

Glauben werd' ich den Worten – drum sündige nicht! – des Gerüchtes:
  auch über Meere ...

(W. Willige)

1526 **Quanta dementia est vereri, ne infameris ab infamibus?**
Was für ein riesiger Wahnsinn ist die Furcht, daß dir von übel
Beleumdeten üble Nachrede angehängt wird?

SENECA, EPISTULAE MORALES 91, 20

... ab infamibus? quemadmodum famam extimuistis sine causa, sic et illa, quam numquam
timeretis, nisi fama iussisset. num quid detrimenti faceret vir bonus iniquis rumoribus
sparsus?

... angehängt wird? Wie ihr üble Nachrede ohne Grund fürchtet, so auch das, was ihr
niemals fürchtetet, wenn es nicht das Gerede befohlen hätte. Brächte es etwa Einbuße mit
sich, wenn ein Mann von Wert von gehässigen Gerüchten befleckt wird?

(nach M. Rosenbach)

guter Ruf

1527 **Cui in magno malo turpis vita integra fama potior est, improbus intestabilisque videtur.**

Als minderwertig und unglaubwürdig wird angesehen, wem in einem großen Unglück ein ehrloses Leben lieber ist als ein unantastbarer Ruf.

SALLUST, BELLUM IUGURTHINUM 67, 3

In ea tanta asperitate saevissumis Numidis et oppido undique clauso Turpilius praefectus unus ex omnibus Italicis intactus profugit. id misericordiane hospitis an pactione aut casu ita evenerit, parum conperimus, nisi, quia illi *in tanto malo turpis vita ...*

In dieser bedrängten Lage, wo die Numider aufs schlimmste wüteten und die Stadt (Vaga) überall abgeschlossen war, konnte der Präfekt Turpilius als einziger von allen Italikern unverwundet entkommen. Ob das aus Mitleid seines Gastgebers, ob aufgrund einer Absprache oder durch Zufall so kam, habe ich nicht herausbringen können, lediglich, daß er als minderwertig und unglaubwürdig angesehen wird, weil ihm bei diesem großen Unglück ein ehrloses Leben lieber war als ...

(W. Eisenhut – J. Lindauer)

1528 **Ad gloriam aut famam non est satis unius opinio. illic idem potest una sententia, quod omnium, qui omnium, si perrogetur, una erit: hic diversa dissimilium iudicia sunt. dissimiles adfectus, dubia iudicia omnia invenies, levia, suspecta. putas tu posse unam omnium esse sententiam? non est unius una sententia.**

Für Ruhm oder guten Ruf reicht eines einzigen Meinung nicht aus. Dort richtet eine einzige Meinung dasselbe aus wie die aller, weil die aller dieselbe sein wird, wenn man eine Umfrage hält: hier sind die Urteile unterschiedlicher Menschen verschieden. Man wird unterschiedliche Empfindungen finden, alle Urteile schwankend, unzuverlässig, Argwohn erregend. Oder meinst du, bei allen Menschen könne es eine einzige Meinung geben? Nicht einmal bei einem einzigen gibt es eine einzige Meinung.

(nach M. Rosenbach)

SENECA, EPISTULAE MORALES 102, 13

andere übertrefen

1529 **Stultissime facit, qui vitiis cum virtute contendit; ut enim cursu cursus, sic in viris fortibus virtus virtute superatur.**

Es handelt sehr töricht, wer mit Hilfe seiner Fehler gegen Vorzüge ankämpft; denn wie man beim Laufen durch Laufen siegt, so übertreffen tüchtige Männer Vorzüge durch Vorzüge.

CICERO, ORATIONES PHILIPPICAE 14, 18

Quod si quis de contentione principatus laborat, quae nulla esse debet, *stultissime facit, si vitiis ...*

Wenn sich nun jemand auf den Kampf um die führende Stellung einläßt – auf einen Kampf, den es gar nicht geben sollte –, dann handelt er sehr töricht ...

(M. Fuhrmann)

1530 **Non recordor, unde ceciderim, sed unde surrexerim.** Blick nach vorne
Nicht die Höhe, aus der ich heruntergestürzt bin, steht mir vor Augen,
sondern die Tiefe, aus der ich mich wieder erhoben habe.
(Oktober/November 54 v. Chr.)

(H. Kasten)

CICERO, AD ATTICUM 4, 20 (18), 2 K.

1531 **Possum oblivisci, qui fuerim? non sentire, qui sim?** Blick zurück
Kann ich vergessen, was ich gewesen bin? Unempfindlich sein gegen
meinen jetzigen Zustand?

CICERO, AD ATTICUM 3, 10, 2 K.

Nam quod me tam saepe et tam vehementer obiurgas et animo infirmo esse dicis, quaeso,
ecquod malum est, quod in mea calamitate non sit? Ecquis umquam tam extemplo, tam ex
amplo statu, tam in bona causa, tantis facultatibus ingenii, consilii, gratiae, tantis
praesidiis bonorum omnium concidit? *Possum oblivisci ... ?*

Du schiltst mich freilich fortgesetzt in den härtesten Ausdrücken und nennst mich
kleinmütig, aber sag', gibt es überhaupt ein Leid, das in meinem Unglück nicht enthalten
wäre? Ist je einer so plötzlich aus einer so glänzenden Stellung, in einer so einwandfreien
Sache, bei so reichen Hilfsmitteln, die ihm Begabung, Klugheit und Einfluß an die Hand
gaben, bei so starkem Schutz seitens aller Patrioten so tief gefallen? Kann ich vergessen,
was ich gewesen ... ? *(17. Juni 58 v. Chr.)*

(H. Kasten)

1532 **Discere a peritis, sequi optimos,** Einstieg
nihil adpetere in iactationem,
nihil ob formidinem recusare
simulque et anxius et intentus agere.
Versuchen, den Besten nachzueifern,
nichts an sich zu ziehen, um dann damit prahlen zu können,
nichts ängstlich von sich zu weisen,
vielmehr zugleich vorsichtig und aufmerksam zu handeln.

(nach A. Städele)

TACITUS, VITA IULII AGRICOLAE 5, 1

1533 PHILTO: **Qui ipsus sibi satis placet, nec probus est nec frugi bonae:** Tüchtigkeit
qui ipsus se contemnit, in eost indoles industriae:
benefacta benefactis aliis pertegito, ne perpluant.
PH. Wer selbstgefällig sich beschaut, ist weder brav.
Noch taugt er zu was Rechtem; wer sich selbst gering
Anschlägt, in dem nur liegt der Keim zur Tüchtigkeit.
Mit guten Taten deck die anderen guten Taten zu,
Sonst regnet es hindurch!

(W. Binder – W. Ludwig)

PLAUTUS, TRINUMMUS 321–323

Aufstieg

1534 **Is mihi videtur amplissimus, qui sua virtute in altiorem locum pervenit, non qui ascendit per alterius incommodum et calamitatem.**

Meiner Meinung nach verdient der den größten Respekt, der sich durch eigene Tüchtigkeit eine höhere Stellung errungen hat, nicht wer auf Kosten und durch das Unglück eines anderen aufgestiegen ist.

(M. Fuhrmann)

CICERO, PRO SEX. ROSCIO AMERINO 83

Aufstiegs-hindernisse

1535 **Haut facile emergunt quorum virtutibus obstat res angusta domi, sed Romae durior illis conatus: magno hospitium miserabile, magno servorum ventres, et frugi cenacula magno.**

Nicht leicht kommen die hoch, deren Fähigkeiten spärlicher häuslicher Besitz hemmt, doch in Rom ist für sie dieser Versuch noch mühseliger: teuer ist eine armselige Unterkunft, teuer die Mägen der Sklaven und teuer eine bescheidene Mahlzeit.

(J. Adamietz)

JUVENAL, SATURAE 3, 164–167

1536 **Potest ex casa vir magnus exire, potest et ex deformi humilique corpusculo formosus animus ac magnus.**

Aus einer Hütte kann ein bedeutender Mann hervorgehen, und ebenso aus einem entstellten, unansehnlichen Körper ein wohlgestalteter und bedeutender Geist.

SENECA, EPISTULAE MORALES 66, 3

... *ac magnus.* quosdam itaque mihi videtur in hoc tales natura generare, ut adprobet virtutem omni loco nasci. si posset per se nudos edere animos, fecisset: nunc, quod amplius est, facit: quosdam enim edit corporibus impeditos, sed nihilominus perrumpentes obstantia.

... bedeutender Geist. Manche Menschen scheint mir daher die Natur zu dem Zweck hervorgebracht zu haben, zu beweisen, daß sittliche Vollkommenheit überall entstehen kann. Wenn sie Seelen ohne Hüllen schaffen könnte, hätte sie es getan; jetzt leistet sie, was noch mehr bedeutet: sie bringt manche hervor, die zwar körperlich behindert sind, aber nichtsdestoweniger alles durchbrechen, was ihnen hinderlich ist.

(nach M. Rosenbach)

1537 **Si quid est, quo teneris, aut expedi aut incide.**

Wenn es etwas gibt, was dich behindert, so befreie dich davon oder schlag es nieder!

SENECA, EPISTULAE MORALES 17, 2

... *aut incide.* 'moratur', inquis, 'me res familiaris: sic illam disponere volo, ut sufficere nihil agenti possit, ne paupertas mihi oneri sit aut ego alicui.' Cum hoc dicis, non videris vim ac potentiam eius, de quo cogitas, boni nosse.

... schlag es nieder. «Es hält mich», sagst du, «mein Vermögen auf: so will ich es einteilen, daß es mir, obwohl ich nichts tue, genügen kann, damit die Armut mir keine Last ist und ich nicht für einen anderen zur Last werde.» Wenn du das sagst, scheinst du Kraft und Vermögen des Guten, über das du nachdenkst, nicht erkannt zu haben.

(nach M. Rosenberg)

1538 **Mora omnis odio est, sed facit sapientiam.**   **Hemmnis**
Ein Hemmnis ärgert, doch es wetzt den Scharfsinn.
(H. Beckby)
PUBLILIUS SYRUS, SENTENTIAE M 3

1539 **Sedebamus in puppi et clavum tenebamus; nunc autem vix in**   **Abstieg**
sentina locus.
Wir saßen am Heck und hielten das Steuer in der Hand; jetzt gönnt
man uns kaum einen Platz im Kielwasser. *(September 44 v. Chr.)*
(H. Kasten)
CICERO, AD FAMILIARES 9, 21 (15), 3 K. (AD PAETUM)

1540 **Multi sunt, quibus necessario haerendum sit in fastigio suo, ex**   **Spiztenstellung**
quo non possunt nisi cadendo descendere; sed hoc ipsum testentur
maximum onus suum esse, quod aliis graves esse cogantur, nec
sublevatos se, sed suffixos.
Es gibt viele, die sich unweigerlich an ihre Spitzenstellung klammern
müssen, von der sie nicht herabkommen können, ohne zu stürzen.
Doch eben dies, so werden sie wohl bezeugen, belastet sie am meisten, daß sie zwangsläufig anderen lästig fallen und dabei selbst nicht
hocherhaben, sondern ans Kreuz geschlagen sind.
(G. Fink)
SENECA, DE TRANQUILLITATE ANIMI 10, 6

1541 **Qui magno imperio praediti in excelso aetatem agunt, eorum facta**   **hohe Stellung**
cuncti mortales novere; ita in maxuma fortuna minuma licentia
est.
Wer, mit großer Machtfülle ausgestattet, ein Leben in hoher Stellung
führt, dessen Handlungen kennen alle Menschen. So liegt in der höchsten Lebensstellung die geringste Freiheit.
(nach W. Eisenhut – J. Lindauer)
SALLUST, CATILINAE CONIURATIO 51, 12–13

1542 **Cuicumque in sua civitate amplior inlustriorque locus quam aliis**
est, ei magna cura est rei publicae.
Wer unter seinen Mitbürgern eine bedeutendere und glänzendere
Stellung als die andern einnimmt, dem liegt auch viel am Staate.
SALLUST, EPISTULAE AD CAESAREM SENEM DE RE PUBLICA 2, 8, 4

Equidem ego sic apud animum meum statuo: *cuicumque ... ei magnam curam esse rei*
publicae.

Daher bin ich folgender Ansicht: Wer ... einnimmt, dem liegt nicht viel am Staate.

(W. Eisenhut – J. Lindauer)

1543 Excelsis multo facilius casus nocet.
Wer hochsteht, nimmt beim Fall viel leichter Schaden.

(H. Beckby)

PUBLILIUS SYRUS, SENTENTIAE E 16

1544 Rarus ferme sensus communis in fortuna.
Selten ist gewöhnlich in hoher Stellung der Sinn für die anderen.

JUVENAL, SATURAE 8, 73–74

Rarus enim *ferme sensus communis in* illa
fortuna. sed te censeri laude tuorum,
Pontice, noluerim sic ut nihil ipse futurae
laudis agas. miserum est aliorum incumbere famae.

Selten ist gewöhnlich in solch hoher Stellung nämlich der Sinn für
die anderen. Doch dich, Ponticus, möchte ich nicht nach dem Ruhm
der Deinen eingeschätzt sehen, während du selbst nichts leistest,
was dir künftigen Ruhm einbrächte. Jämmerlich ist es, sich auf das Ansehen anderer zu
stützen.

(J. Adamietz)

**1545 Omne animi vitium tanto conspectius in se
crimen habet, quanto maior qui peccat habetur.**
Bei jeglichem Charakterfehler ist der Vorwurf um so
sichtbarer, je höher der Sünder eingeschätzt wird.

(J. Adamietz)

JUVENAL, SATURAE 8, 140–141

Standesdünkel   **1546 Meminerimus etiam adversus infimos iustitiam esse servandam.**
Denken wir daran, daß auch gegen die Geringsten Gerechtigkeit zu
wahren ist!

CICERO, DE OFFICIIS 1, 41

... *servandam.* est autem infima condicio et fortuna servorum, quibus non male
praecipiunt, qui ita iubent uti, ut mercennariis, operam exigendam, iusta praebenda.

... zu wahren ist. Es ist aber die niedrigste Stellung und Lage die der Sklaven. Nicht
schlechte Anweisungen geben die, die sie so zu behandeln heißen wie Taglöhner, daß man
die Arbeitsleistung fordern soll und den entsprechenden Lohn geben.

(K. Büchner)

1547 Non omnibus omnia cupiunda.
Es können nicht alle alles wünschen.

SALLUST, BELLUM IUGURTHINUM 64, 2

Itaque primum conmotus insolita re mirari eius consilium et quasi per amicitiam monere,
ne tam prava inciperet neu super fortunam animum gereret: *non omnia omnibus cupiunda*
esse, debere illi res suas satis placere.

Deshalb war er (*i. e.* Metellus) zuerst betroffen von der ungewöhnlichen Sache,
verwunderte sich über dessen (*i. e.* des Marius) Plan (das Konsulat anzustreben) und
warnte ihn gewissermaßen in Freundschaft, etwas so Verkehrtes anzufangen und über
seinen Stand hinauszuwollen: Es könnten sich nicht alle alles wünschen, er solle sich
doch mit seiner Stellung zufriedengeben.

(W. Eisenhut – J. Lindauer)

Herkunft

1548 **Quod si initio meo, quidquid iam fiam debeo, cogita non esse initium mei patrem, ne avum quidem; semper enim erit ulterius aliquid, ex quo originis proximae origo descendat. atqui nemo dicet me plus debere ignotis et ultra memoriam positis maioribus quam patri; plus autem debeo, si hoc ipsum, quod genuit me pater meus, maioribus debet.**

Wenn ich nun meinem Ursprung alles, was ich werde, verdanke, dann bedenke, daß der Ursprung meiner Person nicht mein Vater, nicht mein Großvater ist, denn immer wird es etwas weiter draußen geben, woraus sich der Ursprung des nächsten Ursprungs ableitet. Und doch wird niemand sagen, ich verdankte Unbekannten und jenseits meiner Erinnerung lebenden Vorfahren mehr als meinem Vater; mehr aber verdanke ich ihm, sofern mein Vater eben die Tatsache, daß er mich gezeugt hat, seinen Vorfahren verdankt.

(nach M. Rosenbach)

SENECA, DE BENEFICIIS 3, 29, 8

1549 **Omnibus nobis totidem ante nos sunt: nullius non origo ultra memoriam iacet. Platon ait neminem regem non ex servis esse oriundum, neminem servum non ex regibus. omnia ista longa varietas miscuit et sursum deorsum fortuna versavit.**

Wir alle haben ebenso viele (Vorfahren) vor uns: eines jeden Ursprung liegt jenseits der Erinnerung. Platon (Theaitetos 174e) sagt, kein König, der nicht von Sklaven abstamme, kein Sklave, der nicht von Königen. All das hat vielfältiger Wechsel vermengt, und nach oben, nach unten hat das Schicksal es gewendet.

(M. Rosenbach)

SENECA, EPISTULAE MORALES 44, 4

1550 **An nos sapientiores maioribus nostris, nos legibus ipsis iustiores?** Sind wir wirklich klüger als unsere Vorfahren, gerechter als selbst die Gesetze?   **Vorfahren**

(H. Kasten)

PLINIUS MINOR, EPISTULAE 6, 2, 6 K.

1551 **Qui imagines in atrio exponunt et nomina familiae suae longo ordine ac multis stemmatum inligata flexuris in parte prima aedium collocant, nonne noti magis quam nobiles sunt? unus omnium parens mundus est; sive per splendidos sive per sordidos gradus ad hunc prima cuiusque origo perducitur, non est, quod te isti decipiant, qui, cum maiores suos saepe recensent, ubicumque nomen inlustre defecit, illo deum infulciunt.**   **Ahnenstolz**

Die da Ahnenbilder im Atrium aufstellen und die Namen ihrer Familie
in langer Reihe sowie in vielen Verzweigungen der Stammbäume miteinander verbunden im vordersten Teil ihres Hauses anbringen – sind
sie nicht eher bekannt als vornehm? Einziger Vater von allen ist das
All; darauf läßt sich der erste Ursprung eines jeden zurückführen, sei
es über glänzende, sei es über unansehnliche Stufen. Es besteht kein
Grund, sich von Menschen blenden zu lassen, die, wenn sie ihre Vorfahren durchmustern, immer dort, wo ein berühmter Name fehlt,
einen Gott einfügen.

(nach M. Rosenbach)

Seneca, De beneficiis 3, 28, 2

Besitz und Vermögen

Vermögen 1552 **Habenda ratio est rei familiaris, quam quidem dilabi sinere
flagitiosum est, sed ita, ut inliberalitatis avaritiaeque absit
suspicio.**
Rücksicht ist auf das Vermögen zu nehmen, das zerrinnen zu lassen
schandbar ist, aber so, daß der Verdacht der Knauserigkeit und Habsucht nicht aufkommt.

(K. Büchner)

Cicero, De officiis 2, 64

Eigentum 1553 **Hanc ob causam maxime, ut sua tenerentur, res publicae
civitatesque constitutae sunt. Nam etsi duce natura
congregabantur homines, tamen spe custodiae rerum suarum
urbium praesidia quaerebant.**
Aus dem Grunde am meisten, daß das Eigentum behalten werden
kann, wurden Gemeinwesen und Staat gegründet. Denn wenn sich die
Menschen auch unter Leitung der Natur gesellten, erstrebten sie doch
in der Hoffnung auf Bewahrung ihres Besitzes den Schutz in Städten.

(nach K. Büchner)

Cicero, De officiis 2, 73

1554 **Id est proprium civitatis atque urbis, ut sit libera et non sollicita
suae rei cuiusdam custodia.**
Dies ist das Eigentümliche eines Staates und einer Stadt, daß die
Bewahrung des Eigentums frei und nicht mit Ängsten verbunden ist.

(K. Büchner)

Cicero, De officiis 2, 78

1555 **Num societas hominum talis est, ut nihil suum cuiusque sit? quod
si ita est, ne vendendum quidem quicquam est, sed donandum.**

Ist etwa die menschliche Gesellschaft so beschaffen, daß nichts Privat-
eigentum ist? Wenn es so ist, dann darf auch nichts verkauft, sondern
nur verschenkt werden.

CICERO, DE OFFICIIS 3, 53

'Memini', inquiet ille (i. e. Diogenes), 'sed num ista societas talis est, ut ...'

«Ich denke daran», wird jener sagen, «aber ist etwa diese Gesellschaft so beschaffen,
daß ...»

(nach K. Büchner)

1556 **Ii, qui rem publicam tuebuntur, imprimis operam dabunt, ut iuris**   **Besitz**
et iudiciorum aequitate suum quisque teneat et neque tenuiores
propter humilitatem circumveniantur neque locupletibus ad sua
vel tenenda vel recuperanda obsit invidia.
Diejenigen, die das Gemeinwesen schützen wollen, werden sich vorzüglich Mühe geben, daß durch Gleichheit des Rechts und der Gerichte ein jeder das Seine behält und weder die Schwächeren wegen
ihrer Niedrigkeit umgarnt werden noch den Begüterten, das Ihre zu
behalten oder wieder zu bekommen, die Mißgunst hinderlich ist.

(K. Büchner)

CICERO, DE OFFICIIS 2, 85

1557 **Sic quia perpetuus nulli datur usus et heres**
heredem alterius velut unda supervenit undam,
quid vici prosunt aut horrea, quidve Calabris
saltibus adiecti Lucani, si metit Orcus
grandia cum parvis, non exorabilis auro?
So steht dauernder Gebrauch keinem zu, und der Erbe verdrängt den,
der dem ersten folgte, wie Well' auf Welle sich drängt: was helfen also
Landgüter und Speicher oder Kalabriens samt Lukaniens Bergtriften,
wenn doch der Schnitter Tod, der unerbittlich bleibt für Gold, groß
und gering dahinmäht?

(H. Färber – W. Schöne)

HORAZ, EPISTULAE 2, 2, 175–179

1558 **Nullius boni sine socio iucunda possessio est.**
Keines Gutes Besitz ist ohne einen Gefährten erfreulich.

(M. Rosenbach)

SENECA, EPISTULAE MORALES 6, 4

1559 **Non est tuum, fortuna quod fecit tuum.**
Nicht ist das Deine, was das Schicksal zu dem Deinen hat gemacht.

(nach M. Rosenbach)

SENECA, EPISTULAE MORALES 8, 10

1560 **Contemnere aliquis omnia potest, omnia habere nemo potest.**
Geringachten kann einer alles, alles besitzen kann niemand.

SENECA, EPISTULAE MORALES 62, 3

Demetrium, virorum optimum, mecum circumfero et relictis conchyliatis cum illo seminudo loquor, illum admiror. quidni admirer? vidi nihil ei deesse. *contemnere* ...

Demetrius, der Männer besten, trage ich immer bei mir, beiseite lasse ich die Herren in Purpur und unterhalte mich mit diesem Halbnackten, bewundere ihn. Warum sollte ich ihn nicht bewundern? Ich sehe, nichts fehlt ihm. Geringachten ...

(M. Rosenbach)

1561 **'At parum habet, qui tantum non alget, non esurit, non sitit.' Plus**
Iuppiter non habet. numquam parum est, quod satis est, et
numquam multum est, quod satis non est.
«Doch zu wenig besitzt, wer lediglich nicht friert, nicht hungert, nicht dürstet.» Mehr besitzt auch Jupiter nicht. Niemals ist zu wenig, was genug ist, und niemals viel, was nicht genug ist.

(nach M. Rosenbach)

SENECA, EPISTULAE MORALES 119, 7

1562 **Quid refert, quantum habeas? multo illud plus est, quod non**
habes.
Was kommt es schon darauf an, wieviel du besitzt? Viel mehr ist das, was du nicht besitzt.

(M. Rosenbach)

SENECA, EPISTULAE MORALES 125, 13

1563 **Omnium extrinsecus affluentium lubrica et incerta possessio est.**
Alles, was von außen zu uns kommt, ist ein gefährdeter, unsicherer Besitz.

(G. Fink)

SENECA, DE CONSTANTIA SAPIENTIS 5

Reiche

1564 ADVOCATUS: **Verum ita sunt isti nostri divites:**
siquid bene facias, levior plumast gratia:
siquid peccatumst, plumbeas iras gerunt.
AD. So sind unsere Reichen hier:
Erweist man ihnen Gutes, ist der Dank so leicht
Wie eine Feder; hat man sie beleidigt,
Dann bricht ihr Zorn aus, schwer wie Blei.

(W. Binder – W. Ludwig)

PLAUTUS, POENULUS 811–813

1565 PHILTO: **Dei divites sunt, deos decent opulentiae**
et factiones: verum nos homunculi
satillum animae, qui, quom extemplo emisimus,
aequo mendicus atque ille opulentissimus
censetur censu ad Acheruntem mortuos.
PH. Reich sind nur die Götter, Macht und Anhang
Paßt nur zu den Göttern; doch wir Menschlein sind ja nur
Ein bißchen Lebensatem; ist der schnell verhaucht,
Dann wird im Tod der Bettler und der reichste Mann
Nach gleichem Maßstab eingeschätzt beim Acheron.

(W. Binder – W. Ludwig)

PLAUTUS, TRINUMMUS 490–494

1566 **At si divitiae prudentem reddere possent,**
si cupidum timidumque minus te, nempe ruberes,
viveret in terris te siquis avarior uno.
Ja, könnte Reichtum wirklich Klugheit bescheren, könnte er Begierde
und Angst dir mindern, dann müßtest du gewiß erröten, wenn einer
auf der Welt dich an Gewinnlust überträfe.

(H. Färber – W. Schöne)

HORAZ, EPISTULAE 2, 2, 154–156

1567 **'Quid ergo inter me stultum et te sapientem interest, si uterque**
habere volumus?' Plurimum: divitiae enim apud sapientem virum
in servitute sunt, apud stultum in imperio; sapiens divitiis nihil
permittit, vobis divitiae omnia.
«Was ist also zwischen mir Toren und dir, dem Weisen, für ein Unterschied, wenn wir beide nach Besitz streben?» Ein ungeheuerer! Reichtum spielt nämlich bei einem Weisen eine ganz untergeordnete Rolle,
bei einem Toren eine beherrschende. Der Weise gestattet dem Reichtum nichts, euch aber der Reichtum alles.

(G. Fink)

SENECA, DE VITA BEATA 26

1568 **Qui eget divitiis, timet pro illis; nemo autem sollicito bono fruitur:**
adicere illis aliquid studet. dum de incremento cogitat, oblitus est
usus; rationes accipit, forum conterit, kalendarium versat: fit ex
domino procurator.
Wer des Reichtums bedarf, fürchtet für ihn; niemand aber hat Freude
an einem sorgenträchtigen Gut: ihm etwas hinzuzufügen bemüht
er sich. Während er über die Vermehrung nachdenkt, vergißt er
die Nutzung; Rechnungen nimmt er entgegen, das Forum tritt er ab,
das Schuldbuch wälzt er: er wird aus dem Herrn zum Verwalter.

(M. Rosenbach)

SENECA, EPISTULAE MORALES 14, 18

1569 **Multis parasse divitias non finis miseriarum fuit, sed mutatio.**
Für viele ist der Erwerb von Reichtum nicht das Ende des Elends,
sondern nur seine Umwandlung.
(nach M. Rosenbach)
EPIKUR, FR. 479, BEI SENECA, EPISTULAE MORALES 17, 11

1570 **Scit, inquam, aliubi positas esse divitias, quam quo congeruntur.**
animum implere debere, non arcam.
Der Mensch weiß, sage ich, daß Reichtum an anderer Stelle liegt als
dort, wo er zusammengescharrt wird: seine Seele muß er füllen, nicht
seine Geldtruhe.
(nach M. Rosenbach)
SENECA, EPISTULAE MORALES 92, 31

1571 **Sine me vocari pessimum, ut dives vocer.**
Mag man mich verworfen nennen, wenn ich nur reich heiße.
(M. Rosenbach)
EURIPIDES (DANAE) BEI SENECA, EPISTULAE MORALES 115, 14

1572 **Cum bene ista, per quae divitias suas disposuit ac fudit,**
circumspexerit superbumque se fecerit, quidquid habet, ei, quod
cupit, conparet: pauper est.
Wenn einer das, worin er seinen Reichtum angelegt und vergeudet
hat, betrachtet und sich stolz gemacht hat, möge er, was immer er
besitzt, mit dem, was er begehrt, vergleichen – arm ist er.
(M. Rosenbach)
SENECA, DE BENEFICIIS 7, 10, 6

1573 **Desine philosophis pecunia interdicere: nemo sapientiam**
paupertate damnavit. Habebit philosophus amplas opes, sed nulli
detractas nec alieno sanguine cruentas, sine cuiusquam iniuria
partas, sine sordidis quaestibus, quarum tam honestus sit exitus
quam introitus, quibus nemo ingemescat nisi malignus.
Unterlaß es, den Philosophen das Geld zu verbieten! Niemand hat die
Weisheit zur Armut verdammt. Besitzen darf ein Philosoph beträcht-
lichen Reichtum, aber solchen, der niemandem entwendet wurde,
nicht mit fremdem Blut befleckt ist, ohne Unrecht gegenüber irgendwem erworben wurde und nicht mit schmutzigen Geschäften, der
ebenso korrekt ausgegeben wird wie er hereinkam und über den sich
niemand ereifern kann als ein Neider.
(G. Fink)
SENECA, DE VITA BEATA 23

1574 **Quis sit divitiarum modus, quaeris? Primus habere, quod necesse est, proximus, quod sat est.**
Was ist des Reichtums Maß, fragst du? Zuerst: haben, was nötig ist, sodann, was genug ist.

(M. Rosenbach)

SENECA, EPISTULAE MORALES 2, 6

1575 **Sed quo divitias haec per tormenta coactas,**
cum furor haut dubius, cum sit manifesta phrenesis,
ut locuples moriaris, egentis vivere fato?
Doch was sollen Reichtümer, die unter diesen Qualen zusammen-
gerafft wurden,
da es doch zweifellos Verrücktheit, da es doch offenkundig Irrsinn
ist, nur um reich zu sterben, das Leben eines Armen zu führen?

JUVENAL, SATURAE 14, 135–137

... egentis vivere fato?
interea, pleno cum turget sacculus ore,
crescit amor nummi, quantum ipsa pecunia crevit,
et minus hanc optat, qui non habet.

... das Leben eines Armen zu führen?
Inzwischen wächst, während das Geldsäckchen anschwillt, voll bis zur Öffnung,
die Liebe zum Geld in dem Maße, wie das Kapital selbst wuchs,
und weniger begehrt es, wer es nicht hat.

(J. Adamietz)

1576 **Tunc, cum pauper erat, non sitiebat Aper.**   Neureich
Damals, als Aper noch arm, da war der Durst ihm noch fremd.

(R. Helm)

MARTIAL, EPIGRAMMATA 12, 70, 10

1577 **Agedum pone ex altera parte virum bonum divitiis abundantem,**   Reichtum –
ex altera nihil habentem, sed in se omnia bona: uterque aeque vir   Armut
bonus erit, etiam si fortuna dispari utetur.
Wohlan, stell auf die eine Seite einen Mann von Wert, der im Reichtum
lebt, auf die andere Seite einen, der nichts besitzt, aber alles in sich
hat: beide werden gleichermaßen Männer von Wert sein, auch wenn
sie sich in unterschiedlicher Lebenslage befinden.

(nach M. Rosenbach)

SENECA, EPISTULAE MORALES 66, 22

1578 EUCLIO: **Ego istos novi polypos, qui, ubi quicquid tetigerunt,**   Reich – Arm
tenent.
EU. Ich kenne die Polypen wohl, die, was ihr Arm
Einmal gefaßt hat, dann festhalten.

PLAUTUS, AULULARIA 198

EUCLIO: Nunc petit, quom pollicetur: inhiat aurum, ut devoret.
altera manu fert lapidem, panem ostentat altera.
nemini credo, qui large blandust dives pauperi.
ubi manum inicit benigne, ibi onerat aliquam zamiam.
Ego istos novi ...

EU. Der will nur haben, drum verspricht er. Nach dem Gold
Schnappt er bereits, ihm wässert schon das Maul danach.
Die eine Hand trägt Brot zur Schau, in der anderen hat
Er einen Stein. Ich traue keinem Reichen, der
Dem Armen schöne Worte gibt: wo freundlich er
Die Hand drückt, geht er irgendwo auf Schaden aus.
Ich kenne die Polypen ...

(W. Binder – W. Ludwig)

Arm – Reich

1579 Compara inter se pauperum et divitum vultus: saepius pauper et
fidelius ridet; nulla sollicitudo in alto est; etiam si qua incidit cura,
velut nubes levis transit: horum, qui felices vocantur, hilaritas ficta
est, at gravius est subpurata tristitia, eo quidem gravior, quia
interdum non licet palam esse miseros, sed inter aerumnas cor
ipsum exedentes necesse est agere felicem.

Vergleiche die Gesichter der Armen und der Reichen miteinander:
öfter lacht der Arme und aufrichtiger; keine Beunruhigung gibt es in
der Tiefe; auch wenn sich eine Sorge einstellt – wie eine leichte Wolke
geht sie vorüber: die Heiterkeit derer, die als glücklich gelten, ist hingegen gekünstelt, doch schwer und unter der Oberfläche schwärend
ist ihr Trübsinn, und zwar um so drückender, als sie gelegentlich nicht
ganz unverhohlen unglücklich sein dürfen, sondern bei allen Sorgen,
die ihr Herz zerfressen, immer den Glücklichen spielen müssen.

(nach M. Rosenbach)

SENECA, EPISTULAE MORALES 80, 6

1580 DAVOS: Quam inique comparatumst, ei, qui minus habent,
ut semper aliquid addant ditioribus!

DA. Das ist doch ganz unbillig, daß, wer wenig hat,
Daß der dem Reichern immer noch zulegen soll!

(J. J. Donner)

TERENZ, PHORMIO 41–42

Arm

1581 PISCATOR: Omnibus modis, qui pauperes sunt homines, miseri
vivont,
praesertim quibus nec quaestus est nec didicere artem ullam.
necessitate, quicquid est domi, id sat est habendum.

PI. Allweg sind doch die armen Leute schlimm daran,
Besonders wenn sie keinen Erwerb haben
Und von keiner Handwerkskunst etwas verstehen; die Not
Heißt sie dann an dem genug haben, was man eben hat.

(W. Binder – W. Ludwig)

PLAUTUS, RUDENS 290–292

1582 GRIPUS: **Isto tu pauper es, quom nimis sancte piu's.**
GR. Drum bist du arm, weil zu zart dein Gewissen ist.

(W. Binder – W. Ludwig)

PLAUTUS, RUDENS 1234

1583 EUCLIO: **Pauper sum, fateor, patior: quod di dant, fero.**   **Armut**
EU. Ich bin arm, ich weiß es wohl,
Ich duld' es gern, was mir der Himmel schickt.

PLAUTUS, AULULARIA 88

EUCLEO: Mirum, quin tua me causa faciat Iuppiter
Philippum regem aut Dareum, trivenefica.
Araneas mi ego illas servari volo.
Pauper sum ...

EU. (zu STAPHYLA): Ei doch! Um deinetwillen, alte Hexe, soll
Mich Jupiter zum König Philipp oder zum
Darius machen? Ja, die Spinngewebe sollst
Du mir bewachen. Ich bin arm ...

(W. Binder – W. Ludwig)

1584 **Et genus et virtus, nisi cum re, vilior alga est.**
Edle Herkunft, Heldenmut gilt heut' bei leeren Taschen keinen Heller.

(H. Färber – W. Schöne)

HORAZ, SERMONES 2, 5, 8

1585 **Quid pauper? ride: mutat cenacula, lectos,**
balnea, tonsores, conducto navigio aeque
nauseat ac locuples, quem ducit privata triremis.
Was tut der Unbegüterte? Ja, lache nur: er wechselt seine Dachstuben
und Möbel, seine Bäder und Haarscherer; im Mietskahn wird ihm
genau so übel zumute wie dem Reichen, den seine Luxusjacht dahin-
trägt.

(H. Färber – W. Schöne)

HORAZ, EPISTULAE 1, 1, 91–93

1586 **Non puto pauperem, cui quantulumcumque superest, sat est.**
Ich halte den nicht für arm, dem, wie wenig immer ihm geblieben ist,
genügt.

(nach M. Rosenbach)

SENECA, EPISTULAE MORALES 1, 5

1587 **Paupertatis maledictum quosdam perussit, quam sibi obiecit,**
quisquis abscondit.
Daß man ihm gehässig Armut vorhielt, traf schon manchen; dabei
macht sie sich jeder zum Vorwurf, der sie verbirgt.

(G. Fink)

SENECA, DE CONSTANTIA SAPIENTIS 17

1588 **Contemnite paupertatem: nemo tam pauper vivit, quam natus est.**
Verachtet die Armut; niemand lebt so völlig mittellos, wie er geboren
wurde.

(G. Fink)

SENECA, DE PROVIDENTIA 6

1589 **Qui continebit se intra naturalem modum, paupertatem non
sentiet; qui naturalem modum excedet, eum in summis quoque
opibus paupertas sequetur. Necessariis rebus et exilia sufficiunt,
supervacuis nec regna.**
Wer sich auf das von der Natur gesetzte Maß beschränkt, wird keine
Armut empfinden. Wer das von der Natur gesetzte Maß überschreitet,
dem wird auch im größten Reichtum die Armut nicht von der Seite
weichen. Unserer Notdurft genügen selbst Verbannungsorte, für Überflüssiges nicht einmal Königreiche.

(G. Fink)

SENECA, AD HELVIAM MATREM DE CONSOLATIONE 11

1590 **Quid viatori de summa pauperie latrones auferre possunt?**
Was können denn Räuber einem Wanderer wegnehmen, wo die
Taschen vollkommen leer sind?

(E. Brandt – W. Ehlers)

APULEIUS, METAMORPHOSES 1, 15, 3

1591 **An ignoras, inepte, nudum nec a decem palaestritis despoliari
posse?**
Weißt du Dummkopf nicht, daß auch zehn Athleten einen Nackten
nicht plündern können?

(E. Brandt – W. Ehlers)

APULEIUS, METAMORPHOSES 1, 15, 3

Handeln

Allgemein

1592 Omnis actio vacare debet temeritate et neglegentia nec vero agere
quicquam, cuius non possit causam probabilem reddere; haec est
enim fere descriptio officii.
Jede Handlung muß frei sein von Unüberlegtheit und Nachlässigkeit,
und (man soll) nichts tun, wofür man keinen einleuchtenden Grund
angeben kann. Das nämlich ist etwa die Umschreibung des rechten
Handelns.

(nach K. Büchner)

CICERO, DE OFFICIIS 1, 101

1593 Cognitio contemplatioque naturae manca quodam modo atque
inchoata sit, si nulla actio rerum consequatur. Ea autem actio in
hominum commodis tuendis maxime cernitur; pertinet igitur
ad societatem generis humani; ergo haec cognitioni anteponenda
est.
Erkenntnis und Betrachtung des Wesens dürfte irgendwie unvoll-
kommen und unfertig sein, wenn kein Handeln folgte. Dieses
Handeln aber erkennt man besonders in der Verteidigung der
Vorteile der Menschen. Es bezieht sich also auf die Gemeinschaft
des Menschengeschlechtes. Also ist dieses der Erkenntnis voran-
zustellen.

(K. Büchner)

CICERO, DE OFFICIIS 1, 153

1594 Sequimur, qua ratio, non qua veritas traxit. exspecta, ut nisi bene
cessura non facias et nisi comperta veritate nil moveris: relicto
omni actu vita consistit.
Wir lassen uns leiten, wohin uns die Überlegung, nicht die Wahrheit
zieht. Warte zu, daß du nur das tust, was gut ausgehen wird, und etwas
nur dann in Bewegung setzt, wenn du die Wahrheit in Erfahrung
gebracht hat: im Unterlassen jeglichen Handelns kommt das Leben
zum Stillstand.

(nach M. Rosenbach)

SENECA, DE BENEFICIIS 4, 33, 3

1595 Tunc vita concors sibi est, ubi actio non destituit impetum,
impetus ex dignitate rei cuiusque concipitur proinde remissus vel
acrior, prout illa digna est peti.

Dann steht das Leben mit sich selbst im Einklang, wenn die Handlung vom Antrieb nicht Abstand nimmt, der Antrieb dem Wert einer jeden Sache entspricht, ebenso entspannt oder leidenschaftlicher, wie sie begehrt zu werden verdient.

SENECA, EPISTULAE MORALES 89, 15

Aliud est dignitates et pretia rerum nosse, aliud articulos, aliud impetus refrenare et ad agenda ire, non ruere. *tunc* ergo *vita* ...

Eine Sache ist es, Rang und Wert der Dinge zu kennen, eine andere, die entscheidenden Zeitpunkte, ein anderes, die unmittelbaren Antriebe zu zügeln und zum Handeln zu schreiten, nicht zu stürzen. Dann also steht das Leben ...

(nach M. Rosenbach)

1596 **Qui habet exactum iudicium de fugiendis petendisque, scit, quid sibi faciendum sit.**
Wer ein genaues Urteil darüber hat, was er meiden und und wonach er streben muß, weiß, was er zu tun hat.

(M. Rosenbach)

SENECA, EPISTULAE MORALES 94, 12

1597 **Actio recta non erit, nisi recta fuerit voluntas: ab hac enim est actio. rursus voluntas non erit recta, nisi habitus animi rectus fuerit: ab hoc enim est voluntas. habitus porro animi non erit in optimo, nisi totius vitae leges perceperit et quid de quoque iudicandum sit, exegerit, nisi res ad verum redegerit.**
Das Handeln wird nicht richtig sein, wenn der Wille nicht richtig ist: davon nämlich geht die Handlung aus. Andererseits wird der Wille nicht richtig sein, wenn die seelische Verfassung nicht richtig ist: von ihr nämlich rührt der Wille her. Mit der Verfassung der Seele ihrerseits wird es nicht zum besten bestellt sein, wenn sie nicht die Gesetze des ganzen Lebens in sich aufgenommen und entschieden hat, was sie über jeden Sachverhalt urteilen soll, also wenn sie die Dinge nicht auf ihren wahren Wert zurückgeführt hat.

SENECA, EPISTULAE MORALES 95, 57

... *ad verum redegerit.* non contingit tranquillitas nisi inmutabile certumque iudicium adeptis: ceteri decidunt subinde et reponuntur et inter missa adpetitaque alternis fluctuantur.

... zurückgeführt hat. Seelenruhe stellt sich nur bei denen ein, die ein unwandelbares und sicheres Urteil gewonnen haben: die übrigen fallen immer wieder um, stehen wieder auf und schwanken im Wechsel zwischen Verzichten und Begehren.

(nach M. Rosenbach)

Ziele des Handelns   1598 **Tὸ καλὸν δι' αὐτὸ αἱρετόν (Tò kalòn di' hautò hairetón).**
Das Gute ist um seiner selbst willen erstrebenswert.

CICERO, AD FAMILIARES 15, 17, 3 K. (AD C. CASSIUM)

Pansa noster paludatus a. d. III Kal. Ian. profectus est, ut quivis intellegere posset, id quod tu nuper dubitare coepisti, τὸ καλὸν δι' αὐτὸ αἱρετὸν *(tò kalòn di' hautò hairetòn)* esse; nam quod multos miseriis levavit et quod se in his malis hominem praebuit, mirabilis eum virorum bonorum benevolentia prosecuta est.

Unser Pansa ist am 30. Dezember gestiefelt und gespornt aufgebrochen, so daß jedermann sehen kann, woran Dir jüngst Zweifel gekommen sind, daß das Gute um seiner selbst willen erstrebenswert ist; weil er nämlich vielen ihre mißliche Lage erleichtert und sich in der gegenwärtigen Misere als Mensch gezeigt hat, begleiten ihn die Optimaten mit riesiger Sympathie. *(1. Januar 45 v. Chr.)*

(H. Kasten)

1599 **Difficilest enim persuadere hominibus** τὸ καλὸν δι' αὐτὸ αἱρετὸν **(tò kalòn di' hautò hairetòn) esse;** ἡδονὴν **(hedonèn) vero et** ἀταραξίαν **(ataraxían) virtute, iustitia,** τῷ καλῷ **(tô kalô) parari et verum et probabile est.**

Es ist den Leuten gewiß nicht leicht beizubringen, daß das Gute um seiner selbst willen erstrebenswert ist; daß aber Lustgefühl und Gemütsruhe durch Tugend und Gerechtigkeit, eben das Gute, herbeigeführt wird, ist wahr und einleuchtend.

C. Cassius Longinus bei Cicero, Ad familiares 15, 19, 2 K. (Ad M. Ciceronem)

... *verum et probabile est;* ipse eni m Epicurus ... dicit: Οὐκ ἔστιν ἡδέως ἄνευ τοῦ καλῶς καὶ δικαίως ζῆν.

... ist wahr und einleuchtend; Epikur selbst ... sagt ja doch: «Man kann nicht angenehm leben, ohne gut und gerecht zu leben.» *(Ende Januar 45 v. Chr.)*

(H. Kasten)

1600 **Subita honestae rei cupiditas ad tempus etiam in malis pectoribus exsurgere solet.**   sittliches Handeln

Der plötzliche Wunsch nach einer sittlich guten Tat pflegt von Zeit zu Zeit auch in der Brust eines schlechten Menschen zu erwachen.

(nach M. Rosenbach)

Seneca, De beneficiis 3, 1, 4

1601 **Chremes: Non licet hominem esse saepe ita, ut volt, si res non sinit.**   Grenzen des Handelns

Chr. Oft darf man nicht sein, was man will, gestattet es die Lage nicht.

(J. J. Donner)

Terenz, Heautontimorumenos 666

1602 **Syrus: Immo aliis si licet, tibi non licet.**

Sy. Dürfen's andere gleich, du darfst es nicht.

(J. J. Donner)

Terenz, Heautontimorumenos 797.

unvernünftiges Handeln

1603 Quomodo male filiae suae consulet, qui illam contumelioso et saepe repudiato collocabit, malus pater familiae habebitur, qui negotiorum gestorum damnato patrimonii sui curam mandaverit, quomodo dementissime testabitur, qui tutorem filio reliquerit pupillorum spoliatorem, sic pessime beneficia dare dicetur, quicumque ingratos eligit, in quos peritura conferat.

Wie einer schlecht für seine Tochter sorgt, der sie an einen ehrlosen iund oft geschiedenen Mann verheiratet, für einen schlechten Familienvater gehalten wird, wer einem wegen seiner zweifelhaften Geschäfte Verurteilten die Sorge für sein Vermögen anvertraut, wie auf das aberwitzigste seinen letzten Willen verfügt, wer seinem Sohn als Vormund einen Mann hinterläßt, der seine Mündel beraubt, so erweist nach allgemeiner Auffassung *der* Wohltaten auf das schlechteste, der immer Undankbare auswählt, denn ihnen wendet er sie à fonds perdu zu.

(nach M. Rosenbach)

SENECA, DE BENEFICIIS 4, 27, 5

Ziele erreichen

1604 Quotiens, quod proposuit, quisque consequitur, capit operis sui fructum.

Sooft jemand erreicht, was er sich vorgenommen hat, erhält er die Frucht seiner Leistung.

(nach M. Rosenbach)

SENECA, DE BENEFICIIS 2, 31, 2

Handlungs-freiheit

1605 Stat contra ratio et secretam garrit in aurem,
ne liceat facere id, quod quis vitiabit agendo.
publica lex hominum naturaque continet hoc fas,
ut teneat vetitos inscitia debilis actus.
diluis elleborum certo conpescere puncto
nescius examen, vetat hoc natura medendi.

Einspruch erhebt die Vernunft und flüstert heimlich ins Ohr dir,
Keinem sei etwas erlaubt, was er doch, wenn er's tät, nur verdürbe.
Offenes Menschengesetz und Natur schließt dieses Gebot ein:
Daß der Schwäche und mangelnden Kenntnis das Wirken verwehrt sei.
Mischst du den Heiltrank und weißt nicht den rechten Strich am Gemäße
Einzuhalten genau, so verbeut dir's das Wesen der Heilkunst.

(O. Seel)

PERSIUS, SATURAE 5, 96–101

1606 **At, mehercules, nullus agenti dies longus est. Extendamus vitam: huius et officium et argumentum actus est.**

Doch, bei Gott, kein Tag ist lang, wenn man tätig ist. Verlängern wir unser Leben: seine Pflicht und zugleich sein Inhalt ist – Tätigkeit!

SENECA, EPISTULAE MORALES 122, 3

... actus est. circumscribatur nox, et aliquid ex illa in diem transferatur.

... Tätigkeit! Gekürzt werde die Nacht, und ein Teil von ihr werde in den Tag hinübergerettet.

(M. Rosenbach)

1607 **Quorundam otium occupatum est: in villa aut in lecto suo, in media solitudine, quamvis ab omnibus recesserint, sibi ipsi molesti sunt: quorum non otiosa vita dicenda est, sed desidiosa occupatio.**

Bei manchen Menschen ist auch die Freizeit von Geschäftigkeit erfüllt. Auf ihrem Landgut oder gar im Bett, in tiefster Einsamkeit, lassen sie, obwohl sie sich von allem zurückgezogen haben, sich selbst keine Ruhe. Ihr Leben kann man nicht «müßig» nennen, sondern nur «müßige Betriebsamkeit».

(G. Fink)

SENECA, DE BREVITATE VITAE 12

1608 **Finem omnium rerum specta, et supervacua dimittes.**

Achte auf den Zweck aller Dinge, und du wirst das Überflüssige weglassen.

SENECA, EPISTULAE MORALES 119, 4

... dimittes. Fames me appellat: ad proxima quaeque porrigatur manus; ipsa mihi commendavit, quodcumque comprendero. nihil contemnit esuriens.

... weglassen. Hunger ruft mich: zur erstbesten Nahrung greife meine Hand; er selbst macht mir schmackhaft, was immer ich nehme. Wer Hunger hat, verschmäht nichts.

(nach M. Rosenbach)

1609 **Natura humanus animus agilis est et pronus ad motus. Grata omnis illi excitandi se abstrahendique materia est.**

Von Natur ist der Mensch aktiv und leicht zu motivieren. Lieb ist ihm jeder Anlaß, um sich Neuem zu widmen.

(G. Fink)

SENECA, DE TRANQUILLITATE ANIMI 2

Lebensweg

1610 **Illud maxime rarum genus est eorum, qui aut excellenti ingenii magnitudine aut praeclara eruditione atque doctrina aut utraque re ornati spatium etiam deliberandi habuerunt, quem postissimum vitae cursum sequi vellent; in qua deliberatione ad suam cuiusque naturam consilium est omne revocandum.**

Jene Art ist besonders selten: derer, die entweder von hervorragender
Größe der Begabung oder von vortrefflicher Bildung und Gelehrsam-
keit oder mit beidem geschmückt auch noch die Zeit hatten, sich
zu überlegen, welche Bahn des Lebens sie am liebsten einschlagen
wollen. Bei dieser Überlegung ist der Entschluß ganz auf die Natur
eines jeden abzustimmen.

(K. Büchner)

CICERO, DE OFFICIIS 1, 119

Berufswahl

1611   **Cui tradas, Lupe, filium magistro**
quaeris sollicitus diu rogasque.
Omnes grammaticosque rhetorasque
devites moneo: nihil sit illi
cum libris Ciceronis aut Maronis,
famae Tutilium suae relinquat;
si versus facit, abdices poetam.
artes discere vult pecuniosas?
fac discat citharoedus aut choraules;
si duri puer ingeni videtur,
praeconem facias vel architectum.
Welchem Lehrer du deinen Sohn vertrau'n sollst,
forschst und fragst du besorgt schon lange, Lupus.
Die Grammatiker und Rhetoren meide
alle, mahn' ich, und daß er nichts zu tun hat
mit des Cicero Büchern oder Maros.
Dem Tutilius laß er seinen Ruhm nur!
Macht er Verse, enterbe du den Dichter!
Will er Künste erlernen, die gewinnreich,
laß ihn Zither und Flöte spielen lernen.
Hat der Jung' einen harten Schädel, mach ihn
zum Ausrufer und sonst zum Architekten.

(R. Helm)

MARTIAL, EPIGRAMMATA 5, 56

Beruf

1612   **Et quo quisque fere studio devinctus adhaeret**
aut quibus in rebus multum sumus ante morati
atque in ea ratione fuit contenta magis mens,
in somnis eadem plerumque videmur obire:
causidici causas agere et componere leges,
induperatores pugnare ac proelia obire,
nautae contractum cum ventis degere bellum ...
Welchem Beruf nun ein jeder sich widmet und eifriger hingibt,
Oder womit man auch sonst sich vorher lange beschäftigt
Oder auf welchem Geleise man mehr den Verstand hat getummelt,
Damit scheinen wir auch in dem Schlaf uns meist zu beschäft'gen:

Rechtsanwälte verfassen Gesetze und führen Prozesse,
Feldherrn kämpfen im Traum und ziehen ins Schlachtengetümmel,
Schiffer leben zur See im ewigen Kampf mit den Winden ...

(H. Diels)

LUKREZ, DE RERUM NATURA 4, 962–968

Geschäfte

1613 CLEAERETA: **Vera dico: ad suom quemque hominem quaestum esse aequomst callidum.**
CL. Das ist die lautere Wahrheit. Man verlangt mit Recht,
Daß jeder das Gewerbe, das er ergriffen hat,
Zu seinem eigenen Vorteil treibt.

(W. Binder – W. Ludwig)

PLAUTUS, ASIANRIA 186

Geschäfts-
führung

1614 **In privatis rebus si qui rem mandatam non modo malitiosius gessisset sui questus aut commodi causa, verum etiam neglegentius, eum maiores summum admisisse dedecus existimabant.**
Wie die Vorfahren glaubten, beging man in privaten Angelegenheiten die ärgste Schändlichkeit, wenn man einen Auftrag, um sich zu bereichern oder einen Vorteil zu erlangen, mit hinterhältigen Absichten ausgeführt, ja sogar, wenn man sich hierbei nur ein wenig nachlässig verhalten hatte.

(M. Fuhrmann)

CICERO, PRO SEX. ROSCIO AMERINO 111

1615 **Quibus in rebus ipsi interesse non possumus, in eis operae nostrae vicaria fides amicorum supponitur; quam qui laedit, oppugnat omnium commune praesidium et, quantum in ipso est, disturbat vitae societatem.**
Bei den Geschäften, die wir selbst nicht wahrnehmen können, tritt die Zuverlässigkeit von Freunden an die Stelle unserer eigenen Mühewaltung, und wer es hieran fehlen läßt, der bekämpft eine dem Schutze aller dienende Einrichtung und zerstört, soviel an ihm liegt, die menschliche Lebensgemeinschaft.

(M. Fuhrmann)

CICERO, PRO SEX. ROSCIO AMERINO 111

1616 **Magnum quid aggrediamur et multae cogitationis atque otii.**
Wir wollen etwas Großes anpacken, was langer, ungestörter Überlegung bedarf.

CICERO, AD ATTICUM 2, 14, 2 K.

Unternehmen

Et tamen illud probe: *'Magnum quid ... atque otii.'* Sed tamen satis fiet a nobis neque parcetur labori.

Und doch will ich Deine Worte beherzigen: «Wir wollen ... Überlegung bedarf.» Doch ich werde meinen Mann stehen und die Mühe nicht scheuen. *(25. April 59 v. Chr.)*

(H. Kasten)

Wirkungs-möglichkeit

1617 Nemo est tam adflictus, quin, si nihil aliud studeat nisi id, quod agit, possit navare aliquid et efficere.
Niemand ist so mitgenommen, daß er nicht etwas ausrichten und zustande bringen könnte, was er sich vorgenommen hat.

CICERO, AD FAMILIARES 1, 1, 7 K. (AD A. TORQUATUM)

Qui sim autem hoc tempore, intellego; sed, quia *nemo est tam adflictus* ..., omne meum consilium, operam, studium certe velim existimes tibi tuisque liberis esse debitum.

Wie wenig ich zur Zeit bedeute, ist mir klar. Aber niemand ist ja so mitgenommen ... und so darfst Du Dich überzeugt halten, daß ich mich verpflichtet fühle, Dir und Deinen Kindern all mein Planen, Tun und Bemühen zu widmen. *(Ende 46 v. Chr.)*

(H. Kasten)

Vorbereitung

1618 Ad rem gerendam qui accedit, caveat, ne id modo consideret, quam illa res honesta sit, sed etiam ut habeat efficiendi facultatem; in quo ipso considerandum est, ne aut temere desperet propter ignaviam aut nimis confidat propter cupiditatem. in omnibus autem negotiis priusquam adgrediare, adhibenda est praeparatio diligens.
Wer zum Handeln sich anschickt, soll sorgen, daß er nicht nur dies bedenke, wie ehrenvoll die betreffende Sache ist, sondern auch, daß er die Möglichkeit habe, sie durchzusetzen. Eben hierbei ist zu bedenken, daß man nicht sinnlos verzweifle aus Energielosigkeit oder sich allzuviel zutraue aus Gier. Bei allen Geschäften aber mußt du, bevor du beginnst, sorgfältige Vorbereitungen treffen.

(nach K. Büchner)

CICERO, DE OFFICIIS 1, 73

Planen

1619 Homini tum deest consilium, cum multa invenit.
Es fehlt am Plan, wenn zu viel Pläne da sind.

(H. Beckby)

PUBLILIUS SYRUS, SENTENTIAE H 27

1620 Malum consilium, quod mutari non potest.
Der Plan, den man nicht ändern kann, ist schlecht.

(H. Beckby)

PUBLILIUS SYRUS, SENTENTIAE M 54

1621 **Quam stultum est aetatem disponere ne crastini quidem dominum! o quanta dementia est spes longas inchoantium: emam aedificabo, credam exigam, honores geram, tum deinde lassam et plenam senectutem in otium referam. omnia, mihi crede, etiam felicibus dubia sunt; nihil sibi quisquam de futuro debet promittere.**

Wie töricht ist es, das Leben einzuteilen, ohne auch nur des nächsten Tages Herr zu sein! Wie groß ist die Torheit von Menschen, wenn sie sich auf große Hoffnungen einlassen: ich werde kaufen, werde bauen, ich werde Geld verleihen, werde Zinsen eintreiben, ich werde Ämter ausüben – dann endlich werde ich meinen erschöpften und erfüllten Lebensabend in Muße einmünden lassen. Alle Dinge – glaub mir – sind auch vom Glück begünstigten Menschen ungewiß; nichts darf man sich von der Zukunft versprechen.

(nach M. Rosenbach)

SENECA, EPISTULAE MORALES 101, 4–5

1622 **Nos corpus tam putre sortiti nihilominus aeterna proponimus et in quantum potest aetas humana protendi, tantum spe occupamus nulla contenti pecunia, nulla potentia.**

Obwohl uns ein so morscher Körper zuteil wurde, schmieden wir Pläne für die Ewigkeit und soweit sich ein Menschenleben überhaupt ausdehnen läßt, bemächtigen uns seiner mit Hoffnung, mit keinem Geld, mit keiner Macht zufrieden.

SENECA, EPISTULAE MORALES 120, 17

Nunc de capite, nunc de ventre, nunc de pectore ac faucibus querimur; alias nervi nos, alias pedes vexant, nunc deiectio, nunc destillatio; aliquando superest sanguis, aliquando deest: hinc atque illinc temptamur et expellimur ... at *nos corpus* ...

Jetzt klagen wir über unseren Kopf, über unseren Magen, über unser Herz und unsere Kehle; einmal peinigen uns die Nerven, dann die Beine, bald Durchfall, bald Katarrh; einmal ist zuviel Blut da, dann wieder zuwenig; hier und da zwickt und zwackt es... . Doch obwohl wir ...

(nach M. Rosenbach)

1623 **Facto, non consulto in periculo opus est.**

Eine Tat, nicht eine Überlegung braucht man in gefahrvoller Lage.

SALLUST, CATILINAE CONIURATIO 43, 3

Inter haec parata atque decreta Cethegus semper querebatur de ignavia sociorum: illos dubitando et dies prolatando magnas opportunitates conrumpere; *facto, non consulto in* tali *periculo opus esse.*

Bei diesen Vorbereitungen und Abmachungen beklagte sich Cethegus beständig über die Zaghaftigkeit seiner Genossen: Durch ihr Schwanken und das Hinausschieben von Terminen verpatzten sie die entscheidenden Gelegenheiten; eine Tat, nicht eine Überlegung brauche man in so gefahrvoller Lage.

(W. Eisenhut – J. Lindauer)

Anfangen

1624 **Tantummodo incepto opus est, cetera res expediet.**
Man braucht nur anzufangen, das übrige wird sich von selbst
erledigen.
(W. Eisenhut – J. Lindauer)

SALLUST, CATILINAE CONIURATIO 20, 10

Arbeit

1625 **Solet sequi laus, cum viam fecit labor.**
Die Arbeit bahnt den Weg, dann folgt die Ehre.
(H. Beckby)

PUBLILIUS SYRUS, SENTENTIAE S 34

1626 **In steriles nolunt campos iuga ferre iuvenci:**
    pingue solum lassat, sed iuvat ipse labor.
Auf ein ödes Gefild geh'n Stiere nicht gern mit dem Joche;
    fetter Boden macht matt, aber die Mühe erfreut.

MARTIAL, EPIGRAMMATA 1, 97, 7–8

Saepe mihi dicis, Luci carissime Iuli,
    'Scribe aliquid magnum: desidiosus homo es.'
Otia da nobis, sed qualia fecerat olim
    Maecenas Flacco Vergilioque suo:
condere victuras temptem per saecula curas
    et nomen flammis eripuisse meum.
in steriles nolunt ...

Lucius Julius, du sagst mir freilich so häufig, mein Lieber:
    «Etwas Bedeutendes schreib! Bist doch ein träger Gesell.»
Doch gib Muße mir erst, so wie sie einstens Maecenas
    seinem Horaz verschafft und seinem Sänger Virgil,
dann wollt ich Werke versuchen, die durch Jahrhunderte leben,
    daß mit dem Leibe die Glut nicht auch den Namen verzehrt.
Auf ein ödes Gefild...

(R. Helm)

1627 SOSIA: **Ipse dominus divus operis et laboris expers,**
quodcumque homini accidit, lubere posse retur:
aequom esse putat, non reputat, labor quid sit:
nec, aequom anne iniquom imperet, cogitabit.
So. Der reiche Herr, der nichts von Müh und Arbeit weiß,
Hält alles für möglich, was nur in den Sinn ihm kommt;
Er hält's für recht, erwägt nicht, was arbeiten heißt.
Denkt nicht, ob recht, ob unrecht ist, was er befiehlt.
(W. Binder – W. Ludwig)

PLAUTUS, AMPHITRUO 170–173

Arbeitslust

1628 **Deest mihi opera, quae non modo tempus, sed etiam animum**
vacuum ab omni cura desiderat.
Es fehlt mir an Arbeitslust, die nicht nur Muße, sondern auch ein
sorgenfreies Gemüt voraussetzt.

CICERO, AD QUINTUM FRATREM 3, 4, 4 K.

De versibus, quos tibi a me scribi vis, *deest mihi .. desiderat;* sed abest etiam ἐνθουσιασμός (enthusiasmós).

Was die Verse angeht, die ich Dir schreiben soll, so fehlt es mir an ... voraussetzt; aber auch der göttliche Funke will sich nicht einstellen. *(24. Oktober 54 v. Chr.)*

(H. Kasten)

1629 CHREMES: **Nullum remittis tempus neque te respicis.**   **Arbeitswut**
CHR. Kein Feierstündchen gönnst du dir und schonst dich nicht.

TERENZ, HEAUTONTIMORUMENOS 70

CHREMES: Numquam tam mane egredior neque tam vesperi
domum revortor, quin te in fundo conspicer
fodere aut arare aut aliquid ferre. denique
nullum ...

CHR. Ich mag so früh ausgehen oder noch so spät
Nach Hause kommen, wie ich will, so sehe ich
Dich graben oder pflügen oder sonst was tun:
Kein Feierstündchen ...

(J. J. Donner)

1630 **Generosos animos labor nutrit.**   **Anstrengungen**
Edle Seelen nährt Anstrengung.

SENECA, EPISTULAE MORALES 31, 4–5

... labor nutrit. non est ergo, quod ex illo voto vetere parentum tuorum eligas, quid contingere tibi velis, quid optes: et in totum iam per maxima acto viro turpe est etiamnunc deos fatigare. quid votis opus est? fac te ipse felicem: facies autem, si intellexeris bona esse, quibus admixta virtus est, turpia, quibus malitia coniuncta est.

... nährt Anstrengung. Es gibt also keinen Grund, aus jenem alten Wunschzettel deiner Eltern auszuwählen, was du möchtest, daß es dir gelingt, was du wünschst: im ganzen ist es für einen Mann, der durch bedeutende Verhältnisse gegangen ist, schimpflich, auch jetzt noch die Götter zu bemühen. Was sind Wünsche nötig? Mach dich selbst glücklich: das schaffst du, wenn du erkennst, daß das gut ist, dem sittliche Vollkommenheit beigemischt ist, schändlich aber, womit Bosheit verbunden ist.

(nach M. Rosenbach)

1631 **Senatus per totum diem saepe consulitur, cum illo tempore vilissimus quisque aut in Campo otium suum oblectet aut in popina lateat aut tempus in aliquo circulo terat. Idem in hac magna re publica fit: Boni viri laborant, impendunt, impenduntur, et volentes quidem. Non trahuntur a fortuna, sequuntur illam et aequant gradus. Si scissent, antecessissent.**
Der Senat berät den ganzen Tag über, während gleichzeitig die ver-
ächtlichsten Gestalten entweder auf dem Marsfeld ihre Freizeit angenehm verbringen oder in einer finsteren Kneipe hocken oder die Zeit
in irgendeiner Clique totschlagen. Genauso geht es in diesem großen
Staatsgebilde, in der Welt zu: Tüchtige Männer strengen sich an, setzen sich ein und lassen sich einsetzen – und das aus freien Stücken,
sie werden nicht vom Schicksal mitgerissen, sie folgen ihm und halten
gleichen Schritt. Hätten sie es gekannt, sie wären ihm vorausgeeilt.

(G. Fink)

SENECA, DE PROVIDENTIA 5

Leistung

1632 **Divitiarum et formae gloria fluxa atque fragilis est,
virtus clara aeternaque habetur.**
Der Ruhm, den uns Geld und gutes Aussehen bringen, ist flüchtig
und hinfällig,eine tüchtige Leistung aber ein herrlicher und unver-
gänglicher Besitz.

(W. Eisenhut – J. Lindauer)

SALLUST, CATILINAE CONIURATIO 1, 4

1633 **Puta duo duos aedificia excitasse, ambo paria, aeque excelsa
atque magnifica. alter puram aream accepit, illic protinus opus
crevit; alterum fundamenta lassarunt in mollem et fluvidam
humum missa multumque laboris exhaustum est, dum pervenitur
ad solidum: intuenti ambo quicquid fecit alter, in aperto est,
alterius magna pars et difficilior latet.**
Stell dir vor, zwei Männer hätten zwei Gebäude errichtet, beide gleich,
ebenso hoch und prächtig. Der eine hat einwandfreien Baugrund vor-
gefunden, dort wuchs sein Werk geradewegs empor: den anderen
haben die Fundamente angestrengt, die in weiches und morastiges
Erdreich zu legen waren, und viel Mühe mußte aufgewendet werden,
bis man auf festen Grund gelangte; wenn man beide Bauten betrachtet, liegt die Leistung des einen deutlich zu Tage, die große und
schwierigere Leistung des anderen aber liegt im verborgenen.

(nach M. Rosenbach)

SENECA, EPISTULAE MORALES 52, 5

**Schwieriges
leisten**

1634 **Nihil difficile, cuius sibi ipsa mens patientiam indicat.**
Nichts ist schwer, was der Geist sich selbst zu tragen auferlegt.

(G. Fink)

SENECA, DE IRA 2, 12

1635 **Nostros animos maximis in rebus et gerendis et sustinendis
exercitatos frangi et debilitari molestiis non oportet.**
Wir haben Übung darin, schwierige Aufgaben anzupacken und durch-
zuführen, und so darf uns diese Unannehmlichkeit nicht lähmen und
umwerfen. *(Ende 60/Anfang 59 v. Chr.)*

(H. Kasten)

CICERO, AD QUINTUM FRATREM 1, 1, 2

**Versuche
erneuern**

1636 **Terra marique humana opera cessarent, nisi male temptata
retemptare libuisset.**
Zu Lande und zu Wasser käme menschliches Tun zum Stillstand,
wenn man nicht bereit wäre, schlecht Versuchtes erneut zu versuchen.

(nach M. Rosenbach)

SENECA, DE BENEFICIIS 7, 31, 5

1637 TRANIO: **Homini, quoi nulla in pectorest audacia,**
pluma haud interest, patronus an cliens propior siet.
TR. Einem Menschen, der selbst nichts wagt,
Hilft kein Patron und kein Klient.
(W. Binder – W. Ludwig)
PLAUTUS, MOSTELLARIA 409. 408

Risikofreude

1638 SAGARISTO: **Virtust, ubi occasio admonet, dispicere.**
SA. Es ziert den Mann, wenn er
Die rechte Zeit erspäht.
(W. Binder – W. Ludwig)
PLAUTUS, PERSA 268

richtiger
Zeitpunkt

1639 ADVOCATUS: **Tu, sei te dei amant, age tuam rem: occasiost.**
AD. Du hast nun, wenn der Himmel will, Gelegenheit,
Dein Schäfchen dir zu scheren.
(W. Binder – W. Ludwig)
PLAUTUS, POENULUS 659

Gelegenheit

1640 **Locum actionis opportunitatem temporis esse dicunt.**
Der Ort einer Handlung, sagt man, ist die Gelegenheit der Zeit.
(K. Büchner)
CICERO, DE OFFICIIS 1, 142

1641 **Occasio aegre offertur, facile amittitur.**
Schwer kommt Gelegenheit, leicht fliegt sie fort.
(H. Beckby)
PUBLILIUS SYRUS, SENTENTIAE O 14

1642 **Si in occasionis momento, cuius praetervolat opportunitas,**
cunctatus paulum fueris, nequiquam mox omissam quaeras.
Wenn man im Augenblick der Gelegenheit, deren Erfolgsmöglichkeit
schnell verfliegt, auch nur wenig zögert, verpaßt man sie und sucht sie
bald vergebens.
LIVIUS, AB URBE CONDITA 25, 38, 18

Scio audax videri consilium, sed in rebus asperis et tenui spe fortissima quaeque consilia
tutissima sunt, quia, *si* ...

Ich weiß, mein Plan scheint gewagt. Aber in einer schwierigen Lage und bei so wenig
Hoffnung sind die tapfersten Maßnahmen immer die sichersten, wenn man ...

(J. Feix)

1643 **Iis admovenda manus est, quorum finem aut facere aut certe**
sperare possis; relinquenda, quae latius actu procedunt nec, ubi
proposueris, desinunt.

Augenmaß

An das sollte man Hand legen, was man sofort oder wenigstens in absehbarer Zeit zu Ende bringen kann, und die Finger davon lassen, was im Lauf der Tätigkeit sich ausweitet und nicht da, wo man es sich vorgenommen hatte, endet.

(G. Fink)

SENECA, DE TRANQUILLITATE ANIMI 6

Erfolg

1644 **Haec sententia sic nobis probatur, ut ex eventu homines de tuo consilio existimaturos videremus; si cecidisset, ut volumus et optamus, omnes te et sapienter et fortiter, si aliquid esset offensum, eosdem illos et cupide et temere fecisse dicturos.**
Dieser Gedanke findet nicht unbedingt meine Zustimmung. Wir sind uns bewußt, daß man Deinen Entschluß nach seinem Erfolg beurteilen wird. Geht alles so, wie wir hoffen und wünschen, wird es allgemein heißen, Du habest klug und entschlossen gehandelt; geht das Geringste schief, dann werden dieselben Leute Deine Handlungsweise eigennützig und unbedacht finden. *(Juli 56 v. Chr.)*

(nach H. Kasten)

CICERO, AD FAMILIARES 1, 8 (7), 5 K. (AD P. LENTULUM)

glückliches Gelingen

1645 PSEUDOLUS: **Proinde ut fortuna utitur,**
ita praecellet atque exinde sapere eum omnes dicimus.
bene ubi quod scimus consilium accidisse, hominem catum
eum declaramus, stultum autem illum, quoi vortit male.
Ps. Wie jeder sich des Glücks bedient, so ragt er vor,
Und wir alle preisen ihn als einen weisen Mann.
Erfahren wir, daß ihm ein Plan nach Wunsche ging,
Erklären wir ihn gleich für einen feinen Kopf,
Für einen Dummkopf aber den, dem's nicht gelang.

(W. Binder – W. Ludwig)

PLAUTUS, PSEUDOLUS 679–682

Ethos

Rechtschaffenheit

1646 **Innocentiae plus periculi quam honoris est.**
Rechtschaffenheit bringt mehr Gefahr als Ehre.

SALLUST, BELLUM IUGURTHINUM 31, 1

'Multa me dehortantur a vobis, Quirites, ni studium rei publicae omnia superet: opes factionis, vostra patientia, ius nullum, ac maxime, quod *innocentiae* ...'

«Viele Gründe könnten mir ein Auftreten vor euch widerraten, Bürger, wenn nicht die Liebe zu unserem Staat alle Bedenken überwände: die Macht einer Clique, eure Nachgiebigkeit, die Rechtlosigkeit und am stärksten die Tatsache, daß Rechtschaffenheit mehr ... bringt.» (Aus einer Rede des Memmius im Senat)

(W. Eisenhut – J. Lindauer)

1647 DEMEA: **Ne illius modi iam nobis magna civium**
penuriast antiqua virtute ac fide!
haud cito mali quid ortum ex hoc sit publice.
quam gaudeo! ubi etiam huius generis reliquias
restare video, ah, vivere etiam nunc lubet.
DE. Wahrhaftig, jetzt gibt's solche Bürger wenig nur
Wie der, so recht von alter Redlichkeit und Treu.
Der möchte wohl dem Staate nicht leicht Schaden tun.
Wie freut es mich! Wo Reste solchen Schlages noch
Sich finden, hat man immer noch zum Leben Lust.

(J. J. Donner)

TERENZ, ADELPHOE 441–445

Redlichkeit

1648 HEGIO: **Hoc tu facito cogites:**
quam vos facillume agitis, quam estis maxume
potentes dites fortunati nobiles,
tam maxime vos aequo animo aequa noscere
oportet, si vos voltis perhiberi probos.
HE. Erwäge dies mit allem Ernst:
Je mehr ihr lebt in Fülle, je vornehmer ihr,
Je reicher ihr und mächtiger und beglückter seid,
Um so mehr ziemt euch, mit rechtem Sinn das Recht
Zu achten, wenn ihr gelten wollt als Redliche.

(J. J. Donner)

TERENZ, ADELPHOE 500–504

1649 **Ad fidem bonam statuit pertinere notum esse emptori vitium,**
quod nosset venditor.
M. Cato stellte fest, daß es für Treu und Glauben von Belang sei,
daß dem Käufer der Mangel bekannt wäre, den der Verkäufer
kenne.

CICERO, DE OFFICIIS 3, 66–67

Calpurnius cum demolitus esset cognossetque Claudium aedes postea proscripsisse, quam esset ab auguribus demoliri iussus, arbitrum illum adegit 'quidquid sibi dare facere oporteret ex fide bona'. M. Cato ... iudex ita pronuntiavit, cum in vendendo rem eam scisset et non pronuntiasset, emptori damnum praestari oportere. ergo *ad fidem bonam* ...

Als Calpurnius (das gekaufte Haus) abgerissen und erfahren hatte, daß Claudius sein Haus zum Verkauf ausgeschrieben hatte, nachdem er von den Auguren den Befehl erhalten hatte, es abzureißen, brachte er jenen vor den Schiedsrichter nach der Formel: «Was immer ihm zu geben und zu tun nötig sei nach Treu und Glauben». Marcus Cato verkündete als Richter, weil Claudius beim Verkauf die Sache gewußt und nicht angegeben habe, müsse dem Käufer der Schaden erstattet werden. Also stellte er fest, daß es für Treu und Glauben ...

(K. Büchner)

**Treu und
Glauben**

Vertrauens-
würdigkeit

1650 PAEGNIUM: Novi: omnes sunt lenae levifidae.
      neque tippulae levius pondust quam fides lenonina.
      PAE. Ich weiß, keiner Dirne darf man etwas anvertrauen.
      Denn schwerer wiegt die Wasserspinne als der Dirnen Wort.

      (W. Binder – W. Ludwig)
      PLAUTUS, PERSA 243–244

1651 PHORMIO: An verebamini,
      ne non id facerem, quod recepissem semel?
      heus, quanta quanta haec mea paupertas est, tamen
      adhuc curavi unum hoc quidem, ut mi esset fides.
      PH. Ihr fürchtet wohl,
      Ich möchte nicht tun, was ich einmal zugesagt?
      Nein! Eines doch, sei meine Armut noch so groß,
      Bewahrt' ich mir noch immer; man vertraute mir.

      (J. J. Donner)
      TERENZ, PHORMIO 901–904

Preisbildung

1652 Pretium rei cuiusque pro tempore est; cum bene ista laudaveris,
      tanti sunt, quanto pluris venire non posunt; praeterea nihil
      venditori debet, qui bene emit. deinde etiam si pluris ista sunt, non
      tamen ullum istic tuum munus est, ut non ex usu effectuve, sed ex
      consuetudine et annona aestimetur.
      Der Preis einer jeden Sache richtet sich nach der Situation; wenn man
      diese Dinge richtig anpreist, sind sie so viel wert, um wieviel teurer sie
      nicht verkauft werden können; außerdem schuldet dem Verkäufer
      nichts, wer billig gekauft hat. Ferner – auch wenn diese Dinge mehr
      wert sind, liegt das doch nicht in deiner Verantwortung, daß man nicht
      nach Nutzen und Wirkung, sondern nach Gewohnheit und Marktpreis
      wertet.

      (nach M. Rosenbach)
      SENECA, DE BENEFICIIS 6, 15, 4–5

Zahlungsmoral

1653 DAVUS: Accipe, em:
      lectumst; conveniet numerus, quantum debui.
      GETA: amo te, et non neclexisse habeo gratiam. DAVUS praesertim,
      ut nunc sunt mores: adeo res redit:
      si quis quid reddit, magna habendast gratia.
      DA. Nimm da! Sieh,
      Ganz gutes Geld, gerade, was ich schuldig war. GE. Das freut mich!
      Danke, daß du's nicht vergessen hast. DA. Zumal nach heutiger Mode.
      So weit kam es jetzt:
      Schön danken muß man, zahlt ein Mensch etwas zurück.

      (J. J. Donner)
      TERENZ, PHORMIO 52–56

1654 **Semper oculatae manus sunt nostrae, credunt quod vident.**
Die Hände sind beaugt, sie glauben, was sie sehen.

(W. Binder – W. Ludwig)

PLAUTUS, ASINARIA 202

bar bezahlen

1655 **Ego fidem meam malo quam thesauros.**
Mir ist mein Kredit lieber als ein Haufen Geld im Tresor.

(K. Müller – W. Ehlers)

PETRON, CENA TRIMALCHIONIS 57, 9

Kredit

1656 **Opus erit tibi creditore: ut negotiari possis, aes alienum facias oportet, sed nolo per intercessorem mutueris, nolo proxenetae nomen tuum iactent.**
Du hast einen Gläubiger nötig: damit du Geschäfte machen kannst, mußt du einen Kredit aufnehmen, doch ich will nicht, daß du mit Hilfe eines Maklers leihst, ich will nicht, daß Kredithaie deinen Namen ausposaunen.

(M. Rosenbach)

SENECA, EPISTULAE MORALES 119, 1

Kredit aufnehmen

1657 **Et promissa non facienda nonnumquam neque semper deposita reddenda. Si gladium quis apud te sana mente deposuerit, repetat insaniens, reddere peccatum sit, officium non reddere.**
Versprechen sollten bisweilen nicht eingelöst werden und Anvertrautes nicht immer zurückgegeben werden. Wenn jemand gesunden Sinnes ein Schwert bei dir niedergelegt hat und es, wahnsinnig geworden, zurückforderte, wäre es ein Vergehen, es zurückzugeben, Pflicht, es nicht zurückzugeben.

(nach K. Büchner)

CICERO, DE OFFICIIS 3, 95

Anvertrautes zurückgeben

1658 **Si is, qui apud te pecuniam deposuerit, bellum inferat patriae, reddasne depositum?**
Wenn der, der bei dir Geld niedergelegt hat, das Vaterland mit Krieg überzöge, würdest du dann das Anvertraute zurückgeben?

CICERO, DE OFFICIIS 3, 95

... *reddasne depositum?* Non credo; facies enim contra rem publicam, quae debet esse carissima.

... das Anvertraute zurückgeben? Ich glaube nicht, denn du wirst dann gegen das Gemeinwesen handeln, das am teuersten sein muß.

(K. Büchner)

**Versprechen
halten**

1659 Nec promissa servanda sunt ea, quae sint is, quibus promiseris,
inutilia, nec si plus tibi ea noceant, quam illi prosint, contra
officium est maius anteponi minori.

Weder sind Versprechen zu halten, die denen, denen du das Versprechen gegeben hast, unnütz sind, noch ist es, wenn sie dir mehr
schaden als sie jenem nützen (dem du es versprochen hast), gegen
die Pflicht, daß das Größere dem Geringeren vorangestellt wird

(K. Büchner)

CICERO, DE OFFICIIS 1, 32

Berufe

Unternehmer

1660 **Pacta et promissa semper servanda sunt, 'quae nec vi nec dolo malo', ut praetores solent, 'facta sunt'.**
Abmachungen und Versprechen, «die weder mit Gewalt noch böswilliger Täuschung», wie die Prätoren sich auszudrücken pflegen, «zustande gekommen sind», muß man immer halten.

CICERO, DE OFFICIIS 3, 92

... semperne servanda sint, ... facta sint.

... Ob ... immer zu halten sind, ... zustande gekommen sind.

(K. Büchner)

Versprechen
halten

1661 **Nostri maiores, maximi scilicet viri, ab hostibus tantum res repetierunt, beneficia magno animo dabant, magno perdebant.**
Unsere Vorfahren, in der Tat hochbedeutende Männer, forderten von den Feinden nur Schadenersatz, Wohltaten erwiesen sie mit Großmut, gaben sie mit Großmut verloren.

(M. Rosenbach)

SENECA, DE BENEFICIIS 3, 6, 2

Schadenersatz

1662 **Avarus damno potius quam sapiens dolet.**
Den Geizhals, nicht den Weisen schmerzt ein Schaden.

(H. Beckby)

PUBLILIUS SYRUS, SENTENTIAE A 25

Schaden
verschmerzen

Erfolg

1663 **Ab asse crevit et paratus fuit quadrantem de stercore mordicus tollere. itaque crevit, quicquid tetigit, tamquam favus.**
Von einem Groschen ist er ausgegangen und war sich nicht zu gut, einen Pfennig mit den Zähnen aus dem Mist zu klauben. So ist alles, was er angefaßt hat, wie eine Wabe aufgegangen.

(K. Müller – W. Ehlers)

PETRON, CENA TRIMALCHIONIS 43, 1

Erwerbstrieb

1664 **Virtutem verba putas et**
lucum ligna: cave ne portus occupet alter,
ne Cibyratica, ne Bithyna negotia perdas;
mille talenta rotundentur, totidem altera porro et
tertia succedant et quae pars quadret acervum.

Gewinnstreben

Siehst du in Weisheit nur leere Worte und im Hain der Götter nur
gewöhnliches Holz: ja, dann hüte dich, daß kein Konkurrent vor die
die Häfen erreicht, daß deine Geschäfte mit Kibyra, mit Bithynien
nicht fehlschlagen; dann runde dir das Tausend der Goldtalente,
laß ihm ein zweites Tausend und ein drittes nachrücken, dazu gleich
eins noch, um das Quadrat zu schließen und den Haufen vollzu-
machen.

(H. Färber – W. Schöne)

HORAZ, EPISTULAE 1, 6, 31–35

1665 **Neu credas ponendum aliquid discriminis inter unguenta et**
      corium: lucri bonus est odor ex re
      qualibet.
      Glaube nicht, es sei ein Unterschied zu machen zwischen Parfüm und
      Leder: gut ist der Geruch des Gewinns aus jedweder Ware.

(nach J. Adamietz)

JUVENAL, SATURAE 14, 203–205

Gewinn   1666 DAEMONES: **Semper cavere hoc sapientis aequissumumst,**
                     ne conscii sint ipsi malefici sibi.
                     ego, nisi cum lusi, nil moror ullum lucrum.
                     DAE. Der Kluge nimmt sich billig jederzeit in acht,
                     Daß er sich keiner Übeltat bewußt ist. Nein,
                     Ich mach' mir nur im Spiel was aus Gewinn.

(W. Binder – W. Ludwig)

PLAUTUS, RUDENS 1246–1248

1667 PHRONESIUM: **Venitne in mentem tibi, quod verbum in cavea dixit**
      histrio?
      'Omnes homines ad suom quaestum calent et fastidiunt.'
      PHR. Erinnerst du dich nicht des Spruches, welchen wir
      Jüngst im Theater hörten: «Alle Menschen, die
      Schlau auf Gewinn aus sind, die ekeln sich vor nichts.»

(W. Binder – W. Ludwig)

PLAUTUS, TRUCULENTUS 931–932

1668 BACCHIS: **Numquam animum quaesti gratia ad malas adducam**
      artis.
      BA. Nie häng' ich wegen des Gewinns mein Herz an schlechte
      Künste.

(J. J. Donner)

TERENZ, HECYRA 836

1669 **Metus hostilis in bonis artibus civitatem retinebat. Sed ubi illa** **Wohlstand**
formido mentibus decessit, scilicet ea, quae res secundae amant,
lascivia atque superbia incessere. ita quod in advorsis rebus
optaverant otium, postquam adepti sunt, asperius acerbiusque
fuit. namque coepere nobilitas dignitatem, populus libertatem in
lubidinem vortere, sibi quisque ducere trahere rapere. ita omnia in
duas partis abstracta sunt, res publica, quae media fuerat,
dilacerata.

Furcht vor dem Feind hielt die Bürgerschaft bei ihren guten Eigenschaften. Sobald diese Angst aber aus dem Bewußtsein geschwunden
war, drang verständlicherweise das ein, was der Wohlstand gerne
mit sich bringt: Zügellosigkeit und Überheblichkeit. So war die in
bedrängter Lage ersehnte Friedensruhe, als man sie erlangt hatte,
recht hart und herb. Denn es begann nun die Nobilität ihr Prestige,
das Volk seine Freiheit in Willkür zu verkehren: jeder erbeutete,
plünderte, raubte zu seinem Vorteil. So wurde alles in zwei Parteien
auseinandergerissen, wurde der Staat, der in der Mitte war, zer-
stückelt.

(W. Eisenhut – J. Lindauer)

SALLUST, BELLUM IUGURTHINUM 41, 3–5

1670 **Collaticiis et ad dominum redituris instrumentis scaena adornatur:** **kein bleibender**
alia ex his primo die, alia secundo referentur, pauca usque ad **Besitz**
finem perseverabunt. Itaque non est, quod nos suspiciamus
tamquam inter nostra positi: mutua accepimus.

Mit zusammengeborgtem Mobiliar, das seinem Besitzer wieder zufallen wird, ist unsere Lebensbühne ausstaffiert. Ein Teil davon muß
schon am nächsten Tag, ein Teil am übernächsten zurückgegeben
werden; nur wenig bleibt bis zum Schluß. Daher haben wir keinen
Grund zur Selbstgefälligkeit, gleichsam als Eigentümer unseres Besitzes: leihweise haben wir es bekommen.

(G. Fink)

SENECA, AD MARCIAM DE CONSOLATIONE 10

1671 MICIO: **Eandem illam rationem antiquam obtine:** **Sparen**
conserva, quaere, parce, fac quam plurimum
illis relinquas: gloriam tu istam obtine.

MI. Der alten Regel bleibe denn treu:
Erwirb, erhalte, spare, daß sie einst von dir
So viel wie möglich erben, dén Ruhm sichere dir!

(J. J. Donner)

TERENZ, ADELPHOE 812–814

1672 **Quod nescias, cui serves, stultum est parcere.**
Wer Geld spart und nicht weiß, für wen, ist töricht.

(H. Beckby)

PUBLILIUS SYRUS, SENTENTIAE Q 31

Sparsamkeit

1673 **Parsimonia est scientia vitandi sumptus supervacuos aut ars re familiari moderate utendi.**
Sparsamkeit ist das Geschick, überflüssigen Aufwand zu vermeiden, oder die Fähigkeit, mit seinem Vermögen behutsam umzugehen.

(M. Rosenbach)

SENECA, DE BENEFICIIS 2, 34, 4

1674 **Ut visum est maioribus nostris, sera parsimonia in fundo est.**
Wie es unsere Vorfahren richtig sahen, kommt die Sparsamkeit zu spät, wenn man am Grund angelangt ist.

(nach M. Rosenbach)

SENECA, EPISTULAE MORALES 1, 5

Vorteil

1675 **Hecaton omnino tantum se negat facturum compendii sui causa, quod non liceat.**
Hekaton sagte, er werde überhaupt nur so weit auf einen Vorteil verzichten, wie es verboten sei.

(nach K. Büchner)

CICERO, DE OFFICIIS 3, 63

Nutzen erstreben

1676 **Omnes expetimus utilitatem ad eamque rapimur nec facere aliter ullo modo possumus Num quis est, qui utilia fugiat? aut potius, qui ea non studiosissime persequatur?**
Alle erstreben wir den Nutzen, werden zu ihm fortgerissen und können gar nicht anders handeln. Denn wen gäbe es, der dem Nützlichen aus dem Wege ginge? Oder vielmehr wen, der ihm nicht aufs eifrigste nachginge?

CICERO, DE OFFICIIS 3, 101

... persequatur? Sed quia nusquam possumus nisi in laude, decore, honestate utilia reperire, propterea illa prima et summa habemus, utilitatis nomen non tam splendidum quam necessarium ducimus.

... nachginge? Aber weil wir nirgends außer im Ruhm, im Schicklichen, im Ehrenvollen Nützliches finden können, darum halten wir dies für das erste und höchste; den Begriff des Nutzens erachten wir nicht so sehr für glanzvoll wie für notwendig.

(K. Büchner)

1677 **Sibi ut quisque malit, quod ad usum vitae pertineat, quam alteri adquirere, concessum est non repugnante natura; illud natura non patitur, ut aliorum spoliis nostras facultates, copias, opes augeamus.**

Daß ein jeder lieber für sich, was auf die Bedürfnisse des Lebens Bezug hat, als für einen anderen erwerben will, das ist zugestanden, ohne daß die Natur widerstreitet; jenes aber duldet die Natur nicht, daß wir durch Beute von anderen unsere Möglichkeiten, Mittel, Macht mehren.

(K. Büchner)

CICERO, DE OFFICIIS 3, 22

Geld

1678 **Quid tibi pecunia opus est, si uti non potes?**

Kannst du kein Geld gebrauchen, wozu brauchst du's?

(H. Beckby)

PUBLILIUS SYRUS, SENTENTIAE Q 66

1679 CAPPADOX: **Argentariis male credi qui aiunt, nugas praedicant: nam et bene et male credi dico: id adeo ego hodie expertus sum. non male creditur, qui numquam reddunt, sed prorsum perit.**

CA. Sein Geld den Wechslern anvertrauen sei fehlerhaft;
Wer das sagt, schwatzt ins Blaue. Manchmal tut man wohl,
Manchmal auch übel; das erfuhr ich heute selbst.
Es ist nicht schlecht plaziert bei dem, der nie bezahlt,
Nein, völlig weggeworfen.

PLAUTUS, CURCULIO 679–681

... perit.
velut decem minas dum solvit, omnis mensas transiit:
postquam nil fit, clamore hominum posco: ille in ius me vocat.
pessume metui, ne mihi hodie apud praetorem solveret:
verum amici compulerunt: reddit argentum domo.

... weggeworfen. So hat dieser Bursche,
Um mir die zehn Minen aufzutreiben, sich
An allen Tischen umtun müssen. Wie es so
Nichts werden will, fordere ich mit Lärm mein Geld von ihm.
Er ruft mich vor Gericht. Ich schweb' in Angst und Furcht,
Daß er beim Prätor sich bankrott erklärt.
Doch seine Freunde brachten es zusammen. Er gibt das Geld zurück
Aus seinem Hausvermögen.

(W. Binder – W. Ludwig)

1680 LESBONICUS: **Nequaquam argenti ratio conparet tamen.**
STASIMUS: **Ratio quidem hercle apparet: argentum οἴχεται (oíchetai).**

LE. Und dennoch stimmt die Rechnung mit dem Gelde nicht.
ST. Ei freilich stimmt die Rechnung; nur das Geld ist futsch.

PLAUTUS, TRINUMMUS 418–419

LESBONICUS: Em, istaec ratio maxumast.
STASIMUS: Non tibi illud apparere, si sumas, potest,
nisi tu inmortale rere esse argentum tibi.
PHILTO: Sero atque stulte, prius quod oportuit,
postquam comedit rem, post rationem putat.
LESBONICUS: *Nequaquam* ...

LE. Freilich, das
ist wohl der größte Posten. ST. Zählst du richtig nach,
So wirst du's nicht so finden, wenn du etwa
Dem Wahn dich hingibst, daß dein Geld unsterblich sei.
PH. Zu spät und töricht – klüger wär's, es vorher tun –
Macht er die Rechnung, wenn das Geld vergeudet ist.
LE. Und dennoch ...

(nach W. Binder – W. Ludwig)

1681   LESBONICUS: **Quid factumst eo?**
STASIMUS: Comesum, expotum, exunctum, elotum in balineis ...
non hercle minus divorse distrahitur cito,
quam si tu obicias formicis papaverem.
LE. Und was ist mit dem Geld geschehen?
ST. Verschmaust, verzecht, versalbt,
Im Bad vertan ... Es ist so schnell geschehen,
Als streutest du Mohnsamen in ein Ameisennest.

(W. Binder – W. Ludwig)

PLAUTUS, TRINUMMUS 405–406; 409–410

1682   CHREMES: **Non nunc de pecunia agitur.**
CHR. Jetzt
Kommt's nicht aufs Geld an.

(J. J. Donner)

TERENZ, HEAUTONTIMORUMENOS 476

1683   LYCO: **Qui homo mature quaesivit pecuniam,**
nisi eam mature parsit, mature esurit.
LY. Wer bei guter Zeit sich Geld erworben, halt es auch
Bei guter Zeit, wenn er nicht hungern will bei guter Zeit.

PLAUTUS, CURCULIO 380–381

LYCO: Dives sum, si non reddo eis, quibus debeo.
si reddo illis, quibus debeo, plus alieni est.
verum hercle vero quom belle recogito,
si magis me instabunt, ad praetorem sufferam.
habent hunc morem plerique argentarii,
ut alius alium poscant, reddant nemini,
pugnis se solvant, siquis poscat clarius.
Qui homo ...

LY. Bezahl' ich meine Schulden nicht,
So bin ich reich; bezahl ich sie nach Pflicht, so sind
Mehr Schulden als Vermögen da. – Beim Herkules,
Wenn ich mir's überlege: drängen sie mich weiter,
Muß ich beim Prätor den Bankrott erklären.

Die meisten Banker haben das Gebaren,
Daß sie voneinander fordern, aber keinem zahlen
Und bedrohlich werden, fodert man zu offen.
Wer bei guter Zeit ...

(nach W. Binder – W. Ludwig)

1684 SYRUS: **Age, sis, quid loquar?**
pecuniam in loco neclegere maximum interdumst lucrum.
SY. Vernimm:
Das Geld nicht achten am rechten Ort bringt oft den größten Gewinn.

(J. J. Donner)

TERENZ, ADELPHOE 215–216

1685 DEMEA: **Mitto rem.**
DE. Nichts mehr von Geld!

(J. J. Donner)

TERENZ, ADELPHOE 820

1686 **Male se res habet, cum, quod virtute effici debet, id temptatur**
pecunia.
Schlecht ist es bestellt, wenn das, was durch innere Vorzüge bewirkt
werden muß, mit Geld versucht wird.

(K. Büchner)

CICERO, DE OFFICIIS 2, 22

1687 PHIDIPPUS: **Quia accessit vobis paululum pecuniae,**
sublati sunt animi.
PH. Weil euch an Geld ein bißchen zugefallen ist,
Schwillt euch der Kamm auf.

(J. J. Donner)

TERENZ, HECYRA 506–507

1688 **Curia pauperibus clausa est, dat census honores:**
Inde gravis iudex, inde severus eques.
Armen verschließt sich der Staat, nur Geld gibt Ämter und Ansehn:
Dies macht der Richter Gewicht, dies macht der Ritterschaft Stolz.

(W. Marg – R. Harder)

OVID, AMORES 3, 8, 55–56

1689 **Ergo sollicitae tu causa, pecunia, vitae!**
Per te inmaturum mortis adimus iter.
Tu vitiis hominum crudelia pabula praebes:
Semina curarum de capite orta tuo.

Du also bist, o Geld, der Grund des ruhlosen Lebens!
  Dir zuliebe verfällt mancher dem Tode so früh.
Du verschaffst den Lastern der Menschen die grausamste Nahrung.
  Deinem Haupte entspringt großer Bekümmernis Saat.

(W. Willige)

PROPERZ, ELEGIAE 3, 7, 1–4

1690 **Pecunia sic in quosdam homines quomodo denarius in cloacam
      cadit.**
      Das Geld gerät so an gewisse Menschen, wie ein Denar in den Abwas-
      serkanal fällt.

SENECA, EPISTULAE MORALES 87, 16

Quid ergo? Utrum illum pecunia inpurum effecit an ipse *pecuniam* inspurcavit? quae *sic in
quosdam* ...

Was also? Hat ihn das Geld schmutzig gemacht oder er selbst das Geld besudelt? Es gerät
so an gewisse Menschen ...

(M. Rosenbach)

1691 **Fiscus tanti est, quantum habet: immo in accessionem eius venit,
      quod habet. quis pleno sacculo ullum pretium ponit nisi quod
      pecuniae in eo conditae numerus effecit? idem evenit magnorum
      dominis patrimoniorum: accessiones illorum et appendices sunt.**
      Ein Geldbeutel ist so viel wert, wie er enthält: er ist vielmehr nur eine
      Zugabe zu dem, was er enthält. Wer mißt einem vollen Geldbeutel
      schon irgendeinen Wert zu außer dem, den die Menge des in ihm ent-
      haltenen Geldes ausmacht? Dasselbe geschieht den Besitzern großer
      Vermögen: sie sind deren Zugabe und Anhängsel.

SENECA, EPISTULAE MORALES 87, 18

... *appendices sunt.* quare ergo sapiens magnus est? quia magnum animum habet. verum
est ergo, quod contemptissimo cuique contingit, bonum non esse.

... Anhängsel. Warum also ist der Weise groß? Weil er Seelengröße besitzt. Wahr ist also:
was gerade den Verachtetsten zufällt, ist kein Gut.

(M. Rosenbach)

1692 **Circa pecuniam plurimum vociferationis haec fora defetigat,
      patres liberosque committit, venena miscet, gladios tam
      percussoribus quam legionibus tradit, haec est sanguine nostro
      delibuta, propter hanc uxorum maritorumque noctes strepunt
      litibus et tribunalia magistratuum premit turba, reges saeviunt
      rapiuntque et civitates longo saeculorum labore constructas
      evertunt, ut aurum argentumque in cinere urbium scrutentur.**
      Um Geld macht man das meiste Gezänk; Gerichte hält es in Atem,
      Väter und Kinder hetzt es aufeinander, Gifte mischt es. Schwerter
      reicht es gleichermaßen Meuchelmördern wie Legionen; es ist mit
      unserem Blut befleckt, seinetwegen sind vom lauten Streit der Männer
      mit ihren Frauen die Nächte erfüllt, drängt sich zu den Stühlen der

Beamten die Menge; Könige rasen und rauben, und Städte, im Laufe
von Jahrhunderten mühsam erbaut, vernichten sie, um nach Gold und
Silber in der Asche ihrer Festungen zu wühlen.

(G. Fink)

SENECA, DE IRA 3, 33

1693 **Pecuniae cunctae sunt difficultates perviae auroque solent
adamantinae etiam perfringi fores.**
Geld führt durch alle Schwierigkeiten, und mit Gold sprengt man
selbst Stahltüren.

APULEIUS, METAMORPHOSES 9, 18, 2

Certusque fragilitatis humanae fidei et quod *pecuniae cunctae sint difficultates perviae
auroque soleant* ... , opportune nanctus Myrmecis solitatem ei amorem suum aperit ...

Er ist überzeugt von der Wankelmütigkeit des menschlichen Charakters und davon, daß
Geld ... sprengt. Als er also in einem günstigen Augenblick Myrmex allein antrifft, eröffnet
er ihm seine Liebe ...

(E. Brandt – W. Ehlers)

1694 **Quod vult, habet, qui velle, quod satis est, potest.**
Wer ein Genug sich wünscht, hat das Gewünschte.

(H. Beckby)

PUBLILIUS SYRUS, SENTENTIAE Q 74

Genügend
haben

1695 **Ad veras te converte divitias; disce parvo esse contentus!**
Dem wahren Reichtum wende dich zu; lerne, mit wenigem zufrieden
zu sein!

SENECA, EPISTULAE MORALES 110, 18

Ad veras potius te converte ...contentus et illam vocem magnus atque animosus exclama:
habeamus aquam, habeamus polentam, Iovi ipsi controversiam de felicitate faciamus.

Dem wahren Reichtum wende dich lieber zu ... zufrieden zu sein, und jenes Wort sprich
stolz und mutig: haben wir Wasser, haben wir Gerstengraupen, mit Jupiter selbst wollen
wir um das Glück streiten.

(M. Rosenbach)

wahrer
Reichtum

Pleite

1696 **His omnibus salubri consilio recte dispositis occurrit scaevus
eventus.**
So wirksam geplant und richtig angeordnet dies alles war, läuft es
doch auf einen Fehlschlag hinaus.

(nach E. Brandt – W. Ehlers)

APULEIUS, METAMORPHOSES 4, 19, 1

Planung –
Fehlschlag

1697 **Frustra niti neque aliud se fatigando nisi odium quaerere
extremae dementiae est.**

erfolglose Mühe

Sich erfolglos anzustrengen und mit seiner Bemühung nichts anderes
als Haß zu gewinnen, das wäre der äußerste Unsinn.

SALLUST, BELLUM IUGURTHINUM 3, 3–4

... dementiae est: nisi forte quem inhonesta et perniciosa lubido tenet
potentiae paucorum decus atque libertatem suam gratificari.

... der äußerste Unsinn, es müßte höchstens einer von dem ehrlosen, verhängnisvollen
Wunsch besessen sein, der Macht einiger weniger die eigene Würde und Freiheit zu
opfern.

(W. Eisenhut – J. Lindauer)

**vergebliche
Mühe**

1698 LYCUS: **Lupo agnum eripere postulant. nugas agunt.**
Lu. Gerne möchten sie dem Wolf
Das Lamm entreißen; doch die Mühe ist vergeblich.

PLAUTUS, POENULUS 776

LYCUS. Compositast fallacia,
ut eo me privent atque inter se dividant.
lupo ...

Ly. Der Plan ist schlau
Erdacht, mich auszurauben und dann unter sich
Den Raub zu teilen. Gerne möchten sie ... .

(W. Binder – W. Ludwig)

Risikoscheu

1699 **Adsunt, propterea quod officium sequuntur, tacent autem idcirco,
quia periculum vitant.**
Sie sind anwesend, weil sie ihrer Pflicht genügen wollen, schweigen
aber, weil sie der Gefahr auszuweichen suchen.

CICERO, PRO SEX. ROSCIO AMERINO 1

Ita fit, ut *adsint ... taceant autem ...*

So sind die anwesend, weil sie ...

(M. Fuhrmann)

Erlahmen

1700 **Marcet sine adversario virtus.**
Tapferkeit ohne Widerpart erlahmt.

SENECA, DE PROVIDENTIA 2

... virtus; tunc apparet, quanta sit quantumque polleat, cum, quid possit, patientia ostendit.
... erlahmt; dann erst zeigt sie, wie groß sie ist und was sie vermag, wenn im Durchhalten
sich ihre Stärke offenbart.

(G. Fink)

**falsche
Großzügigkeit**

1701 **Qui aliis nocent, ut in alios liberales sint, in eadem sunt iniustitia,
ut si in suam rem aliena convertant.**
Wer den einen schadet, um gegen andere großzügig zu sein, ist in derselben Ungerechtigkeit, wie wenn er Fremdes seinem eigenen Vermögen zuwendete.

(nach K. Büchner)

CICERO, DE OFFICIIS 1, 42

1702 **Pauperis extruit cellam, sed vendidit Olus**
    praedia: nunc cellam pauperis Olus habet.

    Ein Armenhaus baute zum Prunk sich Olus. Verkaufen
        mußt' er dann: Olus bewohnt nun ein Armenhaus selbst.

    (R. Helm)

    MARTIAL, EPIGRAMMATA 3, 48

Fehlinvestition

1703 **Cum ille, qui quaesierat, dixisset, quid faenerari, tum Cato: 'quid**
    hominem', inquit, 'occidere?'

    Als jener, der gefragt hatte, sagte: «Wie steht es denn mit Geld verlei-
    hen?» sagte Cato: «Wie denn steht es damit, einen Menschen zu töten?»

    CATO, DE AGRI CULTURA 4, 6, BEI CICERO, DE OFFICIIS 2, 89;
    VGL. PLINIUS, NATURALIS HISTORIA 18, 30

    Ex genere comparationis illud est Catonis senis; a quo cum quaereretur, quid maxime in
    re familiari expediret, respondit 'bene pascere'; quid secundum: 'satis bene pascere'; quid
    tertium: 'male pascere', quid quartum 'arare'. Et *cum ille, qui ...*

    Aus dem Vergleichen rührt jenes Wort des alten Cato: als man ihn fragte, was am meisten
    fürs Vermögen förderlich sei, antwortete er: «Gut Viehzucht treiben!», was an zweiter
    Stelle: «Ziemlich gut Viehzucht treiben!», was an dritter Stelle: «Schlecht Viehzucht
    treiben!», was an vierter Stelle: «Ackerbau treiben!». Und als jener, der ...

    (K. Büchner)

Verleihen

1704 BALLIO: **Semper tu ad me cum argentata accedito querimonia:**
    nam istuc, quod nunc lamentare, non esse argentum tibi,
    apud novercam querere.

    BA. Für silberen Klagen hab' ich jederzeit ein Ohr,
    Doch wenn du jetzt klagst, du habst kein Geld,
    Dann klagst du vor deiner Stiefmutter.

    (W. Binder – W. Ludwig)

    PLAUTUS, PSEUDOLUS 312–314

Geldnöte

1705 GNATHO: **Quid homo, inquam, ignavissume?**
    itan parasti te, ut spes nulla relicua in te sit tibi?
    simul consilium cum re amisti?

    GN. He, Feigster, rief ich,
    Sankst du so, daß keine Hoffnung dir in dir mehr übrigbleibt?
    Kam mit dem Geld dir auch der Kopf abhanden?

    (nach J. J. Donner)

    TERENZ, EUNUCHUS 239–241

Geldverlust

1706 **Cogitandum est, quanto levior dolor sit non habere quam perdere.**

    Man sollte bedenken, wieviel weniger es schmerzt, kein Geld zu
    haben, als es zu verlieren.

    (G. Fink)

    SENECA, DE TRANQUILLITATE ANIMI 8

Verlust

1707 **Dimissum, quod nescitur, non amittitur.**
Wer vom Verlust nichts weiß, hat nichts verloren.

(H. Beckby)

<small>PUBLILIUS SYRUS, SENTENTIAE D 16</small>

1708 **Gravis est vel minima iactura, quia reparare, quod amiseris, gravius est.**
Selbst der kleinste Verlust wiegt schwer, weil schwer wiedereinzu-
bringen ist, was man einmal verloren hat.

<small>PLINIUS MINOR, EPISTULAE 6, 6, 6 K.</small>

Gravis est ei ...

... wiegt schwer für ihn, weil ...

(H. Kasten)

Schaden

1709 **Nulli non ad nocendum satis virium est.**
Ein jeder hat genug Kraft zu schaden.

(M. Rosenbach)

<small>SENECA, EPISTULAE MORALES 105, 4</small>

1710 **Denique validius debet esse, quod laedit, eo, quod laeditur. Non est autem fortior nequitia virtute: non potest ergo laedi sapiens. Iniuria in bonos nisi a malis non tentatur: bonis inter se pax est.**
Schließlich muß das kraftvoller sein, was schadet, als das, was
Schaden nimmt. Nun ist jedoch die Schlechtigkeit nicht stärker als
die Tugend. So ist's unmöglich, daß der Weise Schaden nimmt. Gewalt
gegen die Guten wird nur von Schlechten versucht. Die Guten halten
untereinander Frieden.

(G. Fink)

<small>SENECA, DE CONSTANTIA SAPIENTIS 7</small>

Ruin

Besitzgier

1711. **Ea invasit homines habendi cupido, ut possideri magis quam possidere videantur.**
Die Menschheit ist von solch einer Gier nach Besitz befallen, daß sie
anscheinend mehr von ihren Gütern besessen wird, als daß sie sie
besitzt.

(H. Kasten)

<small>PLINIUS MINOR, EPISTULAE 9, 30, 4 K.</small>

1712 Ubi cupido divitiarum invasit, neque disciplina neque artes bonae neque ingenium ullum satis pollet, quin animus magis aut minus mature postremo tamen succumbat.

Sobald einmal die Sucht nach Reichtum Eingang gefunden hat, ist keine Erziehung, keine gute Eigenschaft und Anlage stark genug, daß der Mensch nicht früher oder später endlich doch erliegt.

SALLUST, EPISTULAE AD CAESAREM SENEM DE RE PUBLICA 2, 7, 4–7

... *succumbat.* saepe iam audivi, qui reges, quae civitates et nationes per opulentiam magna imperia amiserint, quae per virtutem inopes ceperant. id adeo haud mirandum est. nam ubi bonus deteriorem divitiis magis clarum magisque acceptum videt, primo aestuat multaque in pectore volvit. sed ubi gloria, honore magis in dies virtutem opulentia vincit, animus ad voluptatem a vero deficit. quippe gloria industria alitur; ubi eam dempseris, amara et aspera est

... doch erliegt. Schon oft habe ich gehört, wie Könige, Städte und Völkeer durch Reichtum große Macht verloren haben, die sie in Armut durch Tüchtigkeit gewonnen hatten. Das ist auch gar kein Wunder. Denn sobald der Tüchtige sieht, daß der Schlechtere auf Grund seines Reichtums größeres Ansehen und größere Beliebtheit genießt, da kocht es zuerst in ihm, und vieles geht ihm durch den Sinn. Doch sobald der Reichtum die Tüchtigkeit von Tag zu Tag an Ruhm und Ehre mehr übertrifft, wendet er sich vom Rechten ab und der Genußsucht zu. Denn Anerkennung gibt dem Streben Nahrung. Fällt sie weg, ist die Tugend an sich bitter und beschwerlich.

(W. Eisenhut – J. Lindauer)

Geldgier

1713 Quid petis, ut nummi, quos hic quincunce modesto nutrieras, peragant avidos sudore deunces? indulge genio! carpamus dulcia! nostrum est, quod vivis. cinis et manes et fabula fies. vive memor leti! fugit hora, hoc quod loquor, inde est.

Was nur willst du? Das Geld, das mit fünf Prozent du bescheiden Hier kannst füttern, soll schwitzen und gierig dir elfe erschachern? Freu dich des Lebens und laß uns das Liebliche pflücken, denn uns ist Nur, was man lebt! und wie bald bist Asche du, Schatten und Schall nur! Lebe und denk an den Tod! Es entflieht die Zeit, da ich rede!

(O. Seel)

PERSIUS, SATURAE 5, 149–153

1714 Quid, si prope usuram vel millesimam valetudinarius faenerator distortis pedibus et manibus ad comparandum non relictis clamat ac per vadimonia asses suos in ipsis morbi accessionibus vindicat.

Was ferner, wenn wegen eines Zinsrückstands – und wär's nur ein Promille – ein kranker Geldverleiher mit gichtverkrümmten Füßen und Händen, die nicht mehr zum Anschaffen taugen, sich aufregt und auf dem Prozeßweg seine paar Kröten einfordert, während er gerade einen Anfall seiner Krankheit hat?

(G. Fink)

SENECA, DE IRA 3, 33

Geldmachen 1715 'At qui sunt ii, qui rem publicam occupavere? homines sceleratissumi cruentis manibus, immani avaritia, nocentissumi et idem superbissumi, quibus fides decus pietas, postremo honesta atque inhonesta omnia quaestui sunt.'

«Doch was sind das für Leute, die den Staat in Besitz genommen haben? Verbrecherische Unmenschen mit blutbefleckten Händen, von ungeheuerlicher Habgier, ganz schuldbeladene und zugleich hochmütigste Leute, denen Treue, Anstand, Pflichtgefühl, kurz alles, ob ehrenhaft oder nicht, zum Geldmachen dient.» (Aus einer Rede des Memmius im Senat)

(W. Eisenhut – J. Lindauer)

SALLUST, BELLUM IUGURTHINUM 31, 12

Profit machen 1716 Nemo caelum caelum putat, nemo ieiunium servat, nemo Iovem pili facit, sed omnes opertis oculis bona computant.

Niemand läßt mehr den Himmel als Himmel gelten, niemand hält sich an die Fastenzeit, niemand kümmert sich einen Deut um Jupiter, sondern alle überschlagen nur, ohne nach rechts oder links zu schauen, ihren eigenen Profit.

(nach K. Müller – W. Ehlers)

PETRON, CENA TRIMALCHIONIS 44, 17

Geldsauger 1717 EPIDICUS: Iam ego me convortam in hirudinem atque eorum exsugebo sanguinem,
senati qui columen cluent.

EP. Nun werd' ich auf der Stell' in einen Egel mich
Verwandeln und den beiden Stützen des Senats
Das Blut aussaugen.

(W. Binder – W. Ludwig)

PLAUTUS, EPIDICUS 188–189

Habsucht 1718 Nulla avaritia sine poena est, quamvis satis sit ipsa poenarum. o quantum lacrimarum, quantum laborum exigit! ... adice cotidianas sollicitudines, quae pro modo habendi quemque discruciant. maiore tormento pecunia possidetur quam quaeritur.

Keine Habsucht bleibt ungestraft, obwohl sie selbst schon Strafe genug ist. Wieviel Tränen, wieviel Strapazen löst sie aus! ... Nimm hinzu die täglichen Sorgen, die einen jeden nach dem Maß seines Besitzes plagen! Man besitzt Geld unter größerer Qual, als man es erwirbt.

(nach M. Rosenbach)

SENECA, EPISTULAE MORALES 115, 16

1719 **Avaritia belua fera, inmanis, intoleranda est.**
Habsucht ist ein Ungeheuer, wild, entsetzlich und unerträglich.

SALLUST, EPISTULAE AD CAESAREM SENEM DE RE PUBLICA 2, 8, 4

... intoleranda est. quo intendit, oppida, agros, fana atque domos vastat, divina cum humanis permiscet, neque exercitus neque moenia obstant, quominus vi sua penetret.

... unerträglich. Wohin sie sich wendet, verwüstet es Städte und Felder, Tempel und Häuser, bringt Göttliches und Menschliches durcheinander. Kein Heer und keine Mauer kann verhindern, daß es mit der Gewalt, die ihm eigen ist, eindringt.

(W. Eisenhut – J. Lindauer)

1720 **Avaritia fidem, probitatem ceterasque artis bonas subvortit; pro his superbiam, crudelitatem, deos neglegere, omnia venalia habere edocet.**
Die Habsucht unterhöhlt Vertrauen, Redlichkeit und die übrigen guten Eigenschaften; dafür lehrt sie Überheblichkeit und Roheit, die Götter mißachten und alles für käuflich zu halten.

SALLUST, CATILINA CONIURATIO 10, 4

Namque *avaritia ... subvortit ... edocuit.*

Denn die Habsucht ... unterhöhlte ... lehrte ...

(W. Eisenhut – J. Lindauer)

1721 **Qui melior servo, qui liberior sit avarus,**
in triviis fixum cum se demittit ob assem,
non video. nam qui cupiet, metuet quoque; porro
qui metuens vivet, liber mihi non erit umquam.
Steht der Habsüchtige höher als ein Sklave, steht er freier da? Etwa, wenn er auf der Straße sich bückt nach dem festgetretenen Pfennig im Kot? Ich kann es nicht finden. Denn wo Begierde, da ist auch Angst; wer aber in Angst lebt, wird mir niemals als freier Mann gelten.

(H. Färber – W. Schöne)

HORAZ, EPISTULAE 1, 16, 63–66

1722 **Avaritia paupertatem intulit et multa concupiscendo omnia amisit.**
Habsucht brachte Armut mit sich, und indem sie vieles begehrte, verlor sie alles.

(M. Rosenbach)

SENECA, EPISTULAE MORALES 90, 38

1723 **Nullum vitium taetrius est quam avaritia, praesertim in principibus et rem publicam gubernantibus.**
Kein Laster ist scheußlicher als die Habsucht, vorzüglich bei führenden Männern und den Lenkern des Staates.

(K. Büchner)

CICERO, DE OFFICIIS 2, 77

Wucher

1724 CURCULIO: Vos faenore, hi male suadendo et lustris lacerant
homines.
rogationes plurimas propter vos populus scivit,
quas vos rogatas rumpitis: aliquam reperitis rimam:
quasi aquam ferventem frigidam esse ita vos putatis leges.
Cu. Durch Wucher ruiniert ihr die Leute ebenso,
wie jene es durch Verlockungen zur Wollust tun.
Mancher Gesetzesantrag ward euretwegen an das Volk gebracht;
Doch ihr zerreißt sie alle, findet stets ein Loch.
Wie mit dem heißen Wasser, wenn's erkaltet ist,
Geht ihr mit den Gesetzen um.

(W. Binder – W. Ludwig)

PLAUTUS, CURCULIO 508–511

Unersättlichkeit

1725 Quid ergo? tam insatiabilem nobis natura alvum dedit, cum tam
modica corpora dedisset, ut vastissimorum edacissimorumque
animalium aviditatem vinceremus? minime: quantulum est enim,
quod naturae datur? parvo illa dimittitur: non fames nobis ventris
nostri magno constat, sed ambitio.
Wie also? Einen derart unersättlichen Bauch hat uns die Natur gegeben, obwohl sie die Körper so bescheiden an Größe geschaffen hat,
daß wir die Gier der wildesten und gefräßigsten Tiere übertreffen?
Keineswegs: wie wenig ist es nämlich, was man dem natürlichen
Bedürfnis gibt? Mit geringem wird es befriedigt: nicht der Hunger
unseres Leibes kommt uns teuer zu stehen, sondern der Ehrgeiz.

(nach M. Rosenbach)

SENECA, EPISTULAE MORALES 60, 3

1726 'Vidistine aliquando canem missa a domino frusta panis aut carnis
aperto ore captantem? quicquid excepit, protinus integrum
devorat et semper ad spem venturi hiat. idem evenit nobis:
quicquid exspectantibus fortuna proiecit, id sine ulla voluptate
demittimus, statim ad rapinam alterius erecti et attonit.' Hoc
sapienti non evenit: plenus est.
«Hast du einmal gesehen, wie ein Hund nach Brot- oder Fleisch-
brocken, die ihm sein Herr hinwirft, mit offenem Maule schnappt?
Was immer er erhascht, er schlingt es sofort und ungekaut hinunter
und sperrt, stets in Hoffnung auf weiteres, sein Maul wieder auf.
Ebenso geht es uns: was immer, während wir darauf warten, das
Schicksal uns zuwirft, wir würgen es ohne Genuß hinab, und sind
sogleich auf weitere Beute gespannt und versessen.» Dem Weisen
widerfährt solches nicht.

SENECA, EPISTULAE MORALES 72, 8

Solebat Attalus hac imagine uti: 'Vidisti ...'

Attalus pflegte folgendes Bild zu gebrauchen: «Hast du einmal gesehen ...»

(nach M. Rosenbach)

1727 Cui adsecuto satis fuit, quod optanti nimium videbatur? non est, ut existimant homines avidi, ardua felicitas, sed pusilla: itaque neminem satiat.

Wem, der etwas erreicht hat, genügte das, was ihm in seinen Wünschen zu groß vorkam? Das Glück ist nicht, wie die Menschen meinen, von schwindelnder Höhe, sondern kümmerlich: daher macht es niemanden satt.

(nach M. Rosenbach)

SENECA, EPISTULAE MORALES 118, 6

1728 Alexander modo ignobilis anguli non sine controversia dominus tacto fine terrarum per suum rediturus orbem tristis est.

Alexander, eben eines unbekannten Winkels – nicht ohne Gegenwehr – Herr, hat das Ende der Welt erreicht und ist nun traurig, daß er durch seine eigene Welt heimkehren soll.

(nach M. Rosenbach)

SENECA, EPISTULAE MORALES 119, 8

1729 Non vultis cogitare, quam parva vobis corpora sint?

Wollt ihr nicht dran denken, was für kleine Bäuche ihr habt?

SENECA, AD HELVIAM MATREM DE CONSOLATIONE 10

Libet dicere: 'Quid deducitis naves? Quid manus et adversus feras et adversus homines armatis? Quid tanto tumultu discurritis? Quid opes opibus aggeritis? *Non vultis ... corpora sint?* Nonne furor et ultimus mentium error est, cum tam exiguum capias, cupere multum? Licet itaque augeatis census, promoveatis fines, numquam tamen corpora vestra laxabitis.'

Man möchte sagen: «Was laßt ihr Schiffe auslaufen? Was wappnet ihr euch gegen wilde Tiere und gegen Menschen? Was rennt ihr mit solcher Aufregung hin und her? Was häuft ihr Schätze auf Schätze? Ihr wollt nicht ... ihr habt? Ist's denn nicht Irrsinn und höchste geistige Verblendung, obwohl man so wenig zu sich nehmen kann, viel zu verlangen? Mögt ihr euer Vermögen mehren, euren Grundbesitz ausdehnen; eure Bäuche werdet ihr niemals weiter machen!»

(G. Fink)

1730 Facit quidem avidos nimia felicitas, nec tam temperatae cupiditates sunt umquam, ut in eo, quod contingit, desinant: gradus a magnis ad maiora fit, et spes improbissimas conplectuntur insperata adsecuti.

Allzugroßes Glück macht freilich die Menschen gierig, und niemals lassen sich die Leidenschaften so weit mäßigen, daß sie dann aufhören, wenn ein Wunsch erfüllt wird. Man schreitet von Großem zu Größerem, und die maßlosesten Hoffnungen macht sich, wer unverhofften Erfolg hat.

(nach M. Rosenbach)

SENECA, DE CLEMENTIA PR. 1, 7

1731 **Habet Africanus miliens, tamen captat.**
Fortuna multis dat nimis, satis nulli.
Der Millionär Africanus möchte noch erben.
Das Glück gibt vielen allzuviel, genug keinem.

(R. Helm)

MARTIAL, EPIGRAMMATA 12, 10

Gold

1732 **Auro pulsa fides, auro venalia iura,**
    Aurum lex sequitur, mox sine lege pudor.
Gold hat die Treue vertrieben, um Gold sind käuflich die Richter,
    selbst das Gesetz sucht Gold, bald auch, gesetzlos, die Scham.

(W. Willige)

PROPERZ, ELEGIAE 3, 13, 49–50

Mammon

1733 **Populus me sibilat, at mihi plaudo**
ipse domi, simul ac nummos contemplor in arca.
Die Menschen draußen zischen mich aus, aber daheim klatsche ich
mir selbst Beifall, sobald ich die Goldstücke in der Truhe beschaue.

(H. Färber – W. Schöne)

HORAZ, SERMONES 1, 1, 66–67

Armut

1734 **Vivimus ambitiosa paupertate omnes.**
Wir alle leben hier in anspruchsvoller Armut.

JUVENAL, SATURAE 3, 182–183

Hic ultra vires habitus nitor, hic aliquid plus,
quam satis est, interdum aliena sumitur arca.
Commune id vitium est: hic *vivimus ambitiosa*
paupertate omnes. Quid moror? Omnia Romae
cum pretio.

Hier in Rom übersteigt die Eleganz der Kleidung die Kräfte, hier
wird, was über das Ausreichende hinausgeht, bisweilen fremdem Geldkasten entnommen.
Allgemein ist dieser Fehler, wir alle leben hier in anspruchsvoller
Armut. Um es kurz zu machen: für alles muß man in Rom
bezahlen.

(J. Adamietz)

Unsicherem
nachjagen

1735 PSEUDOLUS: **Stulti hauscimus, frustra ut simus, quom quid**
cupienter dari
petimus nobis: quasi, quid in rem sit, possimus noscere.
certa mittimus, dum incerta petimus.
Ps. Wir Toren wissen nicht, wie wir ins Leere schauen,
Wenn unsere Sehnsucht etwas zu erlangen strebt,
Als könnten wir bestimmen, was uns dienlich ist.
Das Sichere lassen wir dahin, während wir
Unsicherem nachjagen.

(W. Binder – W. Ludwig)

PLAUTUS, PSEUDOLUS 683–685

1736   DROMO: **Ne ille haud scit, hoc paulum lucri quantum ei damni
adportet.**

Vorteil –
Schaden

DR. Er weiß nicht, welchen Schaden ihm das bißchen Vorteil bringen
wird.

(J. J. Donner)

TERENZ, HEAUTONTIMORUMENOS 747

1737   AGORASTOCLES: **Invendibili merci oportet ultro emptorem
adducere:
proba mers facile emptorem reperit, tametsi in abstruso sitast.**

unehrliche
Werbung

AG. Nur unverkäufliche Ware ist's,
Die man dem Käufer unverlangt entgegenträgt.
Die gute Ware findet ihren Käufer leicht,
Wenn auch im tiefsten Winkel sie verborgen liegt.

(W. Binder – W. Ludwig)

PLAUTUS, POENULUS 341–342

1738   DAEMONES: **In aetate hominum plurimae
fiunt transennae, ubi decipiuntur dolis.
atque edepol in eas plerumque esca inponitur,
quam siquis avidus poscit escam avariter,
decipitur in transenna avaritia sua.
ille, qui consulte, docte atque astute cavet,
diutine uti bene licet partum bene.**

Köder auslegen

DAE. Gar zu viele Schlingen gibt's
Im Menschenleben, wo mit List man uns berückt.
In den meisten hat Lockspeisen man hineingelegt:
Wer gierig, ohne Maß nach solcher Speise schnappt,
Fängt in der Schlinge sich durch seine Lüsternheit.
Doch wer bedachtsam, klug und schlau sich vorgesehen,
Darf lange Zeit des Wohlerworbenen sich erfreuen.

(W. Binder – W. Ludwig)

PLAUTUS, RUDENS 1235–1241

1739   **De iure praediorum sanctum apud nos est iure civili, ut in iis
vendendis vitia dicerentur, quae nota essent venditori. nam cum
ex duodecim tabulis satis esset ea praestari, quae essent lingua
nuncupata, quae qui infitiatus esset, dupli poenam subiret, a iuris
consultis etiam reticentiae poena est constituta. quidquid enim est
in praedio vitii, id statuerunt, si venditor sciret, nisi nominatim
dictum esset, praestari oportere.**

Mängel
verschweigen

Betreffs des Grundstücksrechtes ist bei uns durch das bürgerliche
Recht festgesetzt, daß bei Verkauf die Mängel gesagt werden sollen,
die den Verkäufern bekannt sind. Denn während es nach den zwölf

Tafeln genug war, für das einzustehen, was ausdrücklich gesagt worden sei, und der, der das nicht anerkannte, um das Doppelte gestraft
sein sollte, ist von den Rechtsgelehrten auch eine Strafe für das Verschweigen bestimmt worden. Für alles nämlich, was es an einem
Grundstück an Mängeln gibt, müsse man, bestimmten sie, wenn der
Verkäufer es wüßte, einstehen, wenn es nicht ausdrücklich gesagt
worden wäre.

(K. Büchner)

CICERO, DE OFFICIIS, 3, 65

Rechnung ohne den Wirt

1740 SANNIO: **Nemo dabit: frustra egomet mecum has rationes puto.**
SA. Niemand zahlt: ich hab' umsonst die Rechnung ohne den Wirt
gemacht.

(J. J. Donner)

TERENZ, ADELPHOE 208

Zahlungs-unwilligkeit

1741 **Emit lacernas milibus decem Bassus**
Tyrias coloris optimi. Lucrifecit?
'Adeo bene emit?' inquis. Immo non solvet.
Es kaufte Bassus für zehntausend sich Stoffe
aus Tyrus, schönster Farbe. Ein Gewinn war es.
«War's denn so wohlfeil?» fragst du. Nein, er zahlt nur nicht.

(R. Helm)

MARTIAL, EPIGRAMMATA 8, 10

Schulden

1742 **Qui debet, limen creditoris non amat.**
Der Schuldner sieht nicht gern des Gläubigers Türe.

(H. Beckby)

PUBLILIUS SYRUS, SENTENTIAE Q 33

1743 **Nemo libenter debet, quod non accepit, sed expressit.**
Niemand schuldet gerne etwas, was er nicht empfangen, sondern
abgenötigt hat.

(M. Rosenbach)

SENECA, DE BENEFICIIS 1, 1, 7

1744 **Aequissima vox est et ius gentium prae se ferens: 'Redde, quod**
debes!'
Ein sehr angemessenes Wort, das auch das Völkerrecht für sich geltend machen kann, ist der Grundsatz: «Erstatte, was du schuldest!»

(nach M. Rosenbach)

SENECA, DE BENEFICIIS 3, 14, 3

1745 **Leve aes alienum debitorem facit, grave inimicum.**
Kleine Schulden machen einen Menschen zum Schuldner, große zum
Feind.

(nach M. Rosenbach)

SENECA, EPISTULAE MORALES 19, 11

1746 **Sexte, nihil debes, nil debes, Sexte, fatemur.**
debet enim, si quis solvere, Sexte, potest.
Sextus, du schuldest mir nichts, nichts schuldest du, Sextus, ich sag' es.
Schuldner, Sextus, ist nur, wer auch zu zahlen vermag.

(R. Helm)

MARTIAL, EPIGRAMMATA 2, 3

Schuldner

1747 SAGARISTIO: **Qua confidentia rogare tu a med argentum tantum**
audes,
impudens? quin si egomet totus veneam, vix recipi potis est,
quod tu me rogas: nam tu aquam a pumice nunc postulas,
qui ipsus sitiat.
SA. Wie bist du nur so keck,
Du Unverschämter, daß du eine solche Summe Gelds
Von mir verlangst? Wenn ich mich selbst mit Haut und Haar
Verkaufte, löst' ich kaum, was du von mir begehrst:
Vom Bimsstein willst du Wasser, der selbst immer durstig ist.

(W. Binder – W. Ludwig)

PLAUTUS, PERSA 39–42

Pumpversuch

1748 **Cum rogo te nummos sine pignore, 'non habeo' inquis;**
idem, si pro me spondet agellus, habes.
Bitte ich dich um Geld ohne Pfand, so sagst du: «Ich hab' nichts.»
Doch, wenn mein Acker für mich bürgt, so hast du es gleich.

(R. Helm)

MARTIAL, EPIGRAMMATA 12, 25, 1–2

Borgen

1749 CALIDORUS: **Quin nomen quoque iam interiit 'mutuom'.**
CA. Das bloße Wort «entleihen» kennt man nirgends mehr.

PLAUTUS, PSEUDOLUS 295

BALLIO: Nullus est tibi, quem roges
mutuom argentum? CALIDORUS:*Quin nomen ...*

BA. Gibt es nicht
Jemand für dich, bei dem du Geld entleihen kannst? CA. Das bloße Wort ...

(W. Binder – W. Ludwig)

Leihen

1750 MEGARONIDES: **Potin est ab amico alicunde exorari?** CALLICLES:
Potest.
MEGARONIDES: **Gerrae: ne tu illud verbum actutum inveneris:**
'Mihi quidem hercle non est, quod dem mutuom.'
ME. Solltest du's von einem Freund
Entleihen können? CA. Denke wohl. ME. Ah, Possen das!
Da findest du gleich überall den Spruch bereit:
«Bei Gott! Ich habe nichts, was ich ausborgen kann.»

(W. Binder – W. Ludwig)

PLAUTUS, TRINUMMUS 759–761

Bürgschaft 1751 **Vix videbar, quod promiseram, praestare posse. est autem gravior**
et difficilior animi et sententiae, maximis praesertim in rebus, pro
altero quam pecuniae obligatio: haec enim solvi potest et est rei
fammiliaris iactura tolerabilis; rei publicae quod spoponderis,
quem ad modum solvas, si is dependi facile patitur, pro quo
spoponderis?
Ich glaube kaum noch, für mein Versprechen einstehen zu können.
Eine Bürgschaft für Gesinnung und Gedanken eines andern ist aber,
zumal es ums Ganze geht, drückender und ernster als eine Verpflichtung in Geldangelegenheiten, denn diesen kann man nachkommen,
und ein Vermögensverlust läßt sich verschmerzen; aber eine Verpflichtung dem Staate gegenüber, wie willst Du die einlösen, wenn
der, für den Du Dich verbürgt hast, unbedenklich für sich zahlen läßt.
(27. Juli 43 v. Chr.)

(H. Kasten)

CICERO, AD M. BRUTUM 17 (26), 3 K.

Schmarotzen 1752 SATURIO: **Veterem atque antiquom quaestum maiorum meum**
servo atque obtineo et magna cum cura colo.
nam numquam quisquam meorum maiorum fuit,
quin parasitando paverint ventris suos.
SA. Den alten, guten Beruf meiner Vorfahren
Bewahre und behalte ich, und mit größtem Fleiß
Üb' ich ihn aus. Denn meine Ahnherrn allzumal
Sind dick und fett geworden durch Schmarotzerkunst.

(W. Binder – W. Ludwig)

PLAUTUS, PERSA 53–56

Betrug 1753 **In rebus minoribus socium fallere turpissimum est.**
Bei geringeren Angelegenheiten bringt es die größte Schande ein,
einen Teilhaber zu betrügen.

CICERO, PRO SEX. ROSCIO AMERINO 116

... *turpissimum est.* neque iniuria, propterea quod auxilium sibi se putat adiunxisse, qui cum altero rem communicavit. ad cuius igitur fidem confugiet, cum per eius fidem laeditur, cui se commiserit?

... zu betrügen. Nicht zu Unrecht. Denn wer mit einem anderen gemeinsame Sache macht, glaubt sich einen Beistand zu verschaffen. Wessen Treueversprechen kann ihm denn noch als Zuflucht dienen, wenn er durch das Treueversprechen dessen geschädigt wird, dem er sich anvertraut hat?

(M. Fuhrmann)

1754 **Tollendum est ex rebus contrahendis omne mendacium. Non inlicitatorem venditor, non qui contra se liceatur, emptor apponet. uterque, si ad eloquendum venerit, non plus quam semel eloquentur.**
Fernzuhalten ist bei Abmachungen jegliche Lüge. Nicht wird der Verkäufer einen Scheinkäufer anstiften, nicht der Käufer einen, der gegen ihn bietet. Wenn die beiden zur Preisbestimmung kommen, werden sie den Preis nicht mehr als einmal bestimmen.

(nach K. Büchner)

Cicero, De officiis 3, 61

Scheinkäufer

1755 **Neque enim id est celare, quicquid reticeas, sed cum, quod tu scias, id ignorare emolumenti tui causa velis eos, quorum intersit id scire.**
Nicht alles, was du verschweigst, ist «verheimlichen», sondern wenn du um deines Gewinnes willen willst, daß die, denen daran gelegen ist, es zu wissen, nicht wissen, was du weißt.

(K. Büchner)

Cicero, De officiis 3, 57

Verschweigen

Arzt

1756 MEDICUS. **Quid esse illi morbi dixeras? narra, senex.**
num larvatus aut cerritust? fac sciam.
num eum veternus aut aqua intercus tenet?
SENEX. **Quin ea te causa duco, ut id dicas mihi**
atque illum ut sanum facias. MEDICUS. **Perfacile id quidemst.**
sanum futurum mea ego id promitto fide.
ME. Wie nanntest du die Krankheit, Alter, sag es mir:
Ist's Tobsucht? Ist's Gespensterseherei? Ich muß
Das wissen. Ist es Schlafsucht oder Wassersucht,
Was ihn gepackt hat? SE. Eben darum holt' ich dich.
Daß du es mir sagst und gesund ihn wieder machst.
ME. Das ist eine Kleinigkeit! Er wird gesund;
Dafür steh' ich mit meinem Ehrenwort dir ein!

(W. Binder – W. Ludwig)

Plautus, Menaechmi 879–894

1757 **Nullam habet spem salutis aeger, quem ad intemperantiam medicus hortatur.**
Keine Hoffnung auf Gesundung hat der Kranke, den ein Arzt zu unmäßiger Lebensweise ermutigt.

(M. Rosenbach)

SENECA, EPISTULAE MORALES 123, 17

1758 **Morbis medemur nec irascimur. mali medici est desperare, ne cures.**
Krankheiten heilen wir und zürnen ihnen nicht. Eines schlechten Arztes Haltung ist es, die Hoffnung aufzugeben, daß man behandeln kann.

SENECA, DE CLEMENTIA 3, 15, 2

... ne cues: idem in is, quorum animus adfectus est, facere debebit is, cui tradita salus omnium est, non cito spem proicere ...

... behandeln kann: dasselbe muß bei den Menschen, deren Seele angegriffen ist, der Mann tun, dem das Gemeinwohl anvertraut ist, nicht schnell die Hoffnung fallenzulassen.

(M. Rosenbach)

1759 **Heu medicorum ingnarae mentes, quid venae pulsus, quid coloris intemperantia, quid fatigatus anhelitus et utrimquesecus iactatae crebriter laterum mutuae vicissitudines. dii boni, quam facilis licet non artifici medico, cuivis tamen docto Veneriae cupidinis comprehensio, cum videas aliquem sine corporis calore flagrantem.**
Ach, wie wenig kann doch der Verstand der Ärzte ergründen, was beschleunigter Puls, rasch wechselnde Gesichtsfarbe, schwacher Atem und häufiges Herumwerfen von der einen Seite auf die andere bedeuten! Guter Gott, wie leicht ist es doch für jeden, der sich in der Liebesleidenschaft auskennt – er braucht kein Facharzt zu sein –, die Diagnose zu stellen, wenn man jemanden sieht, der ohne körperliche Hitze brennt!

(E. Brandt – W. Ehlers)

APULEIUS, METAMORPHOSES 10, 2, 1–8

ärztliche Berufsehre

1760 **Non meae sectae credidi convenire causas ulli praebere mortis nec exitio, sed saluti hominum medicinam quaesitam esse didiceram.**
Ich hielt es für unvereinbar mit meiner Berufsehre, jemandem zum Tode zu verhelfen; denn ich hatte ja gelernt, daß die Heilkunde nicht zum Verderben, sondern zum Wohle der Menschheit erfunden ist.

APULEIUS, METAMORPHOSES 10, 11, 2

Dabo rei praesentis evidens argumentum, nam cum venenum peremptorium comparare pessimus iste gestiret *nec meae sectae crederem convenire ... quaesitam esse didicissem,* verens, ne ...

Ich will für diesen Fall den schlagenden Beweis geben: als dieser Schuft da ein tödliches Gift kaufen wollte, hielt ich es für unvereinbar ...; denn ich hatte ja gelernt, daß ... Zugleich fürchtete ich aber, ich könnte ...

(E. Brandt – W. Ehlers)

1761 **Medicus nihil aliud est quam animi consolatio.** Ärzteschelte
Ein Arzt ist nichts weiter als ein Seelentrost.

PETRON, CENA TRIMALCHIONIS 42, 5

Abiit ad plures. medici illum perdiderunt, immo magis malus fatus; *medicus enim nihil aliud* ...

Er ist zur großen Armee abgegangen. Die Ärzte haben ihn umgebracht, oder vielmehr seine böse Fee; ein Arzt nämlich ...

(K. Müller – W. Ehlers)

1762 CHARINUS: **Facile omnes, quom valemus, recta consilia aegrotis** Krankheit
damus.
Tu si hic sis, aliter sentias.
CH. Gesunde wissen leicht für Kranke guten Rat. Doch dächtest du
An meiner Statt wohl anders.

(J. J. Donner)

TERENZ, ANDRIA 309–310

1763 **Crudelem medicum intemperans aeger facit.**
Des Kranken Leichtsinn macht den Doktor grausam.

(H. Beckby)

PUBLILIUS SYRUS, SENTENTIAE C 5

1764 **In morbis nihil est perniciosius quam immatura medicina.**
Bei Krankheiten ist nichts schädlicher als wenn man vorschnell
Medizin verabreicht.

(G. Fink)

SENECA, AD HELVIAM MATREM DE CONSOLATIONE 1

1765 **Innumerabiles esse morbos non miraberis: cocos numera!**
Daß die Krankheiten unzählg sind, braucht dich nicht zu wundern:
zähle die Köche!

SENECA, EPISTULAE MORALES 95, 23

Vero quam longe processerunt mala valetudinis! has usuras voluptatium pendimus ultra modum fasque concupitarum. *Innumerabiles ... numera!* cessat omne studium et liberalia professi sine ulla frequentia desertis angulis praesident. in rhetorum ac philosophorum scholis solitudo est: at quam celebres culinae sunt, quanta circa nepotum focos iuventus se premit!

Jetzt aber – wie weit haben sie sich entwickelt, die Gesundheitsschäden! Diese «Zinsen» zahlen wir für Genüsse, die über Maß und Recht hinausgehen. Daß die Krankheiten ... Köche! Jede wissenschaftliche Arbeit hört auf, und die Lehrer der eines freien Mannes würdigen Künste und Wissenschaften sitzen ohne jedes Publikum in verlassenen Winkeln. In den Redner- und Philosophenschulen herrscht gähnende Leere: doch wie gut besucht sind die Restaurants, wie zahlreich drängt sich die Jugend an den Herden der Lebemänner!

(nach M. Rosenbach)

Gebrechen 1766 **Stultorum incurata pudor malus ulcera celat.**
Unklug ist es, Gebrechen zu verhehlen statt sie zu heilen; solche
Scham ist vom Übel.
(H. Färber – W. Schöne)
HORAZ, EPISTULAE 1, 16, 24

Heilung 1767 **Nihil aeque sanitatem impedit quam remediorum crebra mutatio;
non venit vulnus ad cicatricem, in quo medicamenta temptantur.**
Nichts behindert in gleicher Weise die Gesundheit wie häufiger Wech-
sel der Heilmittel: nicht kommt die Wunde zur Vernarbung, an der
Heilmittel ausprobiert werden.
(M. Rosenbach)
SENECA, EPISTULAE MORALES 2, 3

1768 **Quaecumque usque eo perniciosa sunt, ut contra remedium
convaluerint, plerumque contrariis curantur.**
Alles, was sich derart bedrohlich entwickelt hat, daß es auf Medi-
kamente nicht mehr anspricht, wird meist durch Gegensätzliches
geheilt.
(nach G. Fink)
SENECA, AD HELVIAM MATREM DE CONSOLATIONE 2
Sed is cogitet, *quaecumque... . plerumque contrariis* curari.
Man bedenke aber, daß alles... . meist durch Gegensätzliches geheilt wird.

Heilmittel 1769 **Mala est medicina, ubi aliquid naturae perit.**
Schlecht ist ein Heilkraut, das Gesundes tötet.
(H. Beckby)
PUBLILIUS SYRUS, SENTENTIAE M 19

Therapie 1770 **Nec ulla dura videtur curatio, cuius salutaris effectus est.**
Und keine Therapie wird als hart empfunden, deren Ergebnis die
Heilung ist.
(G. Fink)
SENECA, DE IRA 1, 6

Diät 1771 **Cum decimum iam diem graviter ex intestinis laborarem neque
iis, qui mea opera uti volebant, me probarem non valere, qui
febrim non haberem, fugi in Tusculanum, cum quidem biduum ita
ieiunus fuissem, ut ne aquam quidem gustarem. Itaque confectus
languore et fame magis tuum officium desideravi, quam a te
requiri putavi meum.**

Schon seit zehn Tagen leide ich an einem schweren Darmkatarrh, und weil die Leute, die meine Dienste beanspruchen, es mir nicht glauben wollten, daß ich nicht wohl sei – ich hatte nämlich kein Fieber –, habe ich mich auf mein Tusculanum geflüchtet, nachdem ich zwei Tage gefastet und nicht einmal einen Schluck Wasser zu mir genommen habe. So bin ich denn vor Mattigkeit und Hunger ganz herunter und sehne mich mehr nach Deiner Aufwartung, als Du wahrscheinlich die meinige vermißt. *(im zweiten Schaltmonat 46 v. Chr.)*

(H. Kasten)

CICERO, AD FAMILIARES 7, 24 (26), 1 K. (AD GALLUM)

1772 **Gravius aegrotant ii, qui, cum levati morbo videntur, in eum de integro inciderunt.**
Ein Kranker, der seine Krankheit schon überwunden zu haben meint und dann von neuem von ihr befallen wird, leidet um so schlimmer unter ihr.

rückfälliger Kranker

CICERO, AD FAMILIARES 12, 30, 2 K. (AD CORNIFICIUM)

Ut enim *gravius... . inciderunt,* sic vehementius nos laboramus, qui profligato bello ac paene sublato renovatum bellum gerere conamur.

Ein Kranker, der... . unter ihr; genauso geht es mir: ich leide doppelt, wo der Krieg sich bereits seinem Ende näherte und beinahe schon zu Ende war und ich versuchen muß, den aufs neue ausgebrochenen Krieg zu führen. *(9. Juni 43 v. Chr.)*

(H. Kasten)

1773 **Desperatis etiam Hippocrates vetat adhibere medicinam.**
In hoffnungslosen Fällen verbietet sogar Hippokrates, eine Medizin zu reichen. *(Anfang Dezember 44 v. Chr.)*

hoffnungslose Fälle

(H. Kasten)

CICERO, AD ATTICUM 16, 17 (15), 5 K.

Lehrer

1774 **Nullos peius mereri de omnibus mortalibus iudico quam qui philosophiam velut aliquod artificium venale didicerunt, qui aliter vivunt quam vivendum esse praecipiunt. exempla enim se ipsos inutilis disciplinae circumferunt nulli non vitio, quod insecuntur, obnoxii. non magis mihi potest quisquam talis prodesse praeceptor quam gubernator in tempestate nauseabundus.**
Niemand handelt schlechter an der gesamten Menschheit, meine ich, als wer die Philosophie wie eine ür Geld erhältliche Kunst erlernt hat, wer anders lebt, als er zu leben vorschreibt. Denn als Beispiele einer unnützen Lehre zeigen sie sich selbst, jeder Fehlhaltung, die sie ver-

urteilen, verfallen. Ebensowenig kann mir ein solcher Lehrer helfen
wie ein bei Sturm seekranker Steuermann.

(nach M. Rosenbach)

SENECA, EPISTULAE MORALES 108, 36–37

1775 **Beneficium est praeceptoris mei, quod institutis liberalibus
profeci; ipsos tamen, qui tradiderunt illa, transcendimus, utique
eos, qui prima elementa docuerunt, et quamvis sine illis nemo
quicquam adsequi posset, non tamen, quantumcumque quis
adsecutus est, infra illos est. Multum inter prima ac maxima
interest, nec ideo prima maximorum instar sunt, quia sine primis
maxima esse non possunt.**

Es ist die Wohltat meines Lehrers, daß ich in den eines freien Mannes
würdigen Wissenschaften vorangekommen bin; sie selbst jedoch, die
sie uns vermittelt haben, lassen wir hinter uns, jedenfalls die, die uns
die ersten Grundlagen gelehrt haben, und obwohl ohne sie niemand
etwas erreichen konnte, steht dennoch keiner, wie wenig immer er
erreicht hat, an Rang unter ihnen. Ein großer Unterschied besteht zwischen dem Ersten und dem Größten, weil ohne das Erste das Größte
nicht existieren kann.

(M. Rosenbach)

SENECA, DE BENEFICIIS 3, 34, 1

1776 **Magistri patienter ferre debent offensationes puerorum
discentium memoriae labentis: quae saepe subiecto uno aut altero
verbo ad contextum reddendae orationis adducta est.**

Lehrer müssen die Verstöße ihrer Schüler, wenn sie mit schwankendem Gedächtnis lernen, geduldig ertragen; oft schon ist das Gedächtnis, indem man mit dem einen oder anderen Wort einhilft, auf den
Zusammenhang der wiederzugebenden Rede hingeführt worden.

SENECA, DE BENEFICIIS 5, 25, 6

Inest interim animis voluntas bona, sed torpet modo deliciis ac situ, modo officii inscitia;
hanc utilem facere debemus nec irati relinquere in vitio, sed ut *magistri ... labentis; quae*
quemadmodum *saepe ... adducta est,* sic ad referendam gratiam admonitione revocanda
est.

Dem Geist wohnt minunter guter Wille inne, doch er bleibt untätig, bald durch Genüsse
und durch «Verrosten», bald durch Unkenntnis seiner Pflichten. Ihn müssen wir nützlich
werden lassen und dürfen ihn nicht zornig in seinem Fehlverhalten sich selbst überlassen,
sondern wie Lehrer ... hingeführt worden, so muß es durch Erinnern dazu veranlaßt
werden, Dank abzustatten.

(M. Rosenbach)

Lehrerlos   1777 **Exigite ut mores teneros ceu pollice ducat,
ut si quis cera voltum facit; exigite ut sit
et pater ipsius coetus, ne turpia ludant.**

'haec' inquit 'cura, sed cum se verterit annus,
accipe, victori populus quod postulat aurum.'

Ihr fordert, daß der Lehrer die jugendlichen Sitten gleichsam mit dem Daumen

forme, wie einer, der aus Wachs ein Gesicht bildet; ihr fordert, daß er auch

der Vater der Klasse selbst sei, damit sie keine unsittlichen Spiele treiben.

«Darum kümmere dich», heißt es, «aber wenn das Jahr sich gewendet hat,

dann nimm soviel Gold in Empfang, wie das Volk für einen Sieger fordert.»

(J. Adamietz)

JUVENAL, SATURAE 7, 237–239; 242–243

1778   Praeceptor docendo eadem laborem et taedium tulit; praeter illa,   **Lehrerlob**
quae a praecipientibus in commune dicuntur, aliqua instillavit ac
tradidit, hortando bonam indolem erexit et modo laudibus fecit
animum, modo admonitionibus discussit desidiam; tum ingenium
latens et pigrum iniecta, ut ita dicam, manu extraxit; nec, quae
sciebat, maligne dispensavit, quo diutius esset necessarius, sed
cupit, si posset, universa transfundere: ingratus sum, nisi illum
inter gratissimas necessitudines diligo.

Der Lehrer hat, indem er wiederum dasselbe lehrte, Mühe und Überdruß auf sich genommen; außer dem, was von Lehrern für alle gesagt
wird, hat er manches einfließen lassen nund weitergegeben, durch
seine ermutigenden Worte hat er eine gute Veranlagung geweckt und
mir bald mit Lob Mut gemacht, bald mit Ermahnungen meine Lässigkeit vertrieben; ferner hat er meine verborgene und schlummernde
Begabung hervorgeholt, indem er sie sozusagen am Kragen packte;
auch hat er sein Wissen nicht böswillig gestreckt, um länger unent-
behrlich zu sein, sondern war bestrebt, möglichst alles weiterzugeben;
undankbar bin ich, wenn ich ihn nicht in der dankbarsten Freundschaft wertschätze.

(nach M. Rosenbach)

SENECA, DE BENEFICIIS 6, 16, 6–7

1779   Scit quidem litteras, sed non vult laborare.   **Lehrerschelte**
Er hat zwar seine Weisheit studiert, will sich aber nicht plagen.

PETRON, CENA TRIMALCHIONIS 46, 5–6

... *non vult laborare.* est et alter non quidem doctus, sed curiosus, qui plus docet, quam
scit. itaque feriatis diebus solet domum venire, et quicquid dederis, contentus est.

... nicht plagen. Es ist noch ein anderer da, nicht gerade gelehrt, aber genau, einer der
mehr beibringt, als er weiß. So kommt er gewöhnlich an den Feiertagen ins Haus, und was
man ihm gibt, er ist mit allem zufrieden.

(K. Müller – W. Ehlers)

Schulschelte 1780 Nos aliter didicimus, dicebat enim magister: 'sunt vestra salva? recta domum; cave, circumspicias; cave, maiorem maledicas!' at nunc mera mapalia: nemo dupondii evadit, ego, quod me sic vides, propter artificium meum diis gratias ago.

Bei uns ging das Lernen anders, denn der Lehrer sagte: «Sind eure Sachen in Ordnung? Direkt nach Hause; wehe, wenn du herumguckst; wehe, wenn du einen Erwachsenen frotzelst!» Aber jetzt – das reinste Affentheater; keiner der abgeht, drei Groschen wert. Ich, wenn du mich so siehst, ich danke den Göttern für das, was ich gelernt habe.

(K. Müller – W. Ehlers)

PETRON, CENA TRIMALCHIONIS 58, 13–14

Lehrer – Schüler 1781 Πολλοὶ μαθηταὶ κρείσσονες διδασκάλων (Polloì mathetaì kreíssones didaskálon).

Viele Schüler wachsen ihren Lehrern über den Kopf.

(Ende Mai 46 v. Chr.)

(H. Kasten)

CICERO, AD FAMILIARES 9, 4 (7), 2 K. (AD VARRONEM)
[ZITAT AUS EINER UNBEKANNTEN GRIECHISCHEN TRAGÖDIE]

1782 Quia nemo nostrum novit nisi ad tempus, quod cum maxime transit, ad praeterita rari animum retorquent; sic fit, ut praeceptores eorumque beneficia intercidant quia totam pueritiam reliquimus.

Weil jeder von uns allein den Augeblick kennt, der unmittelbar vor-übergeht, wenden wir die Gedanken nur selten zum Vergangenen zurück; so kommt es, daß die Lehrer und deren Verdienste in Verges-senheit geraten, weil wir die Kindheit hinter uns gelassen haben.

(nach M. Rosenbach)

SENECA, DE BENEFICIIS 3, 3, 4

Schüler 1783 SIMO: Num inmemores discipuli?

SI. Die Schüler sind doch hoffentlich nicht schwach im Kopf?

TERENZ, ANDRIA 478

1784 Facillume corriguntur in discendo, quorum vitia imitantur emendandi causa magistri.

Am leichtesten lassen sich die Schüler beim Lernen verbessern, wenn die Lehrer ihre Fehler, um sie abzustellen, nachahmen.

(nach K. Büchner)

CICERO, DE OFFICIIS 1, 146

Schülerverhalten

1785 **Aliqui (ad philosophum) cum pugillaribus veniunt, non ut res excipiant, sed ut verba, quae tam sine profectu alieno dicant quam sine suo audiant. quidam ad magnificas voces excitantur et transeunt in affectum dicentium alacres vultu et animo nec aliter concitantur, quam solent Phrygii galli tibicinis sono semiviri et ex imperio furentes.**

Manche kommen zum Philosophen mit Schreibtafeln, nicht um die Sache zu erfassen, sondern Worte, die sie ohne Nutzen für andere sprechen, wie sie sie ohne Nutzen für sich hören. Manche lassen sich zu großartigen Phrasen anregen und geraten in die Stimmung der Vortragenden, frohgemut in Gesichtsausdruck und seelischer Verfassung, und sie werden erregt, nicht anders als die phrygischen Eunuchen, die nach der Musik eines Flötenspielers und auf Befehl in Verzückung geraten.

(M. Rosenbach)

Seneca, Epistulae morales 108, 6–7

Ferien

1786 **Ludi magister, parce simplici turbae:**
cessent et Idus dormiant in Octobres:
aestate pueri si valent, satis discunt.

O schone die einfält'ge Schar doch, Schulmeister!
Bis zu Oktobers Iden laß sie still schlafen!
Sind Kinder wohl im Sommer, ist's genug Weisheit.

(R. Helm)

Martial, Epigrammata 10, 62, 1. 11–12

Lehren

1787 **Eadem est praeceptorum condicio quae seminum: multum efficiunt, et si angusta sunt. tantum idonea mens rapiat illa et in se trahat: multa invicem et ipsa generabit et plus reddet quam acceperit.**

Mit Lehren verhält es sich ebenso wie mit Samen: auch wenn sie klein sind, bewirken sie viel. Es muß nur eine geeignete Seele sie auffassen: sie bringt dann ihrerseits viel hervor und gibt mehr zurück, als sie empfangen hat.

(nach M. Rosenbach)

Seneca, Epistulae morales 38, 2

Lehren – Lernen

1788 **'Idem', inquit Attalus, 'et docenti et discenti debet esse propositum: ut ille prodesse velit, hic proficere.'**

«Dasselbe Ziel», sagt Attalos, «müssen Lehrender und Lernender haben: jener soll zu fördern wünschen, dieser, Fortschritte zu machen.»

(M. Rosenbach)

Seneca, Epistulae morales 108, 3

Überflüssiges   1789 Nunc ipse dicam, mihi quod dicturum esse te video: latrunculis
ludimus. in supervacuis subtilitas teritur: non faciunt bonos ista,
sed doctos. apertior res est sapere, immo simplicior. paucis est ad
mentem bonam uti litteris, sed nos ut cetera in supervacuum
diffundimus ita philosophiam ipsam. quemadmodum omnium
rerum sic litterarum quoque intemperantia laboramus: non vitae,
sed scholae discimus.

Nun will ich dir selbst etwas sagen, was du, wie ich sehe, zu sagen
dich anschickst: wir spielen mit Steinchen. Mit überflüssigen Frage-
stellungen nutzt man den Scharfsinn ab: derlei macht nicht gut,
sondern nur «gebildet». Eine klarere Sache ist es, weise zu werden,
nein, eine einfachere: wenig Wissenschaft braucht man für eine sittliche Seelenhaltung, doch wir verzetteln uns mit Überflüssigem – wie
im übrigen, so auch in der Philosophie selbst. Wie in allen Dingen, so
leiden wir auch in der Wissenschaft an Maßlosigkeit: statt für das
Leben zu lernen lernen wir für die Schule.

(nach M. Rosenbach)

SENECA, EPISTULAE MORALES 106, 11–12

Unterrichten   1790 Quidquid praecipies, esto brevis, ut cito dicta
percipiant animi dociles teneantque fideles:
omne supervacuum pleno de pectore manat.

All dein Unterweisen sei kurz und bündig, damit
der Geist das Gesagte alsbald gelehrig auffaßt und es getreulich festhält.
Hat die Seele genug der Fülle, läßt sie alles abgleiten, was darüber ist.

(H. Färber – W. Schöne)

HORAZ, DE ARTE POETICA 335–337

1791 LYDUS: Inde de hippodromo et palaestra ubi revenisses domum,
cincticulo praecinctus in sella apud magistrum adsideres:
cum librum legeres, si unam peccavisses syllabam,
fieret corium tam maculosum quamst nutricis pallium.

Ly. Und kehrte man von der Reitbahn und dem Sportplatz dann nach
Haus,
So setzte man sich ordentlich gegürtet
Auf seinen Stuhl zum Lehrer, nahm das Lesebuch,
Und machte man nur an einer Silbe einen Fehler,
Wurde dein Fell so fleckig wie einer Amme Kleid.

PLAUTUS, BACCHIDES 431–434

LYDUS: Nego tibi hoc annis viginti fuisse primis copiae,
digitum longe a paedagogo pedem ut efferes aedibus.
ante solem exorientem nisi in palaestram veneras,
gymnasi praefecto haud mediocris poenas penderes.
id quom optigerat, hoc etiam ad malum accersebatur malum:
et discipulus et magister perhibebantur improbi.
ibi cursu ... sese exercebant ... *Inde de hippodromo* ...

Ly. Schwerlich war in den ersten zwanzig Jahren dir
Gestattet, dich ohne deinen Pädagogen auch nur einen Finger breit vom Hause zu
entfernen.
Kamst du vor Sonnenaufgang nicht auf den Sportplatz,
Traf vom Direktor eine harte Strafe dich.
Wenn das geschah, kam zu dem einen noch ein weiteres Übel:
Sowohl den Schüler wie den Lehrer traf die Schande.
Man übte dort im Laufen sich ... Und kehrte man ...

(W. Binder – W. Ludwig)

1792 **Quemadmodum prima illa, ut antiqui vocabant, litteratura, per
quam pueris elementa traduntur, non docet liberales artes, sed
mox percipiendis locum parat, sic liberales artes non perducunt
animum ad virtutem, sed expediunt.**
Wie jener erste Sprachunterricht – die Alten sprachen von «Buchsta-
benkunde» –, durch den den Knaben die Anfangsgründe vermittelt
werden, nicht die freien Künste lehrt, sondern für ihre baldige Durch-
dringung den Platz schafft, so führen die freien Wissenschaften und
Künste nicht zur sittlichen Vollkommenheit, sondern bereiten den
Weg dazu.

(M. Rosenbach)

Seneca, Epistulae morales 88, 20

1793 **Aliquid praecipientium vitio peccatur, qui nos docent disputare,
non vivere: aliquid discentium, qui propositum adferunt ad
praeceptores suos non animum excolendi, sed ingenium. itaque,
quae philosophia fuit, philologia est.**
Etwas wird durch den Fehler der uns Unterweisenden versäumt,
wenn sie uns zu diskutieren lehren, nicht zu leben; etwas durch den
Fehler der Lernenden, die den Wunsch an ihre Lehrer herantragen,
nicht ihre Seele zu entwickeln, sondern ihren Verstand. So ist das, was
Philosophie war, zur Philologie geworden.

(nach M. Rosenbach)

Seneca, Epistulae morales 108, 23

1794 **Qui praecipit, dicit: 'Illa facies, si voles temperans esse'; qui
describit, ait: 'Temperans est, qui illa facit, qui illis abstinet.'
quaeris, quid intersit? alter praecepta virtutis dat, alter exemplar.**   Beispiele
Wer Vorschriften macht, sagt: «Das wirst du tun, wenn du mäßig sein
willst»; wer beschreibt, sagt: «Mäßig ist, wer dieses tut, jenes läßt.» Du
fragst, was der Unterschied ist? Der eine gibt Vorschriften für die sittliche Vollkommenheit, der andere ein Beispiel.

Seneca, Epistulae morales 95, 66

... *exemplar.* descriptiones has et, ut publicanorum utar verbo, εικονισμός (eikonismós) ex
usu esse confiteor: proponamus laudanda, invenietur imitator.

... ein Beispiel. Diese Beschreibungen und, um ein en Begriff der Steuerpächter zu
gebrauchen, Musterverzeichnisse sind von Nutzen, das gestehe ich zu: setzen wir
lobenswerte Ziele, so wird sich auch ein Nachahmer finden.

(nach M. Rosenbach)

1795 PHILOXENUS: **Alii, Lyde, nunc sunt mores.**
LYDUS: **Id equidem ego certo scio.**
Nam olim populi prius honorem capiebat suffragio,
quam magistro desinebat esse dicto oboediens.
at nunc prius quam septuennis est, si attingas eum manu,
extemplo puer paedagogo tabula disrumpit caput.
quom patrem adeas postulatum, puero sic dicat pater:
'Noster esto, dum te poteris defensare iniuria.'
provocatur paedagogus: 'Eho, senex minimi preti,
ne adtingas puerum istac causa, quando fecit strenue.'
it magister quasi lucerna uncto expretus linteo.
itur illinc iure dicto. hocine hic pacto potest
inhibere imperium magister, si ipsus primus vapulet?
PH. Ganz anders, Lydus, sind die Sitten heut.
LY. Das weiß ich nur zu gut; denn ehedem hörte
Der Jüngling seinem Lehrer nicht zu folgen auf,
Bis in ein Amt das Volk ihn wählte.
Doch jetzt, wenn kaum er sieben Jahre zählt, und man
Nur mit der Hand ihn anrührt, wirft der Junge gleich
Dem Pädagogen die Schreibtafel an den Kopf.
Bringt man nun seine Klage bei dem Vater vor,
Spricht dieser zu dem Söhnchen: «Halt an mich dich nur,
Bis du dich gegen Unrecht selber schützen kannst.»
Nun muß der Lehrer her: «Nichtsnutziger alter Kerl,
Daß du den Knaben ja nicht angreifst, wenn er sich
so wacker hält.» Verhöhnt zieht nun der Lehrer ab
Mit einem in Öl getauchten Lappen auf dem Kopf,
Als wär er ein Laternenstock. Bescheid ist ihm
Geworden. Wie kann da der Lehrer irgend noch
Gehorsam finden, wenn er zuerst die Schläge kriegt?

(W. Binder – W. Ludwig)

PLAUTUS, BACCHIDES 436–448

1796 Sed nescio quo pacto ad praecipiendi rationem delapsa est oratio
mea, cum id mihi propositum initio non fuisset; quid enim ei
praecipiam, quem ego in hoc praesertim genere intellegam
prudentia non esse inferiorem quam me, usu vero etiam
superiorem?
Aber da bin ich mit meinen Ausführungen unversehens ins Lehrhafte
geraten, was eigentlich nicht meine Absicht war. Denn wie sollte ich
wohl jemandem Lehren erteilen, der, wie ich weiß, gerade auf diesem
Gebiet mir nichts nachgibt an Klugheit, an Erfahrung mir gar überlegen ist! *(Ende 60/Anfang 59 v. Chr.)*

(H. Kasten)

CICERO, AD QUINTUM FRATREM 1, 1, 18 K.

Kultur

1797 **Depone istam spem, posse te summatim degustare ingenia maximorum virorum: tota tibi inspicienda sunt, tota tractanda. continuando res geritur et per lineamenta sua ingenii opus nectitur, ex quo nihil subduci sine ruina potest.**

Laß die Hoffnung fahren, du könntest das geistige Schaffen bedeutender Männer überblicksweise kosten: als Ganzes mußt du es bertrachten, dich mit ihm als Ganzem befassen. Im Zusammenhang vollzieht sich solches, nur in seinen eigenen Grundzügen knüpft sich die Arbeit des Geistes; daraus läßt sich nichts entfernen, ohne daß alles zusammenbricht.

(nach M. Rosenbach)

Seneca, Epistulae morales 33, 5

geistiges Schaffen

1798 **Quis dabit historico quantum daret acta legenti?**

Wer gibt einem Geschichtsschreiber soviel, wieviel er einem gäbe, der ihm die Zeitung vorliest?

(J. Adamietz)

Juvenal, Saturae 7, 104

Schriftstellerlos

1799 **Urge igitur nec 'transversum unguem', quod aiunt, a stilo; is enim est dicendi opifex. Atque equidem aliquantum iam etiam noctis adsumo.**

Bleib dabei, und keinen Fingerbreit vom Griffel! Er ist der Schöpfer des Stils. Auch ich nehme sogar schon ein Gutteil der Nacht hinzu.

Cicero, Ad familiares 7, 26 (25), 2 K. (Ad M. Fabium Gallum)

Schreiben

Mi Galle, cave putes quicquam melius quam epistulae tuae partem ab eo loco: 'cetera labuntur. ' Secreto hoc audi, tecum habeto, ne Apellae quidem, liberto tuo, dixeris. Praeter duo nos loquitur isto modo nemo; bene malene, videro. Sed quidquid est, nostrum est. *Urge igitur ...*

Mein Gallus! Denk' nur nicht, daß es etwas Hübscheres gibt als den zweiten Teil Deines Briefes von der Stelle an: «Alles andere wackelt.» Ganz unter uns, behalt es für Dich, sag' es nicht einmal Deinem Freigelassenen Apella: außer uns beiden schreibt niemand so; ob gut oder schlecht, wird sich zeigen. Bleib dabei ... *(24. August 45 v. Chr.)*

(H. Kasten)

1800 **Qua pote quisque, in ea conterat arte diem.**

Jeder verwend' auf die Kunst, die er versteht, seine Zeit!

Properz, Elegiae 2, 1, 46

Kunst

Navita de ventis, de tauris narrat arator,
　Enumerat miles vulnera, pastor oves,
Nos contra angusto versantes praelio lecto:
　Qua pote ...

Über die Stürme berichtet der Seemann, der Pflüger von Stieren.
　Wunden rühmt der Soldat und seine Schafe der Hirt,
ich aber habe den Kampf in der Enge des Bettes bestanden:
　Jeder verwend' ...

(W. Willige)

Künstler   1801 **Magni artificis est clusisse totum in exiguo.**
Ein großer Künstler hat die Fähigkeit, das Ganze auf geringem Raum
einzuschließen.

(nach M. Rosenbach)

Seneca, Epistulae morales 53, 11

Dichterdrohung 1802 **At non effugies meos iambos.**
Doch du wirst meinen Jamben nicht entgehen!

(W. Eisenhut)

Catull, frg. 3

Forscherdrang 1803 **Nec intra haec humani ingenii sagacitas sistitur: prospicere et
ultra mundum libet, quo feratur, unde surrexerit, in quem exitum
tanta rerum velocitas properet.**
Die Forscherkraft des menschlichen Geistes kann nicht in diesem
Rahmen stehenbleiben: auch in die Ferne, über die Welt hinaus, will
er sehen, wohin sie sich bewegt, woher sie kommt, welchem Ende
diese Geschwindigkeit der Dinge entgegeneilt.

Seneca, Epistulae morales 110, 9

... *properet.* ab hac divina contemplatione abductum animum in sordida et humilia
pertraximus, ut avaritiae serviret, ut relicto mundo terminisque eius et dominis cuncta
versantibus, terram rimaretur et quaereret, quid ex illa effoderet, non contentus oblatis.

... entgegeneilt. Von dieser Betrachtung des Göttlichen haben wir uns entfremdet und
geben uns mit Schmutz und Niedrigkeit ab, um der Habsucht zu frönen, um – statt die
Welt, ihre Grenzen und die alles lenkenden Gebieter zu erforschen – die Erde zu
durchwühlen und zu suchen, was man aus ihr Schlimmes ausgraben kann, nicht
zufrieden mit dem, was sie uns von sich aus anbietet.

(nach M. Rosenbach)

neue Talente 1804 **Sum ex iis, qui mirer antiquos, non tamen, ut quidam, temporum
nostrorum ingenia despicio. neque enim quasi lassa et effeta
natura nihil iam laudabile parit.**
Gewiß gehöre ich zu denen, die die Alten bewundern, doch verachte
ich deswegen nicht, wie manche tun, die Talente unsrer Zeit. Denn es
ist ja nicht so, daß die Natur, sozusagen müde und erschöpft, jetzt
nichts Rühmenswertes mehr hervorbringt.

(H. Kasten)

Plinius Minor, Epistulae 6, 21, 1 K.

Talente fördern 1805 **Neque enim cuiquam tam clarum statim ingenium, ut possit
emergere, nisi illi materia, occasio, fautor etiam commendatorque
contingat.**
Denn niemandes Talent strahlt gleich so hell, daß es sich durchsetzen
könnte, wenn es keinen Stoff, keine Gelegenheit, keinen Gönner
findet, der es empfiehlt.

(H. Kasten)

Plinius Minor, Epistulae 6, 23, 5 K.

1806 'Esse quid hoc dicam vivis quod fama negatur später Ruhm
   et sua quod rarus tempora lector amat?'
Hi sunt invidiae nimirum, Regule, mores,
   praeferat antiquos semper ut illa novis.
Sic veterem ingrati Pompei quaerimus umbram,
   sic laudant Catuli vilia templa senes,
Ennius est lectus salvo tibi, Roma, Marone;
   et sua riserunt saecula Maeoniden,
rara coronato plausere theatra Menandro,
   norat Nasonem sola Corinna suum.
Vos tamen, o nostri ne festinate libelli:
   si post fata venit gloria, non propero.
Was soll ich sagen dazu, daß der Ruhm im Leben versagt wird,
   daß an der eigenen Zeit selten der Leser sich freut!
Sicherlich, Regulus, liegt darin das Wesen des Neides,
   daß er die Früheren stets mehr als die Neueren schätzt.
Sucht man doch undankbar auch des Pompejus veraltete Halle,
   Greise rühmen noch jetzt Catulus' dürftigen Bau.
Ennius lasest du, Rom, da hattest du deinen Virgil schon.
   Den Mäoniden sogar hat sein Jahrhundert verlacht.
Beifall gab das Theater nur kaum dem gekrönten Menander;
   nur Corinna allein wußte von ihrem Ovid.
Ihr jedoch, ihr meine Bücher, ich braucht drum garnicht zu hasten.
   Kommt der Ruhm nach dem Tod, gut denn!, mir eilt's damit nicht.

(R. Helm)

MARTIAL, EPIGRAMMATA 5, 10

Sport

1807 Non potest athleta magnos spiritus ad certamen adferre, qui
numquam sugillatus est: ille, qui sanguinem suum vidit, cuius
dentes crepuere sub pugno, ille, qui subplantatus adversarium toto
tulit corpore nec proiecit animum proiectus, qui, quotiens cecidit,
contumacior resurrexit, cum magna spe descendit ad pugnam.
Ein Sportler kann keinen großen Kampfgeist zum Wettkampf mit-
bringen, wenn er niemals grün und blau geschlagen wurde: jener,
der sein eigenes Blut gesehen hat, dessen Zähne unter einem Faust-
schlag gekracht haben, jener, der, niedergeworfen, seinen Gegner mit
dem ganzen Körper ertragen und nicht den Mut verloren hat, obwohl
zu Boden geworfen, der, sooft er gefallen ist, trotziger sich erhoben
hat, der geht mit berechtigter Hoffnung in die Arena.

SENECA, EPISTULAE MORALES 13, 2–3

... *ad pugnam.* Ergo, ut similitudinem istam persequar, saepe iam fortuna supra te fuit, nec
tamen tradidisti te...

... in die Arena. Also – damit ich dieses Gleichnis weiter ausführe –: oft schon hat das
Schicksal über dir gestanden, und dennoch hast du dich nicht ergeben ...

(nach M. Rosenbach)

Muskelpakete 1808 **Stulta est occupatio dilatandi cervicem ac latera firmandi: cum tibi feliciter sagina cesserit et tori creverint, nec vires umquam opimi bovis nec pondus aequabis. adice nunc, quod maiore corporis sarcina animus eliditur et minus agilis est.**

Töricht ist die Beschäftigung damit, den Nacken breiter werden zu lassen und die Flanken zu festigen: auch wenn deine Mastkur glücklich verläuft und dir Muskelpakete gewachsen sind, wirst du niemals die Kräfte eine feisten Stieres noch dessen Gewicht erreichen. Füge nun hinzu, daß von der größeren Körpermasse der Geist erdrückt wird und an Beweglichkeit verliert.

(nach M. Rosenbach)

SENECA, EPISTULAE MORALES 15, 2

DER MENSCH IM STAAT

Staat

Erwartungen

1809 **Negant nostri sapientem ad quamlibet rem publicam accessurum:**
quid autem interest, quomodo sapiens ad otium veniat, utrum,
quia res publica illi deest an quia ipse rei publicae, si omnibus
defutura res publica est? Semper deerit fastidiose quaerentibus.
Unsere Leute von der Stoa erklären nämlich, der Weise werde nicht in
den Dienst eines *jeden* Staates treten. Was macht es aber aus, weshalb
der Weise sich zurückzieht – weil es ihm an einem Staat fehlt oder
weil er sich dem Staat versagt, da der Staat sich allen versagt? Wer
überkritische Fragen stellt, dem wird es immer an einem geeigneten
Staat fehlen.

(nach G. Fink)

SENECA, DE OTIO 8

1810 **Erant praeterea haec animadvertenda in civitate, quae sunt apud**   Staatsleben
Platonem nostrum scripta divinitus, quales in re publica principes
essent, talis reliquos solere esse civis.
Außerdem war im Staatsleben das geniale Wort zu bedenken, das bei
unserem Plato geschrieben steht: wie im Staate die Führer sind, so
sind zumeist auch alle anderen Bürger. *(Dezember 54 v. Chr.)*

(H. Kasten)

CICERO, AD FAMILIARES 1, 9 (8), 12 K. (AD P. LEPIDUM)

1811 **Tibi, etsi, ubicumque es, ut scripsi ad te ante, in eadem es navi,**   Schicksals-
tamen, quod abes, gratulor, quia non vides ea, quae nos.   gemeinschaft
Du befindest Dich freilich, wie ich Dir neulich schon schrieb, auf demselben Schiffe, magst Du sein, wo Du willst. Aber ich beglückwünsche
Dich doch, daß Du nicht hier bist, weil Du so nicht mit anzusehen
brauchst, was wir vor Augen haben.

CICERO, AD FAMILIARES 2, 5, 1 K. (AD C. CURIONEM)

Haec negotia quo modo se habeant, ne epistula quidem narrare audeo. *Tibi, etsi,*
ubicumque es ...

Wie die Dinge hier stehen, wage ich nicht einmal einem Briefe anzuvertrauen. Du
befindest Dich freilich, wie ich Dir neulich schon schrieb ... *(53 v. Chr.)*

(H. Kasten)

1812 **Bonum publicum, uti in plerisque negotiis solet, privata gratia**   allgemeines Wohl
devictum.
Das allgemeine Wohl unterlag, wie es in den meisten Fällen zu
geschehen pflegt, dem persönlichen Einzelinteresse.

SALLUST, BELLUM IUGURTHINUM 25, 1–3

His litteris recitatis fuere, qui exercitum in Africam mittundum censerent et quam primum
Adherbali subveniundum; de Iugurtha interim uti consuleretur, quoniam legatis non
paruisset. sed ab isdem illis regis fautoribus summa ope enisum, ne tale decretum fieret.
ita *bonum* ...

Nach Verlesung dieses Schreibens (des Adherbal) stellten einige (im Senat) den Antrag,
ein Heer nach Afrika zu schicken und Adherbal möglichst schnell zu Hilfe zu kommen;
über Jugurtha solle einstweilig entschieden werden, weil er den Gesandten den Gehorsam
verweigert habe. Aber jene bekannten Gönner des Königs (Jugurtha) stemmten sich mit
aller Kraft dagegen, daß eine solche Entscheidung zustande komme. So unterlag das
allgemeine Wohl ...

(W. Eisenhut – J. Lindauer)

1813 **Hoc nempe ab homine exigitur, ut prosit hominibus: si fieri potest,
multis; si minus, paucis; si minus, proximis; si minus, sibi. Nam,
cum se utilem ceteris efficit, commune agit negotium.**
Allerdings darf man von einem Menschen verlangen, daß er
Menschen nützt – womöglich vielen, oder wenigstens einigen,
oder wenigstens seinen nächsten Angehörigen, oder wenigstens
sich selbst. Denn wer sich den anderen als nützlich erweist,
dient dem allgemeinen Wohl.

(G. Fink)

SENECA, DE OTIO 3

1814 HEGIO: **Quid est suavius quam bene rem gerere
bono publico?**
HE. Was gibt es Süßeres, als auch fürs gemeine Wohl
Sich tätig zeigen?

PLAUTUS, CAPTIVI 488

... *bono publico, sicut ego feci heri,
quom emi hosce homines?*

... sich tätig zeigen, wie ich gestern dies getan,
Als ich diese Leute kaufte.

(W. Binder – W. Ludwig)

Herrschaft 1815 **Imperium semper ad optumum quemque a minus bono
transfertur.**
Die Herrschaft geht stets von einem weniger Tüchtigen auf den
jeweils Tüchtigsten über.

(nach W. Eisenhut – J. Lindauer)

SALLUST, CATILINAE CONIURATIO 2, 6

Pflicht – Recht 1816 **Quis est iste, qui se profitetur omnibus legibus innocentem? Ut hoc
ita sit, quam angusta innocentia est ad legem bonum esse! Quanto
latius officiorum patet quam iuris regula! Quam multa pietas,
humanitas, liberalitas, iustitia, fides exigunt, quae omnia extra
publicas tabulas sunt!**

Wer könnte frei bekennen, er habe noch gegen kein einziges Gesetz
verstoßen? Und wäre es der Fall, was für eine begrenzte Unschuld ist
es, nach dem Gesetz gut zu sein! Wieviel weiter reichen die Gebote
der Pflicht als die des Rechts! Wieviel fordern Nächstenliebe, Menschlichkeit, Freigebigkeit, Gerechtigkeit und Treue – und das steht nicht
auf den Gesetzestafeln!

(G. Fink)

SENECA, DE IRA 2, 28

1817 **Sunt quaedam partim ita foeda, partim ita flagitiosa, ut ea ne**   **Schimpfliches**
conservandae quidem patriae causa sapiens facturus sit.
Gewisse Dinge sind teils so scheußlich, teils so schimpflich, daß sie
der Weise, selbst nicht um das Vaterland zu bewahren, tun wird.

(K. Büchner)

CICERO, DE OFFICIIS 1, 159

1818 **Error est causa peccandi: hunc nobis praecepta non detrahunt nec**   **Vorschriften**
expugnant opiniones de bonis et malis falsas.
Irrtum ist der Grund zu Verfehlungen: Vorschriften nehmen ihn uns
nicht ab und sie überwinden auch nicht unzutreffende Auffassungen
von Gut und Böse.

(nach M. Rosenbach)

SENECA, EPISTULAE MORALES 94, 21

1819 **Nitimur in vetitum semper cupimusque negata;**   **Verbote**
   Sic interdictis inminet aeger aquis.
Ständig drängen wir hin zum Verbotenen, wünschen Versagtes;
   So ist der Kranke voll Gier nach dem verweigerten Trank.

(W. Marg – R. Harder)

OVID, AMORES 3, 4, 17–18

1820 EPIDICUS: **At tributus quom imperatus est, negant pendi potis.**   **Steuern**
Illis, quibus tributus maior penditur, pendi potest.
EP. Allein, sobald man Steuern zahlen soll,
Heißt's, man vermög' es nicht, da man doch Mittel hat
Für größere Steuern, die man selbst sich auferlegt.

PLAUTUS, EPIDICUS 227–228

EPIDICUS: Quid istuc tam mirabilest?
quasi non fundis exornatae multae incedant per vias. *At tributus ...*

Ep. Was ist denn da so wunderbar? Als zögen nicht
Gar viele durch die Straßen, ganze Güter
Auf dem Leib. Allein, sobald man ...

(W. Binder – W. Wilhelm)

1821 **Maximus autem, nisi me forte fallit, in re publica nodus est inopia rei pecuniariae; obdurescunt enim magis cottidie boni viri ad vocem tributi.**

Aber die größte Schwierigkeit für den Staat liegt, wenn ich mich nicht etwa täusche, in dem Mangel an Geldmitteln. Denn auch die Gutgesinnten verhärten sich von Tag zu Tag mehr, wenn sie das Wort «Abgaben» hören. *(27. Juli 43 v. Chr.)*

(H. Kasten)

CICERO, AD M. BRUTUM 17 (26), 5 K.

Gehorchen

1822 **Nihil videtur mihi frigidius, nihil ineptius quam lex cum prologo. Mone, dic, quid me velis fecisse: non disco, sed pareo.**

Nichts scheint mir frostiger, nicht unangemessener als ein Gesetz mit einer Vorrede. Mahne, sprich, was ich nach deinem Willen tun soll: ich lerne nicht, sondern gehorche.

(nach M. Rosenbach)

SENECA, EPISTULAE MORALES 94, 38

bedingter Gehorsam

1823 **Quae mea sententia gerere mihi licuit, ita feci, ut optimus quisque maxime probarit; quod iussus sum, eo tempore atque ita feci, ut appareret invito imperatum esse.**

Wo ich nach eigener Überzeugung verfahren durfte, habe ich so gehandelt, daß jeder anständige Mensch völlig damit einverstanden sein konnte; was mir aber befohlen wurde, habe ich dann und so ausgeführt, daß man sah, wie ungern ich es tat.

CICERO, AD FAMILIARES 10, 30 (31), 3 K. (AD C. ASINIUM POLLIONEM)

... imperatum esse. Cuius facti iniustissima invidia erudire me potuit, quam iucunda libertas et quam misera sub dominatione vita esset.

... wie ungern ich es tat. Die ganz unverdiente Mißgunst, der mein Tun begegnete, mußte mir eine Lehre sein, wie schön die Freiheit und wie elend das Leben unter einer Gewaltherrschaft ist. *(26. März 43 v. Chr.)*

(H. Kasten)

Zustand

Staat im Gleichgewicht

1824 **Solon rem publicam contineri duabus rebus dixit, praemio et poena; est scilicet utriusque rei modus sicut reliquarum et quaedam in utroque genere mediocritas.**

Solon hat erklärt, der Staat werde durch zwei Dinge im Gleichgewicht gehalten, durch Belohnung und Strafe. Natürlich hat beides sein Maß wie alles, und in beidem gibt es eine Art mittlere Linie. *(Juni 43 v. Chr.)*

(H. Kasten)

CICERO, AD M. BRUTUM 16 (23), 3 K.

1825 **Sed vides nullam esse rem publicam, nullum senatum, nulla iudicia, nullam in ullo nostrum dignitatem.**
Aber wie Du siehst, es gibt keinen Staat mehr, keinen Senat, keine Gerichte, keine Würde mehr bei uns allen. *(24. Oktober 54 v. Chr.)*
(H. Kasten)
CICERO, AD QUINTUM FRATREM 3, 4, 1 K.

Zustand des Staates

1826 **Ab initio, res quem ad modum gesta sit, vobis exponemus, quo facilius cognoscere possitis rei publicae calamitatem.**
Ich will euch den Sachverhalt, wie er sich zugetragen hat, von Anfang an darlegen. Ihr werdet dann desto besser imstande sein, den elenden Zustand unseres Staatswesens zu erfassen.
CICERO, PRO SEX. ROSCIO AMERINO 14

Atque ut facilius intellegere possitis, iudices, ea, quae facta sunt, indigniora esse, quam haec sunt, quae dicimus, *ab initio ... exponemus, quo facilius et* huius hominis innocentissimi miserias et illorum audacias *cognoscere possitis et rei publicae ...*

Und um euch die Erkenntnis zu erleichtern, ihr Richter, daß die Wirklichkeit meine Behauptungen an Niedertracht überbietet, will ich euch ... darlegen. Ihr werdet ... imstande sein, den elenden Zustand ...

(M. Fuhrmann)

1827 **Insanire omnes dicimus, nec omnes curamus elleboro; his ipsis, quos vocamus insanos, et suffragium et iuris dictionem committimus.**
Wahnsinnig seien alle, sagen wir, aber nicht alle behandeln wir mit Nieswurz; eben diesen, die wir «wahnsinnig» nennen, vertrauen wir Stimmrecht und Rechtsprechung an.
(nach M. Rosenbach)
SENECA, DE BENEFICIIS 2, 35, 2

Wahnsinn

1828 **Ego crimen oportet diluam, vos et audaciae resistere et hominum eius modi perniciosam atque intolerandam potentiam primo quoque tempore exstinguere atque opprimere debetis.**
Ich muß den Schuldvorwurf zunichte machen; ihr seid verpflichtet, der Skrupellosigkeit die Stirn zu bieten und die verderbliche und unerträgliche Macht derartiger Individuen bei der ersten Gelegenheit zu beseitigen und zu unterdrücken.
(M. Fuhrmann)
CICERO, PRO SEX. ROSCIO AMERINO 36

unerträgliche Machtfülle

1829 **Temperatus timor cohibet animos, assiduus vero et acer et extrema admovens in audaciam iacentis excitat et omnia experiri suadet.**

Unterdrückung

Furcht in Maßen zügelt die Menschen; wenn sie aber nie aufhört,
scharf ist, das Äußerste anwendet, reizt sie die Unterdrückten zu toll-
kühnem Wagemut und rät, alles aufs Spiel zu setzen.

(M. Rosenbach)

SENECA, DE CLEMENTIA 3, 10, 4

Tyrannei   1830 **Quae quidem dominatio, iudices, in aliis rebus antea versabatur,
                  nunc vero quam viam munitet et quod iter adfectet, videtis, ad
                  fidem, ad ius iurandum, ad iudicia vestra, ad id, quod solum prope
                  in civitate sincerum sanctumque restat.**
                  Diese Tyrannei tummelte sich bisher in anderen Bezirken, ihr Richter,
                  doch ihr seht ja, welchen Weg sie sich jetzt bahnt und welches Ziel sie
                  sich auserkoren hat: die Pflichttreue, den Eid, die Gerichte, das ein-
                  zige fast, das im Staate noch unversehrt und unangetastet geblieben
                  ist.

                  (M. Fuhrmann)

                  CICERO, PRO SEX. ROSCIO AMERINO 140

Herdentrieb   1831 **Nihil magis praestandum est quam, ne pecorum ritu sequamur
                  antecedentium gregem pergentes non, quo eundum est, sed quo
                  itur.**
                  Vor nichts sollten wir uns mehr in acht nehmen als davor, wie Schafe
                  der Herde zu folgen, die vor uns dahinzieht, und nicht die Richtung
                  einzuschlagen, in die man gehen müßte, sondern die, in die man geht.

                  (G. Fink)

                  SENECA, DE VITA BEATA 1

                  1832 **'Quid ergo', inquis, 'acturus es?' Idem, quod pecudes, quae
                  dispulsae sui generis sequuntur greges.**
                  «Also, was willst Du tun?» Ich mache es wie das liebe Vieh, wenn es
                  versprengt ist: es folgt seinesgleichen.

                  CICERO, AD ATTICUM 7, 7, 7 K.

                  ... *greges;* ut hos armenta, sic ego bonos viros aut eos, quicumque dicuntur boni, sequar,
                  etiam si ruent.

                  ... seinesgleichen. Wie das Rind der Herde, so folge ich den Gutgesinnten oder denen, die
                  man so nennt, und wenn sie ins Verderben rennen. *(19. Dezember 50 v. Chr.)*

                  (H. Kasten)

freiwillige   1833 **Vis scire, quid vere voluerit Socrates? noluit ire ad voluntariam
Knechtschaft   servitutem is, cuius libertatem civitas libera ferre non potuit.**
                  Du willst wissen, was Sokrates wirklich gewollt hat? Es wollte der
                  Mann sich nicht freiwillig in Knechtschaft begeben, dessen Freiheit
                  das freie Gemeinwesen nicht ertragen konnte.

                  (nach M. Rosenbach)

                  SENECA, DE BENEFICIIS 5, 6, 7

1834 **Ita est, Lucili: paucos servitus, plures servitutem tenent.**   Sklaverei

So ist es, mein Lucilius: die Sklaverei hält nur wenige Menschen, viele aber halten die Sklaverei fest.

(M. Rosenbach)

SENECA, EPISTULAE MORALES 22, 11

Bürgerinteressen

1835 **Non potest gratis constare libertas. hanc si magno aestimas, omnia parvo aestimanda sunt.**   Freiheitsliebe

Freiheit ist nicht gratis zu haben. Wenn man sie hochschätzt, muß man alles andere für bedeutungslos halten.

(nach M. Rosenbach)

SENECA, EPISTULAE MORALES 104, 34

1836 **Quicquid ex universi constitutione patiendum est, magno suscipiatur animo: ad hoc sacramentum adacti sumus, ferre mortalia nec perturbari iis, quae vitare non est nostrae potestatis. In regno nati sumus: deo parere libertas est.**   Freiheit

Alles, was man, weil die Welt nun einmal so eingerichtet ist, zu tragen hat, sollte man wie ein Held auf sich nehmen, denn diesen Fahneneid mußten wir schwören: fertig zu werden mit unserem Menschenlos und uns nicht verstören zu lassen durch das, dem zu entfliehen nicht in unserer Macht steht. Unter der Herrschaft eines Königs sind wir geboren: Gott zu gehorchen ist unsere Freiheit.

(G. Fink)

SENECA, DE VITA BEATA 15

1837 **Vides civitatis voluntatem solutam, virtutem alligatam.**   Gedanken-
freiheit

Du siehst, wie der Bürger frei ist in seinen Gedanken, aber geknebelt in seinen Taten.

CICERO, AD ATTICUM 2, 18, 1 K.

Ex his rebus non spes, sed dolor est maior, cum *videas ... adligatam.* Ac ne forte quaeras κατὰ λεπτὸν (katà leptón) de singulis rebus, universas res eo deducta, spes ut nulla sit ...

Aber das alles läßt doch keine Hoffnung aufkommen, steigert nur die Erbitterung, wenn man sehen muß, wie der Bürger frei ist in seinen Gedanken, aber geknebelt in seinen Taten. Frag' bitte nicht nach genaueren Einzelheiten: aufs Ganze gesehen ist die Lage so verfahren, daß gar keine Hoffnung besteht ... (*59 v. Chr.*)

(H. Kasten)

1838 **Quid est ergo, cur non ipsius Chrysippi exemplo sibi quisque se vindicet?**   Recht auf
eigene Meinung

Warum sollte sich nicht jeder nach dem Beispiel des Chrysipp selbst das Recht auf eine eigene Meinung nehmen?

(nachM. Rosenbach)

SENECA, EPISTULAE MORALES 113, 23

freies Wort 1839 **Ubi libertas cecidit, audet libere nemo loqui.**
Wo die Freiheit ist geschwunden, wagt kein Mensch ein freies Wort.

(H. Beckby)
PUBLILIUS SYRUS, SENTENTIAE V 25

freimütig 1840 **Desinant aliquando dicere male aliquem locutum esse, si qui vere**
sprechen **ac libere locutus sit.**
Mögen sie endlich aufhören zu behaupten, jemand habe schlecht
gesprochen, wenn er wahrheitsgemäß und mit Freimut sprach!

(M. Fuhrmann)
CICERO, PRO SEX. ROSCIO AMERINO 140

unteilbare Güter 1841 **Pax et libertas, ea tam omnium tota quam singulorum sunt.**
Friede und Freiheit, sie sind ebenso ganz und gar Besitz aller wie des
einzelnen.

SENECA, EPISTULAE MORALES 73, 8

Adice nunc, quod magna et vera bona non sic dividuntur, ut exiguum in singulos cadat: ad
unumquemque tota perveniunt. ex congiario tantum ferunt homines, quantum in capita
promissum est; epulum et visceratio et quicquid aliud manu capitur, discedit in partes: at
haec individua bona, *pax et libertas* ...

Füge nun hinzu – bedeutende und echte Güter lassen sich nicht so verteilen, daß nur ein
bißchen auf den einzelnen kommt: jeder einzelne erhält sie ganz. Von einer öffentlichen
Spende bekommen die Menschen so viel, wie ihnen pro Kopf versprochen wurde; ein
Festmahl, eine Fleischverteilung und was sonst in die Hand genommen werden kann, geht
in viele Teile: hingegen diese unteilbaren Güter, Friede und Freiheit ...

(nach M. Rosenbach)

Menschen- 1842 **Nullum animal morosius est, nullum maiore arte tractandum**
führung **quam homo, nulli magis parcendum.**
Kein Lebewesen ist widerspenstiger, keines muß mit größerem
Geschick behandelt werden als der Mensch, mit keinem muß man
behutsamer umgehen.

(M. Rosenbach)
SENECA, DE CLEMENTIA 3, 15, 1

1843 **Remissius imperanti melius paretur; natura contumax est**
humanus animus et in contrarium atque arduum nitens
sequiturque facilius quam ducitur.
Wer entspannter herrscht, dem wird besser gehorcht. Die menschliche Seele ist von Natur aus widersetzlich und stemmt sich gegen das
Entgegengesetzte und Beschwerliche. Sie folgt leichter, als sie sich
führen läßt.

(nach M. Rosenbach)
SENECA, DE CLEMENTIA 3, 22, 1–2

Frieden und Krieg

1844 **Multi sunt ex his togatis, quibus pax operosior bello est.**
Viele gibt es unter den Bürgern, für die der Frieden mühseliger ist als
der Krieg.

SENECA, EPISTULAE MORALES 73, 6

... bello est: an idem existimas pro pace debere eos, qui illam ebrietati aut libidini
impendunt aut aliis vitiis, quae vel bello rumpenda sunt?

... als der Krieg: oder meinst du, wer den Frieden auf Trunkenheit und Geschlechtslust
oder andere Laster verwendet, die gar mit Krieg gebrochen werden müssen, schulde für
den Frieden dasselbe?

(nach M. Rosenbach)

Frieden

1845 **Indica tigris agit rabida cum tigride pacem**
perpetuam, saevis inter se convenit ursis:
ast homini ferrum letale incude nefanda
produxisse parum est, cum rastra et sarcula tantum
adsueti coquere et marris ac vomere lassi
nescierint primi gladios extendere fabri.
Der Tiger in Indien hält mit einem anderen grimmigen Tiger dauernden Frieden, untereinander vertragen sich die wütenden Bären:
dagegen genügt es dem Menschen nicht, auf frevelhaftem Amboß
tödliches Eisen zu strecken, während die ersten Schmiede, nur
gewohnt, Karste und Harken zu schmelzen, und von Hacke und Pflug
erschöpft nicht verstanden, lange Schwerter zu hämmern.

(J. Adamietz)

JUVENAL, SATURAE 15, 163–168

Unfriede

1846 **Quanta tempestas impendeat, vides.**
Du siehst, welch ein Unwetter droht.

CICERO, AD ATTICUM 9, 10 (9), 4 K.

Sed *quanta* ...

Aber du siehst, welch ein ... *(17. März 49 v. Chr.)*

(nach H. Kasten)

**Drohendes
Unwetter**

1847 **In magno omnes, sed tamen in communi sumus periculo. Quare**
non debes aut propriam fortunam et praecipuam postulare aut
communem recusare. Quapropter eo animo simus inter nos, quo
semper fuimus; quod de te sperare, de me praestare possum.
Wir alle schweben in großer, aber doch allen gemeinsamer Gefahr.
Darum darfst Du weder ein außergewöhnliches Schicksal für Dich
beanspruchen noch vor dem uns allen gemeinsamen die die Augen
verschließen. Laß es also zwischen uns beiden bleiben, wie es immer
gewesen ist; von Deiner Seite darf ich das erhoffen, von meiner kann
ich mich dafür verbürgen. *(Jahreswende 46/45 v. Chr.)*

(H. Kasten)

CICERO, AD FAMILIARES 4, 15, 2 K. (AD CN. PLANCIUM)

**gemeinsame
Gefahr**

Gefahr einigt   1848   **Ubi periculum advenit, invidia atque superbia post sunt.**
Wenn Gefahr heraufzieht, treten Mißgunst und Stolz zurück.

SALLUST, CATILINAE CONIURATIO 23, 5–6

Ea res in primis studia hominum adcendit ad consulatum mandandum M. Tullio Ciceroni.
namque antea pleraque nobilitas invidia aestuabat, et quasi pollui consulatum credebant,
si eum quamvis egregius homo novos adeptus foret. sed *ubi periculum advenit, ... post
fuere.*

Dieser Sachverhalt vor allem weckte in den Menschen die Bereitschaft, das Konsulat dem
Marcus Tullius Cicero zu übertragen. Früher nämlich schäumte der größte Teil der
Nobilität vor Mißgunst und hielt es geradezu für eine Beschmutzung der Konsulatswürde,
wenn sie ein «Neuer Mann» erlangte, mochte er auch noch so ausgezeichnet sein. Als
jedoch ... heraufzog, traten ... zurück.

(W. Eisenhut – J. Lindauer)

Krieg   1849   **Omne bellum sumitur facile, ceterum aegerrume desinitur;**
non in eiusdem potestate initium eius et finis est;
incipere quoivis etiam ignavo licet, deponi, quom victores volunt.
Jeder Krieg wird leichthin aufgenommen, hört aber sehr schwer auf;
sein Anfang und sein Ende steht nicht in desselben Menschen Macht;
beginnen kann ihn jeder, auch ein Feigling, beigelegt wird er erst,
wenn es die Sieger wollen.

SALLUST, BELLUM IUGURTHINUM 83, 1

*Omne bellum sumi facile, ... aegerrume desinere; ... finem esse; ... ignavo licere, deponi,
quom ... velint.*

Jeder Krieg werde leichthin aufgenommen, höre aber sehr schwer auf; ... stehe nicht in
desselben Menschen Macht; beginnen könne ihn jeder... , beigelegt werde er erst, wenn ...
wollten.

(W. Eisenhut – J. Lindauer)

**Gewalt-
anwendung**   1850   **Id iubet ille Plato, quo ego vehementer auctore moveor, tantum**
contendere in re publica, quantum probare tuis civibus possis; vim
neque parenti nec patriae adferre oportere.
Das lehrt wieder unser Plato, für mich Autorität schlechthin, daß
man im politischen Kampfe nur so weit gehen soll, wie man seine Mitbürger zu überzeugen vermag, und weder gegen seinen Vater noch
gegen das Vaterland zur Gewalt greifen darf.

CICERO, AD FAMILIARES 1, 9 (8), 18 K. (AD P. LENTULUM)

Id enim iubet idem ille Plato ...

Denn das lehrt wieder unser Plato ... *(Anfang 55 v. Chr.)*

(H. Kasten)

Gewalttätigkeit   1851   **Omnis ex infirmitate feritas est.**
Nur der Schwäche entstammt jede Gewalttätigkeit.

(G. Fink)

SENECA, DE VITA BEATA 3

1852 **Non iis rebus pugnabamus, quibus valere poteramus, consilio, auctoritate, causa, quae erant in nobis superiora, sed lacertis et viribus, quibus pares non eramus. Victi sumus igitur aut, si vinci dignitas non potest, fracti certe et abiecti.**

rohe Kraft

Wir verließen uns ja nicht auf die Kampfmittel, von denen wir uns Erfolg versprechen durften, unsere Klugheit, unser Ansehen, unsre gute Sache, also die Dinge, in denen wir überlegen waren, sondern auf die rohe Muskelkraft, worin wir es mit den andern nicht aufnehmen konnten. So sind wir denn besiegt worden oder liegen jedenfalls, wenn schon Ehre überhaupt nicht zu besiegen ist, gebrochen und gedemütigt am Boden. *(August 46 v. Chr.)*

(H. Kasten)

CICERO, AD FAMILIARES 4, 8 (7), 2 K. (AD M. MARCELLUM)

1853 **Nunc, Cicero, nunc agendum est, ne semper primi cuiusque mali excidendi causa sit, ut aliud renascatur illo peius.**

Übel ausrotten

Jetzt, Cicero, jetzt gilt es zu handeln, damit nicht immer wieder die Ausrottung des einen Übels dazu führt, daß ein zweites, schlimmeres daraus erwächst. *(15. Mai 43 v. Chr.)*

(H. Kasten)

BRUTUS BEI CICERO, AD M. BRUTUM 20 (12), 1 K.

1854 **Nam quantum ferro, tantum pietate potentes**
    Stamus: victrices temperat ira manus.

Mäßigung

Denn nicht weniger als durch das Eisen sind wir durch Milde
    mächtig: das zürnende Rom mäßigt im Sieg seinen Arm.

(W. Willige)

PROPERZ, ELEGIAE 3, 122, 21–22

1855 **Verum, ut fit, multa saepe imprudentibus imperatoribus vis belli ac turba molitur.**

Kriegsfolgen

Doch wie es zu gehen pflegt: die Wut und das Getümmel des Krieges bewirken oft vielerlei ohne Wissen des Feldherrn.

CICERO, PRO SEX. ROSCIO AMERINO 91

... *molitur.* dum is in aliis rebus erat occupatus, qui summam rerum administrabat, erant interea, qui suis volneribus mederentur; qui tamquam si offusa rei publicae sempiterna nox esset, ita ruebant in tenebris omniaque miscebant; a quibus miror, ne quod iudiciorum esset vestigium, non subsellia quoque esse combusta; nam et accusatores et iudices sustulerunt.

... des Feldherrn. Während der Mann, der den Oberbefehl in Händen hatte, mit anderen Dingen beschäftigt war, da pflegten unterdessen manche ihre eigenen Wunden; als ob der Staat in ewige Nacht gehüllt wäre, so hitzig machten sich diese Leute in der Dunkelheit zu schaffen und kehrten das Unterste zu oberst; ich muß mich wundern, daß sie nicht auch die Bänke verbrannt haben, um keine Spur von den Gerichten übrigzulassen. Denn sowohl die Ankläger wie die Richter haben sie beseitigt.

(M. Fuhrmann)

Vaterland und Kosmopolitismus

Vaterland

1856 Nemo patriam, quia magna est, amat, sed quia sua.
Niemand liebt sein Vaterland, weil es bedeutend, sondern weil es das
seine ist.

SENECA, EPISTULAE MORALES 66, 26

Ulixes ad Ithacae suae saxa sic properat, quemadmodum Agamemnon ad Mycenarum
nobiles muros: *nemo* enim *patriam* ...

Odysseus eilt so nach seines Ithaka Felsen wie Agamemnon zu den vornehmen Mauern
von Mykenai. Niemand nämlich liebt ...

(nach M. Rosenbach)

Weltbürger

1857 Patriam nobis mundum professi sumus.
Unsere (*d. h.* der Stoiker) Heimat sei die Welt!

(G. Fink)

SENECA, DE TRANQUILLITATE ANIMI 4

1858 Non sum uni angulo natus, patria mea totus hic mundus est.
Ich bin nicht für einen einzigen Erdenwinkel geboren, mein Vaterland
ist diese ganze Welt.

(nach M. Rosenbach)

SENECA, EPISTULAE MORALES 28, 1

**1859 Nefas est nocere patriae: ergo civi quoque, nam hic pars patriae
est (sanctae partes sunt, si universum venerabile est), ergo et
homini, nam hic in maiore tibi urbe civis est.**
Eine Sünde ist es, dem Vaterland zu schaden; das gilt auch gegenüber
dem einzelnen Bürger, denn er ist ein Teil des Vaterlands, und heilig
sind die Teile, wenn das Ganze ehrwürdig ist. Also gilt es auch für den
einzelnen Menschen, denn er ist in einem größeren Gemeinwesen
dein Mitbürger.

(G. Fink)

SENECA, DE IRA 2, 31

Politik

Allgemein

1860 **Ratio salusque omnium nostrum, qui ad rem publicam accedimus,**   **Politiker**
non veritate solum, sed etiam fama nititur.
Die Politiker sind alle auf Gedeih und Verderb nicht allein von der
Wahrheit abhängig, sondern auch von Gerüchten.
(23. November/10. Dezember 59 v. Chr.)

Cicero, Ad Quintum fratrem 1, 2, 10 K

... sed cum *ratio salusque ... niteretur*, sermones ad te aliorum semper, non mea iudicia
perscripsi.

... da jedoch die Politiker alle ... . von Gerüchten abhängig sind, habe ich Dir stets nur die
Äußerungen andrer, nicht mein Urteil berichtet.

(H. Kasten)

1861 **Nunc quidem novo quodam morbo civitas moritur, ut, cum omnes**   **Politik**
ea, quae sunt acta, improbent, querantur, doleant, varietas in re
nulla sit aperteque loquantur et iam clare gemant, tamen
medicina nulla adferatur.
Zur Zeit siecht die Bürgerschaft an einer ganz neuen Krankheit dahin:
niemand ist einverstanden mit dem, was vorgegangen ist, alles
jammert, ist empört; es herrscht nur *eine* Stimme, man spricht offen
davon und schimpft schon ganz ungeniert; aber zu raten weiß keiner.
(Mitte Juli 59 v. Chr.)

(H. Kasten)

Cicero, Ad Atticum 2, 20, 3 K.

1862 **Voluntas mea, Brute, de summa re publica semper eadem fuit**   **politische Ziele**
quae tua, ratio quibusdam in rebus – non enim in omnibus – paulo
fortasse vehementior. scis mihi semper placuisse non rege solum,
sed regno liberari rem publicam; tu lenius immortali omnino cum
tua laude; sed quid melius fuerit, magno dolore sensimus, magno
cum periculo sentimus.
Mein Ziel in der Politik, Brutus, ist stets dasselbe gewesen wie das
Deinige, mein Verfahren in mancher Hinsicht – gewiß nicht in jeder –
vielleicht ein wenig schärfer. Wie Du weißt, stand ich immer auf dem
Standpunkt, der Staat müsse nicht nur von dem Tyrannen, sondern
auch von der Tyrannei befreit werden. Du bist milder verfahren, was
Deinem unsterblichen Ruhm gewiß keinen Abbruch tut, aber was das
bessere war, haben wir mit tiefem Schmerz erfahren und erfahren es
jetzt in schwerer Gefahr. *(16. April 43 v. Chr.)*

(H. Kasten)

Cicero, Ad M. Brutum 4 (5), 1 K.

**politische
Verantwortung**

1863 **Ego ei, qui sententiam dicat in principibus de re publica, puto etiam prudentiam esse praestandam.**

Ich meine, wer sich in Fragen der Politik unter den führenden Männern zu Wort meldet, muß auch Umsicht beweisen.

CICERO, AD M. BRUTUM 1, 2 K.

... praestandam, nec me, cum mihi tantum sumpserim, ut gubernacula rei publicae prehenderem, minus putarim reprehendendum, si inutiliter aliquid senatui suaserim quam si infideliter.

... Umsicht beweisen, und so möchte ich glauben, wo ich mir die schwere Aufgabe gestellt habe, das Ruder des Staates zu führen, weniger Tadel zu verdienen, falls ich dem Senat einmal einen nutzlosen Rat erteilt haben sollte, als wenn ich mich unzuverlässig erwiesen hätte. *(März/April 43)*

(H. Kasten)

**politischer
Ehrgeiz**

1864 **Adice nunc, quod nemo eorum, qui in re publica versantur, quot vincat, sed a quibus vincatur, aspicit: et illis non tam iucundum est multos post se videre quam grave aliquem ante se. habet hoc vitium omnis ambitio: non respicit.**

Füge noch hinzu, daß niemand von denen, die sich politisch betätigen, darauf achtet, wie viele er besiegt, sondern nur, von wem er besiegt wird: und für sie ist es nicht so angenehm, viele hinter sich zu sehen, wie belastend, einen vor sich. Diesen Fehler hat jeder Ehrgeiz an sich: er blickt nicht zurück.

(nach M. Rosenbach)

SENECA, EPISTULAE MORALES 73, 3

**politische
Strömungen**

1865 **Non magis eos in sua potestate existimabat esse (Atticus), qui se his (*i. e.* civilibus fluctibus) dedissent, quam qui maritimis iactarentur.**

Wer sich den politischen Strömungen anvertraut, hat – das war seine (*i. e.* des Atticus) Ansicht –, sich nicht mehr in der Gewalt, als wer von Stürmen auf hoher See hin und her geschleudert wird.

CORNELIUS NEPOS, VITA ATTICI 6, 1

Neque tamen (Atticus) se civilibus fluctibus committebat, quod *non magis eos ...*

Aber er ließ sich doch von den politischen Strömungen nicht mitreißen; denn, wer sich denen anvertraut, das war seine Ansicht, hat ...

(H. Färber)

**politische
Stürme**

1866 **Quodsi gubernator praecipua laude fertur, qui navem ex hieme marique scopuloso servat, cur non singularis eius existimetur prudentia, qui ex tot tamque gravibus procellis civilibus ad incolumitatem pervenit?**

Wenn man schon einen Steuermann vorzüglich rühmt, der sein Schiff in Sturm und klippenreicher See durchbringt, warum soll dann nicht die Klugheit dessen als einzigartig gelten, der in vielen politischen Stürmen seine persönliche Unversehrtheit erreicht?

(H. Färber)

CORNELIUS NEPOS, VITA ATTICI 10, 5

1867 **Si ista, quoiuscumque modi sunt, quae amplexamini, retinere, si** **politisches**
voluptatibus vostris otium praebere voltis, expergiscimini **Engagement**
aliquando et capessite rem publicam.
Wenn ihr die Dinge, von welcher Art sie auch sein mögen, an die ihr
euch klammert, behalten, wenn ihr für eure Vergnügungen eure Ruhe
haben wollt, dann wacht endlich einmal auf und nehmt Anteil am
Staatswesen!

SALLUST, CATILINAE CONIURATIO 52, 5–6

... *rem publicam*, non agitur de vectigalibus neque de sociorum iniuriis: libertas et anima
nostra in dubio est.

... am Staatswesen! Es geht jetzt nicht um Besteuerungsfragen und nicht um Rechtsver-
letzungen gegenüber Bundesgenossen: unser Leben in Freiheit steht auf dem Spiel.
(Aus einer Rede des M. Porcius Cato, des nachmaligen Uticensis)

(W. Eisenhut – J. Lindauer)

1868 **Quosdam ne ad rem publicam quidem accessuros putant nisi** **Freiwillig**
coactos. aequius autem erat id voluntate fieri;
nam hoc ipsum ita iustum est, quod recte fit, si est voluntarium.
Daher glaubt man auch, manche würden nicht am Staatsleben teilnehmen außer gezwungen. Angemessen aber wäre es, daß es freiwillig geschähe. Denn eben jenes, das zu Recht geschieht, ist erst dann
gerecht, wenn es freiwillig ist.

CICERO, DE OFFICIIS 1, 28

Alterum assequuntur (philosophi quidam), in inferenda ne cui noceant iniuria, in alterum
incidunt; discendi enim studio impediti, quos tueri debent, deserunt. itaque eos *ne ad rem
publicam quidem* ...

Denn das eine erlangen sie (*sc.* gewissse Philosophen), daß sie keinem im Zufügen von
Unrecht schaden, in das andere aber geraten sie: vom Lerneifer gehindert, lassen sie die,
welche sie schützen müssen, im Stich. Daher glaubt man auch, sie würden nicht einmal
am Staatsleben teilnehmen ...

(K. Büchner)

Wahl

1869 **Vis tu aequo animo pati candidatus suffragia?** **Wahl**
Du hast dich zur Wahl gestellt; bist du bereit, das Abstimmungsergeb-
nis mit Haltung zu akzeptieren?

(G. Fink)

SENECA, DE IRA 3, 37

1870 **Huc accedit, quod, quamvis ille felix sit, sicut est, tamen in tanta** **Anhängerschaft**
felicitate nemo potest esse, in magna familia qui neminem neque
servum neque libertum improbum habeat.
Mag er (*i. e.* Sulla Felix) überdies noch so sehr vom Glück begünstigt
sein (wie er es wirklich ist): trotz aller Glücksumstände kann es
keinen Menschen geben, der nicht in einer großen Gefolgschaft einen
schurkischen Sklaven oder Freigelassenen hätte.

(M. Fuhrmann)

CICERO, PRO SEX. ROSCIO AMERINO 22

Urteil der Menge

1871 **Interdum volgus rectum videt, est ubi peccat.**
Wohl hat zuweilen die Menge den richtigen Blick; ein andermal irrt
sie arg.

(H. Färber – W. Schöne)

HORAZ, EPISTULAE 2, 1, 63

1872 **'At vulgus animosa miratur et audaces in honore sunt, placidi pro
inertibus habentur.' Primo forsitan aspectu; sed simul aequalitas
vitae fidem fecit non segnitiem illam animi esse, sed pacem,
veneratur illos populus idem colitque.**
«Aber die Masse bewundert kühne Taten, Verwegene genießen
Respekt, und Sanftmütige gelten als Versager.» – Vielleicht auf den
ersten Blick, doch sobald ihre ausgeglichene Lebensweise erwiesen
hat, daß dahinter nicht Trägheit, sondern Friedfertigkeit steckt, verehrt sie dieselbe Volksmenge und achtet sie.

(G. Fink)

SENECA, DE IRA 3, 41

1873 **Poteratne fieri, ut non proinde homines de quoque, ut quisque
mereretur, iudicarent?**
Wäre es denn denkbar, daß die Leute nicht so über einen jeden
urteilen, wie er's verdient?

(M. Fuhrmann)

CICERO, ORATIONES PHILIPPICAE 14, 19

Volksgunst

1874 **Qui dedit hoc hodie, cras, si volet, auferet, ut, si
detulerit fasces indigno, detrahet idem.
'pone, meum est', inquit: pono tristisque recedo.**
Die Volksgunst, die heute gab, wird morgen nehmen, ganz nach
Laune; sie verfährt wie mit dem Staatsamt: wider Verdienst hat sie es
zugesprochen und wird es ebenso aberkennen. «Gib es wieder her,
von mir kam es», wird sie sagen; ich aber gebe hin und trete betrübt
zurück.

(nach H. Färber – W. Schöne)

HORAZ, EPISTULAE 1, 16, 33–35

1875 **Vehementer amor multitudinis commovetur ipsa fama et opinione
liberalitatis, beneficentiae, iustitiae, fidei omniumque earum
virtutum, quae pertinent ad mansuetudinem morum ac
facilitatem.**
Heftig wird die Liebe der Menge erregt eben durch den Ruf und die
Vorstellung von Großzügigkeit, Wohltun, Gerechtigkeit, Verläßlichkeit
und allen den Tugenden, die zur Sanftheit und Umgänglichkeit des
Betragens gehören.

(K. Büchner)

CICERO, DE OFFICIIS 2, 32

1876 **Plerique, dum verentur, ne gratiae potentium nimium impertire videantur, sinisteritatis atque etiam malignitatis famam consequuntur.**

Viele befürchten, den Anschein zu erwecken, als legten sie allzu großen Wert auf Beliebtheit bei den Einflußreichen, und geraten so in den Ruf der Ungeschicklichkeit oder gar Böswilligkeit.

(H. Kasten)

PLINIUS MINOR, EPISTULAE 9, 3, 2 K.

1877 **Iis fidem habemus, quos plus intellegere quam nos arbitramur quosque et futura prospicere credimus et, cum res agatur in discrimenque ventum sit, expedire rem et consilium ex tempore capere posse; hanc enim utilem homines existimant veramque prudentiam.**

Vertrauen haben wir zu denen, die nach unserer Ansicht mehr sehen als wir, und die, wie wir glauben, sowohl die Zukunft voraussehen als auch, wenn etwas betrieben wird und zur Entscheidung gekommen ist, die Lage klären und eine Entscheidung nach den Umständen treffen können. Das nämlich halten die Menschen für nützliche, wahre Klugheit.

(nach K. Büchner)

CICERO, DE OFFICIIS 2, 33

1878 **Quanta est in quoque fides, tantum cuique committe.**
Vertraue jedem, soweit er Vertrauen verdient!

CICERO, AD QUINTUM FRATREM 1, 1, 11 K.

Neque enim mihi sane placet, praesertim cum hi mores tantum iam ad nimiam lenitatem et ad ambitionem incubuerint, scrutari te omnes sordis, excutere unum quemque eorum, sed, *quanta sit in quoque ... committere.*

Denn ich halte es für ganz abwegig, zumal angesichts der Tatsache, daß die heutigen Anschauungen an sich schon zu übertriebener Nachsicht und Gunstbuhlerei drängen, wenn du jedem Makel nachforschen, einem jeden die Taschen umkehren wolltest; nein, vertraue ... *(Ende 60/Anfang 59 v. Chr.)*

(H. Kasten)

Macht

1879 **Perierunt omnia, ubi, quantum ira suadet, fortuna permittit, nec diu potest, quae multorum malo exercetur, potentia stare; periclitatur enim, ubi eos, qui separatim gemunt, communis metus iunxit.**

Alles ist verloren, sobald eine hohe Stellung alles erlaubt, wozu der Zorn rät, und nicht lange kann eine Macht, die zum Schaden vieler ausgeübt wird, Bestand haben. Bedroht ist sie, sobald diejenigen, die jetzt noch jeder für sich seufzen, die allgemeine Furcht zusammengeschlossen hat.

(G. Fink)

SENECA, DE IRA 3, 16

Machtstellung 1880 **Nec vero imperia expetenda ac potius aut non accipienda interdum aut deponenda non numquam.**

Auch Machtstellungen sind nicht zu erstreben oder besser, sind bisweilen nicht anzunehmen oder manchmal niederzulegen.

(K. Büchner)

CICERO, DE OFFICIIS 1, 68

1881 **Multa cura summo imperio inest, multi ingentes labores.**

Viele Sorgen bringt die höchste Macht mit sich und viele ungeheuere Anstrengungen.

SALLUST, ORATIONES ET EPISTULAE 3, 13–14

Per vos, Quirites, et gloriam maiorum, tolerate advorsa et consulite rei publicae! *multa cura ... labores,* quos nequiquam abnuitis et pacis opulentiam quaeritis.

Bei euch, Quiriten, und bei dem Ruhm der Ahnen beschwöre ich euch, ertragt die Widrigkeiten und sorgt für den Staat! Viele Sorgen ... Anstrengungen; vergebens sträubt ihr euch dagegen und sucht den Überfluß des Friedens.

(W. Eisenhut – J. Lindauer)

Machtstreben 1882 **Denique avarities et honorum caeca cupido,**
quae miseros homines cogunt transcendere fines
iuris et interdum socios scelerum atque ministros
noctes atque dies niti praestante labore
ad summas emergere opes, haec vulnera vitae
non minimam partem mortis formidine aluntur.

Endlich die blinde Begierde nach Ehrenstellen und Reichtum
Treibt die erbärmlichen Menschen, sich über die Grenzen des Rechtes
Wegzusetzen, so daß sie als Helfer und Diener der Frevel
Oft bei Tag und bei Nacht mit erheblicher Mühsal streben,
Aufzusteigen zum Gipfel der Macht; das sind Wunden des Lebens,
Die von der Angst vor dem Tode zum größeren Teile sich nähren.

(H. Diels)

LUKREZ, DE RERUM NATURA 3, 59–64

es nicht an sich 1883 **Partes meae non desiderabuntur.**
fehlen lassen

An mir soll es nicht fehlen.

CICERO, AD ATTICUM 7, 27 (26), 2 K.

Ego scio, et quem metuam et quam ob rem. Sin erit bellum, ut video fore, *partes meae ...*

Wen ich zu fürchten habe und warum, weiß ich ganz genau; gibt es aber Krieg, und das wird nicht ausbleiben, soll es an mir nicht fehlen. *(13. Februar 49 v. Chr.)*

(H. Kasten)

Tatkraft 1884 **Regibus boni quam mali suspectiores sunt, semperque iis aliena virtus formidulosa est.**

Der Tüchtige ist Königen verdächtiger als der Schwache, und die Tatkraft eines anderen ist ihnen immer unheimlich.

(W. Eisenhut – J. Lindauer)

SALLUST, CATILINAE CONIURATIO 7, 2

1885 **Vera et sapiens animi magnitudo honestum illud, quod maxime
natura sequitur, in factis positum, non in gloria iudicat
principemque se esse mavult quam videri. etenim qui ex errore
imperitae multitudinis pendet, hic in magnis viris non est
habendus.**
Echte und weise Seelengröße urteilt, daß jenes Ehrenvolle, nach dem
die Natur besonders geht, in den Taten ruhe, nicht im Ruhm, und will
lieber der erste sein als scheinen. Denn wer vom Irrtum der Masse
abhängt, ist nicht unter die großen Männer zu zählen.

(K. Büchner)

CICERO, DE OFFICIIS 1, 65

Taten zählen

1886 **'Ορθὰν τὰν ναῦν (Orthàn tàn naûn).**
Mit vollen Segeln! *(23. November/10. Dezember 59 v. Chr.)*

(H. Kasten)

CICERO, AD QUINTUM FRATREM 1, 2, 13 K.

**energisch
vorgehen**

1887 **Non est mixcix.**
Er ist kein «Zwar – aber»
(Ein Mensch ohne Wenn und Aber.)

(K. Müller – W. Ehlers)

PETRON, CENA TRIMALCHIONIS 45, 5

**ohne Wenn und
Aber**

1888 **Propera, per deos! scis, quantum sit in temporibus, quantum in
celeritate.**
Bei den Göttern, beeile Dich! Du weißt, wie viel von den Zeitumstän-
den, wie viel von der Schnelligkeit abhängt! *(Juli 43)*

(H. Kasten)

CICERO, AD M. BRUTUM 16 (23), 12 K.

**Mahnung zur
Eile**

Gegner

1889 **Honestius et libentius deponimus inimicitias rei publicae nomine
susceptas quam contumaciae.**
Leichter und ehrenvoller ist, dem politischen Gegner die Hand zu reichen, als eine Feindschaft aus persönlicher Abneigung zu vergessen.
(April 44 v. Chr.)

(H. Kasten)

M. ANTONIUS BEI CICERO, AD ATTICUM 14, 13 A, 3 K.

Gegnerschaft

Siegen 1890 **Satis est superare inimicum, nimium est perdere.**
Der Sieg genügt, nur Unmaß will vernichten.
(H. Beckby)
Publilius Syrus, Sententiae S 44

1891 **Male vincit is, quem paenitet victoriae.**
Schlecht ist der Sieg, wenn man den Sieg bedauert.
(H. Beckby)
Publilius Syrus, Sententiae M 58

1892 **Haec nova sit ratio vincendi, ut misericordia et liberalitate nos muniamus.**
Mit Barmherzigkeit und Großmut wollen wir uns sichern; das sei unsere neue Art zu siegen. *(5. April 49 v. Chr.)*
(H. Kasten)
Caesar bei Cicero, Ad Atticum 9, 8(7) C 1 K. (Caesar Oppio, Cornelio sal.)

unverhärtet
bleiben 1893 **Tu quemadmodum me censes oportere esse et in re publica et in nostris inimicitiis, ita et esse et fore oricula infima scito molliorem.**
Was das politische Leben und unsere persönlichen Feindschaften angeht, wisse, daß ich bin und bleibe, wie ich Deiner Ansicht nach sein muß, geschmeidiger als ein Ohrläppchen. *(Juni 54 v. Chr.)*
(H. Kasten)
Cicero, Ad Quintum fratrem 2, 14, 4

Erfolge und Mißerfolge

Erfolge –
Mißerfolge 1894 **Prospera omnes sibi vindicant, adversa uni imputantur.**
Erfolge schreiben sich alle gut, Mißerfolge rechnet man nur einem an.
(A. Städele)
Tacitus, Vita Iulii Agricolae 27, 1

Leistung 1895 **Insignia virtutis multi etiam sine virtute adsecuti sunt.**
Die äußeren Abzeichen der Tüchtigkeit haben ja viele ohne eigentliche Leistung erreicht.
Cicero, Ad familiares 3, 13, 1 K. (Ad Appium Pulchrum)

... *adsecuti sunt,* talium virorum tanta studia adsequi sola virtus potest.

... erreicht; das tiefgehende Interesse solcher Männer wie Du vermag allein echte Leistung zu bewirken. *(10. August 50 v. Chr.)*

(H. Kasten)

1896 **Providentia, maximum bonum condicionis humanae, in malum versa est. ferae pericula, quae vident, fugiunt; cum effugere, securae sunt: nos et venturo torquemur et praeterito. multa bona nostra nobis nocent: timoris enim tormentum membra reducit, providentia anticipat. nemo tantum praesentibus miser est.**
vorausschauen können

Das Vorausschauen-Können, das größte Gut menschlicher Lebensbedingung, hat sich in einen Nachteil verkehrt. Wilde Tiere fliehen vor Gefahren, die sie sehen; wenn sie entflohen sind, sind sie sorglos: wir quälen uns mit dem Künftigen und dem Vergangenen ab. Unsere vielen Vorteile schaden uns: die Qualen der Furcht erneuert das Erinnerungsvermögen, die Vorausschau nimmt sie vorweg. Niemand ist nur wegen Gegenwärtigem unglücklich.

(nach M. Rosenbach)

SENECA, EPISTULAE MORALES 5, 8–9

1897 **Tua mehercule auctoritas vehementer movet; adfert enim et reliqui temporis recuperandi rationem et praesentis tuendi.**
die Zukunft nicht verbauen

Dein Rat vor allem beeinflußt mich stark, weil er die Möglichkeit ins Auge faßt, mich für den Augenblick zu sichern und mir die Zukunft nicht zu verbauen. *(25. Februar 49 v. Chr.)*

(H. Kasten)

CICERO, AD ATTICUM 8, 9, 3 K.

1898 **Nemo, qui obstetricem parturienti filiae sollicitus accersit, edictum et ludorum ordinem perlegit: nemo, qui ad incendium domus suae currit, tabulam latrunculariam prospicit, ut sciat, quomodo alligatus exeat calculus. at, mehercule, omnia tibi undique nuntiantur, et incendium domus et periculum liberorum et obsidio patriae et bonorum direptio; adice isto naufragia motusque terrarum ac quicquid aliud timeri potest: inter ista districtus rebus nihil aliud quam animum oblectantibus vacas?**
Prioritäten setzen

Niemand, der für seine in den Wehen liegende Tochter voller Unruhe eine Hebamme herbeiholt, studiert einen Erlaß und das Theaterprogramm: niemand, der zu seinem brennenden Haus eilt, betrachtet das Spielbrett, um zu wissen, wie sein mattgesetzter Spielstein wieder freikommt. Doch, bei Gott, das wird dir von allen Seiten gemeldet, Brand deines Hauses, Gefahr für deine Kinder, Belagerung deiner Vaterstadt, Plünderung deines Besitzes; füge hinzu Schiffbruch, Erdbeben und was man sonst noch zu fürchten hat: in diese Schwierigkeiten verstrickt, hast du die Zeit für nichts anderes, als was deine Seele erheitert?

(nach M. Rosenbach)

SENECA, EPISTULAE MORALES 117, 30–31

Maßstäbe   1899 CHREMES: **Nostrumst intellegere, ut quomque atque ubi quomque**
                         opus sit obsequi.
                         CHR. Wir müssen einsehen, wie und wo nach anderen uns zu richten
                         ziemt.

                         (J. J. Donner)

                         TERENZ, HEAUTONTIMORUMENOS 578

die Mitte halten 1900 **Adsentior tibi, ut nec duces simus nec agmen cogamus, faveamus**
                         tamen.
                         Du hast recht, ich darf weder in vorderster Front stehen noch die
                         Nachhut führen; aber fördern muß ich die Sache doch. *(28. Oktober 44*
                         v. Chr.)

                         (H. Kasten)

                         CICERO, AD ATTICUM 16, 8 (15, 13), 1 K.

rechter   1901 **Non ignoras, quanta momenta sint in re publica temporum et quid**
Augenblick   **intersit, idem illud utrum ante an post decernatur.**
                         Du weißt ja, welche Rolle in der Politik der rechte Augenblick spielt,
                         wie sehr es darauf ankommt, ob ein und dasselbe früher oder später
                         beschlossen wird. *(März/April 43 v. Chr.)*

                         (H. Kasten)

                         CICERO, AD M. BRUTUM 1, 1 K.

rechtes Wort   1902 STRATOPHANES: **Facile sibi facunditatem virtus argutam invenit:**
                         sine virtute argutum civem mihi habeam pro praefica,
                         quae alios conlaudare, eapse sese vero non potest.
                         STR. Der Tapferkeit macht's keine Müh', das rechte Wort
                         Zu finden, aber wo sie mangelt, halt' ich selbst
                         Den beredten Mann nur für ein Klageweib,
                         Das andere lobt, doch von sich selbst nichts sagen kann.

                         (W. Binder – W. Ludwig)

                         PLAUTUS, TRUCULENTUS 494–496

Farbe bekennen   1903 **Hac in contentione neutrum tibi palam sentiendum et tempori**
                         serviendum est.
                         Du mußt in diesem Streit nicht offen Farbe bekennen und kannst den
                         Mantel nach dem Winde hängen.

                         CICERO, AD ATTICUM 10, 8 (7), 1 K.

                         Ergo *hac in contentione ... serviendum est;* mea causa autem alia est.

                         Also, Du brauchst in diesem Streit nicht offen Farbe zu bekennen und kannst den Mantel
                         nach dem Winde hängen. Für mich liegt die Sache anders. *(22. April 49 v. Chr.)*

                         (H. Kasten)

1904 **Levatur omnis cura, cum consistit consilium.**
Jede Sorge trägt sich leichter, wenn man zu einem Entschluß gelangt
ist.

Cicero, Ad Atticum 8, 11, 1 K.

Quod me magno animi motu perturbatum putas, sum equidem, sed non tam magno, quam
tibi fortasse videor; *levatur* enim *omnis cura, cum* aut *consistit consilium* aut cogitando
nihil explicatur. Lamentari autem licet, illud tamen totos dies; sed vereor, ne, nihil cum
proficiam, etiam dedecori sim studiis ac litteris nostris.

Wenn Du meinst, ich hätte ziemlich die Fassung verloren, so stimmt das, aber doch nicht
in dem Ausmaße, wie Du vielleicht glaubst. Jede Sorge trägt sich ja leichter, wenn man zu
einem Entschluß gelangt ist, oder alles Überlegen nichts hilft. Darüber jammern aber darf
man, und das den ganzen lieben Tag. Indessen, es kommt nichts dabei heraus, ja
wahrscheinlich mache ich meinen philosophischen Studien und literarischen Produkten
Schande damit. *(27. Februar 49 v. Chr.)*

(H. Kasten)

1905 **Quid est, quod me impediat ea, quae probabilia mihi videantur,**
sequi, quae contra, improbare atque adfirmandi arrogantiam
vitantem fugere temeritatem, quae a sapientia dissidet plurimum?
Was sollte mich hindern, dem, was mir einleuchtend scheint, zu folgen, das Gegenteil nicht gutzuheißen, die Anmaßung einer festen
Behauptung zu meiden und der Leichtfertigkeit zu entgehen, die sich
mit Weisheit am wenigsten verträgt?

(K. Büchner)

Cicero, De officiis 2, 8

1906 **Venio nunc ad ὑπόστασιν (hypóstasin) nostram ac πολιτείαν**
(politeían), in qua Σωκρατικῶς εἰς ἑκάτερον (Sokratikôs eis
hekáteron), sed ad extremum, ut illi solebant, τὴν ἀρέσκουσαν
(tèn aréskusan), est res sane magni consilii.
Ich komme jetzt auf mein politisches Programm zu sprechen, wobei
ich wie die Sokratiker zunächst das Für und Wider erörtere, um mich
am Ende doch zu entscheiden, wie jene zu tun pflegten. Es handelt
sich um einen weittragenden Entschluß.

Cicero, Ad Atticum 2, 3, 3 K.

Venio nunc ad mensem Ianuarium *et ad ὑπόστασιν ...*

Ich komme jetzt auf den Januar *(59 v. Chr.)* und damit auf mein politisches Programm zu
sprechen ...

(H. Kasten)

1907 **Pauci sunt, qui consilio se suaque disponant; ceteri eorum more,**
quae fluminibus innatant, non eunt, sed feruntur.
Es sind nur wenige, die über sich und ihre Verhältnisse planvoll entscheiden: die übrigen gehen nicht, sondern lassen sich wie Treibholz,
das in den Flüssen schwimmt, dahintreiben.

Seneca, Epistulae morales 23, 8

... sed feruntur. ex quibus alia lenior unda detinuit ac mollius vexit, alia vehementior rapuit, alia proxima ripae cursu languescente deposuit, alia torrens impetus in mare eiecit. ideo constituendum est, quid velimus, et in eo perseverandum.

... dahintreiben. Einen von ihnen hat eine sanftere Welle erfaßt und ihn sanfter dahingetragen, einen anderen hat eine andere heftiger fortgerissen, einen hat eine Welle, dem Ufer sehr nahe und im Laufe nachlassend, abgesetzt, einen anderen eine andere, von Ungestüm schwellend, auf das Meer hinausgeworfen. Deswegen müssen wir feststellen, was wir wollen, und dann dabei bleiben.

(nach M. Rosenbach)

Entscheidungen 1908 **Omnis, quos ego movi, in utraque parte calculos pone idque elige, in quo vicerit ratio! a te enim ratio exigetur, nos excusabit obsequium.**
Leg' alle Steinchen, die ich aufs Tapet gebracht habe, auf die Waagschale, und entscheide Dich für die Seite, der die Vernunft das größere Gewicht gibt! Denn von Dir wird man Vernunft erwarten, mich wird meine Folgsamkeit entschuldigen.

(H. Kasten)

PLINIUS MINOR, EPISTULAE 2, 19, 9 K.

Entscheidung treffen 1909 **Hoc nos pessimos facit, quod nemo vitam suam respicit. quid facturi simus, cogitamus, et id raro; quid fecerimus, non cogitamus; atqui consilium futuri ex praeterito venit.**
Das macht uns sehr schlecht, daß keiner auf sein Leben zurückblickt. Was wir tun wollen, bedenken wir, und auch das selten; was wir getan haben, bedenken wir nicht: und doch geht die Entscheidung über die Zukunft aus der Vergangenheit hervor.

(nach M. Rosenbach)

SENECA, EPISTULAE MORALES 83, 2

1910 **Maneant viro semel placita nec ulla in decretis litura sit.**
Von Dauer sei, wofür ein Mann sich einmal entschied, und bei seinen Entscheidungen darf es keine Retuschen geben.

(G. Fink)

SENECA, DE VITA BEATA 8

Grenzen der Leutseligkeit 1911 **Illud consideres, ne tua liberalitas dissolutior videatur.**
Gib acht, daß Deine Leutseligkeit nicht als Fahrlässigkeit erscheint!
(21. April 43 v. Chr.)

(H. Kasten)

CICERO, AD M. BRUTUM 6 (9), 3 K.

Bitten
abschlagen

1912 **Durum est, Sexte, negare, cum rogaris,**
quanto durius, antequam rogeris!
Schlimm ist, Sextus, ein Nein, wenn man gebeten,
wieviel schlimmer noch, eh man noch gebeten.

(R. Helm)

MARTIAL, EPIGRAMMATA 2, 44, 11–12

1913 **Iam rogo, Phoebe, nega!**
Phoebus, nun bitt' ich: Sag Nein!

MARTIAL, EPIGRAMMATA 6, 20, 4

Mutua te centum sestertia, Phoebe, rogavi,
cum dixisses 'Exigis ergo nihil?'
inquiris, dubitas, cunctaris meque diebus
teque decem crucias: *iam rogo, Phoebe, nega.*

Phoebus, ich bat dich: «O leih mir hunderttausend Sesterzen!»;
sagtest du doch zu mir: «Hast du denn gar keinen Wunsch?»
Doch nun prüfst du und zögerst und zauderst, in ganzen zehn Tagen
marterst du mich und auch dich. Phoebus, nun bitt' ich: Sag «Nein»!

(R. Helm)

1914 **Pars benefici est, quod petitur, si belle neges.**
Man schenkt schon etwas, wenn man freundlich abschlägt.

(H. Beckby)

PUBLILIUS SYRUS, SENTENTIAE P 20

Nein sagen

1915 CHARINUS: **Immo id est pessumum hominum genus.**
denegandi modo quis pudor paulum adest;
post, ubi tempust promissa iam perfici,
tum coacti necessario se aperiunt.
CH. Wahrlich, das ist die ruchloseste
Menschenart: wenn es abzuschlagen gilt, hält sie wohl
Scham zurück; aber kommt die Zeit, die das Wort
Lösen soll, wird ihr Herz, notgedrängt, offenbar.

(J. J. Donner)

TERENZ, ANDRIA 629–632

1916 **Minus decipitur, cui negatur celeriter.**
Ein rasches Nein macht kleiner die Enttäuschung.

(H. Beckby)

PUBLILIUS SYRUS, SENTENTIAE M 25

Politik-
verdrossenheit

1917 **Saepe videmur taedio rerum civilium et infelicis atque ingratae**
stationis paenitentia secessisse: tamen in illa latebra, in quam nos
timor ac lassitudo coniecit, interdum recrudescit ambitio. non
enim excisa desiit, sed fatigata aut etiam obirata rebus parum sibi
cedentibus.

Oft hat es den Anschein, daß wir uns aus Überdruß an der Politik oder aus Reue über eine unersprießliche und undankbare Stellung zurückgezogen haben: dennoch entbrennt in jenem Schlupfwinkel, in den uns Furcht und Ermüdung zurückgeworfen hat, der Ehrgeiz bisweilen von neuem. Er hat nämlich nicht aufgehört, weil er abgetötet, sondern weil er ermattet war oder auch zornig auf die Verhältnisse, die ihm zu wenig entsprachen.

(nach M. Rosenbach)

Seneca, Epistulae morales 56, 9

Wanken

Einschätzung 1918 **Plerisque magnos viros per ambitionem aestimare mos est.**
Viele neigen dazu, bedeutende Männer nach ihrem selbstgefälligen Auftreten einzuschätzen.

(nach A. Städele)

Tacitus, Vita Iulii Agricolae 40, 4

Glaubwürdigkeit 1919 **Paucis carior fides quam pecunia.**
Nur wenigen ist ihre Glaubwürdigkeit mehr wert als Geld.

Sallust, Bellum Iugurthinum 16, 4

Relicuos legatos eadem via adgressus plerosque capit, *paucis* ...

Die übrigen Beauftragten geht er (*i. e.* Jugurtha) in gleicher Weise (*sc.* mit Geschenken) an und gewinnt die meisten; nur wenigen ...

(W. Eisenhut – J. Lindauer)

Schlagworte 1920 **Uti paucis absolvam, post illa tempora quicumque rem publicam agitavere, honestis nominibus, alii, sicuti populi iura defenderent, pars, quo senatus auctoritas maxuma foret, bonum publicum simulantes pro sua quisque potentia certabant.**
Denn, um mit wenigen Worten die Wahrheit auszusprechen: alle, die seit jener Zeit politische Agitation trieben, taten es mit trefflichen Schlagworten, die einen, als wollten sie die Rechte des Volkes verteidigen, andere, um den Einfluß des Senats möglichst zu stärken; sie schützten das Allgemeinwohl vor, jeder kämpfte aber für seine eigene Macht.

(W. Eisenhut – J. Lindauer)

Sallust, Catilinae coniuratio 38, 3

Propaganda 1921 **Posthac quicquid scripsero, tibi praeconium deferam.**
Bei allem, was ich fortan schreibe, übertrage ich Dir die Propaganda.

Cicero, Ad Atticum 13, 24 (12), 2 K.

Ligarianam praeclare vendidisti. *Posthac ...*

Die Rede Pro Q. Ligario hast Du großartig gestartet. Bei allem, was ich fortan schreibe ... *(23. Juni 45 v. Chr.)*

(H. Kasten)

1922 PSEUDOLUS: **In pertusum ingerimus dicta dolium: operam ludimus.**   nutzloses Reden
Ps. Was wir da reden, geht
Nur in ein bodenloses Faß. Vergebliche Mühe!

(W. Binder – W. Ludwig)

PLAUTUS, PSEUDOLUS 369

1923 **Quid iuvat et nullo ponere verba loco?**
Niemanden haben wohl noch nichtige Worte erfreut.

(W. Willige)

PROPERZ, ELEGIAE 2, 22, 44

1924 **Diem dicendo eximere coepit.**   Filibustern
Er versuchte, den Tag mit einer Dauerrede zu verschleppen.
(10. Dezember 57 v. Chr.)

CICERO, AD QUINTUM FRATREM 2, 1, 3 K.

Tum Clodius rogatus *diem ... coepit;* furebat a Racilio se contumaciter inurbaneque vexatum.

Als dann Clodius befragte wurde, versuchte er ... zu verschleppen. Er war wütend, daß Racilius ihm in unfeiner Form übel mitgespielt habe.

(H. Kasten)

1925 **Cupiit diem consumere.**
Er versuchte, die Zeit mit Dauerreden zu vertrödeln.

CICERO, AD ATTICUM 4, 2, 4 K.

Itaque suo quisque horum loco sententiam rogatus multa secundum causam nostram disputavit. Cum ad Clodium ventum est, *cupiit diem consumere,* neque ei finis est factus, sed tamen, cum horas tres fere dixisset, odio et strepitu senatus coactus est aliquando perorare.

So brachten sie denn, ein jeder an der ihm zukommenden Stelle der Rangliste zur Stellungnahme aufgefordert, mancherlei meiner Sache Förderliches vor. Als Clodius an die Reihe kam, versuchte er, die Zeit mit Dauerreden zu vertrödeln, und niemand entzog ihm das Wort, bis er sich schließlich nach fast drei Stunden durch laute Kundgebungen des Unwillens der Senatoren gezwungen sah, zum Ende zu kommen. *(Anfang Oktober 57 v. Chr.)*

(nach H. Kasten)

Abstieg

1926 **Inferior rescit, quicquid peccat superior.**   Klein – Groß
Der Kleine kennt die Schwächen eines Großen.

(H. Beckby)

PUBLILIUS SYRUS, SENTENTIAE I 1

schweigende Urteile

1927   **Quamvis sint demersae leges alicuius opibus, quamvis timefacta libertas, emergunt tamen haec aliquando aut iudiciis tacitis aut occultis de honore suffragiis.**

Mögen die Gesetze noch so sehr durch die Macht irgendeines Mannes unterdrückt sein, noch so sehr die Freiheit in Schrecken gesetzt, das alles taucht doch einmal auf entweder in schweigenden Urteilen oder in geheimen Abstimmungen über die Ehre.

(K. Büchner)

CICERO, DE OFFICIIS 2, 24

um Beifall buhlen

1928   **Quid hoc miserius quam alterum plausus in foedissima causa quaerere, alterum offensiones in optima?**

Gibt es etwas Erbärmlicheres als diesen Zustand, wo der eine in einer überaus unanständigen Sache um Beifall buhlt, der andere in der besten von der Welt es darauf anlegt, überall Anstoß zu erregen?

CICERO, AD ATTICUM 8, 3, 3 K.

Sed obsecro te, *quid hoc ...*

Aber ich bitte Dich, gibt es ... *(25. Februar 49 v. Chr.)*

(H. Kasten)

Ruhmsucht

1929   **Patriam tamen obruit olim**
gloria paucorum et laudis titulique cupido
haesuri saxis cinerum custodibus, ad quae
discutienda valent sterilis mala robora fici,
quandoquidem data sunt ipsis quoque fata sepulcris.

Dem Vaterland haben indessen immer wieder den Untergang gebracht die Ruhmsucht weniger und die Begierde nach Lob und einem Ehrentitel,
der auf Steinen, den Wächtern der Asche, haften würde,
welche die schlimme Kraft des unfruchtbaren Feigenbaums zu sprengen vermag,
da doch auch den Grabmälern selbst ihr Schicksal beschieden ist.

(J. Adamietz)

JUVENAL, SATURAE 10, 142–146

aufs Spiel setzen

1930   **Non arbitror fore illum tam amentem, ut haec in discrimen adducat. Quod si ruere coeperit, ne ego multa timeo, quae non audeo scribere.**

Ich halte ihn nicht für so verrückt, daß er das aufs Spiel setzt. Kommt der Stein erst einmal ins Rollen, ja, dann befürchte ich Dinge, die ich nicht zu Papier zu bringen wage. *(13. Dezember 50 v. Chr.)*

(H. Kasten)

CICERO, AD ATTICUM 7, 4, 2 K.

1931 CHARINUS: **Invenietur, exquiretur, aliquid fiet. enicas.**
EUTYCHUS: **Iam istuc 'aliquid fiet' metuo.**
CH. Das findet sich, das treibt man auf; irgend etwas wird geschehen.
Du wirst lästig.
EU. Ich fürchte mich vor diesem «Irgend etwas wird geschehen».
(W. Binder – W. Ludwig)
PLAUTUS, MERCATOR 493–494

1932 **Duo vitia vitanda sunt, unum, ne incognita pro cognitis habeamus**
hisque temere assentiamur, quod vitium effugere qui volet –
omnes autem velle debent – adhibebit ad considerandas res et
tempus et diligentiam. Alterum est vitium, quod quidam nimis
magnum studium multamque operam in res obscuras atque
difficiles conferunt easdemque non necessarias.
Zwei Fehler sind zu vermeiden, der eine, daß wir nicht Unverstande-
nes für Verstandenes nehmen und diesem leichfertig zustimmen.
Wenn einer diesem Fehler entgehen will – alle aber sollen es wollen –,
wird er sich Zeit und Sorgfalt zum Überlegen der Dinge nehmen. Der
andere Fehler ist der, daß manche ein allzu großes Streben und allzu
viel Mühe auf dunkle und schwierige Dinge wenden, und zwar nicht
notwendige.
(K. Büchner)
CICERO, DE OFFICIIS 1, 18–19

Verflechtungen

1933 **Cum est omnium officiorum finis aliquis, tum optime libertati**
venia obsequio praeparatur.
Alle Verpflichtungen haben ihre Grenze, und die freie Entscheidung
wahrt man sich am ehesten durch vorhergehende Willfährigkeit.
(H. Kasten)
PLINIUS MINOR, EPISTULAE 3, 4, 8 K.

1934 **Numquamne hos artissimos laqueos, si solvere negatur,**
abrumpam? numquam, puto. nam veteribus negotiis nova
accrescunt, nec tamen priora peraguntur: tot nexibus, tot quasi
catenis maius in dies occupationum agmen extenditur.
Werde ich nie diese beengenden Bande sprengen können? Wahrscheinlich nie. Denn den alten Verpflichtungen wachsen immer neue
zu, und ich komme mit den bisherigen kaum zu Rande bei den vielen
Verbindlichkeiten, den vielen Verkettungen, möchte ich sagen, die den
Schwarm der Abhaltungen von Tag zu Tag anschwellen lassen.
(H. Kasten)
PLINIUS MINOR, EPISTULAE 2, 8, 2F. K.

1935 **Qualem commendes, etiam atque etiam aspice, ne mox**
incutiant aliena tibi peccata pudorem.
fallimur et quondam non dignum tradimus; ergo
quem sua culpa premet, deceptus omitte tueri,
ut penitus notum, si temptent crimina, serves
tuerisque tuo fidentem praesidio.

Willst du jemand einführen, sieh ihn dir wieder und immer wieder
an, damit nicht nachher die Verstöße des andern dich empfindlich
beschämen. Irren ist möglich, und zuweilen erweist sich der Emp-
fohlene als unwürdig. Wenn also wirkliche Schuld ihn belastet, so
bekenne dich getäuscht und suche nicht weiter ihn zu halten. Wird
dann einmal ein Charakter, den du genau kennst, verdächtigt und
angefochten, so kannst du ihm den Schutz, den er vertrauend sucht,
gewähren.

(H. Färber – W. Schöne)

HORAZ, EPISTULAE 1, 18, 76–81

1936 **Prima commendatio proficiscitur a modestia, tum pietate in**
parentes, in suos benevolentia.

Die erste Empfehlung geht aus von der Bescheidenheit, dann von der
Liebe gegen die Eltern, dem Wohlwollen gegen die Angehörigen.

(K. Büchner)

CICERO, DE OFFICIIS 2, 46

1937 **Habes, qualis, quam probatus carusque sit nobis, quem rogo pro**
ingenio, pro fortuna tua exornes. in primis ama hominem; nam
licet tribuas ei, quantum amplissimum potes, nihil tamen amplius
potes amicitia tua; cuius eum usque ad intimam familiaritatem
capacem quo magis scires, breviter tibi studia, mores, omnem
denique vitam eius expressi.

Du siehst, wie es um ihn (s. c. Voconius Romanus) bestellt ist, welch
lieber, bewährter Freund er mir ist, den entsprechend Deinem Naturell und Deiner Stellung zu fördern ich Dich bitte. Vor allem hab' ihn
lieb, denn magst Du ihm zukommen lassen, soviel Du nur kannst, das
Beste, was Du ihm zu geben vermagst, ist doch Deine Freundschaft;
daß er sie bis zum vertrautesten Umgange verdient, wollte ich Dir
deutlich machen und habe Dir deshalb kurz seine Interessen, seinen
Charakter, sein ganzes Leben geschildert.

(H. Kasten)

PLINIUS MINOR, EPISTULAE 2, 13, 10 K.

1938 **Fortem virum, Brute, tibi commendo, frugi hominem et, si quid ad**
rem pertinet, etiam locupletem; pergratum mihi erit, si eum ita
tractaris, ut merito tuo mihi gratias agere possit.

Ich empfehle Dir einen braven Mann, Brutus, einen biederen Menschen, wenn das etwas zur Sache tut, auch gutsituiert ist; es sollte mir sehr lieb sein, wenn Du ihn so behandeltest, daß er mir auf Grund Deines Entgegenkommens danken kann. *(Mai/Juni 43 v. Chr. ?)*

(nach H. Kasten)

Cicero, Ad M. Brutum 11(16), 2 K.

1939 Megaronides: **Neque quicquam hic nunc est vile nisi mores mali**   **Beziehungen**
nimioque hic pluris pauciorum gratiam
faciunt pars hominum quam id, quod prosint pluribus.
ita vincunt illud conducibile gratiae,
quae in rebus multis opstant odiosaeque sunt
remoramque faciunt rei privatae et publicae.
Me. Nichts ist so wohlfeil hier jetzt wie Spitzbüberei,
Die Gunst von wenigen zu gewinnen schätzt ein Teil
Der Menschen mehr, als was der Mehrzahl Nutzen bringt.
So siegt Privatgunst über das gemeine Wohl,
Die bei so vielen Sachen uns den Weg vertritt,
Uns nichts als Unlust schafft und auf die häusliche
Wohlfahrt sowie auf die des Staates hemmend wirkt.

(W. Binder – W. Ludwig)

Plautus, Trinummus 33–38

1940 **Qui gratificantur cuipiam, quod obsit illi, cui prodesse velle**   **Gefälligkeiten**
videantur, non benefici neque liberales, sed perniciosi assentatores   **erweisen**
iudicandi sunt
Wer jemandem eine Gefälligkeit erweist, die dem schadet, dem man nützen will, ist nicht als wohltätig und großzügig, sondern als verderblicher Schmeichler zu beurteilen.

(nach K. Büchner)

Cicero, De officiis 1, 42

1941 Phormio: **Immo enim nemo satis pro merito gratiam regi refert.**   **Gönner**
Ph. Nein, kein Mensch kann seinem Gönner lohnen, wie er's würdig ist.

(J. J. Donner)

Terenz, Phormio 338

1942 **Tum maxime favor et ambitio dominatur, cum sub aliqua specie**   **Gunst-**
severitatis delitescere potest.   **erweisungen**
Gunst und Parteilichkeit kommen hauptsächlich dann zum Zuge, wenn sie sich unter dem Schein der Strenge verkriechen können.

(H. Kasten)

Plinius Minor, Epistulae 3, 9, 10 K.

Versprechungen 1943 **Non liberalis, sed levis arbitratur polliceri, quod praestare non possis.**

Nicht als Freigebigkeit, sondern als Leichtsinn gilt es, Versprechungen zu machen, für die man nachher nicht einstehen kann.

CORNELIUS NEPOS, VITA ATTICI 15, 1

Quidquid rogabatur (Atticus), religiose promittebat, quod *non liberalis, sed levis arbitrabatur ... . non posset.*

Bat man ihn, so erteilte er Zusagen nach gewissenhafter Überlegung; denn nicht Freigebigkeit, sondern Leichtsinn sei es ... nicht könne.

(H. Färber)

Resignation

Rückzug aus der Politik 1944 **At ille vir sincerus ac purus, qui reliquit et curiam et forum et omnem administrationem rei publicae, ut ad ampliora secederet, diligit eos, per quos hoc ei facere tuto licet, solusque illis gratuitum testimonium reddit et magnam rem nescientibus debet. quemadmodum praeceptores suos veneratur ac suspicit, quorum beneficio illis inviis exiit, sic et hos, sub quorum tutela positus exercet artes bonas.**

Doch jener rechtschaffene und lautere Mann, der Kurie, Forum und alle Staatsgeschäfte verlassen hat, um sich zu Wichtigerem zurück-zuziehen, schätzt die Männer, durch deren Leistung er das ungefähr-det tun kann, und er allein leistet ihnen ohne Gegengabe Zeugnis und verdankt ihnen Wichtiges, ohne daß sie das wissen. Wie er seine Lehrer achtet und verehrt, durch deren Verdienst er weglosem Ge-lände entronnen ist, so auch die, unter deren Schutz er seinen Studien nachgehen kann.

(nach M. Rosenbach)

SENECA, EPISTULAE MORALES 73, 4

Resignation 1945 **Exitum iudicii foedum et perniciosum lenissime tuli; quod quidem bonum mihi nunc denique redundat, ut his malis rei publicae licentiaeque audacium, qua ante rumpebar, nunc ne movear quidem. nihil est perditius his hominibus, his temporibus; itaque ex re publica quoniam nihil iam voluptatis capi potest, cur stomacher, nescio.**

Der schändliche, verderbliche Ausgang des Prozesses läßt mich völlig kalt; dies herrliche Gefühl überströmt mich jetzt erst, daß dies Elend des Staates und die Willkür dieser Frechlinge, die mich bisher in Har-nisch brachte, mich überhaupt nicht mehr berührt. Diese Gesellschaft und diese Zeiten sind ja nun einmal grundverdorben. Da man also im Staatsleben nachgerade keine Befriedigung findet, wüßte ich nicht, weshalb ich mich ärgern sollte. *(Dezember 54 v. Chr.)*

(H. Kasten)

CICERO, AD QUINTUM FRATREM 3, 7, 1 K.

1946 **Conscientia rectae voluntatis maxima consolatio est rerum incommodarum nec est ullum magnum malum praeter culpam.** **das Rechte gewollt haben**

Das Bewußtsein, das Rechte gewollt zu haben, ist der beste Trost in allem Ungemach, und es gibt kein großes Übel außer der Schuld.

CICERO, AD FAMILIARES 6, 3 (4), 2 K. (AD A. TORQUATUM)

Fateor me communium malorum consolationem nullam invenire praeter illam, quae tamen, si possis eam suscipere, maxima est, quaque ego cottidie magis utor, *conscientiam rectae voluntatis maximam esse rerum incommodarum nec esse ullum ...*

Ich gestehe, für das uns allen gemeinsame Unglück keinen andern Trost zu wissen als den, der allerdings, wenn Du ihn Dir zu eigen machen könntest, sich als überaus wirksam erweist, und dessen ich mich selbst von Tag zu Tag mehr bediene: das Bewußtsein, daß das Rechte gewollt zu haben der beste Trost ... ist und daß es kein... gibt. *(Mitte Januar 45 v. Chr.)*

(H. Kasten)

Verwaltung

Allgemein

**öffentliches
Wirken**

1947 **Nec enim is solum rei publicae prodest, qui candidatos extrahit et
tuetur reos et de pace belloque censet; sed qui iuventutem
exhortatur, qui in tanta bonorum praeceptorum inopia virtutem
insinuat animis, qui ad pecuniam luxuriamque cursu ruentes
prensat ac retrahit et, si nihil aliud, certe moratur, in privato
publicum negotium agit.**
Denn nicht der allein nützt dem Staat, der Kandidaten vorstellt und
Angeklagten beisteht und über Krieg und Frieden seine Meinung sagt,
nein, wer die Jugend mahnt, wer in ihre Seelen bei einem derart
großen Mangel an guten Lehrern Wertbewußtsein einpflanzt, wer
diejenigen, die nach Geld und Genuß um die Wette rennen, packt
und fortzieht und, wenn ihm sonst nichts gelingt, wenigstens aufhält,
handelt als Privatmann in öffentlicher Sache.

(G. Fink)

SENECA, DE TRANQUILLITATE ANIMI 3

Beamter

1948 **Est proprium munus magistratus intellegere se gerere personam
civitatis debereque eius dignitatem et decus sustinere, servare
leges, iura discribere, ea fidei suae commissa meminisse.**
Es ist die eigentliche Aufgabe des Beamten, sich bewußt zu sein,
daß er die Rolle des Staates spielt und dessen Würde und Ansehen
vertreten, die Gesetze wahren, die Rechtsansprüche abgrenzen
und eingedenk sein muß, daß sie seiner Verläßlichkeit anvertraut
sind.

(K. Büchner)

CICERO, DE OFFICIIS 1, 124

Ämter ausüben

1949 **Caput est in omni procuratione negotii et muneris publici, ut
avaritiae pellatur etiam minima suspicio.**
Die Hauptsache bei der Besorgung eines öffentlichen Geschäftes und
Amtes ist es, daß auch der leiseste Verdacht der Habsucht vertrieben
wird.

(K. Büchner)

CICERO, DE OFFICIIS 2, 75

1950 **Ac mihi quidem videntur huc omnia esse referenda iis, qui praesunt aliis, ut ii, qui erunt in eorum imperio, sint quam beatissimi.**
Mir will scheinen, wer andern zu gebieten hat, muß eins zur Richtschnur all seines Handelns machen: das größtmögliche Glück derer, die ihm unterstellt werden. *(Ende 60/Anfang 59 v. Chr.)*
(H. Kasten)
CICERO, AD QUINTUM FRATREM 1, 1, 24 K.

1951 **Permagni hominis est et cum ipsa natura moderati tum vero etiam doctrina atque optimarum artium studiis eruditi sic se adhibere in tanta potestate, ut nulla alia potestas ab iis, quibus is praesit, desideretur.**
Als großer Mann gilt, der schon aus Veranlagung besonnen ist und sich dazu noch durch Unterweisung und Beschäftigung mit den schönen Künsten weitergebildet hat, wer sich in einem so hohen Amte so führt, daß seine Untergebenen sich keinen anderen Amtsträger wünschen. *(Ende 60/Anfang 59 v. Chr.)*
(H. Kasten)
CICERO, AD QUINTUM FRATREM 1, 1, 22 K.

Ethos

1952 **Quod si perferre non potero, opprimi me onere offici malo quam id, quod mihi cum fide semel impositum est, aut propter perfidiam abicere aut propter infirmitatem animi deponere.**
Wenn ich (meine Aufgabe) nicht ganz durchführen kann, so ist es mir lieber, ich breche unter der Last der Verpflichtung zusammen, als daß ich, was mir einmal zu guten Treuen auferlegt ist, aus Treulosigkeit von mir werfe oder aus Kleinmut fahren lasse.
(M. Fuhrmann)
CICERO, PRO SEX. ROSCIO AMERINO 10

1953 **Suscipis onus offici, quod te putas sustinere posse; quod maxime videtur grave eis, qui minime ipsi leves sunt.**
Du nimmst díe Pflichtenlast auf dich, die du glaubst tragen zu können: sie erscheint denen am meisten beschwerlich, die selbst am wenigsten leichtfertig sind.
(M. Fuhrmann)
CICERO, PRO SEX. ROSCIO AMERINO 112

Pflichterfüllung   1954   CHREMES: **Non satis est tuom te officium fecisse, id si non fama adprobat.**

CHR. Die Pflicht zu tun ist nicht genug, wenn's nicht die Welt gutheißt.

(J. J. Donner)

TERENZ, PHORMIO 724

1955   **Magnus animus conscius sibi melioris naturae dat quidem operam, ut in hac statione, qua positus est, honeste se atque industrie gerat, ceterum nihil horum, quae circa sunt, suum iudicat, sed ut commodatis utitur, peregrinus et properans.**

Seines besseren Wesens bewußt, ist ein großer Geist, bestrebt, sich auf dem Posten, auf den er gestellt ist, sittlich und tüchtig zu verhalten; im übrigen aber betrachtet er nichts von dem, was ihn umgibt, als sein Eigentum, sondern benutzt alles nur wie eine Leihgabe, ein Fremder auf eiliger Wanderschaft.

(nach M. Rosenbach)

SENECA, EPISTULAE MORALES 120, 18

pflichtgemäß   1956   **In officio et colendo sita vitae est honestas omnis et neglegendo**
handeln   **turpitudo.**

In der Pflege pflichtgemäßen Handelns besteht alle Ehrbarkeit des Lebens, in seiner Außerachtlassung alle seine Schande.

CICERO, DE OFFICIIS 1, 4

Nulla enim vitae pars neque publicis neque privatis neque forensibus neque domesticis in rebus, neque si tecum agas quid, neque si cum altero contrahas, vacare *officio* potest *in* eoque *et colendo sita* ...

Kein Teil des Lebens nämlich weder in öffentlichen noch privaten, weder den forensischen noch den häuslichen Angelegenheiten, weder wenn du bei dir selber etwas tust, noch wenn du dich mit dem anderen einläßt, kann ohne pflichtgemäßes Handeln sein, und in seiner Pflege besteht ...

(K. Büchner)

Verantwortungs-   1957   **Malo successum mihi quam fidem deesse.**
bewußtsein   Lieber soll mit Erfolg als Verantwortungsbewußtsein fehlen.

(M. Rosenbach)

SENECA, EPISTULAE MORALES 25, 2

Objektivität   1958   **Omnis homines, qui de rebus dubiis consultant, ab odio amicitia, ira atque misericordia vacuos esse decet. haud facile animus verum providet, ubi illa officiunt.**

Alle Menschen, die über strittige Fälle beraten, sollten frei sein von Haß und Zuneigung, Zorn und Mitleid. Unser Verstand sieht ja nur schwer das Richtige, wenn ihn solche Gefühle beeinträchtigen.

(W. Eisenhut – J. Lindauer)

SALLUST, CATILINAE CONIURATIO 51, 2

1959 **Miserum est tacere cogi, quod cupias loqui.** Schweigepflicht
Qual ist die Schweigepflicht, brennt's auf den Lippen.

(H. Beckby)

· PUBLILIUS SYRUS, SENTENTIAE M 6

1960 **Noli huic tranquillitati confidere: momento mare evertitur; eodem** Wachsamkeit
die, ubi luserunt navigia, sorbentur.
Mißtraue der gegenwärtigen Ruhe! Im nächsten Moment wird das
Meer aufgewühlt; am selben Tage, da Schiffe über die Wellen tänzel-
ten, werden sie in die Tiefe gerissen.

(nach M. Rosenbach)

SENECA, EPISTULAE MORALES 4, 7

1961 **Prodest sine dubio custodem sibi imposuissse et habere, quem** Aufsicht
respicias, quem interesse cogitationibus tuis iudices. hoc quidem
longe magnificentius est, sic vivere, tamquam sub alicuius boni
viri ac semper praesentis oculis; sed ego etiam hoc contentus sum,
ut sic facias, quaecumque facies, tamquam spectet aliquis: omnia
nobis mala solitudo persuadet.
Es nützt ohne Zweifel, sich einen Wächter zu setzen und jemanden zu
haben, auf den du blickst, von dem du weißt, daß er an deinen Er-
wägungen teilnimmt. Bei weitem großartiger ist es freilich, wie unter
den stets gegenwärtigen Augen eines guten Mannes zu leben; aber ich
bin schon damit zufrieden, daß du – was immer du tust – so handelst,
als schaute dir jemand zu: zu allem Schlechten beredet uns die Einsamkeit.

(nach M. Rosenbach)

SENECA, EPISTULAE MORALES 25, 5

1962 **Qui docte servit, partem dominatus tenet.** Dienen
Wer klug zu dienen weiß, ist halb Gebieter.

(H. Beckby)

· PUBLILIUS SYRUS, SENTENTIAE Q 44

Dienstleistungen

1963 **Quaedam pluris sunt, quam emuntur. emis a medico rem** Dienstleistungen
inaestimabilem, vitam ac bonam valetudinem, a bonarum artium
praeceptore studia liberalia et animi cultum; itaque his non rei
pretium, sed operae solvitur, quod deserviunt, quod a rebus suis
avocati nobis vacant; mercedem non meriti, sed occupationis suae
ferunt.

Manche Dinge sind mehr wert als den Preis, um den sie gekauft werden. Du kaufst von einem Arzt eine unschätzbare Sache, Leben und Gesundheit, von einem Lehrer das eines freien Mannes würdige Wissen und Bildung; daher wird ihnen nicht der Wert der Sache, sondern der ihrer Bemühung bezahlt, weil sie uns zu Diensten sind, weil sie, von ihren Dingen abgerufen, für uns Zeit haben, erhalten sie Lohn nicht für ihr Verdienst, sondern für ihre Inanspruchnahme.

(nach M. Rosenbach)

Seneca, De beneficiis 6, 15, 2

sichere Auskunft geben	1964 **Haec ita sentio, iudico, ad te explorate scribo.**

Das ist meine Überzeugung, so beurteile ich die Lage, und was ich Dir sage, ist hieb- und stichfest.

Cicero, Ad Quintum fratrem 2, 15, 3 K.

... scribo; dubitare te non adsentatorie sed fraterne veto.

... hieb- und stichfest; das mußt Du mir schon glauben, nicht aus Liebedienerei, sondern aus brüderlichem Vertrauen. *(Juli 54 v. Chr.)*

(H. Kasten)

verständlich formulieren	1965 **Popularibus verbis est agendum et usitatis, cum loquimur de opinione populari.**

Mit volkstümlichen und gebräuchlichen Worten muß man arbeiten, wenn man über eine volkstümliche Meinung spricht.

(nach K. Büchner)

Cicero, De officiis 2, 35

Schelte

Aufschieben	1966 **Nihilominus his quoque occupatis diebus agatur aliquid et quidem totis. numquam enim non succedent occupationes novae: serimus illas, itaque ex una exeunt plures. deinde ipsi nobis dilationem damus: 'Cum hoc peregero, toto animo incumbam' et 'Si hanc rem molestam conposuero, studio me dabo.'**

Nichtsdestoweniger soll auch in diesen Tagen voller Geschäftigkeit etwas getan werden, und zwar an jedem. Stets nämlich folgen noch neue Belastungen: wir säen sie, und so gehen aus einer mehrere hervor. Sodann räumen wir uns selbst einen Aufschub ein: «Wenn ich das geschafft habe, werde ich mich mit ganzer Seele darauf verlegen», und «Wenn ich dieses lästige Problem vom Halse habe, will ich mich dem Studium widmen.»

Seneca, Epistulae morales 72, 2–3

... me dabo. non cum vacaveris, philosophandum est, sed ut philosopheris, vacandum est: omnia alia neglegenda, ut huic assideamus. ., cui nullum tempus satis magnum est, etiam si a pueritia usque ad longissimos humani aevi terminos vita producitur.

... widmen. Nicht, wenn du Zeit hast, sollst du philosophieren, sondern damit du philosophieren kannst, sollst du dir Zeit nehmen; alles andere ist zu vernachlässigen, damit wir uns dem widmen können, wofür keine Zeit lang genug ist, auch wenn das Leben von der Kindheit bis zu den fernsten Grenzen menschlicher Existenz ausgedehnt wird.

(nach M. Rosenbach)

1967 'Cras hoc fiet.' idem cras fiet. 'quid quasi magnum
      nempe diem donas?' sed cum lux altera venit,
      iam cras hesternum consumpsimus, ecce aliud cras
      egerit hoc annos et semper paulum erit ultra.
      «Morgen geht's!» Und so geht's auch morgen! «So großes Getue
      Um einen einzigen Tag?» Doch sobald's das nächstemal hell wird,
      Schon ist das gestrige «morgen» verbraucht, und siehe, so jagt das
      Andere «morgen»die Jahre davon und bleibet im Vorsprung.

(O. Seel)

PERSIUS, SATURAE 5, 66–69

1968 Ut male posuimus initia, sic cetera sequuntur.   schwerfälliger
      Das Fundament, das ich gelegt habe, taugt nicht, und dem entspricht   Fortgang
      nun der Fortgang.

CICERO, AD ATTICUM 10, 20 (18), 2 K.

Tu tamen, si quid de Hispaniis sive quid aliud, perge, quaeso, scribere nec meas litteras exspectaris, nisi cum quo opto pervenerimus, aut si quid ex cursu. Sed hoc quoque hodie timide scribo; ita omnia tarda adhuc et spissa. *Ut male posuimus initia ...*

Du aber schreib mir bitte auch weiterhin, wenn Du von Spanien hörst, oder sonst was. Von mir kannst Du erst dann wieder Nachricht erwarten, wenn ich am Ziel meiner Wünsche bin, oder höchstens ein paar Zeilen von unterwegs; aber auch bei diesem Versprechen habe ich meine Bedenken, so langsam und schwerfällig wie bisher alles gegangen ist. Das Fundament ... *(19. Mai 49 v. Chr.)*

(H. Kasten)

1969 Sane tamquam in quodam incili iam omnia adhaerescunt.   Informationen
      Nachgerade versickert wirklich alles wie in einem Abzugsgraben.   versickern

CAELIUS BEI CICERO, AD FAMILIARES 8, 4 (5), 3 K.

Si quid novi de re p., quod tibi scriberem, haberem, usus essem mea consuetudine, ut diligenter, et quid actum esset et quid ex eo futurum sperarem, perscriberem. *Sane tamquam ...*

Wüßte ich Dir etwas Neues über die politischen Verhältnisse zu schreiben, dann würde ich es wie gewöhnlich machen und Dir ausführlich schildern, was vorgegangen ist und was ich auf Grund dieser Vorgänge erwarte. Nachgerade versickert aber wirklich alles ... *(Juni/Juli 51 v. Chr.)*

(H. Kasten)

Justiz

Allgemein

1970 **Iudicis est semper in causis verum sequi, patroni non numquam veri simile, etiam si minus sit verum, defendere.**

Pflicht des Richters ist es, bei den Prozessen immer der Wahrheit zu folgen, des Verteidigers, bisweilem auch das Wahrscheinliche, selbst wenn es weniger wahr sein sollte, zu verteidigen.

CICERO, DE OFFICIIS 2, 51

... *defendere*, quod scribere, praesertim cum de philosophia scriberem, non auderem, nisi idem placeret gravissimo Stoicorum Panaetio.

... zu verteidigen, was ich, zumal ich über Philosophie schreibe, nicht zu schreiben wagte, wenn Panaitios, der ernsthafteste der Stoiker, nicht derselben Ansicht wäre.

(nach K. Büchner)

1971 **Dissolvitur lex, cum fit iudex misericors.**

Des Richters Mitleid stürzt Gesetze nieder.

(H. Beckby)

PUBLILIUS SYRUS, SENTENTIAE D 16

1972 **Neque enim aequus iudex aliam de sua, aliam de aliena causa sententiam fert.**

Denn ein gerechter Richter wird nicht anders in eigener Sache, anders in fremder entscheiden.

(G. Fink)

SENECA, DE IRA 1, 14

1973 **Bonus iudex damnat improbanda, non odit.**

Ein guter Richter verurteilt Verwerfliches; er haßt nicht.

(G. Fink)

SENECA, DE IRA 1, 16

1974 **Quid ergo miramini, vilissima capita, immo forensia pecora, immo vero togati vulturii, si toti tunc iudices sententias suas pretio nundinantur, cum rerum exordio inter deos et homines agitatum iudicium corruperit gratia et originalem sententiam magni Iovis consiliis electus iudex rusticanus et opilio lucro libidinis vendiderit cum totius etiam suae stirpis exitio?**

Was wundert ihr euch also, ihr Hohlköpfe, vielmehr ihr Schafe vor Gericht, nein, ihr Geier in der Robe,wenn heutzutage alle Richter ihre Urteile für Geld verschachern? Wurde doch schon zu Beginn der Weltgeschichte eine richterliche Entscheidung, die zwischen Göttern und

Menschen zum Austrag kam, durch Begünstigung verfälscht; und hat doch der auf Beschluß des großen Jupiter erwählte Richter, ein Bauer und Viehhirt, das allererste Urteil um den Gewinn von Sinnenlust verkauft, zugleich zum Verderben seines ganzen Stammes!

(E. Brandt – W. Ehlers)

APULEIUS, METAMORPHOSES 10, 33, 1

1975 STASISMUS: **Neque istis quicquam lege sanctumst: leges mori serviunt,**
mores autem rapere properant, qua sacrum, qua publicum.
CHARMIDES:**Hercle istis malam rem magnam moribus dignumst dari.**
ST. Und kein Gesetz
Ist ihnen heilig. Sklavinnen der Mode sind
Die Gesetze. Nun ist's aber Mode, jegliches
Mit Hast an sich zu reißen, sei es Tempelgut,
Sei's Staatsbesitz.
CH. Traun, schöne Moden hätten auch
Recht bösen Lohn verdient.

Gesetze

(W. Binder – W. Ludwig)

PLAUTUS, TRINUMMUS 1043–1045

1976 **Quaedam sunt, quae leges nec iubent nec vetant facere.**
Es gibt Dinge, die die Gesetze zu tun weder befehlen noch verbieten.

(M. Rosenbach)

SENECA, DE BENEFICIIS 3, 21, 1

1977 **In iis exige censuram et personarum aestimationem, quae separatim tamquam digno dantur, non in his, quae promiscue turbam admittunt. multum enim refert, utrum aliquem non excludas an eligas. ius et furi dicitur; pace et homicidae fruuntur; sua repetunt etiam, qui aliena rapuerunt; percussores et domi ferrum exercentes murus ab hoste defendit; legum praesidio, qui plurimum in illas peccaverunt, proteguntur. quaedam non poterant certis contingere, nisi universis darentur.**
Prüfe und beurteile die Personen bei den Dingen genau, die individuell an Würdige vergeben werden, nicht aber bei denen, die die Masse unterschiedslos zulassen. Es kommt nämlich sehr darauf an, ob du einen Menschen nicht ausschließt oder ihn auswählst. Recht wird auch dem Dieb gesprochen; Frieden genießen auch Mörder; ihr Eigentum fordern auch die zurück. die das anderer geraubt haben; Schläger und stadtbekannte Messerstecher schützt die Mauer vor dem Feind; durch die Wacht der Gesetze werden auch die gedeckt, die sich

am meisten gegen sie vergangen haben. Manche Dinge könnten
bestimmten Menschen nicht zuteil werden, wenn sie nicht allen
gegeben würden.

(nach M. Rosenbach)

SENECA, DE BENEFICIIS 4, 28, 5–6

1978 'Sed lex', inquit, 'non permittendo exigere vetuit.' Multa legem non
habent nec actionem, ad quae consuetudo vitae humanae omni
lege valentior dat aditum. nulla lex iubet amicorum secreta non
eloqui; nulla lex iubet fidem etiam inimico praestare; quae lex ad
id praestandum nos, quod alicui promisimus, alligat? nulla. querar
tamen cum eo, qui arcanum sermonem non continuerit, et fidem
datam non servatam indignabor.

«Doch das Gesetz», heißt es, «hat, indem es das das nicht zuließ, das Ein-
fordern (von Wohltaten) verboten.» Vieles hat kein Gesetz und keine
Rechtsvorschrift, zu dem die Gewohnheit des menschlichen Lebens,
stärker als jedes Gesetz, Zugang gewährt. Kein Gesetz befiehlt,
Geheimnisse der Freunde nicht auszuplaudern; kein Gesetz befiehlt,
auch dem Feind Zuverlässigkeit zu gewähren; welches Gesetz bindet
uns, das zu gewährleisten, was wir versprochen haben? Keines. Trotzdem werde ich mich über den beklagen, der ein vertrauliches
Gespräch nicht für sich behalten hat, und wenn Vertrauen gewährt,
aber nicht bewahrt wurde, werde ich mich empören.

(nach M. Rosenbach)

SENECA, DE BENEFICIIS 5, 21, 1

Treu und
Glauben

1979 Q. Scaevola, pontifex maximus, summam vim esse dicebat in
omnibus iis arbitriis, in quibus adderetur 'ex fide bona', fideique
bonae nomen existimabat manare latissime, idque versari in
tutelis, societatibus, fiduciis, mandatis, rebus emptis, venditis,
conductis locatis, quibus vitae societas contineretur; in iis magni
esse iudicis statuere, praesertim cum in plerisque essent iudicia
contraria, quid quemque cuique praestare oporteret.

Quintus Scaevola, der Oberpriester, sagte, die größte Bedeutung liege
in allen den Schiedssprüchen, bei denen «aus gutem Glauben» hinzugefügt werde, und er meinte, der Begriff «guter Glaube» habe die
weiteste Ausbreitung und spiele eine Rolle bei Vormundschaften,
Gesellschaftsverträgen, vertrauensvollen Übergaben, Aufträgen,
gekauften und verkauften, gemieteten und vermieteten Dingen,
worin die Gesellschaft des Lebens bestehe. Hierbei sei es die Aufgabe
eines großen Richters, zu bestimmen, zumal da es bei den meisten
Dingen Gegenklagen gibt, was jeder einem jeden leisten müsse.

(nach K. Büchner)

CICERO, DE OFFICIIS 3, 70

1980 **Ius semper est quaesitum aequabile; neque enim aliter esset ius.**
Als Recht wurde immer ein gleichmäßiges gesucht. Denn anders wäre
es kein Recht.

(K. Büchner)

CICERO, DE OFFICIIS 2, 42

1981 **Nos veri iuris germanaeque iustitiae solidam et expressam**
effigiem nullam tenemus, umbra et imaginibus utimur. eas ipsas
utinam sequeremur. feruntur enim ex optimis naturae et veritatis
exemplis.
Wir haben keine feste und ausgeprägte Gestalt des wahren Rechts und
der echten Gerechtigkeit: Schatten und Abbilder verwenden wir. Wenn
wir doch diesen wenigstens folgten! Rühren sie doch her von den
besten Mustern der Natur und der Wahrheit!

(K. Büchner)

CICERO, DE OFFICIIS 3, 69

1982 **Iura inventa metu iniusti fateare necesse est,**
tempora si fastosque velis evolvere mundi.
nec natura potest iusto secernere iniquum,
dividit ut bona diversis, fugienda petendis.
Blättere im Buch der Menschheitsgeschichte, und du mußt bekennen:
nur Furcht vor Unrecht schuf das Recht. Natur im Menschen zeigt ihm
wohl, was gut, was schlecht, was man suchen, was man meiden soll,
doch niemals kann sie die Begriffe Recht und Unrecht trennen.

(H. Färber – W. Schöne)

HORAZ, SERMONES 1, 3, 111–114

1983 **Frangit et attollit vires in milite causa;**
        Quae nisi iusta subest, excutit arma pudor.
Kriegern stärkt oder schwächt den Mut ihr Vertrauen zur Sache:
        ist sie nicht rechtlich, so sinkt ihnen die Waffe vor Scham.

(W. Willige)

PROPERZ, ELEGIAE 4, 6, 51–52

1984 **Non vis esse iustus sine gloria? At, mehercules, saepe iustus esse**
debebis cum infamia, et tunc, si sapis, mala opinio bene parta
delectet.
Du willst nicht gerecht sein ohne Ruhm? Aber, bei Gott, du wirst oft in
Schande gerecht sein müssen, und dann mag dich, wenn du weise
bist, ein schlechter Ruf, den du in Ehren erworben hast, erfreuen.

(nach M. Rosenbach)

SENECA, EPISTULAE MORALES 113, 32

1985 **Quin etiam leges latronum esse dicuntur, quibus pareant, quas observent.**

Ja sogar Gesetze der Räuber soll es geben, denen sie gehorchen, die sie beobachten.

CICERO, DE OFFICIIS 2, 40

Iustitiae tanta vis est, ut ne illi quidem, qui maleficio et scelere pascuntur, possint sine ulla particula iustitiae vivere. nam qui eorum cuipiam, qui una latrocinantur, furatur aliquid aut eripit, is sibi ne in latrocinio quidem relinquit locum, ille autem, qui archipirata dicitur, nisi aequabiliter praedam dispertiat, aut interficiatur a sociis aut relinquatur. *quin etiam leges ...*

Die Macht der Gerechtigkeit ist so groß, daß nicht einmal jene, die sich von Übeltat und Verbrechen nähren, ohne ein Teilchen Gerechtigkeit leben können. Denn wer einem von denen, die gemeinsam rauben, irgend etwas stiehlt oder entreißt, der beläßt sich nicht einmal beim Raub einen Platz. Jener aber, der sogenannte Piratenhäuptling, würde, wenn er die Beute nicht gleichmäßig verteilte, entweder von seinen Kumpanen getötet oder im Stich gelassen. Ja sogar Gesetze ...

(K. Büchner)

1986 **Nullo ture litabis,**
haereat in stultis brevis ut semiuncia recti.
haec miscere nefas.

Doch bringt's kein Weihrauch zuwege,
Daß an den Dummen auch nur eine Unze Gerechtigkeit klebe!
Beides verbindet sich nie.

(O. Seel)

PERSIUS, SATURAE 5, 120–122

Ungerechtigkeit 1987 ADVOCATUS: **Malo bene facere tantumdemst periculum,**
quantum bono male facere. LYCUS: **Qui vero?** ADVOCATUS: **Scies.**
malo siquid bene facias, id beneficium interit:
bono siquid male facias, aetatem expetit.

AD. Dem Schlechten wohltun hat gleich viel Bedenkliches,
Wie übeltun dem Guten. LY. Wie verstehst du das? AD. Sollst's wissen:
Wenn du Gutes einem Schlechten tust,
Ist doch die gute Tat umsonst; wenn Böses du
Dem Guten zufügst, nagt's an dir ein Leben lang.

(W. Binder – W. Ludwig)

PLAUTUS, POENULUS 633–636

1988 PHORMIO: **Non rete accipitri tennitur neque miluo,**
qui male faciunt nobis: illis, qui nihil faciunt, tennitur,
quia enim in illis fructus est, in illis opera luditur.
aliis aliunde est periclum, unde aliquid abradi potest.

PH. Nie legt man dem Habicht und dem Geier Schlingen,
Die doch Schaden tun: den Vögeln, welche nichts tun, legt man sie.
Denn bei diesen bringt's Gewinn; bei jenen ist die Müh' umsonst.
Überall bedroht Gefahr den, dem sich was ausrupfen läßt.

(J. J. Donner)

TERENZ, PHORMIO 330–333

1989 **Iniustitiae genera duo sunt, unum eorum, qui inferunt, alterum eorum, qui ab is, quibus infertur, si possunt, non propulsant iniuriam. nam qui iniuste impetum in quempiam facit aut ira aut aliqua perturbatione incitatus, is quasi manus afferre videtur socio; qui autem non defendit nec obsistit, si potest, iniuriae, tam est in vitio, quam si parentes aut amicos aut patriam deserat.**
Von Ungerechtigkeit gibt es zwei Arten, die eine derer, die es zufügen, die andere derer, die von denen, welchen es zugefügt wird, wenn sie es könnten, das Unrecht nicht abwehren. Denn wer ungerecht einen Angriff auf jemanden macht, von Zorn oder irgendeiner Erregung getrieben, scheint gleichsam die Hand zu legen an einen Gefährten. Wer aber nicht abwehrt und dem Unrecht nicht entgegentritt, wenn er es vermag, ist so in Schuld, wie wenn er Eltern, Freunde oder das Vaterland im Stiche ließe.

(K. Büchner)

CICERO, DE OFFICIIS 1, 23

Unrecht geschehen lassen

1990 **Praetermittendae defensionis deserendique officii plures solent esse causae. nam aut inimicitias aut laborem aut sumptus suscipere nolunt aut etiam neglegentia, pigritia, inertia aut suis studiis quibusdam occcupationibusve sic impediuntur, ut eos, quos tutari debeant, desertos esse patiantur.**
Die Abwehr (von Unrecht) zu unterlassen und die Pflicht zu versäumen, dafür pflegt man mehrere Gründe zu geben. Denn entweder will man Feindschaften, Mühen oder Aufwand nicht auf sich nehmen oder wird durch Nachlässigkeit, Trägheit und Energielosigkeit oder durch eigene Liebhabereien und Beschäftigungen so gehindert, daß man die, welche man schützen müßte, verlassen sein läßt.

(K. Büchner)

CICERO, DE OFFICIIS 1, 28

1991 **Via iuris eiusmodi est quibusdam in rebus, ut nihil sit loci gratiae.**
Manchmal ist der Rechtsgang so, daß für persönliche Zuneigung kein Platz ist. *(23. Nov. /10. Dez. 59 v. Chr.)*

(H. Kasten)

CICERO, AD QUINTUM FRATREM 1, 2, 10 K.

Objektivität

1992 **Severitas acerba videretur, nisi multis condimentis humanitatis mitigaretur.**
Strenge würde herb erscheinen, würde sie nicht gemildert durch eine tüchtige Beigabe von Leutseligkeit. *(Ende 60/Anfang 59)*

(H. Kasten)

CICERO, AD QUINTUM FRATREM 1, 1, 21 K.

Strenge

1993 **Cogitato, in hac civitate, in qua turba per latissima itinera sine intermissione defluens eliditur, quotiens aliquid obsistit, quod cursum eius velut torrentis rapidi moraretur, in qua tribus eodem tempore theatris tres caveae praestolantur, in qua consumitur, quidquid terris omnibus aratur, quanta solitudo ac vastitas futura sit, si nihil relinquitur, nisi quod iudex severus absolverit.**
Bedenke: In dieser Stadt, in der die Menge über breiteste Straßen ununterbrochen strömt und sich staut, wenn ein Hindernis auftritt, das ihren Lauf wie den eines reißenden Wildbaches aufhält, in der zu derselben Zeit in drei Theatern drei Zuschauerräume auf ihr Publikum warten, in der verbraucht wird, was immer in allen Ländern geerntet wird – welche Einsamkeit und Leere wird in ihr herrschen, wenn nichts übriggelassen wird außer dem, was ein strenger Richter freigesprochen hat?

(M. Rosenbach)

SENECA, DE CLEMENTIA 3, 4, 1

Milde   1994 **Clementia est temperantia animi in potestate ulciscendi vel lenitas superioris adversus inferiorem in constituendis poenis.**
Milde ist Mäßigung in der Macht zu strafen oder Zurückhaltung des Höherstehenden gegenüber dem Untergebenen, wenn Strafen festzusetzen sind.

(M. Rosenbach)

SENECA, DE CLEMENTIA 2, 1, 1

1995 **Clementia liberum arbitrium habet; non sub formula, sed ex aequo et bono iudicat; et absolvere illi licet et, quanti vult, taxare litem.**
Die Milde hat freies Urteil. Nicht nach der Rechtsnorm, sondern auf Grund des Billigen und Guten urteilt sie. Freisprechen darf sie und den Spruch fällen, in welcher Höhe sie will.

(nach M. Rosenbach)

SENECA, DE CLEMENTIA 2, 5, 2

1996 **Nec promiscuam habere ac vulgarem clementiam oportet nec abscisam; nam tam omnibus ignoscere crudelitas quam nulli. modum tenere debemus.**
Man darf Milde weder unterschiedslos und allgemein walten lassen noch gänzlich entziehen, denn allen zu verzeihen ist so grausam wie niemandem. Wir müssen ein Maß einhalten.

(nach M. Rosenbach)

SENECA, DE CLEMENTIA PR. 2, 2

1997 **Magna pars hominum est, quae reverti ad innocentiam possit, si ignoscas.**

Ein großer Teil der Menschen kann zu rechtschaffener Gesinnung zurückkehren, wenn man Verzeihung gewährt.

(nach M. Rosenbach)

Seneca, De clementia pr. 2, 1

1998 **Cum scelus admittunt, superest constantia; quid fas atque nefas tandem incipiunt sentire peractis criminibus. tamen ad mores natura recurrit damnatos fixa et mutare nescia. nam quis peccandi finem posuit sibi?**

Wenn sie die Untat begehen, sind sie voller Festigkeit; was Recht und Unrecht ist, beginnen sie erst zu erkennen nach vollbrachten Verbrechen. Dennoch kehrt zu den vorher mißbilligten Sitten die Natur zurück, die festgelegt ist und unfähig zur Änderung. Denn wer setzt je eine Grenze beim Sündigen?

(J. Adamietz)

Juvenal, Saturae 13, 237–241

1999 **Intellegentiae iustitia coniuncta quantum volet habebit ad faciendam fidem virium, iustitia sine prudentia multum poterit, sine iustitia nihil valebit prudentia.**

Gerechtigkeit mit Einsicht verbunden wird Kräfte haben, soviel sie will, um Vertrauen zu erwecken, Gerechtigkeit ohne Klugheit wird viel vermögen, ohne Gerechtigkeit wird Klugheit keine Macht haben.

(K. Büchner)

Cicero, De officiis 2, 34

Verfahren

2000 **Magistratus metu periculi proprii, ne de parvis indignationis elementis ad exitium disciplinae civitatisque seditio procederet, partim decuriones deprecari, partim populares compescere, ut rite et more maiorum iudicio reddito et utrimquesecus allegationibus examinatis civiliter sententia promeretur nec ad instar barbaricae feritatis vel tyranicae impotentiae damnaretur aliquis inauditus et in pace placida tam dirum saeculo proderetur exemplum.**

Die Beamten befürchteten eine Gefahr für sich selbst, daß nämlich aus einer ersten kleinen Empörung der Tumult sich zur Auflösung der staatlichen Ordnung auswachsen könnte, und sie beschwören teils die Stadträte, teils beschwichtigen sie die Bürger. Nach Sitte und Brauch der Vorfahren solle das Gericht zusammentreten, die Aussagen seien hin und her zu prüfen und schließlich ganz demokratisch das Urteil zu

finden; man dürfe nicht jemanden ungehört verdammen, wie es die
unkultivierten Wilden oder die launischen Tyrannen tun, und so im
tiefen Frieden der Welt ein Beispiel der Roheit geben.

(E. Brandt – W. Ehlers)

APULEIUS, METAMORPHOSES 10, 6, 4

---

entdeckt werden 2001 **Eleganter ab Epicuro dictum puto: «Potest nocenti contingere, ut
lateat; latendi fides non potest» aut, si hoc modo melius hunc
explicari posse iudicas sensum: 'Ideo non prodest latere
peccantibus, quia, latendi etiam si felicitatem habent, fiduciam
non habent.' ita est, tuta scelera esse possunt, secura esse non
possunt.**

Treffend hat, wie ich meine, Epikur formuliert: «Es kann dem Verbrecher gelingen, verborgen zu bleiben; Gewähr, verborgen zu
bleiben, ist nicht möglich» oder, wenn du meinst, die Aussage könne
folgendermaßen besser formuliert werden: «Verbrechern nützt verborgen zu bleiben deshalb nicht, weil sie, selbst wenn sie das Glück
haben, nicht aufzukommen, sich darauf nicht verlassen können.» So
ist es – sicher können Verbrechen sein, sorgenfrei können sie nicht
sein. .

(nach M. Rosenbach)

EPIKUR, FR. 532, BEI SENECA, EPISTULAE MORALES 97, 13

Anklage 2002 **Facile omnes patimur esse quam plurimos accusatores, quod
innocens, si accusatus sit, absolvi potest, nocens, nisi accusatus
fuerit, condemnari non potest; utilius autem absolvi innocentem
quam nocentem causam non dicere.**

Wir alle lassen es willig geschehen, daß es möglichst viele Ankläger
gibt. Denn einen Unschuldigen kann man freisprechen, doch einen
Schuldigen kann man, wenn er nicht angeklagt wird, nicht verurtei-
len; es ist aber weniger schädlich, einen Unschuldigen freizusprechen
als einen Schuldigen nicht zur Rechenschaft zu ziehen.

(M. Fuhrmann)

CICERO, PRO SEX. ROSCIO AMERINO 56

Unrecht 2003 SANNIO: **Pro supreme Iuppiter,
minume miror, qui insanire occipiunt ex iniuria.**

SA. Gott!
Kein Wunder, daß erlittenes Unrecht manchen Mann zum Wahnsinn
treibt!

(J. J. Donner)

TERENZ, ADELPHOE 196–197

2004 **Quotus quisque reperietur, qui impunitate et ignoratione omnium proposita abstinere possit iniuria.**
Wie wenige lassen sich doch finden, die, wenn Straflosigkeit und Unkenntnis aller in Aussicht steht, sich des Unrechts enthalten können.
(K. Büchner)
CICERO, DE OFFICIIS 3, 72

2005 **Si is, qui non defendit iniuriam neque propulsat a suis, cum potest, iniuste facit, qualis habendus est is, qui non modo non repellit, sed etiam adiuvat iniuriam?**
Wenn der, der ein Unrecht von den Seinen nicht abwehrt und abschlägt, wenn er's vermag, Unrecht tut, wofür ist der erst zu halten, der das Unrecht nicht nur nicht zurückschlägt, sondern sogar noch fördert?
(K. Büchner)
CICERO, DE OFFICIIS 3, 74

2006 **Bono vinci satius est quam malo more iniuriam vincere.**
Für einen Guten ist es richtiger, selbst besiegt zu werden als auf verwerfliche Art das Unrecht (anderer) zu besiegen.
(W. Eisenhut – J. Lindauer)
SALLUST, BELLUM IUGURTHINUM 42, 3

2007 **Neque quoiquam mortalium iniuriae suae parvae videntur, multi eas gravius aequo habuere.**
Kein Mensch sieht ein Unrecht gegen die eigene Person als gering an, viele nehmen es schwerer als recht und billig.
(W. Eisenhut – J. Lindauer)
SALLUST, CONIURATIO CATILINAE 51, 11

2008 **In re publica multo praestat benefici quam malefici immemorem esse: bonus tantummodo segnior fit, ubi neglegas, at malus inprobior.**

Übeltat

Es ist ein einem Staat viel besser, eine Wohltat zu vergessen als eine Übeltat: der Gute wird höchstens lässiger, wenn man ihn nicht beachtet, der Schlechte aber dreister.
(W. Eisenhut – J. Lindauer)
SALLUST, BELLUM IUGURTHINUM 31, 28

Verbrechen 2009 **Omnia scelera etiam ante effectum operis, quantum culpae satis est, perfecta sunt.**

Alle Verbrechen gelten bereits vor ihrer Verwirklichung – soweit hinreichendes Verschulden vorliegt – als ausgeführt.

(G. Fink)

Seneca, De constantia sapientisSE 7

2010 **Nam scelus, a Pyrrha quamquam omnia syrmata volvas,**
nullus apud tragicos populus facit.

Denn ein Verbrechen begeht, wenn du auch von Pyrrha an sämtliche Stoffe nachliest, bei den Tragikern nie ein Volk.

(J. Adamietz)

Juvenal, Saturae 15, 30–31

Tätersuche 2011 **L. Cassius ille, quem populus Romanus verissimum et sapientissimum iudicem putabat identidem in causis quaerere solebat 'cui bono' fuisset.**

Der berühmte L. Cassius, nach Ansicht aller Römer ein überaus gewissenhafter und weiser Richter, pflegte in Strafverhandlungen immer wieder zu fragen, wer denn etwas von der Tat gehabt habe.

(M. Fuhrmann)

Cicero, Pro Sex. Roscio Amerino 84

Ursachensuche 2012 Charmides: **Numquam edepol temere tinnit tintinnabulum:**
nisi quis illud tractat aut movet, mutumst, tacet.

Ch. Beim Pollux, keine Glocke schlägt von selber an;
Wenn niemand sie bewegt und anzieht, bleibt sie stumm.

(W. Binder – W. Ludwig)

Plautus, Trinummus 1004–1005

Zeuge 2013 **Ambiguae si quando citabere testis**
incertaeque rei, Phalaris licet imperet ut sis
falsus et admoto dictet periuria tauro,
summum crede nefas animam praeferre pudori
et propter vitam vivendi perdere causas.

Wenn du einmal in einem zweifelhaften und unsicheren Fall als Zeuge aufgerufen wirst, dann halte es, mag ein Phalaris dir befehlen zu lügen und unter Androhung seines Stieres dir Meineide diktieren, für den größten Frevel, das bloße Dasein dem Ehrgefühl vorzuziehen
und um des Lebens willen die Gründe für das Leben einzubüßen.

(J. Adamietz)

Juvenal, Saturae 8, 80–84

2014 **More maiorum comparatum est, ut in minimis rebus homines amplissimi testimonium de sua ne dicerent.**

Der Brauch der Vorfahren hat es so eingerichten, daß auch bei den geringsten Angelegenheiten die angesehensten Leute kein Zeugnis über eine Sache ablegen dürfen, die sie selbst angeht.

(M. Fuhrmann)

CICERO, PRO SEX. ROSCIO AMERINO 103

2015 **Ad omnia accipe et cognosce aequitatem expostulationis tuae.**

Ich will Dir Punkt für Punkt Rede stehen, und Du wirst sehen, wie es um die Berechtigung Deiner Beschwerde bestellt ist. *(13. Februar 50 v. Chr.)*

(H. Kasten)

CICERO, AD FAMILIARES 3, 8 (7), 3 K. (AD APPIUM PULCHRUM)

2016 **Τὸ γὰρ εὖ μετ' ἐμοῦ (Tò gàr eû met' emû).**
Denn das Recht ist auf meiner Seite.

CICERO, AD ATTICUM 6, 1, 8, K.

Flens mihi meam famam commendasti; quae epistula tua est, in qua non mentionem facias? Itaque irascatur, quo volet; patiar. *Τὸ γὰρ εὖ μετ' ἐμοῦ*, praesertim cum sex libris tamquam praedibus me ipsum obstrinxerim, quos tibi tam valde probari gaudeo.

Unter Tränen hast Du mir meinen guten Ruf ans Herz gelegt; kaum ein Brief von Dir, in dem Du mich nicht daran erinnertest. So mag mir zürnen, wer will: «denn das Recht ist mit mir», und so werde ich es zu tragen wissen, zumal ich mich selbst gebunden habe durch jene sechs Bücher (*sc.* De re publica), die Dir zu meiner großen Freude so ausnehmend gefallen: sie bürgen gleichsam für mich. *(20. Februar 50 v. Chr.)*

(H. Kasten)

2017 **In iure iurando non qui metus, sed quae vis sit, debet intellegi. est enim ius iurandum affirmatio religiosa; quod autem affirmate et quasi deo teste promiseris, id tenendum est. iam enim non ad iram deorum, quae nulla est, sed ad iustitiam et ad fidem pertinet.**

Beim Eid muß man erkennen, nicht welche Furcht besteht, sondern welches seine Kraft ist. Ist doch der Eid eine heilige Versicherung. Was du aber hoch und heilig, gleichsam mit Gott als Zeugen sprichst, das ist zu halten. Hat das doch nichts mehr mit der Götter Zorn, den es nicht gibt, zu tun, sondern mit Gerechtigkeit und Zuverlässigkeit.

(K. Büchner)

CICERO, DE OFFICIIS 3, 104

2018 **Si praedonibus pactum pro capite pretium non attuleris, nulla fraus est, ne si iuratus quidem id non feceris. nam pirata non est ex perduellium numero definitus, sed communis hostis omnium; cum hoc nec fides debet nec ius iurandum esse commune.**

Wenn du einem Räuber eine für dein Haupt ausgemachte Summe
nicht bringst, ist das kein Betrug, auch nicht, wenn du trotz Schwur es
nicht tust. Denn der Pirat gehört nach der Definition nicht in die Zahl
der Kriegsgegner, sondern ist der gemeinsame Feind aller. Mit dem
darf weder ein Treuverhältnis noch ein Eid Gemeinschaft bilden.

(K. Büchner)

CICERO, DE OFFICIIS 3, 107

2019   **Non falsum iurare periurare est, sed, quod 'ex animi tui sententia'
       iuraris, sicut verbis concipitur more nostro, id non facere
       periurium est. Scite enim Ennius: Iuravi lingua, mentem
       iniuratam gero.**
       Nicht Falsches schwören heißt einen Meineid schwören, sondern
       was du «aus deines Herzens Meinung» geschworen hast, wie es nach
       unserer Sitte in Worte gefaßt wird, dies nicht zu tun ist ein Meineid.
       Hübsch sagt nämlich Ennius «Mit der Zunge schwor ich, unvereidigt
       ist mein Geist.»

       (K. Büchner

       ENNIUS BEI CICERO, DE OFFICIIS 3, 108

2020   **Cum iurato sententia dicenda est, meminerit deum se adhibere
       testem, id est, ut ego arbitror, mentem suam, qua nihil homini
       dedit deus ipse divinius.**
       Wenn einer unter Eid seine Meinung sagen muß, soll er daran denken,
       daß er Gott zum Zeugen nimmt, das heißt, wie ich meine, seine Über-
       zeugung, das Göttlichste, das der Gott selber dem Menschen gegeben
       hat.

       (K. Büchner)

       CICERO, DE OFFICIIS 3, 44

Meineid   2021   **Nescis
                 quem tua simplicitas risum vulgo moveat, cum
                 exigis a quoquam ne peieret et putet ullis
                 esse aliquod numen templis araeque rubenti?**
                 Weißt du
                 nicht, welches Gelächter allgemein deine Naivität erregt, da du
                 von jemandem verlangst, daß er keinen Meineid leiste und glaube,
                 in irgendwelchen Tempeln und bei einem blutigen Altar walte eine
                 Gottheit?

                 (J. Adamietz)

                 JUVENAL, SATURAE 13, 34–37

2022 Non semper placidus periuros ridet amantes
    Iuppiter et surda neglegit aure preces.
Nicht immerfort belacht den Meineid Liebender friedlich
    Jupiter, und sein Ohr ist für Gebete nicht taub.

PROPERZ, ELEGIAE 2, 16, 47–48

... aure preces.
Vidistis toto sonitus percurrere caelo,
    Fulminaque aetherea desiluisse domo.
Non haec Pleiades faciunt neque aquosus Orion,
    Nec sic de nihilo fulminis ira cadit:
Periuras tunc ille solet punire puellas,
    Deceptus quoniam flevit et ipse deus.

... ... nicht taub.
Saht ihr nicht Donnerschläge die Himmelsfeste durcheilen,
    springen den zuckenden Blitz aus seiner himmlischen Burg?
Solches ist nicht das Werk der Plejaden, des nassen Orion,
    nicht nur so aus dem Nichts zündet der zürnende Blitz:
eidvergessene Mädchen pflegt so Er zu bestrafen;
    denn es erfuhr ja der Gott selber die Pein des Betrugs.

(W. Willige)

2023 LABRAX: Iuratus sum, et nunc iurabo, siquid voluptatist mihi: Schurkeneid
ius iurandum rei servandae, non perdundae conditumst.
LA. Geschworen hab' ich allerdings, und noch einmal
Schwör' ich, wenn mir's Vergnügen macht. Der Eid ist ja
Zum Schutz des Guts, nicht zum Verlieren eingeführt.

(W. Binder – W. Ludwig)

PLAUTUS, RUDENS 1373–1374

2024 Sibi quisque peccat.   Sündigen
Jeder muß seine Dummheiten ausbaden.

(wörtl.: Jeder sündigt für sich/auf eigne Rechnung.)

(K. Müller – W. Ehlers)

PETRON, CENA TRIMALCHIONIS 45, 9

2025 CHARMIDES: Ita me di ament, graphicum furem.   Diebstahl
CH. Bei Gott, ein Dieb, wie er im Buche steht.

(W. Binder – W. Ludwig)

PLAUTUS, TRINUMMUS 1024

2026 Siquis   Erbschleicherei
forte coheredum senior male tussiet, huic tu
dic, ex parte tua seu fundi sive domus sit
emptor, gaudentem nummo te addicere.
Und wenn (bei der Beerdigung)
zufällig von den andern Erben ein alter Herr recht böse hustet, sprich
ihn

schleunigst an: falls er von deinem Teil ein Haus, ein Grundstück
kaufen möchte,
so sage nur, mit Freuden würdest du's ihm um einen Groschen überlassen.

(H. Färber – W. Schöne)

HORAZ, SERMONES 2, 5, 106–109

2027   **Amisit pater unicum Salanus:**
cessas munera mittere, Oppiane?
heu crudele nefas malaeque Parcae!
cuius vulturis hoc erit cadaver?
Hörst du, Salan verlor den Einzigen?
Oppian, und du schickst nicht schnell Geschenke?
Ach, entsetzliches Schicksal, grause Parzen!
Welch ein Geier wird nun Salan verzehren?

(R. Helm)

MARTIAL, EPIGRAMMATA 6, 62

Ehebruch   2028   **Audire est operae pretium, procedere recte**
qui moechis non voltis, ut omni parte laborem
utque illis multo corrupta dolore voluptas
atque haec rara cadat dura inter saepe pericla.
Hört nun – des lohnt sich zu hören! –, die ihr
Ehebrechern den Erfolg nicht gönnt, wie schlecht es ihnen allerwegen
geht,
wie ihre Lust, die ihnen selten blüht, von vielem Leid getrübt ist
und sie in so manches Mal schwere Not gebracht hat.

(H. Färber – W. Schöne)

HORAZ, SERMONES 1, 2, 37–40

2029   **Scis amicitias sancte colendas esse, sed non facis: scis improbum**
esse, qui ab uxore pudicitiam exigit, ipse alienarum corruptor
uxorum; scis ut illi nil cum adultore, sic tibi nil esse debere cum
paelice, et non facis, itaque subinde ad memoriam reducendus es:
non enim reposita illa esse oportet, sed in promptu.
Du weißt, Freundschaften muß man unverbrüchlich pflegen, aber du
tust es nicht; du weißt, schändlich verhält sich, wer von seiner Frau
Keuschheit verlangt, selbst die Frauen anderer verführt; du weißt, wie
jene sich nicht mit einem Ehebrecher einlassen darf, so du nicht mit
einer Maitresse, und du handelst nicht danach. Daher mußt du von
Zeit zu Zeit zur Erinnerung zurückgebracht werden: nicht darf man
sie nämlich einfach auf sich beruhen lassen, sondern muß sie zur
Hand haben.

(M. Rosenbach)

SENECA, EPISTULAE MORALES 94, 26

2030 **Testamenta subiciunt aut eiciunt vicinos aut adulescentulos**   **Gaunereien**
circumscribunt: his enim vitiis adfectos et talibus malos aut
audacis appellare consuetudo solet.
Sie schieben Testamente unter, vertreiben Nachbarn von ihrem Besitz
oder legen junge Leute herein; wer diese und ähnliche Gemeinheiten
begeht, den nennt man nach gewöhnlichem Sprachgebrauch schlecht
und skrupellos.

(M. Fuhrmann)

CICERO, ORATIONES PHILIPPICAE 14, 7

2031 CYAMUS: **Iam de hoc obsonio de mina una deminui modo:**   **Unterschlagung**
quinque nummos mihi detraxi, partem Herculaneam.
nam hoc adsimilest, quasi de fluvio qui aquam derivat sibi:
nisi derivetur, tamen omnis aqua abeat in mare.
Cy. Schon hab' ich
Bei diesem Markteinkauf um eine Mine
Mir ein Zehntel zuerkannt, den Teil des Herkules.
Es ist fast ebenso, wie wenn man Wasser sich
Von einem Fluß ableitet: täte man's nicht,
Es flösse doch das ganze Wasser in das Meer.

(W. Binder – W. Ludwig)

PLAUTUS, TRUCULENTUS 561–564

2032 **Conscius assiduos commissi tollet honores.**   **Mitwisserschaft**
    Quis minor est autem quam tacuisse labor?
Ille placet versatque domum neque verbera sentit,
    Ille potens; alii, sordida turba, iacent.
Ein Vertrauter der Schuld trägt dauernde Ehren von dannen,
    Und wie Schweigen ist doch nichts ein so leichtes Geschäft.
Er ist in Gunst und regiert durch das Haus und kennt keine Hiebe,
    Er ist mächtig, doch die (andern) liegen darnieder im Staub.

(nach W. Marg – R. Harder)

OVID, AMORES 2, 2, 27–30

2033 **Quis nunc diligitur nisi conscius et cui fervens**
aestuat occultis animus semperque tacendis?
Wer wird heute geschätzt außer dem Mitwisser und dem, dessen
Bewußtsein heiß brennt von Verborgenem und stets zu Verschweigen-
dem?

(J. Adamietz)

JUVENAL, SATURAE 3, 49–50

Komplizenschaft 2034 Hunc sibi ex animo scrupulum, qui se dies noctesque stimulat ac
pungit, ut evellatis, postulat, ut ad hanc suam praedam tam
nefariam adiutores vos profiteamini.

Er verlangt, daß ihr ihm diesen Stachel aus der Seele nehmt, der ihn
Tag und Nacht peinigt und sticht, und daß ihr euch bei dieser Beute,
die er sich auf so niederträchtige Weise angeeignet hat, zu Helfern
erklärt.

(M. Fuhrmann)

CICERO, PRO SEX. ROSCIO AMERINO 6

Schurkenmoral 2035 CHRYSALUS: Nullus frugi esse potest homo,
nisi qui et bene et male facere tenet.
improbus cum improbis sit, harpaget cum furibus, furetur quod
queat.
vorsipellem frugi convenit esse hominem,
pectus quoi sapit. bonus sit bonis, malus sit malis:
utquomque res sit, ita animum habeat.

CH. Nichts taugt der Mensch, dem gut zu handeln oder schlecht
Nicht gleich geläufig ist; mit Schelmen sei er Schelm,
Mit Dieben Dieb, er raub' und stehle, was er kann.
Der Brave, der den Kopf am rechten Fleck hat, muß
In allen Farben spielen, unter Guten gut,
Schlecht unter Schlechten sein. Wie die Sachen, so der Sinn.

(W. Binder – W. Ludwig)

PLAUTUS, BACCHIDES 654–661

Räubermoral 2036 Quis umquam praedo fuit tam nefarius, quis pirata tam barbarus,
ut, cum integram praedam sine sanguine habere posset, cruenta
spolia detrahere mallet?

Welcher Wegelagerer war je so schonungslos, welcher Seeräuber so
brutal, daß er, wenn er den Fang ohne Blutvergießem bekommen
konnte, lieber eine blutige Beute weggenommen hätte?

(M. Fuhrmann)

CICERO, PRO SEX. ROSCIO AMERINO

Schlechtigkeit 2037 Latro est etiam antequam manus inquinet, quia ad occidendum
iam armatus est et habet spoliandi atque interficiendi voluntatem;
exercetur et aperitur opere nequitia, non incipit.

Straßenräuber ist einer, noch ehe er sich die Hände schmutzig macht,
weil er sich bereits zum Töten bewaffnet hat und zu berauben und zu
töten willens ist; die Schlechtigkeit wird durch die Tat nur ausgeübt
und sichtbar, sie hat nicht erst mir ihr begonnen.

(nach M. Rosenbach)

SENECA, DE BENEFICIIS 5, 14, 2

Urteil

2038 De quibusdam et inperitus iudex demittere tabellam potest, ubi
fecisse aut non fecisse pronuntiandum est, ubi prolatis cautionibus
controversia tollitur, ubi inter disputantis ratio ius dicit; ubi vero
animi coniectura capienda est, ubi id, de quo sola sapientia
decernit, in controversiam incidit, non potest sumi ad haec iudex
ex turba selectorum, quem census in album et equestris hereditas
misit.

Über manche Vorgänge kann auch ein unerfahrener Richter seine
Stimme abgeben, wo zu entscheiden ist, ob eine Tat begangen wurde
oder nicht, wo zwischen den Gründe und Gegengründe vortragenden
Parteien die Einsicht Recht spricht; wo aber eine verständige Vermutung über die Gesinnung angestellt werden muß, wo das, worüber
allein die Weisheit entscheidet, zum Streitfall geworden ist, kann dazu
nicht ein Richter aus der Menge der durch Los bestimmten genommen
werden, den die Steuererklärung oder der ererbte Rang eines Ritters
auf die Richterliste gebracht hat.

(nach M. Rosenbach)

SENECA, DE BENEFICIIS 3, 7, 7

*Richter-
entscheidung*

2039 MENEDEMUS: **Ita res est, fateor: peccatum a me maxumest.**
ME. Wohl ist es so: der größte Fehler liegt an mir.

(J. J. Donner)

TERENZ, HEAUTONTIMORUMENOS 158

*Schuld-
bekenntnis*

2040 Si volumus aequi rerum omnium iudices esse, hoc primum nobis
persuadeamus neminem nostrum esse sine culpa; hinc enim
maxima indignatio oritur: 'Nihil peccavi' et 'Nihil feci'. Immo nihil
fateris! Indignamur aliqua admonitione aut coercitione nos
castigatos, cum illo ipso tempore peccemus, quod adicimus
malefactis arrogantiam et contumaciam.

Sofern wir gerecht in allen Dingen richten wollen, müssen wir erst zu
der Überzeugung kommen, daß keiner von uns ohne Schuld ist. Deshalb kann man sich ja am meisten entrüsten: «Nichts hab' ich verbrochen!» und «Nichts hab' ich getan!» Nein, nichts gibst du zu! Wir
empören uns, daß wir durch einen strengen Verweis oder eine
Zwangsmaßnahme zur Ordnung gerufen wurden, und machen zur
selben Zeit den Fehler, daß wir zu unseren Übeltaten noch Anmaßung
und Starrsinn kommen lassen.

(G. Fink)

SENECA, DE IRA 2, 28

Leugnen

frei von Schuld 2041 Tu fruere isto otio tibique persuade praeter culpam ac peccatum, qua semper caruisti et carebis, homini accidere nihil posse, quod sit horribile aut pertimescendum.

Genieße nur Deine Muße und sei Dir bewußt, daß außer Schuld und Sünde, wovon Du Dich immer frei gehalten hast und halten wirst, dem Menschen nichts Schreckliches und Furchtbares zustoßen kann.

CICERO, AD FAMILIARES 5, 22 (21), 5 K. (AD L. MESCINIUM)

Tu, si me diligis, *fruere isto otio ... ...*

Genieße nur – das ist mein Wunsch – Deine Muße ... *(Anfang April 46 v. Chr.)*

(H. Kasten)

2042 Sic video philosophis placuisse iis, qui mihi soli videntur vim virtutis tenere, nihil esse sapientis praestare nisi culpam. Qua mihi videor dupliciter carere, et quod ea senserim, quae rectissima fuerunt, et quod, cum viderem praesidii non satis esse ad ea obtinenda, viribus certandum cum valentioribus non putarim.

Diejenigen Philosophen, die meiner Ansicht nach allein vom Wesen der Tugend etwas verstehen, vertreten, wie ich sehe, den Standpunkt, einzig für seine eigene Schuld habe der Weise einzustehen. Von Schuld aber fühle ich mich frei, in zwiefacher Hinsicht: ich bin für das eingetreten, was recht war, und als ich sah, daß ich nicht stark genug war, das Rechte aufrechtzuerhalten, habe ich es abgelehnt, mit der Waffe in der Hand gegen die Stärkeren zu kämpfen. *(Anfang Juli 46 v. Chr.)*

(H. Kasten)

CICERO, AD FAMILIARES 9, 16, 5 K. (AD PAETUM)

Schuld 2043 Nusquam facilius culpa quam in turba latet.

Die Schuld versteckt sich leichter in der Menge.

(H. Beckby)

PUBLILIUS SYRUS, SENTENTIAE N 59

Schuld-bewußtsein 2044 LYCONIDES: Qui homo culpam admisit in se, nullust tam parvi preti,

quom pudeat, quin purget sese.

LY. So niederträchtig gibt es keinen, der sich

Seiner Schuld nicht schämt, nicht sich von ihr zu säubern sucht.

(nach W. Binder-W. Ludwig)

PLAUTUS, AULULARIA 790–791

2045 Sua quemque fraus et suus terror maxime vexat, suum quemque scelus agitat amentiaque adficit, suae malae cogitationes conscientiaeque animi terrent; hae sunt impiis adsiduae domesticaeque Furiae.

Die eigene Tücke und das eigene Grauen quält einen jeden am meisten; das eigene Verbrechen verfolgt ihn und schlägt ihn mit Wahnsinn; die eigenen bösen Gedanken und Gewissensregungen erschrecken ihn: das sind die Furien, die den Gottlosen unablässig zusetzen; sie wohnen in der eigenen Brust.

(M. Fuhrmann)

CICERO, PRO SEX. ROSCIO AMERINO 67

2046 **Cicatrix conscientiae pro vulnere est.**
Vernarbt auch bleibt das Schuldbewußtsein Wunde.

(H. Beckby)

PUBLILIUS SYRUS, SENTENTIAE C 33

2047 **Poena autem vehemens ac multo saevior illis,**
quas et Caedicius gravis invenit et Rhadamanthus,
nocte dieque suum gestare in pectore testem.
Eine Strafe aber, wirkungsvoll und viel grausamer als jene,
die der gestrenge Caedicius und Rhadamanthus ersinnen, ist es,
Tag und Nacht in der Brust den Zeugen gegen sich selbst zu tragen.

(J. Adamietz)

JUVENAL, SATURAE 13, 196–198

2048 **Patitur poenas peccandi sola voluntas,**
nam scelus intra se tacitum qui cogitat ullum,
facti crimen habet. cedo, si conata peregit.
Strafen erleidet die bloße Absicht zu sündigen, denn
wer heimlich irgendein Verbrechen in seinem Inneren plant,
ist schuldig wie nach der Tat. Wie erst, wenn er das Vorgesehene voll-
brachte!

(J. Adamietz)

JUVENAL, SATURAE 13, 208–210

2049 **Quam multum interest, quid a quoque fiat! eadem enim facta**
claritate vel obscuritate facientium aut tolluntur altissime aut
humillime deprimuntur.
Wie viel kommt es doch darauf an, wer jeweils etwas tut! Ein und dieselbe Tat wird je nach dem höheren oder niedrigeren Range des
Täters entweder himmelhoch gepriesen oder tief herabgewürdigt.

(H. Kasten)

PLINIUS MINOR, EPISTULAE 6, 24, 1 K.

Bewertung einer Tat

Freispruch

2050 **Minus crimine quam absolutione peccatum est: adulterii reus adultera divisit nec ante fuit de salute securus, quam similes sui iudices suos reddidit.**

Weniger verging man sich mit dem eigentlichen Verbrechen als mit dem Freispruch: der des Ehebruchs Angeklagte vermittelte Ehebrüche und fühlte sich erst dann sicher, als er seine Richter sich ähnlich gemacht hatte.

(nach M. Rosenbach)

SENECA, EPISTULAE MORALES 97, 3

Straflosigkeit

2051 CHARMIDES: **Miserumst male promerita, ut merita sunt, si ulcisci non licet.**

CH. Es ist schlimm, wenn man die Übeltat, als wär's
Was Gutes, nicht bestrafen darf.

(W. Binder – W. Ludwig)

PLAUTUS, TRINUMMUS 1173

ungestraft bleiben

2052 **Inpune quae lubet facere, id est regem esse.**

Ungestraft tun, was einem paßt, das heißt «König» sein.

(W. Eisenhut – J. Lindauer)

SALLUST, BELLUM IUGURTHINUM 31, 26

Unzurechnungsfähigkeit

2053 EUTYCHUS: **Annos gnatus sexaginta qui erit, si quem scribimus seu maritum sive hercle adeo caelibem scortarier, cum eo nos hac lege agemus; inscitum arbitrabimur.**

EU. Wenn wir von einem, der schon sechzig Jahre zählt,
Ehemann oder Junggeselle, erfahren, daß
Er Dirnen nachläuft, sehen wir diesen
Nach unserem Recht als unzurechnungsfähig an.

(W. Binder – W. Ludwig)

PLAUTUS, MERCATOR 1017–1019

Strafe

2054 **Aequo animo poenam, qui meruere, ferunt.**

Ist eine Strafe verdient, trägt sie sich leichteren Muts.

(W. Marg – R. Harder)

OVID, AMORES 2, 7, 12

2055 **Nulla maior poena nequitiae est quam quod sibi ac suis displicet.**

Es gibt keine größere Strafe für die Nichtswürdigkeit, als daß sie sich und ihren Spießgesellen mißfällt.

(nach M. Rosenbach)

SENECA, EPISTULAE MORALES 42, 2

2056 Dat poenas, quisquis exspectat: quisquis autem meruit, exspectat.

Es erleidet Strafe, wer immer sie erwartet: wer immer sie verdient hat, erwartet sie auch.

(nach M. Rosenbach)

SENECA, EPISTULAE MORALES 105, 7

2057 Scias licet ea demum fulmina esse iustissima, quae etiam percussi colunt.

Du magst wissen, daß nur die Strafen ganz gerecht sind, auf die selbst die Betroffenen nichts kommen lassen.

(G. Fink)

SENECA, AD POLYBIUM DE CONSOLATIONE 14

2058 Nihil minus quam irasci punientem decet, cum eo magis ad emendationem poena proficiat, si iudicio lata est. Inde est, quod Socrates servo ait: 'Caederem te, nisi irascerer.' Admonitionem servi in tempus sanius distulit, illo tempore se admonuit. Cuius erit tam temperatus affectus, cum Socrates non sit ausus se irae committere?

Nichts steht einem, der straft, weniger an als Zorn, da die Strafe desto mehr zur Besserung beiträgt, wenn sie mit Augenmaß festgesetzt wurde. Daher wird verständlich, was Sokrates seinem Sklaven sagte: «Ich würde dich verprügeln, wenn ich nicht wütend wäre!» Die Züchtigung des Sklaven verschob er auf einen geeigneteren Zeitpunkt; zunächst nahm er sich selbst in die Zucht. Wessen Zornesregung wird besonnen sein, wenn ein Sokrates es nicht wagte, sich seinem Zorn zu überlassen?

(G. Fink)

SENECA, DE IRA 1, 15

2059 Plato ait: 'Nemo prudens punit, quia peccatum est, sed ne peccetur; revocari enim praeterita non posunt, futura prohibentur.'

Platon sagt: «Kein Vernünftiger wird strafen, weil gesündigt wurde, sondern damit nicht gesündigt wird. Vergangenes läßt sich nicht ungeschehen machen, Zukünftiges aber verhüten.»

(G. Fink)

SENECA, DE IRA 1, 19

2060 In qua civitate raro homines puniuntur, in ea consensus fit innocentiae et indulgetur velut publico bono. putet se innocentem esse civitas, erit: magis irascetur a communi frugalitate desciscentibus, si paucos esse eos viderit. periculosum est ostendere civitati, quanto plures mali sunt.

Strafen In einer Bürgerschaft, in der nur selten Menschen bestraft werden, entsteht eine Übereinstimmung in der Schuldlosigkeit, und man pflegt sie wie ein allgemeines Gut. Laß die Bürgerschaft meinen, sie sei schuldlos, und sie wird es auch sein; man wird denen, die von der allgemeinen Redlichkeit abfallen, eher zürnen, wenn man sieht, daß es nur wenige sind. Gefährlich ist es, der Bürgerschaft zu zeigen, wieviel mehr Schurken es wirklich gibt.

(nach M. Rosenbach)

SENECA, DE CLEMENTIA 3, 21, 2

Furcht vor Strafe 2061 MICIO: **Mea sic est ratio et sic animum induco meum:**
malo coactus qui suom officium facit,
dum id rescitum iri credit, tantisper pavet;
si sperat fore clam, rursum ad ingenium redit.
MI. Mein Grundsatz ist, an diesem Glauben halt' ich fest:
Wen Furcht vor Strafe seine Pflicht zu tun bestimmt,
Der hütet sich, solang er glaubt, es werd' entdeckt;
Doch hofft er, daß es heimlich bleibt, dann springt er um.

(J. J. Donner)

TERENZ, ADELPHOE 68–71

2062 **Multos fortuna liberat poena, metu neminem.**
Viele befreit das Glück von Strafe, von Furcht niemanden.

SENECA, EPISTULAE MORALES 97, 16

... *neminem.* quare nisi quia infixa nobis eius rei aversatio est, quam natura damnavit? ideo numquam fides latendi fit etiam latentibus, quia coarguit illos conscientia et ipsos sibi ostendit.

... niemanden. Warum, wenn nicht deswegen, weil uns die Abscheu vor einem Verhalten eingepflanzt ist, das die Natur verdammt hat? Deswegen gibt es für Verbrecher niemals Verlaß darauf, verborgen zu bleiben, auch wenn sie verborgen sind, weil das Gewissen sie überführt und sie vor sich selbst enthüllt.

(nach M. Rosenbach)

Unrechttun aus Furcht 2063 **Illae quidem iniuriae, quae nocendi causa de industria inferuntur, saepe a metu proficiscuntur, cum is, qui nocere alteri cogitat, timet, ne, nisi fecerit, ipse aliquo afficiatur incommodo.**
Jene ungerechten Handlungen, die mit Fleiß, um zu schaden, zugefügt werden, haben ihren Ausgangspunkt häufig in der Furcht, wenn der, der daran denkt, dem anderen zu schaden, fürchtet, wenn er es nicht tut, werde er selber einen Nachteil haben.

CICERO, DE OFFICIIS 1, 24

... *incommodo.* Maximam autem partem ad iniuriam faciendam aggrediuntur, ut adipiscantur ea, quae concupiverunt; in quo vitio latissime patet avaritia.

... einen Nachteil haben. Größtenteils aber schreitet man dazu, Unrecht zu tun, um das zu erreichen, was man begehrt. Bei diesem Übel hat die Habsucht die weiteste Geltung.

(K. Büchner)

2064 **Fidem qui perdit, nil pote ultra perdere.**   Ehrverlust
Nichts mehr verlieren kann der Ehrverlorene.

(H. Beckby)

PUBLILIUS SYRUS, SENTENTIAE F 14

Schelte

2065 **Exemplo quodcumque malo committitur, ipsi**   schlechtes
displicet auctori: prima est haec ultio, quod se   Beispiel
iudice nemo nocens absolvitur.
Jede Tat, die ein schlechtes Beispiel gibt, mißfällt dem
Urheber selbst: dies ist die erste Bestrafung, daß vor dem
eigenen Gericht kein Schuldiger freigesprochen wird.

JUVENAL, SATURAE 13, 1–3

... *absolvitur*, improba quamvis
gratia fallaci praetoris vicerit urna.

... freigesprochen wird, wenn auch
unredlicher Einfluß durch die betrügerische Urne des Praetors siegte.

(J. Adamietz)

2066 DEMIPHO: **Nostrapte culpa facimus, ut malis expediat esse,**   gedultete
dum nimium dici nos bonos studemus et benignos.   Schlechtigkeit
DE. Wir selbst sind schuld, daß schlechtes Tun dem schlechten Mann
Gewinn bringt;
Denn gar zuviel liegt uns daran, für mild und gut zu gelten.

(J. J. Donner)

TERENZ, PHORMIO 766–767

2067 DEMIPHO: **Eis nunc praemiumst, qui recta prava faciunt.**   belohntes
DE. Jetzt wird noch belohnt, wer Recht verkehrt in Unrecht.   Unrecht

(J. J. Donner)

TERENZ, PHORMIO 771

Verteidigung

2068 **Cum clamant omnes, loqueris tunc, Naevole, tantum,**   Beredsamkeit
et te patronum causidicumque putas.
hac ratione potest nemo non esse disertus.
Ecce, tacent omnes: Naevole, dic aliquid.
Nur, wenn alle rings schrein, dann redest du, Naevolus, immer,
dünkst dich ein Advokat und wie ein Redner von Fach,
Ja, auf solcherlei Weise, da muß ein jeder beredt sein.
Sieh, es sind alle verstummt: Naevolus, sage nun was!

(R. Helm)

MARTIAL, EPIGRAMMATA 1, 97

2069 Aliud eloquentia, aliud loquentia.

Eloquenz und Loquenz sind zweierlei Dinge.

PLINIUS MINOR, EPISTULAE 5, 20, 5 K.

Iulius Candidus non invenuste solet dicere *aliud* esse *eloquentiam, aliud loquentiam*. nam eloquentia vix uni aut alteri, si M. Antonio credimus, nemini, haec vero, quam Candidus loquentiam appellat, multis atque etiam impudentissimo cuique maxime contingit.

Hübsch ist das Wort des Iulius Candidus, Eloquenz und Loquenz seien zweierlei Dinge. Denn Eloquenz eignet kaum diesem oder jenem, ja, wenn wir M. Antonius glauben wollen, niemandem, das aber, was Candidus Loquenz nennt, vielen und besonders gerade den unverschämtesten Gesellen.

(nach H. Kasten)

2070 Cuiuscumque orationem videris sollicitam et politam, scito animum quoque non minus esse pusillis occupatum. magnus ille remissius loquitur et securius; quaecumque dicit, plus habent fiduciae quam curae.

Bei einem Menschen, dessen Redeweise du für bemüht und gefeilt hältst, ist auch die Seele – sollst du wissen – von Belanglosigkeiten in Anspruch genommen. Ein bedeutender Mensch formuliert entspannter und selbstsicherer; was immer er sagt, es enthält mehr Selbstvertrauen als Sorgfalt.

(nach M. Rosenbach)

SENECA, EPISTULAE MORALES 114, 26

Unbefangenheit 2071 DAVUS: Paulum interesse censes, ex animo omnia, ut fert natura, facias an de industria?

DA. Wie? Meinst du, gleich viel sei es, ob du frisch und frei
Vom Herzen weg sprichst alles oder einstudiert?

(J. J. Donner)

TERENZ, ANDRIA 794–795

Praxis 2072 Nec me praeterit usum et esse et haberi optimum dicendi magistrum.

Ich weiß wohl, die Praxis ist und gilt als die beste Lehrmeisterin der Rede.

PLINIUS MINOR, EPISTULAE 6, 29, 4–5 K.

... *dicendi magistrum;* video etiam multos parvo ingenio, litteris nullis, ut bene agerent, agendo consecutos. sed et illud, quod vel Pollionis vel tamquam Pollionis accepi, verissimum experior: 'commode agendo factum est, ut saepe agerem, saepe agendo, ut minus commode', quia scilicet assiduitate nimia facilitas magis quam facultas nec fiducia sed temeritas paratur.

... Lehrmeisterin der Rede, sehe auch, daß viele kaum talentierte, ungebildete Geister durch Plädieren gelernt haben, gut zu plädieren. Aber auch das bekannte Wort, das auf Pollio zurückgeht oder jedenfalls mir als ein Wort Pollios bekannt ist, bestätigt sich immer wieder: «Durch gutes Plädieren ist es dahin gekommen, daß ich oft plädiere, durch häufiges Plädieren dahin, daß ich weniger gut plädiere», weil natürlich allzu große Geschäftigkeit eher zu Routine als zu echter Befähigung und nicht zu Beherztheit, sondern zu Leichtsinn führt.

(H. Kasten)

2073 **Quibusdam etiam constantissimis in conspectu populi sudor**   **Lampenfieber**
erumpit, non aliter quam fatigatis et aestuantibus solet;
quibusdam tremunt genua dicturis; quorundam dentes
colliduntur, lingua titubat, labra concurrunt: haec nec disciplina
nec usus umquam excutit, sed natura vim suam exercet et illo
vitio sui etiam robustissimos admonet.
Auch manchen besonders standfesten Menschen bricht im Angesicht
des Volkes der Schweiß aus, nicht anders als es Ermüdeten und
Schwitzenden geschieht; manchen zittern die Knie, wenn sie sprechen
sollen; manchen klappern die Zähne, die Zunge stammelt, die Lippen
schließen sich: das vertreibt weder Selbstbeherrschung noch Übung
jemals, sondern die Natur übt ihre Macht und erinnnert durch jene
Schwäche auch die Kräftigsten an sich.

(M. Rosenbach)

SENECA, EPISTULAE MORALES 11, 2

2074 **Quaedam eius condicionis sunt, ut effectum praestare debeant;**   **alles versuchen**
quibusdam pro effectu est omnia temptasse, ut efficerent. si omnia
fecit, ut sanaret, peregit partes suas medicus; etiam damnato reo
oratori constat eloquentiae officium, si omni vi usus est.
Manche Dinge sind von der Eigenart, daß sie eine Wirkung gewährleisten müssen; bei manchen steht an der Stelle der Wirkung, alles versucht zu haben, damit sie ihre Wirkung haben. Wenn ein Arzt alles
getan hat, um zu heilen, hat er seinen Teil geleistet; auch wenn ein
Angeklagter verurteilt worden ist, hat der Redner seine Leistung
erbracht, wenn er sich mit aller Kraft eingesetzt hat.

(nach M. Rosenbach)

SENECA, DE BENEFICIIS 7, 14, 3

2075 EUCLIO: **At scio, quo vos soleatis pacto perplexarier:**   **Winkelzüge**
pactum non pactumst, non pactum pactumst, quod lubet.
EU. Doch weiß ich, was ihr gemeiniglich
Für Winkelzüge macht: Vertrag ist Nichtvertrag,
Und Nichtvertrag Vertrag, wie's euch gefällig ist.

(W. Binder – W. Ludwig)

PLAUTUS, AULULARIA 259–260

2076 MILPHIO: **Adsunt testes?** AGORASTIDES: **Tot quidem.** MILPHIO: **Non**   **Prozesse**
potuisti adducere homines magis ad hanc rem idoneos:
nam istorum nullus nefastust, comitiales sunt meri:
ibi habitant, ibi eos conspicias quam praetorem saepius:
hodie iuris doctiores non sunt, qui lites creant,
quam hi sunt, qui, si nil est, quicum litigent, lites emunt.

MI. Sind die Zeugen da? AG. Ja, diese. MI. Du hättest nicht leicht
Leute, die
Besser zu der Affäre passen, finden können.
Keinen Rasttag kennen sie,
Auf dem Gerichtsplatz stehen sie stets, dort wohnen sie,
Dort kannst du sie noch öfter als den Prätor sehen.
So gut wie diese sind im Rechtsfach heutzutag
Selbst Querulanten nicht bewandert; wenn es nichts
Zu streiten gibt, dann zetteln selber Streit sie an.

(W. Binder – W. Ludwig)

PLAUTUS, POENULUS 582–587

Prozeß verloren   2077 Egi, Sexte, tuam pactus duo milia causam.
        misisti nummos quod mihi mille quid est?
    'narrasti nihil', inquis, 'et a te perdita causa est.'
        Tanto plus debes, Sexte, quod erubui.
    Sextus, für deine Vertretung hatt' ich zweitausend bedungen;
        tausend schickst du mir jetzt; sag, was bedeutet mir das?
    «Hast nichts Rechtes gesagt», meinst du, «den Prozeß auch verloren.»
        Schuldest mir um so mehr, Sextus, weil ich mich geschämt.

(R. Helm)

MARTIAL, EPIGRAMMATA 8, 17

Reden   2078 Quicquid dixi, cum recogito, mutis invideo.
    Wenn ich all mein Reden bedenke, dann beneide ich die Stummen.

(G. Fink)

SENECA, DE VITA BEATA 2

DER MENSCH
IN SCHWIERIGEN SITUATIONEN

Situationen

Anlässe

2079 Deprendi miserum est.
Ertappt zu werden ist ein rechtes Pech.

ertappt werden

HORAZ, SERMONES 1, 2, 134

Discincta tunica fugiendum est et pede nudo.
ne nummi pereant aut puga aut denique fama.
deprendi ...

Im flatternden Hemd, mit nacktem Fuß muß man fliehen, sonst kostet's Buße oder
schwere Schläge oder mindestens den guten Ruf.
Ertappt ...

(H. Färber – W. Schöne)

**2080 Restitue nobis aliquando veterem tuam illam calliditatem atque
prudentiam, confitere huc ea spe venisse, quod putares hic
latrocinium, non iudicium futurum.**
So laß doch endlich wieder deine altgewohnte Schlauheit und Umsicht
zugute kommen; gib zu, daß du in der Erwartung und Annahme hierher gekommen bist, hier werde ein Raubüberfall stattfinden, kein
Strafprozeß.

Fehleinschätzung

(M. Fuhrmann)

CICERO, PRO SEX. ROSCIO AMERINO 61

**2081 Suus cuique attributus est error,
sed non videmus, manticae quod in tergo est.**
Und keiner, dem nicht eigne Fehler anhaften,
Nur sehn wir auf dem Rücken nicht den Sack hängen.

Fehler

CATULL, CARMINA 22, 20–21

Neque idem umquam
aeque est beatus ac poema cum scribit:
tam gaudet in se tamquam se ipse miratur.
nimirum idem omnes fallimur, neque est quisquam
quem non in aliqua re videre Suffenum
possis. *suus cuique ...*

Keinen aber gibt's, der glückselig
Durchs Dichten wird wie er, so bestaunt nämlich
Er sich und solche Freude macht er sich selber.
Kein Wunder. Alle täuschen wir uns gleich, niemand,
Der nicht in einem Stück Suffenus sein könnte.
Und keiner ...

(W. Eisenhut)

2082 Qui pote celare vitium, vitium non fugit.
Fehler verbergen heißt nicht Fehler bessern.

(H. Beckby)

PUBLILIUS SYRUS, SENTENTIAE Q 41

2083 Unicuique dedit vitium natura creato.
Ach, einem jeden Erschaffenen gab die Natur einen Fehler.

PROPERZ, ELEGIAE 2, 22, 17

... *creato:*
    Mi fortuna aliquid semper amare dedit.

... einen Fehler:
    mir hat das Schicksal bestimmt, immer in Liebe zu glühn.

(W. Willige)

2084 Nemo nostrum non peccat. homines sumus, non dei.
Niemand von uns ist ohne Fehl. Menschen sind wir, keine Götter.

(K. Müller – W. Ehlers)

PETRON, CENA TRIMALCHIONIS 75, 1

2085 Omnia in omnibus vitia sunt, sed non omnia in singulis exstant:
hunc natura ad avaritiam inpellit; hic vino, hic libidini deditus est
aut, si nondum deditus, ita formatus, ut in hoc illum mores sui
ferant.
Alle Fehler wohnen allen inne, doch nicht alle sind bei jedem sichtbar;
diesen treibt die Natur zur Habsucht an; dieser hat sich dem Wein,
dieser der Geschlechtslust ergeben oder sich, wenn noch nicht ergeben, so doch daran gewöhnt, daß ihn seine innere Haltung dazu
veranlaßt.

(M. Rosenbach)

SENECA, DE BENEFICIIS 4, 27, 3

2086 Nihil peccat, nisi quod nihil peccat.
Sein einziger Fehler ist, daß er keine Fehler hat.

PLINIUS MINOR, EPISTULAE 9, 26, 1 K.

Dixi de quodam oratore saeculi nostri recto quidem et sano, sed parum grandi et ornato,
ut opinor, apte: 'nihil . . .'

Ich habe auf einen an sich korrekten und vernünftigen Redner unsrer Zeit, dem es aber an
Erhabenheit und Schmuck fehlt, nicht eben unpassend, wie ich meinte, das Bonmot
geprägt: «Sein einziger Fehler . . .»

(H. Kasten)

Fehler machen   **2087 Grammaticus non erubescet soloecismo, si sciens fecit, erubescet,**
si nesciens; medicus si deficere aegrum non intellegit, quantum ad
artem magis peccat quam si se intellegere dissimulat. at in hac
arte vivendi turpior volentium culpa est.
Ein Sprachlehrer errötet nicht bei einem Stilfehler, wenn er ihn
wissentlich gemacht hat, er errötet, wenn er ihm unwissentlich unter-
lief; wenn ein Arzt nicht bemerkt, daß es mit einem Kranken zu Ende

geht, begeht er einen wesentlich größeren Kunstfehler, als wenn er sich so stellt, als bemerke er es nicht. Bei der Lebenskunst jedoch, um die es mir geht, ist die Schuld von Menschen, die absichtlich fehlen, größer.

(nach M. Rosenbach)

Seneca, Epistulae morales 95, 9

2088 **Peccavimus omnes, alii gravia, alii leviora, alii ex destinato, alii forte inpulsi aut aliena nequitia ablati; alii in bonis consiliis parum fortiter stetimus et innocentiam inviti ac retinentes perdidimus; nec deliquimus tantum, sed usque ad extremum aevi delinquemus.**

Gefehlt haben wir alle, die einen schwerer, die anderen geringer, andere aus Vorsatz, wieder andere aus Zufall oder von fremder Schlechtigkeit mitgerissen, wieder andere von uns haben bei guten Einsichten zu wenig tapfer standgehalten und ihre Schuldlosigkeit gegen ihren Willen und Widerstand verloren. Und wir haben nicht nur gefehlt, sondern wir werden bis ans Lebensende fehlen.

(nach M. Rosenbach)

Seneca, De clementia 3, 4, 3

2089 **Improbe Neptunum accusat, qui iterum naufragium facit.**
Falsch ist's, den Neptun bezicht'gen, wenn man zweimal Schiffbruch litt.

(H. Beckby)

Publilius Syrus, Sententiae I 63

wiederholter Fehler

2090 **Sycophanta: Atque etiam modo vorsabatur mihi in labris primoribus nomen.**
Sy. Soeben schwebt' der Name mir
Noch auf den Lippen.

Plautus, Trinummus 910

Gedächtnislücke

Charmides: Quid est ei nomen? ...
Sycophanta: Devoravi nomen inprudentia modo.
Charmides: Non placet, qui amicos intra dentes conclusos habet.
Sycophanta: *Atque etiam modo ... primoribus (nomen).*

Ch. Und wie ist sein Name? ...
Sy. In diesem Augenblick
Hab ich den Namen aus Versehen hinabgeschluckt.
Ch. Ei, das gefällt mir nicht, wenn mit den Zähnen man
Die Freunde so verbeißt. Sy. Soeben schwebt' er mir noch auf den Lippen.

(W. Binder – W. Ludwig)

Irrtum 2091 Sine dubio errasse nos confitendum est. 'At semel, at una in re?'
Immo omnia, quo diligentius cogitata, eo facta sunt imprudentius.
Ἀλλὰ τὰ μὲν προτετύχθαι ἐάσομεν ἀχνύμενοί περ (Allà tà mèn
protetychthai eásomen achnymenoí per). In reliquis modo ne
ruamus.
Kein Zweifel, ich muß gestehen, daß ich mich geirrt habe. «Aber nur
einmal und nur in einem Punkte?» Leider nicht; alles ist, je sorgfältiger überlegt, nur um so blödsinniger ausgelaufen. «Lassen wir
aber Geschehens ruhn, so sehr es uns kränkte!» [nach HOMER, ILIAS
8, 125; 16, 60] Jetzt kommt es nur darauf an, daß wir nicht bei den weiteren Schritten straucheln. *(6. Mai 49 v. Chr.)*

(H. Kasten)

CICERO, AD ATTICUM 10, 14 (12A), 1 K.

2092 Via eunti extremum est: error immensus est.
Wer einen Weg geht, für den gibt es etwas Letztes: Irrtum ist uner-
meßlich.

(M. Rosenbach)

SENECA, EPISTULAE MORALES 16, 9

2093 Non est levitas a cognito et damnato errore discedere, et ingenue
fatendum est: 'Aliud putavi, deceptus sum.' haec vero superbae
stultitiae perseverantia est: 'Quod semel dixi, qualecumque est,
fixum ratumque est.' Non est turpe cum re mutare consilium.
Es ist kein Wankelmut, wenn man von einem erkannten und verurteilten Irrtum zurücktritt, und man muß freimütig eingestehen: «Ich
habe etwas anderes gemeint; man hat mich getäuscht.» Das aber ist
die Beständigkeit hochfahrender Dummheit: «Was ich einmal gesagt
habe, was immer es sei, ist unabänderlich beschlossen.» Es ist nicht
schimpflich, eine Entscheidung dem Sachverhalt entsprechend zu
ändern.

(nach M. Rosenbach)

SENECA, DE BENEFICIIS 4, 38, 1

2094 Demens est, qui fidem praestat errori.
Verrückt ist, wer bei einem Irrtum sein Wort hält.

(nach M. Rosenbach)

SENECA, DE BENEFICIIS 4, 36, 2

riskante 2095 Ceterorum neque dictum obscurum potest esse propter
Äußerungen nobilitatem et amplitudinem neque temere dicto concedi propter
aetatem et prudentiam.

Bei den übrigen kann wegen ihres adeligen Ranges und ihres An-
sehens kein Wort unbekannt bleiben, noch läßt ihr Alter und ihre Einsicht zu, daß man ihnen einen unbedachten Ausspruch zugute hält.

CICERO, PRO SEX. ROSCIO AMERINO 3

Deinde quod *ceterorum ... prudentiam.* Ego si quid liberius dixero, vel occultum esse,
propterea quod nondum ad rem publicam accessi, vel ignosci adulescentiae meae poterit.

Zudem kann bei den übrigen wegen ... zugute hält. Doch wenn ich mich einmal allzu
freimütig äußere, dann braucht es weiter kein Aufsehen zu erregen, weil ich mich noch
nicht politisch betätigt habe, oder man kann es meiner Jugend nachsehen.

(M. Fuhrmann)

2096 **Ego me omissa misericordia vindicabo et tibi ingentem epistulam**   selbst schuld
inpingam, quam tu si invitus leges, dicito: 'Ego mihi hoc contraxi'
teque inter illos numera, quos uxor magno ducta ambitu torquet,
inter illos, quos divitiae per summum adquisitae sudorem male
habent, inter illos, quos honores nulla non arte atque opera petiti
discruciant, et cete K.ros malorum suorum compotes.
Ich werde mich mitleidlos rächen und dir einen ellenlangen Brief aufnötigen; wenn du ihn mit Unwillen liest, sollst du dir sagen: «Das habe
ich mir das selbst auf den Hals geholt»; rechne dich zu den Männern,
die ihre nach langer Werbung heimgeführte Frau unter dem Pantoffel
hat, zu denen, die ihr unter Schwitzen erworbener Reichtum plagt, zu
denen, die ihre Ehrenämter marten, die sie mit jedweder List und
Mühe erstrebten, und zu den übrigen, die an ihrem Unglück selbst
schuld sind.

(nach M. Rosenbach)

SENECA, EPISTULAE MORALES 95, 3

2097 **Ea molestissime ferre homines debent, quae ipsorum culpa**
contracta sunt.
Selbstverschuldetes Mißgeschick empfinden die Menschen gewöhnlich als besonders ärgerlich. *(Ende 6o/Anfang 59 v. Chr.)*

(nach H. Kasten)

CICERO, AD QUINTUM FRATREM 1, 1, 2 K.

2098 **Ista veritas, etiam si iucunda non est, mihi tamen grata est.**   unangenehme
Mag auch die Wahrheit nicht angenehm sein, hören möchte ich sie   Wahrheit
doch.

CICERO, AD ATTICUM 3, 24, 2 K.

Haec res quem ad modum ceciderit et tota res quo loco sit, velim ad me scribas et ita, ut
instituisti. Nam *ista* ...

Schreib mir doch bitte, wie es in dieser Sache jetzt steht und wie weit überhaupt meine
ganze Angelegenheit gediehen ist, und zwar wahrheitsgetreu, wie immer, mag auch die
Wahrheit nicht angenehm sein ... *(1o. Dezember 58 v. Chr.)*

(H. Kasten)

unerwünschte Wahrheit

2099 **Quam miserabilis gens, in qua nemo fuit, qui verum diceret regi!**
Wie bejammernswert ist ein Volk, in dem es keinen Menschen gab,
der dem König (Xerxes) die Wahrheit sagte!

(nach M. Rosenbach)

SENECA, DE BENEFICIIS 6, 31, 12

Unbedachtheit

2100 SIMO: **Dico tibi:**
ne temere facias! neque tu haud dicas tibi non praedictum: cave!
SI. Ich rate dir:
Nichts Unbedachtes! Sage nicht, es habe niemand dich gewarnt: Nimm
dich in acht!

(J. J. Donner)

TERENZ, ANDRIA 204–205

Lagen

Aussichtslosig-keit

2101 MILPHIO: **Quin prius disperibit faxo, quam unam calcem civerit:**
ita paratumst.
MI. Der hat das Spiel verloren, bevor er einen Stein nur zieht!
Ich führ' es aus; alles ist fertig.

(W. Binder – W. Ludwig)

PLAUTUS, POENULUS 908–909

Ausweglosigkeit

2102 **A te nunc peto, ut, si quid in perditis rebus dispiceres, quod**
putares faciendum, me moneres.
Darum bitte ich Dich jetzt: wenn Du einen Ausweg aus dieser ver-
fahrenen Lage siehst, so sag' es mir!

CICERO, AD ATTICUM 11, 17 (16), 3 K.

Quam ob rem idem *a te nunc peto,* quod superioribus litteris, *ut, si quid ...*

Darum bitte ich Dich jetzt wie in meinen früheren Briefen: wenn Du einen Ausweg ...
(3. Juni 47 v. Chr.)

(H. Kasten)

Befürchtungen

2103 **Nihil tam certum est ex his, quae timentur, ut non certius sit et**
formidata subsidere et sperata decipere. ergo spem ac metum
examina, et quotiens incerta erunt omnia, tibi fave: crede, quod
mavis.
Nichts von dem, was man befürchtet, ist so gewiß, daß es nicht gewisser wäre, Befürchtetes bleibe aus und Erwartetes enttäusche.
Prüfe also Hoffnung und Furcht, und sooft alles ungewiß ist, meine es
lieber gut mit dir: glaube das, was du lieber willst!

(nach M. Rosenbach)

SENECA, EPISTULAE MORALES 13, 12–13

2104 **Facile est occupationes evadere, si occupationum pretia**
contempseris. illa sunt, quae nos morantur et detinent: 'quid ergo?
tam magnas spes relinquam? Ab ipsa messe discedam ... ?' Ab his
ergo inviti homines recedunt et mercedem miseriarum amant,
ipsas exsecrantur.
Belastungen zu entgehen ist leicht, wenn du die Belohnungen für die
Belastungen verachtest. Sie sind es, die uns behindern und festhalten:
«Was? Diese großen Hoffnungen soll ich fahren lassen? Unmittelbar
vor der Ernte soll ich weggehen ...?» Davon also trennen sich die
Menschen ungern, und sie lieben den Lohn der Mühsal, sie selbst ver-
fluchen sie.

(nach M. Rosenbach)

Seneca, Epistulae morales 22, 9

2105 **Si tabulam de naufragio stultus arripuerit, extorquebitne eam**
sapiens, si potuerit? Negat Hecaton, quia sit iniurium.
Wenn ein Tor ein Brett aus einem Schiffbruch gepackt hat, wird es ihm
der Weise entwinden, wenn er's vermag? Hekaton sagt «nein», weil es
unrecht sei.

(K. Büchner)

Cicero, De officiis 3, 89

2106 **Si pater cuniculos agat ad aerarium, indicetne id magistratibus**
filius?
Wenn der Vater Stollen zur Staatskasse gräbt, soll das der Sohn den
Beamten anzeigen?

Cicero, De officiis 3, 90

... *magistratibus filius?* nefas id quidem est, quin etiam defendat patrem, si arguatur. Non
igitur patria praestat omnibus officiis? Immo vero, sed ipsi patriae conducit pios habere
cives in parentes.

... anzeigen? Sünde ist das, ja er soll den Vater sogar verteidigen, wenn er beschuldigt
werden sollte. Geht das Vaterland nicht allen Pflichten voran? Ja, aber dem Vaterland
selber nützt es, Bürger zu haben, die fromm sind gegen ihre Eltern.

(K. Büchner)

2107 **Si sapiens adulterinos nummos acceperit imprudens pro bonis,**
cum id rescierit, soluturusne sit eos, si cui debeat, pro bonis?
Wenn der Weise aus Versehen statt guten Geldes Falschgeld angenommen hat, wird er es, wenn er's merkt, wofern er jemandem etwas
schuldet, ihm für gutes auszahlen?

Cicero, De officiis 3, 91

... *pro bonis?* Diogenes ait, Antipater negat, cui potius assentior.

... für gutes ausbezahlen? Diogenes sagt ja, Antipater nein. Ihm stimme ich lieber zu.

(K. Büchner)

2108   **Si qui sapiens rogatus sit ab eo, qui eum heredem faciat, cum ei testamento sestertium milies relinquatur, ut, ante quam hereditatem adeat, luce palam in foro saltet, idque se facturum promiserat, quod aliter heredem eum scripturus ille non esset, faciat, quod promiserit, necne?**

Wenn ein Weiser von dem, der ihn zum Erben macht, indem ihm im Testament hundert Millionen Sesterzien hinterlassen werden, aufgefordert wird, er solle, bevor er die Erbschaft antritt, bei Tage in aller Öffentlichkeit auf dem Forum tanzen, und er das zu tun verspricht, weil jener ihn sonst nicht zum Erben einsetzen würde, soll er dann tun, was er versprochen hat, oder nicht?

CICERO, DE OFFICIIS 3, 93

... quod promiserit, necne? Promisisse nollem et id arbitror fuisse gravitatis; quoniam promisit, si saltare in foro turpe ducet, honestius mentietur, si ex hereditate nihil ceperit, quam si ceperit, nisi forte eam pecuniam in rei publicae magnum aliquod tempus contulerit, ut vel saltare, cum patriae consulturus sit, turpe non sit.

... was er versprochen hat, oder nicht? Ich wünschte, er hätte es nicht versprochen, und das wäre, meine ich, Pflicht der Würde gewesen. Da er es einmal versprochen hat, wird er, wofern er auf dem Forum zu tanzen für schimpflich hält, mit mehr Anstand zum Lügner werden, wenn er von der Erbschaft nichts nimmt, als wenn er etwas nimmt; es müßte denn sein, daß er das Geld für irgendeine entscheidungsvolle Lage des Gemeinwesens stiftet, so daß selbst zu tanzen nicht schimpflich ist, da er für das Vaterland sorgen wird.

(K. Büchner)

2109   **Si quis aurum vendens orichalcum se putet vendere, indicetne ei vir bonus aurum illud esse, an emat denario, quod sit mille denariorum?**

Wenn einer Gold verkauft, aber glaubt, er verkaufe Messing, soll ihm dann der gute Mann sagen, daß es Gold ist, oder soll er für einen Denar kaufen, was tausend Denare Wert hat?

(K. Büchner)

CICERO, DE OFFICIIS 3, 92

2110   **Si quis medicamentum cuipiam dederit ad aquam intercutem pepigeritque, si eo medicamento sanus factus esset, ne illo medicamento umquam postea uteretur, si eo medicamento sanus factus sit et annis aliquot post inciderit in eundem morbum nec ab eo, quicum pepigerit, impetret, ut iterum eo liceat uti, quid faciendum sit.**

Wenn einer jemandem ein Heilmittel gegen die Wassersucht gegeben und ausgemacht hat, er solle, wenn er durch dieses Heilmittel gesund würde, jenes Heilmittel später nie mehr gebrauchen, und wenn er nach Gesundung durch dieses Heilmittel mehrere Jahre später in dieselbe Krankheit verfällt und von dem, mit dem er die Abmachung getroffen hat, nicht erlangt, daß er's ein zweites Mal gebrauchen darf, was soll man da tun?

CICERO, DE OFFICIIS 3, 92

... quid faciendum sit. cum sit is inhumanus, qui non concedat, nec ei quicquam fiat iniuriae, vitae et saluti consulendum.

... was soll man da tun? Da der unmenschlich ist, der es nicht zuläßt, und ihm kein Unrecht geschieht, ist für Leben und Rettung Sorge zu tragen.

(K. Büchner)

2111 **Etiamne in tam perspicuis rebus argumentatio quaerenda aut coniectura capienda est? nonne vobis haec, quae audistis, cernere oculis videmini, iudices?**

Muß man bei so durchsichtigen Dingen noch nach einer Beweisführung fragen oder zu einer Mutmaßung greifen? Glaubt ihr nicht, was ihr gehört habt, mit den Augen wahrzunehmen, ihr Richter?

(M. Fuhrmann)

Cicero, Pro Sex. Roscio Amerino 98

durchsichtige Lage

2112 **Citius venit periclum, cum contemnitur.**

Gefahr kommt rascher, wenn man sie verachtet.

(H. Beckby)

Publilius Syrus, Sententiae C 8

Gefahr

2113 **Numquam periclum sine periclo vincitur.**

Gefahrlos läßt Gefahr sich nicht besiegen.

(H. Beckby)

Publilius Syrus, Sententiae N 4

2114 **Ab homine homini cotidianum periculum. adversus hoc te expedi, hoc intentis oculis intuere; nullum est malum frequentius, nullum pertinacius, nullum blandius.**

Vom Menschen droht dem Menschen täglich Gefahr. Dagegen wappne dich, darauf achte mit aufmerksamem Blick; kein Übel ist häufiger, keines hartnäckiger, keines verführerischer.

Seneca, Epistulae morales 103, 1

Quid ista circumspicis, quae tibi possunt fortasse evenire, sed possunt et non evenire? incendium dico, ruinam, alia quae nobis incidunt, non insidiantur: illa potius vide, quae captant. rariores sunt casus, etiam si graves, naufragium facere, vehiculo everti: *ab homine ...*

Was beachtest du die Dinge, die dir vielleicht zustoßen können, aber auch nicht zuzustoßen brauchen? Brand meine ich, Einsturz, andere Ereignisse, die über uns hereinbrechen, aber nicht aus dem Hinterhalt überfallen. Auf das achte lieber, das meide, was uns auflauert, was uns hereinzulegen sucht. Seltener sind Schicksalsschläge, auch wenn sie schwer sind, wie Schiffbruch zu erleiden, mit dem Wagen zu verunglücken: Vom Menschen ...

(nach M. Rosenbach)

2115 Sosia: **O fortunate, nescis, quid mali**
praeterieris, qui numquam es ingressus mare.
nam alias ut mittam miserias, unam hanc vide:
dies triginta aut plus eo in navi fui,
quom interea semper mortem exspectabam miser:
ita usque advorsa tempestate usi sumus.
So. Du, Sohn des Glückes, kennst es nicht, das schwere Leid,
Das dich verschont hat, weil du nie das Meer befuhrst.
Von den anderen Leiden schweig' ich; denk an dieses nur:
Wohl dreißig Tage war ich oder mehr zu Schiff,
Indes ich stündlich meinem Tod entgegensah,
Ich Armer: also rast' in einem fort der Sturm.

(J. J. Donner)

Terenz, Hecyra 418–423

2116 Palaestrio: **Non tu scis, quom ex alto puteo sursum ad summum**
escenderis,
maxumum periclum inde esse ab summo ne rursum cadas?
Pa. Du weißt ja doch: Wenn aus des Brunnens Tiefe man
Zur Höh' hinaufgestiegen ist, dann eben ist
Die Gefahr am größten, daß hinab man wieder fällt.

(W. Binder – W. Ludwig)

Plautus, Miles gloriosus 1150–1151

Hektik

2117 **Circumcidenda concursatio, qualis est magnae parti hominum**
domos et theatra et fora pererrantium: alienis se negotiis offerunt,
semper aliquid agentibus similes. Horum si aliquem exeuntem e
domo interrogaveris: 'Quo tu? Quid cogitas?' respondebit tibi:
'Non, mehercules, scio, sed aliquos videbo, aliquid agam.'
Energisch beschränken muß man die Hektik, wie man sie bei einem
großen Teil der Leute findet, die durch die Häuser und Theater und
Märkte rennen. Fremden bieten sie ihre Dienste an, und stets scheint
es, sie hätten etwas zu tun. Wenn du einen von denen beim Verlassen
seines Hauses fragst: «Wohin willst du? Was hast du im Sinn?», wird er
dir erwidern: «Bei Gott, ich weiß es nicht, doch irgendwelche Leute
werd' ich treffen, irgendwas erledigen.»

(G. Fink)

Seneca, De tranquillitate animi 12

Hoffnungs-
losigkeit

2118 **Illa ipsa spes exigua, quae erat, videtur esse sublata.**
Auch jener schwache Hoffnungsschimmer, der noch vorhanden war,
scheint verloschen zu sein.

Cicero, Ad Atticum 3, 24, 1 K.

Sperabam vos aliquid aliquando vidisse prudentius; postea quam mihi et dictum et scriptum vehementer consilium vestrum reprehendi, sum graviter commotus, quod illa ... sublata.

Ich hoffte doch, daß Ihr endlich einmal etwas einigermaßen vernünftig angefaßt hättet. Nun höre und lese ich, daß Eure Maßnahmen heftigen Tadel finden. Das regt mich furchtbar auf, denn damit ist wohl auch jener kleine Hoffnungsschimmer, der noch vorhanden war, verloschen *(10. Dezember 58 v. Chr.)*

(H. Kasten)

2119 **Ne spes quidem ulla ostenditur fore melius.**
Es zeigt sich nicht einmal ein Hoffnungsschimmer von Besserung.

CICERO, AD ATTICUM 11, 12 (11), 1 K.

Confectus iam cruciatu maximorum dolorum, ne, si sit quidem, quod ad te debeam scribere, facile id exsequi possim. hoc minus, quod res nulla est, quae scribenda sit, cum praesertim ne spes quidem ulla ostendatur fore melius. Ita iam ne tuas quidem litteras exspecto, quamquam semper aliquid adferunt, quod velim.

Die Qualen all dieser Kümmernisse haben mich völlig heruntergebracht; selbst wenn ich etwas hätte, was ich Dir eigentlich mitteilen müßte, dürfte ich dazu wohl kaum fähig sein, und das um so weniger, als es tatsächlich nichts zu schreiben gibt, zumal sich auch kein Hoffnungsschimmer von Besserung zeigt. So bin ich denn sogar auf Deine Briefe schon gar nicht mehr gespannt, obwohl sie immer etwas bringen, was ich gerne lese. *(8. März 47 v. Chr.)*

(nach H. Kasten)

2120 **Hoc perditius, in quo nunc sum, fieri nihil potest.**
Hoffnungsloser, als sie jetzt ist, kann meine Lage überhaupt nicht werden.

CICERO, AD ATTICUM 11, 20 (18), 2 K.

Nihil omnino iam exspecto nisi miseriam, sed hoc perditius ...

Freilich erwarte ich nur noch Unheil, doch hoffnungsloser ... *(19. Juni 47 v. Chr.)*

(H. Kasten)

2121 TRANIO: **Ne ego homo sum miser:**
ita et hinc et illinc mihi exhibent negotium.
TR. Ich bin doch recht unglücklich. Nunmehr haben sie
Von hier und dort mich in der Klemme.

Klemme

PLAUTUS, MOSTELLARIA 564–565

... negotium.
sed occupabo adire.

... in der Klemme. Da muß ich doch
Den Vorsprung vor ihm nehmen.

(W. Binder – W. Ludwig)

2122 TRANIO: **Ecce autem perii. nunc quid dicam, nescio.**
iterum iam ad unum saxum me fluctus ferunt.
TR. O weh! Da bin ich nun
Schon wieder in der Klemme, weiß nicht, was ich sagen soll.
Von neuem wirft die Flut mich an das gleiche Riff.

(nach W. Binder-W. Ludwig)

PLAUTUS, MOSTELLARIA 676–677

2123 **Si loquor, quod oportet, insanus, si, quod opus est, servus existimor, si taceo, oppressus et captus.**

Sage ich, was sich gebührt, erklärt man mich für verrückt, sage ich, was zweckmäßig ist, gelte ich als Knecht; schweige ich, so heißt es, ich sei gefangen und geknebelt.

CICERO, AD ATTICUM 4, 7 (6), 2 K.

Nam quid est foedius nostra vita, praecipue mea? Nam tu quidem, etsi es natura πολιτικός (politikós), tamen nullam habes propriam servitutem, communi frueris nomine; ego vero, qui, *si loquor* de re publica, *quod oportet, insanus, si ... captus,* quo dolore esse debeo?

Du (*sc.* Atticus) stehst, obwohl politisch interessiert, doch nicht in einem persönlichen Abhängigkeitsverhältnis und bist nur als Glied der Gesamtheit abhängig. Aber ich – sage ich in der politischen Debatte, was sich gebührt, erklärt man mich für verrückt, sage ich, was zweckmäßig, gelte ich als Knecht; schweige ich, so heißt es, ich sei gefangen und geknebelt. Kannst Du Dir vorstellen, wie schmerzlich das für mich sein muß? *(19. April 55 v. Chr.)*

(H. Kasten)

nichtige Anlässe 2124 **Crede mihi, levia sunt, propter quae non leviter excandescimus, qualia, quae pueros in rixam et iurgium concitant. Nihil ex is, quae tam tristes agimus, serium est, nihil magnum: inde, inquam, vobis ira et insania est, quod exigua magno aestimatis.**

Glaube mir, unerheblich ist das, weswegen wir uns ganz erheblich erhitzen, gleich dem, was Kinder zum Raufen und Streiten treibt. Nichts von dem, was wir so bitter ernst nehmen, ist schwerwiegend, nichts bedeutend. Daraus, so sage ich, erwächst euch wahnsinnige Wut, weil ihr Geringes hoch einschätzt.

(G. Fink)

SENECA, DE IRA 3, 34

Notwendigkeit 2125 **Primum tempori cedere, id est necessitati parere, semper sapientis est habitum; deinde non habet, ut nunc quidem est, id vitii res. Dicere fortasse, quae sentias, non licet, tacere plane licet.**

Erstens hat es stets als ein Zeichen von Klugheit gegolten, sich in die Umstände zu schicken, das heißt: der Notwendigkeit zu gehorchen. Zweitens findet, wie die Verhältnisse jetzt sind, niemand etwas dabei. Vielleicht darfst Du nicht sagen, was Du denkst, aber schweigen kannst Du auf jeden Fall.

CICERO, AD FAMILIARES 4, 9, 2 K. (AD M. MARCELLUM)

At tibi ipsi dicendum erit aliquid, quod non sentias, aut faciendum, quod non probes. *Primum ...*

Gewiß, Du wirst einiges sagen müssen, was Deiner wahren Meinung widerspricht, oder tun, was Du nicht gutheißt. Aber erstens ... *(Ende August 46 v. Chr.)*

(H. Kasten)

2126 **Necessitas ab homine, quae vult, impetrat.**

Die Not erreicht vom Menschen, was sie möchte.

(H. Beckby)

PUBLILIUS SYRUS, SENTENTIAE N 27

2127 Etsi Atticus noster, quia quondam me commoveri πανικοῖς
(panikoîs) intellexit, idem semper putat nec videt, quibus
praesidiis philosophiae saeptus sim; et hercle, quod timidus ipse
est, θορυβοποιεῖ (thorybopoieî).

Freilich, unser Atticus – da hat er einmal gemerkt, wie ich mich durch
falschen Alarm habe ins Bockshorn jagen lassen, und meint nun, es
sei immer noch so, und sieht nicht, wie stark ich durch die Philosophie
gepanzert bin. Und weiß Gott, weil er selbst ein Angsthase ist, schlägt
er Alarm. *(Ende Juni 44 v. Chr.)*

(H. Kasten)

CICERO, AD FAMILIARES 16, 20 (23), 2 K. (AD TIRONEM)

Panik

2128 Unus aeger ne domum quidem perturbat, at ubi crebris mortibus
pestilentiam esse apparuit, conclamatio civitatis ac fuga est et dis
ipsis manus intentantur.

Ein einziger Kranker setzt nicht einmal ein Haus in Unruhe; wenn
aber durch zahlreiche Todesfälle offenkundig wird, es grassiere eine
Seuche, gibt es Entsetzen und Flucht in der Bürgerschaft, und man
erhebt sie Hände flehend zu den Göttern selbst.

(nach M. Rosenbach)

SENECA, DE CLEMENTIA 3, 23, 5

2129 Ille, quo se conferat, nescit; progressum praecipitem,
inconstantem reditum videt.

Er weiß nicht, was er machen soll; er sieht, ein Schritt vorwärts wäre
sein Fall, ein Schritt zurück eine Inkonsequenz.

CICERO, AD ATTICUM 2, 21, 3 K.

Itaque *ille* noster amicus insolens infamiae, semper in laude versatus, circumfluens gloria,
deformatus corpore, fractus animo, *quo se conferat ... reditum videt;* bonos inimicos habet,
improbos ipsos non amicos.

So weiß unser Freund (*sc.* Pompeius), der üblen Nachrede ungewohnt, sonst immer von
Beifall umtost, vom Glanze des Ruhmes umstrahlt, jetzt körperlich herunter und seelisch
gebrochen, nicht, was er machen soll; er sieht, ein Schritt vorwärts wäre sein Fall, ein
Schritt rückwärts eine Inkonsequenz. Die Patrioten hat er zu Feinden, die Lumpen nicht
zu Freunden. *(Ende Juli 59 v. Chr.)*

(H. Kasten)

Ratlosigkeit

2130 CHARINUS: Ita animi decem in pectore incerti certant.
nec, quid corde nunc consili capere possim,
scio: tantus cum cura meost error animo.

CH. Es kämpfen zehn Gedanken stets mir in der Brust.
Wo soll ich Rat mir holen? Auch das weiß ich nicht,
So sehr treibt Bangigkeit mich in der Irr' herum.

(W. Binder – W. Ludwig)

PLAUTUS, MERCATOR 345–347

2131 **Plane aestuo. quodsi scirem, quid tibi placeret, sine sollicitudine essem; id enim optimum esse persuasum esset mihi; quare quam primum fac me certiorem, quid tibi placeat.**

Ich bin völlig ratlos. Wüßte ich nur, was Du für richtig hältst, wäre ich aller Sorgen ledig, denn ich würde überzeugt sein, daß Dein Rat der beste ist. Darum benachrichtige mich sobald wie möglich, was Du für richtig hältst. *(1. April 43 v. Chr.)*

(H. Kasten)

BRUTUS BEI CICERO, AD M. BRUTUM 18 (3), 2 K.

schlimme Lage   2132 **Duritia paupertatis intercedente, quod ait vetus proverbium, inter sacrum et saxum potius excruciabar.**

Harte Armut gebot ein Halt und brachte mich in eine qualvolle Lage zwischen Block und Beil, wie es in einem alten Sprichwort heißt.

(E. Brandt – W. Ehlers)

APULEIUS, METAMORPHOSES 11, 28, 2

Schwierigkeiten   2133 **Adhibe rationem difficultatibus: possunt et dura molliri et angusta laxari et gravia scite ferentes minus premere.**

Geh mit Überlegung an Schwierigkeiten heran: Es kann Hartes weich und Enges weit werden und Schweres, wenn man es richtig trägt, weniger drücken.

(G. Fink)

SENECA, DE TRANQUILLITATE ANIMI 10

Streß   2134 **Denique inter omnes convenit nullam rem bene exerceri posse ab homine occupato, non eloquentiam, non liberales disciplinas, quando districtus animus nihil altius recipit, sed omnia velut inculcata respuit. Nihil minus est hominis occupati quam vivere: nullius rei difficilior scientia est.**

Alle Welt ist sich ja darin einig, daß ein Mensch nichts vernünftig ausüben kann, wenn er gestreßt ist, nicht die Kunst der Rede, nicht die anerkannten Fachwissenschaften, da er bei seiner Zerfahrenheit nichts tiefer in sich aufnehmen kann, sondern alles, als hätte man es ihm eingetrichtert, wieder von sich gibt. Nichts versteht ein gestreßter Mensch weniger als zu leben, nichts ist schwerer zu erlernen.

(G. Fink)

SENECA, DE BREVITATE VITAE 7

Unausweichliches   2135 **Ista, quae dici solent, falsa sunt: 'non potui aliter. quid, si nollem? necesse erat.' nulli necesse est felicitatem cursu sequi: est aliquid, etiam si non repugnare, subsistere nec instare fortunae ferenti.**

Es stimmt nicht, was man gewöhnlich so sagt: «Ich habe nicht anders gekonnt. Was, wenn ich nicht wollte? Unausweichlich war es.» Für niemanden ist es unausweichlich, dem Glück im Lauf zu folgen: es ist schon etwas, wenn schon nicht dagegen anzukämpfen, so doch stehen zu bleiben und dem eilenden Glück nicht auch noch nachzurennen.

(nach M. Rosenbach)

SENECA, EPISTULAE MORALES 22, 4

2136 SCELEDRUS: **Ita sum coactus, Periplectomene, ut nesciam,**
utrum me expostulare tecum aequom siet
an me expurgare haec tibi videtur aequius.
Sc. Ich bin so in der Klemme, Periplectomenus,
Daß ich nicht weiß, ist hier Beschweren mehr am Platz
Oder mehr bei dir mich zu entschuldigen.

(W. Binder – W. Ludwig)

PLAUTUS, MILES GLORIOSUS 514–516

undurchsichtige Lage

2137 **Magna sane perturbatio.**
In der Tat, ein böses Durcheinander. *(5. Mai 43 v. Chr.)*

CICERO, AD M. BRUTUM 8 (13), 4 K.

Nunc per auspicia longam moram video; dum enim unus erit patricius magistratus, auspicia ad patres redire non possunt. *magna sane perturbatio.* tu tota de re quid sentias, velim me facias certiorem.

Jetzt wird sich die Sache wegen der Auspizien sicherlich lange hinziehen, denn solange es noch einen einzigen patrizischen Magistrat gibt, können die Auspizien nicht zum Senat zurückkehren. In der Tat, ein böses Durcheinander! Gib mir doch bitte Nachricht, wie Du darüber denkst!

(H. Kasten)

unübersichtliche Lage

2138 **Nullum in his malis consilium periculo vacuum inveniri potest.**
Es läßt sich in meiner verzwickten Lage überhaupt kein gefahrloser Ausweg finden.

CICERO, AD ATTICUM 10, 9 (8), 5 K.

Nec ullum ... inveniri potest, ut non sit dubium, quin turpiter facere cum periculo fugiamus, quod fugeremus etiam cum salute.

Es läßt sich in meiner verzwickten Lage überhaupt kein gefahrloser Ausweg finden. Somit werde ich selbstverständlich eine ohnehin mit Gefahr verbundene ehrlose Handlung unterlassen, die ich selbst dann unterlassen würde, wenn sie mir das Leben rettete. *(2. Mai 49 v. Chr.)*

(H. Kasten)

verzwickte Lage

2139 **Simul cogita non esse magnum rebus prosperis fortem gerere, ubi**
secundo cursu vita procedit: ne guberantoris quidem artem
tranquillum mare et obsequens ventus ostendit; adversi aliquid
incurrat oportet, quod animum probet.

widrige Umstände

Zugleich bedenke, daß es nichts Großes ist, sich im Glück unerschütterlich zu geben, wenn das Leben nach Wunsch verläuft. Auch
die Kunst eines Steuermanns zeigt sich nicht bei ruhiger See und
günstigem Wind. Widrige Umstände müssen eintreten, das Herz zu
prüfen.

(G. Fink)

SENECA, AD MARCIAM DE CONSOLATIONE 5

Zwickmühle   2140   **Aut adsentiendum est nulla cum gravitate paucis aut frustra dissentiendum.**
Es gibt nur noch zweierlei: entweder den Wenigen bedenkenlos zuzu-
stimmen oder fruchtlos zu opponieren.

CICERO, AD FAMILIARES 1, 9 (8), 3 K. (AD P. LENTULUM)

Dignitas in sententiis dicendis, libertas in re publica capessenda, ea sublata totast,
nec mihi magis quam omnibus; nam *aut* ...

Ehrerbietung, wenn ich meine Meinung äußerte, und freie Betätigung im politischen
Leben, damit ist es endgültig aus, und nicht nur für mich, sondern für alle. Denn es gibt ...
(Anfang 55 v. Chr.)

(H. Kasten)

Konfrontationen

alleingelassen   2141   **Lugentem timentemque custodire solemus, ne solitudine male
sein   utatur. nemo est ex inprudentibus, qui relinqui sibi debeat: tunc
                              mala consilia agitant, tunc aut aliis aut ipsis futura pericula
                              struunt, tunc cupiditates improbas ordinant, tunc, quicquid aut
                              metu aut pudore celabat, animus exprimit, tunc audaciam acuit,
                              libidinem irritat, iracundiam instigat. denique quod unum solitudo
                              habet commodum, nihil ulli committere... , perît stulto: ipse se
                              prodit.**
Wer in Trauer oder in Furcht ist, den pflegen wir zu bewachen, damit
er von der Einsamkeit keinen verhängnisvollen Gebrauch macht.
Niemanden gibt es von den Menschen ohne Verstand, den man sich
selbst überlassen darf: dann betreiben sie verhängnisvolle Pläne, dann
zetteln sie entweder für andere oder für sich künftige Gefahren an,
dann bringen sie ihre bösen Gelüste in Reih und Glied; dann holt die
Seele hervor, was immer sie aus Furcht oder Scham verbarg, dann
schärft sie die Verwegenheit, reizt die Geschlechtslust, spornt den
Jähzorn. Schließlich – was die Einsamkeit als einzigen Vorzug besitzt,
niemandem etwas anzuvertrauen ... –, das ist für den Toren verloren:
er verrät sich selbst.

(nach M. Rosenbach)

SENECA, EPISTULAE MORALES 10, 2

2142 Adhibenda est quaedam reverentia adversus homines et optimi
cuiusque et reliquorum. nam neglegere, quid de se quisque
sentiat, non solum arrogantis est, sed etiam omnino dissoluti.
Zu üben ist eine gewisse Ehrfurcht gegen die Menschen, gegen
die Besten und gegen die übrigen. Denn sich nicht um das zu kümmern, was ein jeder über einen denkt, ist nicht allein die Art eines
Anmaßenden, sondern sogar eines gänzlich außer Rand und Band
Geratenen.

(nach K. Büchner)

CICERO, DE OFFICIIS 1, 99

2143 Ecce nunc patiemur philosophantem nobis asinum!
Schau einer an, jetzt sollen wir uns auch noch von einem Esel etwas
vorphilosophieren lassen!

(E. Brandt – W. Ehlers)

APULEIUS, METAMORPHOSES 10, 33, 4

2144 ARTEMONA: Ego censeo
eum etiam hominem in senatu dare operam aut cluentibus:
ibi labore delassatum noctem totam stertere.
ille opere foris faciendo lassus noctu advenit:
fundum alienum arat, incultum familiarem deserit.
AR. Da bild' ich mir so ein, der Mann sitz' im Senat
Und habe viel zu tun mit seinen Klienten:
Deshalb schnarche er dann matt und müd die Nacht hindurch.
Da kommt er abends schachmatt von der Arbeit heim,
Pflügt fremde Felder, läßt sein eigenes unbestellt.

(W. Binder – W. Ludwig)

PLAUTUS, ASINARIA 870–874

2145 CALLICLES: Qui in mentem venit tibi istaec dicta dicere?
MEGARONIDES: Quia omnis bonos bonasque adcurare addecet,
suspicionem et culpam ut ab se segregent.
CA. Wie fällt dir ein, den Ton zu brauchen gegen mich?
ME. Weil jeder Gute, Mann wie Frau, verpflichtet ist,
Den Argwohn fern von sich zu halten und die Schuld.

(W. Binder – W. Ludwig)

PLAUTUS, TRINUMMUS 77–79

2146 Suspiciosus omnium damnat fidem.
Stets gilt dem Argwohn Biederkeit als Täuschung.

(H. Beckby)

PUBLILIUS SYRUS, SENTENTIAE S 45

**auf die Probe
gestellt sein**

2147 **Bonum virum deus in deliciis non habet; experitur, indurat, sibi
illum parat.**

Einen guten Menschen verhätschelt Gott nicht; er stellt ihn auf die
Probe, härtet in ab, formt ihn für sich.

(G. Fink)

Seneca, De providentia 1

Beleidigung

2148 **Quae contumelia est, quod apparet, audire? Coram uno aliquid
dictum ridemus, coram pluribus indignamur et eorum aliis
libertatem non relinquimus, quae ipsi in nos dicere assuevimus;
iocis temperatis delectamur, immodicis irascimur.**

Was ist das für eine Beleidigung, wenn man sich etwas anhören muß,
was offenkundig ist? Sind wir zu zweit, lachen wir über irgendein
Bonmot, sind mehrere zugegen, entrüsten wir uns, und wir verübeln
anderen ihre Offenheit bei den gleichen Dingen, die wir selbst oft
genug eingestehen müssen. Verhaltener Spott amüsiert uns, über-
mäßiger macht uns wütend.

(G. Fink)

Seneca, De constantia sapientis 16

Et quid est illud, quod contumelia dicitur? In capitis mei levitatem iocatus est et in
oculorum valetudinem et in crurum gracilitatem et in staturam: *quae contumelia est …*

Und von welcher Art ist das, was man eine Beleidigung nennt? Über meinen glatten
Schädel hat man Witze gerissen, über meine schwachen Augen und über meine dürren
Beine und über meine Figur. Was ist das für eine Beleidigung …

2149 **Contumelia est minor iniuria, quam queri magis quam exsequi
possumus, quam leges quoque nulla dignam vindicta putaverunt.
Hunc affectum movet humilitas animi contrahentis se ob dictum
factumve inhonorificum.**

Beleidigung ist ein unbedeutenderes Unrecht, dessentwegen wir uns
eher beklagen als an die Gerichte wenden können und das auch nach
Meinung des Gesetzgebers keine Strafe verdient. Das entsprechende
Gefühl regt sich bei kleineren Geistern, wenn sie sich wegen eines
Wortes oder einer Tat in ihrer Ehre geschmälert sehen.

(G. Fink)

Seneca, De constantia sapientis 10

Beschimpfung

2150 Periplectomenus: **Sat edepol certo scio
occisam saepe sapere plus multo suem.**

Pe. Fürwahr, das weiß ich ganz gewiß,
Eine abgestochene Sau hat oft mehr Verstand
Als er.

(W. Binder – W. Ludwig)

Plautus, Miles gloriosus 586–587

2151 MENEDEMUS: **Ego me non tam astutum neque tam perspicacem esse, id scio;**
sed hic adiutor meus et monitor et praemonstrator Chremes
hoc mihi praestat; in me quidvis harum rerum convenit,
quae sunt dicta in stulto, caudex, stipes, asinus, plumbeus;
in illum nil potest; exsuperat eius stultitia haec omnia.
ME. Daß ich eben kein gewitzter, scharfer Kopf bin, weiß ich wohl;
Aber hier mein Helfer Chremes, mein Berater, Führer, Warner,
Tut es hierin mir zuvor. Denn jeder Name paßt auf mich,
Den man dummen Leuten zuruft, Tölpel, Bleiklotz, Esel, Stock,
Auf ihn von allem nichts, da seine Dummheit über alles geht.

(J. J. Donner)

TERENZ, HEAUTONTIMORUMENOS 874–878

2152 HEGIO: **Nuculeum amisi, reliqui pigneri putamina.**   Betrogen
ita mihi stolido sursum vorsum os sublevere offuciis.
HE. Den Kern hab ich verloren, nur die Schale blieb
Als Pfand zurück, so haben sie mich Dummkopf
An meiner Nase herumgeführt.

(W. Binder – W. Ludwig)

PLAUTUS, CAPTIVI 655–656

2153 **Molestum verbum est, onerosum, demisso vultu dicendum: 'Rogo'.**   bitten müssen
huius facienda est gratia amico et cuiuscumque, quem amicum sis
promerendo facturus; properet licet, sero beneficium dedit, qui
roganti dedit. ideo divinanda cuiusque voluntas et, cum intellecta
est, necessitate gravissima rogandi liberanda est; illud beneficium
iucundum victurum in animo scias, quod obviam venit.
Ein beschwerliches Wort ist es, ein belastendes, mit gesenktem Blick
sagen zu müssen: «Ich bitte». Das mußt du einem Freund und jedem
Menschen, den du zum Freund machen willst, ersparen, indem du
dich um ihn bemühst; unverzüglich handle man – spät erweist eine
Wohltat, wer sie einem Bittenden erweist. Deshalb muß man eines
jeden Menschen Wünsche erahnen und sie, wenn man sie erkannt
hat, von der belastenden Notwendigkeit des Bittens befreien; die
Wohltat wird als willkommen im Herzen weiterleben – solltest du
wissen –, die ein Entgegenkommen ist.

(nach M. Rosenbach)

SENECA, DE BENEFICIIS 2, 2, 1

2154 **Contumelia non fregit eum, sed erexit.**   Bloßstellung
Die Bloßstellung warf ihn nicht aus dem Geleise, sondern führte vielmehr zu einem Charakterwandel.

CORNELIUS NEPOS, VITA THEMISTOCLIS 1, 2

Qui (*i. e.* Themistocles) cum minus esset probatus parentibus, quod et liberius vivebat et rem familiarem neglegebat, ab patre exheredatus est. Quae *contumelia ...*

Da dieser (*i. e.* Themistokles) infolge seiner allzufreien und verschwenderischen Lebenshaltung sich mit den Eltern überwarf, wurde er von seinem Vater enterbt. Diese Bloßstellung ...

(H. Färber)

Böses erleiden   2155   **Quaesisti a me, Lucili, quid ita, si providentia mundus regeretur, multa bonis viris mala acciderent.**
Du wolltest von mir wissen, Lucilius, aus welchem Grund, wenn eine Vorsehung die Welt regiert, so vielfach guten Menschen Böses widerfährt.

(G. Fink)

SENECA, DE PROVIDENTIA 1

Doppelzüngig-keit   2156   **Qui data fide firmata fidentem fefellerint, subdoli subsentatores, regi qui sunt proxumi, qui aliter regi dictis dicunt, aliter in animo habent.**
Sie, die mit festem Treuwort ihn, der ihnen traute, hinters Licht geführt, die hinterhältigen Schmeichler, die dem Herrscher nah', die so zum König sprechen, im Herzen jedoch anders denken.

PLAUTUS, COLAX FRG. II

Enttäuschung   2157   **Fere tristitia sequitur, si aut non successit aut successus pudet.**
In der Regel ist Enttäuschung die Folge, wenn man erfolglos war oder sich des Erfolges schämen muß.

(G. Fink)

SENECA, DE TRANQUILLITATE ANIMI 12

Ermahnung   2158   **Quid prodest aperta monstrare? plurimum: interdum enim scimus nec adtendimus. non docet admonitio, sed advertit, sed excitat, sed memoriam continet nec patitur elabi. pleraque ante oculos posita transimus: admonere genus adhortandi est.**
Was nützt es, Offenkundiges zu zeigen? Sehr viel: bisweilen wissen wir es nämlich und achten nicht darauf. Die Ermahnung belehrt uns nicht, sondern ermuntert uns, stärkt das Gedächtnis und läßt uns nichts entfallen. Sehr viel liegt vor unseren Augen, aber wir gehen daran vorbei: Ermahnen ist eine Form, aufmerksam zu machen.

(nach M. Rosenbach)

SENECA, EPISTULAE MORALES 94, 25

2159 **Itaque orbus iis rebus omnibus, quibus et natura me et voluntas et consuetudo adsuefecerat, cum ceteris, ut quidem videor, tum mihi ipse displiceo. Natus enim ad agendum semper aliquid dignum viro nunc non modo agendi rationem nullam habeo, sed ne cogitandi quidem.**

So bin ich, all der Dinge beraubt, an die mich Veranlagung, eigener Wunsch und Lebensart gewöhnt hatten, allen andern, wie mir scheint, und vornehmlich mir selbst ein Dorn im Auge. Denn geschaffen, um immer etwas eines Mannes Würdiges zu betreiben, habe ich jetzt überhaupt keine Möglichkeit, mich zu betätigen, ja auch nur etwas zu planen. *(August 46 v. Chr.)*

(nach H. Kasten)

Cicero, Ad familiares 4, 13, 3 K. (Ad P. Figulum)

(right margin) erzwungene Untätigkeit

2160 **'Qui tibi istuc', inquis, 'in mentem venit, homini non inepto?'**

«Wie kommst Du bloß auf diese Idee?» sagst Du; «Du bist doch sonst ein vernünftiger Mensch!» *(Mitte Juni 51 v. Chr.)*

(H. Kasten)

Cicero, Ad familiares 8, 3, 2 K. (Ad Caelium)

(right margin) freundschaftlicher Einwand

2161 **Tamen a malitia non discedis.**

Du kannst doch das Frotzeln nicht lassen!

Cicero, Ad familiares 9, 20 (19), 1 K. (Ad Paetum)

... non discedis; tenuiculo apparatu significas Balbum fuisse contentum. Hoc videris dicere, cum reges tam sint continentes, multo magis consularis esse oportere. Nescis me ab illo omnia expiscatum.

... nicht lassen! Du gibst mir zu verstehen, Balbus sei mit ganz ärmlicher Bewirtung zufrieden gewesen. Damit willst Du wahrscheinlich sagen, wenn Könige so zurückhaltend sind, dann müßten Konsulare es erst recht sein. Du ahnst natürlich nicht, daß ich alles aus ihm herausgefischt habe ... *(Herbst 46 v. Chr.)*

(H. Kasten)

(right margin) Frotzeln

2162 **Nec semel inrisus triviis attollere curat**
fracto crure planum. licet illi plurima manet
lacrima, persanctum iuratus dicat Osirim:
'credite. Non ludo; crudeles, tollite claudum':
'quaere peregrinum' vicinia rauca reclamat.

Wer einmal Spott erntete, bemüht sich nicht, auf der Straße dem Gaukler, der das Bein brach, aufzuhelfen. Da mag ihm reichlich die Träne fließen, da mag er beim heiligen Osiris schwören: «Glaubt mir; ich treibe kein Spiel; seid nicht so grausam, hebt den Gelähmten auf!» «Such' dir Fremde zum Foppen!»: so tönt es ihm von allen Seiten rauh entgegen.

(H. Färber – W. Schöne)

Horaz, Epistulae 1, 17, 58–62

(right margin) Gefoppt werden

Gerede hinter dem Rücken 2163 **Isti de domino loquuntur, quibus coram domino loqui non licet.**
Es reden die über ihren Herrn, die in deren Gegenwart nicht sprechen dürfen.

(nach M. Rosenbach)

SENECA, EPISTULAE MORALES 47, 4

Sic fit, ut *isti ... loquuntur* ...

So kommt es, daß die ... reden ...

Gerücht 2164 **Ipse rumor iam raucus est factus.**
Frau Fama hat sich schon heiser geschrien.

CICERO, AD FAMILIARES 9, 3 (2), 5 K. (AD VARRONEM)

Te vero nolo, nisi *ipse rumor iam raucus erit factus,* ad Baias venire: erit enim nobis honestius, etiam cum hinc discesserimus, videri venisse in illa loca ploratum potius quam natatum.

Du gehst besser nicht nach Baiae, ehe sich nicht Frau Fama heiser geschrien hat; denn für uns wird es, auch wenn wir von hier weggehen, anständiger sein, daß wir in jene Gegenden gekommen sind, um zu klagen, und nicht, um zu baden. *(19. April 46 v. Chr.)*

(H. Kasten)

2165 **Maior fama, uti mos est de ignotis.**
Wie bei Unbekanntem üblich, übertreibt das Gerücht.

(nach A. Städele)

TACITUS, VITA IULII AGRICOLAE 25, 3

Gespräch über Abwesende 2166 **In primisque provideat (qui loquitur), ne sermo vitium aliquod indicet inesse in moribus; quod maxime tum solet evenire, cum studiose de absentibus detrahendi causa aut per ridiculum aut severe, maledice contumelioseque dicitur.**
Un vor allem soll er (*i. e.* der Sprechende) sich vorsehen, daß das Gespräch nicht irgendeinen Mangel in der Gesittung anzeige. Das pflegt meist dann zu geschehen, wenn eifernd über Abwesende, um sie herabzusetzen, entweder auf lächerliche Weise oder streng, schmähend und ehrenrührig gesprochen wird.

(K. Büchner)

CICERO, DE OFFICIIS 1, 134

Herausforderung 2167 **Sapiens numquam potentium iras provocabit, immo declinabit, non aliter quam in navigando procellam.**
Der Weise wird niemals den Zorn der Mächtigen herausfordern, im Gegenteil ihn meiden, nicht anders als auf einer Seereise den Sturm.

(M. Rosenbach)

SENECA, EPISTULAE MORALES 14, 7

2168 **Totius iniustitiae nulla capitalior quam eorum, qui tum, cum maxime fallunt, id agunt, ut viri bonis esse videantur.**
Von allen Ungerechtigkeiten ist keine todeswürdiger als die derjenigen, die dann, wenn sie besonders täuschen, darauf aus sind, gute Männer zu scheinen.

(K. Büchner)

Cicero, De officiis 1, 41

2169 **O incredibilem vanitatem! Ad patrem domo sibi carendum propter matrem, ad matrem plena pietatis.**
Unglaubliche Heuchelei! An den Vater schreibt er, wegen der Mutter müsse er auf ein Heim verzichten, und die Mutter bekommt einen Brief, der von kindlicher Liebe überfließt!

Cicero, Ad Atticum 13, 48 (39), 1 K.

... *plena pietatis.* Hic autem iam languescit et ait sibi illum iure iratum. Sed utar tuo consilio; σκολιὰ (skolià) enim tibi video placere. Romam, ut censes, veniam, sed invitus; valde enim in scribendo haereo.

... von kindlicher Liebe überfließt! Der Vater aber wird schon weich und meint, der Junge sei ihm nicht ohne Grund böse. Aber ich befolge Deinen Rat – Du bist ja, wie ich sehe, für den «krummen Weg» – und komme, wie Du es für richtig hältst, nach Rom. Freilich nur ungern, denn ich stecke tief in der Schriftstellerei. *(16. August 45 v. Chr.)*

(H. Kasten)

2170 **Sint aures tuae, quae id, quod audiunt, existimentur audire, non in quas ficte et simulate quaestus causa insusurretur.**
Halte Deine Ohren offen für das, was sie selbst vernehmen, aber stelle Dich taub gegen verlogene, heuchlerische Einflüsterungen aus Gewinnsucht. *(Ende 60/Anfang 59 v. Chr.)*

(H. Kasten)

Cicero, Ad Quintum fratrem 1, 1, 13 K.

2171 **Ei mihi, difficile est imitari gaudia falsa,**
     difficile est tristi fingere mente iocum.
Ach, aber wehe mir! Schwer ist es, künstliche Freude zu heucheln,
     Schwer, bei traurigem Sinn heiter zu scheinen und froh.

(W. Willige)

Tibull, Elegiae 3, 6, 33–34

2172 **Mens bona fama fides: haec clare et ut audiat hospes;**
     illa sibi introrsum et sub lingua murmurat 'o si
     ebulliat patruus. praeclarum funus.'
«Biederkeit, Ehr' und Vertraun» mag laut der Nachbar vernehmen;
Doch inwendig nur wispert er unter der Zunge: «Ach, tät der
Onkel nur platzen, das gäb eine lustige Leiche!»

(O. Seel)

Persius, Saturae 2, 8–10

2173 **Interdum enixe petimus id, quod recusaremus, si quis offerret.**
haec sive levitas est sive vernilitas, punienda est mutua
promittendi facilitate.
Bisweilen verlangen wir dringend etwas, was wir zurückweisen
würden, wenn es uns jemand anböte. Das mag Leichtfertigkeit sein
oder Unterwürfigkeit – bestraft werden muß es mit gegenseitiger
Bereitschaft, ein Versprechen zu geben.

SENECA, EPISTULAE MORALES 95, 2

... facilitate. multa videri volumus velle. sed nolumus. recitator historiam ingentem attulit
minutissime scriptam, artissime plictam et magna parte perlecta: 'Desinam', inquit, 'si
vultis.' adclamatur: 'Recita, recita!' ab iis, qui illum obmutescere illic cupiunt.

... Versprechen zu geben. Wir wollen nur so tun, als wünschten wir vieles, wünschen es
aber in Wirklichkeit nicht. Ein Vorleser bringt ein gigantisches Werk an, eng geschrieben,
fest gefaltet, und sagt, nachdem er einen großen Teil vorgelesen hat: «Ich höre auf, wenn
ihr es wünscht.» – «Weiter, weiter!» rufen ihm da die zu, die eigentlich wünschen, er möge
endlich den Mund halten.

(nach M. Rosenbach)

2174 **Ultra Sauromatas fugere hinc libet et glacialem**
Oceanum, quotiens aliquid de moribus audent
qui Curios simulant et Bacchanalia vivunt.
Über Sauromatien und das Eismeer hinaus möchte
man fliehen, sooft die über Moral zu reden wagen,
welche die Curier mimen und wie bei den Bacchanalien leben.

(J. Adamietz)

JUVENAL, SATURAE 2, 1–3

kaltgesellt sein 2175 **Sive spatiatur et se utitur suo iure sive precarios habet excessus**
cogiturque vela contrahere sive otiosa mutaque est et anguste
circumsaepta sive adaperta, in quocumque habitu est, proficit.
Quid tu parum utile putas exemplum bene quiescentis?
Ob er (*i. e.* der tüchtige Bürger) frei einhergeht und ganz sich selbst
gehört, ob er sich nur selten zeigen darf und gezwungen ist, die Segel
einzuholen, ob er kaltgestellt und mundtot und auf engen Raum beschränkt ist oder ob ihn alle sehen können: In jeder denkbaren Lage
tut er Gutes. Wieso meinst du, recht wenig Nutzen bringe das Vorbild
eines Menschen, der rechte Muße hat?

(G. Fink)

SENECA, DE TRANQUILLITATE ANIMI 4

Komplimente 2176 CHRYSALUS: **Sed Bacchis etiam fortis tibi visast?**
PISTOCLERUS: **Rogas?**
Ni nanctus Venerem essem, hanc Iunonem dicerem.
CH. Doch sprich, hältst Du die Bacchis nicht auch für ein herrlich
Weib?
PI. Das fragst du noch? Wahrhaftig, wäre Venus nicht
Mir zuteil geworden, grüßte ich – als Juno sie.

(W. Binder – W. Ludwig)

PLAUTUS, BACCHIDES 216–217

2177 DINIARCHUS: **Ver vide:**
ut tota floret, ut olet, ut nitide nitet.
DI. Der Frühling, sieh!
Wie alles an ihr blühet, duftet, herrlich glänzt!

(W. Binder – W. Ludwig)

PLAUTUS, TRUCULENTUS 353–354

2178 **Id quod erat difficillimum, efficiebat, ut, inter quos tantae laudis**   Konkurrenz
esset aemulatio, nulla intercederet obtrectatio essetque talium
virorum copula.
Er (*i. e.* Atticus) verstand es, was sehr schwierig war, trotz der gegenseitigen Konkurrenz unter den ausgezeichnetsten Rednern jede eifer-
süchtige Verstimmung zu verhüten: Er war das Band, das diese bedeutenden Männer zusammenhielt.

CORNELIUS NEPOS, VITA ATTICI 5, 4

Utebatur autem intime Q. Hortensio, qui iis temporibus principatum eloquentiae tenebat,
ut intellegi non posset, uter eum plus diligeret, Cicero an Hortensius; et, *id quod*
difficillimum ...

Eng war er (*i. e.* Atticus) auch mit Q. Hortensius befreundet, dem bedeutendsten unter den
zeitgenössischen Rednern, und es ließ sich nicht leicht ausmachen, wem er näher stand,
Cicero oder Hortensius. Und dabei verstand er, was sehr schwierig war ...

(H. Färber)

2179 **Quod genus querelae mihi quidem videbatur esse amici; sin tibi**   Kritik
displicet, non utar eo posthac. Sed si, ut scribis, eae litterae non
fuerint 'disertae', scito meas non fuisse. Ut enim Aristarchus
Homeri versum negat, quem non probat, sic tu – libet enim mihi
iocari –, quod disertum non erit, ne putaris meum.
Einen solchen Tadel durfte ich mir als Freund doch wohl erlauben;
aber wenn es Dir nicht paßt, werde ich es in Zukunft unterlassen.
Wenn jedoch diese Briefe, wie Du Dich ausdrückst, «stilistisch nicht
einwandfrei» sind, dann sind sie eben nicht von mir. Denn wie Arist-
arch einen Homervers athetiert, der ihm nicht gefällt, so darfst Du –
laß mich einmal scherzen – annehmen, daß, was nicht den Regeln der
Stilkunst entspricht, nicht von mir ist. (*2. Hälfte Juni 50 v. Chr.*)

(H. Kasten)

CICERO, AD FAMILIARES 3, 11, 5 K. (AD APPIUM PULCHRUM)

2180 **Admoneri bonus gaudet, pessimus quisque rectorem asperrime**
patitur.
Über Kritik freut sich der Tüchtige, doch gerade die Schlechtesten lassen sich höchst ungern schulmeistern.

(G. Fink)

SENECA, DE IRA 3, 37

2181 **Neque enim soli iudicant, qui maligne legunt.**
Nicht die allein sind zu einem Urteil befähigt, die mit Übelwollen
lesen.

PLINIUS MINOR, EPISTULAE 9, 38 K.

Legi librum omnibus numeris absolutum, cui multum apud me gratiae amor ipsius
adiecit; iudicavi tamen. *neque enim soli* ...

Ich habe sein Buch gelesen; es ist in jeder Hinsicht vollendet, und meine Liebe zu ihm hat
den Reiz für mich noch bedeutend erhöht. Trotzdem ist mein Urteil wohlbegründet; denn
nicht die allein ...

(H. Kasten)

List

2182 PHILOCRATES: **Nam doli non doli sunt, nisi astu colas:**
sed malum maxumum, si id palam provenit.
PH. Denn List ist nicht mehr List, wenn man nicht schlau sie pflegt,
Groß Mißgeschick vielmehr, wenn sie verraten wird.

(W. Binder – W. Ludwig)

PLAUTUS, CAPTIVI 221–222

Mahnungen

2183 **'Quare', inquis, 'verbis parcam? gratuita sunt. non possum scire, an**
ei profuturus sim, quem admoneo: illud scio, alicui me
profuturum, si multos admonuero. spargenda manus est. non
potest fieri, ut non aliquando succedat multa temptanti.'
«Warum», sagst du, «soll ich mit Worten sparen? Sie kosten ja nichts.
Ich kann nicht wissen, ob ich dem nütze, den ich ermahne: das aber
weiß ich, daß ich irgendwem nütze, wenn ich viele ermahne. Man
muß die Hand ausstrecken. Wer vieles versucht, hat notwendigerweise
gelegentlich Erfolg.»

(nach M. Rosenbach)

SENECA, EPISTULAE MORALES 29, 2

2184 **Sit ergo aliquis custos et aurem subinde pervellat abigatque**
rumores et reclamet populis laudantibus. erras enim, si existimas
nobiscum vitia nasci: supervenerunt, ingesta sunt. itaque
monitionibus crebris opiniones, quae nos circumsonant,
repellantur, ut illa compescamus.
Es muß also einen Wächter geben, und er soll uns immer wieder am
Ohr ziehen, soll das Gerede fernhalten und dem Lob der Leute wider-
sprechen. Du irrst nämlich, wenn du meinst, die Fehlhaltungen
entstünden mit uns: sie überkommen uns, sind uns aufgenötigt.
Daher sollen die Meinungen, die uns umschwirren, mit häufigen
Ermahnungen vertrieben werden, damit wir sie zum Verstummen
bringen.

(nach M. Rosenbach)

SENECA, EPISTULAE MORALES 94, 55

2185 **Invidiam effugies, si te non ingesseris oculis, si bona tua non iactaveris, si scieris in sinu gaudere.**

Der Mißgunst wirst du entgehen, wenn du dich den Blicken nicht aufdrängst, wenn du mit deinem Besitz nicht angibst, wenn du es verstehst, dich im stillen zu freuen.

(nach M. Rosenbach)

SENECA, EPISTULAE MORALES 105, 3

Mißgunst

2186 **Noli ex taciturnitate nostra, quid aut probemus hoc tempore aut improbemus, iudicare.**

Aus unserem Schweigen darfst Du keinen Schluß ziehen, was wir zur Zeit billigen oder ablehnen. *(10. Dezember 57 v. Chr.)*

(H. Kasten)

CICERO, AD QUINTUM FRATREM 2, 1, 1 K.

rätselhaftes Schweigen

2187 **Crudelis est in re adversa obiurgatio.**

Gefühllos ist's, den Mann im Leid zu schelten.

(H. Beckby)

PUBLILIUS SYRUS, SENTENTIAE C 1

Schelte

2188 **Etsi scio non iucundissimum me nuntium vobis allaturum, tamen, quoniam casus et natura in nobis dominatur, visum est faciendum, quoquo modo res se haberet, vos certiores facere.**

Zwar bin ich mir bewußt, Euch eine nicht eben angenehme Nachricht zu bringen; aber unter uns Menschen herrscht der blinde Zufall und das Naturgesetz, und so erachte ich es als meine Pflicht, Euch in Kenntnis zu setzen, mag das Geschehene noch so traurig sein. *(31. Mai 45 v. Chr.)*

(H. Kasten)

SER. SULPICIUS BEI CICERO, AD FAMILIARES 4, 12, 1 K.

schlechte Nachricht

2189 **Ingenuitas non recipit contumeliam.**

Vor edlem Sinne prallt zurück die Schmähung.

(H. Beckby)

PUBLILIUS SYRUS, SENTENTIAE I 11

Schmähung

2190 PISTOCLERUS: **Viscus merus vostrast blanditia.**

PI. Ein wahrer Vogelleim sind eure Schmeicheleien.

(W. Binder – W. Ludwig)

PLAUTUS, BACCHIDES 50

Schmeichelei

2191 **Adulatio quam similis est amicitiae! non imitatur tantum illam, sed vincit et praeterit; apertis ac propitiis auribus recipitur et in praecordia ima descendit, eo ipso gratiosa, quo laedit.**
Schmeichelei – wie ähnlich ist sie der Freundschaft! Sie ahmt sie nicht nur nach, sondern besiegt und übertrifft sie; mit offenen und geneigten Ohren wird sie aufgenommen und setzt sich tief im Herzen fest, gerade dadurch willkommen, wodurch sie verletzt.
(nach M. Rosenbach)
SENECA, EPISTULAE MORALES 45, 7

2192 **Maluerim veris offendere quam placere adulando.**
Lieber möchte ich mit Wahrheiten Anstoß erregen als durch Schmeichelei gefallen.
(nach M. Rosenbach)
SENECA, DE CLEMENTIA 1, 2, 2

2193 **Habet suum venenum blanda oratio.**
Das Schmeichelwort birgt ein besonderes Gift.
(H. Beckby)
PUBLILIUS SYRUS, SENTENTIAE H 12

Spitzfindigkeit 2194 **Audi, quantum mali faciat nimia subtilitas et quam infesta veritati sit.**
Höre, wieviel Unheil allzu große Spitzfindigkeit verursacht und wie abträglich sie der Wahrheit ist!
SENECA, EPISTULAE MORALES 88, 43–44

... *veritati sit.* Protagoras ait de omni re in utramque partem disputari posse ex aequo et de hac ipsa, an omnis res in utramque partem disputabilis sit. Nausiphanes ait ex his, quae videntur esse, nihil magis esse quam non esse. Parmenides ait ex his, quae videntur, nihil esse universo. Zenon Eleates omnia negotia de negotio deiecit; ait nihil esse. Circa eadem fere Pyrrhonei versantur et Megarici et Eretrici et Academici, qui novam induxerunt scientiam, nihil scire.

... wie abträglich sie der Wahrheit ist. Protagoras behauptet, jeden Sachverhalt könne man mit gleicher Berechtigung auf zweierlei Weise erörtern sowie die Frage selbst, ob jeder Sachverhalt auf zweierlei Weise erörtert werden kann. Nausiphanes erklärt, daß von dem, was zu sein scheint, alles ebenso gut existiere wie nicht existiere. Parmenides behauptet, von dem, was zu sein scheine, existiere überhaupt nichts. Zenon aus Elea verwirft alle Beschäftigung mit dem Problem: er behauptet, nichts existiere. Mit nahezu denselben Fragen beschäftigen sich die Megariker, die Eretriker und die Akademiker, die eine neue Wissenschaft eingeführt haben – das Nichtwissen

(nach M. Rosenbach)

Spott 2195 **'Rides', inquis, 'in talibus rebus?' Quid faciam? Plorando fessus sum.**

«Du spottest noch?» wirst Du sagen; «die Sache ist ernst genug!»
Was soll ich denn anderes tun? Des Jammerns bin ich müde.
(2. /3. Juni 44 v. Chr.)

(H. Kasten)

CICERO, AD ATTICUM 15, 12 (9), 1 K.

2196 **Nemo risum praebuit, qui ex se cepit.**
Niemand hat sich je zum Gespött gemacht, der über sich selbst spotten
konnte.

SENECA, DE CONSTANTIA SAPIENTIS 17

Itaque materia petulantibus et per contumeliam urbanis detrahitur, si ultro illam et prior
occupes: *nemo risum ...*

Demnach bringt man die unverschämten und ehrabschneiderischen Witzbolde um ihren
Gesprächsstoff, wenn man ihn von sich aus und als erster aufgreift. Niemand hat ...

(G. Fink)

2197 **Non corrigit, sed laedit, qui invitum regit.**
Wer Sträubende tadelt, bessert nicht, er kränkt.

(H. Beckby)

PUBLILIUS SYRUS, SENTENTIAE N 15

Tadel

2198 **Obiurgari in calamitate gravius est quam calamitas.**
Trifft uns Unglück, ist ein Tadel schwerer als das Unglück selbst.

(H. Beckby)

PUBLILIUS SYRUS, SENTENTIAE O 4

2199 **Cum ex eo (*i. e.* ex C. Aquilio) quaereretur, quid esset dolus malus,**
respondebat, cum esset aliud simulatum, aliud actum. hoc quidem
sane luculente, ut ab homine perito definiendi.
Auf die Frage, was böswillige Täuschung sei, antwortete Gaius
Aquilius: wenn etwas anderes vorgespiegelt worden sei, etwas anderes
aber betrieben. Das ist eindeutig und klar gesagt, wie von einem
Mann, der sich aufs Definieren versteht.

(K. Büchner)

CICERO, DE OFFICIIS 3, 60

Täuschung

2200 **Gloriam honorem imperium bonus et ignavos aeque sibi exoptant;**
sed ille vera via nititur, huic quia bonae artes desunt, dolis atque
fallaciis contendit.
Ruhm, Ehrenamt und Macht wünschen sich der Tüchtige und der
Schwächling gleichermaßen, nur trachtet jener auf dem rechten Weg
danach, während dieser mit List und Täuschung kämpft, weil ihm
gute Fähigkeiten fehlen.

(W. Eisenhut – J. Lindauer)

SALLUST, CATILINAE CONIURATIO 11, 2

üble Nachrede   2201   **Iam non tantum mihi videntur iniuriam facere ii, qui haec
disputant, quam si cuius aures ad hanc disputationem patent.**
Da kann ich nur sagen: nicht so sehr diejenigen scheinen mir im
Unrecht zu sein, die solchen Unsinn reden, als vielmehr die, die solch
unsinnigem Gerede ihr Ohr leihen. *(8. Oktober 51 v. Chr.)*

(H. Kasten)

CICERO, AD FAMILIARES 3, 7 (8), 3 K. (AD APPIUM PULCHRUM)

2202   **Dicetur aliquis male de te locutus: cogita, an prior feceris, cogita,
de quam multis loquaris. Cogitemus, inquam, alios non facere
iniuriam, sed reponere, alios pro nobis facere, alios coactos facere,
alios ignorantes, etiam eos, qui volentes scientesque faciunt, ex
iniuria nostra non ipsam iniuriam petere; aut dulcedine
urbanitatis prolapsus est aut fecit aliquid, non ut nobis obesset, sed
quia consequi ipse non poterat, nisi nos repulisset.**
Da sagt man, jemand habe schlecht von dir geredet. Denke nach,
ob du es zuerst getan hast, denke nach, über wie viele *du* redest! Wir
wollen, meine ich, in Rechnung stellen, daß die einen kein Unrecht
tun, sondern es heimzahlen, daß andere es für uns tun, andere es nur
gezwungen tun, andere unwissend, und daß auch die, die es mit
Absicht und wissentlich tun, selbst wenn sie uns kränken, nicht die
Kränkung als solche im Sinne haben: Entweder konnte sich jemand
einen guten Witz nicht verkneifen oder tat etwas nicht, um uns zu
schädigen, sondern weil er nur, wenn er uns beiseite stieß, sein Ziel
erreichen konnte.

(G. Fink)

SENECA, DE IRA 2, 28

üble Praktiken   2203   **Animus inbutus malis artibus haud facile lubidinibus caret; eo
profusius omnibus modis quaestui atque sumptui deditus est.**
Wer von üblen Praktiken einmal angesteckt ist, kann nur schwer auf
seine Lüste verzichten; um so hemmungsloser ist er dann mit allen
Mitteln auf Gelderwerb und Verbrauch versessen.

SALLUST, CATILINAE CONIURATIO 13, 3–5

Sed lubido stupri ganeae ceterique cultus non minor incesserat: viri muliebria pati,
mulieres pudicitiam in propatulo habere; vescendi causa terra marique omnia exquirere;
dormire prius, quam somni cupido esset, non famem aut sitim, neque frigus neque
lassitudinem opperiri, sed ea omnia luxu antecapere. haec iuventutem, ubi familiares opes
defecerant, ad facinora incendebant: *animus* ...

Der Trieb zu Unzucht, Schlemmerei und sonstigen Finessen aber war ebenso stark
eingerissen: Männer gaben sich als Weiber her, Weiber boten ihre Keuschheit offen feil;
für Leckerbissen durchsuchte man alles zu Lande und im Meer; man schlief, bevor man
das Bedürfnis zum Ausruhen hatte; Hunger oder Durst, Kühle und Müdigkeit wartete man
nicht ab, sondern nahm das alles genießerisch vorweg. Dies entfachte die Jugend zu
Verbrechertaten, wenn die eigenen Geldmittel ausgegangen waren. Wer ...

(W. Eisenhut – J. Lindauer)

2204 **O quando ille veniet dies, quo nemo in honorem tuum mentiatur!**   unehrliches Lob
O, wann wir der Tag kommen, da niemand zu deiner Ehrung lügt!

(nach M. Rosenbach)

Seneca, Epistulae morales 20, 8

2205 **Nihil aeque amarum quam diu pendere; aequiore quidam animo**   in Ungewißheit
ferunt praecidi spem suam quam trahi.   gelassen werden
Nichts ist in gleicher Weise bitter, wie lange in Ungewißheit zu
schweben; manche ertragen es mit größerem Gleichmut, daß ihre
Hoffnung abgeschnitten, als daß sie hinausgezogen wird.

(nach M. Rosenbach)

Seneca, De beneficiis 2, 5, 1

2206 **Si implacabiles iracundiae sunt, summa est acerbitas, sin autem**   Unversönlichkeit
exorabiles, summa levitas, quae tamen, ut in malis, acerbitati
anteponenda est.
Unversöhnlichkeit im Jähzorn verrät einen unerbittlich harten, Nachgiebigkeit einen haltlos schwankenden Charakter, ist aber doch, wenn
ich unter den beiden Übeln wählen soll, der Härte vorzuziehen. *(Ende
60/Anfang 59. v. Chr.)*

(H. Kasten)

Cicero, Ad Quintum fratrem 1, 1, 39 K.

2207 **'Si vis', inquit Socrates, 'beatus esse, si fide bona vir bonus, sine**   Verachtung
contemnat te aliquis.'
«Wenn du glücklich sein willst», sagte Sokrates, «wenn mit gutem
Gewissen ein Mann von Wert, dann nimm hin, daß einer dich verachtet!»

(nach M. Rosenbach)

Seneca, Epistulae morales 71, 7

2208 **Quem quis contemnit, calcat sine dubio, sed transit. nemo homini**
contempto pertinaciter, nemo diligenter nocet.
Wen einer verachtet, dem versetzt er ohne Zweifel einen Tritt, aber er
geht weiter. Niemand schadet einem verachteten Menschen hartnäckig, niemand vorsätzlich.

(M. Rosenbach)

Seneca, Epistulae morales 105, 2

2209 **Ad tristem partem strenua est suspicio.**   Verdacht
Verdacht ist stets bereit zu schlimmem Glauben.

(H. Beckby)

Publilius Syrus, Sententiae A 7

2210 **Omnem suspicionem in vosmet ipsos recidere intellegas.**
Du solltest erkennen, wie jeglicher Verdacht auf euch selbst zurück-
fällt.

CICERO, PRO SEX. ROSCIO AMERINO 79

Scopulum offendis eius modi, ut non modo ab hoc crimen resilire videas, verum *omnem* ...

Du stößt derart gegen eine Klippe, daß du nicht nur den Schuldvorwurf von unserem
Manne hier abprallen sieht, sondern auch erkennst, wie jeglicher Verdacht ...

(M. Fuhrmann)

**vergessen
werden**

2211 **Tam rara in amicitiis fides, tam parata oblivio mortuorum, ut ipsi
nobis debeamus etiam conditoria exstruere omniaque heredum
officia praesumere.**
So selten ist Treue in der Freundschaft, so rasch bei der Hand Vergessen der Toten, daß wir uns sogar unser Grabmal selbst bauen und
alle Pflichten der Erben selbst erfüllen müssen!

(H. Kasten)

PLINIUS MINOR, EPISTULAE 6, 8, 5 K.

Verleumdung

2212 **Absentem qui rodit, amicum
qui non defendit alio culpante, solutos
qui captat risus hominum famamque dicacis,
fingere qui non visa potest, commissa tacere
qui nequit: hic niger est, hunc tu, Romane, caveto.**
Ja, wer einen hinterm Rücken schlecht macht, wer seinen Freund
nicht wider falschen Vorwurf schützt, wer nach der Leute ausgelas-
senem Gelächter und nach dem Rufe eines Witzbolds trachtet, wer
Nieerlebtes erdichten, Anvertrautes nicht verschweigen kann; das ist
eine wirklich schwarze Seele, den mußt du meiden, Römer!

(H. Färber – W. Schöne)

HORAZ, SERMONES 1, 4, 81–85

Verstellung

2213 **Multis simulationum involucris tegitur et quasi velis quibusdam
obtenditur uniuscuiusque natura; frons, oculi, vultus persaepe
mentiuntur, oratio vero saepissime.**
Ein jeder verbirgt seinen wahren Charakter hinter Hüllen und
Heucheleien und überzieht ihn gleichsam mit einer Art von Schleier;
Stirn, Augen und Gesichtsausdruck lügen gar oft, am häufigsten aber
das gesprochene Wort.

CICERO, AD QUINTUM FRATREM 1, 1, 15 K.

... *saepissime.* quam ob rem qui potes reperire ex eo genere hominum, qui pecuniae
cupiditate adducti careant iis rebus omnibus, a quibus nos divulsi esse non possumus, te
autem, alienum hominem, ament ex animo ac non sui commodi causa simulent?

... das gesprochene Wort. Wie also willst Du bei dieser Sorte von Menschen herausfinden,
wer aus Geldgier all das hinter sich wirft, wovon wir uns auf Dauer nicht losreißen
können, Dich aber, einen Mann, an den ihn nichts bindet, wirklich liebhat und nicht des
eigenen Vorteils halber nur so tut? (*Ende 60/Anfang 59 v. Chr.*)

(H. Kasten)

2214 **Ficta cito in naturam suam recidunt; quibus veritas subest quaeque, ut ita dicam, ex solido enascuntur, tempore ipso in maius meliusque procedunt.**
Verstellung fällt rasch in ihr eigentliches Wesen zurück; worin Wahrheit wirkt und was, sozusagen, auf sicherem Grund erwächst, das kann schon allein im Laufe der Zeit bedeutender und besser werden.

(M. Rosenbach)

SENECA, DE CLEMENTIA PR. 1, 6

2215 **Grave praeiudicium est, quod iudicium non habet.**
Das Vorurteil ist schlimm: ihm fehlt das Urteil.

(H. Beckby)

PUBLILIUS SYRUS, SENTENTIAE G 1

Vorurteil

2216 **Quid sapiens investigaverit, quid in lucem protaxerit, quaeris? ... vetuit parere opinionibus falsis et quanti quidque esset vera aestimatione perpendit.**
Was hat der Weise herausgefunden, was an das Licht hervorgeholt, fragst du? ... Er hat verboten, Vorurteilen zu gehorchen, und den Wert eines jeden Dinges mit zutreffender Einschätzung bestimmt.

SENECA, EPISTULAE MORALES 90, 34

... *quaeris?* primum verum naturamque, quam non ut cetera animalia oculis secutus est tardis ad divina: deinde vitae legem, quam ad universa derexit, nec nosse tantum, sed sequi deos docuit et accidentia non aliter excipere quam imperata. *vetuit parere* ...

... fragst du? Zunächst die Wahrheit und die Natur, der er nicht wie die übrigen Lebewesen mit Augen gefolgt ist, die für das Göttliche unempfänglich sind; sodann das Gesetz des Lebens, das er nach dem Muster des Alls formuliert hat, und er hat nicht nur gelehrt, die Götter zu kennen, sondern ihnen auch zu folgen sowie Schicksalsschläge nicht anders hinzunehmen als Befehle. Verboten hat er ...

(nach M. Rosenbach)

2217 **Satis natura homini dedit roboris, si illo modo utamur, si vires nostras colligamus ac totas pro nobis, certe non contra nos concitemus. nolle in causa est, non posse praetenditur.**
Die Natur hat dem Menschen genug Kraft gegeben, wenn wir sie nur nutzen, wenn wir unsere Kräfte sammeln und ganz für uns, jedenfalls nicht gegen uns einsetzen wollten. Nicht zu wollen ist der eigentliche Grund, nicht zu können schützt man nur vor. .

(nach M. Rosenbach)

SENECA, EPISTULAE MORALES 116, 8

Vorwände

2218 **Meae obiurgationes fuerunt amoris plenissimae diligentiaeque.**
Meine Vorwürfe waren nur von besorgter Liebe diktiert!
(23. November/10. Dezember 59 v. Chr.)

(H. Kasten)

CICERO, AD QUINTUM FRATREM 1, 2, 13 K.

Vorwürfe

2219 **Quid tu igitur?**
      Und was hast du dir dabei gedacht?

CICERO, AD QUINTUM FRATREM 1, 4, 4 K.

... *igitur?* inquies. quid? multa convenerunt, quae mentem exturbarent meam.

... gedacht? wirst Du sagen. Ja, was wohl? Mancherlei kam zusammen, was mir die
Besinnung rauben mußte. *(5. August 58 v. Chr.)*

(H. Kasten)

überzogene 2220 **Nemo non superioris dignitatem querendo, etiam si non**
Vorwürfe   **inquinavit, aspersit: nec quisquam fingere contentus est levia, cum**
                       magnitudine mendacii fidem quaerat.
                       Jeder hat die Würde eines Menschen von höherem Rang durch
                       Klagen, wenn auch nicht besudelt, so doch bespritzt; und keiner ist
                       damit zufrieden, sich Belanglosigkeiten auszudenken, weil er mit der
                       Größe seiner Lüge Glauben sucht.

(nach M. Rosenbach)

SENECA, DE BENEFICIIS 7, 30, 2

wahre   2221 **Putas me voluisse aliquid, quod perfectum non sit? Non licet**
Gesinnung   **scilicet sententiam suam.**
                       Und Du glaubst, ich hätte etwas gewollt, was vor dem eigenen Ge-
                       wissen nicht bestehen kann? Natürlich, seine wahre Gesinnung darf
                       man nicht aussprechen.

CICERO, AD ATTICUM 13, 31 (20), 4 K.

Putas autem *me voluisse* ...

Und Du glaubst, ich ... *(2. Juli 45 v. Chr.)*

(H. Kasten)

Warnungen   2222 **Ah nimium faciles aurem praebere puellae,**
                       Discite, desertae, non temere esse bonae.
                       O ihr Mädchen, die allzu bereit sind, Gehör zu gewähren!
                       Lernt, ihr Verlassnen, nicht blind allzu gefällig zu sein!

(W. Willige)

PROPERZ, ELEGIAE 2, 21, 15–16

                2223 **Monent et rogant, ne me proiciam.**
                       Sie warnen und bitten, mich nicht nutzlos in Gefahr zu begeben.

CICERO, AD ATTICUM 9, 6, 5 K.

Tuas nunc epistulas a primo lego; hae me paulum recreant. Primae *monent ... proiciam.*
proximae gaudere te ostendunt me remansisse. Eas cum lego, minus mihi turpis videor,
sed tam diu, dum lego; deinde emergit rursus dolor et αἰσχροῦ φαντασία (aischrû
phantasía).

So lese ich denn jetzt Deine Briefe noch einmal, vom ersten angefangen; das läßt mich ein wenig zu mir kommen. Die ersten warnen und bitten, mich nicht nutzlos in Gefahr zu begeben; die folgende geben Deiner Freude darüber Ausdruck, daß ich geblieben sei. Lese ich die, so erscheine ich mir nicht ganz so schändlich, aber doch eben nur, solange ich sie lese; dann übermannt mich der Schmerz, und die Schande steht mir vor der Seele.
(*11. März 49 v. Chr.*)

(H. Kasten)

2224 **Quae (epistula) cum iam accubanti in convivio esset data, sicut erat signata, sub pulvinum subiciens 'in crastinum' inquit 'differo res severas'.**
Dieser (Brief, der vor einem Attentat warnen sollte) wurde ihm (*i. e.* Archias, dem Regierungschef von Theben) erst während des Gelages übergeben, und so schob er ihn versiegelt, wie er war, unter das Kissen mit der Bemerkung «Dienstliches auf morgen!»

Cornelius Nepos, Vita Pelopidae 3, 2–3

'... *severas'*. At illi omnes, cum iam nox processisset, vinolenti ab exulibus duce Pelopida sunt interfecti.

«... auf morgen!» So wurden sie alle im Laufe der Nacht in ihrer Betrunkenheit von den Emigranten, an ihrer Spitze Pelopidas, niedergemacht.

(H. Färber)

2225 **Omnis et animadversio et castigatio contumelia vacare debet neque ad eius, qui punit aliquem aut verbis castigat, sed ad rei publicae utilitatem referri.**   Zurechtweisung
Jede Zurechtweisung und Rüge muß frei sein von Ehrenkränkung und nicht auf den Nutzen dessen, der jemanden bestraft oder mit Worten züchtigt, sondern auf das Gemeinwesen bezogen werden.

(K. Büchner)

Cicero, De officiis 1, 88

2226 **Magnam partem clementi castigatione licet uti, gravitate tamen adiuncta, ut et severitas adhibeatur et contumelia repellatur, atque etiam illud ipsum, quod acerbitatis habet obiurgatio, significandum est ipsius id causa, qui obiurgetur, esse susceptum. Rectum est autem etiam in illis contentionibus, quae cum inimicissimis fiunt, etiam si nobis indigna audiamus, tamen gravitatem retinere, iracundiam pellere; quae enim cum aliqua perturbatione fiunt, ea nec constanter fieri possunt neque is, qui adsunt, probari.**
Zum großen Teil darf man milde Zurechtweisung anwenden, freilich in Verbindung mit Ernst, derart, daß Strenge dabei ist und das Ehrenrührige zurückgedrängt wird, und man muß auch zu erkennen geben, daß gerade jenes, was das Schelten an Bitternis hat, eben dessentwegen, der gescholten wird, angewendet wurde. Richtig ist es aber auch, selbst in jenen Wortgefechten, die wir mit unseren erbittertsten Feinden führen, mögen wir auch unserer Unwürdiges hören, doch ernste

Gefaßtheit wahren, unseren Zorn zurückdrängen. Was nämlich mit der geringsten Spur von Aufregung geschieht, das kann nicht mit der sonstigen Harmonie der Persönlichkeit geschehen und nicht den Beifall der Anwesenden finden.

(K. Büchner)

CICERO, DE OFFICIIS 1, 137

2227 **Corrigendus est itaque, qui peccat, et admonitione et vi, et molliter et aspere, meliorque tam sibi quam aliis faciendus non sine castigatione, sed sine ira; quid enim, cui medetur, irascitur?** Zurechtweisen muß man also den Sünder, durch Mahnung und mit Gewalt, sowohl sanft als auch energisch, und ihn bessern, ihm selbst ebenso wie anderen zum Nutzen, nicht ohne Strafmaßnahmen, aber ohne Zorn. Wer ist dem böse, den er heilen will?

(G. Fink)

SENECA, DE IRA 1, 15

Reaktionen

Angemessen

2228 **Tecum prius ergo voluta**
haec animo ante tubas: galeatum sero duelli
paenitet.
So wäge also vorher dies ab in deinem
Sinn, vor dem Ertönen der Kriegstrompete, wer schon den Helm
trägt, bereut zu spät den Krieg!

(J. Adamietz)

JUVENAL, SATURAE 1, 168–170

Abwägen

2229 DAVUS **Interea aliquid acciderit boni.**
DA. Indessen tritt was Günstiges ein.

(J. J. Donner)

TERENZ, ANDRIA 398

Abwarten

2230 **An quisquam in mediis persolvit vota procellis,**
Cum saepe in portu fracta carina natet?
Löst wohl jemand inmitten der Stürme schon seine Gelübde,
da doch der schwimmende Kiel oft noch im Hafen zerbricht?

(W. Willige)

PROPERZ, ELEGIAE 2, 25, 23–24

2231 **Vellunt tibi barbam**
lascivi pueri: quos tu nisi fuste coerces,
urgeris turba circum te stante miserque
rumperis et latras.
Die frechen Buben zupfen dir den Bart;
mußt wacker deinen Stock gebrauchen und sie dir vom Leibe halten,
sonst umdrängt dich ihre Schar, du aber belferst laut
und platzest elend vor Wut.

(H. Färber – W. Schöne)

HORAZ, SERMONES 1, 3, 133–136

Abwehren

2232 **Sunt nonnulla, sed tamen mediocria et parva potius.**
Es ist da einiges vorgefallen, jedoch unerheblich und eigentlich so gut
wie nichts. *(November/Dezember 59 v. Chr.)*

(H. Kasten)

CICERO, AD QUINTUM FRATREM 1, 2, 13 K.

Abwiegeln

Änderung der Ansicht

2233 **Totiensne igitur sententiam mutas?**
Wie oft willst Du eigentlich noch Deine Ansicht ändern?

CICERO, AD ATTICUM 8, 14, 2 K.

'Totiensne igitur sententiam mutas?' Ego tecum tamquam mecum loquor; quis autem est, tanta quidem de re, quin varie secum ipse disputet? Simul et elicere cupio sententiam tuam, si manet, ut firmior sim, si mutata est, ut tibi adsentiar.

«Wie oft willst Du denn nun eigentlich Deine Ansicht ändern?» Mit Dir rede ich, wie wenn ich mit mir selbst redete. Und erwägt man nicht zumal einen so wichtigen Schritt wie diesem, bald unter jenem Gesichtspunkt? Zugleich möchte ich damit auch Deine Ansicht herauslocken, um mich in meinem Entschluß zu stärken, falls sie noch die gleiche ist, und um mich Dir zu fügen, falls sie sich geändert hat. *(2. März 49 v. Chr.)*

(H. Kasten)

Änderung der Entscheidung

2234 **Non mutat sapiens consilium omnibus his manentibus, quae erant, cum sumeret; ideo numquam illum paenitentia subit, quia nihil melius illo tempore fieri potuit, quam quod factumest, nihil melius constitui, quam constitutum est; ceterum ad omnia cum exceptione venit: 'Si nihil inciderit, quod inpediat.'**
Der Weise ändert keine Entscheidung, wenn alles das Bestand hat, was war, als er die Entscheidung traf; deswegen kommt ihn niemals Reue an, weil nichts zu jenem Zeitpunkt besser geschehen konnte, als es geschah, und nichts besser entschieden werden konnte, als es entschieden wurde; im übrigen geht er an alles mit dem Vorbehalt heran: «Wenn kein Hinderungsgrund eintritt.»

(nach M. Rosenbach)

SENECA, DE BENEFICIIS 4, 34, 4

Änderung des Entschlusses

2235 **Nemo doctus umquam (multa autem de hoc genere scripta sunt) mutationem consili inconstantiam dixit esse.**
Noch kein Philosoph – und mancherlei ist doch über dieses Thema geschrieben worden – hat behauptet, die Änderung eines Entschlusses sei gleichbedeutund mit Unbeständigkeit!

CICERO, AD ATTICUM 16, 7, 3 K.

Etsi quid iam opus est σχολίῳ (scholío)? Si perseverassem, opus fuisset.»At hoc ipsum non constanter.» *Nemo doctus umquam...*

Indessen, wozu bedarf es überhaupt eines solchen Promemoria? Ja, wenn ich bei meinem Entschluß geblieben wäre, dann wäre es am Platze! «Aber gerade dies», wirst Du sagen, «verrät Deine Unbeständigkeit.» Noch kein Philosoph ... *(19. August. 44 v. Chr.)*

(H. Kasten)

Änderung der Meinung

2236 GETA: **Haud scio hercle, ut homost, an mutet animum.**
GE. Wie das ein Mensch ist, kann er leicht sich ändern.

(J. J. Donner)

TERENZ, PHORMIO 774

Aufschub

2237 PAMPHILUS: **Nos omnes, quibus est aliunde aliquis obiectus labos, omne, quod est interea, prius quam id rescitumst, lucrost.**

PA. Uns allen, droht irgendein Unfall uns von irgendwo,
Ist alle Zwischenzeit Gewinn, eh uns davon die Kunde wird.

(J. J. Donner)

TERENZ, HECYRA 286–287

2238 **Etiam si premeris et infesta vi urgeris, cedere tamen turpe est:**
assignatum a natura locum tuere! Quaeris, quis hic sit locus? Viri.
Auch wenn du in Bedrängnis bist und die feindliche Übermacht dir
zusetzt, wäre es eine Schande zu weichen. Bleib an der Stelle, die dir
die Natur gewiesen hat. Du fragst, wo diese Stelle ist? Bleib ein Mann!

(G. Fink)

SENECA, DE CONSTANTIA SAPIENTIS 19

Ausharren

2239 **Quantum nos fefellerit et quem in locum res deducta sit, vides.**
Neque solum ea perspicis, quae geruntur quaeque iam gesta sunt,
sed etiam, qui cursus rerum, qui exitus futurus sit. Ergo aut
probare oportet ea, quae fiunt, aut interesse, etiam si non probes;
quorum altera mihi turpis, altera etiam periculosa videtur. Restat,
ut discedendum putem.
Du siehst, wie sehr wir uns getäuscht haben und wohin die Dinge
geraten sind. Und nicht nur das hast Du vor Augen, was zur Zeit
geschieht und schon geschehen ist, sondern auch, wohin die Reise
geht und wie das enden wird. Also müßte man sich entweder mit den
Verhältnissen abfinden oder mitmachen, auch wenn es einem nicht
paßt. Die eine Alternative scheint mir schmachvoll, die andre sogar
nicht einmal ungefährlich. Bleibt also nur mehr der Gedanke, auf und
davon zu gehen. *(28. April 49 v. Chr.)*

(H. Kasten)

CICERO, AD FAMILIARES 4, 2, 3 K. (AD SER. SULPICIUM)

Auswegsuche

2240 **His de causis non adducor, ut duo dissimilia et hoc ipso diversa,**
quod maxima, confundam misceamque, ne tanta quasi colluvione
turbatus ibi faciam, quod hic debeo; ideoque interim veniam, ut ne
a forensibus verbis recedam, advocandi peto.
Aus diesen Gründen kann ich mich nicht dazu entschließen, zwei verschiedene und eben deshalb, weil sie beide bedeutend sind, einander
entgegengesetzte Ziele miteinander zu vermengen, damit ich nicht in
diesem – Wirbel möchte ich sagen – durcheinandergerate und dort
tue, was ich hier tun müßte, und so bitte ich Dich denn – um im Jargon
des Forums zu bleiben – einstweilen um eine Frist, um mit mir ins
reine zu kommen.

(H. Kasten)

PLINIUS MINOR, EPISTULAE 5, 8, 11 K.

Bedenkzeit
erbitten

Behutsamkeit 2241 **Magna res et multae cautionis.**
Die Sache ist delikat und muß behutsam angefaßt werden.

CICERO, AD ATTICUM 13, 50 (41), 2 K.

Sed, ut tu scribis, ratio est habenda gravitatis, et utriusque nostrum idem consilium esse debet, etsi in me graviores iniuriae et certe notiores. Si vero etiam Brutus aliquid adferet, nulla dubitatio est. Sed coram. *Magna* enim *res ...*

Aber Du hast recht, wir müssen unsere Würde wahren und uns einig sein, was wir tun wollen, obwohl seine (*d. h.* des Neffen Quintus) Verfehlungen gegen mich schwerwiegender sind und jedenfalls offenkundiger. Wenn aber auch Brutus für ihn eintritt, dann bleibt uns nichts anderes übrig. Aber darüber mündlich; die Sache ...
(*18. August 45 v. Chr.*)

(H. Kasten)

in Güte beilegen 2242 GETA: **Quor non, inquam, Phormio,**
vides, inter nos sic haec potius cum bona
ut componamus gratia quam cum mala?
GE. Warum, Freund Phormio, versuchen wir
Nicht lieber erst die Sache zwischen uns in Ruh'
Und Güte beizulegen als in Zank und Streit?

(J. J. Donner)

TERENZ, PHORMIO 620–622

Bitten 2243 **Roganti melius quam imperanti pareas.**
Dem Bitten folgt man lieber als dem Heißen.

(H. Beckby)

PUBLILIUS SYRUS, SENTENTIAE R 11

Durchhalten 2244 **Perfer et obdura! dolor hic tibi proderit olim;**
  Saepe tulit lassis sucus amarus opem.
Halte nun durch und sei hart! Dér Schmerz kommt dir einmal zustatten.
  Oft hat ein bitterer Trank Leidenden Stärkung gebracht.

OVID, AMORES 3, 11, 9–10

Vicimus et domitum pedibus calcamus amorem.
  Venerunt capiti cornua sera meo.
Perfer et obdura ...

Ich bin Sieger und tret mit dem Fuß die bezwungene Liebe.
  Endlich wuchsen dem Haupt grimmig die Hörner hervor.
Halte nun durch und sei hart ...

(W. Marg – R. Harder)

Entschuldigung 2245 DORIPPA: **Numero purigas.**
Do. Du bist sehr rasch mit deinen Entschuldigungen.

(W. Binder – W. Ludwig)

PLAUTUS, MERCATOR 739

2246 BACCHIS: **Qui post factam iniuriam se expurget, parum mi prosit.**
BA. Wer das Unrecht, wenn's getan, entschuldigt, hilft mir wenig.
(J. J. Donner)
TERENZ, HECYRA 742

2247 **Atticae meae excusationem accipio eamque amo plurimum; cui et Piliae salutem.**
Die Entschuldigung meiner Attica lasse ich gelten und habe sie sehr lieb; grüße sie und auch Pilia! *(8. Juli 44 v. Chr.)*
(H. Kasten)
CICERO, AD ATTICUM 16, 1, 6 K.

2248 **Utendum est excusatione adversus eos, quos invitus offendas, quacumque possis, quare id, quod feceris, necesse fuerit nec aliter facere potueris, ceterisque operis et officiis erit id, quod violatum videbitur, compensandum.**
Man muß von der Entschuldigung Gebrauch machen denen gegenüber, die du wider Willen verletzt hast, so gut du kannst, warum das, was du getan, unumgänglich gewesen ist, und du nicht hast anders handeln können; und durch andere Bemühungen und Dienste wird man das, was man an offenkundigem Schaden angerichtet hat, aufwiegen müssen.
(K. Büchner)
CICERO, DE OFFICIIS 2, 68

Entschuldigung erbitten

2249 COLAPHUS: **Si di immortales id voluerunt vos hanc aerumnam exsequi,**
decet id pati animo aequo; si id facietis, levior labos erit.
Co. Da nun einmal die Götter es gewollt, daß ihr
Dies Mißgeschick erdulden sollt, so müßt ihr es
Mit Gleichmut tragen. Tut ihr dies, wird jede Not
Euch leichter werden.
(W. Binder – W. Ludwig)
PLAUTUS, CAPTIVI 195–196

Ertragen

2250 **Quod me admones, tu vero etiam si reprenderes, non modo facile paterer, sed etiam laetarer, quippe cum in reprensione sit prudentia cum εὐμενείᾳ (eumeneía).**
Gewiß, Du erteilst mir gute Lehren, aber selbst wenn Du mich tadeltest, würde ich mir das gefallen lassen, ja, mich sogar darüber freuen; ist doch in Deinem Tadel Klugheit mit Wohlwollen verbunden!
CICERO, AD ATTICUM 16, 11, 2 K.

... *cum εὐμενείᾳ.* Ita libenter ea corrigam, quae a te animadversa sunt.

... mit Wohlwollen verbunden. So will ich die von Dir beanstandeten Stellen gern ändern. *(5. November 44 v. Chr.)*
(H. Kasten)

2251 **Feras, non culpes, quod mutari non potest.**
Was man nicht ändern kann, muß stumm man tragen.

(H. Beckby)

PUBLILIUS SYRUS, SENTENTIAE F 11

2252 **Certi sunt domitores ferarum, qui saevissima animalia et ad
accursum expavescenda hominem pati subigunt nec asperitatem
excussisse contenti usque ad contubernium mitigant: leonibus
magister manum insertat, osculatur tigrim suus custos,
elephantum minimus Aethiops iubet subsidere in genua et
ambulare per funem: sic sapiens artifex est domandi mala. dolor,
egestas, ignominia, carcer, exilium ubique horrenda, cum ad hunc
pervenere, mansueta sunt.**
Es gibt bestimmte Tierbändiger, die die wildesten und beim Angriff
fürchterlichsten Tiere zwingen, den Menschen zu ertragen und, nicht
damit zufrieden, ihnen ihre Wildheit ausgetrieben zu haben, sie bis
zur Lebensgemeinschaft zähmen: den Löwen legt der Meister die
Hand auf, es küßt die Tiger ihr Wärter, den Elefanten heißt ein ganz
kleiner Äthiopier sich auf die Knie niederlassen oder über ein Seil
gehen: ebenso ist der Weise ein Meister darin, Übel zu bändigen.
Schmerz, Armut, Schande, Kerker, Verbannung – überall zu fürchten –,
wenn sie zu ihm kommen, sind sie zahm.

(nach M. Rosenbach)

SENECA, EPISTULAE MORALES 85, 41

feste Haltung 2253 **Hilaritatem illam, qua hanc tristitiam temporum condiebamus, in
perpetuum amisi, constantia et firmitas nec animi nec orationis
requiretur.**
Die Heiterkeit, mit der ich mir ehedem diese trostlosen Zeiten zu ver-
zuckern suchte, ist für immer dahin; aber Mangel an fester Haltung in
Rede und Betragen soll mir niemand vorwerfen können.

CICERO, AD ATTICUM 12, 44 (40), 3 K.

Cum Romam venero, nec vultu nec oratione reprendar, *hilaritatem illam ...*

Wenn ich nach Rom komme, wird niemand Grund haben, was Gesichtsausdruck und
Redeweise betrifft, mich zu tadeln. Freilich, die Heiterkeit ... *(9. Mai 45 v. Chr.)*

(H. Kasten)

Gefaßtsein 2254 **Inter spem curamque, timores inter et iras,
omnem crede diem tibi diluxisse supremum:
grata superveniet quae non sperabitur hora.**
In all dem Getriebe von Hoffnung und Sorge, von Ängsten und Ärger-
nissen nimm jeden Tag, der dir heraufdämmert, als letzten Tag;
beglückend überrascht dich dann die Stunde, die unverhofft hinzukommt.

(H. Färber – W. Schöne)

HORAZ, EPISTULAE 1, 4, 12–14

2255 O quando illud videbis, quo tranquillus placidusque eris et crastini neglegens et in summa tui satietate!

O, wann wirst du jenen Augenblick erleben, da du weißt, daß die Zeit dich nicht betrifft, da du ruhig und gelassen bist, unbekümmert um den morgigen Tag!

(nach M. Rosenbach)

SENECA, EPISTULAE MORALES 32, 4

Gelassenheit

2256 Peccatum extenuat, qui celeriter corrigit.

Wer rasch den Fehler gutmacht, wird ihn mildern.

(H. Beckby)

PUBLILIUS SYRUS, SENTENTIAE P 40

Fehler gutmachen

2257 Non est idem ferre, si quid ferendum est, et probare, si quid non probandum est.

Es ist doch nicht ein und dasselbe, ob man etwas stillschweigend hinnimmt, was man doch nicht ändern kann, oder gutheißt, was man nicht gutheißen darf.*(21. /24.Juni 46 v. Chr.)*

(H. Kasten)

CICERO, AD FAMILIARES 9, 7 (6), 2 K. (AD VARRONEM)

stillschweigend hinnehmen

2258 Consideres, quid tuae rationes postulent.

Erwäge, was deine Interesssen fordern!

SALLUST, CATILINAE CONIURATIO 44, 5

Ipse Volturcio litteras ad Catilinam dat, quarum exemplum infra scriptum est: «Qui sim, ex eo, quem ad te misi, cognosces. fac cogites, in quanta calamitate sis, et memineris te virum esse. *consideres ... postulent.* auxilium petas ab omnibus, etiam ab infumis.»

Er (*i. e.* Lentulus) selbst gibt Volturcius einen Brief an Catilina mit, dessen Wortlaut hier wiedergegeben ist: «Wer ich bin, wirst Du von dem erfahren, den ich zu Dir schicke. Überlege doch, in welch mißlicher Lage Du steckst, und denk daran, daß Du ein Mann bist! Erwäge, was Deine Interessen fordern! Unterstützung magst Du bei allen suchen, selbst bei den Niedrigsten.»

(W. Eisenhut – J. Lindauer)

Interessen wahrnehmen

2259 THRASO: Omnia prius experiri quam armis sapientem decet.

THR. Alle Mittel muß der weise Mann versuchen, eh' er kämpft.

(J. J. Donner

TERENZ, EUNUCHUS 789

Kampf vermeiden

2260 Habes totum rei publicae statum, qui quidem tum erat, cum has litteras dabam. velim deinceps meliora sint; sin aliter fuerit – quod di omen avertant! –, rei publicae vicem doleo, quae immortalis esse debebat; mihi quidem quantulum reliqui est?

kein Selbstmitleid

So also ist die Gesamtlage zur Zeit, wo ich diesen Brief schreibe. Ich
wollte, sie besserte sich fortan; kommt es anders, was die Götter verhüten mögen, dann wird mir's leid tun für den Staat, der unsterblich
sein sollte; was mir bleibt – ach, nicht der Rede wert. *(Juni 43 v. Chr.)*

(H. Kasten)

CICERO, AD M. BRUTUM 12 (18), 5 K.

Mann sein 2261 **Memineris te virum esse.**
Denk daran, daß du ein Mann bist!

(W. Eisenhut – J. Lindauer)

SALLUST, CATILINAE CONIURATIO 44, 5

Maßhalten 2262 ADELPHASIUM: **Verum hoc unum cogitato:**
modus omnibus in rebus, soror, optimumst habitu:
nimia omnia nimium exhibent negoti hominibus ex se.
AD. Doch bedenke nur das eine:
Maß ist das Beste in allen Dingen; alles, was
Zuviel ist, lastet beschwerlich auf den Menschen.

(W. Binder – W. Ludwig)

PLAUTUS, POENULUS 237–239

2263 **Qui potest temperantiam laudare is, qui ponat summum bonum in**
voluptate? est enim temperantia libidinum inimica, libidines
autem consecatrices voluptatis.
Wie kann der das Maßhalten loben, der das höchste Gut in die Lust
setzt? Ist doch das Maßhalten der Begierden Feind, die Begierden aber
sind die Begleiter der Lust.

(K. Büchner)

CICERO, DE OFFICIIS 3, 117

2264 **'Optimus tamen modus est.' quis negat? sed non minus non servat**
modum, qui infra rem, quam qui supra, qui adstrictius, quam qui
effusius dicit.
«Das rechte Maß ist aber doch das beste!» – Wer bestreitet das? Doch
nicht weniger läßt das Maß vermissen, wer zu wenig, als wer zu viel
sagt, wer zu knapp, als wer zu breit redet.

(H. Kasten)

PLINIUS MINOR, EPISTULAE 1, 20, 20 K.

2265 **Hunc servare modum nostri novere libelli,**
parcere personis, dicere de vitiis.
Meine Gedichte verstehen es stets, das Maß zu bewahren,
schonen stets die Person, geißeln die Laster allein.

(R. Helm)

MARTIAL, EPIGRAMMATA 10, 33, 9–10

2266 Philoxenus:**Paulisper, Lyde, est lubido homini suo animo obsequi: iam aderit tempus, quom sese etiam ipse oderit. morem geras: dum caveatur, praeter aequom ne quid delinquat, sine!**

Ph. Kurz zugemessen ist dem Menschen seine Lust;
Bald kommt die Zeit, wo er sogar sich selbst nicht leiden mag.
Drum übe Nachsicht; sorge nur, daß er (*s. c.* dein Sohn) das Maß
Nicht überschreitet, sonst laß ihm den Lauf!

(W. Binder – W. Ludwig)

Plautus, Bacchides 416–418

Nachsicht

2267 **Laudo istam tuam mehercules et ipse constantiam.**
Du hast Nerven, das muß ich bei Gott auch selber anerkennen.

Apuleius, Metamorphoses 10, 14, 6

Subicit alius: '*Laudo ... constantiam,* quod cotidie furatis clanculo partibus praevenisti querimoniam, quam diutissime sustinens tacitus ingemescebam, ne viderer rapinae sordidae meum fratrem arguere.'

Der andere erwidert: «Du hast Nerven ... anerkennen: erst stiehlst du heimlich jeden Tag ein paar Stücke und dann kommst du meiner Beschwerde zuvor, die ich schon lange still seufzend mit mir herumtrug, um nicht offen meinen Bruder eines schmutzigen Diebstahls zu beschuldigen.»

(E. Brandt – W. Ehlers)

Nerven haben

2268 **In tauros Libyci ruunt leones,
non sunt papilionibus molesti.**
Stürzen libysche Löwen doch auf Stiere,
nicht belästigen sie die Schmetterlinge.

(R. Helm)

Martial, Epigrammata 12, 61, 5–6

Nichtbeachtung

2269 **Sin te quoque inimici vexare coeperint, ne cessaris; non enim gladiis mecum, sed litibus agetur. verum haec absint velim.**
Gehen aber meine Feinde dazu über, auch Dir zuzusetzen, dann wirf die Flinte nicht ins Korn! Sie werden mir ja nicht mit Schwertern, sondern mit Prozessen kommen. Hoffentlich kommt es aber gar nicht dazu. (*5. August 58 v. Chr.*)

Cicero, Ad Quintum fratrem 1, 4, 5 K

nicht verzagen

2270 **Quin mihi nunc te absente non solum consilium, quo tu excellis, sed etiam sermonis communicatio, quae mihi suavissima tecum solet esse, maxime deest.**
Und jetzt gar, wo Du fern bist, wie fehlt mir Dein guter Rat, den Du so trefflich zu erteilen weißt, wie sehr auch die persönliche Unterhaltung, die ich so gerne mit Dir pflege.

Cicero, Ad Atticum 1, 17, 6 K.

Rat einholen

... maxime deest – quid dicam? in publicane re, quo genere mihi neglegenti esse non licet, an in forensi labore, quem antea propter ambitionem sustinebam, nunc, ut dignitatem tueri gratia possim, an in ipsis domesticis negotiis, in quibus ego cum antea tum vero post discessum fratris te sermonesque nostros desidero?

... bei jeder erdenklichen Gelegenheit, bei meiner Arbeit als Politiker, die ich nicht vernachlässigen darf, wie bei meiner Tätigkeit vor Gericht, die ich einst meiner Laufbahn wegen ausübte, jetzt aber versehe, um die errungene Stellung durch den nötigen Einfluß zu stützen, ja gerade auch bei meinen häuslichen Angelegenheiten, überall vermisse ich stets Dich und die Unterhaltung mit Dir, und nun nach dem Weggange meines Bruders (Quintus) erst recht. *(Dezember 61 v. Chr.)*

(H. Kasten)

reifen lassen   2271   **Nil non acerbum, prius quam maturum fit.**
Jedwede Frucht war bitter, eh' sie reifte.

(H. Beckby)

PUBLILIUS SYRUS, SENTENTIAE N 20

Selbsthilfe   2272   **Noli te oblivisci esse et eum, qui aliis consueris praecipere et dare consilium, neque imitare malos medicos, qui in alienis morbis profitentur tenere se medicinae scientiam, ipsi se curare non possunt, sed potius, quae aliis tute praecipere soles, ea tute tibi subiace atque apud animum propone: Nullus dolor est, quem non longinquitas temporis minuat ac molliat.**
Du darfst doch nicht vergessen, daß Du ein Mann bist, der sonst andren Lehren zu geben und Rat zu erteilen pflegt, darfst es nicht so machen wie die schlechten Ärzte, die bei andern Kranken ihre medizinischen Fachkenntnisse herauskehren, sich selbst aber nicht zu helfen wissen. Nein, was Du andern zu predigen pflegst, das wende auf Dich selbst an und führe es Dir zu Gemüte! Jeden Schmerz mindert und lindert die Zeit.

SER. SULPICIUS BEI CICERO, AD FAMILIARES 4, 5, 5–6 K.

Denique *noli te oblivisci* Ciceronem *esse et eum, qui* ...

Schließlich darfst Du doch nicht vergessen, daß Du Cicero bist, ein Mann, der . . *(März 45 v. Chr.)*

(H. Kasten)

sich abfinden   2273   **Tu qui potes intueri, quae gesseris, simul et ista vel probare vel ita demisse ac facile pati, ut probantis speciem habeas?**
Wie kannst Du auf Deine Taten schauen und gleichzeitig Dich mit diesen Zuständen abfinden oder sie so demütig und bereitwillig hinnehmen, daß man den Eindruck gewinnt, Du fändest Dich mit ihnen ab? *(Juli 43 v. Chr.)*

(H. Kasten)

BRUTUS BEI CICERO, AD M. BRUTUM 25 (24), 4 K.

2274 **Nemo regere potest, nisi qui et regi.**
Herrschen kann nur, wer sich beherrschen kann.

(G. Fink)

SENECA, DE IRA 2, 15

sich beherrschen

2275 ANTIPHO: **Quam scitumst eius modi in animo parare cupiditates,**
quas, quom res advorsae sient, paulo mederi possis!
AN. Wie weise, solchen Wünschen nur im Herzen Raum zu geben,
Die leicht befriedigt werden, auch wenn schlimme Lose fallen!

(J. J. Donner)

TERENZ, PHORMIO 821–822

sich bescheiden

2276 STRATOPHANES: **Fiat: ut rem gnatam video, hoc accipiundumst,**
quod datur.
STR. Gut. Wie die Sachen stehen, wird's am besten sein,
Man nimmt, was man bekommt.

(W. Binder-W. Ludiwig)

PLAUTUS, TRUCULENTUS 962

2277 CRITO: **Quid vos? quo pacto hic? satine recte?** MYSIS: **Nosne? sic:**
ut quimus, aiunt, quando, ut volumus, non licet.
CR. Wie geht's denn euch? Gut, hoff' ich. MY. Wie das Sprichwort sagt:
Da's nicht geht, wie man wünscht, so lebt man, wie man kann.

(J. J. Donner)

TERENZ, ANDRIA 804–805

2278 CHREMES: **Non meast simulatio:**
ita tu istaec tua misceto, ne me admisceas.
CHR. Verstellung ist meine Sache nicht.
Du mische deine Karten, wie du willst, und mich
Laß aus dem Spiel!

(nach J. J. Donner)

TERENZ, HEAUTONTIMORUMENOS 782–783

sich distanzieren

2279 DEMEA: **Suo sibi gladio hunc iugulo.**
DE. Dén schlag' ich mit seiner eigenen Waffe.

(J. J. Donner)

TERENZ, ADELPHOE 958

mit den eigenen
Waffen schlagen

2280 **Taciturnitas stulto homini pro sapientia est.**
Des Toren Schweigen ist Ersatz für Weisheit.

(H. Beckby)

PUBLILIUS SYRUS, SENTENTIAE T 2

Schweigen

Überlegenheit 2281 **Deliberare utilia mora tutissima est**
Gut Überlegen ist ein fruchtbar Säumen.
(H. Beckby)
Publilius Syrus, Sententiae D 6

2282 **De epistula Vatini risi; sed me ab eo ita observari scito, ut eius odia non sorbeam solum, sed etiam concoquam.**
Über Vatinius' Brief habe ich nur lachen können, aber wisse: seine Observanz wirkt sich bei mir dahin aus, daß ich seinen Haß nicht nur in mich hineinfresse, sondern auch ohne Beschwer verdaue.
(H. Kasten)
Cicero, Ad Quintum fratrem 3, 7, 5 K.

Überlegung 2283 **Et, prius quam incipias, consulto et, ubi consulueris, mature facto opus est. ita utrumque per se indigens alterum alterius auxilio eget.**
Ehe man (etwas) beginnt, bedarf es der Überlegung, und wenn man überlegt hat, rechtzeitiger Ausführung. So ist jedes für sich allein unzureichend, eins braucht die Ergänzung durch das andere.
(W. Eisenhut – J. Lindauer)
Sallust, Coniuratio Catilinae 1, 6–7

Unerschütter- 2284 **Quomodo quorundam lapidum inexpugnabilis ferro duritia est**
lichkeit **nec secari adamas aut caedi vel deteri potest, sed incurrentia ultro retundit, quemadmodum quaedam non possunt igne consumi, sed flamma circumfusa rigorem suum habitumque conservant, quemadmodum proiecti quidam in altum scopuli mare frangunt nec ipsi ulla saevitiae vestigia tot verberati saeculis ostentant, ita sapientis animus solidus est et id roboris collegit, ut tutus sit ab iniuria.**
Wie bestimmte Steine so hart sind, daß ihnen Eisen nichts anzuhaben vermag, wie der Diamant sich weder schneiden noch zerschlagen läßt noch abnützt, sondern seinerseits alles Werkzeug abstumpft, wie manche Stoffe vom Feuer nicht verschlungen werden, sondern in-mitten der Flammen ihre Härte und ihr Aussehen behalten, wie manche weit ins Meer vorstoßende Klippen die Brandung brechen und selbst keine Spur von ihrem Wüten zeigen, obschon diese so viele hundert Jahre an sie schlägt, so ist der Geist des Weisen unerschütter-lich und hat solche Kraft gesammelt, daß er vor Gewaltanwendung sicher ist.
Seneca, De constantia sapientis 3

... *ut* tam *tutus sit ab iniuria* quam illa, quae rettuli.

... daß er vor Gewaltanwendung so sicher ist wie das, wovon ich sprach.

(G. Fink)

2285 **Non est arbor solida nec fortis, nisi in quam frequens ventus incursat: ipsa enim vexatione constringitur et radices certius figit.**
Kein Baum steht fest und unerschütterlich, wenn in ihn nicht oft der Sturm fährt. Gerade durch die Erschütterung wird er stark und schlägt die Wurzeln fester in den Boden.

(G. Fink)

Seneca, De providentia 4

2286 **Semper causae eventorum magis movent quam ipsa eventa.**
Stets sind es mehr die Ursachen der Ereignisse als diese selbst, die einen beeindrucken. *(10. März 49 v. Chr.)*

(H. Kasten)

Cicero, Ad Atticum 9, 5, 2 K.

Ursachen

2287 **Nihil laudabilius, nihil magno et praeclaro viro dignius placabilitate atque clementia.**
Nichts ist lobenswerter, nichts eines großen und ausgezeichneten Mannes würdiger als Versöhnlichkeit und Milde.

(K. Büchner)

Cicero, De officiis 1, 88

Versöhnlichkeit

2288 **Et irritabiles animi sunt optimorum saepe hominum et iidem placabiles.**
Nicht selten sind auch die besten Menschen reizbar, lassen sich dann aber auch schnell versöhnen.

Cicero, Ad Atticum 1, 17, 4 K.

Nam si ita statueris, *et irritabiles ... placabiles* esse et hanc agilitatem, ut ita dicam, mollitiamque naturae plerumque bonitatis et, id quod caput est, nobis inter nos nostra sive incommoda sive vitia sive iniurias esse tolerandas, facile haec, quem ad modum spero, mitigabuntur; quod ego, ut facias, te oro.

Denn wenn Du Dir vor Augen hältst, daß nicht selten ... versöhnen lassen, daß diese sozusagen charakterliche Beweglichkeit und Empfindsamkeit meist ein Zeichen anständiger Gesinnung ist, und vor allem, daß wir Unannehmlichkeiten, Verfehlungen oder Beleidigungen untereinander geduldig hinnehmen müssen, so wird sich dieser Fall, wie ich hoffe, gütlich beilegen lassen. Darum bitte ich Dich herzlich. *(5. Dezember 61 v. Chr.)*

(H. Kasten)

2289 **Iuppiter: In hominum aetate multa eveniunt huiusmodi:**
capiunt voluptates, capiunt rursum miserias:
irae interveniunt, redeunt rursum in gratiam.
verum irae siquae forte eveniunt huiusmodi
inter eos: rursum si reventum in gratiamst,
bis tanto amici sunt inter se quam prius.

Versöhnung

Ju. Dergleichen Dinge kommen ja
Im Menschenleben öfter vor: man schmeckt die Lust,
Doch bald kommt Jammer hintennach. Das eine Mal
Drängt Zorn sich ein, dann folgt Versöhnung wiederum.
Und wenn ein Zorn der Art sich bei den Menschen zeigt,
So werden sie, nachdem sie miteinander sich
Versöhnt, noch zweimal bessere Freunde als zuvor.

(W. Binder – W. Ludwig)

PLAUTUS, AMPHITRUO 938–943

Verzeihen

2290   **Ignoscere hominum est, ubi pudet, cui ignoscitur.**
Wo Reue auftritt, soll der Mensch verzeihen.

(H. Beckby)

PUBLILIUS SYRUS, SENTENTIAE I 29

2291   **Multa ignoscendo fit potens potentior.**
Vieles Verzeihen macht den Starken stärker.

(H. Beckby)

PUBLILIUS SYRUS, SENTENTIAE M 42

2292   **Prudentiori credamus, stultiori remittamus; pro quocumque illud
nobis respondeamus, sapientissimos quoque viros multa
delinquere, neminem esse tam circumspectum, cuius non
diligentia aliquando sibi ipsa excidat, neminem tam maturum,
cuius non gravitatem in aliquod fervidius factum casus impingat,
neminem tam timidum offensarum, qui non in illas, dum vitat,
incidat.**
Dem Klügeren wollen wir vertrauen, dem Dümmeren verzeihen und
für jedermann folgende Entschuldigung bereit haben: Auch die weise-
sten Männer machen viele Fehler; niemand ist so besonnen, daß er
nicht irgendwann die Selbstkontrolle verlöre, niemand so vollkommen, daß ihn trotz seiner Charakterfestigkeit nicht zu irgendeiner
unüberlegten Handlung der Zufall triebe, niemand so ängstlich darauf
bedacht, keinen Ärger zu erregen, daß er, während er ihn zu meiden
sucht, ihn nicht bekäme.

(G. Fink)

SENECA, DE IRA 3, 24

2293   **Amasti hominem et, spero, amabis; interim sufficit, ut exorari te
sinas. licebit rursus irasci, si meruerit, quod exoratus excusatius
facies. remitte aliquid adulescentiae ipsius, remitte lacrimis,
remitte indulgentiae tuae. ne torseris illum, ne torseris etiam te;
torqueris enim, cum tam lenis irasceris.**

Du hast den Mann liebgehabt und wirst ihn hoffentlich wieder lieb-
haben; einstweilen genügt es, daß Du Dich erweichen läßt. Du darfst
ihm wieder zürnen, wenn er's nicht anders verdient, und da mit noch
besserem Recht, wenn Du Dich jetzt erweichen läßt. Halte seiner
Jugend, seinen Tränen, Deiner Nachgiebigkeit etwas zugute! Quäle
ihn nicht und damit auch Dich, denn Du quälst Dich, wenn Du, ein so
sanftmütiger Mensch, zornig bist!

(H. Kasten)

PLINIUS MINOR, EPISTULAE 9, 21, 3 K.

2294 **Nostine hos, qui omnium libidinum servi sic aliorum vitiis irascun-
tur, quasi invideant, et gravissime puniunt, quos maxime imitantur? cum eos etiam, qui non indigent clementia ullius, nihil magis
quam lenittas deceat. atque ego optimum et emendatissimum
existimo, qui ceteris ita ignoscit, tamquam ipse cottidie peccet, ita
peccatis abstinet, tamquam nemini ignoscat.**

Kennst Du diese Leute, die sich, selbst Sklaven ihrer Lüste, über die
Fehler andrer so aufregen, als ob sie sie darum beneideten, und am
härtesten bestrafen, wen sie am meisten nachahmen, während sich
auch für die, die niemandes Nachsicht bedürfen, nichts mehr schickt
als Milde? Ich für meine Person halte den für den besten, vollkom-
mensten Menschen, der allen andern so verzeiht, als ob er selbst täglich fehlte, und sich so vor Verfehlungen hütet, als ob er niemandem
etwas verziehe.

(H. Kasten)

PLINIUS MINOR, EPISTULAE 8, 22. 1–2 K.

2295 **Venia est poenae meritae remissio.**
Verzeihung ist Erlaß einer verdienten Strafe.

(M. Rosenbach)

SENECA, DE CLEMENTIA 2, 5, 1

2296 **Gratissimum putavit Caesar genus veniae nescire, quid quisque
peccasset.**
Die schönste Art Verzeihung war nach Caesars Meinung, nicht zu
wissen, was ein jeder verbrochen hatte.

(G. Fink)

SENECA, DE IRA 2

2297 **Nec existimes eos, qui non debita consectari soleant, quod
debeatur, remissuros.**

Verzichten

Bilde Dir nicht ein, diese Kerle, die fortgesetzt hinter Dingen her sind,
auf die sie keinen Anspruch haben, könnten auf etwas verzichten,
worauf sie Anspruch haben.

CICERO, AD ATTICUM 13, 34 (23), 3 K.

Quare da te in sermonem et praesta et confice et ita cum Polla loquere, ut te cum illo Scaeva loqui putes *nec existimes* ...

Darum laß mit Dir reden, zahle drauf, komm zum Abschluß, und mit Polla sprich so, als glaubtest Du mit dem alten Scaeva zu sprechen, und bilde Dir nicht ein ... *(10. Juli 45 v. Chr.)*

(H. Kasten)

Warnen

2298 **Monere, non punire stultitiam decet.**
Wer immer warnt und niemals straft, ist töricht.

(H. Beckby)

PUBLILIUS SYRUS, SENTENTIAE M 70

Wohlbedacht-heit

2299 **Nos nihil turbulenter, nihil temere faciemus.**
Ich werde keinen kopflosen, keinen unüberlegten Schritt tun.

CICERO, AD FAMILIARES 2, 16, 7 K. (AD M. CAELIUM)

Extremum illud erit: *Nos nihil* ...

Das Fazit meiner Ausführungen: ich werde ... *(4. Mai 49 v. Chr.)*

(H. Kasten)

Wortsinn

2300 **Verbum omne refert, in quam partem intellegas.**
Bei jedem Wort ist der Sinn bedeutsam.

(H. Beckby)

PUBLILIUS SYRUS, SENTENTIAE V 13

Zeit gewinnen

2301 CHREMES: **De istoc, quom usus venerit,**
videbimus, quid opus sit.
CHR. Was in diesem Fall zu tun,
Das sehen wir, wenn es nötig ist.

(J. J. Donner)

TERENZ, HEAUTONTIMORUMENOS 557–558

Zugeständnisse machen

2302 **Multo equidem honestius iudico magisque, quod concedere possit res publica, miserorum fortunam non insectari quam infinite tribuere potentibus, quae cupiditatem ad adrogantiam incendere possint.**
Ich halte es für viel ehrenhafter und für etwas, was der Staat sich eher leisten kann, den Unglücklichen ihr Los nicht noch zu erschweren, als den Erfolgreichen ins Blaue hinein Zugeständnisse zu machen, die ihre Begehrlichkeit nur noch steigern können. *(7. Mai 43 v. Chr.)*

(H. Kasten)

BRUTUS BEI CICERO, AD M. BRUTUM 19 (11), 2 K.

Falsch

2303 **Non est locus ad tergiversandum.** Ausflüchte
Da gibt es keine Ausflüchte.

CICERO, AD ATTICUM 7, 1, 4 K.

'Dic, M. Tulli!' Quid dicam? 'Exspecta, amabo te, dum Atticum conveniam?' *Non est locus ad tergiversandum.* Contra Caesarem? 'Ubi illae sunt denae dexterae?'

«Äußere Dich, M. Tullius!» Was soll ich sagen? «Warte bitte, bis ich mit Atticus gesprochen habe?» Da gibt es keine Ausflüchte. Gegen Caesar? «Wo bleiben da all die Treuschwüre?» *(16. Oktober 50 v. Chr.)*

(H. Kasten)

2304 **Quis nostrum contentus fuit aut leviter rogari aut semel? quis non, cum aliquid a se peti suspicatus est, frontem adduxit, voltum avertit, occupationes simulavit, longis sermonibus et de industria non invenientibus exitum occasionem petendi abstulit et variis artibus necessitates properantes elusit, in angusto vero conprensus aut distulit, id est timide negavit, aut promisit, sed difficulter, sed subductis superciliis, sed malignis et vix exeuntibus verbis?**
Wer von uns war damit zufrieden, behutsam gebeten zu werden oder einmal? Wer hat nicht, wenn er vermutete, von ihm werde etwas verlangt, die Stirn in Falten gezogen, das Gesicht abgewandt, Belastungen vorgeschützt, mit langen Gesprächen, die mit Absicht kein Ende fanden, einem die Gelegenheit, eine Bitte vorzutragen, genommen und mit vielfältigen Tricks unmittelbare Bedrängnisse ausmanövriert und, wenn er in einer engen Gasse nicht ausweichen konnte, entweder hingehalten, das heißt feige abgelehnt, oder versprochen, doch mit Vorbehalten, doch mit hochgezogenen Augenbrauen, doch mit bösen und kaum von den Lippen gehenden Worten?

(M. Rosenbach)

SENECA, DE BENEFICIIS 1, 1, 5–6

2305 **Satius est rideri quam derideri.** Auslachen
Es ist immer noch besser, die anderen lachen über einen als sie lachen einen aus.

(K. Müller – W. Ehlers)

PETRON, CENA TRIMALCHIONIS 61, 4

2306 **Mentiuntur, qui sibi obstare ad studia liberalia turbam negotiorum videri volunt: simulant occupationes et augent et ipsi se occupant.** Ausreden
Es lügen, die den Eindruck erwecken wollen, ihnen sei die Menge ihrer Verpflichtungen hinderlich für die eines freien Mannes würdige wissenschaftliche Beschäftigung: sie schützen Verpflichtungen vor, übertreiben sie und stehlen sich so selbst die Zeit.

(nach M. Rosenbach)

SENECA, EPISTULAE MORALES 62, 1

aus der Haut
fahren

2307   **Age, finge me quamvis εὐστομάχως (eustomáchos) haec ferentem.**
        Aber nimm einmal an, ich könnte das, ohne aus der Haut zu fahren!

CICERO, AD ATTICUM 9, 5, 2 K.

Fuit apud me Postumus, scripsi ad te, quam gravis. Venit ad me etiam Q. Fufius (quo vultu,
quo spiritu!) properans Brundisium, scelus accusans Pompei, levitatem et stultitiam
senatus. Haec qui in mea villa non feram, qui tum in curia potero ferre?
Age ... ferentem: quid illa 'Dic, M. Tulli', quem habebunt exitum?

Postumus ist hier gewesen, und ich habe Dir ja geschrieben, wie er mir auf die Nerven
fiel. Auch Q. Fufius hat mich besucht: welche Überheblichkeit, welche Hochnäsigkeit! Er
jagte nach Brundisium, bezeichnete Pompeius' Handlungsweise als Verbrechen, die des
Senats als leichtfertige Torheit. Das ist mir schon hier auf meinem Landsitz zuviel, wie
werde ich es da hernach in der Kurie ertragen können? Aber nimm einmal an, ich könnte
es, ohne aus der Haut zu fahren. Wie stünde es dann mit dem «Äußere Dich, M. Tullius»?
Wozu würde das führen? *(10. März 49 v. Chr.)*

(H. Kasten)

Heimzahlen

2308   **Solent dicere: 'O miserum me! Puto, non intellexit.' Adeo fructus
        contumeliae in sensu et indignatione patientis est. Deinde non
        deerit illi aliquando par: invenietur, qui te quoque vindicet.**
        Gewöhnlich heißt es dann: «Verdammt! Ich glaube, er hat's nichts
        begriffen!» In solchem Maß genießt man eine Beleidigung erst dann,
        wenn der Betroffene sich sichtlich ärgert. Des weiteren wird es nicht
        an einem fehlen, der irgendwann dem Spötter mit gleicher Münze
        heimzahlt: Auch dein Rächer findet sich!

(G. Fink)

SENECA, DE CONSTANTIA SAPIENTIS 17

kalt lassen

2309   **Ipse obdurui.**
        Mich persönlich läßt das kalt.

CICERO, AD ATTICUM 10, 10 (9), 1 K.

Adventus Philotimi (at cuius hominis, quam insulsi et quam saepe pro Pompeio
mentientis!) exanimavit omnes, qui mecum erant; nam *ipse obdurui.* Dubitabat nostrum
nemo, quin Caesar itinera repressisset: volare dicitur.

Philotimos ist gekommen – ein toller Bruder, ein alberner Patron: wie oft hat er uns etwas
vorgemacht zu Pompeius' Gunsten – und hat meinen Leuten hier einen gewaltigen
Schrecken eingejagt; mich persönlich läßt ja alles kalt. Niemand von uns zweifelt, daß
Caesars Vormarsch sich verlangsamt habe: er sagt, er fliege nur so dahin. *(3. Mai 49
v. Chr.)*

(H. Kasten)

alles laufen
lassen

2310   **Tranquillissimus animus meus, qui totum istuc aequi boni facit.**
        Am ruhigsten ist mein eigenes Gemüt: ich lasse alles laufen wie es
        läuft.

CICERO, AD ATTICUM 7, 7, 4 K.

Tranquillissimum ... facit, et eo magis, quod iam a multis audio constitutum esse
Pompeio et eius consilio in Siciliam me mittere, quod imperium habeam. Id est
Ἀβδηριτικόν (Abderitikón).

Am ruhigsten ... läuft, und das um so mehr, als dem Vernehmen nach Pompeius und seine
Ratgeber entschlossen sind, mich nach Sizilien zu schicken, weil ich sowieso schon ein
Imperium hätte, ein echter Schildbürgerstreich! *(19. Dezember 50 v. Chr.)*

(H. Kasten)

2311 Sed ego fortasse vaticinor et haec omnia meliores habebunt exitus. **Schwarzsehen**
Recordor enim desperationes eorum, qui senes erant adulescente
me. Eos ego fortasse nunc imitor et utor aetatis vitio. Velim ita sit;
sed tamen ...

Mag sein, daß ich ein Schwarzseher bin und daß dies alles besser
ausgehen wird. Ich erinnere mich, wie verzweifelt in meiner Jugend
die Alten waren. Vielleicht mache ich es jetzt ebenso wie sie und
verfalle in die Fehler des Alters. Wäre es doch so! Aber trotzdem ...
(4. Mai 49 v. Chr.)

(H. Kasten)

CICERO, AD FAMILIARES 2, 16, 6 K. (AD M. CAELIUM)

2312 NICOBULUS: Quiquomque ubiubi sunt, qui fuerunt quique futuri **Selbst-**
sunt posthac **beschimpfung**
stulti, stolidi, fatui, fungi, bardi, blenni, buccones,
solus ego omnis longe antideo stultitia et moribus indoctis.
perii: pudet: hocine me aetatis ludos bis factum esse idigne?
magis quam id reputo, tam magis uror.

NI. Soviel es in der Welt gibt, gab und geben wird,
Die Toren, Narren, Tölpel, Schafs-und Eselsköpfe
Und Einfaltspinsel heißen, ich übertreffe sie
An Dummheit und Borniertheit alle weit.
Ich schäme mich zu Tode! In diesem Alter noch
Zweimal so jammervoll geprellt zu sein! Je mehr
Ich das bedenke, desto mehr steigt meine Wut.

(W. Binder – W. Ludwig)

PLAUTUS, BACCHIDES 1087–1091

2313 NICOBULUS: Hoc hoc est, quod cor peracescit, hoc est demum,
quod percrucior:
me hoc aetatis ludificari; immo edepol sic ludos factum,
cano capite atque alba barba miserum me auro esse emunctum.

NI. Das ist es,
Was mir durch Mark und Bein frißt, was mich rasend macht.
In meinen Jahren so geprellt! Der Welt zum Spott
Mein graues Haupt, mein weißer Bart! Mir armem Tropf
Hat man das Geld aus der Nase rausgezogen.

(W. Binder – W. Ludwig)

PLAUTUS, BACCHIDES 1099–1101

2314 Ut sit magna, tamen certe lenta ira deorum est; **Selbstbe-**
si curant igitur cunctos punire nocentes, **schwichtigung**
quando ad me venient?

Mag der Zorn der Götter auch groß sein, so ist er doch gewiß langsam;
wenn sie also sich darum kümmern, alle Schuldigen zu bestrafen,
wann werden sie bis zu mir kommen?

JUVENAL, SATURAE 13, 100–102

... venient? sed et exorabile numen
fortasse experiar, solet his ignoscere. multi
committunt eadem diverso crimina fato:
ille crucem sceleris pretium tulit, hic diadema.

... bis zu mir kommen? Doch vielleicht erfahre ich
auch, daß die Gottheit sich erbitten läßt, derartiges pflegt sie zu verzeihen.
Viele verüben dieselben Verbrechen, ihr Schicksal ist verschieden:
jener erhält als Lohn für seinen Frevel das Kreuz, dieser das Diadem.

(J. Adamietz)

Selbst-
schädigung

2315   **Me sponte asciam cruribus meis inlidere compellis?**
Mutest du mir zu, mir selber die Axt in die Beine zu schlagen?

APULEIUS, METAMORPHOSES 3, 22, 6

'Ain?', inquit; 'vulpinaris, amasio, *meque sponte ...*'

«Das fehlte noch», antwortete sie, «ein Schlaufuchs bist du, Schürzenjäger! Mutest mir
zu ...»

(E. Brandt – W. Ehlers)

---

tatenlos
zusehen

2316   **Neque mihi satis consili est, metum an ignaviam an dementiam**
eam appellem, qui videmini tanta mala quasi fulmen optare se
quisque ne adtingat, sed prohibere ne conari quidem.
Ich weiß nicht recht, ob ich das Furcht oder Feigheit oder Verrücktheit
nennen soll, wenn man sieht, wie jeder von euch wünscht, das große
Unglück möge so wenig wie ein Blitz ihn treffen, aber eine Abwehr
nicht einmal versucht.

(W. Eisenhut – J. Lindauer)

SALLUST, ORATIONES ET EPISTULAE 2, 12

übereilte
Schritte

2317   **Utinam ne quod calidius ineant consilium!**
Wenn sie doch keine übereilten Schritte tun wollten!

M. HIRTIUS BEI CICERO, AD ATTICUM 15, 8 (6), 2 K.

Brutus et Cassius *utinam*, quam facile a te de me impetrare possunt, ita per te exorentur,
ne quod calidius...

Wenn sich doch Brutus und Cassius von Dir ebenso leicht bestimmen lassen wollten,
keine übereilten Schritte zu tun, wie sie das bei Dir hinsichtlich meiner Person erreichen
können. (*2. Juni 44 v. Chr.*)

(H. Kasten)

---

unüberlegtes
Handeln

2318   **Adhuc certe, nisi ego insanio, stulte omnia et incaute.**
Bisher jedenfalls bin entweder ich verrückt oder alles wird dumm und
unüberlegt angepackt. (*18. Januar 49 v. Chr.*)

(H. Kasten)

CICERO, AD ATTICUM 7, 10 K.

2319 **Levis aliquem motiuncula decipit; sed cum crevit et vera febris** **Verdrängen**
exarsit, etiam duro et perpessico confessionem excipit. pedes
dolent, articuli punctiunculas sentiunt: adhuc dissimulamus et aut
talum extorsisse dicimus nos aut in exercitatione aliqua
laboravisse. dubio et incipienti morbo quaeritur nomen, qui ubi
vel talaria coepit intendere et utrosque distortos pedes fecit,
necesse est podagram fateri.

Ein leichter Fieberanfall täuscht uns; aber wenn er zunimmt und
richtiges Fieber aufflammt, ringt er auch einem harten und geduldi-
gen Patienten ein Geständnis ab. Die Füße schmerzen, die Gelenke
empfinden Stiche: noch verleugnen wir es und sagen, wir hätten uns
einen Knöchel verrenkt oder uns bei einer Übung überanstrengt. Für
eine ungewisse und beginnende Krankheit sucht man nach einer
Bezeichnung; sobald sie die Knöchel zu befallen beginnt und beide
Füße verrenkt, muß man sich die Gicht eingestehen.

SENECA, EPISTULAE MORALES 53, 6

... *podagram fateri.* Contra evenit in his morbis, quibus afficiuntur animi: quo quis peius se
habet, minus sentit.

... die Gicht eingestehen. Umgekehrt geschieht es bei den Krankheiten, von denen die
Seele befallen wird: je schlechter sich einer befindet, desto weniger bemerkt er es.

(M. Rosenbach)

2320 **Naturale est, ut semper animus ab eo refugiat, ad quod cum**
tristitia revertitur.

Natürlich ist es, daß unser Gedächtnis das verdrängt, dessen es sich
nur mit Betrübnis wieder entsinnt.

(G. Fink)

SENECA, AD POLYBIUM DE CONSOLATIONE 18

2321 **Vidisti semel, Oppiane, tantum** **Vergelten**
aegrum me: male saepe te videbo.

Oppian, da ich krank, besuchtest du mich
einmal. Schändlicher, ich will's gern recht oft tun!

(R. Helm)

MARTIAL, EPIGRAMMATA 8, 25

2322 **'Atque ego tametsi viro flagitiosissumum existumo inpune**
iniuriam accepisse, tamen vos hominibus sceleratissumis
ignoscere, quoniam cives sunt, aequo animo paterer, nisi
misericordia in perniciem casura esset.'

«Obwohl ich es als große Schande für einen Mann betrachte, ein
Unrecht ohne Vergeltung hinzunehmen, würde ich es doch mit Gelassenheit tragen, daß ihr gegen so verbrecherische Menschen nachsichtig seid – da sie ja auch Bürger sind –, wenn Mitleid nicht ins Verderben führte.»

SALLUST, BELLUM IUGURTHINUM 31, 21–22

... casura esset. nam et illis, quantum importunitatis habent, parum est inpune male fecisse, nisi deinde faciundi licentia eripitur, et vobis aeterna sollicitudo remanebit, quom intellegetis aut serviundum esse aut per manus libertatem retinendam.

... führte. Denn bei der großen Impertinenz, die sie haben, wäre es ihnen nicht genug, daß sie straflos Schlechtes tun konnten, falls ihnen nicht die Möglichkeit, auch künftig so zu handeln, genommen wird, und ihr werdet in ständiger Angst und Sorge leben, bis ihr begreifen wollt, daß man entweder Sklave sein oder die Freiheit mit den Fäusten behaupten muß.

(Aus einer Rede des Memmius)

(W. Eisenhut – J. Lindauer)

2323   **Ego arbitror latrones, quique eorum recte sapiunt, nihil anteferre lucro suo debere ac ne ipsam quidem saepe et alias damnosam ultionem.**
Ich halte dafür, daß selbst Räuber, soweit sie vernünftig denken, nichts über ihr Geschäft stellen dürfen, nicht einmal die Vergeltung selbst, die oft ohnehin Schaden bringt.

(nach E. Brandt – W. Ehlers)

APULEIUS, METAMORPHOSES 7, 9, 4

zum Verrückt-   2324   **Magna turba est.**
werden   Es ist zum Verrücktwerden!

CICERO, AD ATTICUM 6, 1, 14 K.

Equidem sum in magna perturbatione. Si, ut opto, non prorogatur nostrum negotium, habeo Iunium et Quintilem in metu. Esto; duo quidem menses sustinebit Bibulus. Quid illo fiet, quem reliquero, praesertim si fratrem? Quid me autem, si non tam cito decedo? *Magna turba est.*

Ich bin recht aufgeregt. Wird mir, wie ich es wünsche, meine Amtszeit nicht verlängert, so ängstigen mich noch immer der Juni und Quintilis. Nun gut, die zwei Monate wird Bibulus wohl durchhalten. Aber wie wird es dem ergehen, den ich hier lasse, zumal es sich um meinen Bruder handelt? Und wie mir, wenn ich nicht ganz so schnell wegkomme? Es ist zum Verrücktwerden! *(20. Februar 50 v. Chr.)*

(H. Kasten)

Verschlimm-   2325   **Maledictum interpretando facias acrius.**
besserung   Erläuterst du ein boshaft Wort, wird's böser.

(H. Beckby)

PUBLILIUS SYRUS, SENTENTIAE M 23

Verwünschung   2326   **Quem metuit quisque, perisse cupit.**
Fürchtet man wen, wünscht man sein Ende herbei.

OVID, AMORES 2, 2, 10

Si sapis, o custos, odium, mihi crede, mereri
Desine: *quem metuit quisque ...*

Hast du, mein Wächter, Verstand, hör auf, dir Haß zu verdienen;
Glaubs nur: Fürchtet man wen ...

(W. Marg – R. Harder)

2327 **Ad paenitendum properat, cito qui iudicat.**   Voreiligkeit

Wer rasch ein Urteil spricht, rennt rasch zur Reue.

(H. Beckby)

PUBLILIUS SYRUS, SENTENTIAE A 32

2328 **Supplicandum igitur? Miserum.**   zu Kreuze

Also soll ich zu Kreuze kriechen? Kläglich! *(8. März 49 v. Chr.)*   kriechen

(H. Kasten)

CICERO, AD ATTICUM 9, 3 (2A), 1 K.

2329 **Ego vero, ut istuc revertar, is sum, qui non modo non supplicem, sed etiam coerceam postulantes, ut sibi supplicetur.**

Ich aber – um es noch einmal zu sagen – bin gesonnen, nicht nur nicht vor ihnen nicht zu Kreuze zu kriechen, sondern auch diejenigen, die fordern, daß man vor ihnen zu Kreuze krieche, in die Schranken zu weisen.

CICERO, AD M. BRUTUM 25 (24), 8 K.

... supplicetur; aut longe a servientibus abero mihique iudicabo Romam, ubicumque liberum esse licebit, ac vestri miserebor, quibus nec aetas neque honores nec virtus aliena dulcedinem vivendi minuere potuerit.

... in die Schranken zu weisen; oder ich werde mich weit absetzen von den Versklavten und erklären, daß für mich Rom überall ist, wo man frei sein darf, und Euch bemitleiden, denen weder das Alter noch die Ehrungen noch die Energie eines andern die Süße des Lebens zu schmälern vermag. *(Juli 43 v. Chr.)*

(H. Kasten)

Aussichten

2330 **Nihil procedit caduntque ea, quae diligentissime sunt cogitata, taeterrime.**   alles geht daneben

Nichts gelingt mir; alles, was ich aufs sorgsamste eingefädelt habe, geht mir schändlich daneben. *(5. Mai 49 v. Chr.)*

(H. Kasten)

CICERO, AD ATTICUM 10, 13 (12), 1 K.

2331 **ʾΩ πραγμάτων ἀσυγκλώστων (pragmátôn asynklóstôn)!**   ein Durch-

Welch ein Durcheinander!   einander

CICERO, AD ATTICUM 6, 1, 17 K.

De statua Africani. (ʾΩ πραγμάτων ἀσυγκλώστων! Sed me id ipsum delectavit in tuis litteris): Ain tu?

Nun zum Africanus-Standbild. (Welch ein Durcheinander! Aber gerade das macht mir Spaß in Deinem Brief.) Ist's möglich? *(20. Februar 50 v. Chr.)*

(H. Kasten)

Holzweg

2332 **In quo iudicio lapsus est.**
Er war auf dem Holzwege.

CICERO, AD FAMILIARES 15, 20 (21), 4 K. (AD C. TREBONIUM)

Aliter scribimus, quod eos solos, quibus mittimus, aliter, quod multos lecturos putamus; deinde ingenium eius (*i. e.* Calvi) melioribus extuli laudibus, quam tu id vere potuisse fieri putas, primum quod ita iudicabam: acute movebatur, genus quoddam sequebatur, *in quo iudicio lapsus,* quo valebat, tamen adsequebatur, quod probaret; multae erant reconditae litterae, vis non erat; ad eam igitur adhortabar; in excitando autem et in acuendo plurimum valet, si laudes, quem cohortere.

Wir schreiben ja doch anders, wenn wir annehmen dürfen, daß nur die, an die wir schreiben, es zu lesen bekommen, anders, wenn vermutlich viele es lesen werden. Zweitens: ich habe sein (*d. h.* des Calvus) Talent mit klingenderem Lob bedacht, als er es Deiner Meinung nach eigentlich verdiente, vor allem, weil ich folgendermaßen urteilte: er besaß Temperament, hatte sich aber einer gewissen Stilgattung verschrieben, mit der er zwar auf dem Holzwege war, aber vermöge dessen, was in ihm steckte, doch erreichte, was ihn zufriedenstellen konnte; da gab es viele versteckte Anspielungen, aber alles ohne Saft und Kraft. Dazu also ermahnte ich ihn, und beim Anregen und Anspornen kommt man am weitesten, wenn man den, den man aufmuntern will, lobt. *(Ende 46/Anfang 45 v. Chr.)*

(H. Kasten)

Quadratur des Zirkels

2333 Πρόβλημα Ἀρχιμήδειον (**Próblema Archimédeion**).
Es ist die Quadratur des Zirkels.

CICERO, AD ATTICUM 12, 4, 2 K.

Sed de Catone πρόβλημα Ἀρχιμήδειον est.

Mit dem Cato ist es die Quadratur des Zirkels! *(Mai 46 v. Chr.)*

(H. Kasten)

mit allem rechnen

2334 **Tu tamen pro tua sapientia debebis optare optima, cogitare difficilia, ferre, quaecumque erunt.**
Aber klug wie Du bist, wirst Du das Beste erhoffen, das Schlimmste in Rechnung stellen und tragen müssen, was auch kommen mag! *(Herbst 46 v. Chr.)*

(H. Kasten)

CICERO, AD FAMILIARES 9, 19 (17), 3 K. (AD PAETUM)

die Sache läuft schief

2335 **Aliter causa agitur atque ille existimavit.**
Die Sache läuft anders angenommen.

CICERO, PRO SEX. ROSCIO AMERINO 60

Postea homines cursare ultro et citro non destiterunt, credo, qui Chrysogono nuntiarent esse aliquem in civitate, qui contra voluntatem eius dicere auderet; *aliter causam agi* ...

Hernach rannten unablässig Leute hin und her; sie sollten, denk' ich, dem Chrysogonus mitteilen, es sei jemand unter den Bürgern, der es wage, seinem Wunsche zuwiderzuhandeln und zu sprechen; die Sache laufe anders ...

(M. Fuhrmann)

letzter Akt

2336 **Iam mihi videtur addesse extremum.**
Der letzte Akt hat scheint's begonnen.

CICERO, AD ATTICUM 11, 21 (25), 2 K.

Iam enim *mihi videtur adesse extremum* nec ulla fore condicio pacis.

Der letzte Akt hat scheint's begonnen, von gütlicher Einigung kann keine Rede sein.
(5. Juli 47 v. Chr.)

(H. Kasten)

2337 PALINURUS: **Magnum inceptas, si id exspectas, quod nusquamst.**   leere Hoffnung
PA. Du kommst nicht weit,
Wenn du auf etwas wartest, was doch nirgends ist.

(W. Binder – W. Ludwig)

PLAUTUS, CURCULIO 144

2338 **Iam extrema sunt.**   kritischer Punkt
Der kritische Punkt ist jetzt erreicht.

CICERO, AD ATTICUM 9, 23 (19), 4 K.

Ego tuis consiliis usus sum maximeque, quod et gravitatem in congressu nostro tenui,
quam debui, et ad urbem ut non accederem, perseveravi. Quod superest, scribe, quaeso,
quam accuratissime *(iam* enim *extrema sunt),* quid placeat, quid censeas, etsi iam nulla
dubitatio est. .

Ich habe Deinen Rat befolgt, besonders darin, daß ich bei meinem Zusammentreffen (*sc.*
mit Caesar) meine Würde gewahrt habe, wie es meine Pflicht war, und mich standhaft
geweigert habe, nach der Hauptstadt zu kommen. Im übrigen schreib mir, bitte, recht
ausführlich, was Du jetzt für das Gegebene hältst, wie Du Dich entscheidest – der kritische
Punkt ist jetzt erreicht –, obwohl es darüber ja eigentlich keinen Zweifel mehr gibt.
(1. April 49 v. Chr.)

(nach H. Kasten)

2339 **Inter voluptates est superesse, quod speres. Omnes vicisti: primum**   Hoffen
esse te in animo amici tui laetare! Multi te vincunt: considera,
quanto antecedas plures quam sequaris! Quod in te vitium
maximum quaeris? Falsas rationes conficis: data magno aestimas,
accepta parvo.
Es ist gleichfalls ein Grund zur Freude, daß es noch etwas gibt, worauf
du hoffen kannst. Alle hast du hinter dir gelassen: daß du der Erste im
Herzen deines Freundes bist, darüber freue dich! Viele lassen dich
hinter sich: Bedenke, wieviel mehr Menschen du überlegen bist als
nachstehst! Was dein größter Fehler sei, willst du wissen? Deine Buch-
führung stimmt nicht: Gegebenes setzt du hoch an, Empfangenes
niedrig.

(G. Fink)

SENECA, DE IRA 3, 31

2340 **Omnia homini, dum vivit, speranda sunt.**   Hoffen
Alles muß der Mensch, solange er lebt, erhoffen.

(M. Rosenbach)

SENECA, EPISTULAE MORALES 70, 6

2341 **Memoriae minimum tribuit, quisquis spei plurimum.**
Der Erinnerung erkennt sehr wenig zu, wer immer der Hoffnung sehr
viel beimißt.

(M. Rosenbach)

SENECA, DE BENEFICIIS 3, 4, 2

2342 **Fato iam meis tot tantisque cladibus satiato spem salutis licet
tardam subministravit.**
Das Schicksal, nun satt von all meinen schweren Schlägen, bot mir,
wenn auch spät, Hoffnung auf Erlösung.

APULEIUS, METAMORPHOSES 11, 1, 3

Fato scilicet *iam subministrante* augustum specimen deae praesentis statui deprecari.

Das Schicksal, es war nun satt von all meinen Schlägen und bot mir, wenn auch spät,
Hoffnung auf Erlösung. Und so beschloß ich, die hoheitsvolle Erscheinung der Göttin
anzurufen, die mir nahe war.

(E. Brandt – W. Ehlers)

langes Hoffen   **2343** AMPELISCA: **At ego etiam, qui speraverint, spem decepisse multos
scio.**
AM. Ich hingegen weiß,
Daß langes Hoffen und Harren
Schon manchen hat gemacht zum Narren.

PLAUTUS, RUDENS 401

(W. Binder – W. Ludwig)

Hoffnungs-
schimmer   **2344** **Spes quaedam me oblectat.**
Mich narrt immer noch ein Hoffnungsschimmer.

CICERO, AD ATTICUM 9, 11 (10), 3 K.

Hunc primum mortalem esse, deinde etiam multis modis posse exstingui cogitabam;
urbem autem et populum nostrum servandum ad immortalitatem, quantum in nobis esset,
putabam, et tamen *spes quaedam me oblectabat* fore, ut aliquid conveniret potius quam aut
hic tantum sceleris aut ille tantum flagitii admitteret. Alia res nunc tota est, alia mens mea.
Sol, ut est in tua quadam epistula, excidisse e mundo videtur.

Ich sagte mir: dieser Mann (*i. e.* Caesar) ist auch nur ein Mensch und kann schließlich
einmal, wer weiß wie, ums Leben kommen; Rom aber und unser Volk, meinte ich,
müßten, soviel es an uns liegt, für alle Ewigkeit erhalten bleiben. Indessen narrte mich
immer noch ein Hoffnungsschimmer, eher würde eine Übereinkunft zustande kommen,
als daß der eine ein derartiges Verbrechen, der andere solche eine Schandtat auf sich lüde.
Jetzt sieht alles ganz anders aus: auch ich denke heute anders darüber. Es will mir
scheinen, als wäre, wie Du Dich ausdrückst, die Sonne aus der Welt verschwunden.
(*18. März 49 v. Chr.*)

(H. Kasten)

2345 TRACHALIO: **Multa praeter spem scio multis bona evenisse.**
TR. Ich weiß, das Gute ist
Oft unverhofft gekommen.

PLAUTUS, RUDENS 400

TRACHALIO: Nam *multa* ...

TR. Denn ich weiß ...

(W. Binder – W. Ludwig)

unverhofftes Glück

2346 **At tu, qui potior nunc es, mea fata timeto:**
    versatur celeri Fors levis orbe rotae.
Du aber, der jetzt bevorzugt wird, befürchte mein Schicksal!
    Eilends drehn sich im Kreis weiter die Räder des Glücks.

(W. Willige)

TIBULL, ELEGIAE 1, 5, 69–70

Glücksrad

2347 CHALINUS: **Nostro omine est dies: iam victi vicimus.**
CH. Unser Glücksstern leuchtet jetzt:
Wir, die Besiegten, siegen.

(W. Binder – W. Ludwig)

PLAUTUS, CASINA 510

glückliche Wendung

2348 **Alia causa factast.**
Genug – das Blatt hat sich gewendet.

CICERO, AD ATTICUM 7, 11, 4 K.

Mira hominum querela (nescio isticne, sed facies, ut sciam) sine magistratibus urbem esse, sine senatu; fugiens denique Pompeius mirabiliter homines movet. Quid quaeris? *Alia causa factast:* nihil iam concedendum putant Caesari. *(21. Januar 49 v. Chr.)*

Ich weiß nicht, ob es auch dort so ist, aber laß es mich wissen: die Leute jammern fürchterlich darüber, daß die Hauptstadt ohne Magistrate, ohne Senat ist; schließlich macht das Bild des fliehenden Pompeius tiefen Eindruck auf die Leute. Genug – das Blatt hat sich gewendet: man meint, Caesar keine Zugeständnisse mehr machen zu dürfen. *(21. Januar 49 v. Chr.)*

(H. Kasten)

das Blatt hat sich gewendet

2349 **Et vide, quam conversa res sit!**
Sieh nur, wie sich das Blatt gewendet hat!

CICERO, AD ATTICUM 8, 13, 2 K.

Et vide, quam conversa res sit: illum, quo antea confidebant, metuunt, hunc amant, quem timebant. Id quantis nostris peccatis vitiisque evenerit, non possum sine molestia cogitare.

Sieh nur, wie sich das Blatt gewendet hat: den andern, dem sie früher Vertrauen schenkten, fürchten sie jetzt, während sie den lieben, vor dem sie bisher Angst hatten. Wie sehr unsere eigenen Sünden und Fehler daran schuld sind, daran kann ich nicht ohne Verdruß denken. *(1. März 49 v. Chr.)*

(H. Kasten)

Weg   2350 **Iter est, quacumque dat prior vestigium.**
                   Ein Weg ist dort, wo Füße Spuren ließen.

                   (H. Beckby)

                   PUBLILIUS SYRUS, SENTENTIAE I 60

LEBENSHILFE, PHILOSOPHIE

2351 Est unum perfugium doctrina ac litterae, quibus semper usi
sumus, quae secundis rebus delectationem modo habere
videbantur, nunc vero etiam salutem.

Ein Zufluchtsort bleibt uns: die Philosophie und die Wissenschaften,
denen wir uns stets gewidmet haben, die uns im Glück nur Unterhaltung zu bieten schienen, jetzt aber auch Gemütsruhe.

CICERO, AD FAMILIARES 6, 12, 5 K. (AD AMPIUM)

Sed haec oratio magis esset apta ad illa tempora, quae iam effugisti; nunc vero tantum te
para ad haec nobiscum ferenda, quibus ego si quam medicinam invenirem, tibi quoque
eandem traderem. Sed *est unum perfugium* ...

Doch diese Ausführungen würden eher in die Zeit passen, die Du bereits hinter Dir hast;
jetzt gilt es für Dich nur, Dich zu wappnen, um gemeinsam mit uns die gegenwärtigen
Unbilden zu tragen, für die ich kein Heilmittel weiß; wüßte ich eins, ich würde es auch Dir
verschreiben. Ein Zufluchtsort ... *(Ende November 46 v. Chr.)*

(H. Kasten)

Zuflucht zur
Philosophie

2352 Sunt innumerabilia, quae ego non ferrem, nisi me in philosophiae
portum contulissem et nisi haberem socium studiorum meorum
Atticum nostrum.

Es gibt tausenderlei Dinge, die ich nicht ertragen könnte, wenn ich
mich nicht in den Hafen der Philosophie geflüchtet und nicht unsern
Atticus als Genossen meiner Studien hätte.

CICERO, AD FAMILIARES 7, 30, 2 K. (AD CURIUM)

Haec tibi ridicula videntur; non enim ades. Quae si videres, lacrimas non teneres. Quid, si
cetera scribam? *Sunt* enim *innumerabilia* generis eiusdem, *quae ego* ...

Dir erscheint das lächerlich, denn Du bist ja nicht hier; sähest Du es mit eigenen Augen,
Du könntest die Tränen nicht halten. Es gibt nämlich tausenderlei ähnliche Dinge, ...
(Anfang Januar 44 v. Chr.)

(H. Kasten)

2353 'Quid ergo?' inquies; 'nihil litterae?' In hac quidem re vereor, ne
etiam contra; nam essem fortasse durior.

«Und die Philosophie hat also nichts geholfen?» wirst Du sagen. In
dieser Beziehung wirkt sie wahrscheinlich gerade das Gegenteil. Ich
wäre sonst vielleicht härter.

CICERO, AD ATTICUM 12, 50 (46), 1 K.

... *nam essem fortasse durior.* Exculto enim animo nihil agreste, nihil inhumanum est.

... härter; gerade dem verfeinerten Geist liegt Derbheit und Rücksichtslosigkeit nicht.
(15. Mai 45 v. Chr.)

(H. Kasten)

2354 Dicet aliquis: 'quid mihi prodest philosophia, si fatum est? quid
prodest, si deus rector est? quid prodest, si casus imperat? nam
mutari certa non possunt et nihil praeparari potest adversus
incerta, sed aut consilium meum deus occupavit decrevitque, quid
facerem, aut consilio meo nihil fortuna permittet.'

Philosophie

Da wird einer sagen: «Was nützt mir die Philosophie, wenn es ein
unabänderliches Geschick gibt? Was nützt sie, wenn es einen Gott
als Lenker gibt? Was nützt sie, wenn der Zufall herrscht? Denn Fest-
gelegtes kann nicht gewandelt werden, und gegen Unbestimmtes
kann man keine Vorkehrung treffen, sondern entweder hat Gott mein
Planen an sich genommen und bestimmt, was ich tun soll, oder das
Schicksal überläßt nichts meinem Planen.»

(nach M. Rosenbach)

SENECA, EPISTULAE MORALES 16, 4

2355 'Non praestant philosophi, quae loquuntur.' Multum tamen
praestant, quod loquuntur, quod honesta mente concipiunt: nam
quidem, si et paria dictis agerent, quid esset illis beatius?
«Die Philosophen erreichen nicht, wovon sie ständig reden.» Vieles
erreichen sie doch, weil sie reden, weil sie vom Guten eine Vorstellung haben. Freilich, wenn sie entsprechend ihren Worten
handelten, wer wäre glücklicher als sie?

(G. Fink)

SENECA, DE VITA BEATA 20

Schelte

**Philosophen-
schelte**

2356 TYNDARUS: **Salva res est: philosophatur quoque iam, non mendax
modost.**
Ty. Die Sache ist gewonnen: er lügt nicht bloß, er ist sogar
Ein Philosoph.

(W. Binder – W. Ludwig)

PLAUTUS, CAPTIVI 284

2357 **Quid turpius philosophia captante clamores? numquid aeger
laudat medicum secantem?**
Was ist schimpflicher als eine Philosophie, die nach Beifall hascht?
Lobt etwa ein Kranker den Arzt, wenn er schneidet?

SENECA, EPISTULAE MORALES 52, 9–10

... *secantem?* Tacete, favete et praebete vos curationi: etiam si exclamaveritis, non aliter
audiam quam si ad tactum vitiorum vestrorum ingemiscatis.

... schneidet? Schweigt, hütet eure Zunge und widmet euch der Behandlung: auch wenn
ihr Beifall spendet, werde ich es nicht anders hören, als wenn ihr bei Berührung eurer
Fehler stöhnt.

(M. Rosenbach)

2358 **Hoc turpissimum est, quod nobis obici solet, verba nos philosophiae, non opera tractare.**
Das ist am schimpflichsten, was man uns vorzuwerfen pflegt, daß wir die Worte der Philosophie, nicht ihre Leistungen erörtern.
(M. Rosenbach)
SENECA, EPISTULAE MORALES 24, 15

2359 **Nectimus nodos et ambiguam significationem verbis inligamus ac deinde dissolvimus: tantum nobis vacat?**
Wir schürzen Knoten und verbinden mit den Worten einen Doppelsinn und lösen sodann die Verwicklung: soviel freie Zeit haben wir?
(M. Rosenbach)
SENECA, EPISTULAE MORALES 45, 5

unnützes Tun

Benennungen

2360 **Praeclarum illud Platonis: 'Non', inquit, 'solum scientia, quae est remota ab iustitia, calliditas potius quam sapientia est appellanda, verum etiam animus paratus ad periculum, si sua cupiditate, non utilitate communi impellitur, audaciae potius nomen habeat quam fortitudinis.'**
Vortrefflich ist der Ausspruch Platons: «Nicht nur», sagt er, «das Wissen, das fern ist von Gerechtigkeit, ist eher Schlauheit als Weisheit zu nennen, sondern auch ein Mut, der bereit ist zur Gefahr, sollte, wenn er durch eigenes Begehren, nicht durch den allgemeinen Nutzen Anstoß erfährt, lieber den Namen Verwegenheit statt Tapferkeit tragen.»
(K. Büchner)
PLATON BEI CICERO, DE OFFICIIS 1, 63

richtige
Benennung

2361 **Hic mihi quisquam mansuetudinem et misericordiam nominat. iam pridem nos vera vocabula rerum amisimus: quia bona aliena largiri liberalitas, malarum rerum audacia fortitudo vocatur, eo res publica in extremo sita est.**
Und da redet mir jemand von Milde und Mitgefühl! Wir haben eben schon längst die rechten Namen der Dinge verloren; denn fremdes Gut verschenken heißt Freigebigkeit, sich an schlechtes Tun heranwagen Tapferkeit; deshalb steht der Staat vor dem Ärgsten.
(W. Eisenhut – J. Lindauer)
SALLUST, CATILINAE CONIURATIO 52, 11

Maßstablosig-keit

2362 **Plerumque eadem facta modo diligentiae, modo vanitatis, modo libertatis, modo furoris nomen accipiunt.**

Oft genug heißt ein und dasselbe Verfahren bald «Windbeutelei», bald «Umsicht», bald «Freimut», bald «Torheit».

PLINIUS MINOR, EPISTULAE 5, 9, 7 K.

Tales ubique sermones, qui tamen alterutram in partem ex eventu praevalebunt. est omnino iniquom, sed usu receptum, quod honesta consilia vel turpia, prout male aut prospere cadunt, ita vel probantur vel reprehenduntur. inde *plerumque eadem...*

So hört man überall reden; welche Meinung recht behält, wird der Ausgang zeigen. Jedenfalls ist es unbillig, aber nun einmal eingerissen, daß ehrliche oder verwerfliche Absichten, je nachdem sie gut oder übel ausgehen, Tadel oder Billigung erfahren. Oft genug heißt ...

(H. Kasten)

Gleichmacherei

2363 **Ne laudet dignos, laudat Callistratus omnes.**
      cui malus est nemo, quis bonus esse potest?

Um nicht die Würd'gen zu loben, da lobt Callistratus alle.
      Scheint einem keiner als schlecht, wer kann da gut für ihn sein?

(R. Helm)

MARTIAL, EPIGRAMMATA 12, 80

Anstößiges

2364 **Placet Stoicis suo quamque rem nomine appellare.**

Die Stoiker sind dafür, jedes Ding mit dem ihm zukommenden Namen zu bezeichnen.

CICERO, AD FAMILIARES 9, 25 (22), 1 K. AD PAETUM)

... appellare. Sic enim disserunt: Nihil esse obscenum, nihil turpe dictu; nam si quod sit in obscenitate flagitium, id aut in re esse aut in verbo; nihil esse tertium. In re non est. Itaque non modo in comoediis res ipsa narratur ...

... zu bezeichnen. Ihre Beweisführung ist folgende: Nichts ist an sich unanständig, nichts anstößig. Denn wenn dem Obszönen etwas Schandbares anhaftet, dann müßte es entweder in der Sache oder in der Bezeichnung stecken. Eine dritte Möglichkeit gibt es nicht. In der Sache steckt es nicht. Darum wird nicht nur in der Komödie der Vorgang selbst geschildert ... *(Herbst 44 v. Chr.)*

(H. Kasten)

Relativität

Grenzen der Erkenntnis

2365 **Homo ad immortalium cognitionem nimis mortalis est.**

Der Mensch ist für die Erkenntnis des Unsterblichen allzu sterblich.

(G. Fink)

SENECA, DE OTIO 5

2366 **Amico aliquis aegro adsidet: probamus. at hoc hereditatis causa**
      facit: vultur est, cadaver exspectat. eadem aut turpia sunt aut
      honesta: refert, quare aut quemadmodum fiant.
      Bei einem kranken Freund sitzt jemand: wir heißen das gut. Doch er
      tut es wegen der Erbschaft: ein Geier ist er, auf Aas wartet er. Dasselbe
      Verhalten ist entweder schändlich oder anständig: es kommt darauf
      an, warum oder wie es geschieht.

      SENECA, EPISTULAE MORALES 95, 43

      ... *quemadmodum fiant.* omnia autem honeste fient, si honesto nos addixerimus idque
      unum in rebus humanis bonum iudicarimus quaeque ex eo sunt; cetera in diem bona sunt.

      ... wie es geschieht. Alles aber wird auf sittliche Weise geschehen, wenn wir uns dem
      Sittlichen verschrieben haben und es für das einzige Gut im menschlichen Leben halten,
      sowie das, was aus ihm hervorgeht; das übrige sind Güter für den Tag.

      (nach M. Rosenbach)

Relativität

2367 **Nonne vides etiam guttas in saxa cadentis**
      umoris longo in spatio pertundere saxa?
      Siehst du nicht auch, wie die Tropfen des Wassers, durch stetiges
      Fallen
      Auf das Gestein, im Verlaufe der Zeit auch den Felsen durchfressen?

      (H. Diels)

      LUKREZ, DE RERUM NATURA 4, 1286–1287

2368 **Multa, quae honesta natura videntur esse, temporibus fiunt non**
      honesta.
      Vieles, was von Natur ehrenvoll zu sein scheint, wird durch die
      Umstände nicht ehrenvoll.

      (K. Büchner)

      CICERO, DE OFFICIIS 3, 95

2369 MENAECHMUS E: **Sist pauper atque haud malus, nequam habetur,**
      sin dives malust, is cliens frugi habetur.
      qui neque leges neque aequom bonum usquam colunt,
      sollicitos patronos habent:
      datum denegant, quod datumst, litium pleni, rapaces
      viri fraudulenti.
      ME. Ist einer arm, sonst aber redlich, heißt er Taugenichts:
      Der reiche Schurke gilt als wackerer Klient.
      Wer Recht, Gesetz und Billigkeit beiseite setzt,
      Hält seinen Patron in Unruhe: er leugnet ab,
      Was er empfangen. Prozessieren,
      Raub und Betrug ist dieser Leute Lebenslauf.

      (W. Binder – W. Ludwig)

      PLAUTUS, MENAECHMI 576–582

Wertewandel

2370 Sic volvenda aetas commutat tempora rerum.
quod fuit in pretio, fit nullo denique honore;
porro aliud succedit et e contemptibus exit
inque dies magis adpetitur floretque repertum
laudibus et miro est mortaleis inter honore.
So verändert der Wechsel der Zeit auch die Lage der Dinge.
Was vordem ward geschätzt, wird schließlich des Wertes entkleidet;
Dafür steigt dann ein andres empor aus verachtetem Dunkel;
Täglich erstrebt man es mehr, man begrüßt die Entdeckung mit Jubel,
Und die Menschen erweisen ihm unbegreifliche Ehre.

LUKREZ, DE RERUM NATURA 5, 1276–1280

Tum fuit in pretio magis aes, aurumque iacebat
propter inutilitatem hebeti mucrone retusum;
nunc iacet aes, aurum in summum successit honorem.
sic volvenda ...

Da stand höher im Preise das Erz, und das Gold war als unnütz
Wenig geachtet, da leicht die Schärfe der Schneide sich abstumpft.
Jetzt wird das Erz nicht beachtet, das Gold steht oben im Preise,
So verändert ...

(H. Diels)

Gutes wird 2371 Si volumus habere obligatos et malis, quibus iam tenentur,
Böses avellere, discant, quid malum, quid bonum sit, sciant omnia
praeter virtutem mutare nomen, modo mala fieri, modo bona.
Wenn wir die Menschen sittlich gebunden sehen und von dem Bösen,
das sie noch hält, losreißen wollen, müssen sie lernen, was böse, was
gut ist, müssen sie wissen, daß außer der sittlichen Vollkommenheit
alles seinen Namen wechselt, daß es bald zu etwas Bösem, bald zu
etwas Gutem wird.

SENECA, EPISTULAE MORALES 95, 35

... *modo bona.* quemadmodum primum militiae vinculum est religio et signorum amor et
deserendi nefas, tunc deinde facile cetera exiguntur mandanturque iusiurandum adactis,
ita in iis, quos velis ad beatam vitam perducere, prima fundamenta iacienda sunt et
insinuanda virtus. huius quadam superstitione teneantur; hanc ament; cum hac vivere
velint, sine hac nolint.

... zu etwas Gutem wird. Wie die erste Bindung des Kriegsdienstes in Gottesfurcht besteht,
in Liebe zur Fahne und in Abscheu vor Fahnenflucht, wie sodann denen, die den
Fahneneid geleistet haben, das übrige leicht abverlangt und auferlegt werden kann,
so müssen auch bei denen, die du zum glücklichen Leben führen willst, die ersten
Grundlagen gelegt und die sittliche Vollkommenheit eingewurzelt werden. Ein geradezu
abergläubischer Respekt vor ihr muß sie in Bann halten, sie müssen sie lieben; mit ihr
müssen sie leben, ohne sie nicht leben wollen.

(nach M. Rosenbach)

Beurteilung im 2372 Nihil per se amplum est, nisi in quo iudicii ratio exstat.
Wandel Nichts ist an sich großartig; es kommt immer darauf an, wie es beurteilt wird. *(Juli 43 v. Chr.)*

BRUTUS BEI CICERO, AD M. BRUTUM 25 (24), 11 K.

Idem Cicero, si flexerit adversos alios iudicium suum, quod tanta firmitate ac magnitudine direxit in exturbando Antonio, non modo reliqui temporis gloriam eripuerit sibi, sed etiam praeterita evanescere coget – *nihil enim per se amplum ... exstat* –, quia neminem magis decet rem publicam amare libertatisque defensorem esse vel ingenio vel rebus gestis vel studio atque efflagitatione omnium.

Beugt derselbe Cicero sein gesundes Urteil andern gegenüber, das er mit solcher Kraft und Größe bei der Vertreibung des Antonius festgelegt hat, wird er sich nicht nur um jeden zukünftigen Ruhm bringen, sondern auch unwiderruflich der Vergangenheit ihren Glanz nehmen – nichts ist ja ... beurteilt wird –, weil angesichts seines Temperaments, seiner Erfolge oder auch seiner Popularität und des dringenden Wunsches der Gesamtheit niemand sich mehr verpflichtet fühlen sollte, unser freies Staatswesen zu lieben und für die Freiheit einzutreten.

(H. Kasten)

Erkennen

2373 **Ut quisque maxime perspicit, quid in re quaque verissimum sit quique acutissime et celerrime potest et videre et explicare rationem, is prudentissimus et sapientissimus rite haberi solet.**
Je mehr einer durchschaut, was in jeder Sache am wahrsten ist, und wer am schärfsten und schnellsten den Zusammenhang sehen und entwickeln kann, der pflegt mit Recht als der Klügste und Weiseste zu gelten.

(K. Büchner)

Cicero, De officiis 1, 16

Zusammenhänge erkennen

2374 **Sunt aliquot quoque res, quarum unam dicere causam non satis est, verum pluris, unde una tamen sit.**
Auch noch bei anderen Dingen genügt nicht die eíne Erklärung,
Wo es noch mehrere gibt, von denen doch eine muß wahr sein.

(H. Diels)

Lukrez, De rerum natura 6, 703–704

Gründe benennen

2375 **Nil agit exemplum, litem quod lite resolvit.**
Schlecht paßt ein Beispiel, das eine strittige Frage durch eine neue Frage aufzulösen sucht.

nach H. Färber – W. Schöne)

Horaz, Sermones 2, 3, 103

Beispiele

Wahrheitssuche

2376 **Utinam quidem iam tenerentur omnia et in aperto confessa veritas esset nihilque ex decretis mutaremus! Nunc veritatem cum iis ipsis, qui docent, quaerimus.**

Ja, wenn man bereits alles genau wüßte, wenn die Wahrheit offenkundig und allgemein anerkannt wäre und wir nichts an unseren Entscheidungen zu ändern brauchten! So aber sind wir auf der Suche nach der Wahrheit, gemeinsam mit denen, die sie verkünden.

(G. Fink)

SENECA, DE OTIO 3

Wahrheit

2377 **Patet omnibus veritas, nondum est occupata: multum ex illa etiam futuris relictum est.**
Die Wahrheit ist allen zugänglich; noch ist sie nicht in Beschlag genommen: viel von ihr bleibt auch für künftige Geschlechter übrig.

(nach M. Rosenbach)

SENECA, EPISTULAE MORALES 33, 11

2378 **Involuta veritas in alto latet.**
In Dunkel gehüllt liegt die Wahrheit in der Tiefe verborgen.

(nach M. Rosenbach)

SENECA, DE BENEFICIIS 7, 1, 5

2379 **Omnes male habet ignorantia veri. tamquam ad bona feruntur decepti rumoribus; deinde mala esse aut inania aut minora quam speraverint, adepti ac multa passi vident. maiorque pars miratur ex intervallo fallentia, et vulgo bona pro magnis sunt.**
Alle Menschen hält die Unkenntnis der Wahrheit zum Narren. Als ob es sich um Güter handle, stürzen sie auf die Dinge los, getäuscht vom allgemeinen Gerede; wenn sie es dann geschafft und viel erlitten haben, sehen sie, daß sie schlimm, nichtig oder geringer sind, als sie gehofft hatten. Der größere Teil bewundert Dinge, die aus der Entfernung täuschen, und der Masse gelten sie allein im Hinblick auf ihre Größe als Güter.

(nach M. Rosenbach)

SENECA, EPISTULAE MORALES 118, 7

Ethik

Theorie – Praxis 2380 **Quid rectum sit, apparet, quid expediat, obscurum est.**
Was das Rechte ist, ist klar; was praktisch, dunkel.

CICERO, AD FAMILIARES 5, 21 (19), 2 K. (AD RUFUM)

Est res profecto maxima. *Quid ... obscurum est,* ita tamen, ut, si nos ii sumus, qui esse debemus, id est studio digni ac litteris nostris, dubitare non possimus, quin ea maxime conducant, quae sunt rectissima. Quare tu, si simul placebit, statim ad me venies; sin idem placebit atque eodem, nec continuo poterit, omnia tibi ut nota sint faciam. Quicquid statueris, te mihi amicum, sin id, quod opto, etiam amicissimum iudicabo.

Es geht in der Tat ums Ganze. Was das Rechte ist, ist klar; was praktisch, dunkel; indessen, wenn wir uns als das erweisen, was zu sein wir moralisch verpflichtet sind, das heißt: würdig unserer philosophischen Bildung, dann gibt es keinen Zweifel, daß das Rechtschaffenste auch das Nutzbringendste ist. Wenn Du also wünschst, mit mir zusammenzugehen, komm gleich zu mir: bist Du an sich und mit dem Ziel einverstanden, geht es aber nicht sofort, dann werde ich dafür sorgen, daß Du auf dem laufenden bist. Wie Du Dich auch entscheiden magst, ich betrachte Dich als meinen Freund, und sogar als meinen besten Freund, wenn Du Dich für das entscheidest, was meinen Wünschen entspricht. *(28. April 49 v. Chr.)*

(H. Kasten)

2381 **Atque haec eo pertinet oratio, ut perditis rebus omnibus tamen ipsa virtus se sustentare posse videatur.**
Der langen Rede kurzer Sinn ist also: mag auch alles verloren sein, die Tugend ist sich selbst genug.

autarke Tugend

CICERO, AD FAMILIARES 6, 1, 4 K. (AD A. TORQUATUM)

... posse videatur. Sed si est spes aliqua rebus communibus, ea tu, quicumque status est futurus, carere non debebis.

... sich selbst genug. Gibt es aber noch irgendeine Hoffnung für die Allgemeinheit, so darfst auch Du Dich ihr nicht entziehen, mag die Zukunft aussehen, wie sie will. *(Ende 46 v. Chr.)*

(H. Kasten)

2382 **Simplex recti cura est, multiplex pravi, et quantumvis novas declinationes capit.**
Einfach ist die Sorge um das Rechte, vielfältig die um das Verkehrte, und beliebig viel neue Abwege wählt sie.

• Rechtes –
Verkehrtes

(M. Rosenbach)

SENECA, EPISTULAE MORALES 122, 17

2383 **Honestum est perfectum bonum, quo beata vita completur, cuius contactu alia quoque bona fiunt.**
Das Sittliche ist das vollkommen Gute, durch das ein glückliches Leben Erfüllung findet.

Vollkommenes
Gut

SENECA, EPISTULAE MORALES 118, 10–11

... fiunt, cuius contactu alia quoque bona fiunt. quod dico, tale est: sunt quaedam neque bona neque mala, tamquam militia, legatio, iurisdictio. haec cum honeste administrata sunt, bona esse incipiunt et ex dubio in bonum transeunt. bonum societate honesti fit, honestum per se bonum est.

... findet, durch Berührung mit dem auch andere Dinge zu Gütern werden. Was ich sagen will, ist folgendes: Manche Dinge sind weder gut noch schlecht, wie z. B. der Wehrdienst, eine diplomatischer Mission, die Rechtsprechung. Wenn sie sittlich wahrgenommen werden, beginnen sie Güter zu sein und gehen aus ihrem ambivalenten Zustand in ein Gut über. Ein Gut entsteht aus der Verbindung mit dem Sittlichen, das Sittliche ist schon an sich ein Gut.

(nach M. Rosenbach)

Gut

2384 **Bonum in arte musica duobus modis dicitur, alterum, quo effectus musici adiuvantur, alterum, quo ars: ad effectum pertinent instrumenta, tibiae et organa et chordae, ad artem ipsam non pertinent. est enim artifex etiam sine istis; uti forsitan non potest arte. hoc non est aeque duplex in homine: idem est bonum et hominis et vitae.**

Der Begriff «gut» wird in der Musik in zweierlei Bedeutung verwendet, zum einen bezeichnet er das, wodurch die Wirkung des Musikers, zum andern das, wodurch die Kunst gesteigert wird; zur Wirkung tragen die Instrumente bei, Flöten, Orgeln und Saiteninstrumente, mit der Kunst selbst aber haben sie nichts zu tun. Einer ist nämlich auch ohne sie Künstler; ausüben kann er seine Kunst vielleicht nicht. Beim Menschen gibt es diese Doppelbedeutung nicht in gleicher Weise: Das Gut des Menschen und das des Lebens sind nämlich identisch.

(nach M. Rosenbach)

SENECA, EPISTULAE MORALES 87, 14

gut – nützlich

2385 **Nemo usque eo dignitatem boni ignorat, ut illud ad haec in diem utilia demittat.**

Niemand verkennt den Rang des Guten so sehr, daß er es zu dem für den Tag Nützlichen herunterstuft.

(nach M. Rosenbach)

SENECA, EPISTULAE MORALES 45, 11

Übel

2386 **Ab hominibus doctis accepimus non solum ex malis eligere minima oportere, sed etiam excerpere ex his ipsis, si quid inesset boni.**

Von gelehrten Männern haben wir vernommen, daß man nicht nur unter den Übeln die kleinsten auswählen müsse, sondern aus diesen selber noch Gutes ziehen, wofern etwas in ihnen sei.

(K. Büchner)

CICERO, DE OFFICIIS 3, 3

Tugendheuchelei

2387 **Quam non est facilis virtus! Quam vero difficilis diuturna simulatio!**

Wie beschwerlich ist doch die Tugend! Wie schwierig, sie dauernd zu heucheln! *(16. Oktober 50 v. Chr.)*

(H. Kasten)

CICERO, AD ATTICUM 7, 1, 6 K.

2388 **Istos tristes et superciliosos alienae vitae censores, suae hostes,**
publicos paedagogos assis ne feceris!
Diese sauertöpfischen und überheblichen Richter fremden Lebens,
Feinde ihres eigenen, diese Erzieher der ganzen Menschheit, nimm
nur ja nicht ernst!

(nach M. Rosenbach)

SENECA, EPISTULAE MORALES 123, 11

2389 **Illud quasi constitit, aliquid inter philosophiam et sapientiam**
interesse; neque enim fieri potest, ut idem sit, quod adfectatur et
quod adfectat. quomodo multum inter avaritiam et pecuniam
interest, cum illa cupiat, haec concupiscatur, sic inter
philosophiam et sapientiam. haec enim illius effectus ac
praemium est; illa venit, ad hanc itur.
Das steht allerdings fest, zwischen Philosophie und Weisheit gibt es
einen Unterschied: Es kann nämlich das, was erstrebt wird, nicht
dasselbe sein wie das, was strebt. Wie ein großer Unterschied besteht
zwischen Habsucht und Geld, da jene begehrt, dieses begehrt wird, so
zwischen Philosophie und Weisheit. Weisheit ist nämlich ihr Ergebnis
und Lohn; jene ist auf dem Wege, diese ist das Ziel.

(nach M. Rosenbach)

SENECA, EPISTULAE MORALES 89, 6

2390 **Ad summam: sapiens uno minor est Iove, dives,**
liber, honoratus, pulcher, rex denique regum,
praecipue sanus – nisi cum pitvita molesta est.
Kurz und gut: der Weise steht nur dem obersten der Götter im Range
nach; Reichtum, Freiheit, Ehre, Schönheit sind sein alleiniges Vor-
recht; kurz, er ist der König aller Könige, ist auch ein Ausbund an
Gesundheit – es sei denn, daß ihn gerade der Schnupfen plagt.

(H. Färber – W. Schöne)

HORAZ, EPISTULAE 1, 1, 106–108

Lebenshilfe

2391 **Insani sapiens nomen ferat, aequus iniqui,**
ultra quam satis est virtutem si petat ipsam.
Unvernünftig hieße der Weise, ungerecht der Gerechte, wenn er zu
weit ginge, selbst im sittlichen Eifer.

(H. Färber – W. Schöne)

HORAZ, EPISTULAE 1, 6, 15–16

Mittelweg   2392   **Utor media via.**
Ich gehe einen Mittelweg.

CICERO, AD ATTICUM 2, 19, 2 K.

Ego autem neque pugno cum illa causa propter illam amicitiam neque approbo, ne omnia
improbem, quae ante gessi; *utor media via.*

Mir bindet der bewußte Freundschaftsbund (sc. mit Pompeius) die Hände; ich bekämpfe
die Sache nicht, trete freilich auch nicht für sie ein, um nicht meine eigene frühere
Haltung zu desavouieren; ich gehe einen Mittelweg. *(Anfang Juli 59 v. Chr.)*

(H. Kasten)

Maßhalten   2393   **Magni animi est magna contemnere ac mediocria malle quam
nimia. illa enim utilia vitaliaque sunt: at haec eo, quod
superfluunt, nocent.**
Eines großen Geistes Art ist es, Großes geringzuachten und Maßvolles
dem Übermäßigen vorzuziehen. Jenes nämlich ist nützlich und
lebenserhaltend: dieses hingegen schadet dadurch, daß es im Übermaß vorhanden ist.

SENECA, EPISTULAE MORALES 39, 4

... *nocent.* sic segetem nimia sternit ubertas, sic rami nimio onere franguntur, sic ad
maturitatem non pervenit nimia fecunditas. idem animis quoque evenit, quos inmoderata
felicitas rumpit, qua non tantum in aliorum iniuriam, sed etiam in suam utuntur.

... vorhanden ist. So drückt allzu große Üppigkeit die Saat nieder, so brechen die Zweige
unter allzu großer Last, so gelangt allzu große Fruchtbarkeit nicht zur Reife. Dasselbe
widerfährt auch Seelen, die ungemäßigtes Glück zerbricht, das sie zum Unrecht nicht nur
an anderen, sondern auch an sich selbst benützen.

(nach M. Rosenbach)

Unvereinbares   2394   **Ne illi falsi sunt, qui divorsissumas res pariter exspectant, ignaviae
voluptatem et praemia virtutis.**
Ja, die liegen falsch, die sich ganz verschiedene Dinge zugleich
erwarten: das Vergnügen des Nichtstuns und den Lohn der Tüchtigkeit.

(nach W. Eisenhut – J. Lindauer)

SALLUST, BELLUM IUGURTHINUM 85, 20

2395   TRANIO: **Heus tu, si voles verbum hoc cogitare:
Simul flare sorbereque haud factu facilest.**
TR. Erinnere dich des Spruches doch:
«Zugleich zu blasen und zu schlürfen ist nicht leicht.»

(W. Binder – W. Ludwig)

PLAUTUS, MOSTELLARIA 790–791

Probleme

2396 **Ego nihil impossibile arbitror.**
Ich halte dafür, daß nichts unmöglich ist.

APULEIUS, METAMORPHOSES 1. 20, 3

'Ego vero', inquam, *'nihil impossibile arbitror,* sed utcumque fata decreverint, ita cuncta mortalibus provenire.'

«Meinerseits», erwiderte ich, «halte ich in der Tat dafür, daß nichts unmöglich ist, sondern alles so, wie es in den Sternen steht, auf Erden vor sich geht.»

(E. Brandt – W. Ehlers)

2397 **Quemadmodum folia per se virere non possunt, ramum**
desiderant, cui adhaereant, ex quo trahant sucum: sic ista
praecepta, si sola sunt, marcent: infigi volunt sectae.
Wie Blätter nicht von allein grünen können, sondern den Zweig
brauchen, an dem sie hängen und von dem sie ihren Saft erhalten:
so sind Vorschriften, wenn sie allein bleiben, wirkungslos – sie wollen
in ein philosophisches System eingefügt werden.

(nach M. Rosenbach)

SENECA, EPISTULAE MORALES 95, 59

Zum Abschluß

alte Liebe   2398   **Nunc emergit amor, nunc desiderium ferre non possum, nunc mihi nihil libri, nihil litterae, nihil doctrina prodest; ita dies et noctes tamquam avis illa mare prospecto, evolare cupio. Do, do poenas temeritatis meae.**

Jetzt bricht die alte Liebe wieder durch, und ich kann mich kaum bergen vor Sehnsucht; Bücher, Wissenschaft, Philosophie, nichts will mehr helfen. Es geht mir wie jenem Vogel *(sc.* bei PLATON, 7. BRIEF 348a*):* Tag und Nacht schaue ich hinaus aufs Meer und möchte ausfliegen. Ja, das ist die Strafe für meine Unentschlossenheit. *(18. März 49 v. Chr.)*

(H. Kasten)

CICERO, AD ATTICUM 9, 11 (10), 2 K.

Unabänderlich-   2399   **Quod actum est, di adprobent. .**
keit
Geschehen ist geschehen, und die Götter mögen ihren Segen dazu geben.

CICERO, AD FAMILIARES 2, 15, 2 K. (AD M. CAELIUM)

Sed quid agas? Sic vivitur. *Quod actum est ...*

Aber was könntest Du ausrichten? Es muß eben gehen, wie es geht. Geschehen ist... *(3. /4. August 50 v. Chr.)*

(H. Kasten)

Schlußstein   2400   **Unus lapis facit fornicem, ille, qui latera inclinata cuneavit et interventu suo vinxit. summa adiectio quare plurimum facit vel exigua? quia non auget, sed implet.**

Ein einziger Stein bildet ein Gewölbe – jener, der die beiden abgeschrägten Flanken verkeilt und durch seine Einfügung bindet. Warum bewirkt diese letzte Zutat am meisten, obwohl sie nur geringfügig ist? Weil sie nicht vergrößert, sondern vervollständigt.

(nach M. Rosenbach)

SENECA, EPISTULAE MORALES 118, 16

Anhang

Stichwortregister

Ebene 526
echt 313, 447, 1156, 1203, 1383, 1885, 1981
Ecke 955
edel 631, 1145, 1381, 1630
Egel (Blutegel) 1717
Ehe 890, 1042, 1099, 1111, 1115
    E. trennen 260
    E., neue 1139
Ehebrecher(in) 1099, 1186, 2028, 2029
Ehebruch 1015, 1099, 2050
Ehefrau(en) 937, 1015, 1028, 1124, 1135
Ehelosigkeit 1015
Ehemann/Ehemänner 685, 1114, 1137, 1192,
    2053
ehrabschneiderisch 2196
ehrbar 1256
Ehrbarkeit 165, 441, 1956
Ehre 68, 128, 691, 767, 770, 840, 1195, 1269,
    1322, 1324, 1348, 1362, 1625, 1646, 1712,
    1927, 1984, 2149, 2172, 2370, 2390
ehren 374, 541, 725, 829, 1058, 1228, 2032
Ehrenamt/Ehrenämter 495, 2200
ehrenhaft 1194, 1203, 1715, 2302
Ehrenhaftigkeit 1288
Ehrenkränkung 2225
ehrenrührig 2166
    das Ehrenrührige 2226
Ehrenstellen 1882
Ehrentitel 1929
ehrenvoll 914, 1175, 1618, 1889, 2368
    das Ehrenvolle 248, 361, 599, 1203, 1226,
    1676, 1885
ehrenwert 706
Ehrenwort 1756
Ehrerbietung 528, 1503, 2140
Ehrfurcht 376, 2142
Ehrgefühl 546, 681, 2013
Ehrgeiz 47, 119, 495, 504, 980, 1044, 1725,
    1864, 1917
ehrlich 410, 2362
Ehrlichkeit 342
ehrlos 1527, 1603, 1697
Ehrlosigkeit 570
Ehrsucht 516, 1322
Ehrung(en) 2204, 2329
ehrvergessen 548
ehrverloren
    der Ehrverlorene 2064
Ehrverlust 2064
ehrwürdig 204, 1859
Eid 527, 1090, 1092, 1228, 1830, 2017, 2018,
    2020, 2023
Eidam 1149
Eidechse 1117
eidvergessen 2022
Eifer 722, 1455
    E., sittlicher 2391
eifernd 2166
eifersüchtig 2178
eifrig 266, 955, 1676
eigen 439, 752, 1462
    Eigenes 608, 1360
    sein eigen 37
    zu e. gehören 1245
Eigenart 52, 254, 255, 1514

Eigengut 1310
Eigenliebe 1480
eigennützig 1644
Eigenschaften 259, 353, 384, 502, 699, 1315,
    1669, 1712, 1720
Eigensinn 266, 573
eigensinnig 156, 404, 1053
Eigentum 4, 175, 839, 1553, 1554, 1955, 1977
    E. seiner selbst 842
Eigentümer 1670
eigentümlich 181, 248
    das Eigentümliche 1554
Eigenwert 873
Eile 659, 1206
einbilden
    sich e. 589, 616, 908, 2144 2297
Einbildung 558, 911
einbleuen 686
Einbuße 1526
einbüßen 2013
eindeutig 2199
eindringlich 685
Eindruck/Eindrücke 125, 523, 2273, 2306,
    2348
Eindrücke 125
eindrucksvoll 1251
einfach 1789, 2382
einfädeln 2330
einfallen 2145
    e. (in mentem venire) 527
Einfallsreichtum 287
Einfalt 49, 428
einfältig 1099, 1114, 1192, 1311, 1786
Einfaltspinsel 2312
einfangen 1097
Einfluß 68, 1441, 1531, 1920, 2065, 2270
    E., gegenseitiger schlechter 363
    E., guter 940
einflußreich 1876
Einflüsterungen 2170
Einfügung 2400
eingedenk 233, 1504
    e. sein 1948
eingestehen 40, 675, 676, 764, 1519, 2093,
    2148
Eingeweide 321
Eingeweihtheit, kennerische 288
eingrenzen 543
Einhalt gebieten 1109
einheimsen 541
Einheit 1420
einhellig 1345
einherwanken 296
einig sein 805, 2241
Einigkeit 1109
Einigung 2336
einkapseln
    eingekapselter Groll 641
Einklang 1376
    im E. 1595
Einkommen 1118
Einladung 1271
einlassen
    sich e. auf 1442, 1529, 1621, 1956
    sich e. mit 879, 2029

klarmachen 944

klatschen 470

Kleid
ein Hauch von Kl. 1124

Kleid(er) 1120, 1791

kleiden 1116
sich kl. 169, 279

Kleidung 507, 523, 756, 1734

Kleidungsstück 756

klein
der Kleine 1926
die Kleinen 1467

Kleinigkeiten 1369

Kleinkind 109

kleinlich 221

Kleinmut 1531, 1952

kleinmütig 611

Klemme
in der K. haben 2121
in der K. sein 2122, 2136

Klient(en) 1637, 2144, 2369

Klippe 139, 2210

Klippen 69, 2284

klippenreich 1866

Klippschüler 706

klug 130, 131, 190, 391, 414, 416, 442, 537,
557, 691, 741, 745, 747, 910, 1020, 1062,
1126, 1139, 1157, 1458, 1459, 1550, 1680,
1738, 1962, 2292, 2334, 2373
k. handeln 193, 1644
k. werden 742, 743
der Kluge 741
die Klügsten 769
ein Kluger 892
Kluges 1008

Klugheit 241, 255, 746, 747, 823, 859, 1168,
1363, 1474, 1531, 1566, 1796, 1852, 1866,
1877, 1999, 2125, 2250

Knabe(n) 81, 135, 281, 586, 635, 757, 875,
1096, 1133, 1185, 1290

Knabenalter 102

knabenhaft 489

Knappheit 293

Knauser 1145

Knauserigkeit 1552

knebeln 1837, 2123

Knechtschaft 351, 525, 833, 1041, 1833

Kneipe 1631

Knie 1080, 2073, 2252

Kniffe 1474

knobeln 999

Knöchel 2319

Knoten 1075
K. schürzen 2359

Knute 537

Koch 292, 1126

kochen 1027

Kolonne 105

kolportieren 571

Kommandeur 213

kommen
zu sich k. 2223

Komödianten 470

Komödie 2364

Komplimente machen 138

Konflikte 465

König(e) 362, 770, 1017, 1149, 1290, 1317,
1327, 1371, 1384, 1418, 1549, 1583, 1836,
1884, 2099, 2156, 2161
König (metaph.) 319
König (nomen apud Romanos detestabile)
2052
König aller Könige 2390

Königin 1017, 1149

Königreiche 770, 1589

Königsfreunde 1371

Königsschätze 272

Königsthron 1141

konkrete Situation 344

Konkurrent 1664

Konkurrenz 2178

können
nicht anders k. 2135

konsequent 433

Konstitution 908

Konsul(n) 408, 495, 578, 1137

Konsular 408

Konsulat 1361, 1547, 1848, 2161

Konsulatswürde 1848

konzentriert 1344

Konzert 1285

Kopf 342, 373, 537, 717, 1151, 1298, 1323,
1622, 1705, 1795, 2035, 2151
auf dem K. stehen 949
ein feiner K. 1645
schwach im K. 1783
über den K. wachsen 1781
von K. zu Fuß 1077
von Kopf bis Fuß 1539
vor den K. stoßen 1105, 1251, 1363, 1460
K. (i. e. Talent) 901

kopflos 2299

Kopisten 983

Körbchen 1018

Korn 2269

Körper 49, 65, 115, 145, 164, 227, 254, 269,
271, 274, 317, 354, 361, 381, 549, 621, 652,
679, 728, 920, 995, 1115, 1126, 1151, 1482,
1536, 1622, 1725, 1807
K., gefühlloser 1473
K., großer 1420

Körperchen 69

körperlich 1759
körperlich behindert 1536
körperliche Tätigkeit 364

Körpermasse 1808

Körperpflege 1123

korrekt 1573, 2086

Korrrespondent 1260

kosen 117

Kosmetika 603

Kost 1040

kostbar 89, 229

kosten (constare) 923
k. (degustare) 1797
k. (gustare) 922, 1078
k. (libare) 922

Kosten 224, 234, 1121, 1164, 1534

kostenlos 886

köstlich 783

Saat 203, 220, 974, 1402, 1689, 2393
Sache 1306, 1477
    bei der S. sein 722
Sachkenntnis 1605
sachlich 641
Sack 2081
säen 974, 1966
Saft 2397
    ohne S. und Kraft 2332
sagen 1242, 1675
Saiteninstrument(e) 748, 2384
Salben 1120, 1126
Salz 261, 292
Samen 317, 1787
sammeln 979
Sand 108
Sandbank/Sandbänke 487, 629
sanft 557, 1430, 1907, 2227
Sänfte 1099
Sanftheit 1875
sänftigen 613
Sanftmut 682
sanftmütig 253, 2293
    Sanftmütige 1872
Sarkophag 69
satt 1078, 1727, 2342
Sattel
    allen Sätteln gerecht 1019
Satteldecke 756
Satz 276
Sau 1122, 2150
säubern
    sich s. von 2044
sauertöpfisch 1092, 2388
Säuglingsalter 110
Säulen 588
säumen 1184, 2281
säumig 125
Saus und Braus
    in S. und Br. leben 689
Schaben 531
schäbig 1516
schachmatt 2144
Schädel, harter 1611
schaden 75, 271, 550, 628, 642, 766, 767, 813,
    893, 929, 941, 1243, 1340, 1420, 1457, 1460,
    1468, 1495, 1543, 1578, 1647, 1649, 1659,
    1662, 1701, 1709, 1710, 1736, 1859, 1868,
    1896, 1940, 1988, 2063, 2208, 2248, 2323,
    2393
Schaden 644, 1879
Schadenersatz 1661
schädigen 1753, 2202
Schädigungen 848
schädlich 17, 345, 601, 652, 1764, 2002
    das Schädliche 432
Schäfchen
    sein Sch. scheren 1639
Schafe 1800, 1831, 1974
schaffen 1162, 1966
Schaffen, geistiges 1797
Schafsköpfe 2312
schal 1040
Schale 2152
Scham 1099, 1109, 1208, 1312, 1388, 1461,

1487, 1489, 1490, 1732, 1766, 1915, 1983,
    2141
schämen
    sich sch. 40, 477, 146, 1461, 1488, 1489,
    2044, 2077, 2157, 2312
Schamgefühl 165, 592
schamlos 176, 1001, 1508
schandbar 1552, 2364
Schande 141, 242, 331, 527, 1169, 1322, 1351,
    1384, 1458, 1753, 1791, 1956, 1984, 2223,
    2238, 2252, 2322
    Sch. machen 1904
schänden 510
schändlich 124, 141, 240, 301, 963, 1945,
    2029, 2223, 2321, 2330, 2366
Schändlichkeit 1614
Schandtat 2344
Schar(en) 570, 833, 1111, 1257, 1521, 1786
scharf 181, 255, 748, 1829, 1862, 2151, 2373
Schärfe 2370
Scharfsinn 283, 1538, 1789
Schatten 506, 586, 617, 624, 920, 1372, 1713,
    1981
    nur ein Sch. 719
    Sch. (manes) 168
schattenhaft 306
Schatz/Schätze 192, 204, 394, 523, 733, 1414,
    1435, 1446, 1483, 1729
    Sch. (metaph.) 417
Schatztruhe 1121
Schau
    zur Sch. stellen 288, 1285
    zur Sch. tragen 1578
schäumen 1848
Schauspiele 350
Schauspieler 1667
Scheffel 858
scheiden
    sich sch. lassen 1137
    voneinander sch. 904
Scheidung 1137
Schein 55, 1942
Scheinkäufer 1754
Scheitel 537
Scheiterhaufen 1194
scheitern 44
Schelm 571, 2035
    Schelmenstreiche 1171
Schelte 286
schelten 281, 1026, 1151, 1177, 1207, 1531,
    2187, 2226
schenken 3, 28, 36, 44, 392, 622, 691, 1014,
    1021, 1111, 1179, 1404, 1405, 1406, 1412,
    1414, 1415, 1462, 1463, 1516, 1914
Scherben 239
scheren 537
Scherz(e) 573, 1256, 1257
scherzen 970, 1103, 1260, 2179
scherzhaft 1260
scheu 156, 963
scheuen 224, 990, 1405
    sich sch. 117, 823, 1109, 1247
scheußlich 2, 36, 141, 533, 1723, 1817
schicken
    sich sch. in 467

Namenregister

Griechische Stellen

Quellenregister

Übersetzungen

Apuleius, Der goldene Esel / Metamorphoseon Libri, lateinisch-deutsch, herausgegeben und übersetzt von E. Brandt und W. Ehlers. Mit einer Einführung, Erläuterungen und Literaturhinweisen von N. Holzberg, 4. Aufl., München 1989.

Boethius, Trost der Philosophie / Consolatio philosophiae, lateinisch-deutsch, herausgegeben und übersetzt von E. Gegenschatz und O. Gigon. Mit einer Einführung, Anmerkungen und Literaturhinweisen, 4. Aufl., München 1990.

Caesar, Der Gallische Krieg / De bello Gallico, lateinisch-deutsch, neu herausgegeben und übersetzt von O. Schönberger. Mit einer Einführung, Erläuterungen, Literaturhinweisen und einem Register, München 1990.

Cato, Vom Landbau / Fragmente / Alle erhaltenen Schriften, lateinisch-deutsch, herausgegeben und übersetzt von O. Schönberger, München 1980.

Catull, Sämtliche Gedichte, lateinisch-deutsch, herausgegeben von W. Eisenhut, 9. Aufl., München 1986.

Cicero, An Bruder Quintus / An Brutus /Brieffragmente, dazu Q. Tullius Cicero, Denkschrift über die Bewerbung, lateinisch-deutsch, herausgegeben von H. Kasten, München 1965.

– An seine Freunde, lateinisch-deutsch, herausgegeben und übersetzt von H. Kasten, 4. Aufl. München Zürich 1989.

– Atticus-Briefe, lateinisch-deutsch, herausgegeben von H. Kasten, 4, Aufl., München 1990.

– Gespräche in Tusculum / Tusculanae disputationes, lateinisch-deutsch, herausgegeben und übersetzt von O. Gigon. Mit einer Einführung, Anmerkungen, einem Literaturverzeichnis und einem Register, 6., durchgesehene Aufl., München 1992.

– Rhetorik in Frage und Antwort / Partitiones oratoriae, lateinisch-deutsch, herausgegeben und übersetzt von K. und G. Bayer, Zürich 1994.

– Über die Ziele des menschlichen Handelns / De finibus bonorum et malorum, lateinisch-deutsch, herausgegeben, neu übertragen und kommentiert von O. Gigon und L. Straume. Mit einer Einführung, Erläuterungen und Literaturhinweisen, München 1988.

– Vom rechten Handeln / De officiis, lateinisch-deutsch, herausgegeben und übersetzt von K. Büchner. Mit einer Einführung, einem erläuternden Verzeichnis der Eigennamen und Literaturhinweisen, 4. Aufl., Zürich 1994..

– Vom Wesen der Götter / De natura deorum, lateinisch-deutsch, herausgegeben und übersetzt von W. Gerlach und K. Bayer. Mit einer Einführung, Erläuterungen, einer Dokumentation der Wirkungsgeschichte, Literaturhinweisen und einem Register, 3. Aufl., München 1990.

– Die politischen reden, 3 Bde., lateinisch-deutsch, herausgegeben, übersetzt und erläutert von M. Fuhrmann, München 1993.

Cornelius Nepos, Kurzbiographien, lateinisch-deutsch, herausgegeben von H. Färber, München 1952.

Horaz, Sämtliche Werke, lateinisch-deutsch, nach Kayser, Nordenflycht und Burger herausgegeben von H. Färber und W. Schöne. Mit Erläuterungen, Namenregister, Verzeichnis der Gedichtanfänge, Literaturhinweisen und einer Zeittafel, 10. Aufl., München 1985.

Juvenal, Satiren, lateinisch-deutsch, herausgegeben und übersetzt von J. Adamietz, Zürich 1993

Livius, Römische Geschichte / (Ab urbe condita), lateinisch-deutsch, jeweils mit Einführung, Erläuterungen und Literaturhinweisen.

– Buch I–III, herausgegeben von H. J. Hillen, 2. Aufl., München 1991.

– Buch IV–VI, herausgegeben von H. J. Hillen, München 1991.

– Buch XXXI–XXIII, herausgegeben von J. Feix, 4. Aufl., München 1991.

– Buch XXIV–XXVI, herausgegeben von J. Feix, 3. Aufl., München 1991.

– Buch XXXI–XXXIV, herausgegeben von H. J. Hillen, 3. Aufl., München 1991.

– Buch XXXV–XXXVIII, herausgegeben von H. J. Hillen, 2. Aufl., München 1991.

– Buch XXXIX–XLI, herausgegeben von H. J. Hillen, München 1983.

Lukrez, Von der Natur, lateinisch-deutsch, übersetzt von H. Diels. Geleitwort von A. Einstein (1924). Mit Einführung und Erläuterung von E. G. Schmidt, Zürich 1993.

Martial, Epigramme, eingeleitet und im antiken Versmaß übertragen von R. Helm. Zürich / Stuttgart 1957.

Ovid, Liebesgedichte / Amores, lateinisch-deutsch, herausgegeben von W. Marg und R. Harder. Mit einer Einführung, Anmerkungen, Literaturhinweisen und einem Register, 6. Aufl., München 1984.

– Liebeskunst / Ars amatoria, lateinisch-deutsch, zusammen mit den «Heilmitteln gegen die Liebe» (Remedia amoris) herausgegeben und übersetzt von N. Holzberg. Mit einer Einführung, Erläuterungen und Literaturhinweisen, 3. Aufl., München 1992.

- Metamorphosen, lateinisch-deutsch, herausgegeben und übersetzt von E. Rösch. Mit einer Einführung von N. Holzberg, Anmerkungen, Register und Literaturhinweisen, 13. Aufl., Zürich 1994.

Persius, Die Satiren des Persius, lateinisch und deutsch, herausgegeben von O. Seel, 2., neubearbeite Aufl., München 1950.

Petron, Satyrica, lateinisch-deutsch, herausgegeben von K. Müller und W. Ehlers, 4. Aufl., Zürich 1995.

Plautus, in: Antike Komödien, Bände I und II, herausgegeben und mit einem Nachwort und Anmerkungen versehen in einer grundlegenden Neubearbeitung der Übersetzung von W. Binder (Stuttgart 1964 ff.) durch W. Ludwig, München o. J.

Plinius d. Ä., Naturkunde / Naturalis historia, 37 Bücher, lateinisch-deutsch, herausgegeben von R. König / G. Winkler / K. Bayer / J. Hopp, München 1973ff. Jeweils mit einer Einführung, Erläuterungen und Literaturhinweisen.

- Buch XVIII: Botanik: Feldfrüchte, Zürich 1995.

Plinius d. J., Briefe / Epistulae, lateinisch-deutsch, herausgegeben und übersetzt von H. Kasten. Mit einer Einführung, Erläuterungen, Registern und Literaturhinweisen, 7. Aufl., Zürich 1995.

Properz, Elegien, lateinisch-deutsch, übersetzt und herausgegeben von Wilhelm Willige, München 1950.

Publilius Syrus, Die Sprüche des Publilius Syrus, lateinisch-deutsch, herausgegeben von H. Beckby, München 1969.

Sallust, Werke und Schriften, lateinisch-deutsch, herausgegeben und übersetzt von W. Eisenhut und J. Lindauer. Mit einer Einführung, Erläuterungen, Literaturhinweisen und Register, 2. Aufl., Zürich 1994.

Seneca, Die kleinen Dialoge, 2 Bde., lateinisch-deutsch, herausgegeben von G. Fink, 2. Aufl., München 1992.

- Apocolocyntosis, lateinisch-deutsch, herausgegeben von W. Schöne, München 1957.
- Philosophische Schriften, Bde. III–V, herausgegeben von M. Rosenbach, Darmstadt 1974–89.

Tacitus, Agricola / Germania, lateinisch-deutsch, herausgegeben und übersetzt von A. Städele. Mit einer Einführung, Anmerkungen, einer Zeittafel, Register, Literaturhinweisen und 2 Karten, München 1991.

- Historien / Historiae, lateinisch-deutsch, herausgegeben und übersetzt von J. Borst unter Mitarbeit von H. Hross und H. Borst. Mit einer Einführung, Anmerkungen, Literaturhinweisen und einem Register, 5. Aufl., München 1984.

Terenz, in: Antike Komödien, Band III, in der Übersetzung von J. J. C. Donner (Leipzig und Heidelberg 1964), München o. J. (zusammen mit Plautus, Poenulus, Truculentus, s. o. bei Plautus).

Tibull und sein Kreis, lateinisch und deutsch, herausgegeben von W. Willige, München 1960.

Vergil, Aeneis, lateinisch-deutsch, herausgegeben und übersetzt von M. und J. Götte. Mit einem Nachwort und Literaturhinweisen von B. Kytzler, einer Zeittafel und einem Register, 9. Aufl., Zürich 1995.

- Landleben / Catalepton / Bucolica / Georgica, herausgegeben von J. und M. Götte; Vergil-Viten (Vitae Vergilianae), herausgegeben von K. Bayer, lateinisch-deutsch. Mit Einführung, Erläuterungen und Literaturhinweisen, 5. Aufl., München 1987.